KB264260

더럽혀진
성리학적
질서의 되살림

더럽혀진 성리학적 질서의 되살림

정 성 원 지음

근본주의 개념에 기반 하여… …
한국사회의 근대화 과정에서 나타난 침식과 변화에 대한 저항과 관련된 속성들을 확인

한국학술정보㈜

　이 책은 필자의 박사학위논문(「성리학적 근본주의-조선 척사위정 운동의 연구(2001)」을 수정, 보완한 것이다. 이 학위논문을 책으로 다시 내놓게 된 이유는 크게 두 가지이다. 그 하나는 한국학술정보 (주)의 권유이고, 다른 하나는-이것이 좀더 근본적인 이유인데 -많게는 하루에도 수백 명, 수십 명이 '자살폭탄테러'로 죽어가는 이라크의 현실이었다. 이것을 어떻게 접근, 이해해야 하는지에 대한 이론적·실천적 논의의 지평을 넓혔으면 하는 바람이 이 책의 출판을 서두르게 된 큰 이유이다.

　학위논문을 작성할 때만 해도 테러가 그리 심각한 문제가 아니었다. 그러나 9·11테러 이후 세계 도처에서 발생한 각종 테러의 그 밑바탕에는 필자가 학위논문을 작성할 때의 문제의식이 자리하고 있었다. 그것은 바로 종교와 근대성의 충돌이었고, 이를 연구자들은 '종교적 근본주의'로 접근, 설명하였다. 연인원 수천 명이 테러로 죽어가고 있는 현실의 세계를 종교적 근본주의로 설명할 수 있다는 것이 필자의 생각이다. 그런데, 외국에서는 많은 연구가 이루어져 있지만, 한국에서는 거의 이에 대한 논의가 부재한 편이다. 사실 한국은 이라크의 자살폭탄테러와 어떤 형태로든 연결되어 있다. 왜냐하면 우리의 젊은이들이 그 땅에서 나름대로의 역할을 수행하고 있고, 그 현실에서 자유롭지 못하기 때문이다. 이 책은 직접 이라크의 문제를 다루고 있지는 않지만, 그 사건을 이론적으로 이해할 수 있는 논의가 이 책의 밑바탕을 이루고 있기 때문이다. 이 책은 이러한 이론적

·실천적 논의에 나름대로 작은 보탬이 되고자하는 생각에서 출판을 하게 된 것이다.

이 책을 출판하는 데에는 한국학술정보(주)의 여러 가지 도움이 없었다면 불가능했을 것이다. 그런 의미에서 이 책의 완성도를 덮어두더라도 한국학술정보(주)의 기여는 아무리 강조해도 지나치지 않을 것이다. 더욱이 이 책은 필자가 그동안 품어왔던 문제의식의 한 실마리를 다시 재정립할 수 있게 되었다는 점에서 개인적으로도 의미가 있다. 또한 이 책은 아내와 두 아들에게도 의미가 있다. 항상 필자에게 따라다녔던 '사회학 공부'의 그 결과물을 제대로 보여주지 못했는데, 이 책을 통해 특히 두 아들이 '아버지가 지금까지 해왔던 공부가 이런 것이구나'를 알게 해 줄 수 있다는 점도 필자에게는 다행스러운 일이다. 무엇보다도 학위논문을 쓸 수 있었고, 이것을 작게나마 뜯어고쳐 책으로 낼 수 있게 용기와 능력을 주신, 내가 믿는 하나님께도 감사를 드린다.

차 례

I 근대사회와 근본주의

1. 근대의 등장과 종교의 대응

근대에 들어 서구사회에서는 이성의 힘, 과학의 발견, 테크놀로지의 발명 등으로 인간이 그들을 둘러싸고 있는 환경들을 통제할 수 있다는 신념이 사회 전반에 확산되기 시작하였다. 이에 반해 종교는 중세에 비해 상대적으로 그 영향력이 크게 위축된 것으로 인식하고 있었다. 흔히 이것은 종교의 영향력 상실로 이어졌다. 이를 해명하려고 한 것이 세속화 이론인데, 이를 둘러싸고 많은 논쟁이 있어 왔다. 그럼에도 많은 학자들은 근대사회 안에서 종교가 침식되고, 그 사회적 역할이 변화해 왔다는 점에 대해서는 동의하는 것처럼 보인다.

이를 잘 보여 주는 것이 서구 중세교회의 변화이다. 교회는 국가 위에 서 있었을 뿐만 아니라 교육과 행정을 담당하고, 사법권을 행사하고 있었다. 근대에 들어와 파슨즈(T. Parsons)의 개념으로 말하자면 분화(differentiation), 곧 종교로부터 각 제도가 독립해 나오기 시작했다. 전근대사회에서는 종교가 사회 전체에 영향을 미치고 있었지만 이러한 분화가 진전되면서 그것은 축소되고 추상화되었다(Durkheim, 1964). 뿐만 아니라 여러 가지 사상과 종교o들이 공존하면서 독점적이고, 배타적인 주어진 하나의 종교에 기반을 둔 정당성(legitimacy)이 흔들리게 되었다. 인간들의 매일 매일의 삶 속에서 불변하는 준거 틀의 역할을 수행해 오던 종교가 동요하면서 개인적·사회적 정체성

(identity)의 위기가 발생하였다(McGuire, 1994). 이러한 변화는 종교에게는 그 영향력을 더 이상 유지하지 못하는 하나의 위기 상황인 것이다.

이에 대해 종교는 일반적으로 아래의 세 가지 방식(Wilson, 1987b: 20~21, Hunter, 1990: 57~58) 가운데 하나 또는 둘 이상의 선택을 하게 된다. 첫째, 근대 세계의 사회적·문화적 세력 등에 '적응'할 수 있다. 이 경우 종교는 점점 근대사회의 세속적인 인지적·규범적 전제 등을 따르게 되어 유물론, 과학주의, 인본주의, 쾌락주의 등을 수용하게 된다.

둘째, 전통적인 종교적 표현의 순수성을 묽게 만드는 종교의 침식에 '저항'할 수 있다. 한편에서는 일부 종교적 엘리트들이 세속 세계로부터 퇴거하거나 아니면 확산되고 있는 그러한 세계에 적응하는 태도를 취한 반면에, 다른 종교적 엘리트들은 이러한 세속적 일탈에 반대하면서 근대사회의 범죄와 도덕적 붕괴, 가족과 공동체의 해체, 환경오염 등과 같은 위협적인 부작용을 최대한 앞세워 기존의 입지를 다시 찾으려고 한다(Almond, Sivan, and Appleby, 1995a: 403).

셋째, 근대적 질서에 참여하지 않는 전통의 보존자로서의 종교가 존재할 수 있다. 전통의 연속성을 보존하기로 결정할 경우 원칙적으로 생존에 절대 필요한 것을 제외하고는 외부 세계와의 관계를 '거부'한다. 이러한 종교는 모든 실제적인 목적을 위해 자체의 교육적·의학적·상업적·정신적 요구 등을 뒷받침해 주는 폐쇄적이고 총체적인 하나의 세계가 된다. 이런 종교의 호전성이라는 것도 그 반대편에서 변동을 열광적으로 수용하는 근대주의자들처럼, 사회변동에 대한 하나의 특유한 반응 그 자체일 뿐이다. 이러한 호전성과 열광은 역사적으로 볼 때 사회변동에 대한 개인과 실천의 전형적인 태도이다(Wilson, 1987b: 19). 이처럼 근대적 콘텍스트에서 종교가 취할 수 있는 방식에는 적응과 저항 및 거부 등이 있다(Davidman, 1990: 36).

연구자들 사이에서, 한 사회 내에서의 종교의 침식과 그 사회적 역할 변화에 대한 적응과 저항 모두가 어떤 형태로든 그 당시와, 그 이후의 사회변동에 영향을 미쳤고, 지금도 미치고 있다는 점에서 양자에 대해 동일한 비중을 두어야 한다는 인식도 확산되고 있다. 이 글도 이러한 문제의식에 동의한다. 왜냐하면 이는 중세에서 근대사회로의 이행과, 그 이후의 변동 과정 등을 이해하는 데 필요한 하나의 이론적 작업의 출발점이기 때문이다. 이러한 차원에서 글쓴이는 한 사회 내에서의 주어진 종교의 침식과 그 사회적 역할 변화에 대한 종교의 두 번째 및 세 번째 대응 곧 저항과 거부에 관심을 가지고 있다.

이를 위해 이 글은 하나의 새로운 관점을 채택하려고 하며, 사회학자들이 전통적으로 관심을 기울이지 않았던 측면들을 분석적으로 조사하려고 한다. 우리는 이런 문제의식을 사회학적으로 접근하고 있는 종교적 근본주의(religious fundamentalism)[1] 연구에 주목한다. 이 글의 관심은 근본주의 개념에 기반을 두어, 한국사회의 근대화 과정에서 나타난 이러한 침식과 변화에 대한 저항과 관련된 속성들을 확인하는 데 있다. 이를 통해 이러한 저항이 과연 보편적으로 존재하였는지, 어떻게 전개되었는지를 규명하게 될 것이다.

---

[1] 이 글에서는 편의적으로 '근본주의' 개념과 '근본주의 운동' 개념을 차이를 두지 않고 같이 사용할 것이다. 전자가 담론의 차원이라면, 후자는 실천의 측면에 중점을 둔 것이라고 할 수 있다.

2. 근본주의 연구

근대 이후 종교의 사회적 역할 변화를 둘러싼 저항에 관한 논의는 개신교 근본주의(protestant fundamentalism) 연구로부터 시작하여 오늘날 지구적 근본주의(global fundamentalism) 고찰로 이어지고 있다. 그 지구적 근본주의 연구를 촉발시킨 것은 중동 지역에서 발생한 폭발적인 이슬람교 부흥이다. 이를 통해 개신교의 전통과 더불어 다른 종교 전통2)을 포용하는 근본주의 개념이 만들어졌다. 지난 여러 해 동안 사회과학자들은 그 개념3)을 세계 여러 지역의 서로 다른 많은 종교 변동을 서술하기 위해 사용해 왔다(Caplan, 1987: 1, Walker, 1987: 195).

---

2) 람보(Rambo, 1987: 73)의 설명에 따르면 일반적으로 전통은 상징, 신화, 의식, 세계관, 제도 등의 사회적·문화적 모형을 포함하고 있으며, 사람들이 살고 있는 그 당시의 환경을 조직하고 과거와의 연결을 보장해 준다. 그리고 대부분의 종교 전통은 종교 변동을 구체화, 평가하는 신념과 실천 등을 포함하고 있다는 것이다. 종교에서의 전통 개념은 신념과 실천의 규범 등을 후세에 전하는 수단 또는 그 규범 그 자체에 적용될 수 있을 것이다(Valliere, 1987: 1).

3) 근본주의라는 용어는 원래 20세기 초 미국의 개신교 목사들과 학자들이 근대 과학과 세속 세계의 위협에 직면하여 기독교의 근본적인 신념들을 헌신적으로 신봉하고, 그리고 기성 교파들 안에서의 세속화되고 이에 적응하려는 추세에 저항하려는 그들의 의지를 보여 주기 위해 사용하였다(Almond, Sivan, and Appleby, 1995a: 403). 이것의 결과는 1910~1915년에 걸쳐 자유주의 신학자들의 주장에 맞서 근본적인 정통 기독교의 본질을 정화하고 재긍정하여 교회 내에서의 배교의 확산을 억제하려는 데 그 목적이 있었던 『The Fundamentals』의 출판이었다. 미국과 영국 출신의 주요 학자들이 이 책에 논문을 기고하였다. 두 명의 기독교 신자인 리먼(Lyman)과 스튜어드(Milton Steward) 등에 의해 출판된 그 책은 미국 전역의 25만 명의 목사와 신학생 및 교사들에게 무료로 배포되었다. 이 소책자가 운동의 명칭에 영향을 미쳤지만 1920년에 이르러서야 침례교 계열의 신문 편집인인 로스(Curtis L. Laws)가 근본주의라는 용어를 만들어 사용하였다(Marsden, 1980: 159, Hunter, 1990: 68~69).

1) 근본주의에 대한 이해

그렇다고 그 개념이 누구에게나 받아들여지는 것은 아니다. 그것은 무엇보다도 먼저 근본주의자(fundamentalist)라는 용어의 부정적 이미지 때문이다.[4] 그들은 변화하는 문화에 대해 완고하고 비합리적인 저항(Marsden, 1980: 185)을 통해 과거에 집착하는 인물로 간주된다. 바꾸어 말하면 이 용어는 마치 교조주의나, 이념적으로 어떤 역사적 현재화(顯在化)에 뿌리를 둔 권위주의의 또 다른 동의어로 사용되고 있다(Hunter, 1990: 56).[5] 또한 근본주의자들은 민주주의 제도를 경멸하는 것으로 널리 가정된다.[6] 사람들이 근본주의라는 용어를 모욕적인 방식(Barr, 1984: 9~12, Packer, 1992: 34~48)으로, 광신의 동의어로 사용한다(Neuhaus, 1990: 127). 대부분의 현대 언어에서 그 용어는 원래 자신들이 아닌 반대자들을 지칭할 때 사용된

---

4) 비유컨대 근본주의자들은 때때로 화석화된 과거의 유물로, 그들의 주위 환경으로부터 고립되어 그 환경을 망각해 버린, 그리고 과거에서 영원히 살고 있는 사람들로 서술된다(Caplan, 1987: 5, Hadden, 1992: 1638).
5) 예컨대 홀(Hole, 1992: 22)은 정신의학적 관점에서 근본주의, 교조주의, 광신 등이 아래와 같은 공통점을 가지는 것으로 이해한다. 첫째, 하나의 관념을 형성하고 그것으로 행동하는 데 지속적이다. 둘째, 무엇보다도 근본주의와 광신에 해당되는 것으로 이러한 양식들의 사고, 태도, 체계 등이 매우 단순하며, 그리고 이러한 것들과 다른 관점을 배제한다. 셋째, 무엇보다도 교조주의에서 뚜렷이 나타나는 것으로 진술이 명쾌하여 해석과 교리의 구조가 확립된다.
6) 민문홍(1995: 46)에 따르면 근본주의 신앙이 주도적인 사회 분위기 속에서는 개인과 그 실천이 평화로운 공동체적인 삶을 영위하기가 쉽지 않다. 왜냐하면 근본주의적인 원칙을 가지고 있는 사람들은 자신들이 다른 사람들의 권리를 부정할 수 있다고 믿으며, 그렇지 않은 사람들은 이 근본주의자들을 공동체에서 배제하거나 대화가 안 되는 사람들로 무시할 것이기 때문이다. 이러한 상황이 지속되면 상대방의 입장을 이해하려는 태도가 설 땅이 없어지고, 이것은 대화를 하는 사람들 사이에 불관용의 태도를 정착시켜 공동체 내의 평화를 위협하는 상황을 불러일으킬 수도 있다는 것이다.

다. 근본주의자들은 개인적 자결(自決)의 방식을 취하고, 물질적 발전을 방해하는 것(Marty and Appleby, 1993b: 7)으로 서술된다.

근본주의를 포기하는 것이야말로 하나의 중요한 근대적·지구적 현상으로 간주(Coleman, 1992: 37)되며, 이념상 바람직한 것으로 여겨질 정도이다. 이와 관련하여 일부 학자들은 근대가 진전되면 될수록 근본주의자의 종교적 지향이 사라질 것으로 예측하였다(Wuthnow, 1992: 1655~1656). 근본주의라는 용어는 종종 근대적 세계의 질서에 적응하지 않는 것으로 간주되는 실천을 규정할 때 쓰이는 말이다.

그러나 스스로를 근본주의자라고 자처하는 사람들은 다른 사람들을 일탈자로 부르고, 그들의 종교 행위를 이단적이라고 비판한다(Caplan, 1987: 14). 사실 개신교에서는 근본주의라는 용어를 처음에는 그 신앙의 근본적인 것들을 지키는 사람들의 자랑스러운 형용 어구로 사용하였다. 이후에 얻어진 부정적 의미 때문에, 한때 근본주의를 자존심의 상징으로 삼았던 많은 사람들이 그 용어를 버리게 되었다(Walker, 1987: 195).

근본주의를 부정적으로 보는 것과는 달리 이 용어를 긍정적인 차원에서 이해하려는 연구자들이 있어, 이것의 사용을 둘러싸고 불일치[7]가 드러난다. 먼저 변화하는 근대에 저항하면서 과거를 고수하려 한다는 주장에 대해, 일정 정도 근본주의는 지배적 사회질서라고 인식되는 것에 대한 불만 위에서 발생하지만 그 사회적 지위가 하락하는 것에

---

7) 아마도 이 점은 1980년대에 홀로 구소련의 군대를 상대로 전쟁을 치른 아프가니스탄의 이슬람 게릴라에 대한 논의만큼 두드러진 것도 없을 것이다. 해든(Hadden, 1992: 1640)에 따르면, 신학적으로나 정치적으로 아프간 반군은 분명 이슬람 근본주의자였지만 서구 언론에서는 그들을 전혀 그렇게 부르지 않았다. 오히려 이 아프간인들을 흔히 용기 있고, 용감하고, 자유의 투사 등과 같이 긍정적인 준거 아래 거의 항상 무자헤딘(mujaheddin)으로 지칭하였다. 어떤 사람들은 무자헤딘이 축어적으로 지하드(jihad)나 성전(聖戰)을 위해 투쟁하는 사람을 의미한다고 말하기도 하였다. 이처럼 근본주의 용어를 대중적으로나 학술적으로 사용하는 것은 강력한 하나의 이념적 편향을 갖고 있다.

고통스러워하거나 또는 그들 스스로 그렇게 될 것이라고 인식하고 있는 사람들에 의한 비합리적 발작은 아니라고(Williams, 1994: 786) 반박한다. 또한 반민주적이라는 평가에 대해 특히 중동 출신의 연구자들은, 많은 서구 학자들이 이슬람 근본주의를 편견을 가지고 바라보는 데서 이러한 부정적 이미지가 생겼다고 지적한다. 다시 말해 그 근본주의가 반대하는 것은 '서구적' 민주주의이지 '이슬람적' 민주주의가 아니라는 것이다. 그들의 무력 사용이 반민주적이라는 주장에 대해서도 그들은 그 테러 행위를 성전(聖戰)으로 간주하기 때문에 민주주의와는 상관없다고 논박한다. 그러한 행동은 신의 뜻에 부합하기 때문에 정당하다는 것이다(정성원, 2005b).

근본주의자들의 윤리적·철학적 전제 등을 공유하지 않고 이루어지는 근본주의에 대한 비판으로는 그것을 올바로 이해할 수 없다고 본다(Marty and Appleby, 1993b: 7). 일부 연구자들이 근본주의자들을 폭력에 헌신하고, 민주적 의사(議事) 방해꾼, 분별없는 진보의 반대자, 본질적으로 퇴행적 경향을 대표하는 사람 등으로 묘사하는 것은 사실과 다르다(Marty and Appleby, 1991b: 815)고 주장한다.

근본주의자들을 경제발전의 걸림돌로 간주하는 주장에 대해, 쿠란(Kuran, 1993: 290~291)은 근본주의가 자연에 대한 지배를 반대하지 않으며, 일시적 번영을 방해하지 않으며, 또 빈곤을 찬미하지 않는다고 주장한다. 오히려 근본주의가 문제 삼는 것은, 근대화가 개인들을 타락시키고, 공동체를 분열시키고, 인간의 지식을 칸막이화시키고, 전근대적 경제의 우애적 분위기를 시장의 냉혹한 경쟁으로 대체시키는 것이라고 주장한다.

일부 학자들은 근본주의를 중세에서 근대로의 과도기에 발생하여 소멸할 일시적인 현상으로 이해하는 것과는 달리, 당대의 사건과 조건 등에 대한 반응으로 구성8)된다는 의미에서 이를 근대적 현상으로, 근대성이 존재하는 한 존재할 수밖에 없는 것으로 간주한다. 이와 관련하여 서프와 해든(Shupe and Hadden, 1989: 112) 등은 근본주의가 항상 당대의 현안문제들에 대한 해결을 추구하고 있다는 의미에서 근대적 현상이라고 주장한다. 로렌스(Lawrence, 1989: 3)는 근본주의가 근대성의 산물이기 때문에 근대성 이전에는 존재하지 않는 하나의 현상이며, 근대성이 지구적 현상이기 때문에 근본주의도 그렇다고 지적한다.

2) 연구사

이러한 상반된 이해 위에서 연구자들이 근본주의에 본격적으로 접근하기 시작한 것은 1990년대 초이다. 그 이전에는 주로 개신교 근본주의와 가톨릭 근본주의에 관한 연구가 지배적이었지만, 60·70년대의 이슬람교의 부흥, 80년대 말 구소련과 동유럽의 몰락 등으로 그 논의가 이슬람교·유태교·힌두교·시크교·불교 근본주의 등에 대한 연구로 확대되었다.

가톨릭 근본주의는 근대의 출현 이후 근대주의를 찬양하는 움직임과의 갈등 속에서 근대주의자들이 완벽한 가톨릭교도라고 자처하는 사람들을 비난하기 위해, 역으로 근대주의자라는 용어는 로마 교황청이 내부의 일탈자들을 부적격자로 규정하기 위해 사용되었다(민문

---

8) 예컨대 콜먼(Coleman, 1992: 38)에 따르면 1979년에 호메이니가 주도한 이란 혁명은 사실 고대 페르시아에 한 번 존재했던 고대의 어떤 신정체제(神政體制)를 그 모형으로 한 것도, 그리고 그 어떤 중세 이슬람적 이념을 구현한 것도 아니다. 그 대신에 근본주의자들은 이슬람을 이전에 이해했던 그 어떤 것보다 좀더 거대하고 영향력 있는 그 어떤 것으로 만들려고 하였다. 특히 호메이니가 신봉한 것처럼 한 개인이 최상의 종교 권력과 행정 권력 둘 다를 소유해야 한다는 관념은 이슬람에 있어 하나의 혁신이며, 그리고 그가 생각하기에 정교분리로 인한 여러 가지 폐해에 직면한 그 당시 이란의 상황을 고려한 것이었다.

홍, 1995: 49). 가톨릭 근본주의자들을 가톨릭이 의존하고 있는 종교적 세계관을 위협하는 신(新)칸트 학파의 인식론과, 그리고 근대주의자들이 역사의식을 전유(專有)하는 것을 반대하는 사람들로 간주한다((Dinges and Hitchcock, 1991).

개신교 근본주의에 관한 연구는 1930년대부터 이루어져 왔으나 본격적으로 논의되기 시작한 것은 1970년대에 들어와서부터이다. 70년대 이전의 연구자들은 대부분 근본주의를 사회적 부적응의 산물, 농촌과 도시 사이의 문화적 갈등에 기인한 문화지체 운동 또는 편협한 정신을 반영하는 반지성적 운동으로 규정하였다. 이 연구들은 근본주의를 곧 소멸하여 버릴 일시적인 과도기 현상으로 간주하는 경향이 있었다(이진구, 1994). 그러나 1920년대의 근본주의 논쟁 이후에도 그것은 결코 사라지지 않았으며, 오히려 1970년대에 들어와 미국 사회와 개신교 진영 내에서 강력한 하나의 움직임으로 사회의 주목을 받기도 하였다. 이러한 사회적·종교적 상황을 반영하면서 근본주의에 대한 연구가 새롭게 등장하였다.

1970년대 연구를 대표하는 샌딘(Ernest R. Sandeen)은 교리적 관점에서 근본주의 운동을 연구하였는데, 그것을 19세기의 서로 연합할 수 없는 두 신학의 조류 곧 섭리주의와 프린스턴 신학이 1918년에 근대주의와 싸우려고 공동전선을 펴기 위해 형성한 일종의 연합 운동으로 이해했다(김기홍, 1992: 19~34). 1980년대에 들어와서는 마르스덴(Marsden, 1980·1990·1991·1992)이 문화적 관점에서 근본주의에 접근하였다. 그는 근본주의의 뿌리가 19세기의 거의 모든 기독교 전통에 있으며, 그 전통은 문화 전반에 근거하고 있다고 주장하면서 20세기의 근본주의는 이미 미국 문화와 종교 전통 내에서의 강력한 교리적 경향을 강조해 왔다고 설명한다(이진구, 1994). 교리적 차원이나 문화적 관점에서 이루어지던 근본주의 연구가 본격적으로 사회과학적 관점에 기반을 둔 논의로 바뀐 것은 1980년대 말이다.

근본주의 발생에 하나의 중요한 거시적 콘텍스트로 작용하는 근대의 진전 이후 사회 내에서의 주어진 종교의 침식과 그 사회적 역할 변화와 관련지어 연구하기 시작한 것은 「근본주의 프로젝트」9)가 기획되면서부터이다. 이 프로젝트는 지구적인 근본주의 현상을 사회과학적으로 접근하려는 의도를 표방하였고, 이와 관련된 비교·종합 작업을 위한 기본연구에 풍부한 자료를 제공하였다(Hadden, 1992: 1641). 물론 그 이전에도 근본주의에 관한 사회과학적 논의가 없었던 것은 아니지만 이 프로젝트는 근본주의 연구의 양적 확대와 질적 심화를 가져왔다는 점에서 나름대로 평가받을 만하다. 이에 대한 비판도 존재한다. 왜냐하면 그 프로젝트의 의도가 정치적이고 서구 중심적이기 때문이다.10) 이 프로젝트는 서구, 특히 미국에 위협적인 세력들의 정체를 학문적으로 규명하겠다는 의도를 노골적으로 밝히고 있다. 그럼에도 이 프로젝트를 통해 근본주의의 연구 수준이 한 단계 올라섰다는 데에는 많은 학자들이 동의하는 것처럼 보인다.11)

---

9) 이 프로젝트는 1987년에 『맥아더재단』(the John D. and Catherine T. MacArthur Foundation)이 재정을 지원하고, 『미국 인문·사회과학학회』(the American Academy of Arts and Sciences)가 후원하여, 그 결과물을 총 5권의 저서로 출판하였다. 여기에는 전 세계의 사회학자, 종교학자, 인류학자, 정치학자 등이 참여하여 근본주의자들로 정의되는 실천들에 관한 연구를 수행하였다. 이는 기존에 근본주의 현상을 연구하고 있던 많은 학자들을 고무시켰다. 이 연구의 중심주제는 전 세계적으로 근본주의의 특성을 나열·서술하고, 그것이 언제·어떻게 발생하는지, 어떻게 성장·발전하는지, 무슨 활동을 하는지, 다른 실천들이 근본주의에 어떻게 대응하는지 등이다.

10) 이 점은 아래의 이 프로젝트의 연구목적에 잘 나타나 있다. "1990년대 초 구소련과 동유럽의 몰락을 지켜보면서 미국의 많은 정치평론가들은 다음과 같은 질문을 제기하였다. '새로운 적'이 어디서 출현할 것인가? 누가, 무엇이 미국인들의 반발과 적대감의 대상인 소련이라는 '악의 제국'을 대신할 것인가? 군부, 경제권력 또는 정치권력 등에 의해 강화된 어떤 이데올로기가 향후 전 세계적 발전과정을 지향하는 자유주의적인 서구 민주주의의 노력에 도전할 만큼 치명적이고 전염성이 강하냐? 그 대답은 근본주의였다(Marty and Appleby, 1993a: 1)."

이 프로젝트와 관련하여 마티 등(Marty and Appleby, 1991a·
1991b·1993a·1993b·1993c·1994)은, 근본주의의 발전이 다른 문화
내에서 다른 특성을 지닌 채 나타날 것으로 전제한다. 그 위에서 첫
째로 근본주의가 이론화 과정에 있고, 둘째로 근본주의가 근대사회
의 발전과정에 대한 하나의 반발이지만 필연적으로 보수 반동은 아
니고, 셋째로 근본주의는 불변의 근본적인 것들(the fundamentals)에
대한 방어를 가정하고 있다. 또한 알몬드 등(Almond, Sivan, and
Appleby, 1995a·1995b·1995c·1995d)은 근대에 들어 세계 여러 지
역에서 확인되고 있는 현상에 의존하여 이념적·조직적 차원에서의
근본주의의 속성들을 추상화해 내었다. 또한 근대 세계에서 근본주
의 운동이 발생하고, 강력한 세력으로 발전해 나가는 여러 가지 조
건을 조사하면서, 그 운동이 외부 세계를 고려하여 선택하는 행동주
의의 유형에 대해 설명하고 있다.

이 프로젝트와 관련된 연구들이 많이 진행되었다. 그 가운데 뚜웨
이밍(Tu Wei-ming, 1991)은 기독교·유대교·이슬람 사회에 관한 근
본주의의 문제 틀이 동아시아 유교의 뿌리를 찾는 작업에 유용하며,
그 작업은 유교에 하나의 위협이었던 근대성에 대한 비판에서 출발
하고 있다. 「근본주의 프로젝트」의 경험적 서술들을 활용하여 근본
주의의 이론화를 모색한 것은 윌리엄즈(Williams, 1994)이다. 그는
근본주의를 하나의 운동으로 접근하려는 문제의식 아래 근본주의 운
동을 특정한 사회운동의 한 유형으로 간주하면서 그 이념, 조직, 환
경 간의 역동적 상호 작용에 대해 고찰하였다. 몰트먼(Moltmann,
1992)은 근본주의 용어의 사용과 관련하여 그 용어가 본질적으로 개
신교로부터 나와 확장되었다는 사실을 인정해야 하며, 때문에 오늘

---

11) 이 프로젝트는 이후 다른 근본주의 연구에 일정 정도의 영향을 미쳤으
며, 이 글도 많은 부분이 프로젝트에 기대고 있다. 곧 그 프로젝트는
이 글의 문제의식의 주요 원천이고, 이론적 배경이다.

날 우리가 근본주의라고 부르는 것을 하나의 이차적 현상으로 간주한다. 이와 더불어 근대 세계의 본질은 지속적인 근대화인데, 그것이 위기를 초래하기 때문에 근본주의가 이에 반발하게 된다는 것이다. 더욱이 근대 세계의 모순이 증가하면서 근본주의는 더욱 확대될 것이라고 주장한다. 콜먼(Coleman, 1992)은 근본주의 개념을 근대성, 세속화에 이어 사회학적으로 정의하면서, 세계화의 진전으로 지구적 근본주의가 대두하였음을 밝히고 있다. 근본주의 연구와 관련된 또 하나의 연구자로는 코헨(Cohen, 1990)이 있다. 그는 근본주의의 속성과, 무엇이 근본주의의 미래를 결정할 것인가 하는 문제들을 다루고 있다. 헌터(Hunter, 1990)는 근본주의를 근대성과, 그것이 이탈시킨 거룩한 것의 역사적 과정을 재현하고, 종교 이념과 민족 정체성을 연결시키려는 일종의 정통주의와 관련지어 설명하고 있다.

3. 개념의 작업적 정의

여기서는 이 글을 전개하는 데 필요한 몇 가지 개념들을 정의할 것이다. 근본주의 개념과 이어져 있는 몇 가지 개념들을 규정하면서, 그 개념을 작업적으로 정의하려고 한다. 대부분의 근본주의 연구자들은 그 개념의 구성요소들에 대한 엄밀한 규정 없이 그 개념을 정의하고 있다. 더욱이 그 연구가 많은 부분 개신교 근본주의에 국한되어 있기 때문에, 그 개념을 지구적 근본주의에 보편적으로 적용하는 데에는 무리가 있다. 이 글에서는 이러한 한계를 염두에 두면서도 경험적 대상의 구체적인 분석을 위해 근본주의 개념을 좀더 '좁은'[12) 의미로 정의할 것이다.

연구자들에 따라 근본주의에 대한 정의가 서로 다르다. 이와 관련하여 코헨(Cohen, 1990: viii)은 무엇이 근본주의이고, 누가 근본주의자인가를 규정하는 것이 아주 어렵다고 토로한다. 물론 이 글도 이러한 어려움에서 완전히 벗어날 수는 없겠지만 그 개념을 정의하는 데 기존의 연구성과들, 특히 「근본주의 프로젝트」에 많이 기댈 것이다. 앞서 살펴본 바와 같이 근본주의는 기본적으로 근대화 과정에서의 종교의 침식과 그 사회적 역할 변화와 관련되어 있기 때문에 무엇보다도 먼저 두 개념, 곧 근대화(modernization)와 종교(religion)에 대한 정의가 필요하다. 이 두 개념의 하나의 접점으로 세속화(secularization) 개념을 생각해 볼 수 있다. 왜냐하면 세속화 개념은 근대적 상황에서의 종교 변동과 관련되어 있기 때문이다. 그런데 종교의 침식과 역할 변화는 기본적으로 종교의 주변화(the marginalization of religion) 현상으로 나타난다는 점에 주목할 것이다.

1) 근대화

중세와는 질적으로 다른 그 어떤 것, 곧 '근대(the modern)·근대성 (the modernity)'은 사람들에게 생소할 수밖에 없고, 더욱이 그것이 자신들의 종교를 파괴할 것으로 생각한다면 그것에 반발하는 것은 당연하다. 이 글에서는 '근대·근대성'을 자신들의 종교를 위협하는

---

12) 여기서 '좁은'이라는 의미는, 기존의 연구자들이 근본주의 개념을 포괄적으로 정의한 데서 발생한 개념의 모호성을 줄이기 위한 전략적 선택이다. 뿐만 아니라 그 개념을 좀더 세련되게 다듬고, 그리고 경험의 특수성을 반영하여 그 개념이 보편성을 획득할 수 있도록 하기 위한 방법이라고 생각하기 때문이다.

것으로 인식하여 반발하게 되는 일단의 힘들을 나타내는 기호체계(Marty and Appleby, 1991a: ⅶ)로 정의한다. 흔히 근대·근대성의 발현, 확산 과정으로서의 근대화는 경제성장뿐만 아니라 많은 영역들에서의 변동을 포함한다. 그 각각의 변동(Lauer, 1985: 369~427, 김경동, 1993: 68~69, 정성원 외, 2005a: 349~383, 조혜인, 1996c: 8~10)은 다음과 같다.

첫째, 근대화는 이윤 추구가 국가와 이념에 의해 정당화되는 새로운 경제체제로서의 자본주의를 포함한다. 국가가 이러한 이윤 추구와 사유재산제도를 법적으로 보장하게 된다. 둘째, 근대화는 시민이 정치에 참여할 수 있는 민주화와 더불어 이루어진다. 셋째, 근대화는 계층 사이에 존재하던 혈연적 장벽 대신에 계급이라는 개방적 형태로의 변동을 내포하고 있다. 넷째, 근대화는 중앙집권화와 국가기능의 확대, 계층적인 서열에 따른 관료제화를 포함하고 있다. 다섯째, 농촌에서 도시로의 인구 이동으로 인한 도시화 등을 내포한다. 이 글에서는 보편성의 차원에서 '근대화'를 자본주의, 민주화, 계층체계의 개방화, 관료제화, 도시화 등을 포함하는 포괄적인 개념으로 정의한다.

2) 종 교

여기서는 종교를 사람들이 궁극적으로 무엇에 관심을 가지고 있으며, 그리고 무엇이 그들에게 개인적·사회적 정체성을 부여하는가와 이어져 있는 것으로 이해한다(Marty and Appleby, 1991a: ⅶ). 이러한 정의는 오늘날 종교사회학에서 널리 받아들이고 있는 베버와 뒤르케임의 종교 개념에 의존하는 것이다.

베버는 종교를 명시적으로 정의하지 않았지만, 특정 사회 행위의 조

건과 결과에 관해 연구하기 위해 종교에 관심을 가졌던 그의 문제의
식(Weber, 1963)에 우리는 주목한다. 그의 행위와, 그것의 의미 개념
등과 관련지어 말한다면 종교는 사람들에게 그들의 현세적 존재의 의
미에 대한 하나의 준거 틀을 제공해 주는 것으로 이해할 수 있을 것
이다. 종교는 인간들의 세계관이며, 그들은 그것에서 그 행위의 의미
를 이끌어 낸다(De Craemer, 1983, Bellah, 1970: 146). 이는 인간들이
종교에 의해 움직인다는 것을 뜻한다. 때문에 종교는 작동하는 하나의
세계관(an acting world view)과 관련되어 있다고 말할 수 있다.

이 글의 문제의식이 세속적인 근대 세계 안에서 작동하는 세계관
을 문제 삼고, 자신들의 종교를 그 세계 안에 포함되어 있는 "종교"
와 구분되는 의미로 규정하는 실천에 있다면, 그 "종교"와, 그리고
엄격한 의미에서의 종교, 곧 세속적인 것과 반대되는 하나의 독립된
영역으로서의 종교를 논리적으로 구별할 필요가 있다. 우리는 "종
교"를 세계 안에서 작동하는 하나의 세계관이라고 정의할 수 있을
것이다(Cho Hein, 1989).

그러나 제도로서의 종교를 제대로 규정하기 위해서는 세속적인 것
(the profane)에 반대되는 것으로서의 거룩한 것(the sacred)이 필요하
다. 뒤르케임은 이러한 구분을 종교의 가장 기본적이고 공통적인 특
징으로 간주한다(Durkheim, 1965). 현대 사회학에서는 흔히 하나의
독립된 제도로서의 종교를 강조한다. 따라서 우리는 종교를 작동하
는 하나의 세계관이 제도화된 것으로 정의한다(Cho Hein, 1989).

3) 세속화

앞서 근대화, 종교 개념을 정의한 것은, 크게 보아 근대화에 대한
종교의 반응과 관련되어 있기 때문이다. 이러한 반응을 고찰하기 위

해서는 근대적 콘텍스트에서의 종교 변동, 곧 세속화 개념과 이어서 생각할 필요가 있다. 이 글에서 세속화 개념을 정의하려는 것은 바로 이런 까닭이다.

연구자들이 사용하는 그 개념의 의미가 서로 다르기 때문에, 개념 정의가 쉽지 않다. 세속화 이론은 근대사회의 출현, 종교 변동의 지향과 의미 등을 둘러싸고 치열한 논쟁이 벌어질 만큼 사회학의 중요한 이론적 주제들 가운데 하나가 되었다. 세속화 개념의 다양성에도 불구하고 연구자들은 기본적으로 세속화의 과정을 사회변동과 동일시하여, 지난 수세기에 걸쳐 서구사회에서 종교의 사회적 역할이 변화해 왔다는 인식에는 동의하는 것처럼 보인다(오경환, 1990). 이러한 인식을 세속화 개념의 작업적 정의에 고려할 것이다.

종교를 하나의 제도로 정의하게 되면 세속화는 분화를 포함하게 된다(Parsons, 1978: 243). 곧 분화는 한 사회의 다양한 제도적 영역들이 전문화된 기능을 가진 제도를 겸비한 채 각각 분리되는 것을 의미한다(McGuire, 1994: 378). 다시 말해 점진적으로 종교와 다른 제도의 영역이 구획화(區劃化)되고, 무관하게 되는 것(Shupe and Hadden, 1989)이다. 이에 기대어 우리는 '세속화'를 제도적 분화로 정의할 것이다.

4) 종교의 주변화

이 개념은 하나의 상관적·파생적 용어이다. 여기서 상관적이라는 것은, 전근대에서 주어진 하나의 종교가 사회에서 그 중심적인 역할을 수행했다면 근대에 이르러서는 그 사회의 주변에서 그것을 수행하고 있다는 의미에서이다. 또한 이 개념은 세속화에서 나온 것이라는 의미에서 파생적이다. 물론 이 개념을 종교의 쇠퇴라는 용어와 명확하게 구분하기 어렵다. 이 글의 문제의식이 종교의 소멸보다는 오히려 그 사회적 역할의 변화에 있다는 점을 고려하여 우리는 종교의 소멸에 초점을 맞추고 있는 쇠퇴 개념과, 그 역할의 이동을 강조하는 주변화 개념을 좀 다른 의미로 사용할 것이다.

이 글에서 우리는 '종교의 주변화'를 근대화·세속화의 과정과 결과로 인해 종교가 사회의 중심에서 주변으로 이동하게 되는 현상(Tehranian, 1993: 313)으로 정의한다. 이는 구체적으로 교회13)가 서서히 여러 사회제도들과 영역들에 대한 영향력을 상실하게 된다(Berger, 1969, Bellah, 1970, Greely, 1972: Parsons, 1977, Luckmann, 1982, Wilson, 1985). 역으로 이는 그러한 제도와 영역들이 자율성을 얻어 가는 과정이기도 하다.

5) 근본주의

우리는 '근대화'를 여러 가지 사회변동을 포함하는 것으로, '종교'를 작동하는 하나의 세계관이 제도화된 것으로, '세속화'를 제도적 분화로, '종교의 주변화'를 근대화·세속화로 인해 종교가 사회의 중심에서 주변으로 이동하게 되는 현상으로 정의한 바 있다. 앞서 규정한 여러 개념들을 그 구성요소로 하여 근본주의에 대한 작업적 정의를 할 것이다.

첫째, 근본주의는 근대와 이어져 있다. 이러한 차원에서 근본주의는 정통주의(orthodoxy)14)와 다르다. 하나의 문화체계로서의 정통주

---

13) 이 글에서는 뒤르케임(Durkheim, 1965: 61)의 정의에 따라 교회를 공통된 이념을 가지고 공동의 의례를 수행하는 하나의 종교적 공동체 곧 단일한 믿음을 가지고 있는 모든 믿는 이들에 의하여 구성되는 도덕 공동체로 정의한다.

의는 신의 계시에 연원하는 고대적 규칙과 가르침 등에 기반을 둔 하나의 합의를 의미한다(Hunter, 1990: 57). 다시 말해 정통주의의 권위와 정당성 등은 초기에 가장 순결하게 표현된 진리와의 일관된 연속성에 연원한다는 것이다. 근본주의는 근대에 직면한 정통주의이다. 근대적 문화에 대한 투쟁을 강요하는 호전성의 정도에 있어 양자는 차이를 보인다(Cohen, 1990). 이러한 차원에서 근본주의는 정통주의와는 다른 개념이다.

둘째, 근본주의는 주어진 종교의 방어에 그 목적을 두고 있다. 이러한 의미에서 근본주의는 민족주의(nationalism)와 다르다. 왜냐하면 민족주의의 목적은 민족국가의 건설에 있고, 근본주의처럼 반드시 종교에 의해 정당화되지 않기 때문이다. 물론 이 두 범주는 상호 보완적인 측면도 있지만 서로 독립적이다. 정치인들이 정치적(민족주의적) 목적을 촉진시키기 위해 근본주의적 감정에 의존하고, 근본주의자들이 그들의 목적을 조장하기 위해 정치적(민족주의적) 감정에 기댈 수도 있다(Taylor, 1987 참조). 그러나 근본주의에 민족적 감정이 일부 스며들어 있기는 하지만 기본적으로 주어진 하나의 종교의 방어라는 측면에서 근본주의의 지향과 민족주의의 그것은 같지 않다.

셋째, 근본주의는 종교 전통에 기대어 현상(現狀)을 재구성하려고 한다. 이러한 의미에서 근본주의는 상고주의(primitivism)가 아니다. 흔히 상고주의는 사회가 가장 우월하고 행복했던 기원의 시대로 되돌아

---

14) 종교적 삶과 관련지으면 정통이란 '올바른 신앙'이란 뜻을 가지고 있고, 그렇게 이해한다. 이는 어떤 교리를 의식적이며 고의적으로 거부하는 이단(heterodoxy)과, 그리고 오류 등의 반대 개념으로서 옳은 신앙을 의미한다(Sölle, 1993: 20). 맥도노프(McDonough, 1987: 124)에 의하면 정통은 권위적인 규범에 따르는 올바른 또는 견실한 신념을 의미하는 반면에 이단은 규범과는 다른 교리상의 신념을 가리킨다. 각 종교 전통은 정통을 결정하는 자체의 방식을 가지고 있으며, 이단을 하나의 심각한 일탈로 생각하는 정도는 각 전통에 따라, 그리고 역사의 각 국면에서의 전통에서도 다르다는 것이다.

가거나 아니면 특별하게 또는 뚜렷하게 좀더 단순하고 덜 복합적인 세계를 열망한다(Hughes, 1988). 반면에 근본주의는 단순히 과거로 회귀하는 것도 아니고, 현상을 유지하는 것에 관심을 가지고 있지 않다. 오히려 그 종교 전통에 기대어 현재의 질서를 재구성하려는 의도를 가지고 있다. 근본주의자들은 자신들을 단순한 보수 반동으로 간주하기보다는 오히려 변동의 필연성에 동조하는 것을 거부한다. 이러한 거부는 근대적 세력과는 다른 방식으로 세계를 재구성하려는 의지의 표현이다(Coleman, 1992). 이러한 차원에서 근본주의와 상고주의를 구별할 수 있는 것은 현상에 대한 재구성의 의지이다.

넷째, 근본주의는 이상사회의 복원을 위한 총체적인 프로그램을 가지고 있다. 근본주의는 보수주의(conservatism), 전통주의(traditionalism)가 아니다. 흔히 이 개념들의 경계선을 확연하게 서술하기 어렵다(Coleman, 1992: 38). 일반적으로 보수주의는 스스로가 지배하고 있는 그때마다의 현실과 혼연일체를 이루는 것을 이상으로 삼기 때문에, 그 어떤 유토피아도 필요로 하지 않는다(Mannheim, 1991: 305). 보수주의자들이 중시하는 현실은, 근본주의자들의 눈에는 근대적·세속적인 것으로 인해 일탈된 것이기 때문에 일치의 대상이 아니며, 그들이 그리는 이상사회는 따로 있다.[15] 근본주의는 보수주의와는 달리 오히려 현상을 문제시하여 그것을 원상으로 돌려놓으려고 한다. 사실상 근본주의자들은 침식 세력에 저항하기 위해 혁신적 방식을 기꺼이 정교화시키지 않는 동료 신자들을 비판하면서, 근대적·세속적인 것에 의한 위협의 시대에 보수주의자 또는 전통주의자가 되는 것만으로는 충분치 않다고 주장한다(Almond, Sivan, and Appleby, 1995a 참조).

---

15) 이와 관련하여 보수주의자들은 미래에 가능한 것 또는 미래에 바람직한 것에 대한 사고 자체를 단호하게 거부한다. 대신에 그들의 사고와 행동 기준은 바로 주어진 역사적·사회적 현실 속에서 구체적으로 존재하는 것이고, 그러한 존재의 현재 상태의 유지를 위해 불확실한 미래를 포기하는 것이라고 할 수 있다(이병연, 1995: 22).

이 글에서는 '근본주의'를 종교의 주변화 추세를 초래케 한 근대화·세속화에 반발하면서, 그 종교 전통에 기대어 한 사회 내에서의 주어진 종교의 역할을 방어하려는 일련의 움직임으로 정의한다. 때문에 근본주의는 이러한 추세에 반대하기 위한 하나의 총체적인 시도로서 반근대화·반세속화를 그 목표로 설정한다.

4. 근본주의의 속성

여기서는 근본주의의 작업적 정의 등을 고려하여 근본주의의 속성에 대해 서술할 것이다. 우리는 그 속성을 근대화·세속화의 과정과 결과 때문에 일탈된 현실을 그 이상적인 형태대로 복원시키려는 시도에 관한 것으로 이해한다. 여기서 일탈이라는 것은, 근본주의자들이 보기에 그러한 추세 때문에 주어진 종교나 그 사회가 본래의 질서에서 일탈했다는 것을 의미한다. 이러한 현실인식 위에서 근본주의는 그 사회를 이상사회로 바꾸려고 시도한다. 여기서 서술하려고 하는 근본주의의 속성은 근본주의의 저항의 대상, 비근본주의자들과의 구분, 투쟁의 정당화 원천, 목적 달성을 위한 전략 등에 관한 것이다.[16)]

---

16) "근본주의자들은 처음에 그들의 핵심적인 개인적·사회적 정체성에 도전하거나 또는 이를 위협하는 것에 대해 인식하지만 그들이 핵심적인 문제를 놓쳐 버린다면 그들은 모든 것을 잃어버린다고 믿는다. 이 경우 그들은 반발하고 상당히 혁신적인 권력으로 투쟁한다. 근본주의자들에게 있어……작은 집단의 외부이든 또는 내부이든 간에 그들이 소중하게 여기는 모든 것을 공격하는 행위자들이다. ……다수의 근본주의자들은 근본주의 운동의 반대편에 위치하는 사람들보다는 오히려 온건론자나 배

앞서의 근본주의의 정의를 통해 서로 이어져 있지만 적어도 분석적으로는 구별 가능한 네 가지의 속성, 곧 '종교의 주변화에 대한 반발', '정통과 이단의 분리', '종교 전통의 선택', '이상사회의 복원' 등17)을 도출할 수 있을 것이다. 간단하게 말하자면 '반발'은 반발의 원인과 형태 및 그 대상에 관한 것이며, '분리'는 근본주의의 외부 세계에 대한 인식과 그에 따른 구분 방식 등을 언급하며, '선택'은 그 반발의 정당화 자원의 원천에 관한 것이며, '복원'은 근본주의의 목적을 실현하기 위한 전략에 관한 것이다.

1) 종교의 주변화에 대한 반발

흔히 종교는 근대적·세속적 세계의 가치에 동화하거나, 아니면 그러한 가치에 반발하면서 동원된다(Almond, Sivan, and Appleby, 1995b: 441).18) 후자와 관련하여 근본주의자들은 주어진 종교가 사회의 중심

교자 등에게 더 많은 에너지를 쏟는다. ……그들이 무언가를 위해 투쟁하는가는 그들이 계승했거나 또는 선택했고 일관되게 강화시켜 온 세계관으로 시작한다는 것은 명백하다. ……근본주의자들은 그들이 무기로 생각하는 특별히 선택된 자원의 보존 용기를 가지고 투쟁한다. 선택으로부터 운동이 시작된다. 곧 운동은 실제 또는 가상의 과거, 현실의 또는 상상적이고 관념적인 원시의 조건과 개념, 운동이 근본적인 것들로 간주하는 선택된 것으로 되돌아가려고 한다. ……그들의 에너지는 스스로의 정체성을 다시 강화시키고, 운동을 유지하고, 그 경계선 주위에 방어벽을 세우고, 다른 사람들과 약간의 거리를 유지하는 등 이런 것에 사용하게 된다. ……근본주의자들은 신의 이름으로 또는 몇 가지 초월적 준거의 표상 아래 투쟁한다. 특히 참여자들이 도전자들에 반대하여 신의 목적을 수행하기 위해 부름 받았다고 확신하는 근본주의에서 이런 것들이 강하게 나타난다(Marty and Appleby, 1991a: ix- x)."

17) 아래에서는 이것의 명칭을 줄여서 '반발', '분리', '선택', '복원' 등으로 부를 것이다.

18) 그리고 근본주의는 진행 중인 불안정한 지구적 변동의 구조에서 능동

에서 주변부로 이동하는 것에 반대한다.[19] 이러한 차원에서 그 반발[20]
은 반근대적·반세속적이다.

　이러한 구조적 상황이 존재한다고 해서 근본주의가 반드시 발생하
는 것이 아니기 때문에, 그것의 반발을 촉발시키는 요인을 고려할
필요가 있다. 이와 관련하여 그 하나의 촉발 요인으로 '정체성의 위
기'에 주목할 것이다. 이러한 정체성을 위협하거나 아니면 이것의
변화를 강제하는 것이 종교 전통을 보존하는 데 관심을 가지고 있는
사람들을 동요시키는 이유를 이해하기란 쉽다(Garvey, 1993: 20). 왜
냐하면 재구성된 사회가 다른 신앙에 의해 지배된다면 그 사회가 전
적으로 그러한 전통을 붕괴시킬 것이기 때문이다. 이러한 차원에서
근본주의는 상당한 자신감이 아닌 순전히 생존 가능성에 대한 두려
움에서 출현한다.[21]

　　적 요소가 아니라, 처음에는 잔기(殘基) 또는 퇴행 등으로 보이게 되지
만 근본주의자들이 근대성이라고 불리는 모든 방식들의 특성을 거부하
면서 뚜렷해진다(Marty and Appleby, 1991a: vii). 그리하여 근본주의자
들은 근본주의의 성전(聖殿)에서 근대적 세계를 배제하려는 노력을 기
울이게 된다(Heilman, 1994, Soloveitchik, 1994).

19) 수페 등(Shupe and Hadden, 1989: 111)은 근본주의를 거룩한 전통의 권
위를 되찾으려는 하나의 선언으로 정의한다. 달리 말해 구조적 밧줄
(structural moorings)을 놓친 한 사회의 교정 수단을 회복하는 것이다.
수페 등에게 있어 근본주의는 첫째, 근대화로 인해 진전된 성(聖)과 속
(俗)의 급진적 분리에 대한 반박이고, 둘째로 이러한 제도적 분화를 탈
분화시키고, 종교를 공공정책결정 과정의 하나의 주요인이나 이익의 중
심에 놓으려는 하나의 계획을 의미한다.
20) 그런데 이러한 반발에는 이중적 측면이 있는데, 근본주의자들은 이러한
주변화의 과정에 의해 제공되는 여러 가지 기회를 포착하게 된다. 곧
이들은 자체의 목적을 위해 그것에 반대하면서도, 그리고 그것을 활용
하면서 종교의 주변화에 반발하게 된다. 또한 이러한 반발은 종교적이
다(Almond, Sivan, and Appleby, 1995a: 409). 여기서 종교적이라는 것
은 전통적 종교가 쇠퇴하고, 신자들의 숫자도 감소하고, 그것이 방어하
려는 공동체도 다원주의적이고 비종교적인 분위기 때문에 위협받게 되
는 상황에서 근본주의가 종교적으로 고무된다(McNeil, 1993)는 의미에
서이다.

근대 세계가 근본주의의 출현에 하나의 실마리를 제공하기 때문에, 근본주의가 전형적으로 이러한 세계의 여러 가지 위협들에 반발하는 것처럼 보이지만 실제로는 그 세계 자체가 하나의 도전은 아니다(Moltmann, 1992: 110). 오히려 근본주의는 인식된 위협에 대한 하나의 반응이다(Müller-Fahrenholz, 1992: 18, Almond, Sivan, and Appleby, 1995a: 409). 왜냐하면 근본주의는 종교의 주변화 증후군이 구질서에 침투한 사실을 인식하고, 그러한 증후군을 조장하는 세력을 확인(Lechner, 1985: 251 참조)하면서 반응하기 때문이다.22) 이러한 맥락에서 그 반발의 형태를 방어적이라고 이해할 수 있을 것이다. 이처럼 '반발'은 기본적으로 종교의 주변화로 인해 한 사회 내에서 주어진 종교가 침식되고, 그 사회적 역할이 변화하는 것에 대한 반대와 관련되어 있다. 따라서 근본주의자들은 이러한 침식과 변화 등을 조장시켜 자신들의 환경을 위협하는 것에 반발하게 된다(Marty and Appleby, 1991a: x).

근본주의가 설정하는 그 대표적인 행위자가 바로 세속적 국가이다.

---

21) 이러한 두려움은 농업 사회에서 도시·산업사회로의 이행에서 나타나는 끊임없는 문제에 대한 사회적·정치적 해결책이 불충분하면 더 심각해질 수도 있다. 왜냐하면 존재론적 불안정이라는 인간 조건, 곧 존재와 실존 그 자체에 대한 불안정이 더 심화되기 때문이다(Tehranian, 1993: 314). 이것은 확실성, 영원한 진리, 안정된 세계상(世界像) 등에 대한 열망과 맞아떨어진다. 바꾸어 말하면 실존적인 깊은 불안과 갈등으로 인한 피로감 등을 극복하려고 한다(Müller-Fahrenholz, 1992: 14). 이러한 맥락에서 근본주의자들이 생각하는 종교적 감성과 그 해결책은 근대화 이전의 신뢰의 수준으로 되돌아가는 것이다.

22) 근본주의는 설명할 수 없는 신앙 부흥이 아니라 인식된 위협에 대한 하나의 징후이고, 그리고 흔히 현재의 정치적 과정과 깊이 관련되어 있기 때문에 권력의 작용과 분리될 수 없다. 뿐만 아니라 더욱이 근본주의 이념의 범위와 속성은 그 이념이 출현하는, 그리고 이와 관련이 있는 정체(政體)의 성격에 터하고 있다(Caplan, 1987: 5). 바꾸어 말하면 근본주의는 근대적 변동 세력들에 대한 하나의 의식적인 반대가 있는 곳에서만 존재하고, 이러한 반대는 그 세력들이 존재하는 곳에서만 가능하다(Ammerman, 1990: 155).

왜냐하면 그 국가는 세 가지 점에서 그것의 반발을 불러일으키기 때문이다. 첫째, 근본주의는 합리화된 관료제를 갖춘 국가가 세속적 교육을 도입하고, 학교에서 종교와 종교적 실천 등을 금지하고, 이혼·혼외정사·동성애·낙태 등과 같은 사악한 실천들을 허용함으로써 삶의 모든 영역에 침투하여 결혼, 이혼, 생활의 배열 등을 지배하는 규칙들을 완화(Almond, Sivan, and Appleby, 1995a: 411)시킨다고 생각한다. 이러한 차원에서 근본주의자들은 종교가 정치와 분리되는 것을 거부하게 된다(Williams, 1994: 793). 다시 말해 근본주의자들은 이를 추구하는 국가를 종교적 영역의 침입자 또는 그 영역을 유지 못하게 하는 존재로 간주하여 반발하게 되는 것이다(Garvey, 1993: 20~21).23)

둘째, 근본주의는 국가가 다원화를 조장하는 정책, 특히 외래 종교의 전도를 허용하는 종교정책이 허용되면 '참'종교이고 유일한 진리인 자신들의 종교의 존립이 위협받을 것으로 생각한다.24) 다시 말해 근본주의자들은 자신들이 믿는 종교만이 '참'25)이라고 생각하기 때문에 다른 종교는 고려의 대상이 될 수 없다. 이 경우 근본주의자들은 모든 신자들의 일치를 저해하는 세속적 국가를 하나의 적(敵)으로 설정하여 반발하게 된다(Garvey, 1993: 22).

셋째, 근본주의는 국가가 근대화·세속화의 과정을 통해 시민들의 삶과 자원에 대한 총체적 권위를 주장하면서 사회를 압도(Tehranian, 1993: 335)한다고 생각한다. 바꾸어 말하면 간섭적 국가 때문에 사회가 약화되는 것에 대해 반발하는 것이다. 따라서 근본주의자들의 행동을

---

23) 이와 관련하여 서프와 헤든(Shupe and Hadden, 1989: 111)은 근본주의를 제도적 분기(分岐)를 탈분화(脫分化)시키고, 공공정책의 결정 과정에서 종교를 이익의 주요인과 일치시키려는 하나의 계획으로 이해한다.
24) 이러한 관점은 몰트만(Moltmann, 1992: 109)이 근본주의를 하나의 '보편 종교운동에 대한 도전'으로 이해한 데서 잘 드러난다.
25) 이와 관련하여 쿠크(Cooke, 1962: ⅻ)는 기독교만이 참된 종교라고 인식하는 기독교의 우월주의와 다른 종교에 대한 무관심을 '종교적 몬로주의'로 규정한다.

조장하는 것이 바로 국가의 이러한 행위들이다(Williams, 1994: 800). 종교 주변화의 과정에 적응하고, 참종교의 생존을 위협하는 세력이 그 두 번째 반발의 대상이 된다. 이러한 세력을 국내자(局外者)와 국외자(局內者)로 나눌 수 있는데, 전자에는 이교도, 후자에는 근대화론자, 배교자 등이 있다.26) 많은 근본주의자들은 그들의 반대편에 위치한 국외자들보다는 오히려 국내자들에게 더 반발한다. 왜냐하면 근본주의자들은 같은 종교를 믿는 이들이 외부 세계와의 경계선을 완화하거나 없애고, 비근본주의자들과 제휴하고, 개종27)의 중요성을 강조하지 않는 것으로 생각하고 있었기 때문이다(Ammerman, 1987: 76~77, Marty and Appleby, 1991b: 822).

요컨대 근본주의는 근대화, 세속화에 의해 발생하며, 이를 조장시키려는 세력에 방어적인 차원에서 반발하여 몇 가지의 종교적 내용과 전통적인 우주론적 믿음들의 묶음 및 이와 연관된 행동 규범 등을 지켜 내려고 한다. 그 반발 대상과 관련해서 근본주의는 근대화와 세속화를 정책적으로 구체화시키는 세속적 국가, 이러한 과정에 대한 반발에 미온적인 세력 등을 '참'신자인 근본주의자들이 끊임없이 저항해야 할 대상과 동일시하게 된다. 물론 이러한 반발은 정체성의 위기에 의해 촉발된다. 이러한 의미에서 '반발' 속성은 근대화·세속화·다원화 등을 주도하거나 이에 동조하는 세력과, 그리고 이에 대한 저항과 관련이 있다.

---

26) 보기로 개신교회 내에서 근대주의자들은 흔히 참기독교인이 아니라고 비난받았고, 이슬람 세계에서 그들은 신앙이 없는 사람이거나 이교도이다(Caplan, 1987: 21). 여기서 교회 외부에 있는 이교도는 일탈적 국내자로서의 이단자와는 구별되는 존재이다(Kurtz, 1983: 1087).

27) 이 글에서는 개종을 종교 변동의 하나의 역동적·다면적 과정으로 정의한다. 바꾸어 말하면 개인의 근본적인 변화 곧 사람의 신념, 행동, 협력관계 등의 급작스럽고 근본적인 교체와, 그리고 하나의 담론 공동체의 변화 등을 의미하는 것으로 그 용어를 사용할 것이다(Snow and Machalek, 1984, Rambo, 1987).

2) 정통과 이단의 분리

근대적·세속적·다원적인 것을 초래한 세력에 대한 규명이 종교 주변화에 대한 반발과 관련되어 있다면, 이후의 작업은 근대적·세속적·다원적인 것으로 대표되는 외부 세계와, 그 세계에 의해 둘러싸여 있는 내부 세계를 구분하는 것이다. 왜냐하면 이러한 세력의 도전에 저항하기 위해서는 무엇보다도 먼저 근본주의자들의 정체성과 멤버십 및 그 존재론적 의미 등을 명료화시키는 작업이 필요하기 때문이다.

이러한 작업은 구체적으로 국외자의 정체성과 구별되는 그들의 그것을 확인하고, 국내자의 역할이 일탈된 세계를 바로잡는 데 있기 때문에 그들은 선택받은 사람들이라는 의식을 강화시키며, 이론적·실천적 차원에서 이러한 구별을 뒷받침하는 것으로 나타난다. 이는 그 내부 세계를 정통의 상징으로, 그 외부 세계를 이단의 그것으로 자리매김하여 세계를 '분리'시키려는 의지의 표현이다. 여기서 분리라는 것은 세계를 내/외, 선/악 등의 이분법에 따라 구분하고, 외부 세계를 분명하게 인식하면서 그 대상에 대해 점점 더 호전적이 되어 간다는 의미에서이다. 흔히 이러한 분리는 두 가지 형태를 취하는데, 그 하나가 근본주의자들이 보기에 거룩한 공간과 존재를 확인하는 것이고, 다른 하나는 올바른 행동을 요구하는 것이다(Marty and Appleby, 1991b: 821, Almond, Sivan, and Appleby, 1995a: 408).[28]

전자의 하나의 형태로서의 경계선은, 근본주의가 그 구성원들에게 물질적이거나 정상적인 지위 조건들(status terms)을 적절하게 보상해 줄 수 없고, 그리고 동요하는 사회에서 주어진 종교를 유지하려는 도

---

28) 가비(Garvey, 1993: 17)의 용어를 빌리자면 이러한 특성을 '실천적'이라고 부를 수 있다. 바꾸어 말하면 근본주의자들은 교리의 단순성을 보완하기 위해 특히 올바른 행동을 강조한다.

전에 대한 하나의 해결책과 관련되어 있다(Marty and Appleby, 1991b: 821). 이처럼 '배타적 경계선의 설정'을 통해 근본주의자 집단이 유지될 수 있다고 생각한다.

흔히 이념과 조직 등은 자원을 통해 조직되는데, 적어도 초기 단계에서는 대부분의 근본주의 운동에 강제적 수단과 수익용 자원들이 거의 없기 때문에 '선민의식[29]의 강화'라는 방법을 생각하게 된다. 이를 통해 그 구성원들에게 그 일탈된 세계를 회복시킬 수 있는 책임이 있다는 사실을 확인시켜 주며, 더욱 중요한 사실은 아무나 그런 일을 할 수 없다는 자부심을 심어 주게 된다(Almond, Sivan, and Appleby, 1995a: 412). '선민'의 이름으로 불리게 되며[30], 이들은 신앙심이 없는 사람들에 비해 도덕적으로 우월하다는 하나의 관념으로 보상을 받게 된다(Almond, Sivan, and Appleby, 1995b: 440).

적에 의해 포위당한 사람들의 존재론적 의미는 '도덕적 이원론[31]의 확장'에 의해 담보된다. 왜냐하면 이러한 이원론적 세계관이 근본주의자들의 정체성의 일치를 조장할 뿐만 아니라 내부·외부 경계선을 만드는 그 이념적 바탕이 되기 때문이다(McGuire, 1981: 162 참조). 이원론의 하나의 특징은 경쟁하는 종교보다는 오히려 자체의 전통에서 표류하는 사람들을 강력하게 반대하는 데 있다(Almond, Sivan, and Appleby,

---

29) 서구에서의 이 관념은 유태교의 사상에서 가장 비슷한 형태를 가지고 있다. 유태인들은, 하나님이 그와의 거룩한 언약을 지키는 신심이 깊은 유태교 신자들에게 때때로 은총을 베풀기도 하고, 벌을 내리기도 하는 선택된 사람들이다(Garvey, 1993: 18).
30) 근본주의는 뽑힌, 선택된, 거룩하게 불리는 멤버십을 가지는 경향이 있는데, 이들은 "증거하고", "하나님과 동행하는" 등의 "충실한 신자들", "보존자", "최후의 전초 기지", "언약의 파수꾼" 등으로 다양하게 서술된다.
31) 여기서 우리는 이원론을 세계의 존재의 기초를 이루는 두 가지 근본적인 인과 원리의 실재를 가정하는 하나의 교리로 정의할 것이다(Bianchi, 1987: 506).

1995a: 412).32) 그 이원론적 세계관은 실재를 밝음과 어둠, 정신과 물질, 선과 악으로 엄격하게 나누는데, 궁극적으로 전자가 후자에 대해 승리할 것으로 생각한다. 이러한 차원에서 외부 세계는 일탈되고, 사악하고, 파멸될 운명에 있는 반면에 내부 세계는 순수하고, 구원된 보존자이다(Almond, Sivan, and Appleby, 1995a: 406).

이러한 이원론은 종교적 헌신을 특징지을 뿐만 아니라 사회적·정치적 문제를 처리할 경우에는 도덕적 명령으로 번안된다(Hunter, 1990: 69). 이는 실천적 차원에서의 '행동의 요구'로 나타나며, 구체적으로 사악한 행동, 자료 읽기 등이 엄격하게 규제된다(Almond, Sivan, and Appleby, 1995a: 408).33) 따라서 정통과 이단의 분리라는 근본주의의 속성은 이념적 차원에서의 배타적 경계선의 설정과 선민의식의 강화 및 도덕적 이원론의 지지를, 실천적 차원에서는 행동의 요구를 그 구성요소로 하고 있다.

3) 종교 전통의 선택

근본주의의 목적이 반근대화, 반세속화에 있다면 이념적 차원에서 그것을 정당화할 수 있는 자원을 제시해야 한다. 근본주의자들은 자체의 '종교 전통'34)의 특정한 측면들을 선택하게 된다. 그들은 여러

---

32) 보기로 가자(Gaza)의 하마스는 서구화된 자, 곧 첫째로 도덕적으로 타락한 이슬람교도, 둘째로 이교도의 이스라엘인들을 상대로 투쟁한다(Almond, Sivan, and Appleby, 1995a: 412).
33) 보기로 마단(Madan, 1991: 618)은 시크교 근본주의가 근대적 정통주의라기보다 오히려 정통적 실천(orthoprax)이라고 주장한다. 왜냐하면 그것은 의상, 흡연, 이슬람 여성들과의 성 관계 등을 지배하는 행동규칙을 강조하기 때문이다. 경전 해설은 그들의 주된 관심사가 아니다.
34) 이러한 인식은 근본주의를 변화하는 세계를 재구성하고, 이에 대처하기 위해 그 종교 전통의 여러 측면들을 활용하려는 하나의 거대한 시도라

가지 전통들 가운데서도 근본적인 것들을 선택의 대상으로 삼는다. 이러한 의미에서 그들의 선택은 전략적이다.

이와 관련하여 먼저 근본주의자들은 근본적인 것들의 재구성에 앞서, 이러한 작업이 필요한 이유에 대해 설명해야 한다. 이는 또한 이념적인 차원에서 그 일탈의 책임을 적들에게 전가시키기 위해서도 필요한 작업이다. 이에 따라 근본주의의 이념에서는 '거룩한 과거'와 관련하여 세계를 이렇게 만든 악의 상징을 규정하게 되며, 이를 통해 환기되는 이러한 주요 상징들은 일반적으로 근본주의에 있어 핵심적인 것이다(Coleman, 1992: 38). 뿐만 아니라 근본주의자들은 역사가 왜곡되어 왔다는 의식도 공유하고 있다. 여러 가지 이유에서 역사를 일탈시킨 것은 근대적·세속적·다원적인 것이며, 때문에 근본주의자들의 소명은 역사 바로 세우기에 있다는 것이다(Hunter, 1990: 59~63).

근본주의자들은 단지 거룩한 과거의 일탈 과정을 재확인하는 것에서 끝내지 않고, '근본적인 것들의 재구성'을 통해 적대적 세계에 대항할 수 있는 이념적 무기를 만들게 된다(Marty and Appleby, 1991b: 826).[35] 그들의 전통 안에서 유용한 여러 가지 상징들을 빌려와 거기에 새로운 의미를 부여하여 이를 운동의 목적에 부합시킨다. 또한 여기에는 일탈된 현재의 모든 것을 근본적인 것들로 대체하여, 미래를 담보하겠다는 그들의 의지도 담겨져 있다(Almond, Sivan, and Appleby, 1995a: 412).[36] 따라서 그들은 거룩한 과거에서 교리, 실천 등을 선택하여 정체성을

고 정의한 서프와 헤든(Shupe and Hadden, 1989: 113)에 의해 지지된다.

35) 이러한 맥락에서 근본주의는 종교의 붕괴를 저지하고, 그리고 종교의 주변화로 인한 침식에 저항하기 위해 하나의 종교 전통 가운데서 '근본적인 것들'을 선택적으로 복원하고 꾸미고 구성하는 과정이라 말할 수 있을 것이다(Marty and Appleby, 1993b: 3).

36) 때문에 근본주의자 집단이 '종교적 신념체계의 그럴듯함'(Berger, 1967: 45)을 담지하게 된다. 그들은 이런 신념들이 개인적 상상력의 산물이 아니라는 근거를 제시하고, 신념들의 공적인 표현을 고무시키고, 그 신념을 행하고, 예언이 실현되는 경우를 만들어 내면서 그렇게 한다(Wuthnow, 1992: 1652).

강화37)시키며, 그리고 그것들을 세련되게 만들어 반종교적 환경을 받아들이도록 위협하는 국외자들에 반대할 수 있는 하나의 방어물로 이용한다(Marty and Appleby, 1993b: 3).

흔히 근본적인 것들이 경전을 통해 명확하게 이해되는 경우 근본주의가 좀더 쉽게 출현한다. 왜냐하면 근본주의자들은 경전에서 그 근본적인 것들에 대한 절대적 타당성(Marty and Appleby, 1991b: 826)의 근거를 찾을 수 있기 때문이다. 이러한 차원에서 근본적인 것들의 재구성을 정당화시키는 것이 '경전의 무오류성'이다. 근본주의자들의 입장에서는 그들의 경전과 교리가 정확할 뿐만 아니라 거룩한 기원을 가지고 있고, 의심할 여지가 없는 진리라고 믿거나 또는 믿고 싶어 할지도 모른다(Almond, Sivan, and Appleby, 1995a: 412). 세계가 무질서해 보이는 위기의 시대에는 더욱 그러하다. 비유컨대 근본주의자들은 획득의 희망보다는 상실의 두려움에 의해 동기지어진다(Liebman, 1993). 따라서 그들은 불확실성을 쉽게 받아들이지 않으며, 단지 경전을 수호해야만 그 확실성을 성취할 수 있다고 생각한다(Almond, Sivan, and Appleby, 1995a: 412).38)

이러한 근본적인 것들의 선택과 재구성, 경전의 무오류에 대한 지적인 확인 작업은 '카리스마적 리더십'에 의해 주도된다. 이 둘이 이어지는 것은, 효율적 선택에는 권위가 필요하다는 차원에서이다. 알몬드 등(Almond, Sivan, and Appleby, 1995a: 408~413)에 의하면 근본주의자 집단의 전형적 형태는 카리스마적이고, 지도자-추종자의

---

37) 자체의 종교 전통에 대한 확신, 토착적인 문화적 뿌리, 거룩한 언어, 본원적 정체성 등으로 되돌아가려고 하는 것은, 근본주의자들이 그 신자들 앞에서 행하는 하나의 약속이다(Tehranian, 1993: 338).

38) 예컨대 비일(Beale, 1994: 19)은 근본주의를 기독교의 어떤 철학도 아니고 본질적으로 성경의 어떤 해석도 아니라고 주장한다. 뿐만 아니라 그것은 심지어 성경의 단순한 축어적 해석도 아니고, 그것의 본질은 그보다 훨씬 더 깊이 나아가는 것, 곧 무조건적으로 성경을 수용하고, 성경에 복종하는 것이라고 정의한다.

관계에서 그 추종자들은 특별한 자질, 거룩한 은총, 경전에 대한 완벽한 이해 등을 종교 지도자들에게 전가한다. 카리스마적 지도자는 다른 모든 사람들과는 구별되기 때문에, 육체적 언어와 의례 등으로 그 지도자들과 추종자들 사이의 거리를 설명하게 된다는 것이다.

종교 전통의 선택이라는 속성의 핵심은 근본적인 것들의 선택과 재구성이다. 왜냐하면 근대화·세속화로 인해 일탈된 세계의 대안으로 제시되는 그 이상사회를 구성하는 자원이 그 전통 안에서 선택한 근본적인 것들이기 때문이다. 근본주의자들의 기회와 행동을 매개하는 작업은 그 종교 전통의 선택으로부터 시작한다고 할 수 있다. 물론 이러한 작업은 경전의 무오류성에 의해 이념적으로 뒷받침되며, 고도의 지적 능력과 권위를 필요로 한다는 점에서 카리스마적인 리더십이 주도하게 된다.

4) 이상사회의 복원

근본주의는 서로 다른 방식으로 외부 세계와 상호 작용할 수도 있지만 이상사회의 혁신적 복원이라는 목적을 실천에 옮기기 위해 의도적으로 다양한 행위 유형으로 세계와 관계를 맺게 된다(Almond, Sivan, and Appleby, 1995b: 426~428). 여기서는 현상을 타락한 것으로 간주하여 그것을 원상으로 돌려놓으려고 한다는 차원에서 그 복원 대상이 과거를 전제로 하다. 그러나 단순히 현재를 유지하거나 과거로 되돌아가는 것이 아니라, 현재를 고려하는 연장선상 위에서의 미래를 그 바탕에 깔고 있다. 이러한 인식 아래 그들이 취하는 전략적 대응의 유형을 세계 정복자(the world conqueror), 세계 변형자(the world transformer), 세계 창안자(the world creator), 세계 거부자(the world renouncer) 등으로 분류할 수 있을 것이다(Almond, Sivan, and Appleby, 1995b·1995c).

먼저 '적의 제거'라는 행위 유형의 목표는 적들이 생존할 수 있는 사회적 자원을 통제하거나, 아니면 그들을 문화적·정치적으로 추방하거나 또는 그들의 주의 주장을 강제적으로 바꾸어 그들을 지배하는 데 있다(Almond, Sivan, and Appleby, 1995b: 428). 이러한 유형의 근본주의는 모든 형태의 반대 의견을 묵살하는 것을 선호한다(Garvey, 1993, 24~25). 어둠의 영역은 극복되어야 하고, 참 신자들이 그 세계의 제도와 구조 및 가치 등을 통제해야 하며, 그 세계는 그 특정한 정치적 목적에 기대어 개념화된다. 이러한 유형은 기존 질서를 붕괴시키려 한다는 점에서 근본주의가 선택하는 가장 적대적인 전략 유형이라고 할 수 있다(Almond, Sivan, and Appleby, 1995c: 447~448).

반면에 많은 에너지를 배타적 공간(a enclave)의 구축, 경계선의 구별, 틈새 확보 등에 투입하는 전략이 존재할 수 있다. 알몬드 등(Almond, Sivan, and Appleby, 1995b: 429)에 의하면 이 '배타적 공간의 창안' 유형은 의도적으로 외부 세계와 직접 경쟁한다. 그것은 일탈적 세계에 대한 하나의 분명한 대안으로서 다른 것들을 끌어들이기 위해 자신의 세계를 채우고 확대시키려고 한다는 것이다. 따라서 이 전략은 대안적이고 포괄적인 사회구조와 제도 등을 만드는 데 그 목적이 있다. 전도 활동은 외부 세계의 구조를 변형시키기보다는 배타적 공간의 수를 증가시킨다는 점에서 중요하다는 것이다.

적들을 없애는 세 번째 유형은 한 사회의 구조·제도·법률·실천 등을 재해석하여 이에 영향을 미치는 것으로서, 공적인 삶에 종교적 요소를 다시 도입하여 적들을 곤란에 빠지게 하고, 이들을 개종·주변화시키려고 하는 것이다(Almond, Sivan, and Appleby, 1995b: 428, Coleman, 1992: 41). 이처럼 '일탈적 내부 세계의 변형' 전략은 세계 거부와는 달리 세계를 떠나기보다는 오히려 그 세계를 변화시키려고 한다(Garvey, 1993: 23).

세계-정복적 유형과 비교해 볼 때 이 유형은 사회를 개혁시키려는 궁극적인 목적에서는 동일하지만 이러한 목적을 성취하기 위해 다양하고 융통성 있는 전략을 채택한다는 점에서 일정 정도 차별성을 보인다. 세계-변형적 유형은 일정한 정치적 상호 작용과 타협 등을 요구한다. 이념적으로 그 유형은 약간 중도적이며, 조직이 요구하는 조건들을 이러한 전략에 맞추기 위해 선택적으로 그 경계선을 완화시킬 수도 있다(Almond, Sivan, and Appleby, 1995b: 428~429).

상대적으로 드문 '세계의 퇴거' 전략은 포괄적인 정치적 프로그램을 가지고 있지 않기 때문에 주어진 종교의 완전무결성을 최고의 가치로 간주하게 된다(Tehranian, 1993: 322). 이념적으로 이 유형은 세계-정복적 유형처럼 공리공론적이고 엄격하게 될 수 있지만, 그 에너지는 위협하는 외부보다는 오히려 내부적으로 세계의 자기 구성과 보존을 지향하고 있다. 또한 외부 세계와 병행하여 하나의 세계를 세우려는 의도를 가지고 있지 않기 때문에 이 유형은 교육, 가정생활, 종교의례 등을 강조한다(Almond, Sivan, and Appleby, 1995b: 429). 이러한 전략은 사회로부터 철수하기 위한 선택으로 하나의 매력적인 선택이며, 근본주의자들은 그것을 통해 종교적 율법에 의해 지배되는 좀더 동질적인 공동체를 만들 수 있게 된다(Garvey, 1993: 22~23).

요컨대 근본주의의 속성들은 근대화·세속화·다원화 등을 조장하거나 이와 교섭하려는 세력들에 종교가 저항하면서, 정통과 이단의 분리를 통해 근본주의자들의 정체성을 규정하고, 그 정당화 자원으로서의 종교 전통의 근본적인 것들을 선택하고, 그 일탈된 세계를 이상사회로 복원하는 데 필요한 여러 가지 전략들을 추구하려는 하나의 움직임에 관한 진술이다. 이러한 의미에서 이 속성은 근본주의의 주체로서의 '종교', 반발의 원인으로서의 '종교의 주변화', 근본주의자들의 존재를 규정하는 '정통과 이단'이라는 상징, 그 이념적 정당화 자원으로서의 '종교 전통', 근본주의의 목적으로서의 '이상사회' 등에 관한 것이라고 말할 수 있다.

5. 지구적 근본주의

근대사회에 관한 대부분의 학문적 연구가 그러하듯이 근본주의 논의 또한 서구 학계를 중심으로 시작하여 그 성과가 축적된 것이기 때문에, 그 논의를 곧바로 비서구사회에 적용시키는 데에는 많은 한계가 있다. 그렇다고 서구사회의 역사적 경험에 바탕을 둔 개념과 이론 등을 무조건 다 폐기할 수는 없는 노릇이다. 이 글은 그 가운데서 보편성을 찾으려는 노력을 기울이면서도, 한국사회의 '특수성'으로 그 개념을 보완하여 하나의 새로운 이론 정립의 계기로 삼을 것이다. 이는 전혀 의미 없는 작업은 아닐 것이다.

흔히 서구의 이론은 한국사회의 현실이나 역사적 경험 등을 분석하는 데 부적합하다는 이유로 그 이론의 적용에 부정적이다. 그 이론으로 한국사회의 현실을 분석한 연구에 대해 전가의 보도처럼 우리에게 적합하지 않은 이론을 무조건 적용했다는 비판을 제기한다. 물론 이러한 비판은 일견 타당한 부분도 없지는 않다. 이것이 한국사회의 특수성을 과잉으로 강조하는 것에서 연유하는 것이라면 이 또한 비판받아 마땅하다. 왜냐하면 이러한 인식의 한 언저리에는 서구에만 보편성이 존재한다는 또 다른 형태의 서구 중심주의적인 관점이 도사리고 있기 때문이다. 이 글에서는 이러한 관점뿐만 아니라 한국사회의 특수성을 지나치게 강조하는 접근도 피하려고 한다.

주로 서구적 경험에서 창안된 개념이기는 하지만 근본주의 개념을 무조건적으로 배격하지 않을 것이다. 이 글은 세 가지 점에서 그 개념에 주목한다. 첫째, 근대사회와 종교와의 관계를 좀더 체계적으로 파악하는 데 그 개념이 유용하다고 보인다. 흔히 베버(Weber)의 개신교 윤리 연구는 근대 세계에서 종교와 사회의 관계를 대립적인 것으로 보던 통념적 관점을 극복하였다는 평가를 받는다. 이러한 인식을 받아들인다면 근대사회와 종교는 서로 영향을 주고받았다. 그런데 근본주의 개념은 근대사회의 발전에 대한 종교의 반응에 초점을 맞추고 있다. 이러한 차원에서 이 개념은 근대와 종교와의 관계에 관한 연구 지평을 넓힐 수 있을 것이다. 뿐만 아니라 이 개념은 근대사회가 직면하고 있는 도덕적 위기 상황에 대한 나름대로의 해결 방안을 모색하고 있는 일련의 종교 정치적 운동을 이해하는 데 유용하다고 생각한다. 둘째, 그 개념의 이론화에 필요한 많은 경험적 사실의 축적이라는 차원에서 한국사회의 역사적 경험이 동원될 수 있기 때문이다. 셋째, 역으로 그 경험을 설명함에 있어 그러한 개념이 이론적 배경이 될 수 있기 때문이다. 달리 말해 이러한 방식의 접근이 근대사회와 종교의 관계 규명, 근본주의 논의의 정밀화, 한국사회의 역사적 경험에 대한 유용한 분석 틀 확보 등을 동시에 해결할 수 있는 효율적인 방법이 될 수 있을 것으로 생각하기 때문이다.

지금까지 다수의 연구자들은 근본주의가 특정의 종교 전통에서만 출현하는 것으로 이해해 왔다. 그 대표적인 학자가 알몬드 등(Almond, Sivan, and Appleby, 1995a: 402~405)과 마르스덴(Marsden, 1980: 221) 등이다. 알몬드 등은 아래의 <표 1>의 지구적 근본주의들을 중심으로 근본주의의 속성들을 추상화하면서 기독교 근본주의, 유태교 근본주의(Jewish fundamentalism) 등을 하나의 공통적인 유산으로 귀속시킬 수 있고, 종교 전통상 여러 유사성을 공유한 것으로 간주하여 이들 사례를 유태-기독교적 근본주의(Abrahamic fundamentalism)로 정의한다. 반면에 이러한 유태-기독교적 신학과 실천의 주요 특성들을 공유하지 않는 다른 사례들을 유사(類似) 근본주의로 간주하면서, 이에 힌두교 근본주의(Hindu fundamentalism), 불교 근본주의(Buddhist fundamentalism) 등을 포함시키고 있다. 또한 이슬람 근본주의를 근본주의자의 강력한 헌신과 민족주의적·반제국주의적 성향이 결합되었다는 의미에서 이러한 두 가지 범주의 중간에 자리매김하고 있다.

그들의 이러한 범주 구분도 기본적으로는 유태-기독교적 근본주의를 그 준거로 하고 있다는 점에서 제한적이다. 더욱이 마르스덴은 미국에서만 근대주의에 대한 반응이 문화 전반에 걸쳐 분명하고도 상당한 역할을 수행하였다고 주장하면서 근본주의를 미국의 특유한 현상으로 간주한다. 이러한 구분과 주장 등은 기본적으로 서구 중심주의적 사유를 전제로 한 것으로 생각된다. 이는 근대화와 세속화의 편재성을 가정한 발상으로서, 비서구 지역은 내재적 계기가 아닌 외재적인 그러한 과정을 경험했거나 아니면 아예 그 과정이 없었기 때문에 근본주의가 발생할 가능성이 적었다는 논리와, 서구 제국주의의 충격에 대한 반발이었을 뿐이라는 설명 등에서 기인한다. 이러한 관점은 '지구적 근본주의'라는 용어가 등장하면서 도전받고 있다.

해든(Hadden, 1992: 1640)은 이 용어를 호메이니(the Ayatollah Khomeini) 등이 주도한 1979년의 이란 혁명의 결과물로 이해한다. 호메이니와 그 추종자들이 약 14개월 동안 62명의 미국인 인질들을 억류하자 미국의 개신교 근본주의자들의 권력에 관심을 가지고 있던 사회과학자들이 미국에서의 종교적 권리와, 호메니이의 추종자, 중동의 이슬람 급진파 등을 비교·연구하기 시작하면서 이슬람 근본주의라는 개념이 생겨났다는 것이다. 곧 이어 전 세계에 걸쳐 정치적으로 급진적인 집단들을 선택하여 근본주의자로 명명하게 되면서 1980년대 동안 지구적 근본주의라는 관념이 대중매체나 학자들에게 동시에 널리 수용되었다. 지구적 근본주의 현상은 어떤 형태로든, 그리고 한 사회이든 국제사회이든 간에 일정 정도의 영향을 미치는 하나의 종교 사회적 요인으로 작용하고 있었기 때문에 사회학자들, 특히 종교사회학자들의 관심을 끌기에 충분한 주제였다.

<표 1> 지구적 근본주의

종교 전통	근본주의
기 독 교	미국 개신교 과테말라 오순절 가톨릭 이탈리아 해방코뮌 남인도
유 태 교	Haredi Habad Gush Emunim Kach
이슬람교	이집트 jama'at 알제리 FIS 하마스 이란 시아파 이라크 시아파 레바논 헤즈불라 파키스탄 Jamaat-i-Islami 인도 Tablighi Jamaat
힌 두 교	힌두 RSS
불 교	실론 불교
시 크 교	급진 시크교

출처: Almond, Sivan and Appleby(1995a: 410).

대부분의 사회학자들은 1970년대 중반 이래 확산되고 있었던 지구적 근본주의를 주시하고 있다. 왜냐하면 그 근본주의는 사회구조적 영역의 분화가 증대하고, 거의 모든 사회 영역에서 합리성의 기술적 양식이 계속 발전할 것이라는 세속화에 관한 초기의 강력한 예측과는 어긋나기 때문이다(Wilson, 1987a: 162~165, Coleman, 1992: 36~37, Stark and Iannaccone, 1992: 2030). 이러한 상황에서 많은 학자들, 특히 몰트먼(Moltmann, 1992: 114)은 진보에 대한 신념이 확실하게 승리하고, 근본주의가 극복될 수 있을 것이라는 기대감이 점점 근대 세계의 모순이 증대하면서 상실되고 있음을 지적하고 있다.

지구적 근본주의 논의에서 우리가 시사받을 수 있는 점은, 근본주의가 서구만의 독특한 현상이 아니라 근대화, 세속화에 직면한 지역에서 보편적으로 발견되는 현상이라는 것이다. 일부 학자들의 주장처럼 근본주의가 거룩한 것과 세속적인 것을 명확하게 구분하는 종교 전통, 구세주나 메시아에 의한 종말의 구원, 거룩한 기원에 기반을 두고 있는 공식화된 교리와 율법 등을 가지고 있는 유태-기독교적 종교에서만 발생하지 않는다. 물론 근본주의 개념만으로 종교의 주변화에 직면한 일련의 움직임들을 모두 포괄하기에는 한계가 있다.

그러나 서구사회의 특정의 종교 전통에서만 근본주의를 확인할 수 있다는 주장은, 비서구 지역에서 확인되는 이와 유사한 현상을 지나칠 수 있다는 위험을 안고 있다. 뒤에서 체계적으로 확인되겠지만 근본주의 논의가 한국사회의 역사적 경험을 통해 더 많은 증명 사례를 축적할 수 있을 것으로 기대한다. 이는 역으로 그러한 경험을 이론적으로 접근할 수 있는 하나의 분석 틀을 동시에 확보할 수 있다는 것을 의미하기도 한다. 이미 언급한 바와 같이 서구적 보편성만을 견지하는 학문적 태도의 한계를 넘어 일정 정도 전 세계적 보편성의 추구가 가능하다는 이 글의 문제의식을 다시 한번 확인시켜 주는 동시에, 이 글이 기대고 있는 이론적 배경의 타당성을 뒷받침해 주는 것이라고 생각한다.

II 문제의식의 정제

1. 조선에서의 근대의 진전과 종교사회학적 지형

서구사회의 경우 근대에 들어 근대화·세속화가 진행되면서 이에 대한 저항과 거부의 움직임이 있었는데, 조선사회는 어떠했는가? 한국사회의 역사적 경험에도 이러한 추세와 반응의 흐름이 존재하였는가? 이러한 차원에서 우리는 조선사회에서도 근대화·세속화에 대한 종교적 대응이 있었는지, 그것을 근본주의라고 부를 수 있는가가 이 글의 문제의식을 다듬는 작업의 출발점이다. 여기서는 그 가능성에 대해 개괄적으로 서술하여, 일단 그러한 의식의 방향이 제대로 된 것임을 분명히 하려고 한다.

19세기 조선사회는 자본주의적 발전(김용섭, 1975·1984·1992), 민주화(이태진, 1995) 계층체계의 개방화(Cho Hein, 1989), 관료제화(김운태, 1970), 도시화(이태진, 2000) 등으로 대표되는 근대화, 정교분리로 대표되는 세속화, 대외 개방으로 인한 다원화, 곧 어떠한 단일적 세계관도 독점을 유지하지 못하는 사회적 상황(McGuire, 1994: 384) 등으로 급격한 사회변동에 직면하고 있었다. 이를 두고 일부의 성리학자들은 하나의 위기 상황으로 진단한 반면에 다른 한편에서는 지금까지 누적되어 온 문제를 해결할 수 있는 하나의 기회로 인식하고 있었다.

전자를 대표하는 것이 척사위정파라면, 후자의 편에서 있는 것은 개화파였다. 양자는 조선사회를 하나의 개혁 대상으로 설정하고 있었다. 왜냐하면 척사위정파가 생각하기에 조선사회는 이미 성리학적 질서로부터 이탈한 사회였고, 개화파는 그 사회가 성리학적 질서에 의해 너무 구속되어 있다고 인식했기 때문이다. 이처럼 양자는 '부국강병'이라는 개혁의 목표에 대해서는 인식을 같이하고 있었다.

척사위정파는 근대화, 세속화, 다원화 등이 당시의 조선사회를 일탈시키는 하나의 원인으로 생각하여 이에 반발하고 있었다. 그들이 이에 대해 문제를 제기한 것은 그러한 것들이 성리학을 침식시키고, 조선사회 내에서 성리학의 사회적 역할을 약화시킬 것으로 생각하였기 때문이다. 이에 반해 개화파는 성리학 그 자체에 문제의 심각성을 두면서, 사회 각 영역으로부터 성리학의 영향을 제거하는 방향으로 나아가고 있었다. 다시 말해 성리학이 당시 조선사회가 직면한 위기 상황의 극복에 도움이 될 수 있느냐 하는 문제의식에 있어 그 인식을 달리하고 있었다. 척사위정파는 여전히 성리학의 유효성을 신뢰하고 있었지만, 개화파는 그 유용성에 대해 서서히 회의를 가지고 있었다. 전자는 성리학의 근본적인 것들을 복원하는 것만이 그 상황을 해소할 수 있는 유일한 방법으로 인식하고 있었다. 후자는 성리학의 배타성에서 탈피하여 다른 이념적 대안을 모색하고 있었으며, 그 대표적인 것이 서학이었다. 척사위정파가 도덕적인 차원에서의 개혁에 그 초점을 맞추고 있었다면, 개화파는 그 개혁의 수단에 있어 외부 수단에 기대고 있었다. 양자는 내부 개혁의 수단을 두고 갈라지고 있었다. 때문에 개혁의 문제는 개방의 문제와 이어지고 있었다.

이 문제는 척사위정파에게는 여러 가지 의미에서 핵심이었다. 그들이 생각하기에 지금까지 국가가 성리학의 보존과 그 부흥에 중요한 역할을 수행하여 왔다는 것이다. 이제 대외 개방을 통해 서학의 수용을 적극적으로 추진하겠다는 정책적 의지는 바로 성리학의 보존

포기로 인식되고 있었다. 또한 서학, 특히 서구 기독교의 유입을 국
가가 공식적으로 허용할 경우 조선사회 내에서 성리학이 기독교가
경쟁해야 한다는 것이다. 이는 지금까지 성리학이 누려 왔던 그 배
타적 지위의 약화를 의미하는 것이었다. 더욱이 비합법적인 상태에
서의 천주교의 전래가 성리학의 지지 기반을 동요시키면서 일대 혼
란을 초래하였는데, 국가에 의한 외래 종교의 공식적인 전도 허용이
초래할 문제의 심각성은 그들을 긴장시키기에 충분하였다. 이러한
의미에서 19세기 말 척사위정운동과 개화운동의 발생은 근대화, 세
속화, 다원화 등을 둘러싼 인식의 차이에 기인하고 있었다. 당시의
종교 사회적 지형이 이러한 문제들을 중심으로 형성되고 있었다.

이러한 의미에서 19세기에 들어 조선사회는 근본주의를 발생시킬
가능성을 안고 있었다. 왜냐하면 기본적으로 그 사회에는 그러한 현
상을 초래할 수 있는 하나의 동인인 근대적 질서가 자리 잡고 있었
기 때문이다. 이러한 질서의 발전은 내재적[1]으로 이루어지고 있었는
데, 이 계기는 동시적이지는 않았지만 하부구조와 이념 변동의 상호
작용에 의해 주어지고 있었다. 조선사회는 경제적 차원에서는 자본
주의의 형태로, 관념적 차원에서는 세속화 등을 통해 근대사회의 모
습을 보여 주고 있었다. 뿐만 아니라 이에 대한 종교적 대응도 확인
할 수 있다.[2] 앞서 우리는 서구사회의 경우 종교의 주변화에 대한

---

1) 여기서 내재적이란 의미는 우리의 세속화와 근대화의 출발이 외부의
   강요나 이식에 의해 타율적으로 이루어지지 않고, 내적 논리에 따라 이
   루어졌다는 의미이다. 물론 이러한 과정에서 서학이 미친 영향을 낮게
   평가할 수는 없지만, 기본적으로 우리 식대로 내재적 발전과 혁신을 시
   도했다는 점을 분명히 해 둘 필요가 있다. 그러나 이러한 내재적 발전
   시도는, 결정적으로는 서구와 일본으로 대표되는 외부 세력에 의해 왜
   곡·좌절되었고, 척사위정파의 반발도 이에 일조하였다.
2) 넓은 의미에서 우리의 문제의식의 출발점은 하부구조의 변동뿐만 아니
   라 관념을 위시한 상부구조의 변동이다. 그러나 여기서는 두 가지 점에
   서 상부구조의 변동, 특히 종교 변동으로 관심의 범위를 줄이려고 한다.

적응, 저항, 거부 등의 반응이 존재하였음을 지적하였다. 19세기 후기에 이르러 조선사회도 이와 유사한 현상을 드러내고 있었다. 곧 그러한 추세에 대한 적응의 하나의 정점에 개화운동이 자리하고 있다면3), 그 저항과 거부의 대표적인 사례가 19세기 말의 척사위정운동이라고 할 수 있을 것이다.

이러한 저항과 거부의 움직임을 인상주의적으로 서술한다면 조선 사회는 이념과 하부구조의 변동으로 급격한 변화의 소용돌이에 휘말리고 있었으며, 이 때문에 서민들뿐만 아니라 성리학자들도 관념상의 큰 혼란에 빠져 들고 있었다. 이에 많은 지식인들이 이러한 혼동 상태를 극복할 수 있는 방안을 이념적으로, 실천적으로 생각하기 시작하였다. 이 과정에서 그러한 종교의 주변화 추세에 반발하는 움직임은 19세기 초에는 척사위정론을 둘러싸고 관념적 수준에서 전개되었지만 19세기 말에 이르러서는 척사위정운동을 통해 물리적 폭력이 동원되는 등 급진적 형태로 표출되었다.

특히 서학이라는 하나의 외재적 요인이 촉매의 역할을 수행하고 있었다. 실학과 동학의 등장과 더불어 이것의 촉매 역할을 하였던 서학의 존재가 조선사회에서도 종교의 주변화 과정에 대한 저항의

우선 이론적 차원에서는 베버의 논지를 그대로 따라 관념과 이익의 상호적 관계를 인정하는 전제 위에서 종교로 대표되는 관념이 이익보다 조금은 더 특별한 위상을 지니는 존재라는 점을 받아들인 것이다. 그리고 현실적인 이유는 하부구조의 변동에 비해 종교 변동에 대한 연구가 많이 진행, 축적되지 않아 이 글이 이 분야에 대한 연구에 어느 정도 기여할 수 있을 것이라는 소박한 믿음 때문이다. 이것이 조선 후기의 성리학 변동에 주목하는 이론적이고 편의적인 이유이다. 그렇다고 이 글에서 하부구조의 변동을 전적으로 배제하려는 것은 아니다. 이에 관해서는 1866~1896년의 척사위정운동의 발생과 그 과정 등에서 개략적으로 다룰 것이다.

3) 이 글의 짜임새가 좀더 치밀해지려면 개화운동 전반을 연구의 시야 안에 넣어야 하지만 이 작업은 다음의 연구 과제로 남겨둔다. 여기서는 저항과 거부의 역사적 경험만을 분석 대상으로 삼을 것이다.

출현을 예고하는 것이었다. 이러한 조짐은 서학이 유입되고, 동학이 출현하면서 나타난 이념적인 차원에서의 성리학과 서학과의 논쟁, 이들 종교로의 개종에 대한 성리학자들의 인식 등에서 이미 감지되고 있었다. 이때에는 국가가 주도적으로 서학과 동학에 대한 물리적 탄압에 나서고 있었기 때문에 본격적인 행동에 나설 필요가 없었다.

그러나 19세기에 들어와 「척사윤음」과 척화비로 대변되는 것처럼 누구보다도 성리학의 주변화 추세를 억제하는 데 앞장섰던 국가가 그 노선을 바꿔 이를 조장하는 쪽으로 방향을 틀자 평소 이 문제에 대해 적잖은 관심을 가지고 있던 재야 성리학자들을 아연 긴장시켰다. 이제 국가가 개방4)을 적극 검토, 추진하는 쪽으로 정책 노선을 선회하여 성리학자들이 사악한 종교(邪敎)로 정의하고 있던 서학의 유입을 공식화시키려하자 재야의 지식인들, 특히 척사위정파5)는 이 문제에 대해 큰 관심을 표명함과 동시에 국가의 조치에 대해 반대하기 시작하였다. 바꾸어 말하면 성리학자들의 이전의 저항이 관념적이고 비운동적이라면, 각종 양요6)와 개방 요구 등으로 성리학자들의

---

4) 이 글에서는 '개방', '개항', '개국' 등을 엄밀한 구분 없이 같이 사용할 것이다. 그러나 우리는 그 당시의 상황을 감안한다면 '개방'이 더 적합한 낱말이 아닌가 생각한다. 왜냐하면 인천·부산·원산 등으로 상징되는 개항이나 개국보다는 더 넓은 의미, 곧 경제적·사회적·문화적·종교적 차원에서의 문호 개방의 압력을 받고 있었다는 점에서 '개방'이 더 적합하지 않는가 생각한다. 그리하여 이 글을 통틀어 기존의 개항, 개화파 대신에 '개방', '개방파'라는 용어를 더 많이 사용할 것이다.
5) 이 글을 통틀어 "척사위정파"라고 표기할 때 별다른 언급이 없을 경우에는 화서·노사·간재학파를 통칭하는 것으로 사용한다.
6) 치밀한 연구를 필요로 하지만 1866년의 병인양요와 1871년의 신미양요의 성격에 대해 이 글에서는 기본적으로 유교와 기독교 간의 종교 전쟁의 성격을 띤 것으로 간주한다. 왜냐하면 프랑스와 미국에서 입장에서 볼 때 천주교와 기독교를 정통으로 보고, 조선의 유교를 이단시하는 인식 위에서의 전쟁이었기 때문이다. 물론 조선의 입장은 그 반대였다. 척사위정파는 이 양요들을 통해 서구의 존재를 더욱 뚜렷하게 파악하게 되는 계기가 되었다는 점을, 이 글 전체를 통하여 하나의 전제로 삼

인식과 반대는 더 명료화되고 있었다. 이미 존재하고 있었던 이러한 저항의 움직임은 '초대받지 못한 서구'(Tu Wei-ming, 1991: 746) 혹은 기독교와의 전쟁 내지 충돌로 더욱 구체화되었다.

더욱이 이는 후기에 이르러 사회의 현안으로 부상하고 있던 기독교[7]로의 개종 문제와 맞물려 있었다. 왜냐하면 개방으로 인한 서구 세력, 구체적으로는 종교 세력의 침투는 개종을 더 촉진시킬 가능성을 내포하고 있었기 때문이다. 기독교가 조선사회 안에 지지 세력을 확대하여 유교에 도전할 수 있다는 가능성은 척사위정파에게 크나큰 위협요소였을 것이다. 이들은 개방에 아주 민감할 수밖에 없었던 것이다. 곧 이 문제는 그들에게 핵심 가운데 하나였다. 이러한 맥락에서 양요와 개방은 그 당시 조선의 많은 지식인들에게는 하나의 전환점이었다. 특히 척사위정파는 이 지점에서 '적'의 정체를 분명히 하고 있었다.

그들은 개방과 관련해서는 서구와 일본을 주공격 대상으로 삼으면서도 국가를 그 비판의 대상에서 제외시키지 않았다. 이들이 볼 때에 국가의 개방정책은 크게 두 가지 점에서 문제가 될 수 있다. 그 하나는 실학의 출현, 이에 따른 제도적 분화의 시도 등으로 시작된 성리학의 주변화 과정이 더욱 가속화될 것이라는 우려이고, 다른 하나는 개방으로 인해 외래의 종교나 문화가 유입되면서 성리학자로서의 정체성이 도전받을 수 있다는 위기의식이다. 곧 척사위정파의 저항은 각종 양요, 일본 및 서구의 개항 요구 등으로 더욱 증폭되었다. 거기에다 이들은 그 당시의 핵심적인 논의 곧 개방과 미국과의 수교 문제 등에서 배제되어 있었다.

을 것이다.
7) 여기서와 이 글을 통틀어 기독교를 가톨릭과 개신교를 포함하는 의미로 사용할 것이다. 그런데 이 분석 시기가 개신교의 본격적인 전래 이전이기 때문에, 기독교를 지칭하는 것은 가톨릭의 사례가 더 많을 것이다.

이 지점에서 척사위정파는 대대적인 반격의 자세를 취하게 된다. 다른 종교들이 개방파의 정치적·사회적 변동까지를 지향하는 움직임으로 이어지자 성리학을 지키려는 욕구를 특히 강하게 지니는 사람들은 기왕에 불교 등 다른 종교들을 사교로 배척하고 성리학의 정통성을 지키는 어구로 사용하던 '척사위정'8)을 운동의 구호로 삼고 그러한 움직임에 대항하는 척사위정운동을 전개하기 시작했다(조혜인, 1995). 후기에 이르러 성리학의 주변화와 이에 대한 저항의 조짐이 존재하고 있었는데 개방이라는 하나의 촉발 요인으로 이런 반대와 거부의 움직임이 현재화(顯在化)되기 시작하였다. 이런 구체적인 움직임은 척사위정론과 그 운동으로 귀결되고 있었다.

요컨대 19세기 말 조선사회에서도 종교의 주변화 과정에 대한 저항과 거부의 움직임이 존재하였고, 구체적으로는 척사위정운동으로 표출되고 있었다. 따라서 우리는 근본주의의 속성들을 확인하는 데 19세기 말 조선사회의 역사적 경험이 그 분석 대상이 될 수 있을 것이라는 이 글의 문제의식의 출발점이 제대로 된 것임을 확인할 수 있다. 때문에 앞으로의 구체적인 분석을 통해 무엇보다도 먼저 근본주의 논의를 그 경험에까지 확대, 적용시킬 수 있을 뿐만 아니라 근본주의와 관련하여 한국사회나 서구사회가 하나의 유사성을 가지고 있다는 점을 확인할 수 있을 것으로 기대한다. 이러한 인식에 터하여 아래에서는 이와 관련된 선행연구성과를 비판적으로 검토하여 이 글의 문제의식을 좀더 세련되게 다듬으려고 한다.

---

8) 이러한 구호는 역사적으로 조선 초기에는 성리학의 정통성을 확립하기 위한 벽불론(闢佛論)으로 나타났고, 중기 이후에는 일본, 청 등이 민족의 침략에 대항하는 형태로 출현하였다(최창규, 1975: 331~332).

2. 선행연구에 대한 비판적 검토

여기서는 지금까지의 관련 연구들을 비판적으로 검토하여 근본주의의 속성들을 확인하기 위한 하나의 분석 대상으로 19세기 말 조선의 척사위정운동이 적합한지, 그것들을 확인하는 데 필요한 여러 대안적 관점들을 확보하려고 한다. 또한 이러한 검토를 통해 이 글의 연구목적 및 의의, 이에 적합한 연구방법과 자료 등을 제시할 수 있을 것이다.

근본주의 개념이 우리들에게 근대 세계, 특히 보통 사람들에게 보이는 여러 가지 압력과 긴장, 그리고 이들이 한 부분으로 참여하고 있는 종교 공동체 등에 관해 많은 것을 이해할 수 있는 하나의 창을 제공해 준다는 헌터(Hunter, 1990: 71)의 지적은 시사적이다. 우리는 여기서 작업상의 딜레마에 빠지게 된다. 그 이유는 첫째로 근본주의 개념의 이론화 작업이 현재 진행 중에 있고, 근본주의의 속성들을 경험적으로 뒷받침하는 연구가 그리 많지 않다.9) 둘째, 더욱 중요한 점은 근본주의 논의를 한국사회의 역사적 경험을 대상으로 검증을

---

9) 이는 근본주의 연구를 대표한다고 할 수 있는 「근본주의 프로젝트」도 근본주의의 종합화를 그 프로젝트의 마지막 출판물인 제5권의 한 장을 할애하고 있을 뿐이다. 다시 말해 4편의 논문(Almond, Sivan, and Appleby, 1995a·1995b·1995c·1995d)을 통해 지구적 근본주의 논의의 종합화를 시도하고 있을 만큼 근본주의 논의의 이론화 작업은 아직 본 궤도에 올라 있지 않다. 이 연구들도 단지 가설의 차원에서 논의하고 있을 뿐만 아니라 다른 연구들도 개별 사례들을 중심으로 한 논의이지 아직 이론화에는 많은 시간을 필요로 하는 것처럼 보인다. 그렇기 때문에 이 글도 그 이론적 배경의 깊이에 있어 한계를 드러내고 있다. 물론 글쓴이의 능력으로 그러한 한계를 극복할 수 있을 것이라는 소박한 마음도 가져 보지만 이 글은 그러한 속성을 확인하는 하나의 사례로서의 19세기 말 조선의 척사위정운동을 검증하는 것으로 만족할 뿐이다.

시도한 연구가 전혀 없다는 것이다. 곧 이 글이 분석의 이론적 배경으로 제시하고 있는 근본주의에 대한 본격적인 국내 연구자들의 논의나 척사위정운동을 이러한 틀로 분석한 국내외의 연구성과가 아직 제출되지 않은 상태이다. 셋째, 역으로 한국사회의 경험을, 그러한 논의를 분석도구로 하여 접근한 연구도 부재하다는 사실이다.

이러한 세 가지 사실은 우리로 하여금 흔히 기존 연구에 대한 비판적 검토를 통해 연구자들의 문제의식을 좀더 분명히 드러내는 일반적인 접근방식을 포기하게 만든다. 특히 이 글의 주된 연구목적이 19세기 말 조선의 척사위정운동을 분석 대상으로 하여 근본주의의 속성들을 확인하는 데 있기 때문에, 기존의 연구성과로는 이러한 문제의식을 다듬는 데 실질적인 도움을 받을 수 없다는 어려움도 있다. 때문에 이 글에서는 근본주의와 척사위정운동을 동시에 강조하는 접근방법을 취하려고 한다.

이러한 속성을 확인하는 하나의 분석 대상으로 19세기 말 조선의 척사위정운동에 대한 연구성과의 한계점들을 파악하게 되면, 역으로 근본주의 논의가 가지고 있는 유용성을 확인할 수 있을 뿐만 아니라 그 문제의식을 세련화시킬 수 있을 것으로 기대한다. 왜냐하면 우리는 지금까지의 그 운동 연구의 한계를 극복할 수 있는 하나의 접근방법이 바로 근본주의 개념이라고 생각하기 때문이다.

이러한 인식 위에서 그간의 관련 연구성과를 비판적으로 검토하려고 한다. 이러한 검토는 근본주의 논의가 그 운동에 접근하는 데 하나의 유용한 틀이 될 수 있음을 잠정적으로 확인할 수 있는 하나의 근거가 될 수 있기 때문에, 그 속성의 타당성을 밝혀 주는 하나의 시금석이 될 것이다. 때문에 한계는 있지만 19세기 조선의 척사위정운동 연구에 대한 비판적 검토는 그 나름대로 가치 있는 작업이 될 수 있을 것으로 생각한다. 그 운동에 관한 기존의 많은 연구성과를 일일이 다 정리[10]하기보다는 오히려 근본주의의 속성들에 비추어 그 연구들이 가지고 있는 한계점들을 중심으로 살펴볼 것이다. 이를 통해 연구목적과 관련시켜 이 글의 문제의식을 구체적으로 다듬고, 근본주의 논의의 분석력이 존재한다는 점을 개괄적으로 보여 줄 것이다.

기존의 척사위정운동 연구가 19세기 사회변동의 일단에 대한 이해의 지평을 넓히는 데 이바지한 것은 큰 성과라 하지 아니 할 수 없다. 이를 좀더 극적으로 말한다면 장기적 변동의 과정으로 구현된 그 운동에 대한 분석을 통해 우선 그 운동의 발생과 그 과정 등에 대한 논의를 깊이 있게 만들고, 조선 후기 사회의 성격과 변동을 이해하는 하나의 중요한 실마리[11]와 더 나아가 종교 변동과 사회변동과의 관계[12]도 살필 수 있는 하나의 경험적 밑바탕을 확보할 수 있을 것으로 기대해 왔다. 이에 많은 연구자들이 척사위정운동에 주목하여 연구를 진행시켜 왔다. 더욱이 서구와 일본의 침략과 맞물리면서 한편으로는 반제국주의, 다른 한편으로는 민족주의에 방점을 찍

---

10) 연구성과를 체계적으로 정리한 글에 대해서는, 이이화(1981), 이광린(1981), 김태영(1981), 이희환(1984), 유영렬(1987), 이수룡(1990), 이배용(1993), 권오영(1995a), 이재홍(1996) 등이 좋은 참조가 된다.

11) 오늘 우리의 사회가 전통과 근대를 날(經)과 씨(緯)로 하여 '이중' 구조로 짜여져 있다는 관점(Cho Hein, 1989)을 그 밑바탕으로 하여 오늘의 우리를 올바로 이해하려면 그 날과 씨가 처음 짜이기 시작하는 조선 후기 사회의 변동에 대한 연구가 필요하다. 이러한 학술적·실천적 요구를 반영하듯 이에 관한 연구는 많이 쌓여 있다. 그런데 그 대다수의 연구가 물론 일정 정도의 성과는 이루었지만 정치경제학이라는 관점에 너무 치우쳐서 진행되어 왔다. 이는 현실과는 차이가 있는 인식이었음이 최근의 여러 연구들에 의해 밝혀지고 있다. 때문에 우리는 많은 부분 조선사회의 변동이 관념과 이익의 상호 작용 아래 이루어졌다는 관점을 받아들일 것이다.

12) 우리는 베버의 개신교 윤리 연구를 통해 근대화 과정에서 일어난 사회의 변동과 종교의 변동이 결코 하나가 하나를 몰아내는 관계가 아니었음을 상기할 필요가 있다. 곧 하나가 다른 하나에 일방적으로 영향을 주는 것이 아니라 상호적이라는 것이다. 이러한 관계는 조선 후기 사회에서도 그대로 관철되고 있었다. 이러한 사실은 세속화가 조선 후기 사회의 변동에 영향을 미치고 있었으며, 그 역도 성립하고 있었다.

으면서 연구가 진행되어 왔다.

그동안의 연구는 방법, 그 깊이나 주제의 다양성, 연구대상, 시기 등에 있어 나름의 한계를 가지고 있다. 특히 한국사회사 연구에 있어 종교의 주변화와 이에 따른 종교의 대응, 이것이 사회변동에 미친 영향, 성리학의 변동과 사회변동 사이의 관계 등을 체계적으로 관련짓는 연구는 거의 없었다. 이러한 의미에서 아직 척사위정운동 연구는 보완되어야 할 측면들이 많다. 이 글도 부차적으로는 이런 모자라는 부분을 채우는 데 하나의 힘을 보태기 위한 목적을 가지고 있다. 왜냐하면 종교의 주변화로 시작된 장기적 변동의 구현 과정의 한 정점에 척사위정운동이 있다면 그러한 과정을 밝히는 것만으로도 그 운동 연구 그 자체는 사회학적으로 유의미한 작업이 될 수 있기 때문이다. 뿐만 아니라 그러한 요인을 고려하지 않은 대부분의 기존의 논의를 보완한다는 의미에서도 이 글은 학술적으로 그 나름대로의 부차적인 의의를 가질 수 있을 것으로 생각한다.

이 글의 주된 관심은 근본주의에 있다. 이와 관련하여 근본주의 개념으로 척사위정운동을 개괄적으로 조망한 사회학적 연구는 조혜인의 논의(1995)가 유일한 성과이다.[13] 이 논의는 이 글의 출발점이고 문제의식의 근원이다. 그 연구는 근본주의나 그 운동을 주된 분석 대상으로 한 것이 아니라 그 개념적 논의에 국한되어 있기 때문

---

13) 이밖에 개신교 근본주의 논의와 관련하여 이 글의 문제의식과 간접적으로 맞닿아 있는 연구로는 김성건의 연구(1991: 239~272)가 있다. 그는 한국 개신 교회가 이념적, 실천적 신앙 구조상 근본주의 성향이 강한 이유를 한국의 종교문화적 전통에서 찾고 있다. 곧 미륵사상·동학운동·정감록 등의 메시아적 전통, 영적 무아경의 샤머니즘, 유교의 이분법적 권위주의의 전통이 한국 기독교인의 신앙 구조를 근본주의적으로 만드는 데 기여했다는 것이다. 물론 초기 미국 선교사들이 이식했던 신앙 유산이 근본주의였다는 것도 중요한 요인으로 설명하고 있다. 뿐만 아니라 단순한 사고를 가진 낮은 교육 수준의 계층이 처음부터 선교 대상이었기에 단순한 신앙이 쉽게 받아들여질 수 있었다고 본다.

에 이 글의 문제의식을 정교화하는 데 짧은 도움밖에 받지 못하는 아쉬움이 있다. 그러나 척사위정운동을 세속화의 과정과 연관짓고 있다는 점에서, 기존의 연구와는 다른 질적 차별성을 보여 주고 있다. 앞에서도 설명했듯이 이러한 접근은 유효하고 적확한 것이라고 판단되며, 이 글도 이러한 인식의 연장선상에 서 있다.

이 글의 문제의식에 비추어 볼 때 척사위정론과 그 운동에 대한 지금까지의 연구가 보완해야 할 점은 크게 보아 접근방법과 기존 연구의 내용이라 할 수 있다. 먼저 방법에 있어 다 그런 것은 아니지만 많은 연구가 서구 중심주의적 관점을 무비판적으로 받아들이고 있다. 그 대표적인 보기가 바로 '서구의 충격-조선의 반응' 모형이다. 기독교의 수용과 전파, 양요, 개국 등으로 대표되는 서구의 충격을 조선 내부의 두 가지의 반응, 곧 한편으로 전통적 유교 규범이 지닌 사회적 모순을 극복하고 서구로부터 전파해 온 근대적 사유방법과 사회질서를 지향하여 개혁적 요구에 상응하는 하나의 반응과, 다른 한편으로 유교 전통의 사회질서와 규범체계가 동요하는 것을 막아 자기 중심의 안정성을 회복하려는 보수적 요구 등을 초래하였다(금장태, 1994a: 209)고 이해하는 것이 지배적인 관점이다.

이러한 모형은 조선사회의 내재적 발전 계기[14]와 그 과정을 무시하거나 간과했고, 서구를 너무 강조한 나머지 서구의 충격만이 동양

---

14) 기본적으로 조선 후기의 사회변동에 접근하는 데 있어 기본적으로 전제해야 할 점은 우리 나름대로의 내재적 발전의 계기가 존재했다는 것이다. 이는 이후의 일제에 의한 식민지의 경험·해방·한국전쟁 등의 결과 우리 사회에 뿌리 깊게 자리 잡고 있는 이중구조의 한 부분이다. 이 내재적 계기는 경제적인 차원에서는 자본주의의 형성으로, 이념적 차원에서는 동학이라는 성리학 내에서의 개혁을 통해, 운동사적인 측면에서는 동학농민운동을 통해 하나의 계기가 확립되고 있었다. 그러나 이러한 계기는 일제라는 외부 세력에 의해 그 발전의 싹이 잘렸지만 이는 우리의 이념 구조 속에 깊이 자리 잡아 그 이후 우리 사회의 변동에 깊이 작용하는 하나의 요인이었다.

의 정체(停滯)를 극복할 수 있다는 이른바 근대화 이론에 바탕하고 있다는 비판을 받고 있다. 물론 이러한 방법은 문화 접촉이나 문화적 갈등의 문제를 다루는 데에는 쓸모가 있지만 척사위정운동에 접근함에 있어서는 한계를 보여 주고 있다. 왜냐하면 그 운동은 앞에서도 잠정적으로 설명했고 앞으로 구체적으로 분석하겠지만 내재적으로는 성리학의 주변화, 외재적으로는 서구라는 '이중적' 요인에 대한 하나의 반발로 발생했기 때문이다.

척사위정운동에 관한 기존의 많은 연구가 이러한 관점을 결여하고 있다. 그 대표적인 보기가 척사위정론을 서구라는 외세의 도전에 대한 주체적 응전이라는 '단일적' 관점에서 바라본 연구(최창규, 1972)이다. 물론 서구의 충격이 조선에 영향을 미친 것은 사실이지만 정확하게 말한다면 그것은 여러 측면에서 하나의 촉매 역할을 한 것이었다. 1866~1896년의 척사위정운동은 이미 근대화, 세속화 등 이른바 내재적 발전의 계기가 이루어지고 있는 상태에서 이에 저항하고 거부한 움직임으로 나타난 것이었다. 이러한 과정에서 척사위정파는 이중의 위협,15) 곧 성리학의 주변화 추세와 서구의 압력에 직면하고 있었다.

기존의 연구에서는 서구의 압력만을 연구의 지평 안으로 끌고 들어오고 있을 뿐이다.16) 물론 시간이 흐르면서 그들에게는 내적인 압력보다는 오히려 외부 압력이 더 버거웠을지도 모른다. 그럼에도 불구하고 1866~1896년의 척사위정운동의 역사적 기원은 내재적 요인에 있었고 그 운동을 촉발시킨 것은 서구였다. 바꾸어 말하면 서구

---

15) 기존의 연구에서는 이 이중의 과제를 흔히 국내의 봉건적 사회의 제 모순을 극복하는 것과 외래 자본주의의 침략 세력을 막아내는 일(김태영, 1981)로 요약한다. 그런데 이 글에서는 지금까지의 이러한 시각과는 달리 다른 각도에서 이에 접근하려고 한다.

16) 예컨대 척사위정운동을 '외압'에 대한 반응으로 생겨난 반침략 저항운동으로 정의하는 연구를 들 수 있다(정재식, 1991: 200).

와의 충돌이 그 운동을 촉발시키기는 하였지만 이 운동 발생의 기본 추동력으로 작용한 것은 아니었다. 이미 서구 세력의 본격적인 침투로 상징되는 개방 이전에 '척사위정'이라는 하나의 역사적 흐름이 형성되고 있었는데, 개방으로 이런 흐름이 급류를 타면서 척사위정론과 그 운동으로 나타났던 것이다.

이러한 맥락에서 그 운동을 올바로 다루기 위해서는 '내재적 역동성과 외재적 역동성의 엇물림'(최재현, 1989: 103~104)을 올바로 고려해야 할 것이다. 간단하게 말해 조선 후기 사회의 사회변동을 설명함에 있어 균형 잡힌 관점은 기존의 일원적 접근이 아닌 중층적 접근, 곧 '내재적 계기의 발전·서구와의 충돌-성리학의 반응'일 것이다. 이 글도 이러한 문제의식의 연장선상에 서 있다. 이는 역으로 근본주의 개념의 장점에 눈을 돌리게 하는 하나의 이유가 된다. 다시 말해 1866~1896년의 척사위정운동에 제대로 접근하기 위해서는 종교의 주변화, 외부 세력과 문화의 존재 등을 고려해야 하는데 이를 다루는 것이 근본주의 논의이기 때문이다. 이와 관련된 기존 연구의 한계는, 그 운동을 근본주의의 '반발' 속성으로 분석하는 것에 의해 어느 정도 극복될 수 있을 것으로 기대한다.

1866~1896년의 척사위정운동의 주된 추동력으로 성리학의 주변화 요인을 고려해야 한다는 것은, 종교를 하나의 차원으로 설정해야 한다는 의미이다. 흔히 근대로의 변동 과정에서 종교의 영향력이 축소되는 것으로 이해한다. 물론 그러한 측면도 있지만 종교가 일단 지배적 관념으로 자리 잡게 되면 강한 관성을 가지고 존속하게 되고, 변하더라도 완전히 변하는 것이 아니라 일부만이 변하게 된다는 베버의 설명과, 하부구조의 자극이 강하여 기존의 이념이 그 내용을 바꾸더라도 여전히 그 이념은 사회에 대한 통제력을 가진다는 파슨즈의 관점을 받아들인다면 1866~1896년의 척사위정운동도 기존의 논의처럼 서구의 충격이라는 단일 요인이 아닌 종교적 요인도 그 운

동에 영향을 미쳤을 가능성을 미리 닫을 것이 아니라 열어 두어야 할 필요가 있다.

일반적으로 종교 자체의 변동에 대해 종교는 순순히 적응하는 모습을 보이기보다는 대부분 호락호락하게 굴복하지 않고 힘닿는 데까지 저항하게 된다. 이러한 측면은 우리든 서구든 보편적으로 관찰되는 현상이다.17) 그런데 기존의 선행연구는 종교로서의 '성리학'이 중요한 요인임에도 불구하고 일부의 연구를 제외하고는 이를 간과해 왔다. 이러한 한계는 근본주의 논의의 출발점이 종교현상에 관한 것이기 때문에 이 글을 통해 해결될 수 있을 것으로 기대한다.

이와 관련하여 우리의 관심을 끄는 것이 척사위정론의 속성이다. 기존의 연구에서는 그것을 하나의 지식체계로 간주하고 있는데, 이보다는 오히려 종교적 신념체계(정재식, 1990)로 이해하는 것이 그것을 올바로 조망할 수 있는 접근방법일 것이다. 왜냐하면 성리학은 그 운동의 발생을 결정하는 요인들 가운데 하나로서 그 운동의 생명력 등을 설명하는 데 가장 중요한 조건화 요인으로 작용하고 있기 때문이다. 뿐만 아니라 19세기 후반 서세동점이라는 외재적 요인은 기본적으로 조선사회 내부의 대립과 갈등의 촉매제로 작용하였고, 보다 중요한 점은 유교 문명으로 대표되는 조선과 기독교 문명으로 대표되는 서구의 대립, 충돌을 촉진시켰다는 것이다. 바꾸어 말하면 척사위정론과 그 운동은 '종교적' 신념체계의 보존과 유지를 둘러싼 하나의 투쟁이었다고 말할 수 있다. 이러한 맥락에서 기본적으로 그 운동이 종교적 차원에 의해 틀지어지고 있다는 인식을 가질 필요가

---

17) 여기서 유의할 점은 사회변동을 이해함에 있어 지나치게 '종교'를 강조하는 측면이다. 두루 알고 있다시피 뒤르케임과 베버 모두 종교현상을 사회를 이해하는 중심적인 요소로 간주하고 있다. 물론 베버가 종교를 세계 역사적 중요성의 매혹적이고 결정적인 수수께끼에 대한 열쇠로 보기는 하지만 그렇다고 종교가 일반적으로 그리고 필연적으로 역사적 변동의 근원은 아니다(이원규, 1997: 196).

있다.

이러한 인식은 근본주의 논의의 밑바탕을 이루는 것으로서, 척사위정운동을 세계체제론적 관점으로 접근하고 있는 연구를 일정 정도 보완할 수 있을 것으로 기대한다. 일부 연구자들이 그 운동을 포함한 19세기 말의 여러 사회운동을 흔히 서구·일본 제국주의의 약탈경제와 이념 등에 크게 영향을 받은 것으로 설명해 왔다.[18] 19세기 말의 척사위정운동에서 서구와 일본의 존재는 기본적으로 척사위정파에게 사악한 이교도, 곧 '사(邪)'로 비추어졌지 세계체제론적 입장에 서 있는 학자들의 주장처럼 제국주의 세력으로 이해하고 있었던 것은 아니다.

그러나 운동의 기본 방향을 주로 종교적 차원에서 선과 악의 상징으로 조선과 서구를 상정하고 있었던 점을 고려한다면 정치경제학적 결정론으로 그 운동을 이해하는 것은 한계를 드러낼 수밖에 없다고 생각한다. 그 운동의 목적 가운데 하나가 '그들', 곧 서구의 종교나 문화가 조선사회, 곧 '우리'의 안마당에 뿌리내리지 못하도록 하는 데 있었다.[19] 물론 경제적 차원에서도 문제 제기를 하였지만, 그것은 그로 인한 도덕적 타락 및 붕괴, 경제적 영역에서의 의사결정에 있어 더 이상 성리학적 가치가 중요한 역할을 못 하는 것에 대한 비판이었다. 한마디로 말해 척사위정파에 비친 서구는 정치경제적 착취자라기보다는 오히려 종교적 차원에서 설명, 해석되는 존재였다. 그 운동이 서구의 본질을 제대로 파악하지 못해 실패했다는 설명은 어느 정도 정확한 것이지만 그 운동의 성격을 파악하는 데에는 한계가

---

18) 이를테면 유교의 동향과 제국주의 세력의 침투를 연결 지어 전체적인 종교지형의 변동을 개괄한 연구(윤승용, 1997a)가 이러한 범주에 속한다고 할 수 있다.

19) 기존의 연구에서 중점을 두고 밝히려고 한 것은, 척사위정운동이 반침략의 긍정적인 역할을 수행하였는지, 아니면 근대화에 역행하는 보수 반동의 부정적 기능에 머물렀는지 하는 문제이다(박민영, 1999: 37~38).

있을 수밖에 없는 것이다.

더욱 중요한 점은 그 당시의 일본을 제국주의로 간주하기에는 다소 무리가 있다는 지적이다(조혜인, 1996b). 다시 말해 존재하지 않았던 세력에 대해 척사위정운동이 반대했다는 논리의 허구성을 드러내고 만 것이다. 이러한 의미에서 그 운동을 고찰함에 있어 세계체계론적 관점을 부분적으로 인정하면서도 또한 운동과 외부 세계와의 관계를 올바로 고려해야 할 것이다. 이러한 관점을 근본주의 논의와 연결 지을 수 있는 것이 바로 근본주의의 분리와 복원의 속성이다. 곧 근본주의자들은 기본적으로 외부 세계를 정치적·경제적 착취자보다는 오히려 종교적 차원에서 자기들을 일탈시키는 원인 제공자로 더 강하게 인식하고 있었다는 것이다. 이러한 인식에 터하여 여러 복합적인 전략을 수립, 실행하게 된다. 이런 관점은 1866~1896년의 척사위정운동을 분석하는 데 올바른 방향을 제시해 주는 것이라고 생각된다.

척사위정파의 경제적 기반을 반제성(反帝性)으로 규정하는 기존의 연구(문소정, 1984) 또한 수정을 필요로 한다. 왜냐하면 그들의 경제적 기반으로 그들을 지배계급으로 규정하는 것은 무리가 뒤따르기 때문이다. 이를테면 화서 이항로(華西 李恒老)의 수제자(高第)인 김평묵(金平默)의 집안은 5세 동안 벼슬에 나가지 않아 중앙 정계와는 소원하였고, 또한 경제적 사정도 그가 1836년 18세 때 아버지를 여의고 8개월 동안 장례를 치르지 못한 사실이나, 그 후 부인도 중매를 통하지 않고 스스로 구했고 젊어서 양주, 적성 등지에서 생도를 가르치는 등 숙사(塾師)로 생활을 영위하기 위해 1876년까지 무려 10여 차례나 이사를 한 것을 보면 잘 알 수 있다(권오영, 1989: 131). 또 다른 척사위정론을 대표하는 학자인 간재 전우(艮齋 田愚)도 맏아들이 굶어 죽고 솔잎을 끓여서 요기를 해야 할 정도의 참담한 생활을 하였다(성대경, 1990: 35). 물론 척사위정론자들이 김평묵이나 전우

등처럼 모두 정치경제적 기반이 미약했던 것은 아니다. 최익현의 경우 정치경제적 기반을 어느 정도 갖추고 있었다. 대체로 그들은 정치적으로나 경제적으로 주변화된 엘리트계급이다. 이는 1866~1896년의 척사위정운동에서 집권 지배 엘리트들을 투쟁의 대상으로 지목하고 있는 데서 잘 보인다.

더욱 중요한 사실은 척사위정파와 그 반대의 '적'을 구분하는 기준은 종교의 주변화에 대한 동의 여부이다. 곧 근대화·세속화 등을 지지하는 세력들이 그들의 반발의 대상이 되었다는 의미에서 양자를 구분하고 있다. 이러한 차원에서 척사위정파를 기존의 지배계급과 동일 범주로 이해하는 기존의 연구는 재검토되어야 한다.20) 이러한 인식은 근본주의의 '반발' 속성에서 확인될 것이다. 이에 덧붙여 1백여 년 동안 무분별한 서구 문화의 수용논리로 기능해 온 개화론의 빛과 그림자를 가늠하기 위해서는 그 반대 논리인 척사위정론의 본질을 탐구할 현실적 필요성이 있다(정옥자, 1995: 143). 달리 말해 대다수의 기존 연구가 개화론21)에 무게를 실으면서 그 운동을 폄하하고 있는 비대칭적인 연구 경향에서 벗어나 양자의 논리를 대칭적인 수준에서 다루어야 할 필요성도 있다.

이러한 방법론적 문제 이외에도 연구내용에 있어서도 보완되어야 할 점들이 몇 가지 있다. 그 첫 번째가 민족주의와 관련하여 척사위정운동을 연구하는 것이다. 이는 운동의 성격을 민족주의적인 것으

---

20) 이와 관련하여 척사위정론자들은 세가(世家)·대가(大族)들이 모두 북학사상에서 연원한 개화사상에 경도되어 안일한 삶의 강구에 여념이 없어 가난한 선비(窮士)인 자신들이 나설 수밖에 없다고 변명하고 있다. 정옥자(1994: 89)는 이러한 언급이 지금까지 척사위정운동을 기득권층의 자기 이익의 옹호라는 기존의 평가가 신빙성이 없다는 것을 보여 주는 하나의 증거로 본다.

21) 그러한 개화론에도 문제는 있다. 이와 관련하여 최원식(1996: 141)은 한국근대사를 '개화의 주인'이 주변화되고 낮은 등급의 개화파가 주류로 들어서는 파행의 역사로 설명한다.

로 보는 연구와 이를 비판하는 연구 등으로 크게 나눌 수 있다.

전자와 관련하여 김영국(1975)은 개별 민족의 형성 과정과 그 집단적 동인으로서의 민족의식의 성장과정이라는 시각에서 척사위정론을 서구의 충격에 접함으로써 한(漢)민족의 배타사상이었던 주자학적 벽위사상(闢衛思想)이 한(韓)민족적 민족사상으로 변화된 사상이라고 정의한다. 최창규(1972a · 1972b · 1973 · 1975 · 1979)는 기본적으로 외세의 도전에 대한 주체적 응전이라는 관점에서 척사위정론을 민족주의 사상으로 파악한다. 홍순창(1969 · 1970 · 1971a · 1971b · 1973 · 1975 · 1976)은 척사위정론이 외세의 침입을 계기로 배타적 화이(華夷)사상에서 자주의식에 의한 민족주의 사상으로 사상적 발전을 하였다고 본다. 권오영(1989)은 1876년에는 개항 주도 세력과 정통 기호(畿湖) 세력이 결합한 정치운동이었으나, 1881년의 척사위정운동에서는 반제국주의의 기치 아래 재야 유림 세력이 연합한 근대민족운동으로 바뀐 것으로 파악한다.

이처럼 척사위정운동을 민족주의의 개념 틀로 아우르기에는 너무나 광범위한 현상들을 내포하고 있다. 앞서 근본주의 개념과 민족주의 개념이 다른 범주임을 분명히 하였다. 이러한 차원에서 그 운동의 발생과 그 과정에 작용하고 있는 여러 요인들, 이를테면 반발의 대상, 성리학적 전통의 선택과 재구성, 전략적 대응 등을 민족주의의 틀로 접근하는 데에는 한계가 많다. 보기로 민족주의를 어떻게 정의하느냐에 따라 다르겠지만 기본적으로 척사위정론이나 그 운동 등에서 반발 내지 투쟁의 대상으로 삼고 있는 것은 기본적으로 서양과 일본이지만 국내자들 가운데서도 배교자와 세속적인 국가 및 세속화와 교섭하려는 사람들도 그 대상으로 하고 있다는 점22)에서 기존의 민족

---

22) 이와 관련하여 척사(斥邪) 또는 척양(斥洋)의 대상인 '사(邪)' 또는 '양(洋)'의 실체를 대내외적 측면에서 검토해야 한다는 지적(권오영, 1989: 130)은 이 글의 문제의식과 맞닿아 있다.

주의 개념 틀로는 이 운동을 다루는 데에는 한계가 있다. 이러한 점들은 근본주의의 '반발' 속성에서 좀더 분명하게 확인될 것이다.

기존의 연구(강재언, 1983, 旗田巍, 1983: 김영작, 1991)에서는 양이주의(攘夷主義)와 민족주의를 접합시켜, 척사위정사상은 명분론에 근거한 양이(攘夷)사상이고 반침략적 성격을 가진 것으로 이해한다. 이 경우 그 반침략성이 국가 평등의식을 전제로 한 자주성이고, 소중화적 이념보다 국민 국가에 대한 충성심을 더 강조하였음을 입증해야 한다(유영렬, 1993: 415). 19세기 말의 척사위정운동이 하나의 궁극적 권위, 곧 '성리학'에 의해 정당화되고 있다는 점에서 기존의 연구는 보완되어야 한다. 그 운동에 있어 성리학은 국가와 민족의 가치 수준을 넘어선 절대적인 상위 개념으로 규정되고 있으며 국가와 민족은 오직 성리학을 보존한 상태에서만 가능하다(박민영, 1986: 1980). 다시 말해 서구의 존재를 확인하거나 서구 문명과의 충돌에 있어 문제의 핵심은 민족의 보전보다는 소중화로 대표되는 성리학의 보전이 더 시급한 과제였다. 이것이 척사위정운동의 성격을 민족주의로 자리매김하는 연구와 갈라서는 지점이다.

물론 그 운동에 민족적인 감정이 개입되고 있지만 이것은 어디까지나 운동의 전략적인 차원이지 그 운동의 성격을 틀 지우는 주된 요소는 아니다. 기본적으로 척사위정론과 그 운동의 역사관은 국가와 민족보다는 '도(道)'를 중시하는 일종의 순환론적 역사 인식을 바탕에 깔고 있다. 민족주의라는 틀 안에서 그 운동을 바라보기보다는 좀더 거시적인 차원에서 종교의 주변화의 과정 및 결과에 대한 반응을 연구의 시야 안에 넣을 때 1866~1896년의 척사위정운동은 그 본래의 모습을 드러낼 수 있을 것이다. 이 점은 그 운동을 근본주의의 '선택' 속성으로 분석하는 데서 잘 드러날 것으로 기대한다.

척사위정운동을 민족주의로 이해하는 것과 달리 강재언(1985)은 척사위정사상이 조선체제의 봉건적 질서를 정학(正學)으로, 그 나머지는 사학(邪學)으로 보는 봉건적 사상이었지만, 자본주의 열강의 반침략적 성격과 함께 몰주체적 서양화를 저지하였다고 평가한다. 신용하(1986a)는 척사위정사상과 개화사상의 차이는 보수와 개혁이 아니라 전근대와 근대라고 규정한다. 진덕규(1978·1995)는 척사위정사상이 조선왕조의 지배적 질서를 옹호하였고, 유형상 복고적 민족주의에 해당되기 때문에 민족주의의 전형으로 생각하기는 어렵다고 비판한다. 이이화(1977·1982·1994a·1994b·1994c)는 그 사상이 공자·맹자·주자로 이어지는 존화양이(尊華攘夷) 사상의 연속선상에 위치하며, 맹목적으로 봉건적 질서를 고수하려고 하였기 때문에, 척사위정사상은 역사 사실 또는 역사적 유물일 뿐이라고 주장한다. 또한 최익현의 성리학적 배경이나 그의 모든 정치활동을 분석하면서 그를 민족주의자로서보다는 당파성과 보수 반동성을 보여 준 인물로 평가한다. 일군의 학자들은 척사위정론이 봉건적 질서를 옹호하려고 했다는 점을 들어 그 수구성과 보수성을 주장하고 있다(유초하, 1978, 송병기, 1983, 정진석 외, 1988). 물론 이러한 측면도 없지는 않았지만, 이보다는 '세속적' 국가의 정책에 대해 더 강력하게 반발하고 있다는 점에서 이런 접근 또한 재검토의 대상이 되어야 할 것이다.

내용상으로 또 보완되어야 할 점은 척사위정운동의 성격을 둘러싼 논의이다. 그 운동에 관한 기존의 연구에서 가장 큰 쟁점 하나는 그 운동의 성격을 어떻게 규정하느냐이다. 흔히 이념적 차원에서의 변동 문제에 접근함에 있어 서구의 경험이나 도식 등을 무비판적으로 수용하여 이를 연구의 전제로 삼았다는 비판을 받는다. 이를테면 봉건제에서 자본주의로의 이행을 교조시하는 서구 중심주의적 사고방식이 기존의 연구 방향을 지배해 왔다고 해도 그리 지나친 말이 아닐 것이다. 이러한 인식을 기본 잣대로 하여 척사위정파를 반근대·전통·보수·수구 세력으로, 개방파를 근대·진보·개혁 세력으로 자리매김하였다(최재현, 1989, 금장태, 1995c). 이러한 인식의 언저리에는 조선의 유교가 진보를 가로막았다는 관점이 자리하고 있다. 기본적으로 그것의 보존과 복원은 발전의 걸림돌로 간주될 수밖에 없는 것이다.

물론 성리학이 사회변동에 하나의 장애물로 작용한 적도 있지만 이것은 흔히 말하는 (동)아시아적 가치-오늘날 이에 대한 찬반양론이 치열하게 전개되고 있지만-를 염두에 둔다면 그리 설득력 있는 논리는 아니다. 벨러(Bellah, 1995: 172~173)는 종교가 진보를 방해하는 경우를 두 가지로 들고 있다. 그 하나는 종교적 상징의 세계와 현실 세계가 너무 밀접히 용해되어 있는 것이고, 다른 하나는 그 둘 사이가 지나치게 분리되어 있는 경우이다. 척사위정파가 보기에 그 당시 조선사회의 문제는 이러한 용해에 틈새가 생겼다는 것이다. 이들의 문제 제기는 근본적인 재구성, 좀더 극적으로 말하자면 나름대로의 성리학적 세계로의 복원을 시도했다는 점을 지나치지 말아야 할 것이다.

1866~1896년의 척사위정운동은 종교의 주변화에서 연유한다는 점에서는 근대적인 현상이며, 이들이 보존하려고 한 것은 '일탈적인' 현 세계가 아니라 성리학에 의해 정화된 이상사회, 곧 소중화의 세계이기 때문에 그 운동을 단순히 전통적, 보수적인 것으로 규정하면 그 운동의 실체의 상당 부분을 놓치게 된다. 이는 1866~1896년의 척사위정운동에서 제시되고 있는 여러 가지 개혁안에서 잘 보이고 있다. 만약 그 당시의 사회가 성리학적 질서를 잘 보존하고 있었다면 그 운동은 아무런 문제 제기를 하지 않았을 것이다. 척사위정파가 보기에 그 사회가 그러한 질서에서 이탈되어 있었다고 생각했기 때문에, 내부 개혁방안을 제출하였던 것이다. 이러한 의미에서 그 운동을 다룸에 있어 역사발전의 법칙에 얽매이는 데서 벗어나 좀더 열린 관점을 견지할 필요가 있다. 이러한 관점은 근본주의 논의의 밑바탕을 이루며, 복원 속성에서 좀더 구체적으로 밝혀질 것이다.

1866~1896년의 척사위정운동의 전략과 관련하여 다시 검토해야 할 사항이 있다. 기존의 연구에서는 그 운동의 전략을 평가함에 있어 현실 상황을 제대로 반영하지 못한 것으로 이해하고 있다. 이를테면 소극적이고 방어적인 국가권력의 개편을 요구했다는 기존의 논의(최재현, 1989)에 그 운동이 적들의 제거를 통한 세계 정복적 행위—그 대표적인 보기가 의병운동이다—를 강조했다는 점도 그 의미를 보충할 필요가 있다. 바꾸어 말하면 그 운동의 전 과정에 걸쳐 척사위정파는 세계와의 관계를 하나의 유형으로 정립하기보다는 복합적인 형태를 보여 주고 있다. 이는 전략에 있어 현실을 고려하는 선상에서 급진·온건 전략을 구사했음을 보여 주는 것이다. 이 글에서는 1866~1896년의 척사위정운동과 세계와의 관계에 대한 분석을 통해 그 운동의 유형이 복합적이었음을 밝혀 낼 것으로 기대한다.

척사위정파의 범주와 관련하여 기존의 연구(현상윤, 1982)에서는 간재학파를 그 집단에 적극적으로 포함시키지 않고 있다. 간재학파의 태두인 전우를 공리공론에 빠져 아무런 실천을 하지 않으면서 섬으로 도피한 '부유(腐儒)'로 평가하고 있다. 화서학파(華西學派), 노사학파(蘆沙學派), 남당학파(南塘學派), 정재학파(定齋學派) 등은 상소나 의병운동에 적극적으로 참여했다는 이유로 그 집단의 범주에 포함시키고, 간재학파는 그렇지 않았다고 제외시키기는 것은 그들이 보여 준 형태만을 기준으로 삼아 유형을 분류한 것이다. 이보다는 오히려 이들 학파들이 외부 세계와 어떤 관계를 맺고 있었느냐 하는 기준에 따라 본다면 간재학파도 척사위정파에 포함된다. 이러한 의미에서 그 집단의 범주를 다시 설정할 필요가 있다. 이는 근본주의의 '복원' 속성을 1866~1896년의 척사위정운동 연구에 적용할 수 있을 것이다.

1866~1896년의 척사위정운동의 조직적 토대로 기능하였던 학파의 성격에 대해서도 재검토가 있어야 할 것이다. 기존의 연구에서는

그 운동과 관련시켜 학파의 성격을 다룬 연구가 거의 없었다. 앞으로의 구체적인 분석을 통해 밝혀지겠지만 학파의 성격을 이중적인 성격, 곧 '종교 공동체'와 '공민적 결사체(公民的 結社體)'의 성격을 동시에 가진 집단으로 규정할 필요가 있다고 생각한다. 여기서 종교 공동체는 궁극적 실재를 지향한다는 차원[23]과 자체의 공동체를 하나의 거룩한 현상으로 개념 짓는다[24]는 의미에서이다. 공민적 결사체는 성리학이라는 공통분모를 그 밑바탕에 깔면서도 붕당의 하부단위라는 차원에서 정치적 이익을 현재적으로든 잠재적으로든 가지고 있었다는 의미에서이다(Cho Hein, 1989). 그러나 성리학의 주변화에 대한 반발의 문제에 있어서는 종교적 공동체로서의 성격을 좀더 강하게 가지고 있었던 것으로 보인다. 물론 운동이 발전하게 되면 1866~1896년의 척사위정운동 조직은 이와는 좀더 다른 특성을 가지게 된다. 이처럼 학파의 성격이 제대로 규명되어야만 1866~1896년의 척사위정운동의 성격 판별에 올바로 접근할 수 있는 하나의 실마리를 얻을 수 있을 것이다.[25]

---

23) 정진홍(1981: 42)의 설명에 따르면, 종교 공동체는 일상적인 공동체와는 다른 특성을 갖고 있다. 종교 경험 속에서 인간이 궁극적인 실재와 만난다는 것을 전제로 한다면 종교 공동체가 하나의 공동체가 될 수 있는 것은 이 궁극적 실재에의 지향 때문일 것이다. 이 실재를 향한 공동체라는 의미에서 종교 공동체는 더 구체적으로 제사 공동체라고 호칭될 수 있다는 것이다. 따라서 모든 제사 공동체는 그에 속한 구성원들이 스스로를 그 구성원으로 확인하기 위한 특징들을 갖는다. 그러한 것은 신조, 기도문, 어떤 비의(秘儀), 몸짓, 태도 등에서 나타난다. 곧 공통의 신조, 제의, 상징 등을 갖는 것이다.

24) 이러한 차원에서 웨크먼(Weckman, 1987: 567)은 종교 공동체와 다른 사회집단을 구별하고 있다. 그 공동체를 실용적 또는 평상시의 표현대로 생각하기보다는 종교집단 스스로 더 큰 구조와 계획 또는 목적 등의 부분으로 사람들의 현재의 또는 기본적인 필요를 초월하는 것 등으로 간주한다. 그 공동체와 상징의 중요한 관계에서 사회적인 것이 아닌 상징 유형과 그 공동체 간의 상관관계는 세속 공동체보다는 종교 공동체의 존재를 보여 주는 하나의 표시라는 것이다.

지금까지 지적한 방법론상이나 내용상의 문제 등을 고려할 경우 1866~1896년의 척사위정운동을 '종교의 주변화의 과정과 결과에 대한 반응'이라는 근본주의 개념 틀로 접근하는 것이 유용한 하나의 방법이라고 할 수 있다. 왜냐하면 앞으로의 분석을 통해 좀더 분명해지겠지만, 그 운동은 다른 요인도 복합적으로 작용하는 가운데 기본적으로는 이러한 과정에 대한 반발로 야기된 운동이기 때문이다. 이는 우리의 문제의식이 간접적으로 올바른 것임을 보여 주는 하나의 근거라고 할 수 있을 것이다. 물론 이 글의 연구목적이 여기에 있는 것은 아니지만 그 속성 확인의 대상으로 1866~1896년의 척사위정운동을 설정한 것은 나름대로의 타당성을 확보한 것이라고 말할 수 있다.

요컨대 기존의 척사위정운동 연구에 대한 비판적 검토를 통해 확인할 수 있는 사실은 무엇보다도 먼저 그 운동의 기본 추동력에 대한 재고가 필요하다는 점이다. 이러한 차원에서 근본주의의 발생이 종교의 주변화에 대한 반발에서 기인한다는 사실은 우리에게 나름대로 많은 시사점을 던져줄 것으로 기대한다. 또한 그 운동이 일탈된 그 당시의 사회구조를 성리학적 이념으로 복원시키기 위해 실천적 노력을 기울였다는 점도 그 '선택'의 타당성을 잠정적으로 확인해 주는 것이라고 말할 수 있다. 여기서 일탈의 의미는 성리학의 주변화로 인해 그 당시의 조선사회가 본래의 유교적 질서에서 벗어나 있었을 뿐만 아니라, 서구와 일본 및 일부 국내자들이 그러한 질서를 일탈시킨 주 행위자라는 의미에서이다. 이러한 현실인식 위에서 그 운동은 내부 세계와 외부 세계를 분리시켰고, 그 일탈된 조선사회를 성리학적 이상사회로 바꾸려고 시도하였다. 이러한 차원에서 근본주

---

25) 이와 관련하여 박민영(1999: 38)은 척사위정파로서의 화서학파의 문파 형성 과정과 문파 성원들의 지향성에 대한 파악이 중요하다고 지적한다. 이 글도 이러한 문제의식의 연장선상에 서 있다.

의의 분리·복원은 하나의 유용한 개념 틀을 제시해 줄 수 있다고 생각한다. 우리는 기존 연구에 대한 비판적 검토를 통하여, 척사위정 운동 연구의 한계점을 근본주의 논의로 극복할 수 있다는 잠정적 합의를 이끌어 낼 수 있었다.

3. 연구의 목적 및 의의

이 글은 근본주의 논의의 경험적 증거 확보라는 차원에서 근본주의의 네 가지 속성, 곧 '반발', '선택', '분리', '복원' 등을 19세기 말 조선의 척사위정운동 분석을 통해 확인하는 데 그 목적이 있다. 첫 번째 속성은 근본주의의 발생원인과 관련된 것으로, '근본주의는 내재적으로는 종교의 주변화, 외재적으로는 외국과의 의미 있는 접촉 등을 통해 출현한다'는 것이다. 이 두 가지 요인이 1866~1896년의 척사위정운동의 출현과 이어져 있다는 것은, 척사위정파가 그 요인들을 성리학의 생존을 위협하는 것으로 인식하여, 이에 반발하여 동원되었다는 의미이다. 이러한 요인들이 그 집단의 정체성의 위기를 초래하여 그 운동의 하나의 촉발 요인으로 작용한 것은, 그 정체성을 규정해 주던 성리학이 그 주변화로 인해 그 신뢰성이 의문의 대상이 되었다는 뜻이다.[26)]

---

26) 여기서 우리는 유교적 질서＝전근대적, 서구적 질서＝근대적이라는 도식적 분류를 거부할 것이다. 이에 대한 반박은 이미 여러 연구에서 이루어졌기 때문에, 이 글에서는 줄이기로 한다. 그럼에도 우리의 관심은 세계관이 다른 두 종교의 충돌이 척사위정운동 발생의 하나의 촉매제로 작용했다는 사실에 있다. 다시 말해 그 당시 유교 엘리트들은 위기에 처한 조선사회를 바로잡는 그 해결책으로 유교적 질서에 근거할 것

두 번째는 근본주의의 반발 속성 곧 종교의 주변화에 따른 저항의 대상과 관련된 것으로, '근본주의는 이념적으로는 근대적·세속적 가치와 외래 종교, 실천적 차원에서는 세속적 국가, 국외자, 일탈적 국내자 등에 반발한다'는 것이다. 세속적 국가가 근본주의의 저항의 목표가 되는 것은, 많은 경우 정책적으로 탈주변화를 시도하기는커녕 오히려 그 주변화의 기관차 역할을 수행할 때이다. 더욱이 이전에 그 국가가 그러한 역할의 반대편에 서 있었다면, 근본주의의 반발의 강도는 더 세어진다. 국외자와 일탈적 국내자가 그 대상이 된다는 것은, 이들이 국가의 종교의 주변화를 옹호할 뿐만 아니라 이를 부추기는 역할을 하고 있다는 사실과, 그리고 그러한 혐의에서 비롯된다. 더욱이 일탈적 국내자들은 국외자들보다 오히려 더 많은 비판을 받게 되는데, 그 이유는 그들이 이전에는 '우리들' 가운데 하나였기 때문이다.

세 번째는 근본주의의 분리 속성 곧 근본주의자들의 정체성과 멤버십 및 존재론적 의미 유지와 관련된 것으로, '근본주의는 근대적인 것에 의해 포위당해 있는 자체의 세계와 외부 세계를 구분하기 위해 그것의 정체성을 확인하고, 선민의식을 강화하고, 이념적·실천적 차원에서 다른 사람들과 거리를 유지하는 것 등에 많은 에너지를 투입한다'는 것이다. 여기서 정체성에 대한 확인 작업은 구체적으로 배타적 경계선의 설정으로 나타난다. 이것이 근본주의에서 중시되는

인지, 아니면 서구적 질서로 할 것인가의 문제의식을 가지고 있었다. 물론 일부 지식인들이 유교를 비판한 것은, 이제 유교적 질서가 조선사회를 이념적으로 뒷받침하기에는 그 유효성을 상실했다는 판단에 기초한 것이다. 근대 / 전근대의 문제가 논쟁의 핵심 사항이 아니었다. 왜냐하면 그 당시 조선사회는 또 다른 형태의 근대사회, 이를테면 서구적 근대사회로 방향 선회를 할 것인가를 놓고 고민하였지, 전근대에서 근대로의 이행이 지식인들의 주된 관심사가 아니었기 때문이다. 오늘날 우리의 관심으로 말한다면 전면적인 미국식 근대사회를 지향할 것인가를 놓고 지식인들이 논의하는 형국과 유사한 구도를 가지고 있었다.

것은, 바로 그 운동이 참여자들을 동원하는 데 필요한 '우리'와 '그들'의 경계선을 명확히 그어, '우리'의 정체성을 분명히 하는 데서 출발하고 있기 때문이다. 선민의식의 강화는 운동의 참여자들을 동원하는 논리로 이것이 제시되고 있기 때문이다. 다른 사람들과의 거리 유지는 이념적 차원에서는 도덕적 이원론의 확장으로, 실천적 측면에서는 행동의 요구로 나타난다. 이는 근대 세계 속에서 고립된 공간에 있는 근본주의자들의 존재론적 의미를 확인하는 작업의 일환이기 때문에, 그들에게는 필요하다.

네 번째는 근본주의의 선택 속성과 관련된 것으로, '근본주의는 종교의 탈주변화라는 목적을 이념적 차원에서 정당화시키기 위하여 종교 전통의 근본적인 것들을 선택한다'는 것이다. 근본주의는 거룩한 과거가 타락해 온 그 과정을 설명하면서 그 해결책으로 자체의 종교적 전통 가운데서 근본적인 것들에 주목하게 된다.

다섯 번째는 근본주의의 복원 속성과 관련된 것으로, '근본주의는 외부 세계와의 상호 작용 아래 이상사회를 복원하기 위해 총체적인 전략을 추진한다'는 것이다. 따라서 구체적으로 이러한 복원을 위해 근본주의는 그 세계를 타도하거나, 점진적으로 전략적으로 서서히 사회 전체로 확산되거나, 세계 안에 자체의 하나의 배타적 공간을 창안하거나, 점진적으로 세계를 변화시키거나, 아니면 세계로부터 물러나는 전략을 구사한다.

이러한 속성 확인이 가지는 그 유용성이 이 글의 한계를 완전히 덮을 수는 없을 것이다. 그것은 기본적으로 근본주의에 대한 기존 논의가 양적·질적으로 부족하다는 현실적인 이유와, 1차 자료를 원활하게 구사할 수 없는 글쓴이의 능력에 기인하는 것이다. 이 글은 근본주의 논의의 한 단계 높은 질적 발전이나 척사위정운동에 관한 새로운 역사적 자료를 보여 줄 수 없다는 한계를 본질적으로 가질 수밖에 없다. 단지 지금까지 쌓인 근본주의에 대한 연구성과에 터하여 조선 후기에 발생한 그 운동의 반발 대상과, 투쟁 자원 및 그 전략 등을 사회학적으로 분석하여 근본주의 연구의 깊이와 폭을 다소나마 확장하려는 것이 이 글이 전적으로 목적하는 바이다.

우리는 지금까지 19세기 말 조선의 척사위정운동을 하나의 분석 대상으로 삼아 위의 속성들을 확인하는 데 이 글의 문제의식이 자리하고 있음을 서술하여 왔다. 이제 여기서는 이 글의 연구목적을 분명하게 드러낼 것이다. 이 글의 문제의식의 큰 틀은 종교의 주변화에 대한 그 종교의 반응이다. 이를 근본주의 연구와, 거기서 도출한 근본주의 속성들과 연결시켜 아래와 같은 좀더 구체적인 질문으로 표현할 수 있을 것이다. 곧 언제 그리고 어떤 상황에서 근본주의 집단이나 운동이 발생하는가? 그 집단은 무엇에, 왜 반발하는가? 이러한 반발에 종교적 전통이 하나의 투쟁 자원으로 왜, 어떻게 선택되는지? 그 집단의 정체성과 존재론적 의미는 어떻게 유지되는지? 운동의 목적을 효율적으로 실현하기 위한 전략적 대응은 어떠하며, 왜 그러한 대응을 하는지?

이러한 연구 주제 아래 이 글은 1866~1896년의 척사위정운동[27]에 있어 나름대로의 역할을 수행하였던 화서 이항로(1792~1868) 학파, 노사 기정진(1798~1879) 학파와 간재 전우(1841~1922) 학파의 척사위정론과 그 운동을 중심으로 근본주의의 속성들을 확인하려고 한다. 먼저 이 세 학파와, 그리고 그들이 일으킨 척사위정운동에 관한 정보를 개괄적으로 보여 주는 것이 <표 2>와 <표 3>이다.

---

27) 이 글을 통틀어 척사위정운동이라고 할 때에는 1866~1896의 화서·노사·간재학파 등이 주도한 그 운동을 가리키는 용어로 사용할 것이다. 그리하여 아래에서는 "척사위정운동"이라고 통칭할 것이다. 그리고 각 연도(年度)에 일어난 척사위정운동은 이를테면 "1866년 척사위정운동" 등으로 표기할 것이다.

〈표 2〉 기호학파의 유파

학파	종 장	학 통	근 거 지	제 자	활동 지역
화서	이항로	김창흡 → 김양행 → 이우신	경기도 양평	김평묵, 최익현, 유중교, 유인석	경기, 강원도, 충청, 평안도
노사	기정진		전남 장성	정재규, 기우만	전남, 경남
간재	전 우	김창협 → 이체 → 김원행 → 박윤원 → 홍직필 → 임헌회	전북 부안	오진영, 최병심, 정형규, 유영선	전북, 경남, 충북

출처: 금장태(1985: 227, 1995c: 170~172, 1999: 197)

〈표 3〉 1866~1895년의 척사위정운동

연도	주도 학파	지도자	촉발 요인	주요 의제
1866	화 서 노 사	이항로 기정진	병인양요	프랑스 함대 격퇴, 내부 개혁
1876	화 서	김평묵, 최익현	강화도조약	개방 반대
1881	화 서	김평묵, 최익현, 홍재학	황준헌의 『조선책략』	개방 및 대미수교 반대
1895	화 서 노 사 간 재	유인석, 최익현 기우만 전 우	민비 시해, 단발령, 변복령	일본군 철수, 갑오개혁 폐지

이 글에서 시기적으로 분석의 상한선과 하한선을 1866년에서 1896년까지로 설정하고, 세 학파가 주도한 척사위정운동을 그 주된 분석 대상으로 삼으려는 것은 다음과 같은 이유에서이다. 무엇보다도 이들 학파가 그 당시의 다른 학파에 비해 사상적 논쟁뿐만 아니라 물리적 투쟁에 있어서도 적극적이었고, 척사위정운동의 대표적인 사례로 볼 수 있다는 편의적인 이유에서이다. 시기를 제한하는 까닭은, 19세기 중엽의 척사위정운동이 그 이전의 그것과는 질적인 차별성을 보이기 때문이다. 곧 그 이전에는 영·정조 시대를 제외하고 국가가 성리학의 주변화를 적극적으로 추진하지 않았다. 그러나 1866

년 두 번의 양요로 시작된 서구와의 충돌 때문에 근대화·세속화의 과정이 가속화되는 상황에서 척사위정파는 이에 적극적으로 반발하였을 뿐만 아니라 이념의 급진화 등을 통해 운동으로 전환시켰기 때문이다.

1896년 이후의 운동을 연구의 범위에서 뺀 것은 여전히 성리학의 주변화가 1866~1896년의 척사위정운동 발생의 하나의 원인으로 작용하고 있었지만 이보다는 일본의 침략이 운동의 주된 반발의 대상이 되면서 의병운동, 독립운동으로 전화되고 있었기 때문에 우리의 문제의식에 비추어 볼 때 1896년까지의 척사위정운동을 분석 대상으로 하는 것이 적합하다고 생각했기 때문이다.[28] 그 운동의 시기와 관련하여 19세기 초부터 중순까지가 이론적·사상적 반발의 시기였다면 1866년부터 1896년까지는 실천적 반발의 시기였다. 19세기 중엽 이전의 사상투쟁의 시기에 대한 분석은 또 하나의 연구 주제이기 때문에 이 글에서는 다루지 않을 것이다. 단지 각 학파들에게 지적인 영향을 미쳤던 19세기 초의 척사위정론을 개괄하는 것으로 그치고자 한다. 이 글에서는 주로 19세기 중엽 이후의 실천적 움직임에 분석의 초점을 맞추고자 한다.

이러한 맥락에서 1866년부터 1896년까지 약 30년간 화서학파, 노사학파 등이 주도한 척사위정운동을 분석의 중심에 놓으면서도 이에 덧붙여 그 당시의 척사위정론과 그 운동에 대한 연구의 심화와, 척사위정파의 동질성과 그 차별성을 규명하기 위해 간재학파의 척사위정론도 분석의 범위로 삼고자 한다. 시기적으로는 중기적 국면[29]에

---

28) 기존의 일부 연구에서는 척사위정운동을 1860년대부터 시작하여 일제에 의한 침략으로 주권이 침탈되는 1900년대 초까지(최창규, 1975: 290)를 포괄하는 것으로 정의한다.

29) 사회사 연구에 있어 장기, 중기, 단기의 구분은 모호하다. 여기서는 1세기 이상의 긴 흐름을 장기사라고 할 수 있다면 흔히 한 세대라고 일컫는 30년에서 100년 사이의 흐름을 추적하는 것을 중기사 연구라고 볼

서의 그 운동을 분석의 지평 안으로 끌고 들어올 것이다. 곧 각 시기의 운동이 연속성30)을 가지고 있다는 점을 고려하면서, 1866년부터 1896년에 이르는 척사위정운동이라는 역사적 개체를 그 분석 대상으로 삼을 것이다.

특히 1895년의 척사위정운동, 이른바 을미의병31) 가운데서도 제천의병운동32)을 분석의 한 대상으로 설정할 것이다. 흔히 전기 의병운

수 있을 것이다. 이것은 전적으로 필자의 편의주의적인 판단에 기초한 것이다.

30) 우리는 1866년에서 1896년에 이르는 척사위정운동의 연속성을 전제로 한다. 이러한 인식은 '저항의 순환'이라는 용어에 터하고 있다. 윌리엄즈(Williams, 1994)에 따르면 일반적으로 집합 행동의 자원이나 기회 등을 통해 사람들의 불만이 뒤따르게 되면 운동은 역사적 집단 안에서 발전한다. 그리고 집합 행동이 한번 가능한 것처럼 보이고 바람직하고 불가피한 것으로 생각되면, 객관적 기회가 존재하든 그렇지 않든 간에 저항의 순환이 영속화된다는 것이다. 운동에 의해 산출된 새로운 해석의 틀은 지배의 틀을 만들어 내는 공동의 지혜가 되며, 직접 동원된 외부의 사람들에게 충격을 주게 된다. 일반적인 반란의 분위기가 새로운 행위를 만들어 낸다는 것이다.

31) 외침에 맞서 항쟁할 때에도 의병을 표방했고, 지배 세력에 맞서 봉기할 때에도 의병이라 하였다는 차원에서 '의병'이라는 말은 역사 용어가 아니라 일반 명사이다. 그리고 의병은 관군과 엄격히 구분되는 의용병(義傭兵)이다(이이화, 1994b: 481).

32) 이 글에서는 '제천 의병운동'이라는 명칭을 다르게 표기하려고 한다. 지금까지 제천 의병운동은 한말에 제천·충주·단양 등의 충주부, 청주·천안 등의 청주부, 춘천·강릉·원주 등의 춘천부, 그리고 예천·풍기·안동 등의 안동부 등 중부 지방에서 광범위하게 의병을 모으고 항일운동을 전개한 의병운동으로 정의하여 왔다(구완회, 1997: 22). 물론 제천이라는 공간을 주 무대로 발생하였고, 그 지역의 인적·물적 자원을 동원한 운동이었기 때문에 제천 의병운동의 명칭은 그 나름대로의 의미를 갖는다고 생각한다. 그러나 이 글에서 좀더 구체적으로 밝혀지겠지만 그 운동은 대내외적인 요인이 복합적으로 작용한 가운데 일어난 운동으로 지역적 차원에 국한시키기보다는 그 운동의 목표, 주체, 전략, 특성 등을 고려할 때 명칭을 '1896년의 척사위정운동'으로 바꾸는 것이 좀더 올바른 표현일 것이라고 생각한다. 지방화 시대를 맞이하여 그 지역에서 일어난 역사적 사건들을 조망, 부각시킨다는 점을 이해하지

동(1894~1896) 가운데 최대의 규모로 기록되고 있는(박민영, 1986: 167, 김상기, 1996: 36) 제천 의병운동은, 우리의 표기대로 한다면 제천에서 일어난 '1895년의 척사위정운동'은 안승우(安承禹, 1865~1896), 이춘영(李春永, 1869~1896) 등이 중심이 된 지평의진(砥平義陣)이 단양 전투에서 패하자, 조직의 확대 개편의 필요성에 따라 화서학파의 정통 계보를 잇고 있던 유인석(柳麟錫, 1842~1915)을 최고 지도자로 추대하고, 이필희(李弼熙, 1857~1900), 서상렬(徐相烈, 1854~1896), 이춘영, 안승우 등의 문인들을 운동의 지도부로 하여 '복수보형(復讐保形)'의 기치 아래 1896년 영월에서 일어난 운동이다. 그 이후 충주성을 점령하였으나 정부군과 일본군의 연합 공격으로 그 성을 빼앗기고 제천으로 들어가 이를 근거지로 그 성이 함락될 때까지 6개월 동안 운동을 전개하였다. 물론 그 이후에도 이 운동의 영향을 받아 의병운동이 일어났지만 이 글에서는 1895년의 장담 집회에서부터 강원도·평안도 지역을 거쳐 요동에 이르는, 이른바 서행 길에 오르는 1896년 6월 10일 이전까지만 그 분석 대상으로 삼을 것이다.

이에 곁들여 그 당시 화서학파와 사상적·정치적 대립관계에 있던 간재학파의 척사위정론을 같이 분석하여 화서학파의 그것과의 동질성과 그 차이를 규명하려는 분석 전략을 채택하려고 한다.33) 이 글

못하는 바는 아니지만, '제천'이라는 지역적 의미에 국한시키기보다는 오히려 1866년부터 이어져 온 척사위정운동의 연속성 위에서 그 운동을 조명하는 것이 올바른 접근이라고 생각된다. 단지 운동의 주체 세력인 화서학파의 최고 이론가인 유인석이 그 당시 제천에 거주하였기 때문에 거기서 봉기한 사실을 극대화시키기보다는 이 운동이 궁극적인 목표로 설정하고 있던 개방파와 일본군 제거, 유교적 이상사회와 제도의 복원 등을 고려한다면, '제천' 의병운동보다는 1896년 '척사위정운동'으로 표기하는 것이 훨씬 더 운동의 목적에 부합하는 것이라고 생각한다. 그리하여 이 논문에서는 제천 의병운동을 '1896년의 척사위정운동'으로 표기할 것이다.

은 이러한 이해를 통해 19세기 말 척사위정운동 연구의 폭과 깊이를 더할 수 있고, 그 운동을 둘러싼 두 학파의 동질성과 질적 차별성을 파악하고, 간재학파의 논의도 본질적으로는 화서학파의 운동과 그 맥락을 같이하고 있으면서도 운동의 전략에 있어 큰 차이를 보였다는 사실을 규명할 수 있을 것으로 기대한다.

앞서 살펴본 문제의식과 연구대상을 바탕으로 한 분석 주제를 간단하게 말한다면 19세기 말의 척사위정운동의 발생원인과 그 전개과정 등에 대한 분석을 통한 근본주의의 속성의 확인이다. 곧 반발과 관련된 첫 번째와 두 번째 속성은 그 운동의 발생원인과 주된 투쟁 대상은 무엇이며, 그리고 분리와 연결되어 있는 세 번째 속성은 척사위정운동의 존재론적 의미는 무엇인지, 선택과 관련된 네 번째 속성은 그 운동의 투쟁 자원을 어디서 동원했는지, 마지막으로 복원과 이어져 있는 다섯 번째 속성은 그 집단이 외부 세계에 대해 어떻게 전략적으로 대응했는지를 분석하는 데 있다.[34] 19세기 말 조선의 척사위정운동에 대한 분석을 통해 근본주의 논의를 경험적으로 뒷받침할 수 있는 하나의 사례를 확보하려고 한다.

---

33) 두루 알고 있다시피 조선 후기의 척사위정파의 범주는 화서학파, 노사학파, 간재학파 이외에 한주 이진상(寒洲 李震相, 1818~1885) 학파, 전재 임헌회(全齋 任憲晦, 1811~1876) 학파, 연재 송병준(淵齊 宋秉璿, 1836~1905) 학파 등 당시 성리학자의 대표적인 학맥으로 설정되고 있다(금장태, 1994a: 212). 전재 임헌회의 학통을 잇고 있는 것이 간재 전우이고, 이 글에서는 전우의 척사위정사상을 그 분석 대상으로 삼을 것이기 때문에 전재학파 대신 임헌회의 수제자(高弟)인 전우를 대표로 하는 간재학파로 표기한다. 이 글에서는 한주학파, 전재학파, 연재학파 등은 분석의 대상에서 제외할 것이다. 이것은 단지 지금까지의 연구성과가 별로 없다는, 전적으로 필자의 편의적인 선택의 결과이다.

34) 이 글을 통해 종교의 주변화에 따른 종교적 반응이라는 틀이 그 나름대로의 이론적 보편성을 확보하기 위해서는 19세기 말 같은 유교권에 속한다고 할 수 있는 조선, 중국, 일본 등이 그 주변화에 어떻게 반응했는지에 대한 비교 사회학적 연구가 필요하다.

이 글은 '이중적' 목적을 가지고 있다. 여기서 이중적이라는 것은 이 글을 통해 근본주의 논의의 이론화에 기여하려는 측면과, 19세기 말 조선의 척사위정운동에 대한 또 다른 접근방법을 모색하려는 측면을 동시에 해결할 수 있다는 의미에서이다. 달리 말해 기존의 근본주의 논의에 대한 경험적 연구의 폭과 깊이를 확장시켜 그 논의를 이론의 수준으로 끌어올렸으면 하는 바람이 우선 이 글의 연구목적에 자리하고 있다. 이와 함께 그 운동을 새롭게 설명할 수 있는 하나의 분석 틀로서의 근본주의 개념의 타당성을 검증하려고 한다. 이러한 의미에서 이 글은 무엇보다도 먼저 근본주의 논의의 심화뿐만 아니라 조선 후기 척사위정운동에 대한 새로운 분석이라는 연구목적을 동시에 가지고 있다. 결국 그 논의의 타당성 확보는 역으로 그 운동에 대한 새로운 접근방법 발견이라는 부수적인 성과물을 낳을 수 있을 것으로 기대한다. 이 글은 새로운 1차 자료의 소개에서 벗어나 근본주의 연구의 지평을 확대하고, 한 걸음 더 나아간다면 관념적 차원에서 조선 후기의 사회변동을 체계적으로 이해할 수 있는 하나의 실마리를 확보하는 데 도움을 줄 수 있는 사회학적 분석의 한 차원을 제시하는 데에서 연구의 의의를 찾을 수 있을 것이다. 이러한 점들을 그 밑바탕에 깔고 있는 이 글의 연구 의의는 아래와 같다.

이 글을 통해 무엇보다도 근본주의 논의의 이론화 과정에 기여할 수 있을 것이라는 기대를 먼저 가져 본다. 19세기 말 조선의 척사위정운동이라는 역사적 사례를 추가시킴으로써 그러한 논의를 좀더 양적으로, 질적으로 풍부하게 할 수 있다는 차원에서 이 글은 그 나름대로의 학문적 의의를 가진다고 말할 수 있을 것이다.

둘째, 이 글을 통해 지구적 근본주의의 발생을 조선 후기의 척사위정운동을 통해서도 확인할 수 있을 것이다. 우리의 관심의 일단은 그 근본주의가 조선뿐만 아니라 지구적으로 사회문제가 되고 있다는 데에 있다. 때문에 발생학적인 차원에서 그것의 뿌리를 확인하는 작업은 오늘의 문제 확인과 그 해결을 강구함에 있어 앞서 수행해야 할 필수 불가결한 작업일 것이다. 이러한 의미에서 이 글은 나름대로의 실천적 의의를 가진다고 말할 수 있다.

셋째, 이러한 작업을 통해 현 한국 사회의 보편성과 특수성 등의 뿌리를 적극적으로 해명할 수 있는 하나의 실마리를 확보할 수 있을 것으로 기대해 본다. 보편성의 획득이라고 부를 수 있는 근거는, 한국사회도 이미 조선 후기에 이르러 넓은 의미의 근대적인 것에 대한 적응, 저항, 거부의 추세를 확인할 수 있을 뿐만 아니라 이를 둘러싼 변동의 흐름이 존재하였다는 사실을 이 글을 통해 규명할 수 있을 것이라는 기대 때문이다. 또한 특수성의 존재는 조선 후기의 척사위정운동에 대한 구체적인 분석을 통해 다른 지역의 근본주의와는 다른 그 무엇인가를 발견할 수 있을 것이라는 기대 때문이다. 이 글은 종교 주변화의 전개과정을 둘러싼 한국사회의 보편성과 특수성을 규명할 수 있는 하나의 근거를 얻을 수 있다는 데서 그 의의를 찾을 수 있을 것이다.

이 글은 위의 세 가지 기본적인 연구 의의에 덧붙여 부수적인 의의를 가지고 있다. 물론 문제의식의 초점이 조선 후기의 척사위정운동에 맞추어져 있는 것은 아니지만 분석의 결과로 얻을 수 있는 성과는 그 운동의 연구 지평을 넓히는 데 일정 정도 도움을 줄 것으로 기대한다.

첫째, 그 운동 연구를 둘러싸고 아직 해결되지 못한 논쟁점들을 일정 정도 해결할 수 있을 것으로 기대한다. 이 글은 기존의 '서구의 충격-운동의 발생'이라는 단일적 차원의 연구에서 벗어나 운동의 발생과 그 역동적 과정에 하나의 내재적 요인으로 종교의 주변화가 그 기본 추동력으로 작용했음을 밝힐 수 있을 것으로 기대한다. 둘째, 그 운동의 성격과 관련해서는 민족주의적 내지 보수 반동적인 것으로 자리매김했던 기존 연구의 한계를 어느 정도 보완하여, 성리학의 탈주변화를 하나의 목표로 내세웠던 운동이라고 말할 수 있을 것이다. 셋째, 척사위정운동이 세계와의 관계를 어떻게 인식하고 있었는가를 살펴 기존 연구에서 보완되어야 할 점으로 남아 있던 그 당시 기호노론(畿湖老論) 계열의 질적 차별성을 보여 줄 수 있는 하나의 실마리를 확보할 수 있을 뿐만 아니라 그 집단의 범주를 명확하게 설정할 수 있을 것으로 기대한다.

이 글은 거시적인 차원에서도 그 나름대로의 의의를 가지고 있다고 생각한다. 첫째, 부분적이기는 하지만 1866~1896년의 척사위정운동과 조선 후기의 사회변동과의 관계에 대한 분석은 그 사회와 문화의 변동에 관한 자생적 이론 탐구(정재식, 1990: 174)에 도움이 될 수 있을 것으로 기대한다. 왜냐하면 그 운동의 연구를 통해 조선 후기 사회의 변동의 성격을 파악하는 것은 물론이고, 그 이후의 사회변동을 인식하는 데 중요한 하나의 실마리를 제공받을 수 있기 때문이다. 다시 말해 18세기부터 20세기 초까지 거의 1세기 동안 지속된 척사위정운동은 긍정적이든 부정적이든 간에 조선사회의 역사적 진행 방향을 좌우하였다. 기본적으로 성리학에 의해 추동된 그 운동의 빛과 그림자는 의병운동, 독립운동, 60년대 이후의 근대화 프로젝트, 학생운동 등에 적지 않은 영향을 미쳤다고 보인다.35) 딱히 다 그런 것은 아니지만 비유컨대 개화운동이 근대화, 세계화36)의 관념적 뿌리를 이루었다면 척사위정운동도 한국사회의 변동을 추동한 관념의 한 축을 담당하고 있었다고 할 수 있다. 왜냐하면 지난 두 세기에 걸쳐 한국사회에서 성리학은 그것의 사회적 위치와 의미에 있어 주요한 변동을 경험해 왔기 때문이다.37)

---

35) 박정희 정권이 주도한 '조국 근대화' 작업과 70·80년대의 학생운동이 유교적 유산과 이어져 있다는 지적에 대해서는 뚜웨이밍(Tu Wei-ming, 1991)의 논문이 참조된다.

36) 여기서는 세계화를 근대적·전 세계적 인간 상황의 의미에 관한 담론 양식의 국가 경계선을 넘어서는 발생학적 구체화로 이해한다(Robertson, 1989: 69).

둘째, 이 글은 관념적인 차원에서 '오늘 우리가 서 있는 자리가 어디이며, 올바르게 서 있는가?'라는 물음을 어느 정도 해결해 줄 것으로 기대된다. 익히 알고 있다시피 이 물음에 제대로 답하기 위해서는, 형식적으로는 오늘의 우리를 있게 한 가장 가까운 출발점, 곧 우리의 근대사회[38]로 거슬러 올라가는 것이고, 내용적으로는 다른 요인들도 고려해야겠지만 종교로서의 성리학[39]과 서구적인 것이 어떻게 이어지고 맞섰는가를 헤아려 보는 작업일 것이다. 오늘의 한국사회는 성리학과 서학으로 대표되는 조선과 서구와의 '충돌'[40]의

---

37) 이러한 문제의식의 연장선상에서 필자는 참여민주주의(정성원, 2003), 한국형 블록버스터(정성원, 2005a), 청계천 복원 과정(정성원, 2004) 등에서도 성리학적 요소가 작동하고 있음을 밝힌 바 있다.

38) 오늘의 우리를 있게 한 것은 '과거'의 우리였다. 이 글에서는 우리의 과거의 출발점을 '근대'의 시작으로 간주하고자 한다. 우리의 '근대사회'의 시점과 관련하여 기존의 연구에서는 여러 가지 견해가 제출되었다. 이 글의 주된 연구목적이 우리의 근대가 언제 시작되었느냐 하는 점을 밝히는 데 있지는 않다. 그러나 이 글을 통해 다소 확인되겠지만 여기서는 기본적으로 지금까지의 연구성과에 전적으로 기대어 근대의 출발점을 18세기 이후의 실학과 동학의 출현 시점으로 간주하려고 한다.

39) 유교를 달리 성리학, 주자학, 신유교 등으로 부르고 있다. 이 글에서는 '성리학'으로 용어를 통일하여 사용할 것이다. 왜냐하면 이 글의 분석 대상인 척사위정파에게 있어 중요한 것은 원시 '유교'가 아닌 조선의 '성리학'이었기 때문이다.

40) 이와 관련하여 지금까지는 주로 서구의 '충격'이라는 용어를 사용해 왔다. 이 용어는 명료하게 인지되는 물체가 움직이지 않고 있는 물질에 충격을 줘서 그 물질을 운동케 한다는 이미지를 내포하고 있다(장석만, 1990: 192). 이 용어는 기존 서구 학계의 충격-반응 모형, 곧 서구사회의 충격, 비서구사회의 반응이라는 도식 틀을 그대로 따르는 것이다. 달리 말해 정체되어 있는 비서구사회를 근대화의 길목으로 나올 수 있게 한 것은 서구의 충격이라는 인식이 자리 잡고 있다. 따라서 이 글에서는 이 용어 대신에 '충돌'이라는 용어로 바꿔 사용할 것이다. 왜냐하면 이미 조선사회는 19세기에 서구가 도래하기 전에 자체적으로 한 복합적인 근대 문명을 발전시켜 왔기 때문이다(Tu Wei-ming, 1991: 745). 이런 의미에서 유교 문명과 서구 문명이 서로 충돌한 것이지, 한 문명이 다른 한 문명에 충격을 가한 것이 아니라고 말할 수 있다. 이 충돌이라는 용어는 헌팅턴(Huntington, 1993: 22~49)의 '문명 충돌' 개념에

빛과 그림자 아래에 있다는 인식[41]을 그 바탕에 깔고, 양자의 처음 엇물림의 꼴이 어떠했는가를 살필 수 있는 근거를 이 글이 제시해 줄 것으로 기대한다.[42] 뿐만 아니라 오늘날 한국인의 마음의 핵심에

서 시사받았다. 헌팅턴의 용어로 말하자면 유교 문명과 서구 기독교 문명과의 관념적·폭력적 충돌, 보기로 각종 양요 및 천주교 탄압 등은 이미 19세기 우리 사회에 존재했다. 이런 맥락에서 첫 번째 충돌에 관한 문제의식은 탈냉전시대에 예상되는 문명 충돌의 방향과 성격을 예측할 수 있는 한 길잡이가 될 수 있을 것이다.

41) 보기로 조혜인(Cho Hein, 1989)은 오늘 우리의 정체성과 관련하여 한국인들은 더 이상 유교 신자가 아니지만 생활방식은 여전히 유교의 영향력 안에 있다면서 18세기 이후 유교와 서구가 본격적으로 만나 오늘에 이르기까지의 우리 사회를 '이중구조' 곧 '유교적 알맹이'와 '서구적 껍질'로 구성된 사회로 파악한다. 이와 관련하여 우리의 눈길을 끄는 자료는 1983년과 1989년의 한국갤럽연구소의 종교 조사이다. 유교인이 1985년의 전수 조사에서는 자기 확인되었던 것이 50여 만 명에 불과하던 것이 조상에 대하여 제사를 지내는 등 유교적인 생활 패턴 속에 살고 있다는 이른바 '실천유교인'은 전 인구의 약 91.7%에 달한다는 것이다(김종서, 1995: 37). 최봉영(1990)은 삶의 심층에는 통체-부분자적 세계관이 중심을 이루고 있는 가운데, 표층에서 통체-부분자적 세계관과 개별자-합체적 세계관이 이중구조를 형성하여 본과 보기의 혼란을 초래하고 있는 것으로 이해한다. 그리고 박영신(1987: 151~169)은 '우리네 자본주의'가 외형적으로는 서구 자본주의와 다름없지만 내면적으로는 아직도 유교적 '친족의 사슬'에 얽매여 있다고 설명하기도 한다. 유교와 서구와의 엇물림 꼴을 다르게 서술한 보기로는 임현진(1996)의 '(탈)근대 시대의 전근대적 종속', 이종오(1993)의 '시민혁명 이전의 상태' 등의 표현이 있다. 이를 인상주의적으로 표현하면 '눈과 입은 포스트모던을 논하고, 몸뚱이는 모던을 걸치고 있으면서도, 발은 전근대를 디디고 선 형국의 땅(배병삼, 1996: 342)'이라고 할 수 있다. 좀더 지역적 범위를 넓혀 생각해도 이러한 관점은 유효하다. 보기로 뚜웨이밍(Tu Wei-ming, 1991: 773)은 보다 깊은 의미에서 동아시아의 핵심적인 가치가 여전히 본질적으로 유교적 가치라는 점을 인정하고 있다. 그리하여 대다수 동아시아 지식인들은 사람이 인간관계의 중심이며, 가족은 인간 발전의 필수적인 제도이며, 사회는 신용 공동체가 되어야 하며, 정치는 모범적인 리더십의 특징을 가져야 하며, 문화적 삶은 부분적으로 과거의 상징적 자원들에 의해 형성되어야 한다는 등의 관념을 받아들이고 있다는 것이다.
42) 비유컨대 성리학과 그 주변화, 성리학과 기독교 등은 오늘의 우리가 되

자리하고 있는 유교적 지향이 개혁되지 않은 것이라면 그 당시 이를 가로막은 세력이나 움직임이 있었다면 이에 대한 연구도 오늘의 우리를 객관적으로 바라볼 수 있는 근거가 될 것이다. 이 글을 통해 조선 후기의 척사위정운동이 세속화를 왜곡, 변형시키는 데 한몫 거들었음을 밝힐 수 있을 것이다.[43]

셋째, 이 글은 넓게 오늘 우리의 문화적 정체성을 밝히는 작업[44]과도 이어져 있다. 이 작업의 출발점은 내재적으로는 종교의 주변화의 발생, 외재적으로는 성리학과 서학의 충돌 등으로 우리의 문화적 정체성이 변하기 시작하는 그 역사적 시점으로 거슬러 올라갈 필요가 있다. 왜냐하면 오늘 그 정체성이 뿌리내리고 있는 토양이 그때 형성된 것이기 때문이다. 따라서 토양성분에 대한 연구는, 오늘 우리의 정체성이 바탕하고 있는 관념적 토대의 실마리를 밝히기 위해 앞서 해야 할 작업이다. 뿐만 아니라 그 주변화와 그에 따른 종교적

기까지의 과정을 담고 있는 일종의 '블랙박스'(김성기, 1994: 6~7)와도 같은 것이다. 만약에 그 상자 안에 우리에 관한 비밀을 풀 수 있는 실마리가 담겨져 있다면 성리학의 주변화, 그리고 성리학과 서학이 본격적으로 만나는 첫 번째 기록부터 찬찬히 조사해 보아야 할 것이다. 이 글은 이것이 가지는 이론적·실천적 중요성을 보여 줄 수 있다는 점에서 나름대로의 의의가 있다.

43) 결과적으로 척사위정파는 일본에 의해 강요된 서구화와 그때까지 내재적으로 자리 잡은 현실 사이에서 서로 간의 동화를 가로막는 장벽의 역할을 수행하였다. 그들은 서구화, 내재적 발전 모두에 대해 부정적인 곧 이중적 장애물로 작용하였다.

44) 흔히 오늘 우리의 문화적 정체성이 상실되었거나, 있더라도 모호하다고들 말한다. 비유컨대 우리의 정체성은 유교와 기독교라는 성분이 뒤섞인 관념의 토양에 그 뿌리를 내리고 있는 나무라고 할 수 있다. 그러나 그 나무는 올곧지 못하고 말라 죽기 일보 직전에 있거나 심하게 뒤틀려 있다. 어떤 성분의 토양에서 자란 나무이기에 그런 모습을 하고 있는가? 이런 맥락에서 그 토양의 성분을 밝히는 작업은 우리의 문화적 정체성을 올바로 진단하는 일과 그 맥을 같이한다고 볼 수 있다. 이것이 가능할 때, 우리는 식민지적 그리고 신식민지적 폐해로부터 해방될 수 있을 것이다(최재현, 1992: 271~272).

반응이라는 연구 틀은 오늘날의 동아시아 사회를 규명하는 것과 간접적으로 이어져 있다. 전략적으로 그 틀은 한국의 기독교 복음주의[45], 일본의 신도(神道) 초민족주의 등을 연구하는 데 유용할 수도 있다(Tu Wei-ming, 1991: 742~745). 만약 오늘날의 유교 부활[46] ─ 그 대표적인 보기가 (동)아시아적 가치에 대한 논의[47] ─ 에 초점을 맞춘다면 그 틀은 분명히 한국사회의 관념적 뿌리 찾기 작업에 도움이 될 것이다. 서구와의 충돌에 대한 유교의 반응에 초점을 맞춘 연구는 오늘날 동아시아의 정신문화적 역동성을 이해하는 데 중요하다. 이러한 의미에서 이 글은 이러한 작업에 다소 도움을 줄 것으로 기대한다.

넷째, 이 글은 오늘날 우리의 현안문제와 이어져 있다. 왜냐하면 19세기 한국사회의 화두가 '개방·개혁'이었다면 21세기 현재 우리의

---

45) 이에 대해 이원규(1995: 18~19)는 한국 교회가 근본주의 성향에 가깝다는 논지를 전개하는 반면에, 박종천(1995: 33)는 한국 개신교 신자들 거의 대부분이 근본주의라기보다는 보수 정통 신앙에 가까운 신앙 형태를 가진 것으로 이해한다.

46) 뚜웨이밍(Tu Wei-ming, 1991: 772)은 제2차 세계대전 이후 동아시아 산업사회에서 일어나고 있는 유교적 부활을 근대적 서구에 대한 하나의 문화적 반응으로 이해하고 있다. 달리 말해 이런 부활은 일본의 신도, 한국의 샤머니즘, 대만의 대중 종교 등의 생득론적(生得論的) 감정과 결합되어 있을지도 모르지만 그것의 일반적인 상태는 과거를 동경하는 것도 그렇다고 위협에 직면한 삶의 양식에 집착하지도 않는다는 것이다. 오히려 그것은 근대화 과정에 의해 야기된 비판적인 문제에 전통적 상징 자원을 집중시키기 위해 이런 자원을 동원하려는 신중한 시도라는 것이다. 따라서 유교의 부활은 근대성에 반대한 사려 깊지 못한 반응이 아니라 산업화, 도시화, 관료제화, 매스 커뮤니케이션의 광범위한 영향력 등의 의도하지 않은 몇몇 결과들을 비판적으로 이해하려는 것으로 간주한다.

47) 뚜웨이밍(Tu Wei-ming, 1991)은, 갱신된 유교적 추동력이 동아시아를 통합시킬 수 있는 한국─일본─중국 등의 제휴를 통해 사회적·정치적 질서의 재편성을 위한 공통의 이념적·문화적 토대를 제시한 것으로 간주한다. 이러한 입장은 이전의 '대동아공영권'을 연상케 하는 것으로 비판의 소지가 있다.

화두도 이와 같기 때문이다.48) 달리 말해 19세기와 21세기 오늘날을 거칠게 단순 비교하자면 내부적으로는 밑으로부터의 개혁 요구와 더불어 대외적으로는 개방 압력에 직면하고 있다는 점에서 공통점을 가지고 있다. 이 글이 척사위정운동에 주목하는 이유를 오늘의 상황에 빗대어 말할 수 있다. 이를테면, 한미 FTA 협상을 둘러싸고 두 가지 극단적인 주장이 표출되었다. 정부 당국자들은 개방만이 살길이라고 주장하고 있으며, 또 다른 일각에서는 자주성 상실과 종속 심화 등의 문제점을 제기하고 있다. 이러한 논쟁구도는 한말의 그것과 너무나 유사하다. 한말의 경우 물론 이권 침탈의 형태로 이루어지기는 하였지만 외국자본의 국내산업 투자는 결국 국내산업의 전멸이라는 결과를 초래하였다. 이러한 역사적 사실을 오늘 되새긴다면 개방·개혁을 둘러싼 한말의 논쟁은 오늘 우리들에게 반면교사의 노릇을 할 수 있다고 생각한다.

---

48) 특히 개방과 관련하여 이를 잘 보여 주는 것이 일본 영화의 개방문제였다. 이 문제는 제2의 개국이라 표현될 만큼 국민적 초미의 관심사가 되었고, 개방론자들을 매국노로 치부하고, 개방 반대론자들을 냉엄한 국제 현실을 모르는 국수주의자로 지칭하는 등의 문제를 둘러싸고 감정적인 대립을 연출하였다. 이 과정에서 양 극단적인 주장만 보일 뿐 합리적인 문제 해결책은 찾아보기 힘들었다. 달리 말해 절대 불가론과 불가피론이라는 담론만 있을 뿐, 그 이후의 사태 전개에는 별다른 관심이 없었다. 우리는 이러한 상황을 지켜보면서 19세기 말 노도와 같이 밀려들어 온 서구 세력의 공세에 우리 선조들이 나라의 빗장을 열 것인가, 말 것인가를 놓고 벌인 일대 논쟁을 떠올리지 않을 수 없다. 한 세기가 지난 오늘날에 이와 유사한 상황을 다시 경험하면서 역사는 순환하는 것이 아닌가 하는 생각이 들 정도이다. 더욱이 19세기 말의 논쟁이 경위야 어떻게 되었든 간에 그 이후 우리 민족의 장래를 좌우한 분수령이 되었다는 측면에서 오늘날의 개방 논의는 여러모로 시사하는 바가 많다. 왜냐하면 역사를 결과론적으로 해석하기에는 무리가 뒤따르지만 그 당시의 개방 논의는 결국 그 이후 역사 전개의 방향타를 좌우했던 하나의 분기점이 되었기 때문이다.

4. 연구방법 및 자료

이 글은 조선 후기의 대표적인 척사위정파인 화서·노사·간재학파의 척사위정론과 그 운동을 분석 대상으로 하여 근본주의의 속성들을 확인하는 데 있다. 이와 더불어 전 세계적 근본주의를 하나의 준거 틀로 삼아 19세기 말 조선의 척사위정운동과의 공통점과 그 차이점을 분석하여 근본주의 이론의 쟁점들을 보완하려는 데도 그 하나의 목적이 있다.

이 글은 방법론적으로 흔히 과거의 문헌을 대상으로 한다는 점에서 역사적 연구 또는 역사적 방법이라고도 하는 문헌조사를 활용할 것이다. 제한적이기는 하지만 1866~1896년의 척사위정운동의 실체에 접근하는 데 도움이 되는 자료들로는 척사위정운동의 공식문건이라 할 수 있는 격문(檄文)과 상소문(上疏文) 등이 있다. 이것은 그 운동을 분석할 수 있는 기본 자료의 성격을 가지고 있다. 왜냐하면 이러한 자료들은 척사위정운동의 지도자들이 작성한 것이며, 그 운동의 성격을 파악하는 데 없어서는 안 되기 때문이다. 그러나 이러한 자료들을 분석함에 있어 운동의 의미를 미화시킨 부분이나 선전적 목적에서 사실을 과장했을 가능성에 대해서는 면밀한 검토가 요구된다. 이를 보완하기 위해서는 그 운동의 반대편에 서 있던 개방파의 입장을 살필 것이다. 이 글에서 분석의 대상으로 삼고 있는 자료는 <표 4>와 같다.

〈표 4〉 분석 자료

명 칭	작성자	작성 연도	형 식	주요 내용
「辭同副承旨兼陳所懷疏」 「熙政堂奏箚」 「辭同義禁疏」 「辭職告歸兼陳所懷疏」	이항로	1886	상소문	강화도에 침공한 프랑스 함대에 대한 주전론과 척화 및 내부 개혁 주장
「丙寅疏一」, 「丙寅疏二」	기정진	1886	상소문	내부 개혁과 반개방 주장
「代京畿江原兩道儒生論洋倭情迹仍請絶和疏」 「代京畿儒生等嶺儒被罪後繼疏」	김평묵	1876 1881	상소문	강화도조약 및 개방 반대 황준헌의 『조선책략』 배포 금지 및 대미수교 반대
「持斧伏闕斥和議疏」 「請討逆復衣制疏」	최익현	1876 1895	상소문	강화도조약 및 개방 반대, 왜양일체론 단발령·변복령 반대, 일본의 내정 간섭 비판
「檄告八道列邑」 「檄告內外百官」	유인석	1895	격문	척사위정운동 참여 촉구, 단발령·변복령 반대, 개방파의 처단 요구
「萬言疏」	홍재학	1881	상소문	황준헌의 『조선책략』 배포 금지 및 국왕의 개방정책 비판
「丙申疏一」, 「丙申疏二」	기우만	1895	상소문	일본과 개방파 제거

이 글의 연구목적, 연구방법, 자료 등을 고려하여 다음과 같은 순서로 글을 구성할 것이다. 제1장에서는 서구의 경험을 살펴 근대화·세속화에 적응한 개인이나 집단이 있는 반면에, 이를 거부하거나 저항하면서 그러한 변동을 가로막은 집단들도 존재하였다는 점을 먼저 서술하여 근본주의 연구가 이러한 문제의식과 깊이 관련되어 있음을 설명할 것이다. 이러한 연구성과에 기대어 관련 개념들을 작업적으로 정의하고, 근본주의의 속성들을 도출할 것이다.

제2장에서는 이러한 속성들을 확인하는 데 동원한 19세기 말 조선의 척사위정운동도 근본주의 현상이라는 점을 서술하여 하나의 분석 대상으로 타당한 것임을 밝힐 것이다. 또한 근본주의의 속성에 비추어 선행연구들을 비판적으로 검토하여 이 글의 연구목적을 분명히 하는 데 도움을 받을 것이다. 이어 이 글의 연구목적은 그 속성들을 확인하는 데 있으며, 이를 위해 조선 후기의 대표적인 척사위

정파인 화서학파, 노사학파, 간재학파 등의 척사위정론과 그 운동을 연구대상으로 할 것임을 서술할 것이다. 이러한 대상에 접근하기 위해 문헌조사 방법을 동원할 것이며, 자료는 그 운동에 관한 1·2차 자료를 활용할 것이다.

제3장에서는 척사위정운동의 출현 원인과 반발 대상 등을 중심으로 근본주의에 관한 첫 번째, 두 번째 속성을 확인할 것이다. 성리학의 주변화, 서구와의 의미 있는 접촉, 정체성의 위기 등의 위협 때문에 그 운동이 출현하였고, 이를 초래한 집단과 세력들이 그 운동의 반발의 대상이 되었음을 밝힐 것이다.

제4장에서는 척사위정파의 정체성과 선민의식 등을 중심으로 세 번째 속성을 분석할 것이다. 근대적인 것에 의해 포위당해 있는 그 집단이 자체의 연대와 응집력 확보를 위해 외부 세계와의 경계선을 만들고, 선민의식을 강화하고, 관념적·실천적 차원에서 도덕적 이원론과 행동의 요구 등을 강조했다는 점을 설명할 것이다.

제5장에서는 척사위정운동의 선택적 자원을 중심으로 네 번째 속성을 확인할 것이다. 그 운동이 성리학의 탈주변화라는 목적을 정당화하기 위해 성리학적 전통의 근본적인 것들을 선택, 재구성하게 된다는 점을 설명할 것이다. 이러한 선택은 경전의 무오류성에 의해 뒷받침되며, 리더십에 의해 이루어진다는 사실을 밝힐 것이다.

제6장에서는 19세기 말의 척사위정운동이 취한 전략적 대응을 중심으로 다섯 번째 속성을 설명할 것이다. 그 운동이 외부 세계와의 관계에 기반하여 전략을 수립, 대응하였음을 설명할 것이다. 다양한 전략들을 선택하여 나름대로 위협받는 성리학을 방어하면서 궁극적으로 성리학적 이상사회인 소중화를 복원하려고 하였다는 점을 밝힐 것이다.

제7장에서는 위의 다섯 가지 속성을 중심으로 연구결과를 요약하면서 지구적 근본주의를 하나의 준거 틀로 하여 그 공통점과 차이점을 향후 근본주의의 이론화에 어떻게 동원할 수 있는가에 대해 살펴볼 것이다.

Ⅲ 성리학의 주변화에 대한 반발

1. 성리학의 위기

성리학은 17세기 후반까지만 하여도 조선사회에서 하나의 보편원리로 자리하고 있었던 것으로 보인다(최봉영, 1998: 66). 그러나 1866~1896년의 척사위정운동이 보기에, 18세기 이후 정교분리로 대표되는 세속화, 자본주의의 맹아로 상징되는 근대화 때문에, 성리학은 도전에 직면하고 있었다. 더욱이 다원화가 성리학의 주변화 현상의 촉매제로 작용하고 있었다. 다시 말해 척사위정운동은 사실상의 정교분리 조항을 삽입시킴으로써 조선사회 내에서 성리학의 배타적 지위를 인정하지 않게 되었던 1886년의 조불조약(朝佛條約)으로 성리학의 주변화가 가속화되었다고 보았다. 왜냐하면 척사위정운동이 보기에, 이 조약의 체결로 기독교가 조선사회에서 종교활동의 자유를 얻어 성리학과 경쟁을 벌이게 되었을 뿐만 아니라, 이 조항이 성리학과 정치·경제·사회제도와의 관계 단절을 요구(윤승용, 1997a: 24)하였기 때문이다.

이러한 다원화가 개인적·사회적 차원에서 성리학의 정당성[1] 문제를 제기하고 있었다. 성리학적 가치에 의한 조선사회의 권위적인 의사결정의 토대가 흔들리고 있었다. 또한 다원화는 개인적 모호성을

---

1) 맥과이어(McGuire, 1994: 382)에 따르면 정당성이란 자신들의 견해가 심각하게 수용되기를 기대할 수 있는 개인, 집단 또는 제도의 권위 기반을 의미한다. 곧 정당성은 개인, 집단 또는 제도의 선천적 특질이 아니며 오히려 그들의 주장이 타인들에게 수용됨으로써 나타난다는 것이다.

증대시킬 수 있다. 성리학을 계속 믿어야 하는가? 어느 세계관에 따라 의사를 결정하고, 행동해야 하는가? 성리학자들뿐만 아니라 일반 서민들도 서학의 유입으로 개인적인 차원에서 이러한 갈등에 직면하였을 것으로 보인다. 이는 이제 더 이상 성리학의 이름으로 조선사회 구성원들의 참여를 동원하는 데 어려움을 겪게 되었다는 것을 의미하는 것이기도 하였다.

흔히 종교는 사회를 안정시키고, 그 구성원들에게 일정한 세계관과 규범적인 질서의식을 심어 주는데, 그것은 한 사회의 정치나 경제보다 더 사회적으로 제도화되고, 인성에 내재화되어 있기 때문에 오랫동안 지속되고 좀처럼 바뀌지 않는다(정재식, 1990: 172~173). 때문에 다원화가 진행되면 될수록 개인들이 그것에 적응하는 것과 내재화된 종교적 세계관 간의 괴리 현상이 일어나 정체성의 위기에 직면할 가능성이 높다. 더욱이 의식적으로 이러한 적응을 거부하는 개인에게 이러한 위기는 심각한 것이었다.

이를테면, 1895년의 척사위정운동의 경우 단발령(斷髮令)과 변복령(變服令) 등을 둘러싼 사회적 수준에서의 주요한 논쟁은, 국가에 의한 그러한 강제를 받아들일 것인가의 여부였다. 그 해결책은 갈등하는 법적·종교적·사회적 주장들의 대답을 필요로 한다. 척사위정파에서는 단발과 변복의 문제를 성리학적 전통의 핵심으로 간주하였고, 개방파에서는 그보다는 효율성을 강조하였다. 이처럼 각 집단의 다른 해석은 개인들의 갈등을 유발할 수 있다. 곧 단발과 변복 등을 하는 것이 옳은가? 이것들에 대해 아이들에게 어떻게 가르칠 것인가? 나의 자식들이 이것들을 원한다면 어떻게 대처해야 하는가(McGuire, 1994 참조)? 이처럼 다원화는 정체성의 위기에 직접적으로 기여하고 있었다.

성리학의 정교한 형이상학적 체계를 지적하지 않더라도 성리학이 궁극적인 범주의 체계로서 그 사회적 역할을 담당한 것은 사실이다(박영신, 1980: 122). 이처럼 사회가 급격하게 변하고, 삶에 관한 친숙한 해석의 틀이 갑자기 흔들릴 때 사람들은 그 신앙체계를 의심하게 되고, 세계의 동향과 자신의 운명에 대하여 불안감을 갖게 된다(정재식, 1990: 183). 이러한 차원에서, 특히 당시 성리학자들은 성리학의 연속과 단절의 문제에 직면하고 있었다.[2] 성리학의 주변화 현상 때문에 성리학적 질서가 일탈될 수 있다는 가능성 앞에서 척사위정파는 조선의 역사와 그 형이상학적인 기반에 관하여 심각하게 성찰하면서, 성리학을 지키기 위한 노력을 기울이기 시작한 것이다. 그 구체적인 형태가 바로 이념적으로는 척사위정론으로, 실천적으로는 척사위정운동으로 나타나게 된다. 물론 그 이전에도 그러한 이념이 없었던 것은 아니다.

성리학의 주변화라는 상황에서 그 이념은 그 현실성을 더 담보하게 되고, 그 운동의 발생을 뒷받침하게 되었다. 이전의 척사위정론이 관념적인 차원에서 전개되었다면, 이제 척사위정운동은 이런 차원을 그 밑바탕에 깔고 현실적인 대안을 제시하려는 쪽으로 방향선회를 하고 있었다. 상대편 없이는 자신들을 정의할 수 없기 때문에, 그 운동은 실제의 적을 서술하여 이들을 부정함으로써 그 정체성을 정립하게 된다. 척사위정파는 처음에 그들의 개인적·사회적 정체성이 도전받고 있음을 인식할 따름이었다. 척사위정파는 핵심적인 문제에서 배제될 경우 모든 것을 잃는다고 생각하면서 저항에 나서게 된다.

이들에게 현안으로 대두한 것이 바로 개방문제였다. 개방의 선택은 곧 성리학의 포기를 의미하는 것으로 이해하고 있었기 때문에, 이들에게 개방은 핵심 가운데 핵심이었던 것이었다. 척사위정파가 보기에, 개방문제의 핵심인 외교정책의 기조가 지금까지는 성리학적 전통에 입각한 사대교린(事大交隣)이었다면, 이제는 거기서 벗어나 새로운 패러다임으로 접근하려고 했다는 것이다. 개방 그 자체는, 그

---

2) 정재식(1990: 173~174)은 이를 영속화를 위한 합리적 자민족보호주의로 규정하면서, 이와 관련지어 생각할 수 있는 사회 보존을 위한 사상운동의 사례로 화서학파가 주도한 척사위정운동을 들고 있다.

들이 보기에 단순한 외교정책의 문제이라기보다는 조선사회에 무거운 압력을 가한 상징적·종교적 문제였다(박영신, 1980: 157). 그들은 기본적으로 국가의 정치적 의사결정 과정에 성리학적 가치를 개입시켜야 한다는 생각을 가지고 있었다. 그러나 그들이 보기에, 국가가 개방문제를 정교분리의 차원에서 접근하려고 했다는 것이다. 이러한 맥락에서 척사위정파는 개방이 결국 성리학의 붕괴를 초래할 것으로 생각하여 반발하게 된다.3) 비유컨대 1866∼1896년의 척사위정운동은 그들이 가진 모든 것을 버릴 것을 요구하는 내외 세력에 대해 거기에 순순히 동조하기보다는 저항의 방법을 선택한 것이었다.

우선 성리학에 대한 방어는 성리학의 주변화 현상에 대한 지적인 비판으로 시작되었다. 이와 관련된 문제를 다룬 출판물을 간행하게 된다. 이러한 비판은 화서·노사·간재학파 등에서 공통적으로 보이지만 그 가운데서도 화서학파의 작업이 두드러진다. 그 대표적인 인물이 1876·1881년의 척사위정운동을 주도했던 김평묵이다. 그는 성리학의 주변화를 이념적인 차원에서 체계적으로 비판하였다. 이러한 작업은 김평묵이 유중교와 함께 1867년에 완성한 『화서아언(華西雅言)』을 통해 구체화된다. 이 책의 출판은 기본적으로 화서학파가 주도한 성리학의 주변화에 대한 지적 비판의 완성판이라고 할 수 있다.

뿐만 아니라 1895년의 척사위정운동의 지도자인 유인석은 이러한 비판을 본격적으로 정치문제와 연결시키고 있었다. 그는 성리학이

─────────────

3) 물론 문헌상으로는 '위정척사'라는 용어가 많이 등장한다. 그 보기로 송도정(宋道鼎)의 척사상소에 대한 정조의 비답(批答)을 살펴보면 그 용어가 쓰이고 있다. "……조정이 멀리하고 행하고 금하고 죄함이 어찌 그대들 글을 기다려서야 할 것이며, 또한 어찌 그대들 뒤에 하겠는가? ……청한 바대로 출장하여 일을 조사하고 처음부터 끝까지 적당하게 밝게 처분하리니 그대들은 물러가 더욱 위정척사하는 방향에 힘쓰도록 하라(최창규, 1973: 108에서 재인용)." 그런데 그 운동은 '사(邪)'라는 대상에 대한 방어가 먼저이고, 이를 뒷받침해 주는 것이 '정(正)'이기 때문에 조선 후기의 그 운동을 '척사위정운동'으로 부를 것을 제안한다.

침식당하고 있는 위기 상황에서, 국가가 이를 바로잡기 위해 성리학을 강화시키기보다는 오히려 개방정책 등을 통해 위기를 더 조장하는 것으로 인식하고 있었다. 국가의 이러한 태도를 문제 삼아 그동안 척사위정파에서는 상소를 통해 정책적 대안으로 이른바 내수외양책(內修外攘策)을 제시해 왔다. 대외 지향적 정책이 가져올 부정적인 파급효과를 고려하여 개방보다는 오히려 일시적인 폐쇄를 통한 사회의 내부 개혁이 더 시급한 과제임을 주장하였다.4)

척사위정파는 자신들이 제시한 정책을 국가가 채택하지 않자 좀더 적극적인 해결책을 모색하기기에 이르렀다. 이러한 과정에서 을미변복령과 단발령이라는 하나의 촉발 요인이 발생하자 1895년의 척사위정운동의 최고 지도자인 유인석은 성리학의 주변화에 대한 이념적 비판을 정치문제와 그 조직적 해결 등과 연결시켰다. 다시 말해 국가의 개방정책 및 이에 따른 변복령과 단발령 등이 성리학의 보존을 가로막는 하나의 장애물이고, 정결한 조선사회를 일탈시키는 하나의 원천으로 인식5)하여 이러한 정책들을 조직적으로 반대하는 운동을 실천에 옮기는 단계로 나아가게 된다.6)

---

4) 그 당시 국가나 척사위정운동 모두 개혁에 대해서는 인식을 같이하고 있었다. 단지 그 수단에 있어 국가가 서학의 수용에 주안점을 두고 있었던 반면에 척사위정운동은 성리학적 전통에 기대고 있었다는 점에서 차이를 보인다. 때문에 그 당시 논쟁의 핵심은 개방에 있었다고 할 수 있다. 흔히 척사위정운동이 개혁에 반대했다는 것이 일반적인 평가인데, 이는 잘못된 것임은 뒤에서의 분석을 통해 좀더 명확해질 것이다. 성리학적 전통이 반봉건적이라는 입장에서는, 기존의 이러한 평가는 그 입장의 논리적 귀결일 수밖에 없다.

5) "우리나라 사람들은 또한 스스로 예의에 구속됨을 싫어하고, 저들의 개방된 행동을 좋아하며, 처음에는 주저하다가 끝내는 노골적으로 그들과 합류하여, 돼지로 길러 거세하여도 화낼 줄 모르고, 소로 길러 코를 뚫어도 심상하게 여기다가 급기야 국모를 시해하고 머리를 깎는 변이 천지를 뒤흔들어도 조금도 괴이하게 생각지 않는다. 이리하여 천성이 바뀌고 습관이 되었으니 어찌 온 천하가 금수로 변하지 않겠는가(최익현, 1978a: 203)." 아래의 국역본 인용에 있어 한자체의 국역을 글쓴이가 좀더 쉽게 풀어서 옮겼다.

2. 이념적 차원의 적

1) 근대적·세속적 가치

1866~1896년의 척사위정운동은 성리학의 방어를 위해 먼저 이념적 차원에서 성리학적 신념과 실천을 부식시키는 근대적·세속적 가치를 성리학의 하나의 적으로 설정한다. 구체적으로 그 운동이 이렇게 한 것은, 그러한 가치에 의해 조선사회가 영향을 받고 있었다는 의미이다. 다시 말해 그 사회에 근대적·세속적 가치가 하나의 지배적인 생활양식으로 자리 잡으면서 사회 전체로 확산되어 성리학적 체계를 무너뜨릴 것으로 생각하고 있었다. 따라서 그러한 체계의 방어에 집착하는 1866~1896년의 척사위정운동으로서는 이러한 가치를 하나의 적으로 설정할 수밖에 없었다.

물론 그 가치가 조선사회에 미칠 부작용에 대해 개방파나 척사위정파 모두 고심하였을 것이다. 그 우선순위를 어디에 둘 것인가가 이 두 집단을 가름하는 하나의 중요한 기준이 되었다. 다시 말해 개

---

6) "국모의 원수도 이미 절치부심하고 있는데 잔혹함이 더욱 심하여 군부가 지존함에도 또 모양을 헐고 갓을 깨고 옷을 찢는 사태를 보게 되고 또 이같이 망극한 화를 만나 장차 나라가 망할 날이 닥쳐와서 우리들 각각의 천부의 윤리도 보전할 수 없으며, 우리의 몸도 금수가 되고 부모에게 받은 머리칼도 깎아야 하니 이것이 웬 일이며 웬 변이냐. 요순우탕(堯舜禹蕩)의 성왕의 전함도 금일에 이르러 끊어져 버리고 공맹정주(孔孟程朱)의 성현의 맥도 다시는 지킬 사람이 없다. ……무릇 우리 각도의 충의 군사들은 고루 성조가 배양한 사람들이니 환란을 피한다는 것은 죽기보다 어려운 일이다. 망하기를 기다리는 것과 일어나 그것을 치는 것 중 어느 것이 나으랴. 비록 가장 어려운 지경에 처하였어도 사람이 능히 백배의 힘을 더한다면 원수와 같이 살 수 없는 와신상담의 생각이 더욱 간절해질 것이다.(이구영, 1994: 35 에서 재인용)."

방파는 부국강병이라는 큰 원칙 앞에서 그 도덕적 문제는 사상될 수밖에 없다고 본 것이다. 반면에 척사위정파는 그 문제가 국가의 근본이고, 그것으로 인해 국가가 망할 수 있기 때문에 그 문제를 무엇보다도 중시해야 할 입장에 서 있었다.

이와 관련하여 척사위정파는 국가가 이제 본격적으로 개방을 추진할 경우 서구 재화의 유입으로 조선사회가 근대적·세속적 가치에 의해 지배될 가능성이 더 높아졌다는 것이다. 이미 1837년에 중국을 통한 이른바 수입 자유화 조처가 취해졌고(고석규, 1996: 29), 1876년의 강화도조약 체결 이후에는 사치품이 주종을 이루는 외제 상품이 전국적으로 유통되고 있었다(유승주, 1986: 68). 이에 대해 척사위정파는 그 재화 가운데서도 외제 사치품의 유입이 청빈으로 상징되는 성리학적 가치를 일탈시킬 가능성과, 그것이 현실화되고 있는 상황을 문제 삼고 있었다.

이러한 인식은 1866~1896년의 척사위정운동에서 잘 확인된다. 1881년의 척사위정운동 지도자인 홍재학은 국가의 개방정책으로 그러한 가치들이 조선사회에 확산될 것으로 주장하였다.7) 노사학파의 기정진은 그 당시 성리학자들의 호화사치 문제와 관련하여, "그들이 서양 물품을 축적하는 데 열심이고, 서양 옷 입기에 탐닉한다(기정진, 1982: 273)"고 비판하였다. 이러한 추세는 척사위정운동이 보기에, 청빈과 근검이라는 기존의 성리학적 가치에서 일탈한 것이었다. 결국 척사위정운동이 반발했던 것은, 근대적·세속적 가치가 조선사회 전반에 파급되어 지금까지 그 삶을 규정하고 있었던 성리학적 규범이 이제는 더 이상 설득력을 가지지 못하는 상황이었다.

---

7) "어떻게 스스로 울타리를 뜯으며, 견고한 성벽을 무너뜨려서 돌아보지 않을 수 있겠습니까? ……이제 온 나라 사람의 입는 것이 모두 서양의 직물이고, 쓰는 것이 서양의 물건이며, 침 흘리는 것이 모두 서양의 기술이니 이렇게 되고서도 어찌 더불어 동화되지 않을 수 있겠습니까(홍재학, 1986: 24)."

일반적으로 조선의 경제체계는 물질적 빈부격차를 금기시하였고, 이를 제도적으로 막으려 하였다. '본, 곧 의(義)에 힘쓰고 말, 곧 이(利)를 억제하는 것(務本抑末)'로 상징되듯이 사치 지향적인 소비산업을 죄악시하고, 생산적인 산업만 허용하였다(조혜인, 1995). 근대적·세속적 가치의 확산은 이와는 전면 배치되는 것이며, 더욱이 이러한 행태가 확대 재생산되는 것에 대해 척사위정파들은 민감한 반응을 보이고 있었다. 더욱이 국가가 소수의 벌열에 의해 좌우되면서 그것은 경제적 부패로 나타나게 되었다. 이것은 기본적으로 경제제도 내지 그것의 운용이 성리학이라는 일원적 이념의 지배가 통하지 않는 것으로 해석할 수 있다. 다시 말해 근대적·세속적 가치의 득세는, 성리학적 규범이 사회의 중심에서 벗어나 주변으로 밀리는 이른바 성리학의 주변화의 소산이면서 그것을 촉진시키는 하나의 원인으로 작용하고 있었다고 보인다.

이러한 인식은 척사위정운동에서 잘 나타나고 있다. 김평묵은 「논반경식사(論反經息邪)」를 통해 서구의 재화를 선호하는 이른바 서구숭배 현상에 대해 지적하고 있다.[8] 최익현도 국내에서 생산된 생활필수품과 일제 사치품의 교역이 초래할 부작용에 대해 언급하였다.[9]

---

[8] "우리나라는 국내에서 생산되는 베와 비단으로도 충분한데, 서양 베를 비싼 가격으로 구입하면서도 아까워하지 않고, 또 의약과 전답이 충분한데도 서양 것이라고 하면 침을 흘리고 좋아하며 구하고 있다(유승주, 1986: 67에서 재인용)."

[9] "그런데 저들의 물화는 모두 음란하고, 사치스럽고, 기이하고, 익숙한 수공 생산품이어서 그 양이 무궁한 데 반하여, 우리들의 물화는 모두 백성들의 생명이 달려 있는 토지 생산품으로서 그 양이 유한합니다. 따라서 이같이 백성들의 피와 살이 되어 그 목숨이 걸려 있는 유한한 물화를 가지고 저 무한한 저들의 음란하고, 사치스럽고, 기이하고, 익숙한 물화와 교역을 한다면 우리의 심성과 풍속이 패퇴될 뿐만 아니라 그 양은 틀림없이 일 년에도 수만에 달할 것이니, 그렇게 될 때 우리 영토 수천 리는 불과 몇 년 안 가 전답과 가옥이 거칠어지고 무너져 다시 어찌 할 수 없고, 이에 따라 나라 또한 망하고야 말 것입니다(최익현,

　　물론 국내경제의 파탄을 염려한 측면도 없지는 않지만 척사위정운동이 이를 철저하게 비판했던 이유는, 사치품 위주의 국가의 수입정책이 조선사회의 문화적 타락을 초래하여 결국 성리학적 가치를 훼손시킬 것으로 생각했기 때문이다. 일반적으로 성리학적 이상사회란 학문 도야를 통해 인격수양을 하는 것이다. 이러한 수양을 뒷받침하는 최소한의 물적 기반은 허용되지만 과도한 물질적 추구는 인격수양에 방해가 되기 때문에 규제되어야 할 것이었다(조혜인, 1995). 이러한 차원에서 척사위정운동은 사치품 수입에 적극적인 반대 의사를 밝혔던 것이다. 국가가 앞장서서 정신수양에 해로운 사치품의 공급자로, 일부 계층이 그 수요자로 등장함으로써 조선사회가 기존의 성리학적 가치로부터 일탈할 수밖에 없다고 보는 것이다. 그들은 그러한 가차들이 기본적으로 향락과 이(利)의 풍조를 만연시켜, 의(義)를 강조해 온 성리학을 침식시킬 것으로 보았다. 이러한 추세가 사회 전반으로 확산되는 것에 대해 1866~1896년의 척사위정운동은 민감하게 반응하고 있었다.

2) 기독교

　　19세기에 들어 서구 기독교의 전래, 이것의 세력 확대에 따른 유교 신자들의 감소로 척사위정파는 크게 긴장하였다. 왜냐하면 그것은 조선의 지배적 이념에 대한 일대 도전이었으며, 그것을 방치할 경우 체제의 뼈대가 흔들릴 수 있다는 판단이 섰기 때문이다. 초기에는 국가의 주도 아래 물리적 탄압으로 이어졌다. 그러나 국가는 기독교가 조선사회와 성리학에 별다른 충격을 주지 않을 것이라는

　　1986: 16).”

자신감에서 이전의 보호정책을 개방정책으로 전환시키게 된다. 개방이 초래할 그 영향에 대해 국가와 척사위정파는 인식을 달리하고 있었다.

이와 관련하여 이항로는 권력으로부터 소외된 지식인들에 의한 실학과 동학의 태동, 기독교의 위협, 주기론의 유행, 지하에서도 꾸준히 명맥을 유지하고 있던 양명학의 존재, 사회에 팽배한 미래에 대한 불안감을 반영한 도참설, 특히 『정감록(鄭鑑錄)』 사상의 유포 등으로 성리학과 사회의 안정성이 위협받는 상황을 신앙체계의 위기로 진단하고 있었다(정재식, 1990: 202~203). 최익현은 1866년의 「병인의소(丙寅擬疏)」와 「지장암기(指掌巖記)」 등에서 국가의 묵인 아래 외래 종교와 세속적인 문화가 유입되면서 성리학이 쇠퇴하는 대신 이교도와 배교자가 늘어나고 있음을 언급하였다.[10]

그들은 개방이 이루어지면 기독교의 확대 재생산으로 성리학이 붕괴[11]될 것으로 생각했다.[12] 1866~1896년의 척사위정운동의 궁극적

---

10) 여기서 우리가 주목하는 것은, 해안 수비와 지방을 담당하는 관료들의 태도이다. 척사위정파는 그들의 그러한 태도가 정치의 난맥상에서 기인하는 것으로 간주하고 있었다. 그러나 이 글의 문제의식에 따른다면 그것은 개방정책이 행정의 일선에까지 파급된 결과로 보인다. "불행하게도 십수 년 이래로 세상의 도가 날로 어두워지고 나라를 다스리는 일과 형벌이 날로 해이하여, 다른 나라의 배가 강과 바다 사이를 왕래하되 해당 관리들이 검문하지 않고, 짐승과 도깨비 같은 자들이 산골 사이에 모여도 유사가 잡아들이지 않아 날이 가고 달이 바뀌매 그 무리가 점점 번성하게 되었습니다(최익현, 1977: 97)." 이처럼 국가의 개방정책이 상당히 보편화되어 있었다는 반증이다. 이는 척사위정파에게 심각한 문제가 아닐 수 없는 것이다.

11) 그런데 이러한 '붕괴'를 인식하는 사회적 태도는 이중적이다. 한편에서 그러한 붕괴에 대해 우려하는 시각이 있다면, 다른 한편에서는 그것을 바라는 태도가 있을 수 있다. 다시 말해 그러한 붕괴를 전략적으로 과대평가하여 그것을 사전에 '방어'하려는 시도가 있는 반면에, 붕괴를 '기정사실화'하여 새로운 질서의 모색 및 확립을 시도하기도 한다는 측면에서 붕괴는 두 가지 의미를 가지고 있다.

12) "강화가 일단 이루어지고 나면 곧 사악한 학문의 책들이 천주의 상과

인 문제의식 가운데 하나는, 외면적으로는 개방에 있지만 이보다 더 중요한 것은 문화적 재생산 기제를 누가 소유하느냐 하는 문제였다. 이에 따라 교육문제에 특별한 관심을 보였고, 국가에 의한 서원 철폐13), 서구식 공교육제도 도입에 대해 필사의 저항(정성원, 2002a 참조)을 한 것이다. 또한 간재학파의 종장인 전우도 조선 후기의 이러한 상황을 위기의 시대로 간주하면서 기독교의 유입이 성리학의 근본적인 위기를 초래하고 있으며, 성리학 신자들의 종교적 신념을 희석시키는 요인으로 작용하고 있음을 분명히 하고 있었다.14)

이러한 언급이 사람들로 하여금 성리학이 직면한 위기를 인식하게끔 수사학적으로 표현한 것이기는 하지만 이를 통해 이들이 감지하고 있는 현실인식의 일단을 파악할 수 있다.15) 기본적으로 1866~

함께 섞여 교역하는 가운데 들어올 것입니다. 그렇게 되면 얼마 안 가서 스승과 학생 간의 전수를 거쳐 사악한 학문이 온 나라에 두루 넘치게 될 것입니다(최익현, 1986: 16).”

13) 서원 철폐 문제와 대외 개방을 하나의 동일 수준에서 다루어야 한다. 경상도 안동 지역을 중심으로 한 정재 유치명(定齋 柳致明) 학파의 경우, 1866년 병인양요와 1871년 신미양요 때까지도 서양에 대한 절박한 인식이 없었기 때문에 척사위정운동을 두드러지게 전개하지 않은 채 영남 선현들의 서원 문제에 더 관심을 가졌다는 일부의 연구(권오영, 1999: 124)는 앞으로 보완되어야 한다고 생각한다. 물론 드러난 현상은 향론의 주도권과 관련되어 있다. 그러나 이 문제는 성리학의 세속화와 개방으로 인한 문화적 재생산 기제의 소유를 둘러싼 국가와 향촌사회의 경쟁 차원에서 접근해야 할 것이다.

14) “천지의 정기가 이미 쇠퇴하고, 성현의 이치와 방법이 미약해져 오랑캐와 짐승이 횡행하고, 다른 흐름과 사특한 말만이 사람의 마음을 갉아먹고 있다(성대경, 1990: 38에서 재인용).”

15) 곧 “하늘과 땅이 뒤바뀌어 이름과 옳음이 깡그리 없어지고 이제부터는 아비도 모르고, 임금도 모르는 종교가 틈 하나 없이 꽉 차서 사람의 도리가 종식되고 말았다(최익현, 1978a: 288).”는 것이다. 이와 마찬가지로 전우도 “도학이 쇠퇴하고 교화가 행해지지 않으면 염치가 다 망하고 기강이 타락하기 때문에 결국 자식이 아버지를 아버지로 여기지 않고, 임금을 임금으로 여기지 않아 종묘사직이 위태롭고, 국가가 망할 지경이 되었다(성대경, 1990: 39에서 재인용).”고 주장한다. 또한 1895년의

1896년의 척사위정운동은 기독교의 유입 문제를 정치적 차원에서는 이념적 갈등으로, 사회적 차원에서는 성리학적 전통의 포기냐 아니면 기독교적 가치의 수용이냐는 이분법적 사고로 이해하고 있었다(황성모, 1984: 302). 기독교가 거룩한 성리학 텍스트의 소멸 및 성리학적 전통에 대한 신념의 붕괴를 초래하지 않을까 하는 우려의 목소리를 높이고 있었다(최익현, 1977: 97). 결국 성리학적 규율이 희석되면서 조선사회를 위협할 것이라고 보았다.[16)

1866~1896년의 척사위정운동은 성리학과 기독교의 만남과 관련하여 기독교의 권리도 인정하고 공존을 지향하려는 개방파의 자세에 대해 아주 비판적이었다. 더욱이 기독교에 대한 종교적 관용과 종교 자유에 대해서는 원천적으로 거부의 태도를 견지하고 있었다. 왜냐하면 기독교를 허용할 경우 성리학의 존재뿐만 아니라 그 사회적 기능이 위협받을 것으로 보았기 때문이다. 조선의 개국 이후부터 정통주의를 견지해 온 조선의 성리학으로서는 더욱더 종교적 관용은 고려의 대상이 전혀 될 수 없는 것이었다. 정통주의란 한 종교가 정통―이단에 근거하여 다른 종교를 인식하는 태도라고 한다면, 조선의 성리학은 이러한 기준에 맞지 않는 종교를 '사문난적(斯文亂賊)'으로 몰아 탄압하였다(조혜인, 1995). 이러한 전통은 조선 후기에 이르러 척사위정운동에서 더욱 두드러지게 된다. 왜냐하면 이단인 기독교가 성리학의 대척점에 서 있었기 때문이다. 기독교의 유입 문제가 1866~1896년의 척사위정운동에게는 초미의 관심사였으며, 이것의 허용

척사위정운동의 최고 이론가인 유인석도 그 운동의 선언문이라 할 수 있는 「격고팔도열읍(檄告八 道列邑)」을 통해 이전의 척사위정운동의 이론가들과 같은 관점을 가지고 있었다.

16) 이와 관련하여 최익현은 1866년의 「병인의소(丙寅擬疏)」를 통해 "……그들은 자급자족하고 왕래가 항상 없으며, 민간에 섞여 거처하며 몰래 그 종교를 펴게 되어 온 나라 백성들이 곤궁해지고 재물이 고갈되어 나라가 꼴이 아니고, 예의를 지키던 족속들이 재물과 여색에만 몰려들어 금수로 타락하여……(최익현, 1977: 99)" 갈 것이라는 점을 강조하고 있다.

에 대해 단호한 반대 입장을 표명할 수밖에 없는 것이었다.

우리는 사회 논리적으로 성리학과 기독교의 만남에 대한 태도를 크게 두 가지 입장(김경재, 1995: 20~26)으로 나누어 생각해 볼 수 있다. 첫째, 기독교에 대하여 배타적 태도를 취할 가능성을 생각해 볼 수 있다. 이는 기독교에 대해 가치중립적 태도가 아니라 성리학의 배타적 규범을 강요하는 것이다. 이러한 태도는 성리학이 참 종교이며, 그 교리만이 진리이기 때문에 기독교는 참일 수 없다는 배중률적 진리관에 기초하고 있다.[17] 19세기 말 조선의 경우 이의 대표적인 보기가 척사위정파의 기독교에 대한 태도일 것이다. 성리학만이 진리라고 믿는 이 집단이 성리학에 대하여 상대적인 태도를 취한다는 것은 상상할 수 없는 것이었다. 척사위정파의 성리학에 대한 이러한 정열이 나중에 의병운동에 있어 '생을 버려 의를 취한다'(舍生取義)는 순교자적 태도에 이르는 이유[18]도 거기에 있는 것이다.

둘째, 척사위정파의 배타적 입장과는 달리 기독교를 포용하려는 태도를 생각해 볼 수 있다. 이는 기독교에 대한 개방적인 입장으로 성리학만이 아니라, 기독교 안에도 다양한 측면에서 나름대로의 가치들이 있을 수 있다는 자세이다. 이러한 태도는 기독교에 대한 관용성을 지니고 있음에도 불구하고, 성리학의 우월성에 대한 확신이

---

17) 쿠크(Cooke, 1962: xii)의 논의를 원용하여, 우리는 이를 성리학만이 참된 종교라고 인식하는 성리학의 우월주의와 다른 종교에 대한 무관심을 '성리학적 몬로주의'라고 규정할 수 있을 것이다.

18) 진덕규(1978: 252)는 이러한 이유를 그들의 의식에서 찾고 있다. 이들은 성리학적인 이념체계에 구속되어 있어 현실보다는 이념을, 행동보다는 사고에 더 큰 의미를 부여한다는 것이다. 뿐만 아니라 대부분의 척사위정론자들은 항시 스스로가 공자와 맹자의 도(道)의 수련자로 자처함으로써 현실정치에 대해서도 민감한 비판기능을 수행하려고 한다. 만일 현실의 정치가 성리학적 이념체계에서 일탈하거나 또는 성리학적 가치를 위협하는 정책이 개진되면 이들은 비록 행동이 사고보다 떨어진다 해도 즉각 행동화의 단계에로 나아가게 된다는 것이다.

자리하고 있었다. 기독교는 성리학 안에서 이제 완전해져야 하며, 궁극적으로는 성리학에 의해 통합되어야 할 것으로 생각하였다.

척사위정파가 기독교에 대해 배타적 태도를 취한 것은, 기본적으로 기독교와의 만남이 조선사회에 초래할 다원화 현상을 염려한 것이었다. 이러한 다원화를 본격적으로 문제 삼은 것은 중국으로부터 유입된 기독교 교리에 관한 서적, 서구의 과학과 역법에 관한 지식 등이 소개되기 시작한 18세기 이후부터이다. 그 이유는 특히 다원적인 것의 침식으로부터 성리학과 조선사회를 지키기 위한 것이었다. 기독교가 몇 차례의 정부 탄압을 받으면서 다원화의 문제는 잠시 소강상태에 있다가, 1884년의 기독교 선교 허용으로 이에 대한 관심이 증대하였다.

교육과 의료로 대표되는 개신교의 문명 선교는 근대화를 절실히 요청하고 있던 조선사회에서 커다란 위력을 발휘하였다(이철, 1997: 88~110). 근대화를 통해 강력한 국가건설을 원했던 개방파들은 개신교의 이러한 문명성에 주목하고, 서민들도 개신교를 통해 안심입명을 추구하였다(윤승용, 1997a: 39). 이러한 상황에 이르자 척사위정운동은 국가의 개방정책에 대한 비판의 강도를 더 높여 갔다. 왜냐하면 그 정책으로 인해 서구의 재화와 관념, 특히 기독교가 성리학적 가치 등을 위협할 것으로 보았기 때문이다. 더욱이 개방정책의 산물이라고 할 수 있는 서구 과학기술의 도입, 그것의 운반자로서의 서구와 일본 및 그것에 호의적인 국내자들에 대해 1866~1896년의 척사위정운동은 비판적이었다. 그 당시 조선을 둘러싼 국제적 역학관계 속에서의 여러 가지 사건과 불리한 무역조건 등도 기독교에 대한 비판을 더욱 더 격렬하게 만드는 하나의 요인으로 작용하고 있었다. 그러한 것들이 기독교의 유입 때문이라는 1866~1896년의 척사위정운동의 해석이 그 운동의 급진화를 부채질하고 있었다.

이러한 기독교의 유입으로 초래될 다원화의 문제와 관련하여 척사위정파의 의식을 구속하고 있던 것은 성리학적 세계관과 이원론이었다. 세계를 둘로 갈라서 생각하는 그 세계관과, '우리'의 문화(화華, 정학正學)와 '그들'의 문화(이夷, 이단異端)를 갈라서 생각하는 이원론은 배타적인 이념으로서, 조선사회의 가치와 행위의 기본적인 성격을 이루었으며, 사상과 행동 및 국제관계에 있어 어떠한 타협도 용납하지 않는 태도를 형성하고 있었다(정재식, 1990: 184).

이러한 인식은 개방 외교, 무역, 커뮤니케이션 등을 포함하는 성리학과 기독교의 만남으로 위협받고 있었다. 척사위정파는 이러한 접촉으로 성리학적 전통의 완전무결성이 침식당하고 있다고 생각하였다. 이에 대해 최익현은 「재소(再疏)」를 통해, 특히 재화의 교환으로 조선사회의 통합이 위협받고 있다는 사실을 명백히 지적하고 있다.[19] 1895년 척사위정운동의 지도자인 유인석도 불공평한 무역이 기존의 성리학적 전통을 위협하는 요인으로 작용하고 있음을 분명히 하고 있다.[20] 관념의 교환과 관련하여 1866~1896년의 척사위정운동

---

19) "만약 먼저 외국에서 차관을 들여온다면 반드시 담보물이 있어야 될 것인즉, 이는 반드시 토지로 해야 할 것입니다. 토지로 한다면 폐하께서 선왕으로부터 부탁받으신 지경과 땅, 백성을 하루아침에 남에게 주시렵니까? 또한 신은 아직 차관을 들여다가 어디에 사용하실지는 알지 못하겠습니다만, 짐작키로는 장차 악화(惡貨)를 거두어서 교환하는 데 사용하리라 여겨집니다. 그러나 폐하께서는 3백만 원이나 1천만 원으로 악화를 다 교환할 수 있다고 생각하십니까? 교환을 시작하여 계속할 자금이 없게 되면 하루도 못 되어 혼란이 일어날 것입니다. 가령 자금이 넉넉하다고 해도 교환하는 문을 열어 놓게 되면 국내외인을 막론하고 그 간사하고 교활한 무리가 악화를 위조하지 않으리라는 것은 아무도 보증하기 어려운데 하물며 처음부터 교환할 자금이 없는데이겠습니까? 그러니 다소를 불문하고 차관을 하는 날이 나라가 망하는 날입니다(최익현, 1977: 221)."

20) "……누가 알았겠는가. 외국과 통상한다는 꾀가 실로 망국의 근본이 될 것을, 문을 열고 도적을 받아들이어 소위 신하라는 것들은 달갑게 일본의 앞잡이 노릇을 하는 데 목숨을 바치니, 인(仁)을 이루려는 이 선비들은 남의 노예가 되는 수치를 면하자는 것이었다(김상기, 1996: 79에서 재인용)."

은, 조선사회의 구성원들이 성리학과 경쟁적인 위치에 서게 된 기독교와 유물론 등에 노출되는 것을 두려워하고 있었다. 왜냐하면 이것이 성리학자들뿐만 아니라 일반 신자들의 정체성을 위협할 것으로 생각했기 때문이다.

기독교의 전래와 관련하여 1895년의 척사위정운동을 주도한 화서학파는 그 존재를 직접 체험했을 가능성이 있다. 유인석 이래 화서학파의 근거지라 할 수 있는 제천 근처 배론에는 서양인 신부들과 천주교인들이 집단적으로 은거하고 있었고, 그곳은 1801년 '황사영 백서사건(黃嗣永帛書事件)'의 무대가 된 곳이다. 이처럼 일찍이 제천 지역은 천주교와 긴밀한 관련이 있었으며, 배론과 학산(鶴山) 외에도 인근의 미당(美堂)과 신림(神林) 등의 산간벽지에 많은 교인들이 숨어 있었다(구완회, 1997: 48). 이는 이 지역의 성리학자들이 기독교의 존재를 관념적으로 이해하는 것이 아니라 경험적으로 인식할 수 있는 기회를 제공하고 있었다.

이러한 맥락에서 척사위정운동은 기독교의 위협에 아주 민감해 있었다고 보인다. 이는 국가의 암묵적인 기독교의 전래 허용 조치와 맞물리면서 척사위정파로 하여금, 기독교가 조선사회를 오염시킬 가능성에 대해 더 민감하게 반응하게끔 하는 하나의 요인으로 작용했을 것이다. 바꾸어 말하면 국가의 개방정책의 일환으로 기독교의 전래가 인정되어 화서학파의 '안마당'이라 할 수 있는 제천 지역을 기독교가 차지하는 것을 수수방관하거나 이에 침묵할 수 없게 만들었다.

뿐만 아니라 유물론적 사고에 대해서도 척사위정파는 예민한 반응을 보이고 있었다. 왜냐하면 이들은 기본적으로 기독교를 포함한 서학을 '정신'보다는 '물질'을 중시하는 것으로 이해하고 있었기 때문이다. 이를 변동의 방향에 관한 소로킨(Sorokin, 1957)의 순환론적 관점과 연결시켜 이해할 수 있을 것이다. 익히 알고 있다시피 그는 변동의 단계를 피안적이고 정신적인 것에 관심을 두는 관념적(ideational)

단계, 주로 현실적이고 물질적인 것에 관심을 갖는 감각적(sensate) 단계, 이 둘이 섞여 있는 이상적(idealistic) 단계로 나누고 있다. 이를 척사위정파의 사유와 관련지으면, 감각적인 것을 중시하는 기독교는 관념적인 단계를 고수하려는 자신들의 의지와는 상반되기 때문에, 이를 반대한 것으로 해석할 수 있다.[21] 화서학파의 최고 이론가인 이항로는 유물론, 소로킨의 표현에 따르면 감각적인 것에 노출되어, 곧 물질이 정신적 타락을 부추기는 현 상황을 극복할 수 있는 길은 마음, 달리 말해 관념적 단계를 유지하는 것임을 분명히 하고 있다.[22]

이 점은 기정진의 주장에서도 잘 나타난다. 다른 척사위정운동도 마찬가지만 1866년의 운동에서 그는 '결인심(結人心)'을 강조하고

---

21) 여기서 우리는 두 가지 점에 주목한다. 첫째, 척사위정론자들이 기독교의 본질을 잘못 이해했을 가능성이다. 그리하여 관념적 단계에 머무르고자 하는 성리학과, 감각적 단계에 있다는 기독교와의 대척점을 설정한 것으로 볼 수 있다. 둘째, 그들이 기독교의 본질을 감각적인 것으로 재구성하였다는 설명이 가능하다. 전략적으로 관념적인 것을 중시하려는 그들의 이익을 위해 기독교를 그 반대에 있는 것으로 구성했다는 것이다. 우리는 후자의 해석이 좀더 적절한 것이라고 보인다. 기존의 연구에서 척사위정운동의 한계를 지적하면서 그들이 서학, 특히 기독교의 본질을 올바로 파악하지 못했다는 비판을 제기한다. 그런데 우리가 주목하는 것은, 성리학자들이 평소 사물에 대한 철저한 연구 자세를 견지했다는 점을 고려한다면 이들이 기독교에 대해 전혀 문외한은 아니었을 것으로 판단된다. 물론 그 당시 주어진 정보의 제한으로 기독교의 실상을 다 알 수는 없었겠지만 최소한 기독교가 물질뿐만 아니라 정신도 강조한 종교였다는 것은 기독교 교리를 체계적으로 공부하지 않더라도 알 수 있는 기초적인 사실이었기 때문이다. 이러한 의미에서 우리는 척사위정론이 많은 부분 당시의 환경을 고려하여 (재)구성된 것이라고 보인다.

22) "옛날 성인의 법도와 현인의 가르침은 대개 사람의 주축 된 한 마음이 인간 만사의 근본이 되나니 마음이란 이(理)와 기(氣)가 서로 나뉘는데, 이를 주로 하거나, 기를 주로 하거나 하는 사이에 한 몸이 성인군자가 되거나, 미치광이 악한이 되며, 국가 조정이 태평성대를 누리게 되거나, 난세를 당하게 되고, 국민이 안전한 생활을 하게 되거나, 근심과 걱정을 하는 도탄에 빠지게 되며, 종묘사직이 안전하게 보존되느냐, 위태롭게 망하느냐 하는 문제인 요체가 매여 있는 것이다(이항로, 1974a: 364·370)."

있다. 내수(內修), 곧 내부 개혁의 요체를 백성들의 마음의 단결(기정진, 1982: 281)에 두고 있다. 이는 두 가지의 차원을 내포하고 있는 것으로 보인다. 첫째, 그 당시 국가의 내부 개혁방안이 현실적이고 물질적인 것에 우선순위를 두고 있었기 때문에, 이에 반대하는 차원에서 정신적인 것을 강조했을 것이라는 해석이다. 둘째, 이미 사회 내에 물질숭배의 정신이 퍼져 있었기 때문에, 정신적인 차원에서 마음을 강조했을 가능성이다.[23] 결국 이러한 차원은 '정신적인 것'의 부재를 보여 주는 것으로, 그것을 초래케 한 하나의 원인을 성리학과 기독교의 접촉에서 찾을 수 있을 것이다. 이러한 접촉은 전쟁과 그 후유증이라는 요인과 맞물리면서 1866~1896년의 척사위정운동의 기독교에 대한 부정적인 인식을 더 강화시키고 있었다. 병인양요, 이 글의 표현에 따르면 성리학과 기독교와의 전쟁으로 1866년의 척사위정운동이 가시화되었다. 그 전쟁만으로 척사위정운동의 범위가 넓어지고 부각되기에는 충분하지 못했다. 1871년 신미양요의 '절반'의 패배 때문에 그 운동이 확산되고 눈에 띄게 되었다. 여기서 '절반'이라는 의미는 전쟁에서는 승리하였지만, 조선이 치른 피해를 염두에 둔 표현이다.

1871년의 전쟁으로 말미암아 그 운동이 서학, 특히 서구의 기독교를 분명히 인식하면서 이에 도전을 받았고, 국가에서는 보호정책을 더욱 강화하였다. 달리 말해 기독교와의 전쟁으로 말미암아 운동이 와해되기는커녕 확산되기에 이르렀다. 이렇게 된 것은 척사위정운동이 그 입장을 재생산하기 위해 이러한 절반의 패배를 과장한 결과이기도 하였다. 이로 말미암아 그 운동이 보기에, 성리학에 충실한 척사위정파와, 진부하고 퇴색한 패배주의자들, 곧 개방파 사이에 국가

---

23) "인심이 흩어지지 않으면 적은 무리와 말로도 나라를 흥하게 할 수 있지만 인심이 흩어지면 바로 곁의 자기 사람도 변절하여 적이 된다(기정진, 1982: 281~282)."

의 개방정책을 둘러싼 투쟁이 치열해지게 되었다.

척사위정파는 물리적 충돌을 통한 성리학과 기독교의 만남을 몇 가지 측면에서 그 운동의 정당성을 강화시키는 데 활용하였다. 우선 그 만남의 시작과 결과를 볼 때 개방에 대한 낙관적인 견해가 얼마나 잘못되었는지를 보여 주는 증거로 활용하였다. 이는 척사위정운동의 보호정책의 강화 주장으로 나타났다. 또한 척사위정운동이 그 물리적 충돌의 원수, 곧 기독교를 포함한 서학에 대한 불관용의 마음을 가지게 되었는데, 전쟁이 끝난 뒤에도 이러한 심리가 내부의 일탈적 국내자, 곧 성리학 내부의 적들을 향하고 있었다. 이는 1866~1896년의 척사위정운동이 이들 국내자들을 서구와 일본의 '앞잡이' 또는 '내응세력(內應勢力)'으로 간주한 데서 잘 나타난다.

후기에 이르면서 척사위정운동의 반대에도 불구하고 기독교가 조선사회에서 나름대로의 입지를 확보해 가고 있었다는 것은 종교적으로 조선사회가 서서히 다원화되어 갔다는 의미일 것이다. 일반적으로 말해 조선 후기 다원화 사회가 가지는 근본적인 불확실성에 서서히 부딪치고 있었다고 할 수 있다. 이와 관련하여 척사위정운동은 국가의 역할을 아주 중요하게 생각하고 있었다. 국가가 기독교에 대해 전면적인 물리적 탄압을 가하는 등 성리학의 수호자로서의 역할을 충실히 수행해 왔지만 1884년 기독교의 포교를 비공식적으로 허용하자 척사위정운동은 국가의 정당성과 권위를 부정하기에 이르렀다. 더욱이 성리학과 기독교가 경쟁적 관계에 돌입하는 상황은 1866~1896년의 척사위정운동으로 하여금 다원화에 대한 비판을 고조시키게 되었다. 이는 성리학의 주변화로 인해 종교지형의 변화가 초래된 데 따른 하나의 반응이었다.

정교분리의 담론24)이 확산되고, 다원적인 '성리학－기독교' 지형이

---

24) 이를테면, 유길준은 종교와 정치의 관계와 관련하여 종교를 돕기 위해 정부가 세금을 사용하는 문제에 대해 국민이 제각각 원하는 바의 종교

서서히 형성되고 있었다(윤승용, 1997a: 30).[25] 척사위정파의 기존의 정통/이단의 인식에 따르면 이질적인 서구 기독교와의 공존은 원천적으로 봉쇄되어 있었다. 이러한 공존은 두 가지 점에서 이전의 공존 경험(윤이흠 외, 1983)[26]과는 다른 것이었다. 그 하나는 성리학과 이교적인 것으로서의 기독교 상호 간의 인식의 문제였고, 다른 하나는 조선 후기가 시기적으로 두 종교의 접촉의 출발점이었다는 것이다. 전자가 기본적으로 성리학적 정통/이단의 분류에 충실히 따른다면 공존 그 자체는 불가능하였다. 더욱이 1866~1896년의 척사위정운동이 그러한 분류를 운동의 하나의 자원으로 동원하고 있는 이상 더욱 그러했다. 물론 개방파는 양자의 공존 가능성을 강조하였다.[27]

1866~1896년의 척사위정운동이 보기에 기본적으로 기독교의 유입은 성리학적 의식구조를 부정하는 것으로 근본적인 전환을 의미했다.

를 믿게 하고, 정부는 이 일에 일체 관여하지 않는 것이 옳기 때문에 이 일로 세금을 걷는 것은 부당하다는 입장에 선다(장석만, 1990: 209).

25) 물론 다른 종교, 이를테면 불교도 이전과는 달리 부흥하여 말기에 이르러 조선사회 안에서 나름대로의 사회적 위치를 점하기 시작하였다. 때문에 엄밀한 의미에서 그 당시 종교지형은 성리학, 기독교, 불교 등을 포함하고 있었다. 그러나 이 글의 문제의식이 성리학과 기독교의 만남에 있기 때문에 단순하게 '성리학/기독교'의 지형으로 표기한 것이다.

26) 삼국시대 이래로 유교와 불교는 병존해 왔고, 긴 시간을 통해서 공존·조화를 이루어 왔다는 것은 주지의 사실이다. 조선시대에 들어서도 서민들에게는 무속, 불교 등을 묵인해 왔다는 것도 의심할 수 없는 사실이다. 그래서 우리의 전통문화에서는 종교 간 또는 신앙 간의 이념적 대립이 존재하지 않았다(황성모, 1984: 302~303).

27) 보기로 박영효는 종교의 역할을 중요시하여 이를 국민 교화에 이용하자고 하면서 종교의 자유를 내세우고 있었다. "……종교라고 하는 것은 백성들이 의지하는 바로서 교화의 근본이다. 그러므로 종교가 쇠하면 나라도 쇠하고 종교가 일어나면 나라도 일어난다. 옛날 성리학이 성할 때 중국이 강성하였고, 불교가 성함에 인도와 동양의 여러 민족이 강성하였고, 회교가 성함에 서역, 터키 등 여러 민족이 강성하였다. ……오래전부터 종교의 싸움으로 인심이 동요하고 나라가 망하는 경우가 허다하였으니 이는 거울로 삼을 만하다(김흥수, 1991: 376에서 재인용)."

이러한 이념적 갈등은, 한편으로는 '오랑캐를 물리쳐야 한다(攘夷)'라는 정치적 실천의 형태로 나타났고, 이론적 차원에서는 정통 / 이단논쟁이 사상투쟁의 핵심이 될 수밖에 없었다(황성모, 1984: 303). 후자와 관련하여 두 종교가 서로 대화할 수 있는 시간이 상대적으로 적었다는 것도 공존을 더욱더 어렵게 만드는 하나의 요인이었다. 물론 성리학이나 기독교의 교리가 명확한 이분법적인 사유에 기반하고 있었기 때문에 공존이 어려웠을 것이라는 설명도 가능할 것이다. 현실적으로 그 당시 기독교로서는 어떻게 하든 조선에서 선교할 수 있는 입지를 구축하는 것이 최우선의 목표였기 때문에 성리학과의 대화에는 적극적이었다. 오히려 성리학이 그 배타성을 앞세워 소극적이었다. 이러한 상황이 기본적으로 두 종교 간의 대화를 가로막고 있었다. 19세기 말 조선사회는 근대화·세속화, 서구와의 의미 있는 접촉, 이에 대한 다양한 종교적·사상적 저항과 수용 등으로 특징지어진다. 조선사회의 가치관을 대표하던 성리학은, 내부적으로는 근대화·세속화의 추세 앞에서, 외부적으로는 서구의 기독교의 도전에 대하여 일정한 저항과 더불어 개혁을 모색해야 할 상황에 직면하고 있었다(윤승용, 1997a: 32).

이에 1866~1896년의 척사위정운동은 기본적으로 성리학의 주변화 현상에 대해 '이단을 물리쳐야 한다(闢異端)'는 논리로 대처하면서도 동시에 국가가 성리학의 수호자로서의 일정한 역할을 수행할 것을 요구하고 있었다. 다시 말해 국가가 기존의 일원적인 종교지형을 계속 유지시키는 방향으로 나아갈 것을 주문하고 있었다. 개방에 대한 반대도 이러한 맥락에서 이루어진 것이었다. 척사위정파의 이러한 요구에 대해 개항 이전에는 국가가 반개방(反開放)으로 대표되는 보호정책을 추진하였다. 대원군 정권 이후 새로 등장한 집권 세력과 척사위정파는 개방을 둘러싸고 서로 대치하게 되었다. 이에 1866~1896년의 척사위정운동은 개방에 적극적인 국가권력을 근대화·세속화·다원화 등에 적응하는 세력으로 간주하여 비판하였다.

척사위정운동은 이러한 세력들에 자체의 논리로 대응하지 않으면 안되었다.

서구와의 의미 있는 접촉 이전에는 조선사회의 대다수 구성원들이 성리학적 세계관을 당연시하며 살아왔다. 그 세계관은 그들의 이웃들의 세계관이며 일상생활의 일부분이었다. 그 구성원들이 비록 성리학적 순결이나 활동 등에 있어서는 상당한 편차를 보일 수 있는 가능성이 있었지만 비성리학적 세계관은 인지 불가능한 것이었다. 다원적 상황에서는 어떠한 단일적 세계관도 도전을 받게 마련이다. 조선의 성리학자들이나 신자들이 처음에는 수적으로 유의미하지 않을지라도 그것이 초래할 상징적 의미에서 특히 기독교 신자들을 이웃에 두어야 한다는 상황은 그들이 묵과할 수 없는 중차대한 것이었다. 더욱이 성리학적 세계관에 입각한 정책을 시행하여 오던 국가가 우선적인 정당성을 부여하지는 않더라도 기독교적 세계관을 허용하는 정책을 펼칠 경우, 기존 성리학자들의 위기감은 더욱 높아지게 된다. 그들은 오직 자신들의 세계관만이 옳다는 신념을 수호하기 위해 기독교적 세계관으로부터 자신들을 분리시키는 일에 적극성을 보이게 된다. 조선 후기의 척사위정운동은 이러한 인식에 터하여 기독교의 유입 문제에 대해 반발하고 있었다.

1876년 개항으로부터 1882년 말에 이르기까지 국가는 청국과 일본의 문물을 도입하고, 구미 여러 나라와 통상조약을 체결하는 등 근대화 정책을 본격적으로 시도하였다. 여러 나라의 관리, 선교사, 군인 및 상인들이 입국하였고, 그들을 따라 산업, 교통, 군사 등 여러 분야의 기기와 물화가 유입되었으며, 학술과 과학지식을 소개한 서책들이 널리 유포되고 있었다(유승주, 1986: 81). 이에 김평묵은 그의 「반경식사론(反經息邪論)」을 통해 성리학자들이 서구의 역법이나 과학기술에 대해 호의적(김평묵, 1975: 698)이라고 비판하였다. 여기서 알 수 있듯이 이미 1870년대에 서학은 척사위정파가 보기에

도 위협적일 만큼 확산되고 있었다. 최익현도 조선사회에 도교, 불교, 기독교 등 다양한 여러 종교가 존재하고 있으며, 특히 성리학자들이 이에 큰 관심을 가지면서 스스로 성리학적 신념을 포기하는 것에 대해 심각한 우려를 표시하였다.[28]

1876년 강화도조약 체결 이후에는 개방파들이 서구 서적의 유입, 일본 시찰 등을 통해 개방의 논리를 더 강화시키면서 서학의 유입을 지지하거나, 이를 묵인하고 있었다.[29] 특히 각종 서학과 관련된 서적의 유포에 적극적이었다.[30] 서적은 당시 『만국공법』이 많이 읽힌 듯하다. 홍시중은 1881년 3월, 『만국공법』 등의 서적을 종로에 내다가 불살라 버리라고 주장하였고, 홍재학은 『만국공법』 등 많은 다른 종류의 사악한 책이 나라 안에 충만되어 있고, 명사와 유교 지식인들이 이에 빠져 들고 있다고 개탄하였다(정창렬, 1994: 63). 이처럼 특

---

28) "……도교와 불교, 서교(西敎)가 들어와서 나라 전역에 가득 차니, 연원 있는 문벌(門閥)과 의관을 갖춘 양반들이 그 풍속을 사모하여 그 말을 외고, 그 의복을 입지 않는 이가 없다. 그러면서도 아무런 수치심을 가지지 않는 것이 천하의 풍조인데……(최익현, 1978a: 259)."

29) 이 점은 국가의 개방정책을 지지하는 여러 상소문에서 확인되는데, 특히 1881년의 척사위정운동이 진행되는 가운데서도 전장령 곽기락(前掌令 郭基洛)이 올린 상소에서 드러나고 있었다. "우리의 급하고 절실한 일이 안으로는 나라 다스리는 일과 교화를 닦고, 밖으로는 도둑을 물리치는 것이나 그들의 과학기술이나 농업·임업 서적들이 진실로 이익 될 만하면 반드시 택해서 시행할 것이며, 사람이 안 되었다고 하여 그들의 좋은 법까지 배척해서는 안 된다(유승주, 1986: 72에서 재인용)."

30) 이와 관련하여 1882년에 충주유학 지석영(忠州幼學 池錫永)은 다음과 같은 상소문을 올리고 있다. "……각국 인사들이 저술한 「만국공법(萬國公法)」, 「조선책략(朝鮮策略)」, 「보법전기(普法戰紀)」, 「박물신편(博物新編)」, 「격물입문(格物入門)」, 「격치휘편(格致彙編)」 등의 서적과 우리나라의 교리 김옥균(校理 金玉均)의 「기화근사(箕和近事)」, 전승지 박영효(前承旨 朴泳孝)의 「지구도경(地球圖經)」, 진사 안종수(進士 安宗洙)기 옮긴 「농정신편(農政新編)」, 전현령 김경수(前縣令 金景遂)의 「공보초략(公報抄略)」 등의 서책은 모두 곡해를 바로잡고 지금의 일을 밝게 이해하기에 족한 것들이다(유승주, 1986: 75에서 재인용)."

히 1881년 척사위정운동의 홍재학의 상소문에서, 물론 운동의 정당성을 위해 사안 자체를 과장한 측면도 없지는 않지만, 서구의 기독교가 이미 조선사회 내에 상당히 확산되어 성리학과 경쟁할 수 있는 이념으로 자리하고 있었으며, 더욱이 성리학자들이 기독교에 큰 관심을 가지면서 기독교와의 공존을 모색하는 주장을 하는 등 다원화 상황이 조성되고 있음을 알 수 있다. 뿐만 아니라 기독교는 성리학과는 어긋나는 '사(邪)'의 종교이기 때문에 배척해야 한다는 척사위정파의 주장에 정면으로 반박하는 등 다원화 문제를 둘러싸고 조선사회 내부의 논쟁이 심각하게 전개되고 있었다.31)

이에 기정진은 대외 개방으로 인해 다원화가 허용하게 될 경우 성리학이 소멸될 수 있음을 들어 반대하였다.32) 전우도 조선인들, 특히 사대부들의 양명학을 비롯한 기독교 교리와 서구사상의 수용 자세를 비판하고 있다. 그는 "동학에도 관심이 없고, 서학에도 관심이 없으며, 사는 것도 묻지 않고 죽는 것도 묻지 않으며, 오직 의(義)만 따르겠다(금장태, 1995c: 183에서 재인용)."고 언명하면서 다원화 그 자체에 대해 부정적인 태도를 견지하고 있었다. 다른 종교의 권리인

---

31) "……서양에 관한 지식이라든가, 허다한 사악한 도(邪道)의 서적들이 나라 안에 충만되어 있으며, 이름 있는 인사나 큰선비들이 차례로 여기에 빠져 들고 있습니다. 그리고 서로 그 아름다움을 칭송해서 말하기를, '이는 그들 나라에서 일을 기록한 논문이지, 인간의 윤리를 멸하고 불변의 도(常道)를 무너뜨리는 가르침이 아니다'하니 이 한마디 말만으로도 이미 현혹됨이 심하다는 것을 알 수 있습니다. 또 말하기를, '이를 읽는 것은 견문을 넓히고, 흉금을 열려고 하는 것이다' 합니다. 아아! 그것들은 여섯 가지의 예(禮, 樂, 射, 御, 書, 數)의 과목도 아니며, 공자의 학술도 아닙니다(홍재학, 1986: 24~25)."

32) "저들 교활한 오랑캐는 자기들의 생각하는 바를 눈 속의 못으로 삼아 갖은 방법을 다하여 구멍과 간격을 뚫어 반드시 우리와 교통을 하고자 바랄 뿐이니 그 밖에 또 다른 이유가 있겠습니까. ……만일 교통의 길을 열면 저들의 영위하는 바는 사사건건 뜻대로 이루어져 점차 막힘이 없어 2~3년이 지나지 않아 전하의 백성으로서 서양 사람으로 변하지 않는 자가 얼마 되지 않을 것입니다(홍영기, 1999: 95에서 재인용)."

정이나 공존의 문제에 대해서는 아예 원천 봉쇄하고 있었다. 이처럼 전우는 종교뿐만 아니라 정치체제에 대해서도 반다원적 관점으로 개방파가 주장한 새로운 국가 형태를 반대하였다. 곧 "나는 다만 이씨(李氏) 종묘사직만을 알 뿐 대통령·공화국에 대해서는 모른다(김기현, 1994: 238에서 재인용)."고 하면서 성리학에 바탕을 둔 군주제를 위협하는 어떠한 정치체제나 사상도 받아들일 수 없다는 것이었다.

19세기 말 조선의 척사위정운동은 기본적으로 성리학의 강조점과 서구 기독교의 그것이 다르다는 것에 기대고 있었다. 성리학은 의무·집단적 헌신 등을 강조하는 세계관과 그 공동체 구조에 기반하고 있는 반면에, 기독교는 공동체와 계승된 전통에 대한 의무에 비해 자아와 그것의 주관성을 강조하고 있었다. 특히 성리학적 가치는 군－신, 부－자, 부－부, 장－유, 붕－우 등과 관련되어 있다. 다시 말해 '관계'의 가치가 그 공동체를 특징짓는다고 할 수 있다.

척사위정운동이 보기에, 기독교적 가치에서는 이러한 관계를 배제하고 있다는 것이다. 그 운동이 기독교를 비판할 때 즐겨 쓰는 것이 '어버이도 없고 임금도 없다(無父無君)' 것이었다. 또한 김평묵은 『벽사변증기의(闢邪辨證記疑)』에서 기독교 공동체의 가치가 성리학 공동체의 가치를 위협하는 하나의 보기로 '성욕(通色)'의 문제를 들고 있다. 과도한 성욕은 성리학에 바탕을 둔 기존 결혼·가족제도의 근본을 흔들 수 있는 것으로 간주하였다. 더욱이 자유로운 성 관계는 척사위정운동의 담론에서 혼음으로 간주되었다. 음란과 배교 등에 맞서 성리학의 기본원리들을 고정시키려고 하였다. 이와 관련된 성리학적 가치는 한마디로 '남녀유별'인데, 통색이 성리학의 공동체적 가치를 위협할 것으로 생각했다. 척사위정운동이 보기에 서구의 기독교는 성리학의 에토스와는 맞지 않는다는 것이다. 뿐만 아니라 다원화를 허용하여 개인들이 종교를 자유롭게 선택하게 되면 지금까지 그럴듯하게 보이던 성리학의 신념체계가 약화될 것을 우려하였다. 1866~1896

년의 척사위정운동은 다원화의 문제와 관련하여 이중의 압력, 곧 성리학의 영역의 축소에 대한 두려움을 강조하면서도 서구적 요소의 도입으로 인한 다원화 현상에 반발하고 있었다.

그 운동은 외래 종교, 특히 기독교가 지배종교로서의 성리학의 자리를 넘볼 정도로 확산되어 있음을 강조[33]하면서, 이는 기독교의 유입에 그 원인이 있는 것으로 인식하고 있었다. 이 문제는 성리학의 정통주의적 관점에서 볼 때 성리학의 생존과 직접 관련되어 있는 것이다. 기독교의 유입으로 성리학 신자들의 종교적 헌신이 침식되는 상황으로부터 성리학을 지키기 위해서는 그 기독교가 1866~1896년의 척사위정운동의 이념적 적(敵)이 될 수밖에 없었다.

3. 실천적 차원의 적

1) 세속적 국가

1866~1896년의 척사위정운동은 이념적 차원에서 근대적·세속적 가치와 기독교를 그 적으로 규정하면서, 실천적 차원에서도 적을 정

---

33) 이와 관련하여 1895년 척사위정운동의 지도자인 유인석은 다음과 같이 지적하고 있다. "이제 서양을 그리워하고, 기뻐 따라 기독교를 배운다면 서양인의 성정으로 바뀐다. 조선인의 성정이 서양인의 성정으로 변화하게 된다면 좋은 변화인가? 좋지 않은 변화인가? 그들 서양인의 성정으로 변화하게 되면 마음을 저들에게 빼앗기지 않을 수 없고, 저들의 사람이 되고 말 것이다. 우리 성정의 잃고 저들의 성정으로 변화하여 마음마저 빼앗기어 저들 사람이 된다면 장차 어느 지경으로 갈 것인가. 그것은 가장 큰 화가 될 것임은 다 말할 필요도 없다(유명종, 1976: 100에서 재인용)."

의하고 있었다. 그 운동에 있어 최대의 적은 국가였다. 왜냐하면 척사위정운동이 보기에, 국가가 근대화·세속화·다원화 등을 주도하고 있었기 때문이다. 이 문제는 기본적으로 국가의 정책과 연결되어 있었다. 다시 말해 1866~1896년의 척사위정운동이 보기에 근대화·세속화·다원화 등으로 인한 성리학의 주변화 현상의 요체는 국가, 좀 더 구체적으로 말하면 국가의 정책에 있기 때문에, 그 주변화로 인한 위기의 해소는 결국 정치적 차원에서 모색될 수밖에 없다고 생각하였다.

19세기 말 조선의 국가정책이 척사위정운동에 의미가 있는 것은, 근대 세계가 그 운동의 출현에 하나의 요인으로 작용한다는 차원에서이다. 그 운동이 정교일치를 고집스럽게 주장할지라도 근대화·세속화가 진행되면 국가는 사회적 존재의 많은 측면들을 규제하고, 사회적 삶이 이루어지는 기본적인 정치적·문화적 조건들을 계속 확립시켜 나가게 된다. 그 운동은 필연적으로 근대적인 정치적 삶과 관련될 수밖에 없다.

척사위정운동은 국가의 정책에 관심을 가지며, 그 정책이 성리학적 전통에 어긋나는 것으로 판단되면 이에 반발하게 되는 것이다. 바꾸어 말하면 1866~1896년의 척사위정운동은 정교분리를 인위적인 것으로 간주하여 국가의 이러한 정치조직의 방법을 거부하였다. 여기서 인위적이라는 것은 기존의 정교일치가 성리학적 전통에 부합한다는 의미에서 당연한 것과는 반대된다는 의미와, 국가가 그러한 분리를 조장하고 있다는 점을 강조하기 위한 전략적 의미를 내포하고 있다. 척사위정운동은 국가가 당연히 그러한 일치를 지지할 것으로 기대했는데, 오히려 그 반대로 분리를 강조하는 방향으로 선회하자 그 당혹감은 클 수밖에 없었다.[34]

---

34) 이를 잘 보여 주는 하나의 보기가 1881년 척사위정운동을 촉발시켰던 황준헌의 『조선책략』의 내용이다. 여기서 황준헌은, 미국의 종교인 개

1866~1896년의 척사위정운동이 정교분리를 부정하는 것은 기존의 정교일치 구조를 당연한 것으로 여겨 온 인식의 연장선상에 서 있다. 우리는 조선사회가 종교적 영역과 세속적 영역이 통합되어 있었다는 의미에서 이러한 구조를 '사회적 용해성'(박영신, 1980: 151) 개념으로 규정할 수 있을 것이다. 조선 후기에 이르러 근대화·세속화의 과정이 진행되어 그 둘의 영역이 분리됨으로써 이러한 용해성에 틈새가 벌어지고 있었다. 이에 대해 국가는 정교분리의 강화를 통해 이러한 용해성을 약화시키려고 한 반면에, 1866~1896년의 척사위정운동은 훼손된 그 사회를 다시 복원하거나 벌어진 그 틈새를 봉합하려고 했다는 차원에서 이 둘의 이해관계는 엇갈리고 있었다. 이는 1870년대 후반 국가의 개방정책을 둘러싼 담론구조에서 더욱 두드러지게 나타났다.

1866~1896년의 척사위정운동이 국가의 정책에 주목하는 것은 두 가지 차원에서이다. 첫째는 그러한 정책이 가지는 본래의 함의이고, 둘째는 그 정책의 성격변화이다. 전자는 본래의 의미로서의 국가정책의 부재와 관련되어 있다. 이 점은 1866~1896년의 척사위정운동에서 제출된 거의 모든 상소문에 공통적으로 나타나는 것으로, 척사위정운동이 보기에 국가가 그 본연의 의무를 다하지 못하고 있다는

신교는 프랑스의 천주교와는 달리 정교분리의 입장을 취하고 있기 때문에 미국과 외교관계를 수립해도 아무런 문제가 없을 것이라고 조언하고 있다. 국가는 이에 대해 긍정적인 인식을 가지고 있었다. 이는 간접적으로 국가가 정교분리를 선호하고 있었음을 보여 주는 것이며, 미국과의 수교는 이러한 정책 노선과 부합하는 것임을 드러낸 것이라고 할 수 있다. 이에 대해 척사위정론자들은 기존의 국가의 역할을 생각하고 있었던 것이다. 다시 말해 국가가 정교일치라는 당연한 원칙을 지지하기 때문에, 미국과의 수교는 물론 기독교의 유입에 대해 반대할 것으로 기대하고 있었다. 그런데 국가가 『조선책략』을 필사하여 전국에 배포하여 공론화를 시도하자, 척사위정론자들은 미국과의 수교 반대라는 명분을 앞세워 공-사의 분리에 대해 반대하게 되었던 것이다.

것이다.

원래 성리학적 전통에서는 국가의 할 일과 국가 밖 사회가 할 일을 적절히 배분하고, 서로 협력하려는 자세를 취하였기 때문에 성리학에서는 일종의 작은 국가를 지향하였다(김승혜, 1997). 척사위정운동은 국가가 사회와의 조화로운 역할 분담을 지속시키기보다는 오히려 국가가 그 역할을 완전 독점함으로써 사회의 약화를 초래한 것으로 인식하고 있었다. 노서학파의 종장인 기정진이 "국가에는 일정한 정책이 있어야만 그것에 따라 임금과 신하가 서로 마음을 결정해야 만인의 정신을 한곳으로 모아 일을 이룰 수 있다(기정진, 1982: 271)."는 지적은 이를 두고 한 것이었다. 다시 말해 기존의 국가정책은 국가와 사회의 균형을 전제로 한 것이었는데, 지금의 정책은 국가가 사회를 압도하면서 스스로 사회와의 대립 국면을 조성하였다.

후자의 문제 제기는 전자의 그것과 이어져 있는데, 척사위정운동은 정책이 있더라도 그것이 변질된 것임을 들어 비판하고 있다. 여기서 우리는 기정진이 전방위 비판을 하고 있음을 볼 수 있다. 개방파를 향해서는 성리학적 질서에 충실한 정책이 아닌, 그것에서 일탈한 정책으로는 지금의 위기 상황을 해결하지 못한다는 비판을 들이대고 있다. 다른 한편으로는 옛글(舊章)을 지켜 개혁에 반대한다는 이른바 전통적인 솔유구장(率由舊章)을 따르는 수구파35)에 대해서도 근본적인 성리학적 가치 가운데 하나인 '위민(爲民)'에 근거하여 정

---

35) 지금까지의 연구에서는 척사위정파를 수구파로 규정하여 왔다. 그런데 이 글의 문제의식에 따르면 이 척사위정파는 기본적으로 현상(現狀)에 대한 인식을 수구파와는 달리한다. 이 문제는 앞으로의 분석에서 좀더 구체적으로 규명되겠지만, 분석에 앞서 용어 사용의 차별성을 드러내기 위해 개괄적인 차원에서 두 파를 구분하려고 한다. 수구파는 현상을 인정하여 그것을 유지하는 데 그 목표를 두고 있다. 반면에 척사위정파는 현상을 성리학적 전통으로 교정하여 할 대상으로 보고 있다는 점에서 다르다. 따라서 전통주의자로서의 수구파와 척사위정파를 다르게 부를 것을 제안한다.

책을 전환할 것을 요구하고 있다.36) 1866~1896년의 척사위정운동은 국가가 삶의 모든 영역에 성리학에 기반하지 않는 세속적 교육을 도입하고, 성리학적 실천들을 억제하고, 가정생활과 관련하여 사악한 실천들을 허용하는 것으로 간주하고 있었다. 이에 척사위정운동은 국가가 성리학적 가치들을 배제한 경제·교육·문화 정책 등을 통해 근대화·세속화·다원화를 추구한 것으로 생각하여, 이전에 성리학이 담당했던 영역에까지 침입하여 간섭하는 것에 대해 철저하게 부정적인 태도를 견지하였다.

국가의 정책이 본격적으로 척사위정운동의 반발 대상이 되기 시작한 것은 1876년 개방을 전후한 시기이다. 1866년과 1871년 두 번에 걸친 양요에서의 승리는 대원군으로 하여금 반개방의 정책기조를 계속 유지할 수 있는 원동력을 제공하였다. 1873년에 대원군이 하야하고, 북학사상을 정권의 이념으로 내세운 소수의 벌열가문이 등장하면서 이러한 기조가 반전되고 있었다. 이들은 급박하게 변화하는 세계정세에 능동적으로 대응하기 위해서는 개방이 불가피하다는 논리를 앞세워 정책 전환을 시도하였고, 그 첫 번째 결과는 1876년의 강화도조약으로 나타났다. 척사위정운동에게 있어 일본과의 국교수립은 세 가지의 의미, 곧 기존 대일 외교정책의 성격변화, 문화 선진국으로서의 일본에 대한 자부심 훼손, 임진왜란의 감정적 후유증 문제 등과 이어져 있었다.

지금까지의 대일 관계는 '교린(交隣)'으로 상징되듯이 약소국인 일본에 강대국인 조선의 문화, 사상, 과학기술 등을 전해 주는 일종의 원조외교에 그 바탕을 두고 있었다. 19세기 말에 들어와 일본이 서계(書契) 문제를 통해 대등한 관계개선을 요구하는 데서 한 발 더

---

36) "옛 글을 가볍게 고칠 수 없다는 것은 누가 모르겠는가? 요는 백성에게 맞으면 백세토록 고쳐서는 안 되고, 백성에게 해가 되면 3년 안에라도 고쳐야 한다(최창규, 1972a: 94에서 재인용)."

나아가 조선의 외교적 지위를 일본 아래에 두려는 시도(김기혁, 1991 참조)는 조선의 성리학자들을 긴장시키기에 충분하였다. 왜냐하면 그들에게 일본은 여전히 조선이 교화시켜야 할 하나의 대상이었기 때문이다.37)

고종이 실질적인 권력을 행사하기 시작하면서 국가에서는 기존의 중국 위주의 외교에서 벗어나 다변화 외교의 필요성을 서서히 인식하고 있었다. 이러한 양자의 인식의 차이가 대일 국교수립을 둘러싸고 서로 반대편에 서게 하였다. 더욱이 조선의 문화를 일본에 전파하는 데 항상 스승의 역할을 자임해 온 조선의 성리학자들로서는 일본의 이와 같은 외교적 무례를 용납할 수 없었고, 이로 인해 적지 않은 충격을 받았다. 그것은 문화 선진국으로서의 자존심이 훼손당한 데 따른 심리적인 반발이기도 하였다. 여기에다 임진왜란 때의 감정적 후유증이 상승효과를 일으키면서 일본과의 국교수립 문제, 좀더 넓게 말하자면 개방문제는 성리학 지식인 일반의 초미의 관심사가 되었다.

반면에 일본과의 서계 문제를 해결하면서 대일 수교를 통해 본격적인 개방에 나서겠다는 국가의 입장은 종래의 (소)화/이의 국가관계를 재개한 것에 불과하다는 '구왜속호(舊倭續好)'의 논리였다(정창렬, 1994: 62). 새로운 교역관계의 성립이 아니라 종래의 교린관계, 곧 왜관(倭館) 무역과 그 궤를 같이하는 것이며, 서구의 재화 유입을 금지하고 기독교의 전파를 금지할 것이기 때문에 아무런 문제가 없다고 주장하였다(유승주, 1986: 68). 이러한 기조 아래 일단 대외

---

37) 물론 이것이 성리학자들의 대일관이 비이성적 차원에서 이루어졌다는 것을 의미하지는 않는다. 이는 약소국으로 생각해 왔던 일본이 포함을 앞세워 국교수립을 강요한 데 따른 감정적 차원에서의 논리적 정당화이지, 일본의 실체를 부정하려는 사고의 결과는 아니었다. 물론 이들이 초기에는 감정적 차원에서 접근하였지만, 나중에는 그들의 존재를 사실 그대로 인식하고 있었다.

적으로는 개방을, 대내적으로는 개혁을 국정의 목표로 잡은 개방파 정부는 1880년에 이를 뒷받침하기 위해 행정개혁을 단행하여 외교업무를 예조(禮曹)에서 통리기무아문(統理機務衙門)으로 이관하였다.

이러한 이관은 척사위정파의 관심을 끌었다. 그들은 이러한 이관 조처를 국가가 기존의 사대·교린외교에서 벗어나 대내 개혁에 필요한 서구의 과학기술 수용에 초점을 맞춘 실리외교로 전환하기 위한 구조조정의 일환이라고 생각하였다. 이처럼 국가의 외교정책이 이로움(利)을 강조하는 것으로 바뀌자, 평소 의로움(義)이 외교의 근본이라고 생각하였던 그들에게는 그러한 업무이관 그 자체가 하나의 도전이었다. 물론 이것은 성리학에서 외교가 독립되어 나가는 일종의 정교분리도 포함하고 있었다.

이와 더불어 대내개혁을 뒷받침하기 위해 1881년 일본에 신사유람단을 파견하여 그곳의 문물·제도 등을 살피어 보고서를 제출하도록 하는 한편, 신식 무기와 기기(機器) 학습을 위해 김윤식(金允植)을 영선사(領選使)로 하여 학도·공장들을 청나라 천진에 파견하였다(정옥자, 1995: 165~171). 이를 통해 개방정책을 본격적으로 추진하기 시작하였다. 이에 일부 척사위정파까지도 점차 지지하게 되었으며, 동시에 이를 뒷받침하는 동도서기론(東道西器論)38)이 고취됨에 따라 국가의 개방정책은 힘을 받게 되었다(유승주, 1986: 79). 이는

---

38) 이를 잘 보여 주는 것이 개방파인 신기선의 입장이다. "이른바 개화라는 것은 지식을 개명시키고 폐습을 변화시키는 것을 말함이니, 바로 정치를 새롭게 하는 것의 다른 이름일 뿐이다. 그 요점은 지배자의 마음을 바르게 하여 본래의 근원을 맑게 하고, 공도(公道)를 확장하고 사사로운 길(私逕)을 막으며, 재용(財用)을 절약하여 민력(民力)을 구휼하고, 상공업을 일으켜 민업(民業)을 열어 주고, 법률을 밝혀서 기강을 세우고, 학교를 일으켜 인재를 육성하고, 부화(浮華)한 외식(外飾)을 제거하고, 쓸데없는 비용을 재단하고, 무비(武備)를 단련하여 국방을 튼튼하게 하고, 만국공법을 강의하여 교제를 미덥게 하며, 기절을 장려하여 풍속을 돕도록 하는 것이다(권오영, 1984: 128~129에서 재인용)."

1882년에 내려진 고종의 교서에 의해 공식화되고 있었다.[39]

한편 대내 개혁은 1894년부터 시작된 갑오개혁으로 본격화되고 있었다. 이 개혁은 기본적으로 국가에 의한 공적 지배 영역의 확대

---

39) "우리나라가 동방에 치우쳐 있어 일찍이 외국과의 교섭이 없었기 때문에, 견문이 넓지 못했고 겨우 나라를 지켜 온 지가 오백 년이 되었다. 그러나 오늘날 세계 대세는 옛날과는 다르다. ……이 때문에 천하에 올로 존재하던 중국도 오히려 구미와 조약을 평등이 하였으며, 서양을 엄히 배척하던 일본도 끝내는 통상을 서로 좋게 하게 되었다. 이것이 어찌 연유된 곳이 없이 그렇게 했으리요. 진실로 형세가 부득이해서였다. ……거론하는 자들은 또 서양과 관계 맺는 것을 좋아하면 앞으로 점차 사악한 종교에 전염될 것이니 이는 성리학을 위해서도 세상의 교화를 위해서도 심히 염려되는 바이라고 생각한다. 그러나 조약을 맺는 것은 조약을 맺는 것이고, 종교를 금하는 것은 금하는 것이니, 조약 통상함에 있어 단지 공법에만 의거할 뿐이고 처음부터 이 땅에 전교하는 것을 허락하지 않는다면 백성들은 본디 공자와 맹자의 교훈에 익숙하고 오래도록 예의의 풍속에 젖어 있으니 어찌 혹시라도 하루아침에 정(正)을 버리고 사(邪)를 좇을 것인가. ……또한 기기(器機)를 제조할 때에 조금이라도 서양의 방법을 본받으면 문득 사악한 종교에 물들었다고 지목하니 이는 또 생각지 못함이 심한 것이다. 그들의 종교라면 사악한 종교이니 마땅히 음탕한 음악과 미색처럼 멀리할 것이나 그들의 기계라면 이익이 되니 진실로 후생에 이용될 수 있다면 농상(農桑)·의약(醫藥)·갑병(甲兵)·주차(舟車) 등의 제도 등이야 무엇을 꺼려서 하지 못하는가? 그들의 종교를 배척하고 그들의 기계는 본받으면 참으로 병행해도 이상함이 없을 것이다. 하물며 강약의 형세가 이미 현격한 차이가 있는데도 서양의 기(器)를 본받지 않는다면 어떻게 그들의 모욕과 분수에 넘치는 당치 않은 일을 바라는 것을 방어할 수 있겠는가? 진실로 안으로는 정치와 종교를 닦고 밖으로는 이웃과 우호를 맺어서 우리나라의 예의를 지키고 각국 부강들과 나란히 되어 국민들과 더불어 승평(昇平)을 누린다면 어찌 아름답지 아니하겠는가? ……선비는 공부하는 과정에 힘쓰고 인민은 농사에 안주하여 다시는 '양(洋)'이니 '왜 (倭)'니 말하며 소동하지 말라. ……밑의 사람이 위를 비방하는 것은 나라의 법률이 마땅히 목을 베고 형벌에 처할 것이나 교화하지 않고 형벌을 가하면 이것은 백성을 그물질하는 것이니, 때문에 여러 번 타일러서 완전히 깨닫게 하는 것이다. 그리고 이미 서양의 여러 나라와 수호조약을 맺었다면 서울과 지방에 세워진 척화비는 모두 뽑아 버려야 할 것이다 (유승주, 1986: 74에서 재인용)."

라는 큰 틀 내에서의 정교분리, 사림사회의 약화라는 두 가지 의도를 가지고 있었다. 이에 대해 1866~1896년의 척사위정운동은 정교일치, 국가와 사회의 조화로운 역할 분담이라는 논리로 대응하였다.[40] 먼저 정교분리와 관련하여 이전에 성리학과 이어져 있던 교육과 의료 영역 등이 성리학으로부터 분리되었다(윤승용, 1997a: 24~25). 이제 이러한 영역은 국가의 주도 아래 주로 근대적 요소에 의해 대체되었다. 교육제도 개혁은 척사위정운동이 보기에 세속적 국가의 하나의 행위로 간주되었다.

이 개혁은 1894년 7월 30일 군국기무처에서 의결한 의정부관제(議政府官制)에 잘 나타나 있는데, 성균관·상교(庠校)·서원 사무국을 두어 선성(先聖)과 선현(先賢)의 사묘(祠廟) 및 경적(經籍) 사무를 관장하게 하고, 전문학무국을 두어 중학교·대학교·기예학교(技藝學校)·외국어학교 및 전문학교를 관장하게 하고, 보통 학무국을 두어 소학교·사범학교를 관장하게 하는 것이었다(오영섭, 1992: 116). 조선시대의 교육은 본질적으로 세속적 활동과 종교적 활동이 만나는 영역이다. 성리학의 경우는 원래 학교가 세속적인 생활을 하는 데 필요한 교양을 전수할 뿐만 아니라 성리학 경전의 집중 교육처럼 그 세속적 교리가 종교적 성격을 강하게 띤다는 점에서 동시에 종교적 기관이다(조혜인, 1991: 177). 교육개혁은 그동안 각종 교육기관에서 이루어져 왔던 종교적 교육과 세속적 교육을 따로 분리하면서 국가가 세속적 교육을 담당하는 형태로 바뀌었다. 이러한 분리와 관련하여 이 조치는 크게 보아 세 가지의 차원에서 척사위정운동의 반발을 불러일으키고 있었다(정성원, 2002a).

---

40) 이와 관련하여 척사위정운동은 명분상으로는 갑오개혁 그 자체가 선왕의 제도를 무시했으며, 일본의 신법을 모방했다는 이유로 비판하였다. 바꾸어 말하면 신제도가 '조종성헌(祖宗成憲)'을 폐기시키고, 민심을 미혹시켰기 때문에 구제도로 복귀해야 한다(오영섭, 1992: 104~105)는 논리였다.

첫째, 국가의 개방정책과 부합하는 방향으로 교육제도를 개혁하겠다는 의도를 보여 준 것이었다. 다시 말해 기존의 성균관 중심의 교육체제에서 서구식 체제로 전환하고, 교육내용도 학교를 널리 설립하여 허명(虛名)을 없애고 실용을 숭상하겠다는 1895년의 교육칙어(敎育勅語)에서 알 수 있듯이 성리학 중심에서 서구의 과학기술 위주의 실용교육으로 바꾸겠다는 것이었다.[41] 성균관을 기술학이나 어학의 하위기관에 둠으로써 학교교육의 중심을 기술학으로 삼겠다는 포석이었다(정옥자, 1994: 66). 오늘날의 용어로 말한다면 성리학을 통한 인성교육보다는 오히려 기술직업교육을 강조하는 것이었다. 이러한 국가의 정책의지는, '기(技)'보다는 '도덕'을 앞세워 교화를 강조하는 척사위정운동과는 상치되는 것이었다. 뿐만 아니라 개방 그 자체에 대한 반대는, 논리적으로 그 운동으로 하여금 그것의 구체적인 형태인 서구식 교육체제로의 전환[42]에 대해 반발할 수밖에 없게 만들었다.

둘째, 국가의 이러한 조치는 지금까지 사교육 중심 체제에서 국가가 통제하는 공교육 중심의 제도로 전환시키겠다는 의도를 보여 준

---

41) 이는 박영효가 기존 교육의 문제점을 제시하면서 신교육의 내용과 성격을 강조한 아래의 언급에 잘 나타나 있다. "격물치지(格物致知)에 대한 본뜻을 알지 못하고 완농문화(玩弄文華)에 치우쳐 사서삼경이나 제자백가의 책을 암기하면 우매하고 썩은 선비라도 대학사로 칭하여 상대부의 자리에 두어 이로써 백성과 나라를 그르치게 되었는데 이것이 아시아의 여러 나라가 쇠퇴하게 된 이유이다. 만약 그 말(末)을 버리고 그 본(本)을 취하여 격물궁리의 학문에서부터 천하의 기술에 이른다면 현재 서양에서 바야흐로 일어나는 학문과 같은 것이다. ……동서양을 물론하고 학문은 실용을 앞세우고 문장을 뒤로하는 것이니……실(實)을 버리고 화(華)를 취한다면 수신치국의 학문(修身治國之學)이 한꺼번에 아울러 폐해지고 천박하고 화려한 풍습에 이르게 된다(김홍수, 1991: 375~376에서 재인용)."

42) 개방파의 김홍집은 1880년대 수신사 회환(回還)의 별초(別草)에서 다른 교육체계를 정책에 반영할 것을 진언하였다(정순목, 1985: 164~165 참조).

것이었다. 다시 말해 지방에 거주하는 사림들에 의해 운영되던 각종 향교, 서원 등의 사립학교 중심에서 국가가 교육 전반에 직접 개입하는 형태로 바꿈으로써 교육을 성리학 내지 성리학자들의 통제로부터 해방시키겠다는 의도를 갖고 있었다. 지금까지 성리학은 국가의 적극적인 후원 아래 교육을 독점적으로 실시하여 왔다. 오늘날의 대학에 해당하는 성균관으로부터 사립 초등학교의 서당에 이르는 성리학 교육체계를 형성하고, 이들 교육기관과 과거시험 등을 통해 성리학 성직자들, 바꾸어 말하면 사대부들을 체계적으로 양성하였다. 이러한 교육체계는 한편으로는 일반교육을, 다른 한편으로는 서민의 교화라는 두 가지 목적을 가지고 있었다. 조선은 건국 초기부터 교육에 상당한 관심을 보여 왔다. 당시의 사림들은 이중의 역할, 곧 일종의 전임직의 사제와 대중 교육자를 동시에 맡고 있었다. 1894년의 개혁은 사림들의 역할을 종교적 차원에 국한시키고 있었다.

셋째, 척사위정운동이 보기에 교육으로부터의 배제는 근대적·세속적·이교적[43] 질서에 대항할 수 있는 성리학적 질서의 재생산 기제의 상실을 뜻하는 것이었다. 흔히 학교와 매체는 이념의 재생산·유포의 중요한 수단이다.[44] 더욱이 운동의 과정에 있어 그 수단의 지배는 더욱 중요하다. 왜냐하면 이 두 가지는 지식의 형성이라는 측면에서 종

---

43) 서학의 유입과 관련하여 우리가 '근대적·다원적'이라는 것은 서구의 과학기술이 가지고 있는 '근대적' 속성과, 그리고 성리학의 입장에서 볼 때 서구의 기독교가 가지고 있는 '다원적' 속성을 동시에 포함하는 의미에서이다. 이 글의 다른 곳에서 일반적으로 사용하고 있는 '근대적·다원적'이라는 것은 내재적 근대화와 서구의 과학기술에서 보이는 '근대적' 성격과, 그리고 성리학의 대척점에 서 있는 기독교의 '다원적' 성격이 동시에 작용하고 있다는 의미에서이다.

44) 일반적으로 지배집단은 자신들의 이념에 걸맞고, 이익을 보장해 주는 일정한 제도적 틀을 구축하게 마련인데, 이러한 틀은 특정의 인간형이나 사회적 행위를 장려하고 역으로 그로부터 이탈하는 인간형과 사회적 행위를 통제하는 일종의 문화적 지향을 담게 된다(박성환, 1992: 368~371).

교와 경쟁하고, 세속적 학교에서는 종교적 신념에 도전하고, 이를 침식시키는 지식들을 보급(Almond, Sivan, and Appleby, 1995b: 433)하기 때문이다. 19세기 말 조선은 근대화의 두 축인 개혁·개방이라는 이념의 재생산 기제로서 세속적 학교·매체를 중시하였다. 학교를 사림이 아닌 국가가 담당하는 체계로 전환하면서 서구식 교육의 수용에도 적극적이었다. 특히 척사위정운동이 생각하기에, 이러한 수용으로 서학적 질서를 지속적으로 재생산해 낼 수 있는 기제를 국가 내지 그 '적'이 확보하는 것을 의미하기 때문에, 그들에게는 대단히 중요한 현안문제였다. 바꾸어 말하면 그들은 서학을 공교육에 포함시키게 되면 그것이 조선사회에 제도적으로 정착하는 것은 시간문제라는 인식을 가지고 있었다.

국가는 문화적 상황을 고려하지 않은 채 서구식 공교육체계를 그대로 도입(차석기, 1986: 194~197 참조)하였고, 특히 조선의 성리학을 부정하는 기독교 신학 교육을 공교육에 그대로 편입시켰다. 국가는 개혁·개방정책의 당위성을 널리 선전하기 위한 하나의 매체로 신문을 중시하였다. 기존의 사대부들을 대상으로 한 관보 대신에 전국민들을 대상으로 한 신문 발간에 국가적 차원의 물적·인적 지원을 하였던 것이다. 이에 1866~1896년의 척사위정운동은 세속적 교육·매체 등을 성리학적 담론의 용어로 다시 정의하고, 양자를 '악'의 뿌리로 간주하면서 성리학적으로 재편성된 사회가 이것들을 총체적으로 통제할 필요가 있다고 주장하였던 것이다.

이미 정교분리에 대한 1866~1896년의 척사위정운동의 문제 제기는 서원 철폐와 성리학적 의례에 대한 비판에서도 있었다. 최익현의 1873년의 「사호조참판겸진소회소(辭戶曹參判兼陳所懷疏)」와 1898년의 「재소(再疏)」 등을 분석해 보면 1866~1896년의 척사위정운동은, 국가가 성인(聖人)들을 대상으로 종교적 의례를 행하고, 교육을 실시하는 서원을 철폐한 것이나 의례 절차를 무시한 것은 성리학적 전통에서 일탈한 것임을 들어 반발하고 있었다. 척사위정운동에 있어 서원이 가지는 의미는 교육, 제례, 사림의 집회 장소의 기능이다.

1866~1896년의 척사위정운동이 관심을 가졌던 것은 서원의 교육적 기능과 사회적 활동공간의 기능이었다. 원래 서원의 보급은 사림의 성장과 맥을 같이하고 있었다. 이 서원을 통하여 사림은 자기와 같은 성리학 사제계급을 재생산해 냈던 것이다. 서원은 특히 17세기 말 숙종 조에 붕당정치를 운영하던 한 당파가 완전히 정치에서 소외된 이후 특히 증설되었다. 이때부터 정치는 점점 몇몇 배타적인 문벌에 의해 독점되게 되었다. 현실적으로 정계에 진출할 수 없어 정치적 권력을 가질 수 없었던 사림들은 사원(사우)의 설립을 통하여 자신들의 사회적 지위를 공고히 하고 있었다. 이처럼 서원은 설립 당시에는 사학 교육기관으로 출발하였지만 점차 시간이 지남에 따라 교육보다는 사묘(祠廟)의 기능이 커지면서 그 폐단이 노출되고 있었다(이수환, 1994: 109). 국가에서는 이를 개혁[45]하기 위해 서원 철폐를 단행하였다. 이러한 조치를 정교분리와 관련지어 보면 지금까지 서원이 담당하였던 교육을 국가가 맡겠다는 정책적 실천이었다. 정치적 차원에서는 그동안 재지 사림들의 사회적 지위를 담보해 주던 것을 빼앗는 것이었다.

이와 관련하여 척사위정운동은 임진왜란 때 조선을 도와준 명(明)의 임금을 위해 설립했던 만동묘를 철폐한 것에 대한 반발에서 시작되었다. 이 조치는 기본적으로 영조 17년 이후 국가의 허락 없이 세

---

45) 이에 대해서는 국가나 척사위정운동 공히 인식을 공유하고 있었다. 이것이 가능했던 것은, 먼저 대다수의 서원이 재야 남인 세력의 근거지였기 때문에, 노론 중심의 척사위정집단으로서는 그 폐단에 대해 비판했으면 했지, 별다른 이의를 제기하지 않은 것으로 보인다. 그리고 서원의 폐단이라는 있는 사실을 그대로 인정하는 것이 그 운동의 정당성을 확보하는 데 도움이 될 것이라는 전략적 고려도 있었을 것으로 보인다. 그러나 척사위정운동은 노론이 중심이 되어 세웠던 사원, 이를테면 만동묘 철폐에 대해서는 적극적으로 대처하였다.

운 서원들을 모두 혁파한다는 서원정책과 궤를 같이하는 것이다(윤 희면, 1999: 153). 국가가 어떤 의도로 만동묘 철폐를 단행했는가에 대해서는 여러 견해가 제출되어 있다.46) 국가에서는 국민들을 위한 것이라는 명분론47)을 앞세우고 있지만 그 기본 의도는 정교분리에 따른 국가에 의한 교육통제에 있었다. 이 가운데서도 척사위정운동 의 큰 반발을 불러일으켰던 것은, 서원의 철폐로 성리학적 질서를 확대 재생산할 수 있는 기제를 상실하였다는 사실이었다.48) 이는 국 가가 이제부터 교육을 독점하고, 그 재생산 기제를 소유하겠다는 정 책에 따른 하나의 결과였다. 국가는 1871년 사액서원(賜額書院)의 훼철 때 그 서원들의 원장을 수령에게 맡기면서 향교개수, 성균관 지원 등을 통해 관학(官學)을 강화하는 조치를 취하게 된다(윤희면, 1999: 165·171).

이에 대해 1866~1896년의 척사위정운동은 존주론(尊周論)이라는

---

46) 대원군이 남인을 등용하고, 노론의 세력을 공격하기 위해 노론 송시열 의 유명(遺命)으로 건립된 만동묘를 철폐했다는 견해(김세윤, 1980, Palais, 1993)가 지배적이다.

47) 이 점은 대원군이 원사(院祠) 훼철에 대한 성균관의 남인 계열의 유생 을 중심으로 한 권당(捲堂)과 관련하여 퇴계 후손으로 대원군에 의해 등용된 우부승지 이만운(李晚運)에게 보내는 편지에 잘 나타나 있다. "……금번 사원 훼철은 나의 이익에 있는 것이 아니고, 이것은 나라와 백성을 위한 것이며, 크게 임기응변하여 일을 처리하고 제도를 크게 고 치어 새롭게 하지 않을 수 없는 일이다. 나라를 위한 경원(經遠)의 계 (計)에서 나온 것이 이와 같다. ……오늘날 선비의 기개는 단지 서원의 있고 없음만 알고 나라의 부와 백성의 안녕을 생각하고, 요사스러운 기 운을 물리치는 계책은 생각하지 않는다(이수환, 1994: 19~20에서 재인 용)." 대원군 정부는 그 당시의 위기 상황을 들어 서원 철폐를 통한 중 앙집권화 시도의 정당성을 확보하려고 하였다.

48) 이와 관련하여 유치명 학파는 1871년 신미양요 당시에도 서양 세력에 대한 배척보다는 오히려 자신들의 서원을 지키는 것을 '위정(衛正)'이 라고 생각하여, "국가의 존망이 성리학의 존망에 달려 있고, 성리학의 존망이 사원이 훼철되느냐 되지 않느냐에 달려 있다"고 하면서 상소를 올릴 정도였다(권오영, 1999: 132~133).

성리학적 전통에 기대어 비판하였다. 특히 화서학파의 이항로는 이러한 인식 아래 만동묘의 복설을 주장하였다. 그는 명을 중화(中華)의 주체로 보고, 청의 등장으로 그 주체가 멸망한 가운데 오직 중화의 정도(正道)를 지키는 상징으로 만동묘를 자리매김하고 있었다.[49] 만동묘의 철거는 조선이 300년을 신하로 섬겨 왔을 뿐만 아니라, 임진왜란 때 조선을 구해 준 은혜를 갚아야 할 의리(최익현, 1977: 116)에 어긋나는 것이었다. 바꾸어 말하면 서원에는 성리학적 질서의 (재)생산이라는 중요한 역할이 주어져 있기 때문에, 척사위정운동이 보기에, 만동묘를 복구하여 이에 제사 드리는 성리학적 실천은 거룩한 것이고, 이를 가로막는 국가의 처사는 세속적인 행위였다. 또

---

49) "……태조 고황제(高皇帝)께서 뛰어난 무용(武勇)의 자질로 오랑캐 원(元)을 깨끗하게 청소하시고, 만방을 보존해 두시니 제왕의 아들과 손자들이 계속 이어지는 영화를 누리게 되었습니다. 우리나라의 태조 대왕께서 명(明)을 받들어 나라를 세우실 때에 세상은 동쪽으로 발전하였습니다. 신하가 성은에 충정을 다하는 절개는 삼백 년을 두고 바뀌지 아니하였습니다. 임진왜란에 이르러 신종(神宗) 황제 때에는 천하의 군사를 동원하여 우리의 서원을 다시 지었으니 의리로서는 비록 임금과 신하지만 은혜로는 사실상 지아비와 아들과 같은 것입니다. 조선 천 리에 초목과 곤충과 같은 미물이라도 어느 것이나 황제의 은덕을 입지 아니한 것이 누구겠습니까? 불행히 병자·정묘호란에는 일의 형편이 급박하여 임시방편의 길을 행하였으나, 아픈 고통을 참아 가면서 원한을 머금고 있는 뜻은 단 하루라도 잊어서는 아니 됩니다. 하물며 갑신(甲申) 이후로 천지가 뒤집히고, 모자와 신발이 뒤바뀌니 실로 천하가 같이 분노할 바요, 성현들이 난세를 다스려 가는 때입니다. 고로 효종 대왕께서는 태어날 때부터 큰 임금으로 닦고 물리치는 것을 힘써 행하실 때에 문정공 송시열과 더불어 한때 동덕지신(同德之臣)으로써 거룩한 계략을 서로 화합하여 도왔다. 두서가 잡혀 갈 무렵 효종이 승하하여 일이 모두 와해되었은즉 서쪽으로 향하는 마음을 풀어 볼 길이 없어 선정은 죽을 때까지 부지런히 교육하였습니다. 이에 따라 문순공 권상하와 더불어 당시에 어진 사대부들이 함께 만동묘를 세웠습니다. 온 천지가 더러운데도 한 가닥 왕춘일맥(王春一脈)이 여기에 붙어 있었습니다. 따라서 그것을 세운 그 의리는 진실로 부득이한 것입니다(이항로, 1974a: 394)."

한 서원의 설치 목적이 학문의 강구와 몸을 닦는 데 있고, 부차적으로는 그 지방에서 명망과 도덕이 뛰어난 선비의 덕을 높이고 공에 보답하는 데 있다는 것이다.[50] 이러한 성리학적 교육을 수행하는 서원을 철폐함으로써 세속적 행위의 조장, 바꾸어 말하면 교화의 해이와 풍속의 퇴폐를 초래했다는 이유로 반발하였다. 이러한 국가의 의도는 척사위정운동의 생각과는 정면으로 배치되는 것이었기 때문에, 그들은 국가의 서원정책을 성리학을 세속화시키는 하나의 원인으로 간주하여 반발하였다.[51]

1866~1896년의 척사위정운동은 가정생활과 관련하여 죽은 자를 양자로 삼는 것과, 부모의 상중에 있는 사람을 탈상 전에 관료로 기

---

50) 이와 관련하여 영남 유생들은 그동안 한 선현의 사원을 각 지역에 여러 설립할 수 있도록 국가가 허락한 것은, 단지 그를 숭배하기 위한 것이었고, 학교를 세워 선비들을 양성하는 것은 근본 되는 기운을 배양하고 나라의 맥을 유지하는 데 그 목적이 있는 것이라고 하면서, 지금 사원이 헐어지고 없어지면 선현의 정령(精靈)이 돌아갈 곳이 없게 되고, 선비는 그 처소를 잃고, 국가의 근본 되는 기운은 이로부터 병들게 될 것이라고 보았다(권오영, 1999: 133).

51) "……황제 묘의 철거는 임금과 신하의 윤리가 무너진 것이요, 서원의 혁파는 스승과 제자 간의 의리가 끊어진 것이며……폐하께서 황제의 호를 쓰신 이후부터, 문묘(文廟)의 축식(祝式)에 황제의 이름을 쓰지도 않고, ……다만 '신하를 보내어 제사를 지낸다'고 하는데, ……대체로 제왕들의 전례가 모두 성사(聖師)의 저술에서 나왔고, 제왕들의 덕과 가르침은 반드시 성인들의 '옛 성인을 계승하고 후생들을 개도한다'는 것에서 나왔기 때문에, 역대 제왕들이 신하가 앉은 자리를 향해 스승의 예로 섬기지 않은 이가 없었던 것입니다. 스승을 존대함은 도(道)를 존숭하는 것이므로 스승 삼은 예가 높을수록 제왕의 덕이 더욱 높아지는 것이니, 이는 성인이 있게 된 이래로 바꿀 수 없는 큰 의리입니다. 더구나 오랑캐가 강등되어 짐승이 된 때를 당하여, 성인(聖人)들의 말씀을 무시하고 성인의 도를 무너뜨리는 자들이 천하에 가득한데, 폐하께서 지존하신 큰 어진 임금으로서 막중한 스승의 길(師道)을 겸하셨으니, 마땅히 더욱 스승 삼는 예를 높이시어, 만백성들을 인도하고 거느리셔야 할 것인데, 어째서 반대로 그 예절을 낮추어 자신만 높이며 성인(聖人)은 하대하십니까(최익현, 1977: 115·215)."

용하는 기복(起復) 등은 성리학적 전통이 아닌 오로지 효율성의 측면에서 국가가 사악한 실천들을 허용한 행위이며, 청의 화폐 사용은 중화와 오랑캐 간의 구별을 문란(최익현, 1977: 122)하게 하는 하나의 세속적 행위로 이해하고 있었다.[52] 이러한 행위들은 성리학적 윤리가 아닌 이로움(利)만을 생각하는(최익현, 1977: 119~120) 세속적 윤리에 따른 것이었다.

1866~1896년의 척사위정운동은 국가의 경제정책이 세속적이라고 반발하였다. 국가는 1882년에 신분에 관계없이 모든 백성을 산업에 종사토록 하여 재부(財富)를 축적할 수 있는 길을 열어 놓았다(유승주, 1986: 81).[53] 특히 개방파 정권은 산업 정책 가운데서도 상업을 중시하였다.[54] 이는 기존의 농업 중심의 산업정책을 철저하게 신봉해 왔던 척사위정파에게는 하나의 큰 도전이었다. 왜냐하면 그 당시 국가의 중상주의 정책은 그들의 성리학적 질서하에서의 '청빈'과 '이

---

52) "……요사이 관청에 소위 기복(起復)하는 기일이라는 것이 있어 부모의 장사 지낸 일이 얼마 되지 않아서 곧 상복을 벗고 뻔뻔스럽게 나와서 벼슬하며 전혀 부끄러운 기색이 없다는 것입니다. 이 얼마나 이치에 어긋난 풍속입니까? 나라에 큰일이 있어 부득이하여 기복하더라도, 군자는 오히려 그르게 여기는데, ……이런 무리들도 또한 부모의 은혜를 아는 사람이겠습니까(최익현, 1977: 171)." "……죽은 자가 양자 가는 것은 부자간의 윤리가 문란해진 것이요, ……청나라 동전을 사용함은 중화와 오랑캐의 구별이 문란해진 것입니다. 오직 이 두세 가지 조건이 한 덩어리가 되어 하늘의 이치와 윤리가 실로 이미 모조리 없어지고 다시 남은 것이 없게 되었습니다. ……백성에게 재앙이 되고 나라의 화가 되는 근본이 되어 온 지 지금 몇 해가 되었으니, 이것이 선왕의 옛 법을 변하고 천하의 윤리를 무너뜨린 것이 아니고 무엇이겠습니까?(최익현, 1977: 115)"

53) 유길준은 인간에게 있어서 생계를 구하는 직업에는 귀천이 없다는 입장에서 직업윤리를 다음과 같이 제시하고 있다. "직업은 큰 행복이니 사람의 작정으로는 귀천이 있다 하나 사람의 힘에 맡겨진 대로 하기는 피차가 없다. 때문에 총리대신이나 배하군(背下軍)이나 사람의 직업 되기는 마찬가지이다(김봉열, 1987: 638에서 재인용)."

54) 이를 잘 보여 주는 것이 개방파의 이념을 제공하면서 실제 정권에 참여하였던 유길준의 상업관이다(유승주, 1986: 89~90 참조).

(利)’에 대한 관념적 인식으로는 용납할 수 없는 것이었기 때문이다.55) 좀더 일반적으로 말하자면 영리 추구는 성리학에서 그 자체가 죄악이었다. 경제적 활동은 농·공·상의 도덕적 서열로 범주화되는 것이었다(조혜인, 1995). 영리를 추구하고, 도덕적 서열을 허물 수 있는 국가의 중상주의 정책도 1866~1896년의 척사위정운동이 보기에는 정교분리에 따른 것이었다.

경제적인 차원에서의 개방정책은 기본적으로 외국과의 경쟁으로부터 조선의 경제를 개방하려는 바람에 의해서 추동되었다. 1866~1896년의 척사위정운동은 이러한 경제정책이 자본축적의 기회를 획득하려는 도시 거주 집권 세력, 관료 등의 이익에는 복무하지만 서민들에게는 불이익을 가져다준다고 생각하였던 것으로 보인다. 그 운동의 불만은 기본적으로 성리학이 공적 이익을 앞세워야 한다는 당위론과 함께, 이러한 정책이 시행될 경우 성리학 그 자체가 사회 내에서 부차적인 역할을 수행할 것이라는 두려움에 기반을 둔 것이다. 성리학은 사적인 이익의 중요성에 의해 격하될 처지에 있었다. 비유컨대 획득의 희망보다는 성리학 상실의 두려움이 척사위정운동을 압박하였고, 이러한 두려움이 결국 그들로 하여금 반발로 나서게 하였다.

뿐만 아니라 관리등용 및 인사정책에 대해서도 반발하고 있었다. 갑오개혁 초기 군국기무처에서는 과거제도를 폐지하면서 문관은 선거조례(選擧條例), 무관은 선무조례(選武條例)를 통해 선발하도록 하였다. 또 문관수임식(文官授任式)을 제정하여 칙임관(勅任官) 이상의

---

55) 이에 대해 유길준은 상업을 말업(末業)으로 간주하는 관념은 옛 성인의 도(道)에 의해 근본을 삼은 것이 아니고 후대 위정자들의 잘못된 인식에 의해 초래된 것으로 반박하였다. “옛날에는 성인이 시전의 법과 무역의 도(道)를 제정한 일까지 있으나 후대에 이르러 상업을 천시하게 된 것은 전적으로 행정관리들의 잘못된 생각 때문이다(김봉열, 1987: 646~647에서 재인용).”

관리는 총리대신, 각 아문 대신, 찬성(贊成) 및 도헌(都憲)의 추천에 따라 국왕이 임명하되, 주임관(奏任官)·판임관(判任官)의 임명은 총리대신 및 아문 대신의 재량에 맡기는 대폭적인 개혁을 시도하였다(유영익, 1990: 158~160). 이는 기존의 관료충원 방식을 일대 바꾼 것으로 사림 일반의 주목을 끌기에 충분하였다. 왜냐하면 예비 관료군으로서의 지위에 있는 사림으로서는 그러한 방식 변화에 관심을 가질 수밖에 없는 것이었다. 더욱이 척사위정운동으로서는 성리학적 질서에 기반을 둔 과거제도의 폐지에 촉각을 세울 수밖에 없는 것이었다. 왜냐하면 과거제 대신 고시제로 전환하면서 고시과목에서 유학이 배제(이영호, 1993: 87)되었기 때문이다. 이는 기본적으로 성리학자들이 관료로 진출하는 데 제한을 받게 되고, 성리학에 의한 일원적 지배의 약화를 의미하는 것이었다. 조선의 관료제 아래에서 이른바 음직(蔭職)이라는 예외가 있지만, 관료의 충원은 전적으로 과거에 의해 이루어지고 있었다.56)

국가가 이러한 제도에서 벗어나 새로운 제도를 도입하려고 하자 근본적으로 성리학적 질서의 방어를 최우선 목표로 설정한 1866~1896년의 척사위정운동의 반발은 당연히 예상되는 것이었다. 과거제도의 폐지가 기존의 연구처럼 국왕의 인사권에 대한 일정한 제약이라기보다는 오히려 중앙집권화의 차원에서 이루어지고 있었기 때문에, 그 운동의 반발은 이러한 차원에서 이해해야 할 것이다.

단발령과 변제 등으로 대표되는 국가의 정책상의 변화도 척사위정

---

56) 강상규(1996: 205)에 의하면 성리학적 질서 위에 자리 잡은 조선의 정치적 상황은 왕이 왕권을 행사할 수 있는 잠재적 상황은 존속하고 있었지만 국왕과 양반관료들 간에는 대체로 서로에 대한 완전한 종속이 아닌 견제와 균형에 의거한 관계가 이루어지고 있었다. 양반 세력들은 정치적·경제적 기반을 근거로 하였을 뿐만 아니라 성리학에 대한 자신들의 지식을 이용, 국왕이 권력을 자의적으로 행사할 권리를 초월하는 도덕적이고 윤리적인 규범을 주장함으로써 스스로를 이러한 규범의 중재자로서 자처하였던 것이다.

운동의 반발을 불러일으키는 하나의 촉발 요인으로 작용하고 있었다. 청일전쟁이 시작되자 정부는 김홍집을 총재로 하는 군국기무처를 설치하여 내정개혁을 단행하였는데, 이에 척사위정운동은 이 개혁을 '개정삭, 역복색, 변관제, 혁주군(改正朔, 易服色, 變官制, 革州郡)'한 것으로 규정하면서 대변고로 간주하고 있었다. 특히 을미변복령57)은 1894년 5월 둥근 깃에 좁은 소매(盤領窄袖)로 일차 개정58)했다가, 같은 해 12월 다시 조정 신하의 대예복을 흑단령(黑團領)으로, 진궁시(進宮市)의 통상예복(通商禮服)을 흑색주의(黑色周衣)로 2차 개정한 것이다(박영민, 1986: 181). 의복제도의 개정은 특히 척사위정파에게 특별한 의미를 가지고 있다. 폭이 넓은 소매(闊袖)가 선왕의 법복(法服)이며, 황명(皇明)의 전통을 계승하여 조선이 천하의 문명국임을 증명할 상징이고, 양반 신분을 상징하는 의복이었다(오영섭, 1992: 113). 이를 버리면 요순(堯舜)·문무(文武)의 중화의 줄기를 찾을 수 없고, 조선의 조종(朝宗)의 공로를 천하 후세에 밝힐 수 없는 것으로 보았다. 때문에 법복은 신자와 불신자를 나누는 하나의 경계선이고 상징인데, 이것을 없애는 것은 바로 유교 신자로서의 정

---

57) 1884년에 정부에서는 변복령을 시행하려고 했지만 실패한 경험이 있다. 이때 화서학파의 유중교는 이에 반대하는 상소를 올렸다. "이처럼 선왕의 법복을 훼손함은 오랑캐의 제도를 따른 것이다. 춘추의 법에 한 가지 일에라도 오랑캐의 제도가 있으면 곧 오랑캐가 된다고 했거늘, 오늘날 오랑캐의 법도를 수용함은 한 가지 일에만 그치는 것이 아니라 갑자기 법복을 헐어서 오랑캐의 제도를 좇았다. ……복희 이래로 서로 전해 오던 중화의 맥이 이로써 끊어졌다(김상기, 1992: 88에서 재인용)."

58) 이와 관련된 고종의 전교는 아래와 같다. "의복의 제도는 고칠 것이 있고, 고치지 못할 것이 있다. 조제(朝祭)와 상례(喪禮)의 옷 같은 것은 모두 선성(先聖)의 유제이니, 이것은 고치지 못할 것이다. 사복(私服)을 때맞추어 만들어 입는 것은 그 편리함을 따르는 것이니, 이것은 고칠 만한 것이다. 우리나라의 사복은……몇 겹의 넓은 소매로 하여 행동하기가 불편하다. 옛날 제도를 찾아보아도 이와 사뭇 달랐다. 지금부터 조금 고칠 것이니, 좁은 소매의 옷과 전투복 및 명주 띠만을 입어 간편하게 하라(이이화, 1994b: 491에서 재인용)."

체성을 상실하는 것이었다.59)

특히 검은색은 원래 성리학에서 전통적으로 음란하고 사악한 색으로 기피되어 왔다(구완회, 1997: 34~35). 오행사상에서도 북쪽을 나타내는 흑색을 배척하였고, 더욱이 북쪽을 서극숙살지기(西極肅殺之氣)로 간주하여 서양과 동일하게 인식하고 있었다(오영섭, 1992: 113). 검은색 의복을 착용하라는 국가의 정책은, 척사위정운동이 보기에 탈유교의 본보기였을 것이다. 이러한 변복은 『대명회전(大明會典)』이나 선왕의 법제에도 찾아볼 수 없는 것으로서, 바꾸어 말하면 성리학 전통에서 이탈한 것이기 때문에 의병을 일으킬 수밖에 없다는 것이 척사위정운동의 논리적 대응이었다.60)

---

59) 최익현은 「노성궐리사강회시서고조약(魯城闕里祠講會時誓告條約)」을 통해 옷과 갓(衣冠)의 중요성을 역설하고 있다. "중화와 오랑캐의 큰 경계와 사람과 짐승의 큰 한계는 진실로 천지의 불변의 도이며, 옛날과 지금에도 통하는 뜻이므로 옮기거나 바꿀 수 없는 것이다. 중화의 중화가 된 까닭은 예의와 문물이 있기 때문이며, 문물로 밖에 나타나는 것은 의관만 한 것이 없는데, 옷은 반드시 옷깃과 소매를 중히 여기고, 갓은 반드시 비녀와 상투가 있으니, 혹시라도 형체와 의복을 헐고 상하게 하여 머리를 깎거나 검은 옷을 입는다면, 비록 짐승이 되는 것을 숨기려 하나 어찌 되겠는가?(최익현, 1978a: 220~221)."

60) 최익현과 유인석의 아래의 언급도 이를 잘 보여 주는 사례이다. "……역적들을 놓아 주고, 의복을 무너뜨리고 다치게 하는 그 같은 일들이 모두 부강에 유익한 것들입니까? 나라를 일본에게 맡기어 저들의 통제를 받고, 저들의 지시를 들으면서 사사건건 일본만을 흉내 낼 뿐, 종래 돈과 곡식이 더욱 넉넉해지거나, 인민이 더욱 늘어나거나, 군사들이 더욱 강해졌다는 소리는 한마디도 듣지 못한 채, 오직 날로 심해져 가는 나라의 쇠약과 날로 닥쳐오는 국가의 위기만을 눈으로 보게 되니 이것이 또한 무슨 까닭입니까(최익현, 1986: 57)." "……4천 년 중국의 바른 계통과 2천 년 공자와 맹자의 도(道)와 조선 5백 년 예악전형(禮樂典型)과 집집마다의 수십 세 의상 법도가 여기서 단절되었다. 이제 글 읽는 선비는 어떻게 처신해야 옳겠는가. ……변복은 천지, 성현, 선왕, 부조 등에 죄를 지은 것이라 살아서 장차 어찌하겠는가. 이제 성토하다 죽고, 의병을 일으키다 죽으리니 선왕의 도(道)를 수호하다 죽는 것은 선비의 의리이다(박민영, 1986: 181에서 재인용)."

단발령은 1895년 12월 30일, 위생에 이롭고 작업에 편리하다는 명분으로 '단발에 관한 건'이 반포되면서 전격적으로 단행되었다(오영섭, 1992, 115). 법복과 상투는 유교 신자로서의 정체성을 확인할 수 있는 하나의 상징이기 때문에, 단발령의 선포는 성리학자들, 특히 척사위정파에게는 일대의 위기 상황이었다.[61] 왜냐하면 성리학 교의의 핵심은 오륜 가운데 충효인데, 머리카락을 신체의 일부로서 부모의 유체(遺體)로 여기는 그들에게 단발령은 효라는 기본 교리를 부정하는 것이었기 때문이다(이재석, 1996: 170~171).[62] 단발령과 변복령은 바로 "온 나라의 풍속을 바꾸는(최익현, 1977: 145)" 것으로, 성리학에 기반을 둔 제도의 폐지를 의미하는 것이었다.

간재학파의 전우도 이것들의 시행과 관련하여 국가가 성리학적 전통에서 벗어난 사악한 실천들을 고무시켰다고 비판하였다. 왜냐하면 옷과 갓은 화 / 이(華 / 夷)와 귀 / 천(貴 / 賤)을 구분하는 대표적인 상징인데, 이것을 국가가 보존하지는 못할망정 앞장서서 훼손하여 일

___

61) 이와 관련하여 최익현은 단발이 유교 신자들의 정체성을 위협하는 최대 요인임을 지적하고 있다. "개화 이후부터 선왕의 법제를 모두 고치고 한결같이 일본의 지휘대로 하여 중화를 오랑캐가 되게 하고 인류를 금수가 되게 하였으니, 이는 개벽 이래 있지 않던 큰 변란인데, 머리를 깎는 한 가지 일이 더욱 그 심한 것입니다(최익현, 1977: 148)."

62) 단발령이 포고되자 여론은 악화되었고, 1895년 척사위정운동이 가장 치열하게 일어났던 곳 가운데 하나인 제천도 예외는 아니었다. 충주 관찰사 김규식이 스스로 단발하면서 이 정책을 적극 추진하였고, 일본어 통역관 출신으로 제천 군수에 부임한 김익진이 이를 뒤따랐다. 영월의 아전 출신으로 동학운동을 진압하는 과정에서 일본군에 협력한 공로로 평창 군수가 된 엄문환도 단발령을 강력히 시행하여 이속(吏屬)과 주민에게 강제로 단발하였다(구완회, 1997: 58). 이러한 상황은 제천 거주 화서학파의 반발을 불러올 수밖에 없었다. 왜냐하면 화서학파의 경우 국가의 개방정책과 이에 따른 서구와 일본의 침입으로 성리학적 규범과 질서 등이 파괴되고 있다는 주장을 해 왔는데, 막상 이것이 제천 지역에서 현실로 나타나자 이에 반발한 것은 당연한 논리적 귀결이기 때문이다.

탈시켰다고 국가를 그 반발의 대상으로 분명히 하였다. 이러한 문제 제기는 바로 국가가 '성리학적'인가 하는 물음과 이어져 있다. 1866~1896년의 척사위정운동은 국가가 개혁과 개방을 앞세워 근대화·세속화·다원화 등을 조장한 것으로 국가의 권위에 대해 의심하고 있었다.63)

이 운동에서 제기한 하나의 주요 문제, 곧 조선이 성리학적인가 하는 물음에 대한 답변은 부정적인 것이었다. 이는 1866~1896년의 척사위정운동이 하나의 '대안'으로 제시한 여러 가지 해결책이 거의 성리학적 질서에 기반을 둔 것이었다는 사실에서 잘 드러난다. 바꾸어 말하면 국가의 정책이 반성리학적 내지 비성리학적었다는 것이다. 이와 관련하여 이항로는 국왕의 태도를 문제 삼아 세속적인 국가의 행위에 대해 반발하였다.64) 왜냐하면 조선의 정치구조가 형식적65)으로

---

63) 이를 잘 보여 주는 것이 노사학파의 송사 기우만(松沙 奇宇萬)의 상소이다. "먼저 나라의 명성이 김홍집(金弘集)·정병하(鄭秉夏) 따위에 그치고 나머지는 거론할 자가 없다는 말씀이시오니까? 전하께서 살리기 좋아하시는 덕(德)으로 보아 협박에 못 견디어 따라간 자는 다스리지 말라 하신다면 오히려 가하거니와 조정에 버티고 서서 위엄과 권세를 농락하고 주군(州郡)을 위임받아 갖은 포학을 다 부리기를 이와 같이 하는데도 나라의 명성을 다 갚았다 할 것입니까? 또 '제도와 문물은 이미 복구되었다' 하셨는데 그렇다면 당연히 하나의 큰 전통을 세워 선왕의 의복이 아니면 감히 입지 말고, 선왕의 법이 아니면 감히 행하지 말아야 하나, 옷은 다른 제도를 따르고 법은 신식을 좇으며, 의존하고 무기력하여 고식적이고, 종래로 하는 것이 이와 같은데도 역시 옛 문물은 복구되었다고 할 것입니까? 또 '조정은 걱정이 없다'고 하셨는데 그렇다면 전하께서는 무엇을 꺼려서 환궁하지 않으십니까? 그리고 개화당은 무엇을 꺼려서 일본의 양력을 쓰며, 문서와 장부는 무엇 때문에 한글을 쓰며, 정부 육조(六曹)는 무엇 때문에 그전대로 하지 않으며, 내외 십위(十衛)는 무엇 때문에 혁파하지 않으십니까(신규수, 1993: 61에서 재인용)."

64) "천하 국가의 커다란 근본은 왕의 한 마음에 있습니다. 마음이 그 올바름을 얻었을 때 만사가 이치를 따르고 이로움을 얻게 되고, 마음이 그 올바름을 잃었을 때에는 만사가 더욱 좀스럽고 번잡하게 됩니다(이항로, 1974a: 380)."

는 국왕을 정점으로 하고 있었고, 국왕의 마음 여부가 국가 흥망성쇠의 관건이 되는 아주 중요한 것으로 인식하고 있었기 때문이다. 이 마음은 단순한 개인의 것이 아니라 하늘과 연결된 공(公)을 크게 하고 바름(正)에 이르는 천심(天心)이며, 이는 천인합일의 이상을 실현하려는 왕도 정치사상과 상통하는 것이다(오석원, 1988: 237).

일반적으로 성리학에서 이를 강조하는 것은 외적인 정치개혁과 군주의 정치도덕적인 역할을 중시한 주례(周禮)나 왕안석(王安石)의 정치철학의 편벽성을 시정하려고 한 것이었다. 때문에 성리학자들에게 있어 수신(修身)의 문제는 국왕의 마음을 바로잡음으로써 바깥세상의 질서를 바로잡는 일과 분리해서 생각할 수 없는 것이었다(정재식, 1982: 226).66) 이는 척사위정운동의 이익과도 관련된 문제였다. 왜냐하면 이들이 국왕으로부터 자신들의 이익을 확보해 나가는 과정에서 동원한 중심적 이념기제가 국왕의 도덕성 명제였기 때문이다. 성리학의 정치이념에서 덕치주의와 민본사상은 무엇보다 국왕의 도덕성과 직결되는 문제였다.67) 그 내용상 국왕의 자의적 전제(恣意的 專制)를 경계하는 내용을 담고 있기 때문에, 국왕에 대해 강한 자기

---

65) 흔히 조선의 정치구조를 국왕 중심의 가부장적 구조로 이해해 온 것이 그동안의 일반적인 인식이었다. 그러나 실제적으로는 왕으로 대표되는 국가와, 사림으로 대표되는 사회가 균형과 견제를 이루고 있던 사회였다(조혜인, 1991). 여기서 '형식적'이라는 의미는 그러한 맥락에서이다. 사림들이 표면적으로는 국왕에 대한 예우를 갖추면서도 실질적으로는 각종 의사결정 과정에서 서로 다투는 존재들이었다. 이의 대표적인 보기가 바로 왕권(王權)과 신권(臣權)의 개념이다.

66) 이와 관련하여 이항로는 마음의 있고 없고, 얻고 잃음에 따라 사람의 어짊과 우둔함, 사악함과 바름, 국가가 난을 다스리고 위험을 안정되게 하는 것이 결정된다고 하여 인심도심설(人心道心說)을 그의 학문의 최대 근본으로 삼았다(오석원, 1988: 240).

67) 이를 잘 보여 주는 것이 1881년 홍재학의 상소이다. 그는 고종이 즉위한 이후 위정척사의 정치와 명령을 편 일이 없음을 들어 국왕의 '전례가 없는 과거'를 통박하고, 교지와 윤음을 비난한 것이었다(송병기, 1983).

제어와 타자 지향성을 요구하는 이념적 기반이었다(최우영, 1994: 8
1~82). 척사위정운동은 당시 국가의 정책이 그들의 목소리를 전혀
반영하지 않고, 국왕의 독단에 의해 수립되고 있음을 이에 근거하여
비판하고 있었다.

　최익현도, 그의 「장령시언사소(掌令時言事疏)」와 「사동부승지소(辭
同副承旨疏)」 등을 분석해 보면, 국왕으로 대표되는 국가가 성리학
적 교리와 전통에 충실해야 한다는 본연의 임무를 제대로 수행하지
못함을 들어 반발하고 있었다. 국왕의 과제는 덕치와 검약 등에 있
음에도 불구하고 민생을 고려하지 않은 각종 사업을 시행68)함으로써
성리학적 전통의 민본을 스스로 파기하였고69), 관료들도 그들에게

---

68) 그 당시 국가는 개혁·개방에 필요한 사업이라는 논리로 대응하였다. 특
　히 경복궁 재건이나 이후의 서울의 도시 개혁(이태진, 2000 참조)도 이
　러한 차원에서 접근하고 있었다. 오늘날 국민의 정부에 의해 추진되고
　있는 개혁·개방에 대해 일각에서는 대통령 일인의 독재와 방만한 사업
　추진이라는 비판과 함께, 다른 일각에서는 반드시 필요하다는 논리로
　맞서고 있다. 이와 비슷한 형국이 19세기 말 개혁·개방을 둘러싼 논쟁
　에서도 일어나고 있었다. 결국 그 당시 조선은 이러한 논쟁의 한가운데
　에 있었고, 그것은 나름대로 생산성 있는 논쟁이었다. 그러나 일본이
　강제적으로 그 논쟁을 종결지음으로써 내재적 개혁·개방 논의는 미완
　성의 형태로 끝나고 말았다.
69) "……임금의 급선무는 덕을 쌓는 일에 있고 공사를 일으키는 데 있지
　않다고 여깁니다. 이러므로 띠 집과 흙섬돌은 요(堯)의 위대하게 된 바
　요, 궁실을 낮게 하고 음식을 박하게 하면서 백성의 일에 부지런을 다
　하였음은 우(禹)의 이의할 것이 없게 된 바요, 경궁(瓊宮) 요대(瑤臺)와
　아방궁과 만리장성은 걸주(桀紂)와 진시황이 망한 까닭입니다. 한(漢)·
　당(唐) 이래로 무릇 나라를 보존한 임금으로 누가 요역을 정지하여 민
　심을 양성하는 것을 근본으로 삼지 않고서 태평을 누렸으며, 나라를 잃
　은 임금이 누가 토목을 한없이 하여 백성의 힘을 고갈시킴으로 말미암
　지 않고서 전복을 가져왔습니까? ……어언간에 재물이 고갈되고 백성이
　곤궁해져 도성 안 번화하던 곳이 황량해졌으며, 몇 십 년을 지나면서
　생산하고 모은 후에야 비로소 복구될 수 있게 되었으나 팔도의 민생들
　이 함께 곤란을 입고 있음을 미루어 알 수 있습니다. 현재 대궐이 준공
　되어 옮기 실 때가 가까웠으니 원납전(願納錢)의 징수를 이제 그만둘
　수 있는데, 소식을 탐지한 뒤 두어 달이 되도록 동정을 알 수 없으니,

부과된 위민(爲民)과는 다른 행태를 보여 주고 있었다[70]는 차원에서
그 당시의 국가는 1866~1896년의 척사위정운동의 저항에 직면하고
있었다. 다시 말해 그 운동은 성리학 교리에 따르고, 공자 → 주자 →
송자의 도통(道統)을 받아들이고 성리학 경전과 여러 성인 및 존경
의 대상인 조상들의 행동을 통해 계승된 것에서 일탈하지 않는 것이
국가의 본연의 임무라고 생각해 왔는데, 국가가 이와는 반대되는 행
위를 하자 그 운동은 반발하였다. 이러한 차원에서 국가의 근대화·
세속화·다원화 정책과 1866~1896년의 척사위정운동 사이에는 점차
정책적 대결이 생기게 되었고, 그 운동이 그 정책에 제동을 가하는
하나의 요인으로 작용하고 있었다(유승주, 1986: 72 참조).

  1866~1896년의 척사위정운동은 그러한 국가가 사림사회를 압도
하는 것에 대해서도 반발하고 있었다. 왜냐하면 그 운동이 보기에
국가가 제도적 분화의 과정을 통해 사회에 개입함으로써 이전까지
동질적이던 사림사회를 이질적인 것으로 변화시켜 놓았다고 생각하
기 때문이다. 여기서 동질적이라는 것은 성리학적 가치가 그 사회를
지배하고 있고, 그 구성원들이 그러한 가치에 의해 묶여져 있다고
생각한다는 의미에서이다. 때문에 비동질적인 세속사회를 만드는 데
앞장선 국가를 상대로 반발하게 되는 것이다. 1866~1896년의 척사

  장차 어느 때에나 그만두게 되는 것입니까?(최익현, 1977: 103~104)."
70) "……근년 이래로 정치는 옛 법을 변하고, 사람은 주견 없이 되어 대신이
   나 육조(六曹)의 벼슬아치들은 날을 새면서 의논하지 않고, 대간과 시종
   은 일 좋아한다는 비방을 피하기만 하여, 조정 안에 속된 논의가 자행되
   고 바름과 옳음은 소멸되며, 아첨하는 사람이 뜻을 얻고 곧은 선비는 사
   라지며, 조세를 거두는 것이 쉴 새 없어 민생들이 참살당하고 윤리가 무
   너지고 없어져 사기가 저지당하여 패하며, 공정을 일삼는 사람을 괴이하
   고 과격하다고 하며, 사사로이 일삼는 자를 잘하는 짓이라 하며, 염치없
   는 사람은 성한 때를 만나고 지조가 있는 사람은 나른하게 죽게 되어 하
   늘의 재변이 위에서 일어나고 땅의 변괴가 아래에서 일어나며, 비·해돋
   이·추위·더위가 모두 그 정상을 잃었습니다(최익현, 1977: 111)."

위정운동은 성리학이라는 하나의 선택지와 하나의 올바른 선택만이 존재할 수밖에 없는데, 국가가 이러한 상황을 바꾸려고 하기 때문에 반발하게 된다. 달리 말해 여러 개의 선택지와 여러 개의 선택이 가능할 수 있다는 국가의 태도는 사림사회를 붕괴시킬 수 있기 때문이다. 국가의 정책이 이러한 선택으로 나아간다면 그 사회는 반발할 수밖에 없다.

조선 후기에 접어들면서 관료들의 충원과 관련하여 소수의 벌열들이 관료들의 재생산을 배타적으로 통제하고 있었다. 더욱이 이렇게 재생산된 관료들이 성리학적 교의에 충실하였다면 그리 큰 문제가 아닐 수 있었겠지만, 1866~1896년의 척사위정운동이 보기에 이들은 이러한 교의와는 거리가 먼 일탈적 국내자들이었다. 이와 관련하여 1895년 척사위정운동의 지도자인 유인석은, "대대의 임금이 끼쳐 준 좋은 법도와 거룩한 전형을 볼 수 없게 되었다(이구영, 1994: 42에서 재인용)."고 주장한다.

이들이 성리학을 위협하는 상황에서는 그 운동이 관료의 충원문제에 대해 문제를 제기할 수밖에 없었다. 뿐만 아니라 재지 사림들의 이익 유지의 차원에서 중앙의 관료로 진출하는 것이 구조적으로 제한받음으로써 국가의 인사정책에 대한 불만이 더 가중되고 있었다. 여기서 우리가 이 점을 중시하는 것은, 1866~1896년의 척사위정운동이, 특히 세속화와 관련지어 그 충원제도를 비판하고 있지만, 그 배경에는 권력을 둘러싼 국가와 사림사회 간의 정치적 투쟁의 차원도 동시에 가지고 있다는 사실이다. 이처럼 관료의 충원문제는, 크게는 이전의 국가와 사회의 역할 분담이라는 틀을 국가가 앞장서서 깨뜨리고 있다는 차원과, 좁게는 재지 사림들의 관료로의 진출을 제한함으로써 결국 사림사회를 약화시키는 두 가지 의미를 가지고 있었다.

권력 자원을 둘러싸고 국가와 1866~1896년의 척사위정운동은 아무런 근본적인 해결책을 찾지 못한 채 정치적 투쟁에 나서고 있었다. 이 점은 1895년 척사위정운동에 대한 국왕의 해산명령에 그 운동의 지도부가 불응한 데서 잘 나타난다. 물론 성리학적 질서의 복원이라는 운동의 목표가 아직 실현되지 않았다는 이유를 들고 있지만 그 이면에는 성리학적 전통에 기반을 둔 관료의 충원이라는 또 하나의 정치적 목표가 달성되지 않았기 때문이다. 이에 1866~1896년의 척사위정운동은 성리학적 정치의 동질성을 일탈시키는 세속적 국가에 대해 반발하였다.

국가의 조직에 견제와 균형의 원리가 구현되어야만 진정한 성리학적 정치를 펼칠 수 있다는 것이 사림 일반의 인식이었다. 이것은 조선 후기에 들어 소수의 일당독재로 바뀌면서 그 원칙이 무너지고 있었다. 이에 대해 특히 1895년의 척사위정운동은 줄기차게 이것의 폐단에 대해 문제를 제기하고 있었다. 사림들을 등용하여 견제와 균형의 원칙을 다시 확립시킬 것을 주장하였다. 이와 관련하여 최익현은 1866년의 척사위정운동에서 기존의 국가와 사림들 간의 의사소통망을 복원하여 당시 정치부재의 상황을 해소하고, 전통적으로 재지 사림들에게 부여되어 있던 견제와 비판기능이라는 정치적 역할을 보장해 줄 것을 요구하였다(이이화, 1994a: 453).

이러한 독재는 붕당정치의 붕괴를 가져와, 대다수 관료들과 사림들이 국가의 발전에 관한 상호 논쟁에서 완전 배제됨으로써 이들의 불만이 고조되고 있었다. 이에 1866~1896년의 척사위정운동은 세도정치의 소멸을 주장하여 붕당정치의 복원을 일관되게 주장하였던 것이다. 그렇다고 왕권이 강화되는 방향으로의 그러한 정치를 원했던 것은 아니다. 왕권을 강화하는 쪽으로 나아가자 국가와 사대부사회의 이익이 갈리고 있었다. 이것은 역으로 국가에 의한 사림사회의 축소에 1866~1896년의 척사위정운동이 반발하게 만드는 하나의 계기로 작용하고 있었다.

국가가 사림사회를 약화시킨 대표적인 정책은 만동묘[71]로 대표되는 서원 철폐, 지방 관제개혁, 조세제도, 신분제 폐지, 관료충원 방식 등이 있다. 서원 철폐가 사림사회를 약화시켰다는 것은, 국가 밖에 있는 그 사회가 근대적·세속적·다원적 질서에 의해 초래된 위기에 반응하고, 이를 정치적·정책적으로 해결할 수 있는 하나의 공간으로 기능했던 서원을 철폐함으로써 그 사회적 활동공간을 없애겠다는 의도를 가지고 있었다는 의미에서이다. 또한 서원 철폐는 일정 부분 재지 사림의 경제적 기반을 무너뜨리는 측면도 있었다. 1868년 미사액(未賜額) 서원의 철폐와 관련하여 그 사원들이 가지고 있는 재물, 밭과 토지를 원유(院儒)들이 편리에 따라 처분토록 하고, 밭과 토지 가운데 불법으로 면세되는 곳은 자세히 조사하여 5년부터 납세토록 명령하였다. 결국 서원들은 건물이 훼철되고, 경제적 기반을 박탈당할 처지에 있었다(윤희면, 1999: 159). 국가에 의한 서원 철폐는 재지 사림들의 활동공간과 경제적 토대를 잠식하는 결과를 초래하였다. 이에 1866~1896년의 척사위정운동은 사림들의 존재가 성리학적 전통 보존의 요체라는 논리로 반발하였다.

갑오개혁 가운데 지방 관제개혁의 핵심은 '내부대신-관찰사-군수'로 이어지는 행정체계의 변화였다. 이에 따라 종전의 관찰사와 군수가 국왕의 대리자로서 지방에서는 백성의 아버지로 인식되어 왔던 상태에서, 이제는 그들이 대리자가 아니라 중앙과 백성의 중간에 위치하는 단순한 행정 관료에 지나지 않게 되었다(이상찬, 1997: 38~39). 지방 관료들의 후원 아래 각 향촌의 선비나 장로의 지도에 따라 그 사회를 자치하였던 제도적 틀을 바꾸어 국가가 직접 관할하는 체제로 전환한 것이었다. 이는 기본적으로 재지 사림들의 역할 축소를 의미하는 것이며, 결국 향촌사회의 약화로 이어지고 있었다.

---

71) 만동묘는 화양 서원과 함께 노론의 총본산이었다는 점에서 좁게는 노론, 더 넓게는 사대부 일반의 세력 약화를 통한 중앙집권화를 시도했던 대원군의 의도와 부합하는 곳이었다(이수환, 1994: 4 참조).

척사위정운동의 주목을 끈 것은, 행정개편으로 사임한 지방 관료들을 대신하여 개방파들을 임명(구완회, 1997: 33~34)했다는 사실이다.

이에 대해 척사위정운동은 국가의 개방정책을 전국적으로 확산시키고, 반개방적인 노선이 강한 사림사회에 대한 중앙의 통제력을 강화시켜 나가려는 의도로 파악하고 있었다. 왜냐하면 이들 개방파 관료들이 행정 일선에서 국가의 정책을 적극적으로 실천에 옮기고 있었기 때문이다. 이는 변복령을 추진하는 과정에서 제천 군수 김익진(金益珍)이 마을마다 지시문을 보내어 검은 옷을 입도록 강요하고, 관노들을 데리고 길가에 나가 흰옷을 입은 이들을 잡아 때리고 옷을 찢어 버려, 선비들조차 소매가 넓은 흰옷을 입지 못하는 상황이 벌어지고 있었다(구완회, 1997: 54)는 데서 잘 확인된다. 이것이 척사위정운동의 반발을 불러올 것은 뻔한 이치였다. 왜냐하면 국가가 세속화 과정을 적극적으로 주도하고 있는 것으로 이해하고 있던 터에, 막상 행정의 일선 책임자인 지방 관료에 개혁·개방정책의 지지자들을 전면 배치함으로써 이 정책에 반대하는 척사위정파와 대립하게 되었기 때문이다.

그 정책의 수행자로서의 일부 지방 관료들은 척사위정운동의 불만의 대상이 되고 있었다. 이러한 사실은 제천에서 발생한 1895년의 척사위정운동에서 국가의 개방정책을 지지하여 실행에 옮겼고, 중앙 개방파의 실력자인 어윤중과 사돈 간이라는 이유 등을 들어 단양 군수 권숙을 처형한 사건에서 잘 확인된다. 그 운동의 지도부는 권숙에 대한 부정적인 여론을 처단의 근거로 들고 있지만 이보다는 행정개혁의 상징인 개방파의 일선 배치를 막아야겠다는 의지의 표현으로 보인다. 때문에 1895년 운동의 경우, 초기 단계에서 개방정책을 지지한 지방 관료들에 대한 처형이 대대적으로 이루어졌다.

그러면 국가에 의한 사대부사회의 약화 시도에 대해 1866~1896년의 척사위정운동이 반발할 수 있었던 그 정치적 환경[72]은 무엇이었는가? 우리는 정치운영의 주도권과 정책 논쟁 등을 둘러싼 국가와 사대부사회 간의 정치적 역학관계를 통해 이를 분석할 것이다. 흔히 정치적 환경이 개방적 정치체계든 아니면 국가의 취약성을 통해서든 간에 도전에 개방되어 있을 경우 근본주의와 이를 정치적으로 반대하는 사람 모두 해결책이 없는 상태로 공적 정치의 장에 말려들게 된다.[73] 근본주의의 정치활동의 기간은 흔히 체제의 위기로 이어지는 일반화된 정치적 불안정의 기간과 일치하기 때문에 정치적 불안정은 근본주의의 풍부한 토양이다(Williams, 1994: 802~803). 조선 후기에 있어 이러한 불안정은 정치운영의 주도권 투쟁과 정책 논쟁 등에서 기인하고 있었다. 대부분의 경우에 있어 성리학적 지향은 조선 중기에 이르러서야 완전히 자리를 잡게 되었다.

후기에 접어들면서 그에 대한 일탈이 본격적으로 커지기 시작했다. 붕당정치는 그러한 경향이 전형적으로 나타난 경우이다. 붕당이

---

72) 우리가 여기서 정치적 환경을 중시하는 것은, 척사위정파가 어떤 정치적 환경 아래에서 국가에 반발할 수 있었느냐 하는 점이다. 그것은 기본적으로 조선의 정치적 환경이 개방적 정치체계라는 점과, 후기에 접어들면서 국가가 취약성을 드러내면서 척사위정파의 물리적 도전을 용이하게 하였다는 것이다. 여기서 개방적이라는 것은 조선의 정치체계가 붕당정치였고, 재야 지식인들의 경우 상소가 가능했다는 의미에서이다. 또한 우리가 국가의 취약성에 주목하는 것은, 척사위정파가 처음에는 온건한 형태의 상소운동에 그쳤지만, 이후 물리적 폭력을 동원하는 운동으로 전환한 것이 국가가 그것을 통제할 수 없는 상황에 이른 것이 아닌가 하는 문제의식이다.

73) 알몬드 등(Almond, Sivan, and Appleby, 1995b: 438)은 근본주의 운동이 실제 정치현실에 적응해야 함에도 불구하고, 그 이념적 프로그램은 삶의 많은 측면들을 포괄하고 있기 때문에 총체적일 수밖에 없다고 본다. 그렇기 때문에 공적 정치에 능동적으로 참여하는 근본주의자들이 온건하고, 부분적 의제를 가지고 정치에 접근하는 경우는 거의 드물고, 흔히 변동을 위한 근본주의자들의 프로그램은 사회적 삶의 공 / 사 분리에 대한 공격으로 일관되어 있다는 것이다. 달리 말해 정치적 과정이 근본주의자들의 삶의 방식을 아주 위협할 경우 때로 그들은 정치적으로 보다 적극적이 된다(Garvey, 1993: 23).

자리 잡은 것은 선조 때의 일로서 숙종 때까지 약 200년간 붕당이 상호 작용하면서 정권이 교체되는 과정이 계속 이어져 왔다. 이후 노론 정권은 남인뿐만 아니라 서인의 비주류인 소론까지도 정권에의 참여를 배제시킨 채 계속 일당독재를 해 나갔다. 벌열 출신 이외의 사림들은 국가 관료를 뽑는 대과에 합격하였다 해도 정치운영에 참여할 수 있는 길은 이미 구조적으로 막혀 있었는데, 대원군이 등장하면서 정국 운영권이 왕권으로 귀속되는 현상이 발생하였다(박광용, 1992: 13).

정책을 둘러싼 경쟁과 관련해서는 순조 원년(1800년)의 신유박해(辛酉迫害)와 헌종 5년(1839)의 기해박해(己亥迫害) 등을 통한 천주교도에 대한 탄압은 프랑스 등 구미 열강과 심한 마찰을 빚고 있었다. 이러한 상황에서 1863년 대원군이 섭정의 자리에 오르면서 더욱 강력한 척화정책을 폈고, 병인양요(丙寅洋擾, 1866)와 신미양요(辛未洋擾, 1871)가 프랑스와 미국에 의해 각각 야기되자 이 척화정책은 더욱 강화되었다. 대원군은 이때 '척화양이(斥和攘夷)'를 표방하고 '주화매국(主和賣國)'을 선언하였다. 결코 서양 세력과는 외교관계를 수립할 수 없을 뿐만 아니라, 그들과 통상의 단절은 물론, 천주교의 종교자유를 허용할 수 없다는 의지를 표방한 것이다. 이때 재야의 지식인들도 대원군의 내정정책을 반대하면서도 척화정책에는 동조하였다. 또한 개항과 황준헌의 『사의조선책략(私擬朝鮮策略)』의 반입 등으로 야기된 1876·1881년의 척사위정운동에 대해 국가는 척사윤음을 발표하여 기존의 정책 노선을 견지하고 있음을 공식적으로 천명하였다.

그러나 1882년부터 정부의 정책상의 변화 조짐이 감지되고 있었다. 겉으로는 척화정책을 내세우면서도 안으로는 개방정책과 기독교 허용 등을 주된 노선으로 설정하여 본격적인 다원화로 나아가려는 의도를 숨기지 않았다. 뿐만 아니라 정교분리의 원칙74)을 서서히 외교정책에 적용하였다. 이에 대해 1866~1896년의 척사위정운동은 국가의 정책을 세속적, 권위주의적, 반성직자적 등으로 규정하였다. 여기서 세속적이라는 의미는 국가정책의 기조가 정교일치가 아닌, 정교분리에 전적으로 기대고 있음을 두고 규정한 것이고, 권위주의적이라는 것은 성리학 전통에 따라 국가와 사림이 의사결정 과정에 함께 참여(방효정, 1996)하였으나 이제는 소수의 권력자들만이 이러한 결정 과정에 참여하여 주요한 핵심문제들을 결정한다는 의미에서이다. 국가의 성격이 반성직자적이라는 의미는 그 당시 조선사회에서 성직자 계급을 구성하고 있던 대다수 성리학자들의 의사와는 다르게 그 정책이 시행되고 있었기 때문이다. 1866~1896년의 척사위정운동은 국가가 세속화 과정에 활발하게 개입하고, 사림사회를 붕괴시키는 기관차 역할을 수행하고 있는 것으로 이해하였다.

　이와 관련하여 우리는 성리학의 현상 거부적 속성에 주목한다. 흔히 성리학은 현상 유지적 종교로 알려져 있으나 그 반대의 측면도 동시에 가지고 있었다. 왜냐하면 성리학은 주어진 질서에 대하여 동조할 뿐만 아니라 그 질서가 올바른 일을 하도록 목숨을 걸고 요구하고, 그것이 수용 안 되면 그 질서 자체를 혁파할 것을 가르치는 종교, 곧 충(忠)이라는 개념뿐만 아니라 간(諫)이라는 개념(Metzger, 1977)도 있기 때문이다.75) 그것은 세계에 대한 적응과 거부를 동시에 강조한다. 척사위정운동의 경우, 성리학의 이러한 세계 거부의 속성은 평소 충의 대상인 국가를 그 반발의 대상으로 삼았다는 점에서

---

74) 이러한 점은 박영효의 아래의 언급에 잘 나타나 있다. "……종교라는 것은 백성들이 자유롭게 신봉하도록 맡기고 정부가 간섭하는 것은 불가한 것이다(김홍수, 1991: 376에서 재인용)."
75) 조선의 역사를 통틀어 볼 때 많은 경우 상소나 간언(諫言)으로 인해 엄청난 정치적 여파를 초래한 사실에서, 우리는 성리학자들의 잘못된 현상(現狀)에 대한 비판정신의 한 단면을 엿볼 수 있다. 이러한 전통은 과거 민주화 시대의 학생운동을 찬찬히 뜯어보면 분명해질 것이다.

잘 드러난다. 왜냐하면 성리학적 질서 보존에 충실한 국가는 그 충성의 대상이 될 수 있지만, 국가가 앞장서서 그 질서를 무너뜨리는 기관차 역할을 수행한다고 생각할 때에는 충보다는 오히려 간의 입장에서 국가의 그러한 시도에 반발하게 되는 것이다. 이것의 하나의 보기는, 물론 일본을 주적으로 설정하고 있었지만 1895년 척사위정운동의 경우, 세속적[76) 국가를 상대로 한 전투였다.

이러한 정치적 환경이 체제위기로 나아가면서 1890년대에 이르러 척사위정파에게 국가의 정책에 물리적으로 도전할 수 있는 기회가 주어지고 있었다. 정치적 불안정은 1866~1896년의 척사위정운동의 하나의 환경적 조건으로 기능하고 있었다. 흔히 이러한 불안정은 국가의 권위구조·제도·리더십 등의 정당성의 위기로 대표되는 체제위기, 당파적 대립, 곧 정치적 공간에서의 경쟁 등에서 연유한다. 조선 후기에 접어들면서 국가의 권위구조와 리더십의 정당성 등이 위기에 봉착했음을 보여 주는 사례는 많이 있다. 1876년 개항 이후 대다수의 재야 성리학자들과 서민들은 외국의 내정 개입, 국가정책의 잦은 시행착오 등에 대해 문제를 제기하고, 이를 빌미로 삼아 국가의 권위에 도전하는 상황이 반복되면서 국가의 권위구조가 일대 위기에 직면하고 있었다. 국가정책의 신뢰성이 비판의 대상이 되었고, 이에

---

76) 여기서 세속적이라는 표현은 그 당시 화서학파의 인식을 이 글의 용어로 번안한 것이다. 그 학파의 지도자들은 당시의 국가가 성리학적 질서와 가치 등을 옹호하기보다는 오히려 이에서 벗어나려고 한 것으로 이해하고 있었다. 때문에 척사위정운동은 정의롭고, 그 군대는 의병인 것이다. 물론 국가는 그 행동을 반란, 반란군으로 규정하였다. 여기서 우리는 그 당시 척사위정운동과 국가의 인식이 서로 다른 것임을 확인할 수 있다. 비유컨대 양자는 성리학적 질서의 강화에는 공유하지만, 그 과정에 있어서는 인식의 차이를 보인다고 할 수 있다. 척사위정운동은 그 과정이 그렇기 때문에 결국에는 그 질서의 소멸로 귀결할 수밖에 없다는 것이고, 국가에서는 이런 것이 역사의 큰 흐름이고 그 질서의 재확립이라는 궁극적인 목표 달성에는 아무런 문제가 없다는 생각을 가지고 있었다.

따라 국가의 리더십에 대해서도 의문이 제기되었다.[77]

1896년 척사위정운동이 발발하기 이전에 발생한 정치적 사건, 특히 일본이 1894년 6월 21일에 경복궁을 공격 점령한 갑오변란(甲午變亂)과 을미사변(乙未事變)은 국가의 권위와 리더십에 일대 타격을 가한 사건이었다. 이 두 사건은 1895년 척사위정운동에의 동원을 촉구하는 격문에서도 문제 삼을[78] 정도로 국가의 권위구조와 리더십에 큰 타격을 주어 체제위기로 이어지는 정치적 불안정을 초래하고 있었다.[79] 이미 이러한 불안정은 동학운동과 청일전쟁에 대한 국가의 대응 조치에서부터 누적되어 온 것이었다.

또한 정치적 공간에서의 경쟁이 정치적 불안정을 더 심화시키는 요인으로 기능하고 있었다. 조선의 정치체제와 재야 사림들과의 관계는 이들이 관료의 충원과 교육을 담당한다는 점에서 불가분의 관계에 있었다. 1876년 개항을 기점으로 집권 개방파의 정책이 다원화를 지향하면서 척사위정파의 이들에 대한 태도에 변화가 일어나기

---

77) "전하께서 선왕 5백 년의 종묘사직과 삼천리의 백성에 대한 무거운 책임을 맡으셨다면, 폐하께서는 당연히 그 맡으신 바를 완전하게 보전하심으로써 선왕께 보답하심이 마땅하건만, 어찌하여 하나같이 저 적신(賊臣)들의 계략만을 따라 국가의 법을 변경하여 어지럽히고, 당당한 우리의 화(華)를 버리고 오랑캐의 풍속만 따라 짐승의 무리가 되고 있습니까?(최익현, 1986: 55)."

78) 「격고팔도열읍(檄告八道列邑)」에서는 갑오년 6월 20일 밤에 조선이 삼천리강토를 잃고, 종묘와 사직이 위급한 상황에 처하게 되었음과 「격고내외백관(檄告內外百官)」에서는 국모가 포악하고 교활한 무리들에 의해 살해되어 불에 잔인하게 태워졌다(유인석, 1973: 356~358)는 사실을 강조하고 있다.

79) 여기서는 국가의 권위구조상의 위기 문제에 대해 1895년 척사위정운동 발발 직전의 상황, 이른바 1894년의 갑오변란과 1895년의 을미사변에만 초점을 맞추어 설명할 것이다. 정치적 요인으로서의 이 문제를 제대로 다루려면 1876년 이후부터 국가의 권위구조가 어떤 위기 상황에 직면하여, 어떻게 변화해 왔는지를 고찰해야 한다. 여기서는 1895년 척사위정운동이 특별히 문제 삼고 있는 갑오변란과 을미사변을 중심으로 이러한 위기 문제를 다룰 것이다.

시작했다. 1860년대 서구 종교와 문화가 본격적으로 침투하면서 고조된 위기의식에 대해 척사위정운동은 대내적 차원에서 실패한 정책을 비판하였지만, 대외적 차원에서는 국가권력과 동일한 문제의식을 공유하고 있었다(이재석, 1996: 171~172).

그러나 개방이란 현안문제가 제기된 1876년 일본과의 강화조약 체결을 둘러싸고 개방파의 개방노선과 척사위정파의 반개방노선 사이에 대립이 표출되었다. 1880년대 들어 국가가 개방정책을 본격적으로 실시하자, 척사위정운동은 이들을 '적'으로 규정하여 비판하였다. 여기에다 척사위정운동이 제시하는 정책은 당국에 의해 수용되지 않고, 역학관계에 있어서도 척사위정파가 열세에 처하는 상황에 이르고 있었다. 그 이후에도 그 대립적 상황이 더 격화되고 있었다.80) 이와 같이 정치적 공간에서의 경쟁, 특히 개방문제를 둘러싼 당파적 대립은 정치적 불안정을 더욱 고조시키고 있었다.

조선 후기의 집권 노론 세력은 성리학을 정치이념으로 철저하게 고수했던 반면에, 남인의 일부는 천주교를 신봉하고 있었고, 소론의 일부는 양명학에 관심을 가지고 있는 등 사상적으로 각기 다른 차원들을 강조하고 있었다. 18세기 말엽에 일어난 척사론은 당시 남인이 서학을 신봉했던 연유로 집권 노론이 척사를 기화로 남인 세력을 탄압하려는 정치적 목적을 띠고 있었다(금장태, 1984: 45~46, 조광, 1988a: 218~219). 한편 19세기에 들어와 신유박해(1801), 기해박해(1839) 등 여러 차례의 천주교 탄압을 단행하면서 척사윤음의 반포,

---

80) 국정의 방향과 핵심 현안문제의 해결을 둘러싼 개방파와 척사위정파 간의 극단적인 대립의 결말은 1895년 척사위정운동의 전개과정에서 개방정책을 지지한 관리들에 대한 처형과, 해산 이후 정부 측에 의한 대대적인 탄압의 형태로 나타났다. 『고종실록』에 따르면, 1896년 2월 27일부터 4월 27일까지 척사위정운동에 의해 죽은 관찰사, 군수, 참서관, 주사, 경무관보 등이 16명이고, 의병 측 기록은 6명이다(정용석, 1996a: 22~23에서 재인용).

척사에 관한 문헌의 잦은 간행 등을 통해 척사론이 더욱 강경하게 표출되었다. 이러한 상황 속에서 이항로는 1835년 대내적으로는 윤휴의 뒤를 이은 남인 세력을, 대외적으로는 서양 세력의 확산을 깊이 우려하였다(권오영, 1989: 144). 이항로의 이러한 인식은 1860년대에 이르면 국내 천주교의 내응을 받아 외부로부터 침입해 들어오는 서구 열강에 대하여 주전론(主戰論), 곧 '정(正)'을 지키고, 주화론(主和論), 곧 '사(邪)'에 반대하는 정치적 성격으로 나타났다(강재언, 1988: 39).

이항로의 척사론을 철저히 계승한 김평묵은 1847년에 이미 천주교에 빠진 남인들을 발본색원해야 한다는 주장을 하였다. 조선 후기에 남인이 기사환국(己巳換局)을 일으켜 인현왕후(仁顯王后)를 물러나게 하고 정권을 잡았으며, 소론이 남인을 끌어들여 무신난(戊申亂)을 일으킨 사실에 주목하여 남인, 소론 등 그 당시 실세한 정치세력에 대해 깊은 관심을 표명하였다(김평묵, 1975: 701~727). 한편 1873년 11월 대원군의 정치 간여를 반대한 최익현의 상소로 대원군이 정계에서 물러나자 1874년 7월 영남의 유도석(柳道奭)과 호남의 조병만(曺炳萬) 등을 중심으로 남인들의 복합 상소가 잇달아 전개되었다(권오영, 1989: 145). 이에 김평묵은 궁극적으로 이러한 남인들의 활동을 대원군과 정치적으로 연계되어 있는 것으로 파악하였다.

이러한 정치적 인식은 개항 직전에는 보다 구체적으로 나타난다. 김평묵은 조선 후기에 윤휴의 무리가 신기한 사악한 말을 펴 주희와 송시열의 도(道)를 고립시켰으며, 이익은 음(陰)으로 서양의 학설을 주장하였고, 채제공은 양학(洋學)의 와굴(窩窟)이 되어 문을 열어 적을 받아들이는(開門納賊) 지경에까지 이르게 되었다고 하였다(김평묵, 1975: 168~170). 김평묵은 1876년 1월 11일 최익현에게 편지를 보내 남인의 정계 등장에 대한 위기의식, 달리 말해서 그들의 정치적 이익에 비추어 그에게 상소를 올릴 것을 권유하였다.[81] 뿐만 아니라 1876년의 「연명유소(聯名儒疏)」에서 남인, 소론 등이 노론 정권을 탈취할 가능성에 대하여 깊은 우려를 나타내었다.[82]

김평묵의 이러한 인식은 정치적 이해관계에 따른 것으로 보인다. 물론 그는 서구의 침략으로부터 국가와 백성을 보호하고, 또 그가 평소 강론한 요·순·우·탕·문왕·무왕·주공·공자의 도를 보존하기 위하여 개방에 반대하고 있지만 보다 현실적으로 그와 관련된 문제는 개방으로 인해 초래될 당시의 정치적 이해관계가 더 본질적이었다고 해도 그리 지나친 말이 아닐 것이다. 이의 단적인 보기가 국가의 존망에 앞서 정권교체의 가능성을 보다 중시한 것이다.[83] 이는

---

81) "남인 일대가 오히려 강화를 좋아하는 것이 옳지 않다는 것을 아는데, 조정의 많은 노론이 옳지 않은 견해를 주장하여 조금도 배척하는 자가 없으니 주자(朱子)가 이른바 이쪽에는 사람이 없고, 저쪽에는 사람이 있다는 것이다. 강화가 이루어진 후에 만일 남인 일대가 대원군을 끼고서 창을 매고 죄를 성토하는 거사를 일으킨다면 어떠한 지경에 이를지 알지 못하겠다. 이때 당신께서 침묵을 지키는 것은 도리상 옳지 못하다. 만대가 우러러볼 이번 일의 착수에 있으니 당신은 도모하라(김평묵, 1975: 441)."

82) "지금 만일 왜(倭)의 배에게 속아 사이를 좋게 하여 항구를 열고 서양을 받아들인다면 뒷날 사악한 종교가 전국에 가득 차게 되는 일은 전하의 힘으로 막을 수 없을 것이다. 신하와 백성 중에 사악한 종교에 들어간 자는 어버이를 버리고 임금을 뒤로하기를 다반사처럼 하니 전하의 신하와 백성이 아니다. 그중에 부끄러워하는 마음이 있어 죽음을 무릅쓰고 거기에 들어가지 않는 자도 우울 분통하여 임금을 질시하고 조정을 원수로 여겨 공경하고 받들려는 생각이 없다. 이에 뜻을 잃은 불량배가 기회를 틈타 모여 의리를 거짓으로 부탁하여 창을 매고 대궐을 침범한다면 비록 사방에 애통한 교서를 내린다 할지라도 전하를 위하여 죽을 자가 없을 것이다(김평묵, 1975: 102)."

83) "지금 강화를 주장하는 자는 모두 서인 대가이다. 서인과 남인으로 당이 나누어진 후 마음이 순수하고 의리가 바르며, 인륜과 세상의 가르침을 돕고 심을 자는 모두 서인 대가였다. 남인은 윤휴 이후로 일체 이에 반대가 되어 우리의 원수가 되었는데, 이제 도리어 천지가 놀라 움직이고 하늘의 이치를 거스르며 세상에 화를 미치는 짓을 서인 대가가 저지르고 있어 남인으로 하여금 엿보게 하여 훗날 구실을 주게 하니 무슨 까닭인가. 만일 조약이 성립되면⋯⋯필경 찬탈의 변이 조정의 환국

그의 개방 반대가 학문적 전통에 기인하기보다는 오히려 그 당시의 정치적 이해관계에 의해 좌우되고 있음을 보여 주는 것이라고 할 수 있다. 이러한 사실을 뒷받침하는 사례는 여러 군데서 발견되고 있다. 개방에 대하여 명백한 반대 의사를 표명하지 않았던 정통 기호학파를 대표하는 임헌회에게 그는 척사위정운동을 함께 전개해 나갈 것을 종용하는 편지를 보내기도 하였다(권오영, 1989: 149~150).

정치적 공간에서의 이러한 경쟁의 격화로 1890년대 후반에 접어들면서 정치적 불안정이 심화되어 정치체계가 취약성을 노출하면서 척사위정운동이 국가에 대해 조직화된 저항을 할 수 있게 되었다. 이들 도전자들은 이러한 상황을 통해 정치적 기회를 획득하고 있었다. 왜냐하면 체제위기나 일반화된 정치적 불안정으로 기존 지배 세력의 헤게모니가 약화되고, 이는 역으로 척사위정파의 입장을 강화시키는 결과를 초래하였기 때문이다. 이러한 상황은, 그 이전까지는 지배 세력에 의해 정치체계에 일상적으로나 제도적으로 접근하는 것이 차단되어 있던 척사위정파에게 정치적 기회를 확대시켜 주게 되었다.

이는 1895년의 척사위정운동이 물리력을 동원하여 국가에 도전할 수 있는 정치적 환경을 마련해 주고 있었다. 다시 말해 그 운동이 급진화의 경향을 띠게 된 것은 국가, 각 당파, 성리학자 등 전반에 걸쳐 조직과 규율의 능력을 상실해 가고 있었기 때문이다. 세도정치의 여파로 왕이 고위 관료들과 지방을 효율적으로 통제할 수 없게

(換局)으로 변하여 노론은 일망타진될 것이고, 노론이 모두 섬멸된다면 이이, 송시열 등 성현은 그 벼슬과 시호가 깎이어 사당에서 내쳐질 것이고, 윤휴의 귀신이 우뚝하게 큰 우두머리가 될 것이다. 그렇게 되면 정자(程子), 주자(朱子)의 말은 한 사람도 공공연히 외우는 자가 없게 될 것이다. 이것은 한 서양 오랑캐를 물리치니 또 한 양적(洋賊)이 생기는 것이다. 화서 선생이 일찍이 나라의 존망은 오히려 작은 일이라고 한 것은 이 때문이다(김평묵, 1975: 759)."

되었고, 각 당파도 파편화되고 있었다. 이러한 정치문화 내에서는 현안문제의 해결을 둘러싸고 신중한 전략과 전술 등보다는 수사학을 만들어 낼 가능성이 크기 때문에 국가나 한 집단의 리더십으로는 정책을 효율적으로 수행할 수 없는 상황이었다. 이러한 환경에서 척사위정운동은 급진화의 길로 나아갈 수밖에 없었다고 보인다.

이러한 반발은 이중적 측면을 가지고 있다. 1866~1896년의 척사위정운동은 자체의 목적을 위해 근대화·세속화·다원화에 반대하면서도 그것을 이용하면서 그것에 반발하고 있었다. 좀더 구체적으로 말하자면, 척사위정운동은 그러한 과정을 역사의 큰 흐름이라고 생각하고 있었고, 더욱이 승리라고는 자부했지만 내면적으로는 두 번에 걸친 양요로 이미 서구의 물리력을 나름대로 파악하고 있었기 때문에 더 이상 성리학이 효율적으로 사회의 통합을 지속시키는 데 한계가 있음을 어느 정도 간파하고 있었던 것으로 보인다. 왜냐하면 이들은 성리학 공동체를 위협하는 내부의 힘과, 서구와 일본 등의 물리력, 좀더 정확하게 말하자면 군사력이 성리학 복원을 통해 조선사회의 일치를 지속시키려는 척사위정운동의 시도를 무력화시킬 수 있다는 점을 어느 정도 인정하고 있었기 때문이다.[84]

그렇다고 척사위정운동이 그대로 좌절하면서 포기한 것은 아니었다. 이들은 근대화와 세속화의 촉매로 작용하고 있던 서구의 존재를 통해 약화된 성리학적 체계를 재강화하고, 조선사회 내부의 연대감을 증진시키는 데 최대한 활용하려고 하였다. 더욱이 우리가 1866~1896년의 척사위정운동을 읽음에 있어 주목해야 할 점은, 바로 서구

---

[84] 이것의 역설적인 보기가 바로 민족보다는 성리학의 보존이 더 급한 일이라고 표현한 데서 잘 나타나고 있다. 이는 파국론적인 상황을 염두에 둔 것이며, 이들이 그 당시의 정세를 잘못 파악하였다는 기존의 비판은 다시 검토되어야 할 부분이다. 그러면 왜 이들은 이러한 객관적인 판단을 하고 있었음에도 불구하고 척사위정론과 그 운동을 실천에 옮기고 있느냐 하는 문제는 뒤에서 다룰 것이다.

라는 존재를 척사위정운동의 목적을 위해 하나의 자원으로 이용하면
서 근대화와 세속화에 반발하고 있다는 이중적인 차원이다.

2) 국외자

1866~1896년의 척사위정운동은 세속적 국가와 마찬가지로 근대화
·세속화·다원화 등에 적응하여 '참'종교인 성리학의 생존을 위태롭
게 하는 세력들을 투쟁의 하나의 대상으로 삼았다.[85] 척사위정운동이
보기에, 국외자로는 서구와 일본, 일탈적 국내자로는 성리학 전통을
희석화시키는 데 앞장섰던 남인 세력[86], 동학 세력[87], 근대화·세속화
·다원화와 교섭하려고 한 집권 개방파 등이 1866~1896년의 척사위

---

85) 이와 관련하여 1895년의 척사위정운동의 지도자인 유인석은 다음과 같
   이 비판하고 있다. "아직 순종한다는 두 단어가 실상 우리나라의 사직
   과 종묘를 망치며, 인류를 멸하는 기본입니다. 지난 병자년에 일본의
   통상의 청이 있을 때 그들의 군사를 움직이는 것을 두려워하여 아직
   순종하자고 했으며, 그 갑오년(甲午年)의 군대를 일으켜 궁궐을 침범하
   는 변에 순종하자고 하여 또 순종하였습니다. 그 결과로 국모가 시해를
   당해도 아직 순종해야 하며, 임금이 욕을 봐도 그대로 순종해야 한다고
   합니다. 이렇게 십수 년을 순종한 공이 더할 수 없이 근면하였건만 화
   변은 날이 갈수록 더 궁극에 달하오니 신은 생각하옵건대 변함없는 순
   종은 역시 변함없는 화를 빚어낸다는 것입니다(이구영, 1994: 46에서
   재인용)."
86) 남인을 저항의 하나의 대상으로 설정한 것은 1876년의 척사위정운동이
   고, 1881년에 이르러서는 화서학파가 영남학파가 주도한 「만인소」에 지
   지를 보내는 등 제휴의 손길을 내밀고 있다. 이러한 맥락에서 남인을
   반발 대상으로 삼은 것은 1881년 이전까지이다. 그러나 동학에 대해서
   는 19세기 말까지 계속 반대 노선을 유지하였다.
87) 척사위정론자들이 최제우가 동학을 창시했을 때나 그가 사형되기 직전
   의 『일성록』 등의 기록에서는, 동학을 서학이 겉만 바꿔 이름을 미혹하
   는 것으로 보았으나, 그 뒤에는 서학과 별개의 것으로 인식하였다(최승
   희, 1981: 564).

정운동이 반발한 주 대상이다.[88] 먼저 국외자로서의 서구는 처음부터 성리학자들의 반발의 대상이 되었던 것은 아니다. 단지 이들의 핵심적인 사회적·개인적 정체성이 도전받고 있다는 차원에서 이념적 대응만을 하였다. 국가도 그 당시 「척사윤음」을 반포하여 척사위정파의 이익을 지켜 주었다. 서학이 타율적 이식이 아닌 자발적으로 도입되었다는 것은, 그것이 그 당시 조선의 성리학자들의 연구의 대상[89]이었다는 의미를 가지고 있다. 서학에 대한 이들의 최초의 대응은 지적 호기심에 의한 학문적 접근이었다. 특히 기독교의 교리를 이해하는 데 열중하였다(윤사순, 1990: 400~401). 이는 그들이 조선사회를 서학까지를 포용하는 일종의 자민족중심주의적-종교적 공동체로 인식하고 있었고, 이에 바탕을 둔 자신감의 표현으로 보인다.

그러나 일부 성리학 사제계급인 지식인들이 기독교로 개종하고, 이것이 나중에 일반 신자로까지 확대되면서 기독교를 포함한 서학은 조선 정부나 대다수 성리학자들에게는 하나의 강력한 체제위협요소로 등장하고 있었다. 왜냐하면 개종이라는 것은 일반적으로 개인의 근본적인 변화뿐만 아니라 담론 공동체의 변화를 의미(Snow and Machalek, 1984)하는 것이기 때문이다. 특히 성리학 담론 공동체의 기독교 담론 공동체로의 전환은 척사위정운동이 전혀 받아들일 수 없는 것이었다. 때문에 화서·노사·간재학파에게 있어 국외자의 대표적인 범주는 서구였다. 두 번의 양요를 통해 서구의 힘을 직·간접적으로 경험하면서 이

---

88) 기존의 연구에서는 흔히 '사(邪)', 이 글의 용어로 바꾸어 말하면 그 반발의 대상을 서학과 서양 세력 그리고 서구식 방식을 채택한 일본까지 포괄하는 의미(이이화, 1982: 428)로 사용하고 있다. 그러나 이 글에서는 국내자들을 포함시키면서 그 대상의 범위를 더 확대하려고 한다.

89) 순암 안정복(順菴 安鼎福)은 이러한 현실을 아래와 같이 적고 있다. "서양 서적은 선조 말년에 이미 우리나라에 들어와서 이름난 고관이나 대학자들 가운데 보지 않은 이가 없었다. 그들은 그것을 제자백가나 도교 또는 불교의 서적과 같이 여기고 서재에 비치해 두고서 읽었다(김형찬, 1995: 231에서 재인용)."

들은 서구를 성리학을 위협하는 하나의 주적으로 간주하게 되었다.[90]

또 하나의 국외자[91]로서의 일본은 이전부터 척사위정파의 주목의 대상이었다. 왜냐하면 실학자, 특히 북학파들의 일본관이 개방파의 대외정책에 많은 영향을 미친 것으로 생각했기 때문이다. 17·18세기에 걸쳐 조선과 일본은 청의 등장으로 나름대로의 외교관계를 지속시킬 이유를 양국이 동시에 가지고 있었다. 특히, 일본으로서는 조선이 지리적으로 가까울 뿐만 아니라 청조가 취한 해금(海禁) 조치로 조선과의 교류가 절실히 요구되었다. 이러한 교류도 통신사 외교라는 비정상적이고 불안정한 것이었으며[92], 그것도 19세기에 들어와서

---

90) 물론 척사위정파가 자신들의 척사위정의 논리를 극대화시키기 위해 서구의 존재를 부풀렸을 가능성도 있다. 그러나 그 이론가들의 글을 통해 확인할 수 있는 것은, 우리가 오해하고 있는 것처럼 서구에 대해 전혀 무지한 것이 아니었다는 점이다. 서구에 관한 정보의 부정확성 때문에 그것에 대한 지식이 짧았다는 것은 이해할 수 있지만, 기본적으로 주어진 정보 내에서는 서구의 존재를 일정 정도 파악하고 있었던 것으로 보인다. 이러한 점은 우리가 척사위정운동의 성격을 판별하는 데 하나의 중요한 전제이다. 왜냐하면 기존의 논의에서는 그 집단이 서구에 대한 정확한 지식이나 판단 없이 무조건 반대했다는 사실에 기대어 분석을 하고 있기 때문이다. 우리는 이러한 기존의 인식에서 벗어나 그들의 서구에 대한 감정적인 반응에만 주목할 것이 아니라 이들이 기본적으로 서구에 대한 나름대로의 합리적인 이해의 바탕 위에서 대안을 모색하였다는 점에 주목할 것이다.
91) 기존의 많은 연구가 척사위정집단의 투쟁 대상으로서의 서구와 일본을 많이 다루고 있기 때문에, 이 글에서는 그동안 별로 주목받지 못했던 국내자들을 중심으로 서술할 것이다.
92) 여기에는 두 가지 이유(임형택, 1996b, 115)가 있다고 본다. 첫째, 흔히 ‘사대’와 ‘교린’으로 대표되는 조선 정부의 대중국 중시, 대일본 경시 외교정책의 영향이다. 둘째, 임진왜란의 후유증이 제대로 해결되지 않은 상태에서 양국의 교류가 이루어졌기 때문이다. 이 두 가지 요인은 이후 개방을 둘러싼 논의의 구도에서도 여전히 하나의 논쟁거리였을 만큼 중요하다. 다시 말해 척사위정운동의 문제 제기는 기본적으로 개방파가 정책 전환, 곧 대일본 외교정책을 대중국 정책의 수준으로 격상시키는 것에 반발했을 뿐만 아니라, 열등한 일본에 대한 문화적 자존심과 임진왜란에 대한 감정적 앙금이 아직 남아 있는 등 아주 복합적인

는 단절되었다(임형택, 1996b: 114).[93]

서구와 일본[94]을 투쟁의 대상으로 삼고 있는 대표적인 언급은 전우가 "우리를 회쳐 먹고, 삶아 먹으려는(김기현, 1994: 236에서 재인용)" 야욕을 가진 그들을 국외자로 규정한 데서 분명히 드러나고 있다. 서양과 일본에 의해 강제된 모든 근대적·세속적·다원적인 것에 대해 반발하였다. 최익현의 상소문에서는 척사위정운동의 과제를 "난신난자(亂臣亂子)들을 토벌하여 멸하고, 서양을 억제하며, 왜를 징벌하는 일(최익현, 1986: 58)"로 설정하고 있다. 이는 척사위정운동의 정점에 서 있는 1895년의 척사위정운동을 주도한 유인석의 인식에도 그래도 투영되고 있었다. 그 운동의 목적이 "발호하는 왜적을 몰아 죽여서 영원히 이 땅에 오랑캐의 풍속을 금하고 우리의 고유한 문화를 발전(이구영, 1994: 47에서 재인용)"시키는 데 있다는 것이다.

차원에 기반을 둔 것이었다.

93) 이는 잠재적 요인의 현재화라고 볼 수 있을 것이다. 1876년 강화도조약 이전에 조선과 일본과의 관계를 규정하고 있었던 것이 임진왜란 이후 1609년에 체결된 을유조약(乙酉條約)인데, 여기에는 향후 어려운 문제를 야기할 수 있는 잠재적 불안 요인을 안고 있었다. 그것은 조선 측의 외교적 상대방이었던 덕천막부(德川幕府)의 이중적 성격이었다. 다시 말해 실질적인 통치자였지만, 형식적으로는 완전 무력한 천황의 신하였다(김기혁, 1991: 6 참조). 이러한 상태에서 명치유신 이후 천황을 외교의 전면에 내세우면서 기존의 그 불안 요인이 현재화되었다. 이는 바로 서계문제로서, 양국 간의 외교문제로 비화되었다. 우리의 관심은 척사위정파가 일본과의 국교수립과 관련하여 교린의 상대였던 일본이 천황의 명칭을 사용하면서 조선 국왕보다 상위의 위치에 놓으려는 문제에 대해 반발했다는 데 있다.

94) "가만히 오늘날 국가의 변을 보면, 차마 말할 수 없사옵니다. 간신이 앞에서 눈을 가리고, 난적(亂賊)이 뒤에서 기강을 무너뜨리며, 그들이 내세운 표본은 새 법의 개화라 하지만, 그 원인은 대대의 원수인 왜입니다. ……그래서 정삭(正朔)을 고치고, 의복을 변경하고, 관제를 고치고, 주군(州郡)을 개혁하여 한 자의 땅에나 한 사람의 백성에게도 다시는 우리의 조상께서 물려주신 전형이 없게 하여, 아무리 방자스럽게 굴어도 누가 막아낼 수 없게 하였습니다(유인석, 1986: 60~61).

3) 일탈적 국내자

성리학의 주변화 과정에 대한 긍정적인 반응도 존재하지만 이것이 성리학에 미칠 부정적인 영향을 염려하여 이에 반발하는 집단도 존재하게 마련이다. 후자를 대표하는 것이 화서·노사·간재학파이다. 여기서 우리가 일탈적 국내자에 주목하는 것은, 일차적으로 그들의 어떤 대내외 인식이 1866~1896년의 척사위정운동의 반발을 불러일으켰으며, 부차적으로는 '사(邪)'의 의미 내지 '척(斥)'의 대상의 범위를 넓히는 작업95)의 일환이다. 척사위정운동이 상정하고 있는 일탈적 국내자의 범주에는 동학 세력, 남인 세력, 개방파 등이 포함된다.

동학 세력에 대해서 국가와 대다수 성리학자들은 이를 성리학과는 전면 배치되는 하나의 이단으로 간주하여 사상적으로나 물리적으로 적극적인 탄압에 나서게 된다. 1894년 동학 농민군에 대하여 도둑 무리(匪徒)로 규정하고, 이에 속한 무리를 동비(東匪)라고 지칭하였다. 이 같은 경향은 일부 지역에 국한된 것이 아니라 동학에 대한 사림 일반의 공통된 인식이었다(신규수, 1993: 72). 척사위정운동이 보기에 동학이 성리학을 변질시키는 하나의 사상이며, 더욱이 성리학적 질서의 핵심이라 할 수 있는 신분제에 대한 도전은 그들로서는 수용하기 어려운 것이었다.

척사위정운동의 동학에 대한 반발에는, 동학의 발전이 서학의 도전과 시기적으로 겹침으로써 성리학을 더욱더 위기에 빠뜨리고 있다는 인식도 한몫을 하고 있었다. 이러한 인식 아래 척사위정운동은

---

95) 기존의 연구에서는 사('邪')를 서양의 학문, 사상과 그리고 그것에서 파생된 문물을 통틀어 일컫는 의미(이이화, 1977: 112)로 사용하고 있다. 그러나 이 글에서 구체적으로 밝혀지겠지만, '사(邪)'는 국외자, 곧 서양이나 일본에만 국한되는 것이 아니라, 일탈적 국내자를 포함하는 의미이기 때문에 우리는 '사(邪)'의 의미를 폭넓게 사용(권오영, 1995 참조)할 것이다.

일탈적 국내 자들보다 강도는 약하지만 동학 세력을 하나의 반발 대상으로 설정하고 있었다. 국가가 동학에 대해서만큼은 철저한 탄압 정책을 실시함으로써 이 문제에 관해서 척사위정운동과 국가가 대립하지 않았다.

노론 계열의 북학파를 제외한 대부분의 실학자들은 정치적 배경이 남인으로서, 후기에 오면서 자신들의 이념을 국가정책에 반영할 수 있는 정치적 기회가 거의 봉쇄되어 있어 척사위정파에게는 그리 큰 위협이 되지 못했다. 바꾸어 말하면 남인 세력이 영·정조대 이후에 정치적으로나 경제적으로 주변화된 계급으로 전락한 것이 큰 이유일 것이다. 그럼에도 불구하고 성리학자들, 특히 노론 계열의 학자들은 이들을 잠재적인 위협 세력으로 늘 염두에 두고 있었다. 이러한 의구심은 이양선의 출몰과 더불어 현재화될 가능성이 늘 상존하고 있었다. 노론에게 남인은 한편으로는 정권교체를 초래할 수 있는 이익의 당사자이면서도, 다른 한편으로는 집권 노론 세력의 실책을 호도하기 위해 희생양으로 삼을 수 있는 존재이기도 하였다. 성리학자들이 잠재적 위협 세력으로만 간주했던 남인 세력에 대한 인식은, 서학의 구체적인 형태라고 인식했던 이양선이 조선 연안에 출몰하면서 분위기는 반전되기 시작했다. 특히 척사위정운동은 남인 세력이 서구와 내통하여 조선사회를 붕괴시킬 수 있다는 이유를 들어 크게 반발하였다.

구체적으로 1876년의 척사위정운동의 지도자로 활동한 김평묵은 윤휴의 뒤를 잇는 남인 세력96)을 그 운동의 적대 세력으로 지목하고

---

96) 1876년의 「병자연명유소」 때와는 달리 김평묵은 1881년의 「관동연명유소」의 단계에서는 남인 계열의 영남학파가 주도한 「만인소」를 지지하는 등 남인에 대한 비판을 스스로 삼가고, 적의 정체를 서양과 일본으로만 규정하고 있다. 이와 관련하여 권오영(1989: 150)은 그 까닭을 1881년에 이르러서는 척사위정운동이 당론과 지역 등을 초월한 운동으로 전환되었기 때문이라고 주장한다.

있었다. 왜냐하면 그 세력이 서학에 적응하면서 성리학적 전통을 고립시켰기 때문이다. 그는 남인 세력을 서학의 앞잡이가 되어 성리학 그 자체를 변화시킨 근대화·세속화와 교섭하려고 한 세력이고, 배교자 등으로 간주한다. 이러한 점은 김평묵이 1876년의 개방문제와 관련하여 최익현에서 상소를 올릴 것을 권유하는 편지와 「척양대의(斥洋大意)」 및 「관동연명유소」 등에 잘 나타나 있다. 여기서 그는 서구와 남인을 같은 양적(洋賊)으로 규정[97]하는 선상에서 일부 노론을 일탈적 국내자로 규정하였다.[98]

실학의 한 부류를 형성했던 북학파들은 이후 개화파로 불리면서 집권 세력이 되었는데, 같은 노론 계열이면서도 정치적으로나 경제적으로 주변화되어 있던 척사위정파는 이들을 성리학의 주변화를 조장하는 반성리학적 세력으로 간주하여 반발하고 있었다.[99] 이에 이

---

97) 이 상소문에서 김평묵이 남인을 하나의 적으로 간주한 것은 그 당시의 정치적 역학관계를 반영한 것이다. 대원군의 하야에 대하여 반대 상소를 올렸던 남인들이 개항을 전후하여 대원군의 정계 복귀를 주장, 시도할 것에 대비하여 이를 원천 봉쇄하려는 의도를 가지고 있었다.

98) 이는 1881년의 「관동연명유소」의 소수(疏首)인 홍재학의 상소문에 잘 나타나 있다. "신의 무리는 이가환(李家煥), 이승훈(李承薰)의 죽은 귀신이 세상에서 우두머리가 되고, 공자, 맹자, 정자, 주자의 가르침이 금기하는 바 되어 의관과 문물이 땅에 떨어지는 재앙이 닥쳐올 것을 두려워합니다(홍재학, 1986: 26)."

99) 1866년 이후부터 척사위정론이 전국적으로 일어나고 있었다. 그러나 이때 기호학파 가운데 임헌회 학파와 유신환 학파는 여기에 동참하지 않고 있었다. 대다수의 개방파가 이 학파 출신들이었다. 이들이 정계로 진출하는 데에는 그 학파의 종장인 유신환의 역할이 지대하였다. 그 자신이 별로 정치적 경륜을 실천할 기회를 갖지 못하였고, 이로 인하여 정치적 능력의 한계를 느꼈던 유신환은 적극적으로 문인을 양성하고 그들을 정계에 진출시키는 방법으로 정치적 실천을 이루고자 하였다. 윤병정(尹秉鼎)·윤병익(尹秉益)·박홍수(朴洪壽)·이응진(李應辰)·김낙현(金洛鉉)·민영목(閔泳穆)·민태호(閔台鎬)·민규호(閔圭鎬)·윤치조(尹致祖)·윤치담(尹致聃)·김만식(金晩植)·김윤식(金允植)·서응형(徐應淳)·한장석(韓章錫)·남정철(南庭哲) 등은 유신환의 주요한 문인들로 이들 역시 출사에 적극적인 모습을 보이며 대부분 정계에 진출하고 있다(노

항로는 개방파가 계승하고 있던 북학에 대해 비판하고 있는데, 이는 개방파에 대한 간접적인 공격으로 보인다. 북학파 계열의 성리학자들이 주장하는 이용·후생의 주장에 대해 이항로는 성리학 전통에 기대어 이를 반대하고 있다. 일반적으로 북학파의 구호인 '이용후생'은 이(利)의 추구를 죄악시하던 상태에서 벗어나 그것의 추구를 정당화하는 방향으로 전환한 것이었다. 이에 대해 이항로는 이(利)를 추구하는 것보다 앞서서 해야 할 일이 일그러진 성리학적 가치를 바르게 세우는 것임을 분명히 하고 있다.[100] 이용과 후생에 대한 전면적인 비판은 하고 있지 않지만 '정덕(正德)'을 강조하는 것은 북학파를 계승하고 있던 그 당시 개방파의 이념적 정당성을 문제 삼으려는 태도로 보인다.

여기서 우리는 척사위정운동이 기본적으로 국외자를 공격 대상으로 삼고 있지만 실질적으로는 일부 국내자들도 목표로 하고 있음을 알 수 있다. 이렇게 된 것은 표면적으로는 개방문제를 둘러싼 성리학 교리의 해석 차이 때문인 것으로 위장하고 있지만 실제로는 통제력을 의미하는 권위의 문제가 개입하고 있기 때문이다. 달리 말해

대환, 1993: 226). 화서·노사학파가 이들 학파를 반성리학적이라고 비판한 것은, 이들이 개방파를 옹호하고 있었다는 의미에서이다. 이를 간접적으로 보여 주는 것이 박규수에 대한 임헌회의 인식이다. "박규수는 그의 할아버지 박지원(朴趾源) 이래로 외국의 학문에 연구를 깊이 하였다. 매양 말이 외국의 사정에 이르면 반드시 정신이 편안해져 버렸다. 서인 후배들 중에 조금이라도 재예(才藝)가 있어 그의 문하를 출입한 자는 모두 그의 의논을 계승하였는데, 이때 모두 국사에 참여하였다. ……이상수(李象秀)가 박규수의 문하에 출입하면서 공공연히 그의 어진 것을 임헌회에게 말하였다. 박규수는 정성스런 마음이 있으며 나라 일은 반드시 그의 말을 따른 후에야 큰 화를 막을 수 있다고 하자, 임헌회가 믿게 되었다(권오영, 1984: 114에서 재인용)."

100) "『서경』에서는 '정덕과 이용 및 후생'을 말하였다. 대개 성인이 이재(理財)를 하는 방법은 다만 그 말을 바르게 하는 것과 백성들로 하여금 의(義)를 범하지 않도록 금하는 데 있을 따름이다. 그리고 이용하고 후생하는 데에는 반드시 정덕하는 것이 첫머리가 된다(이항로, 1974a: 443)."

집단 간의 이익과 권력 등을 둘러싼 주도권 쟁탈의 소산이라고 보인다. 해석이 아니라 권력투쟁의 성격을 띠고 있었다. 이는 1866~1896년의 척사위정운동이 정치적 성격을 가지고 있음을 보여 주는 것이다. 특히, 화서학파는 그 당시의 집권 세력이던 개방파와는 노론이라는 동일한 정치적 입장을 공유하면서도 정치적으로나 경제적으로 주변화된 엘리트들이었다. 이들은 집권 세력과는 여러 가지 이익 특히 권력을 둘러싸고는 대립관계에 있을 수밖에 없었다.

18세기 말 이후의 척사위정론은 천주교도를 견제하기 위한 사림의 공론인 동시에 척사위정운동과 연결되거나 그 이론적 뒷받침을 해 주는 한편 진산사건 이후 남인과 노론의 대립 속에서 남인의 존립을 위협하는 하나의 요소가 되고 있었다(차기진, 1994: 306). 이와 더불어 서구의 존재는 북학파를 계승한 개방파에 대한 그들의 불만을 표면화시킬 수 있는 하나의 근거가 되었다. 다시 말해 서구를 하나의 희생양으로 삼아 북학파의 이념적 계승자인 집권 개방파를 서구와 동일시하면서 현상(現狀) 일탈의 원인 제공자로 낙인찍을 수 있게 되었다. 이 과정에서 1866~1896년의 척사위정운동은 근대화 정책을 추진한 집권 개방파들을 서구와 동일시하면서 양자를 그 운동의 주 적으로 간주하게 된다. 관념적 차원에서의 실학과 동학의 태동, 경제적 차원에서의 자본주의의 맹아로 상징되는 내재적 근대화로 인해 생긴 남인 계열의 실학자들과 노론 계열의 정통 성리학자들 간의 전선보다 오히려 더 강력한 대립선이 형성되었다. 이는 다른 종교적 세계관끼리의 충돌을 그 밑바탕에 깔면서도 민족적 감정까지 상승 작용하는 가운데 저항의 전선이 형성되었기 때문이다. 물론 이것이 곧바로 폭력적인 형태를 보이지는 않았다. 처음에는 상소를 통한 이념투쟁의 성격을 띠지만 이것이 여의치 않자 나중에는 물리적 폭력이 동원되는 단계로 나아가게 된다.

이를 뒷받침하는 것이 이항로의 정치적 행태이다. 흔히 한 번도 관직에 나아가지 않아 정치권력에는 초연한 인물로 알려져 있지만, 사실 중앙 정계에 대한 관심과 이들과의 호의적인 관계 정립에 상당한 에너지를 쏟고 있었다(오영섭, 1996). 이는 화서학파의 이익, 바꾸어 말하자면 자파의 세력 확대라는 차원에서 끊임없이 권력의 동향에 민감하였다는 의미이다. 그들은 재야에 은거했지만 실제로는 권력구조 내의 편입을 시도하는 특징을 보여 주고 있었다(진덕규, 1994: 13). 간재학파도 개항 전후에는 중앙 정계와의 유착관계 때문에 집권 개방파와는 대립관계에 있지 않았지만(권오영, 1984·1989), 을사조약 체결 당시에는 집권파와 소원한 관계에 들어갔다.

1866~1896년의 척사위정운동이 개방파를 성리학의 주변화를 조장했다는 이유를 들어 성리학의 일탈자로 규정한 데에는 또 다른 이유가 있다고 보인다. 이들이 생각하기에 성리학 내부의 일탈자인 개방파가 국외자인 서구와 일본보다 더 성리학 파괴에 앞장 설 수 있다고 생각했을지도 모른다. 왜냐하면 국외자인 서구와 일본은 성리학의 진리를 알지 못해 그렇게 행동하는 것으로 무시할 수 있지만, 국내자인 개방파는 '우리들 가운데 하나'였기 때문에 좀더 심각하게 다루어야 할 필요가 있었던 것이다.

이에 관한 하나의 보기가 만동묘 철폐를 둘러싼 개방파들의 태도이다. 국가가 서원 철폐를 통해 사림사회를 압도하는 것에 대해 1866~1896년의 척사위정운동이 반발하였는데, 이에 대해 국가에서는 그러한 조치를 철회하지 않았다. 뿐만 아니라 중앙의 개방 지향적인 관료들도 만동묘와 서원 복설에 대해 호의적이지 않아, 고종 10년 최익현의 만동묘 복설 상소를 거부하는 고종의 입장을 연소(聯疏)로 지지하였다(김세윤, 1980: 64). 다시 말해 척사위정운동이 보기에 서원 철폐는 성리학자들이 당연히 반대해야 할 사안임에도 불구하고 이를 지지하는 세력을 특별히 취급해야 할 필요성을 절감했을 것이다.

1866~1896년의 척사위정운동이 개방파에 대한 비판의 핵심은 그

들이 '일탈'했다는 것이다.[101] 여기서 '일탈'이라는 것은 척사위정운동이 그 개방파를 성리학적 신념과 실천을 방종하게 위반한 존재로 간주하고 있다는 의미에서이다.[102] 바꾸어 말하면 개방파들이 사욕, 통색(通色) 등을 추구함으로써 엄숙한 성리학적 삶에서 이탈된 삶을 영위하고 있었다는 의미에서이다. 특히 그들의 경제적 사욕으로 이전까지 성리학적 규범에 의해 움직이던 그 사회가 근대적·세속적 가치에 의해 지배되면서 그러한 문제가 발생하였다고 보는 것이다. 바꾸어 말하면 그 당시 근대화의 산물과 서구와의 무역으로 인한 이익이 그들에게 편재되고, 그 계층이 금욕적인 생활을 하기보다는 그 이익을 물질적 향락 추구에 소비함으로써 그들의 삶이 성리학 교리의 가르침과는 동떨어진 모습을 보여 주었다는 것이, 척사위정운동이 그들을 보는 주된 인식이었다.

이러한 향락을 추구할 수 있는 계층은 주로 경제적으로 부요한 도시 거주의 사대부들이었다. 때문에 이들 사대부들 또한 척사위정운동이 보기에 일탈적 국내자이다. 그 운동이 이러한 계층을 하나의 반발 대상으로 설정한 것은 다음의 두 가지 측면에서 확인된다. 그

---

101) 이러한 인식은 1895년의 척사위정운동에서 명확하게 표출되고 있었다. "정부의 열 명의 저 역적들은 곧 승냥이와 이리로 가장 흉악한 자로서 왜적(倭賊)보다 더 심하다. 의리의 큼과 강상(綱常)의 중함을 꼭 말하지 않더라도 오직 우리나라 인민의 대열에서 대강 군신과 부자의 윤리를 안다면 이러한 처지를 당해서 어찌 남의 일 보듯 안연히 편안한 자리에 드러누워 조금도 구할 방법을 생각지 않느냐(이구영, 1994: 36에서 재인용)."

102) 이의 대표적인 사례가 나주 의병이 살해한 안종수이다. 그는 개화 시찰단으로 일본에 다녀와서 『농정신편』을 저술하고, 박영효 일파로 전형적인 개화파이다. 의병들은 그가 친일 개화파이며, 기존의 이서층을 대신하여 각종 이권을 챙겼으며, 단발을 강요하였다는 이유로 그를 처단하였다. 특히 각 읍의 인신은 임금의 명부인데 이를 자의적으로 안수해 들이는 것은 국왕을 전혀 고려하지 않은 행동으로 간주하여 처단한다고 주장하였다(이상찬, 1997: 72~73).

하나는 척사위정운동의 충원 지역·계층의 성격이고, 다른 하나는 그 운동이 경제적 차원에서 성리학적 규범과 일치하는 사회체계를 재구성하려고 했다는 사실이다. 1866~1896년의 척사위정운동은 그 발생 지역이 도시가 아닌 농촌이고, 대체로 참여자들의 경제적 지위가 낮은 주변화된 계급에서 충원되고 있었다. 때문에 전자와 관련하여 그 운동은 도시의 사대부사회를 문제 삼고 있었다. 후자와 관련해서 보다 더 중요한 사실은, 그 운동이 그 사회가 물질적 향락 상태에 빠져 있다고 보아, 근본적으로 성리학 교리에 바탕을 둔 사회로의 복귀를 요구하고 있었다는 점이다.

척사위정운동의 충원과 관련하여 대체적으로 척사위정운동의 지도부와 중간 간부들이 동일한 경제적·사회적 배경을 가진 '지방'의 사림들에서 충원되고 있었다. 그렇다면 왜 '도시' 거주 사대부들은 그 운동에 소극적이거나, 아니면 적극적으로 반대했는가? 전자와 관련하여 그들 대부분은 최종 정책결정권자의 지위에는 미치지 못했으며, 이들 가운데 몇몇은 하위 관직을 가지고 있거나 아니면 관직과는 상관없이 지배계층 속에 포함되어 있는 일종의 주변적 엘리트의 위치에 있었다(진덕규, 1978: 252). 후자와 관련하여 상공업정책의 시행 등을 둘러싼 담론에서의 이익의 차이가 척사위정운동에서의 차별적인 충원구조를 초래했으며, 그 운동이 도시의 사대부사회를 공격하는 하나의 근거이기도 하였다.

이태진(1990: 204~205)에 의하면 영·정조 시대에는 집권 노론 세력이나 권문세가들의 이익 추구가 정치적 난맥상의 주된 원인이라고 판단하여 국가 주도의 도시 및 도시 상공업정책을 강구하고 있었다. 관료제 아래서 현직 관료들의 사적 이익 추구 성향을 척결한다는 것은 결코 쉬운 일이 아니었다. 더욱이 이익 추구에 대한 관념적 족쇄가 실학과 동학을 통해 서서히 풀리면서, 그러한 성향은 노골적으로 표출될 수밖에 없었다. 이는 정조 사후, 왕권이 약화된 틈을 타 성립된 세도정치 아래서 더욱 두드러지게 된다. 세도정치 아래서의 중앙의 권문세가들과 이를 추종하는 관료들은 상공업에 특별한 관심을 가지고 있었다는 것이다. 이를 통해 이들은 어느 정도 자본을 축적할 수 있었을 뿐만 아니라 이 시기의 삼정문란(三政紊亂)이 고리대 문제의 성격을 강하게 띤 것은 관료들이 삼정을 상업자본 마련의 수단으로 이용하고 있었기 때문이다.

이를 통해 자본을 축적하고 있던 세력들에게 개방으로 인한 외국 상품의 수입은 또 하나의 축적 기회였다. 유통 수익의 일정 부분이 수입업자인 국가와 중앙 관료들의 몫이 되는 것은 당연하였다. 그 반대편에는 일반 소비자들과 잉여 유출의 주 원천인 농촌 등이 자리하고 있었다. 물론 그 수입의 많은 이익은 서구와 일본의 차지였지만, 국가나 고위 관료들이 향유하는 이익도 적지 않았을 것이다. 더욱 중요한 사실은 이로 인한 불만이 고조되고 있었다. 이에 1866~1896년의 척사위정운동은 외국 상품의 유입으로 인한 불균등 무역 등을 지적하면서도, 현실적으로는 그로 인한 경제적 불만을 가진 집단의 이익을 대변하고 있었던 것으로 보인다. 이는 또한 전략적인 차원에서 일반 서민들을 겨냥한 행위이기도 하였다. 왜냐하면 위민(爲民)이라는 이념에 바탕하여 그들의 불만을 대변해 줄 위치에 있다는 것을 자임하고 있었고, 척사위정운동에 서민들을 동원하는 데 이것이 하나의 효율적인 수단임을 잘 알고 있었기 때문이다.[103]

1876년의 개방 이후 일본을 매개로 한 대외무역은 국내의 경제구조에 심각한 손상을 입히고 있었다. 사치품과 원자재의 교환 형식을 띤 자유무역은 실질적으로 불평등한 것이었다. 가내 수공업으로서

---

103) "……그들의 기괴한 기술과 지나친 교묘함은 손으로 생산되어 날마다 여유가 있고, 우리의 의복과 먹을 것의 자료는 땅에서 생산되어 해마다 부족하니, 부족한 것으로써 넉넉한 것과 교역한다면 우리가 어떻게 곤란해지지 않으며, 날마다 생산되는 수로써 한 해에 한 번 생산되는 수를 상대하니 그들이 어찌 넉넉하지 않겠습니까(최익현, 1977·1978: 98)?"

농업경제의 중요한 하나의 축이던 직포업도 값싼 영국제 광목의 수입과 일본산 증기방적기의 수입에 따라 몰락의 길로 들어섰다(구완회, 1997: 31~32). 이에 1866~1896년의 척사위정운동이 국가에 대해 서구 상품의 금수조치를 거듭 주장하였음에도 불구하고 북쪽 변경 지역을 통해 장화, 연초 지갑, 안경, 컴퍼스, 변기 및 사치품, 영국제 셔츠, 프랑스제 시계, 독일산 거울, 미국산 담배, 벨벳 덮개를 깐 의자, 미국산 등유 등이 수입되고 있었다(한우근, 1968: 108).[104] 이는 조선사회에 이것의 수요자층이 존재하였음을 보여 주는 것이며, 희소한 만큼 수입업자는 상당한 폭리를 취하였을 것이다. 여기서 우리가 눈여겨보아야 할 것은, 이러한 빈익빈 부익부를 통해 서민들의 상대적 박탈감이 형성되고 있었다는 점이다.[105] 1866~1896년의 척사위정운동이 도덕적 일탈[106]에 초점을 맞추고, 서민들이 그 운동이 내세운 서양 상품 배격이라는 구호에 동조하거나, 또는 그 운동에 참여한 것은 이러한 맥락에서이다.

이를 간접적으로 확인할 수 있는 것은 1895년 척사위정운동의 초

---

104) "대개 양적(洋賊)의 물품이 오는 경로와 품목은 대단히 많이 있습니다. 중요한 것은 다 불필요하고, 기술적인 사치성의 부녀자들 소용물이니, 국민생활에 이로운 점이 없을 뿐만 아니라, 화근(禍根)을 일으키는 것 중에 큰 것입니다(이항로, 1974a: 388)."

105) 이러한 상황은 오늘날 대기업들이 고가(高價)의 외국 제품을 앞장서 수입하여 사회문제가 되었을 때를 연상시킨다. 이때 동원되는 비판의 수사학(修辭學)은 계층 간 위화감 조성, 상류층의 도덕적 타락, 정부 당국의 무분별한 개방정책 등이다. 척사위정파가 외제 상품 수입을 여러 가지 문제 발생의 원천으로 간주하여, 정부의 개방정책을 재고할 것을 강력하게 촉구한 것은 이러한 맥락에서이다. 물론 이러한 주장이 불만을 가진 서민들을 고려한 데서 나온 것으로 보아도 무방할 것이다.

106) "지금 온 나라 사람들이 그들의 맛난 것을 먹고 그들의 직물을 입으며, 그들의 물건을 사용하면서……(최익현, 1977: 98)." "이제 온 나라 사람의 입는 것이 모두 서양의 직물이고, 쓰는 것이 서양의 물건이며, 침 흘리는 것이 모두 서양의 기술이니, 이렇고서야 어찌 더불어 동화(同化)되지 않을 수 있겠습니까?(홍재학, 1986: 24)."

기인 그해 3월 초 일본 공사관이 파악한 자료이다. 이에 의하면 1월 21일부터 한 달 사이에 피살된 일본인이 18명인데, 제천 장날인 1월 21일에 가장 먼저 피살된 약장수 井上誠之助를 포함하여 8명이 상인이었다는 것이다(구완회, 1997: 40). 이를 통해 우리가 확인할 수 있는 것은, 일본 상인들이 내륙의 장시에 진출하고 있었고, 보다 중요한 점은 척사위정운동의 주 타격의 대상이 되었다는 점이다. 그 운동이 서구와 일본이라는 존재를 깨끗한 조선 땅과 조선인을 일탈시키는 문화의 '운반자'로 자리매김을 하고 있었다. 이러한 외래 상품의 주 소비자가 새롭게 부상하고 있던 도시 거주의 경제적 요호층과 권세가였다. 이와 맞물려 빈곤한 향촌의 사림들이나 서민들로서는 그러한 상품이 그림의 떡이었을 가능성을 염두에 둔다면 일본 상인이 주요 타도의 대상이 된 것은 당연한 귀결이었다.

이처럼 국가의 개방정책과 이에 입각한 도시 중심의 상공업정책은 이를 둘러싼 이익의 대립을 불러왔다. 도시의 사대부사회는 그 정책의 추진으로 이득을 누리는 입장에 서 있었고, 지방의 사림사회는 불리한 입장은 아니더라도, 이것의 문제점을 공식적으로 대변할 책임의식을 느끼고 있었다고 보인다. 이러한 요인이 부분적으로 1866~1896년의 척사위정운동에서 재지 사림들이 그 운동의 지도자로, 중간 구성원으로 참여하게 된 하나의 원인으로 작용하였다.

이러한 행태는 1881년의 척사위정운동에서 홍재학(洪在鶴)이 집권 노론의 개방정책 때문에 서구의 서적이 유입되면서 성리학 경전이 무시되는 현상을 들어 개방파를 비판한 데서 확인된다.[107] 그 운동이 일탈적 국내자들에게 참 신자로 거듭 태어날 것을 요구할 수 있

---

107) 이와 관련하여 홍재학의 동생 홍재구는 개방파인 신기선에 대하여 다음과 같이 비판하였다. "신기선과 같은 이는 이른바 임헌회의 수제자로서 양서를 전공하여 북촌 서인가 자제의 사표가 되어 서인으로 여러 대에 걸쳐 벼슬을 한 집안(故家)에 독을 끼쳐 이르지 않은 곳이 없다(권오영, 1984: 122에서 재인용)."

는 근거는 바로 여기에 있다.[108] 이는 1866년의 기정진의 상소문에서 잘 나타나고 있다. 그는 사림들의 염치없음을 비판하면서 독서와 사람을 선택하는 것의 중요성을 강조하고 있다(홍영기, 1999: 96). 여기서 형식적으로는 사림 일반을 문제 삼고 있는 것처럼 보이지만, 독서를 중시하는 데서 두 가지 점을 발견할 수 있을 것이다. 첫째, 기정진이 보기에 그 당시의 지배 엘리트들이 독서, 좀더 정확하게 말하자면 성리학 경전에 기반을 두지 않은 정책을 수립하기 때문에 문제가 된다는 것이다. 둘째, 그러한 정책으로는 성리학적 질서를 유지할 수 없기 때문에, 그러한 독서에 충실한 성리학자들을 정책 입안자로 등용할 것을 요구하고 있는 것이다.

뿐만 아니라 그는 1862년 진주민란의 원인을 분석하여 거기에 대한 대책을 상소 형식으로 작성한 「임술의책(壬戌擬策)」에서 당시의 집권 세력들의 행태에 대해 비판하고 있다. 이욕(利慾)만을 추구하는 그들의 행태 때문에, 습관과 풍속이 크게 무너지고 있음을 지적하고 있다. 보다 구체적으로는 이들에 의한 경제적 약탈 문제를 근본적으로 제기하고 있다(최창규, 1972a: 92). 관료들의 경제적 침탈은 이전에도 있었지만 그 당시 심각한 사회문제가 된 것은, 서구 세력의 경제적 침략과 맞물려 있었기 때문이다. 다시 말해 서구에 대항하기 위해서는 내부의 단결이 중요하다고 생각하는데, 그러한 침탈이 그

---

108) 물론 이에 대해 개방파들은 척사위정파가 자신들을 오해하고 있으며, 자신들도 본질적으로 성리학을 보존하는 데에는 같은 생각을 가지고 있음을 들어 반박한다. 이는 정부의 개방정책을 지지하는 1882년 충주 유학 지석영(忠州幼學 池錫永)의 상소문에서 확인된다. 그는 척사위정론자들이 그 정책을 지지하는 사람들을 오해하는 것으로 이해한다. "……속세의 번거로운 일(外務)에 마음을 두는 자를 보면 곧 사악한 학문(邪學)에 물든 자로 지목하고, 이를 비방하고 욕하여 백성들도 덩달아 의심하고 꺼리니……(유승주, 1986: 75에서 재인용)." 우리의 관심은 일반 서민들뿐만 아니라 척사위정론자들이 그 정책의 지지자들을 어떻게 인식하는가에 있다.

것을 가로막는 장애물이기 때문에, 척사위정운동의 비판은 거세질 수밖에 없었다. 물론 기본적으로 이는 성리학적 위민사상에서 일탈된 것이기 때문에 비난의 대상이 된 것이다. 이 점은 그 대책으로 제시하고 있는 유신론(維新論)의 전제에서 확인된다. 기정진은 그 전제로 국왕과 신하 사이의 '한 몸으로 서로 이어져 있어야 함(一體相聯)'과 백성의 경제적인 자족을 제시하고 있다(최창규, 1972a: 93∼94). 최익현은 1866년의 「병인의소(丙寅擬疏)」에서 국가의 정책이 경제적 불안정을 초래하고 있음을 지적하고 있다.[109]

1866년 척사위정운동의 지도자인 이항로의 상소문을 분석해 보면 일탈적 국내자들의 존재를 서구와 연계되어 있는 사람들로 규정하면서, 이들이 이렇게 된 것은 국가가 성리학 교리에 입각한 정책을 시행하지 못했기 때문이라고 비판하고 있다. 다시 말해 정책뿐만 아니라 위민의 측면에서도 성리학 전통으로부터 이탈하고 있다고 본다.[110] 구체적으로 이러한 범주의 국내자로 서구의 호응자로서의 배교자[111]와

---

109) "지금 민생들이 생활을 이루지 못함이 또한 심합니다. 우선 그 보기 쉬운 것을 들어 말한다면, 공사(公私) 간에 저축한 것이 없고 주군(州郡)이 뇌물로 보내는 물건에 시달리는데, 대궐 역사(役事)를 크게 벌여 거두어들이고, 사치가 풍속을 이루어 산업이 고갈되고, 부유한 집이 탕진되고 쇠잔해져 꾸어 쓰는 길이 막히며, 강한 자가 약한 자를 병탄하되 호소할 길이 없고, 많은 자가 적은 자를 포학하되 원통함을 풀 수 있는 길이 없고, 염치없는 자는 성대한 때를 만났는데 지조를 지키는 사람은 죽게 될 지경입니다(최익현, 1977: 101)."

110) 이러한 사실은 화서학파의 유인석의 지적에 잘 나타나 있다. "국가의 병이 심한데, 매국의 무리가 일어나 오랑캐들과 강화하고, 그들에게 아첨하기 위하여 예의를 버리는 데 힘써 의복제도와 관제(官制)를 바꾸고 논의하여 오륜(五倫)을 개정하는 데에 이르렀다. 또한 서양 오랑캐들을 이롭게 하기 위하여 힘써 취렴을 더하여 지방의 관직을 팔고 백성의 가죽과 살을 벗기고 빼앗는 데에 이르렀다(오석원, 1994a: 266에서 재인용)."

111) 이에 대해 최익현은 1889년에 김평묵에게 보내는 글에서 "시종 서양의 추한 무리와 함께 어울려 한통속이 되어(최익현, 1977: 292)" 있음을 들어 국내자와 국외자의 존재를 별도로 자리매김을 하고 있다.

성리학적 질서에서 이탈한 정부 당국자들, 곧 집권 개방파를 들고 있음을 볼 수 있다.112) 특히 개방파를 서구의 앞잡이, 곧 사악한 학자(邪學者)로 규정하고 있다.113) 왜냐하면 이들은 기본적으로 성리학적 가치와는 전혀 다른 가치를 강요하였기 때문이다. '의(義)'와 반대되는 '이(利)'로, '덕(德)'이 아닌 '힘(力)' 등에 기반을 둔 개방정책을 추진하였다는 것이다.114) 그는 개방파가 서구의 힘을 빌려 조선을 발전시켜야 한다는 논리에 대해, 의(義)에 기반을 두지 않은 것의 부작용을 언급한 공자의 말에 기대어 반박하고 있다.115)

전우의 기록을 살펴보면, 그도 근대화·세속화·다원화 등과 교섭

---

112) "……요즈음에 도적들이 창궐하는 그 이유를 진실로 궁리하고 캐어 본 즉, 그 까닭은 실로 우리 백성들의 호응에 연유하고 있습니다. 우리 국민들이 호응을 하게 되는 까닭은 국민들의 원망에 연유하고 있으며, 국민들이 원망하는 까닭은 있는 힘을 다하여 항상 생산을 하는 생업에 연유하고 있는데, 이와 같이 항산(恒産)하는 생업은 쉬지 않고 세금을 거두어들이는 것에 연유하고 있습니다. 이것은 토목과 같은 부동산에 연유하고 있는 것입니다(이항로, 1974a: 385~386)."

113) 최익현은 1898년의 「재소(再疏)」에서 성리학적 전통에서 일탈하고 있는 국내자들의 존재에 대해 언급하고 있다. "……처음에는 의아해하던 사람이 나중에는 믿게 되고, 전에는 다소 사람 된 마음을 지녔던 사람이 이제는 제멋대로 하게 되어 다시 기탄없게 되어 성현들을 모욕하고 예의를 버리고 멸시하여 도리어 저 오랑캐들보다도 심한 자가 있습니다(최익현, 1977: 179)."

114) 이러한 사실은 유인석의 서술에 잘 나타나 있다. "일본이 나라를 빼앗을 때 서법(西法)으로 일관하다가 먼저 사모하고 기뻐하는 자들의 마음을 얻고, 개화해야 한다고 하고, 개화를 위해 독립시켜야 한다고 하고, 독립해서는 보호한다고 하고, 보호하고는 합방해야 한다고 한 것이다. 그 시초는 이로움(利)으로 유인하다가 마지막에는 위협하고 서법(西法)의 이름을 빌려 속으로는 온갖 욕심을 수행하였다(오석원, 1994a: 269에서 재인용)."

115) "힘을 빌리고자 하는 것 또한 서양 학문 가운데서 하나의 사악한 말 같은 것이다. 공자는 말하기를 '군자가 용기는 있으되 의(義)가 없으면 역적이 되고, 소인이 용기는 있으되 의가 없으면 도적이 된다'고 하였다. ……힘을 빌려서 장차 무엇을 하려는가? 그 필요한 용처를 구하여 보니 도둑질을 하거나 역적 되지 않는 이가 드문 것이다(이항로, 1974a: 443)."

하려고 하는 국내자들에 대해 반발하고 있었다. 개방파의 한 사람인 박영효(朴泳孝, 1861~1939)가 국왕에게 전우를 처형할 것을 요구한 것116)은 역으로 전우의 국내자들에 대한 반발을 읽을 수 있는 대목이다. 또한 화서학파 계열이 주도한 1881년 척사위정운동, 곧 「관동연명유소」의 상소 대표자인 홍재학은 이승훈이나 이가환 등과 같은 배교자들, 황준헌의 『조선책략』을 반입한 개방파의 김홍집 등을 국내자의 대표적인 범주로, 예수와 조선 주재 일본 공사인 花房義質 등을 국외자로 적시하여 타도의 대상임을 분명히 하고 있다(홍재학, 1986: 23~26). 이러한 인식의 연장선상에 있는 1895년의 척사위정운동에서도 이와 동일한 논리로 일탈적 국내자가 운동의 주 타격 대상임을 밝히고 있다. 그 운동의 목적을 공식적으로 표명하고 있는 「격고팔도열읍(檄告八道列邑)」에서 운동의 지도부는 그 당시의 지배 세력(世臣家)을 일탈적 국내자, 곧 '귀신(倀鬼)'과 '국적지배(國賊之輩)' 등으로 표현하고 있음을 볼 수 있다(유인석, 1973: 356). 1866~1896년의 척사위정운동은 서구, 일본, 동학 세력, 남인 세력, 집권 개방파 등을 근대화·세속화·다원화의 적응세력으로 간주하여 이에 반발하였음을 알 수 있다.

19세기 말 척사위정파는 성리학적 규범을 따르면서, 서서히 진행되고 있던 근대화·세속화 추세에 저항하면서 정통주의적 학문·사상 공동체로 존재하고 있었다. 정체성의 위기, 현안문제의 대두와 같은 촉발 요인은 이들로 하여금 실천에 나서게 하였다. 1866~1896년의 척사위정운동은 이념적으로는 근대적·세속적 가치와 기독교, 실천적 차원에서는 세속적 국가, 국외자, 일탈적 국내자 등을 참 성리학 신

---

116) 갑오개혁 당시 박영효는 "전모(田某)는 수구당의 괴수로서 개화의 걸림돌이므로 그를 죽여야만 개화가 이루어지고, 나라가 보전될 수 있다(김기현, 1994: 233에서 재인용)."고 하여 국왕에게 전우를 목 베 죽일 것을 요구하는 상소를 올렸다.

자들의 반발의 대상이 되어야 함을 강조하고 있었다. 또한 이것이 운동 발생의 하나의 거시적 원인으로 작용하고 있었다. 1866~1896년의 척사위정운동은 근대적·세속적·다원적인 것에 반발하고 있었기 때문에, 우리는 그 운동의 성격을 반근대적·반세속적·반다원적이라고 자리매김할 수 있을 것이다.

여기서 그러한 속성의 근거는 두 가지이다. 그 하나는 성리학적 믿음이나 가치 등이 정치적·경제적 의사결정에 반영되어야 하며, 다른 하나는 만약 이것이 이루어지지 않으면 도덕적 붕괴로 이어지는 중대한 사태가 발생하게 된다는 것이다. 1866~1896년의 척사위정운동은 근대화·세속화·다원화로 인해 거룩한 성리학이 사회의 중심에서 주변으로 밀려나 이전과 같은 사회적 역할을 더 이상 수행하지 못하고, 대외 개방으로 성리학적 가치와 서학적 가치가 충돌하고, 이는 그동안 성리학적 정체성에 의해 규정되어 오던 많은 사람들에게 정체성의 위기를 초래한 것으로 간주하고 있었다.

IV
정통과 이단의 분리

1. 배타적 경계선

1866~1896년의 척사위정운동이 성리학의 주변화 현상을 초래한 세력을 하나의 적으로 설정한 이후의 작업은, 그러한 세력으로 대표되는 외부 세계와, 그 세계에 의해 둘러싸여 있는 내부 세계를 구분하는 것이다. 구체적으로 이러한 구분은 두 세계를 나누는 배타적 경계선의 설정으로부터 시작한다. 여기서 말하는 경계선은 두 가지 차원을 내포하고 있다. 그 하나는 근대적·세속적·다원적인 것의 위협에 따른 정통의 담지자로서의 국내자의 보존을 고려한 외부 경계선이고, 다른 하나는 그 운동의 이해관계와 서학 수용의 차이와 관련된 참여자와 반대자 사이의 내부 경계선이다.

전자와 관련하여 근본주의자들은 정통과 이단의 문제와 이어서 그 경계선을 좀더 세련되게 만들게 된다. 흔히 국외자가 중요하지 않은 이교도이거나, 아니면 대신에 다른 무신론자들과 공모하거나 또는 악마의 세력과 연결되어 있더라도 근본주의자들은 경계선을 그어 일탈로부터 그 집단을 지키고, 정통을 보존하려고 한다(Marty and Appleby, 1991b: 821). 더욱이 이단을 초래하는 그 적들을 명확하게 규정할 필요가 있을 경우에는 그 경계선 설정 작업이 필수적이다.

후자와 관련하여 어떤 운동도 그 기본적인 주축은 참여자들이기 때문에 누구로 참여자를 구성하고, 누구를 참여자로 간주할 것인가

하는 문제가 중요하다. 더욱이 운동이 구체화되면 그것과 주위 환경 간의 구분이 더욱 분명해지게 마련이다. 이러한 과정을 통해 지지자와 반대자가 좀더 분명하게 나누어진다. 이러한 범주들 사이의 경계선은 유동적일 수 있지만 운동의 이해관계와 이질적인 것에 대한 인식의 차이 등을 중심으로 참여자와 비참여자 사이의 유의미한 경계선을 만들게 된다. 사실상 운동을 반대하면 할수록 더욱더 참여자의 범주가 양극단의 이원론으로 환원되어 운동에 참여하거나 아니면 반대하게 된다(Williams, 1994: 810~811). 이러한 맥락에서 근본주의자들은 '우리'와 '그들' 사이의 경계선을 중시한다. 1866~1896년의 척사위정운동에서는 이 두 가지 경계선을 설정하여 운동의 참여자들의 정체성을 일치시켜 외부 세계와 구분되는 독자적인 세계를 구축하고 있었다(정성원, 2002b).

1) 외부 경계선

1866~1896년의 척사위정운동은 서구와 일본이라는 외재적 요인을 더 강력한 위협요소로 간주하고 있었기 때문에, 그 운동은 국외자에 의한 이단으로부터 성리학을 지키기 위해 좀더 강력한 경계선을 세우게 된다.[1] 바꾸어 말하면 그 운동은, 이질적인 외부로부터 침입해 온 종교나 문물이 그 세력을 확대할 수 있었던 것은 조선사회 자체의 경계선이 분명하지 않고, 허물어졌기 때문이라고 판단하여 외부 경계선을 재강화함으로써 그 정체성을 유지하는 길을 택하

---

1) 이를 두고 임형택(1996b: 113)은 17세기 동아시아 전역이 '전환'하는 역사 과정 속에서 조선이 화이론에 입각하여 명나라를 높이고 청나라를 반대하는(尊明反淸) 의리를 조작하여 체제를 존속시킨 것을 두고 "비전환의 명예고립"이라고 풍자한다.

고 있었다(정재식, 1991: 215). 이러한 외부 경계선은 국외자의 위협으로부터 정통의 담지자로서의 국내자 보호라는 목적을 가지고 있었기 때문에, 서구와 일본에 대한 반응을 중심으로 그려지게 된다. 그 당시 성리학자들은 서구와 일본을 두고, 한편에서는 위험[2]의 하나의 원천으로 간주하고 있었으며, 다른 한편에서는 조선이 직면한 위기 상황을 해결할 수 있는 하나의 원천으로 인식하고 있었다.

전자의 대표적인 범주가 척사위정파이다. 이들은 국외자를 위협적인 것으로 인식하여 거부하고 있었다. 이러한 차원에서 국내자들과 국외자들을 구분하는 강력한 경계선을 세우기 때문에, 이들의 수용 범위는 제한적이다. 때문에 척사위정파는 이질적인 것으로서의 국외자를 증오하는 '오염－의식적 사회'(Douglas, 1975·1978)를 지향하고 있었다. 후자의 대표적인 범주 가운데 하나가 개방파라 할 수 있다. 이들은 서구와 일본을 기존의 성리학적 범주에 적응시키기 위해 그 범주를 확장하려고 하였다.

이러한 차원에서 이들은 국외자와 거래를 하고, 공통의 이해관계를 위해 협력하려고 하였다. 국외자의 상호 작용에 따라 여러 가지 이해관계가 조정될 수 있다고 생각하였다. 또한 서구와 일본을 편의적 수단으로 간주하여 성리학과의 공존과 협력을 정당화하고 있었다. 다시 말해 기존의 성리학적 전통을 지지하면서도 국외자를 이용하고 있었다. 척사위정파처럼 서구와 일본을 배제하기보다는 오히려 양자의 복합성을 통해 안정을 유지하려고 하였다.[3]

---

2) 이에는 외부 경계선을 압박하는 위험, 체계의 내부 경계선을 넘어서는 데서 오는 위험, 경계선 주변에서 발생하는 위험, 내부 모순에서 발생하는 위험 등이 있을 수 있다(Douglas, 1969: 122). 이 글에서는 엄밀한 분류 없이 외부 경계선을 압박하는 하나의 위험 요인으로 서학만을 간주할 것이다.

3) 물론 서학에 대해 무관심한 범주가 존재할 수 있었다. 이 글에서는 다루고 있지 않고 있지만 김옥균 등으로 대표되는 급진 개방파처럼 서학의 유입이 초래할지도 모르는 여러 가지 기회들을 열광적으로 포착하

척사위정파는 국내자들 간의 충돌을 국외자의 침입에 기인하는 것
으로 이해한다. 이들은 내부의 정결4)을 유지하고, 외부 방어를 위해
국외자의 약점을 찾는 데 주력하게 된다. 이러한 사회적 환경에서는
세계에 관한 여러 가지 다양한 관점들이 공존할 수 없게 된다. 척사
위정파는 국외자를 하나의 위협과 내부 무질서의 상징으로 간주하기
때문에, 이들이 국외자에 대해 보이는 반응은 거부이다. 이러한 상황
에서 성리학적 전통을 존속시킬 수 있는 길은 서구와 일본의 배제였
다. 척사위정파들이 생각하기에 외부 경계선은 강력해야 하며, 국외
자는 조선사회 어느 곳에도 존재해서는 안 되는 것이다.

이러한 인식 아래 1866~1896년의 척사위정운동은 국외자의 위협
앞에 노출된 성리학을 지키기 위해 외부 경계선을 세우게 된다. 바
꾸어 말하면 성리학의 담지자로서의 척사위정파의 정체성을 명료화
시키면서, 그들을 보호하는 데 경계선 설정의 목적이 자리하고 있었
다. 흔히 경계선과 세계관은 정체성을 형성하고 유지하는 두 가지
차원을 구성한다. 이러한 경계선이 모호해진다는 것은 집단적인 정
체성의 희석을 의미할 수 있다. 정체성의 문제에서 경계선을 가장
중시하는 까닭은 한 집단을 다른 집단으로부터 구분하는 경계가 끊
어진다면 물질적인 차원에서의 급격한 변화는 물론이거니와 정신적

거나, 이점이 없을 경우에는 신속히 서학을 기각시킬 수 있다. 이러한
차원에서 이들은 국내자와 국외자를 구분하는 경계선을 중시하지 않았
다. 또한 이들은 성리학적 전통에서 벗어나 서구와의 교섭에 따른 이점
을 추구하였다. 따라서 경계선 위반 현상과 착종을 증오하지 않는다.
서학을 새로운 시각에서 설명하고 있었다. 달리 말해 서학을 자세히 살
펴볼 필요가 있다는 점을 인식하고 있었다. 서학의 수용을 통한 새로운
혼합 효과를 강조하였다.

4) 더글러스(Douglas, 1975: 53)는 불결 회피, 달리 말해 순수의 추구를 외
   부의 물리적 사건에 있어서의 질서가 기존의 이념 구조에 순응하는 것
   을 보증하는 하나의 과정으로 본다. 블루어(Bloor, 1991: 94)는 더글러
   스의 순수의 규칙과 관련하여 순수를 추구한다는 것은 위협에 대한 자
   연적인 반응의 결과라고 이해한다.

인 차원, 곧 가치와 의미의 차원에서 큰 변화가 일어나게 되고, 드디어는 한 사회의 정체성의 위기를 몰고 올 수 있기 때문이다(정재식, 1991: 207). 이러한 차원에서 그 운동은 기본적으로 성리학에 순종하는 사람들인 '우리'와 그렇지 않은 사람들인 '그들'을 구분 지을 필요가 있다고 생각하였다.[5] 왜냐하면 외래 종교가 성리학을 침식하고 있는 상황에서 그러한 경계선이 없다면 성리학과 다른 종교와의 본질적인 구분이 모호해질 뿐만 아니라, 성리학 그 자체의 근본적인 것들이나 정체성 등을 지킬 수 없기 때문이다.[6]

또한 척사위정운동은, '우리'가 속해 있는 범주, 곧 이러한 경계선의 최전선에 그들이 믿을 만한 국내자들을 배치하여 적들을 무력화시키려고 했다. 이는 1866~1896년의 척사위정운동이 국외자와 일탈적 국내자들 때문에 초래된 위기의 시대를 극복하기 위한 하나의 대안으로 제시하고 있는 국가의 인사정책에 잘 나타나 있다. 요직에 척사위정파, 곧 정통 성리학에 철저한 성리학자들을 우선적으로 임명하고, 만약 이것이 여의치 않으면 척사위정파가 아니더라도 척사

---

5) "사람마다 모두 삼통(군통君統, 사통師統, 부통父統)이 있고, 삼통이 있으므로 사람이 될 수 있으니, 이는 삼통이 만고천하 인류의 기강이 되는 것이다. 천하로 말한다면 천하가 함께 높이는 바요, 인류로 말한다면 사람마다 각각 높이는 바이다. 이 도리를 공자는 맹자에게 전하였고, 맹자는 정자와 주자에게 전하였으며, 정자와 주자는 우리나라의 여러 선정(先正)들에게 전하였으니, 하늘이 변하지 않으면 도(道)도 역시 변하지 않는다. 이에 순종하면 이편 사람이 되고, 중화(中華)의 사람이 되니 죽더라도 영광스럽고, 그것을 어기면 오랑캐가 되고 짐승이 되어 산 것이 죽는 것만 못하다. 함께 약속을 맺은 자들은 불가불 먼저 이 의리를 알아야 한다(최익현, 1978a: 200)."
6) "세상에 오랑캐가 있음은 마치 마음속에 사사로운 이익과 욕심이 있는 것과 같다. 마음속에 하늘의 이치(天理)와 사람의 욕심(人欲)이 함께하면 끝내 무사한 자가 없는 것과 마찬가지로, 한 나라 안에 중화와 오랑캐가 서로 섞이면 끝내 무사한 경우는 없다. ……(때문에) 중화와 오랑캐의 변별은 임금과 신하의 의리보다 더 중하다(김기현, 1994: 236~237에서 재인용)."

위정론에 잠재적으로 동조할 수 있는 인물들을 등용하여 줄 것을 주장하고 있는 데서 잘 드러난다.[7]

물론 이들의 제안이 정책에 제대로 반영되지 않았고, 이렇게 하는 것이 재야 성리학자들의 전통적인 관례일 수도 있지만, 그 당시 이들이 이러한 제의를 하게 된 배경에는 이단을 확대 재생산하고 있던 개방파들을 축출하고, 그 자리에 척사위정운동에 호의적인 인물들을 앉히려는 의도가 작용한 것이라고 볼 수 있다. 바꾸어 말하면 정결한 정통 성리학자들을 투입하여 이단 발생의 하나의 원천을 해소하려는 일종의 전도 활동으로 이해할 수 있다. 특히 이들은 국왕이 개방파에 이끌려 개방정책을 추진하고 있다는 명분을 앞세워 국왕의 측근에 성리학 보존에 긍정적인 인물을 임명해야 함을 역설하였다.[8] 이는 현실적으로 국왕이 의사결정 과정에서 차지하고 있는 비중을 감안한 전략으로서, 국왕이 '오염원'에 전염되는 것을 막기 위한 조처이며, 이 또한 신앙이 미온적인 국왕을 성리학적 신념이나 정통에 헌신할 수 있도록 강제하는 것이라고 볼 수 있다.

이들은 이러한 인식에 터하여 1866~1896년의 척사위정운동은 국

---

7) "……어진 선비를 등용하여 사악(邪惡)을 제거함으로써, 조정을 맑고 또 밝게 기율과 법강을 바르며……(이항로, 1974: 392)."

8) "……의리를 잊으며 이익만 헤아리고 요행을 바라는 무리들이 전하의 앞에 진출되어 나라가 나라꼴이 되지 못할까 두렵사오니, ……학문하는 길은 반드시 스승과 벗을 의뢰해야 합니다. 이른바 스승과 벗이란 사대부들의 문벌이 높고, 족속이 많은 자도 당치 않고, 권세가 중하고 세력이 혁혁한 자도 당치 않으며, 나이가 높고 지위가 높은 자도 당치 않고, 오직 평소 실지로 그의 학문을 익히고 연마하여 실지로 그의 마음을 양성하고 실지로 그의 몸을 억제하여 방종하지 못하도록 하여 부귀와 빈천, 훼손과 명예, 기쁨과 슬픔이 실지로 그의 마음을 움직일 수 없어, 사람들이 마음으로 우러르기를 태산과 북두와 같이 여기는 사람이어야 전하의 스승이 될 수 있습니다. 그 다음은 뜻이 독실하고 학문을 좋아하며 조행이 의롭고 수양이 깨끗하여 명예와 이익의 사사로운 욕심에 빠지지 않는 사람이 전하의 벗이 될 수 있습니다(최익현, 1977: 108·89~90)."

내자와 국외자를 구분하는 강력한 외부 경계선을 설정하고 있었다. 달리 말해 척사위정파가 성리학의 유일한 보존자라는 인식에서 알 수 있듯이 척사위정운동은 서구와 일본을 이단9)으로, 조선을 정통으로 이해하고 있었다. 또한 이항로는 기독교를 '형상과 기운의 학문(形氣之學)'이라 규정하면서 기존 성리학 전통의 '이를 높이고 기를 낮추는(理尊氣卑)' 데 입각하여 기본적으로 성리학을 국내자로, 기독교를 국외자로 구분하였다.10) 이러한 차이에 근거한 외부 경계선의 설정은, 성리학적 전통이 기독교의 수용에 폐쇄적인 태도를 가지고 있으며, 기독교와의 일관된 접합을 거부하려는 의지의 표현이었다. 이는 국내자, 곧 '정(正)'과 국외자, 곧 '사(邪)'를 구분하는 기준을 성리학적 전통과의 연관 속에서 대상을 연구하는 것에 두고 있다는 사실에서 확인된다.11) 이러한 명확한 구분은 이들이 이해하는 기독교의 신앙과 윤리에 나타나 있다. 즉 하늘을 섬기는 것에 있어 심성 함양이 성리학의 본령이라면, 기복이 기독교의 그것이라는 것이다. 여기서 양자는 구분된다고 본다.12)

---

9) "서양을 천지의 대세로써 말한다면, 서방은 극단적으로 가을 기운이 초목을 말라 죽게 할 정도로 치우쳐 있고, 물이 많은 땅이며, 비늘과 껍데기와 같은 종류이기 때문에, 그 성(性)은 목숨을 가벼이 여기고, 죽는 것을 좋아하며, 그 마음은 이(利)를 좋아하지만, 의(義)에 어두워 그 길이 허깨비를 좋아하며, 평상을 싫어하니……(이항로, 1974a: 454~455)."

10) "서학이 잘못되어 있는 것은 근본적으로 태극(이理)이 만물의 근원이 됨을 알지 못하고, 도리어 형체가 있는 것과 형상이 있는 것(천주天主)을 가지고 그것이 천지를 만들어 낸 것으로 인식하는 데에 있다(이항로, 1973: 391)."

11) "물(物)을 단절하여 버리고 이(理)를 관찰하는 것은 선학이요, 이를 단절하여 버리고 물을 논하는 것은 속학인데, 물에 나아가 이치를 연구하는 것은 성학(유교)인 것이다(이항로, 1973: 378)."

12) "맹자가 말하는 바에서는 그 마음을 보존하고 그 성(性)을 기르는 것이 하늘을 섬기는 사천(事天)이다. 아버지와 아들이 사랑과 존경의 도(道)를 다하는 것이 사천이며, 임금과 신하가 충성과 의를 다하는 것이 사천이며, 장유유서, 부부유별, 붕우유신이 모두 사천의 까닭이다. 서양은

기독교의 유입으로 인한 성리학적 질서의 일탈에 대한 우려는 성
리학적 전통에 대한 강조 및 정당화로 나타나며, 심한 경우 증오심
으로까지 나아가게 된다. 이러한 언급은 강화도조약 체결을 강력하
게 반대했던 최익현의 상소문 여러 곳에서 나타나고 있다. 이는 강
화, 달리 말해 성리학과 이교적인 것과의 접촉으로 인한 성리학적
질서 및 가치체계의 일탈에 대해 의식하고 있었으며, 그가 이런 현
상들에 대해 불안감을 느끼고 있었다는 경험적 사례가 될 수 있을
것이다.13)

이러한 일탈의 심각성은 서구 상품의 수입에 대해 언급하는 데서
잘 나타나고 있다. 이항로는 이러한 상품을 하나의 이질적인 것으로
간주하며, 이것이 인간의 도덕생활에 해가 되는 교묘한 기술에 불과
할 뿐이라고 하여 '기기음교(奇技淫巧)'로 표현하고 있다. 이러한 상
품 역시 성리학적 질서를 일탈시키는 하나의 원인으로 간주되고 있
었다.14) 이러한 '오염—의식적 신념'은 서구에 대한 증오심으로 확대

그렇지 않다. 하늘이 우리에게 명하는 것이 무엇인지를 묻지 않고, 다
만 하늘을 숭배하여 복을 비는 것으로 하늘을 섬긴다고 한다. 우리가
말하는 바 사천이라 하는 하늘은 오로지 도리를 말하는 것이며, 서양인
이 말하는바 사천이라 하는 하늘은 오로지 형기정욕(形氣情欲)을 말하
는 것이다. 양자가 같지 않은 것은 실로 여기에서 나누어진다(이항로,
1973: 395)."

13) "우리의 물건은 한정이 있는데, 저들의 요구는 끝이 없어서 한 번이라도
맞추어주지 못하게 되면 사나운 노기가 뒤따르매 침해, 약탈하며 유린하
여 이전의 공로를 다 버리게 될 것이니……일단 강화를 맺고 나면 저 적
들의 욕심내는 바가 물품과 재화를 교역하는 것에 있는데, 저들의 물품
과 재화는 대개가 지나치게 사치하고 기이한 노리개로서 손에서 생산되
어 한정이 없는 것이요, 우리의 물품과 재화는 대개 백성들의 생명이 달
린 것으로서 땅에서 나는 것으로 제한이 있는 것이니, 제한이 있는 진
(津)과 기름진 땅으로 백성들의 생명이 달린 것으로써 한없이 사치하고
기괴한 노리개 따위의 마음을 좀먹고 풍속을 해치는 것과 바꾸되 해마
다 반드시 많은 수로 헤아리게 되면, 수년 후에는 동토 수천 리의 황량
한 땅과 쓰러져 가는 집들이 다시 지탱하여 보존하게 되지 못할 것이며,
나라는 반드시 따라서 멸망하게 될 것이니……(최익현, 1977: 126~127)."

된다. 이는 국외자로서의 서구와 일본을 인간과 화합할 수 없는 짐
승으로 규정함으로써 극단적인 반대를 표명하게 된다.[15)]

척사위정파는 서구와 일본의 침투로 인해 기존의 성리학적 질서가
침해당하는 현상에 대해 극도의 불안감을 표출함으로써 그로 인한
일탈의 심각성을 지적하고 있었다.[16)] 따라서 국외자를 배제하는 것
은 하늘의 뜻이라고 하여 성리학적 질서 유지에 전력을 기울이고 있
었다.[17)] 이러한 일탈로부터 그러한 질서를 보존하려면 서구, 일본과
의 물리적 접촉을 원천적으로 봉쇄해야 한다고 보았다. 이러한 의식
은 오염을 인식하는 신념에 따른 것이며, 이를 규칙화하려는 의지의
소산이기도 하다. 이들은 이러한 회피를 통해 성리학이라는 단일 요

---

14) "(서양인은) 재화를 융통하는 것(통화通貨)과 연애하는 것(통색通色)을
    당연하게 여기는데, 이것은 오랑캐들도 하기를 좋게 여기지 않는 것이
    며……사민(사농공상)이 생업을 마련할 때에 옛 성인들이 염치를 알게
    하는 교화와 도적을 처벌하는 법을 뒷받침하지 않았다면 인류는 파멸
    된 지 오래였을 것이다(이항로, 1973: 384)."

15) "저들이 비록 왜인(倭人)이라고 하나 실은 양적(洋敵)입니다. 이 일(강
    화)이 한 번 이루어지면, 사악한 학문의 서책과 천주의 초상이 교역하는
    속에 혼합되어 들어와 조금 있으면 전도사와 신자가 전해 받아 온 나라
    에 두루 찰 것입니다. 포도청에서 살피고 검문하며 잡아다 베려고 하면,
    그들의 사나운 노기가 또한 더하게 되어 강화한 지난 맹세가 허사로 돌
    아갈 것이요, 내버려두고 묻지 말도록 하면 조금 지나서는 장차 집집마
    다 사악한 학문을 하고, 사람마다 사악한 학문을 하게 되어 아들이 그
    아비를 아비로 여기지 않고, 신하가 그 인군을 인군으로 여기지 않게 되
    어 예의는 시궁창에 빠지고 인류는 변하여 짐승이 될 것이니……(최익현,
    1977: 127)."

16) "저 외적들로 말하면, 한갓 재화와 색(色)만 알고 다시 조금도 사람의
    도리라고는 없으니 이는 짐승일 뿐입니다. 사람과 짐승이 화합하여 같
    이 떼 지어 있으면서 조심과 염려가 없기를 보장한다는 것은 신은 그
    무슨 말인지 알 수 없으니……(최익현, 1977: 128)."

17) "서양이 도(道)를 어지럽히는 것이 가장 우려된다. 하늘과 땅 사이에
    하나의 맥(脈)의 양기(陽氣)가 우리 조선에 있는데, 만일 이것조차도 파
    괴된다면 하늘이 이를 용서할 것인가, 우리가 마땅히 마음을 세워 도
    (道)를 분명히 하는 것을 불을 끄는 것처럼 급히 하지 않으면 안 된다
    (이항로, 1973: 399)."

인에 의한 사회적 정의(定義)가 명료화되고, 유지된다고 생각하였다.

이 점은 최익현이 일본과의 수교를 반대하는 주장에서 나타나고 있다. 바꾸어 말하면 일본과의 강화는 성리학적 토대라고 할 수 있는 중화적 질서와 윤리를 일시에 뒤흔들 수 있기 때문에, 국외자로서의 일본과의 접촉을 금지해야 한다는 점을 강력하게 개진하고 있었다.18) 이는 성리학적 가치를 앞세워 거기서 일탈한 개인들로 하여금 기존의 성리학적 신념을 유지하도록 강제하는 것이고, 서구와 일본 세력의 유입으로 발생한 사회적 정의의 혼동 상태를 재정의하려는 하나의 시도라고 할 수 있다.19)

이러한 시도는 기존의 화이론(華夷論)과 인수론(人獸論) 등의 이론적 자원에 의해 지지된다. 화 / 이, 양 / 음, 남 / 여 등의 구분은 본래 성리학적 전통에 따른 구분(이항로, 1973: 324)인데, 구체적으로 이항로는 화 / 이의 이분법20)을 선택하여 경계선을 긋고 있다. 곧 '우

---

18) "강화가 이루어진 뒤에는 그들이 육지로 내려와 서로 왕래하고 혹은 나라 안에다 집을 짓고 살려고 할 것인데, 우리가 이미 강화하였으므로 거절할 말이 없고, 거절할 수 없어서 내버려두면 재물이나 비단과 부녀자들의 약탈을 오직 하고 싶은 대로 할 것이니, 누가 능히 막겠습니까?(최익현, 1977: 127)."

19) "대저 정자(程子)와 주자(朱子)는 성인에 버금가는 분으로서 그 말이 믿을 수 있어 마땅히 오늘날 군자들의 소견보다는 나을 것인데, 정자는 강화하는 것을 중화를 어지럽히는 길이라고 하였고, 주자는 '강화하는 계책이 결정되게 되면 삼강이 무너지고 만사가 망치게 될 것이니 이는 큰 환란의 근본이다'하였으니, 정자와 주자의 교훈으로써 오늘날 일을 헤아려 본다면 적과 더불어 강화함은 반드시 난리와 멸망을 가져오게 되는 것이어서 만에 하나도 다행할 것이 없습니다(최익현, 1977: 125~126)."

20) 이에 대해 그의 화이론을 추상적 사고의 논리적 결론이기보다는 세계 열강의 제국주의적 침략 야욕에 꼼짝없이 당하는 약소민족의 한 지성인이 드러낼 수밖에 없던 격앙된 말투요, 분노 서린 목소리로 보는 관점(김기현, 1994: 237)이 있다. 물론 전반적으로 화서·간재학파의 척사위정론이 이러한 감정을 담고 있는 것은 사실이지만, 앞서 설명했듯이 성리학적 전통에 기대면서 '그들'의 정체를 논리적으로 규정하고 있을 뿐만 아니라, '우리'와 '그들'의 경계선을 그음에 있어서도 기존의 화이

리’는 화에, ‘그들’은 이에 속하는 것으로서, 이 둘은 아주 명확하게 구분되며, 이를 통해 문화적 등급이 매겨지게 된다. 좀더 구체적으로 말해 이항로는 ‘중화를 높이고 오랑캐를 물리친다(尊中華 攘夷狄)’라는 화이론을 통해 서구와 일본을 인식하고 있었다. 최익현의 「재소(再疏)」 등을 분석해 보면, 화 / 이의 범주가 좀 확장되어 있음을 알 수 있다. ‘우리’의 범주에는 ‘영원한 진리·문명·중화의 성현’ 등이 있으며, ‘그들’의 경계선 안에는 ‘사특·미개·오랑캐’ 등이 있다.21) 전우도 예가 있고 없음으로 화 / 이의 경계선을 긋고 있으며22),

---

론을 보완하는 금수론(禽獸觀)이라는 새로운 틀을 만들기도 하였다. 이러한 논리 및 자원들은 척사위정운동에서 참여자들을 충원, 동원하는 이념적 기제로 작용하고 있다. 이러한 의미에서 서양과 일본을 오랑캐로 규정한 것을 두고, 위기의 시대에 어울리지 않는 너무나 나약한 사고방식이라는 비판은 재고되어야 할 것으로 생각된다.

21) “……성인들이 만세의 큰 법으로 세워 만세의 표준을 만든 것입니다. 그러므로 화하(華夏)라고 한 것이니, 화하란 것은 문명이란 뜻으로 곧 그 제도와 문물 및 법도가 찬란하게 문명하였음을 말하는 것입니다. 오랑캐들로 말하면 이미 천지의 지극히 치우친 곳에 살고 산천과 풍기(風氣) 또한 고르지 못합니다. 이러므로 여기서 사는 사람들은 바르고 넓은 면은 적고, 기교와 거짓이 많으니, 지금 시험 삼아 그 실정을 말한다면 비록 인·의·예·지의 천성은 있으나, 능히 강구하여 실천하고 확충하기를 중화의 성현들과 같이 광대하고 정밀하지 못하며, 비록 부자·군신·장유·붕우의 인륜은 있으나, 부자 사이의 친함과 군신 사이의 의, 장유 사이의 서, 붕우 사이의 신을 중화의 성현들과 같이 곡진하고 주밀하게 하지 못하며, 비록 능히 학문을 하기는 하나, 오로지 기기(氣器)만을 숭상하며 잔인하고 방자하여, 우리 유학의 이른바 순수와 극복으로 기질을 변화시키는 공부가 없으며, 비록 능히 이(理)를 말하나 일찍이 하늘이 명한 사람의 마음·성(性)·정(情)의 오묘한 데와 인륜의 일상생활 중에 늘 행동하는 속에서 구하지 못하며, 비록 능히 하늘을 공경하나 능히 하늘과 사람이 한 이치인 묘미를 알지 못하여 망령되이 스스로 예배만 하며 복을 구하여 천박하고 비속하고 방탕, 사특할 뿐이며, 비록 능히 옷과 갓을 하나 머리털을 짧게 깎아 미개하니 일찍이 위엄과 예의, 법도와 귀천 및 상하의 구별이 없습니다. 심지어 남녀의 구별이 없고 내외를 구별하지 않으며, 음양의 건순(健順)한 이치에 어둡고, 강유와 존비의 차서를 방치하여, 또한 짐승과 행동이 다름없고, 거처함이 거만하고 집들이 기괴하여, 모두 성인들에게 버림받은 자들입니

특히 이(夷)의 개념은 특정 불변의 어떤 종족을 지칭하는 것이 아니라 예의와 도덕의 유무에서 판별되는 일종의 문화적 개념이다(김기현, 1994: 237).

이러한 개념에 터하여 1866~1896년의 척사위정운동에 있어 외부 경계선의 설정은 구체적인 형태를 띠게 된다. 그 경계선의 첫 번째 형태가 이른바 조선을 소중화로 명명하는 것이다. 그 운동은 일탈의 대상이 되고 있는 조선을 거룩한 공간으로 이름 붙임으로써 서구와 일본 등과 명확한 경계선을 긋고 있다. '우리'가 존재하고 있는 공간과 '그들'이 거주하는 곳을 가름함으로써 그 차별성을 보여 주려고 했다. 하여튼 구성된 것이기는 하지만 소중화의식에 근거한 이러한 경계선 설정은 세속적 국가를 거부하며, 이러한 국가를 거룩한 경계선 안에 있는 땅을 완전히 차지하고 있는 참 성리학 국가로 대체시키며, 이 국가에는 성리학을 믿고 실천하는 동질적인 사람들이 거주해야 한다는 것을 표현한 것이었다.

이러한 소중화의식은 명나라 멸망과 병자호란에서의 패배 등과 같은 사회심리적인 이유와 함께 '조선적인 것'의 창조 등으로 대표되는 문화적 요인 등의 결합으로 이미 17세기부터 싹트기 시작하였고, 18세기에 들어와서는 경제적 발전의 뒷받침을 받으면서 본격적으로 성리학자들 사이에 자리하고 있었다. 이때의 소중화의식이 그 자존심의 발로였다면 19세기 말의 그것은 이전의 그러한 의식을 전제로 하면서도, 척사위정운동이 보기에 거룩한 공간, 곧 조선이 일탈되고 있는 위기의 상황을 염두에 둔 것이었다. 이러한 맥락에서 1866~1896년의 척사위정운동은 조선을 소중화로 재확인하려는 일련의 작

다. 그러므로 오랑캐라고 하는 것입니다(최익현, 1977: 178~179)."
22) "중화와 오랑캐는 예가 있고 없음으로 분간된다. 그래서 '예를 조금 잃으면 오랑캐가 되고, 크게 잃으면 짐승이 된다'고 한 것이다(김기현, 1994: 236에서 재인용)."

업을 빈번하게 시도하고 있었다. 명나라 왕의 신위를 모신 만동묘를 찾아 참배한 것이나, 화서학파의 경우 소중화의 역사적 상징물인 조종암을 세운 것도 결국 이러한 작업의 일환이었다고 볼 수 있다.

최익현의 「재소(再疏)」와 「포고팔도사민(布告八道士民)」 등에 의하면, 조선을 거룩한 공간으로 서술하면서, 이를 다른 지역과 구별되는 하나의 경계선으로 삼고 있음을 알 수 있다. 그는 조선이 거룩한 곳으로 자리 잡게 된 데에는 역사적 근거가 있으며[23], 그 공간은 조선에만 유일하게 존재하고 있음을 분명히 하고 있다.[24] 이는 1895년 척사위정운동의 공식 선언문인 「격고팔도열읍(檄告八道列邑)」에서도 나타나고 있다. 그 운동의 지도부는 조선을 문화의 나라로 자리매김하여 다른 지역, 특히 서구와 일본과 구별하고 있다(유인석, 1973: 356). 유인석이 보기에 화(華)는 제왕의 전통과 성현의 연원을 위시한 예절과 음악 및 제도의 실상을 통칭한 것인 데 반해, 이(夷)는 최고로 선하고 최고로 아름다운 화(華)를 항상 파괴하려는 속성을 가지고 있

---

23) "우리나라가 고려 이후로 명칭은 비록 중국의 지방정부에 속해 있었지만, 토지와 인민과 정치는 모두 우리가 자립하고 자주하여 털끝만큼도 저들의 간섭을 받지 않았다. 그러므로 전성기를 당하여서는 매번 이기는 군사가 백여 만이요, 재화가 창고에 가득하였으며, 백성은 부유하고, 호구는 번식하여 비록 수나라 양제와 당나라 태종의 위세로도 패하여 돌아감을 면치 못하였으며, 원나라 세조가 여덟 번이나 쳐들어온 다음에야 복속시키었다. 우리 태조 때에 왜적이 여러 번 침범하였지만 번번이 패하였고, 임진왜란에 비록 명나라의 구원이 있었지만 회복하여 전승한 공은 모두 우리 군사가 왜선 70여 척을 노량에서 침몰시킨 데 있었으며, 병자호란에도 만약 임경업의 '곧바로 근거지를 쳐부수자'는 청을 들었다면 청나라 사람들은 그 즉시 멸망하였을 것이다. 그 꾀를 쓰지 않은 것이 한스러울 뿐 진실로 힘이 부족했던 것은 아니다(최익현, 1978a: 215)."

24) "……명나라가 멸망하면서부터 만주 오랑캐가 중국을 더럽힌 지 이미 2백여 년이나 되었습니다. 천하의 지극히 비색한 운수가 대개 이보다도 심한 것이 없는데, 이때 우리나라만이 홀로 중화의 옛 제도와 문물을 보존하여, 의관과 예악이 거의 삼대의 풍속이 있습니다(최익현, 1977: 180)."

다(박민영, 1986: 198)는 것이다. 이로 인해 소중화가 일탈되어 소일본(小日本)이 되는 상황이 일어나게 되었음을 지적하고 있다.[25]

척사위정운동에서 보이는 또 하나의 경계선 형태가 바로 의상(衣裳)을 둘러싼 것이다. 척사위정파가 '우리'와 '그들'을 구분하는 하나의 근거로 의상을 중시하고 있었다. 더욱이 1895년 척사위정운동의 하나의 촉발 요인으로 이러한 의상의 변화가 작용하고 있었다는 점을 염두에 둔다면 이 경계선은 그 운동에 특별한 의미를 가지고 있었다. 1898년 최익현의 「재소(再疏)」와 1891년 참판 이용원에게 보내는 편지 등에 의하면, 그는 '우리'의 종교적·문화적 상징인 의상과 오랑캐, 곧 '그들'의 그것을 엄격하게 구별하면서 '우리'의 의상이 변질될 것을 심각하게 우려하고 있다.[26] 이는 척사위정운동이 의상의 차별을 통해 '우리'와 '그들' 간의 분명한 경계선을 그으려는 의도를 가지고 있었다고 볼 수 있다. 그 운동은 이러한 구분이 없어지면 곧바로 신앙 공동체의 일탈을 초래할 뿐만 아니라 성리학자들의 정체성을 확인할 수 없게 되기 때문에 고유한 의상의 보존과 유지를 강력하게 요구하고 있었다.[27]

---

25) "갑오년 6월 20일 왜장 大鳥圭介가 군사를 거느리고 대궐을 범하여 임금을 위협하고 제멋대로 약정을 맺었다. 이에 박영효, 서광범, 서재필 등이 적중에 망명해 있다가 얼굴을 들고 나와서 국가의 권력을 쥐고, 국내에 있는 여러 도적과 호응, 결탁해서 바른 역법을 고치고, 관제 명칭을 변경하고, 옷 색깔을 바꾸고, 주군(州郡)을 개혁하니 당당한 소중화가 하루아침에 소일본이 되었다(이구영, 1994: 147)."

26) "지금 개(일본)와 양(서양)이 횡행하고 의리가 날로 상실되어 백성과 나라의 걱정이 한두 가지에 그치지 않고 의상의 종류가 장차 모두 오랑캐로 돌아갈 것을 면하지 못할 것입니다(최익현, 1978a: 29)."

27) "대체로 의복이란 것은, 선왕들께서 귀천을 표시하고 중화와 오랑캐를 구별한 것입니다. 옛적에는 오랑캐들의 옷이 모두 소매가 좁았는데, 지금의 오랑캐들도 옷이 소매가 좁은 것입니다. 그러므로 지난 갑신년에 소매를 좁게 하라는 명령이 내려졌을 적에 대신과 유교에 정통하고 행적이 바른 사람들이 서로를 올려 간하는 사람이 많았고, 밖에 있는 사대부들은 또한 모두 죽음을 맹세하고 옛것을 입으며 글로써 큰 뜻을 밝혔고, 신 역시 감

전우 또한 변복령에 반발하여, 자신들만의 고유한 의상을 착용함으로써 실제로 '그들'과의 경계선을 분명히 긋고 있었다. 그는 자신의 문인들에게 모두 심의(深衣: 귀인의 제복의 한 가지로 윗도리와 아랫도리가 연결되어 있는 옷), 폭건(幅巾: 비단으로 만든 것으로 머리를 뒤로 쌓아 덮는 두건), 치포관(緇布冠: 고대에 관례를 할 때 제일 먼저 쓰던 관) 등의 의상을 입어 다른 사람들과 구분되도록 하였다(성대경, 1990: 47~48). 이러한 경계선의 강조는 1895년의 척사위정운동에서도 그대로 이어지고 있다. 유인석은 국왕에게 올리는 상소문을 통해 의상의 보존과 유지가 실패하면, "공경대부를 비롯하여 서민에 이르기까지 조상이 물려준 좋은 법도와 풍속이 일변하여 짐승의 영역에 빠지게(이구영, 1994: 42에서 재인용)" 되기 때문에 의상의 보존은 중요한 과제임을 역설하고 있다. 뿐만 아니라 새로운 경계선의 설정과 더불어 기존의 경계선을 재강화시키기도 하였다. 보통 극적인 상징들을 통해 이러한 재강화 작업이 이루어진다. 흔히 참여자들과 다른 사람들을 차이 나게 하기 위해 외부적 표상을 구축하고, 잠재적 참여자들이 이 표상에 관여하면 할수록 조직에 더 집착하게 된다(Williams, 1994: 811).

이러한 차원에서 유인석은 1895년 척사위정운동이 일어나기 전에 그 운동의 잠재적 참여자들과 다른 사람들을 차이 지을 수 있는 강습례(講習禮), 향음례(鄕飮禮) 등의 모임을 열게 하였다. 향음례는 온 고을의 유생들이 모여 경서를 중심으로 옛글을 강론하고 토론하는 것을 목적으로 하는 유생들의 일종의 부정기적인 집회를 말하는

히 구차하게 조정의 명령대로 경솔하게 소매 넓은 옷을 버리지 못하고 지금에 이르렀습니다. 대체로 의복제도를 무너뜨리는 것은 곧 형체를 무너뜨릴 징조가 이미 나타난 것이니……성명하신 조상들께서 법을 세울 때에 모두 명나라 것을 쓰되 우리나라의 풍속을 참작하여 영원히 고칠 것이 없는 큰 제도를 만드신 것이니, 그렇다면 이것이 유독 선왕들의 법다운 의복이 아니겠습니까?(최익현, 1977: 189~190)."

데, 강독의 유무에 따라 강습례와 향음례가 구분된다. 강습례 때에는 강장(講長), 빈장(賓長), 중빈(衆賓), 제생(諸生), 사례(司禮), 독홀(讀笏), 사강(司講), 사정(司正) 등의 순서대로 강송이 진행된다(박민영, 1986: 169). 이 집회는 일종의 종교적 성격을 띠는 것으로 사제계급이라 할 수 있는 사람들이 참석하여 성리학 경전을 읽고, 경전에 입각한 강학, 곧 일종의 강론을 하고, 이것이 끝나면 술과 음식으로 교제, 곧 일종의 만찬을 하는 등 종교의례에 가까운 것이었다. 이러한 모임에 참석함으로써 척사위정파의 정체성을 재강화시키고 있었다고 보인다. 더욱이 이러한 모임에 참석하면서 사람들은 다른 조직과는 구별된다고 생각되는 그 모임에 더 집착하게 되었을 것이다.

이처럼 1895년 척사위정운동은 조직적으로 멤버십 지위의 표상을 강화하고, 국외자와의 물리적·정서적 거리를 늘리면서 명료화되고 있었다. 이는 경계선 강화라는 목적에 부합하는 이러한 종교집회 등을 통해 이루어지고 있었다. 이러한 집회를 통해 이들은 공유된 의미를 기억하고 자체에 대한 충성심을 강화시키게 된다. 이들은 향음례라는 일종의 종교의례를 통하여 다시금 열정과 일체감을 회복하며 각 참석자들은 그들의 집단과, 그 집단의 목표와 일체감을 가질 수 있게 된다. 또한 같은 학파의 구성원들끼리의 개인적 연계, 집단생활, 일종의 기도에 해당하는 학파 지도자의 가르침을 매일 암송하는 것, 정교한 사회적 연결망과 상호부조 등에 의해 재강화되고 있었다. 특히 이 가운데 일종의 종교적 기도라고 할 수 있는 지도자의 가르침을 암송하는 것이 일반적이었다.[28] 이를 통해 척사위정파는 자신들의 정체성과 기존의 경계선을 분명하게 인식할 수 있었을 것이다.

---

28) "강의 규율 하나를 지어 매양 강의가 끝나면 잘 읽는 자로 하여금 한 차례 외게 하였는데, 그 조목은 대체로 10여 가지였으며, 그 내용은 북쪽의 오랑캐가 의관을 파괴하고, 서쪽의 천주교가 우리 마음을 좀먹으니, 남보다 앞장서서 마음을 밝히고 눈을 부릅떠서, 성현의 가르침과 조상의 업적을 떨어뜨리지 말자는 간절한 부탁이었다(최익현, 1978a: 331)."

요컨대 경계선은 공공연하게 일탈을 조장하는 세계에서 척사위정파의 정체성을 유지하려는 도전과 관련되어 있다. 이러한 여러 개념들에 근거하여 설정된 배타적 경계선은, 이미 척사위정운동이 발생하기 이전부터 잠재적 참여자들이 내재화하고 있었던 자원이기 때문에, 사람들로 하여금 자발적으로 운동에 참여할 가능성을 높이게 되고, 잠재적 참여자들을 동원하는 데 유용하였다. 1866~1896년의 척사위정운동은 배타적 경계선을 설정함으로써 반발 대상을 명료화하여 참여자들의 정체성을 일치시킬 수 있었다.

2) 외부 세계의 등급 매기기

일반적으로 기존의 외부 경계선만으로 운동의 요구에 부응할 수 없을 때 그것을 보완하게 된다. 척사위정운동에서도 기존의 화이관에 기대어 설정한 경계선을 현실적으로 보완할 필요가 생겼다. 왜냐하면 시간이 갈수록 서구의 침식으로 인한 폐해가 심각하고, 개항을 전후한 시기에 일본과의 관계를 어떤 형태로든 규정해야 했기 때문이다. 특히 일본과 관련하여 이전에는 양국이 교린관계에 있어 별도의 경계선이 필요 없었으나, 이제는 조선을 일탈시키는 국외자로서의 일본을 자리매김해야 할 필요성이 제기되고 있었다. 바꾸어 말하면 이전에 '그들'의 범주에는 북쪽 오랑캐밖에 없었으나 이제 서구와 일본이라는 국외자를 어느 범주에 포함시킬 것인가 하는 집단적 요구는 척사위정운동의 지도자들로 하여금 경계선을 다시 손질하게 만들었다. 그 운동은 기존의 화이관에다 새로운 분류 틀인 금수관 등에 의존하면서 '우리'와 '그들'의 등급을 화 / 이에서 인류(人類) / 오랑캐(夷狄) / 짐승(禽獸)으로 다시 평가하였다.

이러한 인식 아래 이항로는 자신을 버리고 남을 따르는 것과 자기를 극복하여 예(禮)로 돌아가는 자, 바꾸어 말하면 선을 좋아하고 악을 미워하는 자를 인류의 범주로 설정하고, 감정대로 바로 행동하여 예도 없고 의리도 없는 것을 오랑캐의 풍속으로, 단지 한 가지 길만 통하고 배고프면 먹고 목마르면 마시고, 색(色)을 좋아하는 것은 짐승의 지혜로 나누었다(이항로, 1973: 388, 1974a: 469~470). 또한 김평묵의 「대경기강원양도유생논양왜정적잉청절화소(代京畿江原兩道儒生論洋倭情迹仍請絶和疏)」에 의하면, 일본을 서구와 같은 범주로 설정하고 있음을 알 수 있다.29) 이에 따라 화/이의 이분법은 인류/오랑캐/짐승이라는 상징적 수사로 세련화되었다.30) 인류의 범주에는 조선, 오랑캐에는 북쪽의 오랑캐, 짐승에는 서구와 일본 등이 속하게 되었다. 다시 말해 사악한 외부 세계를 이단의 정도, 곧 중화의 도(道)의 정도에 따라 등급을 매겨 오랑캐와 짐승으로 나누었다.31)

흥망성쇠의 순환론적 역사관에 기대고 있는 척사위정운동은 '우리'의 신앙 공동체를 일탈시키는 하나의 원천으로서의 이단은 수시

---

29) "전일의 왜(倭)는 이웃 나라였기 때문에 가히 강화할 수 있었습니다. 그러나 오늘의 왜는 도적(寇賊)인 것입니다. 도적과 더불어 강화할 수 없습니다. 그들이 도적임을 어찌 아오리까? 그들이 서양 도적(洋賊)의 앞잡이 노릇을 하기 때문입니다. 그들이 서양 도적의 앞잡이임을 어찌 아오리까? 왜인은 서양인과 동심일체가 되어 중국을 제멋대로 하기 때문입니다(최재현, 1989: 118에서 재인용)."
30) "병자년, 정묘년의 일은 화이를 구별하는 일이었습니다만, 오늘의 일은 사람과 짐승을 판별하는 일입니다. 화(華)로서 오랑캐가 되는 일은 오히려 있을 수 있는 일이겠습니다만, 사람으로서 짐승이 된다면 차마 말할 수 없는 일입니다(최재현, 1989: 118~119에서 재인용)."
31) "중화의 도가 없어지면, 오랑캐와 짐승이 밀려오는 것이다. 북쪽 오랑캐는 이적(夷狄)인지라 오히려 말할 수가 없거니와 서양은 짐승인지라 말할 수도 없는 것이다(이항로, 1973: 398)." 저들이 비록 왜인(倭人)이라고 하나 실은 양적(洋賊)입니다. ……그들은 얼굴만 사람이지 마음은 짐승이어서 조그만 뜻에 맞지 않으면 사람을 죽이고 사람을 잡아 넘기기를 아무런 기탄없이 하는데, ……(최익현, 1977: 127)."

로 발생하기 때문에, 항상 완벽한 순수성을 보장받을 수 없다는 점을 분명히 하였다. 정학(正學)인 성리학이 '우리'에게 존재하고, '우리'가 그것을 보존하려고 노력하면 일탈의 낭떠러지에 서 있는 우리를 지킬 수 있다는 점을 환기시켜, 척사위정론을 추종하는 사람들에게 최소한 일탈로부터 보호받고 있다는 확신과 기준을 제시하고 있었다.[32] 이러한 확신 부여는 척사위정파의 공포감을 누그러뜨리는 데 기여하고 있었다.

3) 내부 경계선

우리는 운동의 이해관계와 서구와 일본의 수용을 둘러싼 인식의 차이와 관련하여 척사위정운동에서 주도적인 역할을 수행하였던 화서·노사·간재학파 그 자체에 주목한다. 왜냐하면 그 학파들이 1866~1896년의 척사위정운동의 충원의 저수지 역할을 하였기 때문이다. 그러한 역할을 수행하였다는 것은, 그 학파를 통해 운동의 이해관계와 그러한 인식이 생산되었다는 것을 의미한다. 일반적으로 근본주의 운동의 이해관계와 그 충원과 관련하여 알몬드 등(Almond, Sivan, and Appleby, 1995b: 434~436)은 운동의 지도자들과 참여자들이 그 사회의 구조적 특성, 도시화의 정도 등에 의해 정해지는 사

---

32) "정학(正學)과 이단은 서로 성하고 쇠퇴하나니, 그 원인은 실상 사람의 한 마음에 말미암은 것이다. 하늘의 이치와 사람의 욕심은 서로 사라지고 자라나지만, 그 흐름은 하늘이 정한 운수의 음과 양, 선과 악, 세상 도리의 오르내림, 천하 사물의 질서를 다스리고 실제로 관여한다. 다만 이것은 하나의 이치일 따름이다. 때문에 난세를 구하는 것은 이단을 피하는 것만큼 먼저 할 것이 없다. 이단을 피하는 것은 정학을 밝게 하는 것 이상 가는 것이 없나니, 정학을 밝게 하는 것은 다만 한 마음에 있다. 하늘의 이치와 사람의 욕심을 변별할 따름이다(이항로, 1974a: 462)."

회구조의 여러 부문에서 충원되며, 이러한 구조가 근본주의자들의 호소에 호응하는 불안하고, 상대적으로 박탈당한 계층을 만들어 낸다고 본다. 흔히 근대화·세속화 과정은 새로운 세속적 전문 관리, 경영 엘리트들에게 특권을 부여하기 때문에 사회적 위신 또는 어떤 특권을 부여받지 못한다고 느끼는 사람들은 보다 공정한 상태를 만들기 위하여 운동에 참여할 수 있다(박재묵, 1996: 389). 이러한 차원에서 근본주의 운동은 흔히 지배 엘리트의 권위와 특권에 도전하는 주변부 엘리트가 주도하게 된다(Tehranian, 1993: 315).

1866~1896년의 척사위정운동은 그 참여자들의 지역적 출신 배경과 사회적 지위에 있어 많은 부분 동질성을 보이고 있었다. 그들은 '지방'에 거주하는 '사대부' 계층에서 충원되고 있었다. 여기서 재지 사림들과 척사위정운동이 이어진다는 것은, 운동의 리더십과 지지 등이 정치적·경제적으로 주변화될 것을 두려워하는 집단들에서 동원되고 있었다는 의미에서이다. 더욱이 이러한 동질성은 운동의 이해관계를 생산, 공유하게 하는 하나의 중요한 요인으로 작용하고 있었다. 이러한 사실은 척사위정운동에 참가한 대표적인 학파 가운데 하나인 화서학파 구성원들의 출신 지역과, 그 학파에 가입하게 된 동기와 멤버십 등에서 확인된다.

이항로 당시 화서학파의 구성원들은 지역적으로는 경기, 강원 영서, 황해, 평안도 출신이고, 정치적으로는 대다수가 정치적 의사결정 과정에서 소외된 재야 노론이고, 소수의 북인 및 남인 출신이 있었다. 사회경제적으로 그들은 몇몇 부요한 인물을 제외하고 몇 대에 걸쳐 관료로 진출하지 못한 성리학자들이었다. 일반적으로 운동은 이념적 호소를 통해 참여자들을 충원하게 되는데, 사람들은 심리적으로나 태도가 강제되어 있기 때문에 운동에 참여하는 것이 아니라 그들이 세계에서 구조적으로 자리하고 있기 때문에 보다 쉽게 참여하게 된다(Snow, Zurcher and Ekland-Olson, 1980). 이것을 잘 보여 주는 것이 사회적 연결망으로서의 학파에 소속되어 있는 많은 지식인들이 척사위정운동에 참여하고 있었다는 점이다.

이것의 대표적인 보기가 화서학파가 주도한 1895년의 척사위정운동이다. 그 연결망은 지역적으로 제천을 중심으로 하는 '사군(四郡)' 또는 '내사군(內四郡)'을 토대로 하여 맺어지고 있었다. 사군은 제천·청풍·단양·영춘으로, 오늘의 제천·단양 등을 포괄하는 용어인데, 운동의 지도부뿐만 아니라 주요 참여 세력이 이 지역 출신들이다. 좀 늦은 시기의 자료이기는 하지만 1909년에 보고된 제천·단양·청풍·영춘 등의 성리학자들의 분포자료(구완회, 1997: 4, 각주 34)에 따르면 단양은 141명, 청풍은 161명, 제천은 437명, 영춘은 91명이었다. 물론 단순 비교이고, 제천의 성리학자들이 모두 화서학파와 관련되어 있다고 볼 수는 없다. 그렇지만 1895년 척사위정운동은 이처럼 상대적으로 풍부한 성리학자들이 존재했기 때문에 가능했다. 제천 지역에는 그 운동의 잠재적 참여자의 풍부한 저수지가 있었다고 보인다. 운동 출현의 준비 모임의 성격을 띠었던 장담의 향음주례(鄕飮酒禮)에도 이 지역의 성리학자들이 주축을 이루었고, 영월에서 유인석이 대장에 오를 때에는 기존의 지평 출신 이외에 신지수(申芝秀)가 모아 온 사군의 병사가 대거 참여하였다.

이러한 지역적 환경 때문에 1895년의 척사위정운동에서 참여자들은 사전에 쉽게 운동의 주동자들과 접촉할 수 있었던 것으로 보인다. 동일한 정치적 입장을 공유하면서 같은 학파 소속이고, 다 그런 것은 아니지만 많은 참여자들이 혈연관계로 맺어지는 강력한 사회적 연결망에 이어져 있는 사람들이 운동에 참여하고 있었다. 이를 간접적으로 확인할 수 있는 근거로 1876년의 「병자연명유소」에 참가한 성리학자들의 성분을 살펴보면, 이들이 하나의 강력한 사회적 연결망과 연결되어 있음을 알 수 있다. 많은 참여자들이 화서학파 소속으로 이들은 주로 이항로·김평묵·유중교 등의 문인이면서도 동일한 정치적 입장과 혈연관계를 가지고 있었다. 대부분의 참여자들은 정치적으로 노론이며, 30명 가운데 11명이 혈연관계에 있었다. 1881년 척사위정운동, 곧 「관동연명유소」의 대표자(疏首)인 홍재학은 김평묵의 문인이고, 김평묵의 사위인 홍재구의 동생이고, 이 유소에 참여한 70여 인 대다수가 김평묵을 따라 강습한 자들이었다(권오영, 1989: 141~142).

1896년 척사위정운동의 경우 그 지도부를 형성하고 있던 유인석, 안승우, 서상렬, 이범직, 이강년 등은 학문적으로는 화서학파라는 동일한 배경을 가지고 있었다. 뿐만 아니라 유중교·유인석 문하에 제천의 주요 사림들, 특히 동일한 정치적 입장을 공유한 노론 계열의 사림들이 출입하고 있었고(구완회, 1997: 53), 이 지역은 화서학파가 척사위정의 논리를 정당화시키기 위하여 중시한 송시열의 영향을 크게 받았던 지역이다. 이러한 점을 감안한다면 외부에서 이주해 왔지만 화서학파와 제천의 성리학자들은 정치적 신념, 학파 등을 매개로 하여 긴밀한 연결망을 형성하고 있었던 것으로 보인다. 더욱이 정확하게 파악할 수는 없지만 운동 참여자들의 많은 수가 혈연관계에 있는 것으로 유추된다.

우리는 이러한 사실을 제천 출신으로 1895년의 척사위정운동에서 주도적인 역할을 하였던 지도부(구완회, 1997: 62~63; 오영섭, 1996: 165 각주 134 참조)를 중심으로 확인할 수 있다. 운동의 전군장으로 활동했던 안승우는 지평 출신으로 유중교의 문인이며, 그의 부친은 척사위정론자인 안종응(安鍾應)33)이었고, 제천 지방의 명문 사대부인 이민정(李敏政)의 사위이기도 하였다. 그는 일찍이 동향의 명문가 출신인 이춘영과 동지적인 교유를 하면서 그에게 영향을 주고 있

---

33) 그는 단발령을 듣고 이미 무장 항쟁에 계획을 가지고 동지 여러 사람과 더불어 창을 수십 자루 만들어 두고 삭발하러 오는 자를 기다리고(이구영, 1994: 148) 있을 정도로 척사위정운동의 주장을 공유하고 있었던 인물이다.

었다. 이 두 집안이 통혼권을 형성하고 있었다. 안종응의 8대조인 안광욱(安光郁)이 이식(李植)의 사위가 된 이래 여주, 지평, 양근 일대에 대대로 거주하는 덕수이씨 택당공파(德水李氏 澤堂公派)와 순흥안씨 찬성공파(順興安氏 贊成公派)는 상호 간 많은 겹혼을 통하여 인척관계를 이루고 있었고, 특히 안종응, 안승우 부자는 모두 덕수이씨와 혼인관계를 맺을 만큼 덕수이씨와 각별한 사이였다. 단발령 직후 의병 일으키는 것을 결심한 이춘영이 운동에 필요한 자원들을 동원하기 위해 안종응을 방문하게 된다. 순흥안씨는 안종민(安鍾敏)이 유인석의 여동생을 처로 맞아들이는 등 유인석의 고흥유씨 부학공파(高興柳氏 副學公派)와도 통혼권을 형성하고 있었다. 이필희와 이춘영은 본관이 덕수이씨이고, 이범직과 이강년은 전주이씨로서 혈연관계에 있었던 것으로 보인다. 유인석의 참모로 활동했던 주용규의 경우, 그의 아들 현삼, 현오, 현구 등이 운동에 참여, 전사하였다(구완회, 1997: 611). 운동의 사객으로 활동하였던 장충식과 중군을 역임하였던 장익환은 부자 사이이다. 척사위정운동의 충원에서 혈연관계와 인척관계로 이어진 연결망이 중요한 구실을 하고 있었다.

1895년 척사위정운동의 서막을 열었던 지평은 유중교의 제자인 이근원(李根元)이 활동한 곳이었으므로 화서학파의 영향력이 대단하였고, 장담과 긴밀한 관계를 가지고 있었다. 한편 이기진(李起振, 1869～1908)은 장담과 같이 옛 법도를 지키는 곳으로 춘천의 가정(柯亭), 지평의 금리(錦里), 홍주의 용전(龍田), 평산의 도성(桃城), 태천의 운암(雲岩), 요동의 패왕조(覇王槽), 충주의 병산(屛山) 등을 들고 있는데, 이들 지역 출신 인사들은 유중교의 학맥 분포와 일치하고, 1895년의 운동에 적극적으로 참여하였다. 이춘영은 안승우나 이근원 등을 통하여 접촉한 화서학파의 척사위정론에 깊이 공감하고 있었다.[34] 노사학

____

34) 이정규의 『항재집』에 의하면, "공(이춘영)이 통분하여 문밖에 나가 남과 대면하지도 않으려고 하였다. 김평묵이나 유중교 두 선생의 척화하는

파의 구성원도 학연과 혈연이 중첩되고 있음을 보여 주고 있다. 노사
문집의 간행에 참여한 33명의 문인들 가운데 기씨(奇氏)가 8명이고,
홍씨가 12명으로 거의 60%를 차지한다. 홍씨는 10명이 그 본관이 풍
산이며, 그 가운데 8명이 남평에 거주하고 있었다(홍영기, 1999: 84).

이러한 사실을 통해 우리는 운동에의 참여자가 기본적으로 어떤
형태로든 화서학파와 연결되어 있었고, 그 학파가 제천으로 이주한
이후 지역의 지식인들에게 상당한 영향을 미쳐 나름대로의 연결망을
구성하고 있었던 것으로 확인할 수 있다. 특히 혈연관계나 결혼을
통한 인척관계로 맺어진 연결망은 무엇보다도 강력한 운동 참여의
하나의 기제로 작용하였을 것이다. 이러한 차원에서 학파는 척사위
정운동의 호소력을 증대시키고, 해석하고, 합리적인 것으로 보이게
만드는 하나의 사회적 소로(小路)라고 할 수 있다. 그 학파는 이러
한 사회적 연결망을 통해 이루어진 대면적 상호 작용으로 그 운동의
메시지가 교환되는 하나의 공간이었다.

뿐만 아니라 자발적 결사체의 성격을 띠고 있는 학파로 맺어진 이
들이 척사위정운동에 참여할 가능성은 아무런 연계를 맺지 않고 있
는 사람들보다는 더 높을 것이다. 척사위정운동의 참여자들은 이미
서로 이러한 모임을 통해 평상시보다 더 강력한 연계를 맺으면서 접
촉하고 있다. 유인석은 을미변복령과 단발령 등으로 성리학 공동체
가 일대 위험을 받게 되자, 이에 대한 해결방안을 마련하기 위해 제
자들에게 향음례를 거행할 것을 지시하게 된다. 유인석은 상황의 위
급함과 성리학 신자, 특히 사제계급으로서의 의무감을 강조하는 연
장선상에서 해결방안을 촉구하고 있다.[35] 이에 따라 1895년 6월 24

글을 보고 크게 기뻐하여 진실로 감복하여 항상 문하에 나가지 못함을
한스럽게 여겼으며, 그 문하의 무리를 만나면 비록 초면이라도 마치 골
육처럼 기뻐하였으므로 매양 안승우를 대할 때면 마음을 열어 서로 말
하기를……(구완회, 1997: 63 각주 21에서 재인용).”
35) “나라는 환란이 이와 같은데, (선비들이) 만일 모른 체하고 아무 일도

일과 25일 양일에 걸쳐 제천 장담의 장담서사에서 문인사우 5, 6백 명이 모여 강습례와 향음례, 달리 말해 종교집회를 개최했다(박민영, 1986: 184; 김상기, 1996: 44 참조).

이러한 집회는 규모의 차이는 있으나 1895년의 척사위정운동 발생 직전까지 대개 10일 간격으로 정기적으로 행해졌다. 여기에 참여한 인물들은 화서학파 연원, 특히 유중교의 제자들이 대다수를 차지하고 있다. 1895년 척사위정운동의 지도부는 유인석 계열들이 주축을 이루고 있다. 대장 유인석, 중군장 안승우, 소모장 서상렬, 후군장 신지수(1854~?), 지평의병대장 이필희, 소모장 이범직(1868~1896), 참모 주용규, 유격장 이강년(1858~1908), 종사 이조승·이기진·홍선표·정화용 등이 그들이다(김상기, 1996: 65; 유한철, 1996: 99).

우리가 사회학적 상상력을 발휘해 본다면, 이들은 강습례와 향음례라는 종교집회를 통해 유인석 등의 강학을 듣고, 성리학이 위기에 처해 있음을 충분히 인식하였을 것이다. 물론 이러한 집회를 통해 이를 극복할 수 있는 방안에 대해서도 서로 토론하였을 것이다. 이와 관련하여 을미사변과 단발령을 만고에도 없는 큰 변란으로 규정한 유인석은 10월에 모친의 장례를 치른 후 문인들을 모아 놓고 성리학적 지식인으로서 정당하게 처신할 수 있는 행동방안을 제시하고 있다.

이러한 해결방안을 둘러싼 대세는 의병을 일으켜 적을 쓸어 없애자는 거의론(擧義論)이 득세하게 된다. 이러한 논의를 뒷받침하는 논리적 근거는, 곧 "지금 당한 일은 짐승이 안 되려면 죽어야 하며, 죽지 않으려면 짐승이 되어야 하니 앉아서 죽기를 기다리는 것보다 차라리 일어나 치는 것이 낫겠다(이구영, 1994: 148)."는 것이다.[36)]

하지 않으면 인심이 꺾여 수습하지 못할 것이다(김상기, 1996: 44에서 재 인용)."

36) 유인석은 모친의 상중임을 그 이유로 들어 물러나 옛것을 지키는(去之

뿐만 아니라 강학과 토론이 끝난 뒤에 이루어지는 음식과 술을 곁들인 성리학 의례를 통해 그들만의 종교적·당파적·학파적 정체성과 동질성을 확인할 수 있었을 것이다. 자발적 결사체를 통한 사전 접촉은 이들이 척사위정운동에 참여하는 데 하나의 긍정적인 요인으로 작용하고 있었다. 왜냐하면 1895년의 척사위정운동은 이때 참석한 인물들이 주도적인 역할을 하게 되기 때문이다.

더욱이 그 당시의 정치적 환경을 고려한다면 더욱 그러했을 것이다. 일반적으로 어느 학파든 중앙과 연계되어 있으면 그 학파가 전국적인 명성을 얻게 되고, 상류층의 자제들이 학파에 많이 입문하게 된다(오영섭, 1996: 43). 화서학파는 1866~1896년의 척사위정운동 기간 동안 중앙 정계와 소원한 관계를 유지해 왔었다. 뿐만 아니라 그 운동이 일탈적 국내자로 지목하였던 중앙의 기득권 세력들에 반발하였다는 점을 고려한다면 화서학파는 정치적으로 주변화되어 있었다고 말할 수 있다.37) 이는 정치가 한양에 거주하는 소수의 권문

守舊) 방법을 선택하고 있으나, 여러 사람들로부터 의병에 참여하도록 압력을 받고 있었다. 곧 "만일 이 일을 중지한다면 단발의 화가 더욱 급할 것이며, 도로가 막혀 나간다 해도 요동에 들어갈 수 없고, 물러간다 해도 화를 면할 수 없으니 비록 선생께서 상제 노릇을 하시려고 한들 될 수 있겠습니까. 또 권도(權道)로서 경중을 말하더라도 선왕의 대도가 망하는데 한 사람이 상제 노릇을 할 수 있습니까(이구영, 1994: 151)."

37) 이 글에서 분석 대상으로 삼고 있는 노사학파는 원래 중앙 권력과의 연결고리를 가지고 있지 않았다. 이에 반해 간재학파는 많은 수의 중앙 관료들을 배출하였을 뿐만 아니라 국가의 개혁·개방 논리를 이념적으로 뒷받침하고 있었다. 이러한 차원에서 간재학파는 정치적으로 주변화되어 있지 않았다. 그러나 19세기 말에 이르면서 간재학파는 이러한 정치적 역할을 두고 고민에 빠졌을 것으로 보인다. 다시 말해 근대적·다원적인 것의 거센 도전 앞에서 자파의 개방파 정권을 지지할 것인지, 아니면 넓은 차원에서 성리학의 보존에 주력할 것인지를 두고 내부의 논쟁이 있었다. 그 결론은 후자였다. 이러한 맥락에서 간재학파는 정치적으로 주변화되었다기보다는 스스로 중앙정치에서의 그 역할을 포기함으로써 화서학파나 노사학파와 같이 중앙에 대한 정치적 발언권을 가지지 못하게 되었다.

세가들에 의해 전제적으로 운영됨으로써 대다수의 사대부들, 특히 재지 사림들이 중앙의 정치적 의제(議題)에 접근할 수 있는 제도적 수단을 가지고 있지 못한 것에서 잘 확인된다.

또한 그 학파의 구성원들이 생각하기에 더 본질적인 문제는 그나마 명망가로서의 지방 지배라는 그 정치적 역할도 근대화·세속화의 도전 앞에서 빼앗길 상황에 직면하고 있었다. 왜냐하면 이러한 도전은 정교분리로 상징되듯이 정치 지도자와 종교 지도자로서의 두 가지의 역할 가운데, 후자의 역할로 제한되는 상황을 초래할 수 있었기 때문이다. 이러한 맥락에서 국가에 의해 주도되고 있던 근대화·세속화·다원화 정책 때문에, 그 구성원들은 넓게는 성리학의 생존에 대한 의구심과 함께 좁게는 자신들의 사회적 지위가 영속적으로 주변부에 자리하게 될 가능성에 대해 두려워하고 있었던 것이다.[38]

이러한 이해관계는 그 구성원들이 화서학파에 가입하게 된 동기(오영섭, 1996: 37~38)에서도 확인된다. 그 동기는 첫째, 소수 벌열의 집권 정권의 개혁·개방정책과 그로 인한 부정부패 등을 비판하며 재야에서 척사적·은자적 생활을 영위하고 있던 조부의 지시에 따라 그 학파에 가입하고 있었다. 이러한 유형의 구성원들은 앞 세대의 국가에 대한 비판의식을 계승하면서 그 학파 내에서의 교육 등을 통해 '척사위정(斥邪衛正)'이라는 신념을 더 강화시켜 나갔을 것이다. 이들이 척사위정운동의 출현을 주도하거나 운동에 충원될 가능성이 높았다. 1866~1896년의 척사위정운동의 지도부는 이런 유형의 인물로 구성되었다고 보인다.

---

38) 이 글에서는 학파 구성원으로서의 이해관계가 1866~1896년의 척사위정운동에서의 이해관계와 연속성을 가진다고 전제할 것이다. 물론 이 양자를 동일시한다는 것은 약간의 무리함도 있겠지만 이는 그 운동에 동원된 인적·물적 자원들을 고려한다면 가능한 설명이라고 보인다. 이는 정치권력의 획득이라는 이해관계를 통해 화서학파의 척사위정운동을 서술한 연구(오영섭, 1996)에 의해 부분적으로 지지된다.

둘째, 과거를 포기하고 일정 기간 경학을 연마하여 이항로와 같이 명망 있는 재야 산림 내지 대학자가 되어 조정과 재야에 영향을 미칠 수 있기를 바라는 것이다. 아니면 헌종이 친정을 실시하여 풍양 조씨가 정권을 잡게 되면, 이와 연결되어 있는 재야 산림 이항로의 추천을 받아 관계(官界)로의 진출을 바라는 인물들이다. 대체로 이들은 과거보다는 천거를 통해 입신을 도모하는 인물들이다. 특히 후자 유형의 구성원들이 우리의 관심을 끄는 것은 그들의 상향 이동적 지향이다. 이것은, 그러한 지향이 무산되거나 그 가능성이 희박해 보일 때 이들의 박탈감이 척사위정운동에의 충원의 하나의 원인으로 작용할 수 있다는 의미에서이다. 우리가 이항로 당시의 상황에서 보듯이 의외로 화서학파의 구성원들 가운데 많은 수의 잠재적 사대부 계층이 상향 이동적인 지향을 갖고 있었을 것으로 보인다. 여기서 잠재적이라는 것은 아직 사대부로서의 지위를 갖지 못했다는 의미에서이다. 흔히 사대부로서의 지위는 과거를 통한 길과 다른 사람들이 공부를 많이 했다는 주관적 평가 등에 따라 주어지는 것인데, 이항로의 문하에 나온 인사들은 아직 그 지위를 획득하지 못했기 때문에 잠재적 사대부라고 부를 수 있을 것이다. 문제는 이들 잠재적 사대부들이 개인적 차원에서 과거나 공부를 통한 개인적 수양의 방법 등으로 실질적인 사대부가 되는 것도 중요하지만, 이보다는 어떤 형태로든 중앙 정계에 진출할 수 있는 길을 확보하는 것이었다.

그러나 구조적으로 화서학파가 중앙과 별다른 유대관계를 가지고 있지 않았고, 후기에 이르면서 소수의 벌열 세력들이 권력을 독점하고 있던 상황에서 산림 정치가 종식되고, 이들의 상향 이동적 지향이 봉쇄될 수밖에 없었기 때문에, 이것이 박탈감으로 연결되었을 것이라고 유추하기란 쉬운 일이다. 불만에 가득 찬 이들 지식인들이 운동이 출현하여 이들에게 호소할 경우 충원될 가능성이 높아지게 된다. 더욱이 정교분리로 인해 향촌사회에서의 정치적 역할이 축소되는 상황은 그들로 하여금 이에 반발하게 하였을 것이다.

셋째, 일정 기간 유학을 공부하여 생원·진사의 자격을 획득한 다음, 조부의 가업을 계승하여 사회경제적 기득권을 유지하려는 인물들이 있다. 이들에게 성리학에 대한 기본지식은 향촌사회에서 사림으로서의 지위를 유지하는 데 반드시 필요한 자원이다. 이러한 유형의 구성원들이 운동에 충원될 가능성은 낮아 보인다. 그러나 근대화 정책의 일환으로 과거제도가 폐지되면서 이들의 이해관계도 반근대적인 것으로 돌아설 수밖에 없었을 것이다. 이러한 차원에서 첫 번째, 두 번째 유형의 구성원들이 1866~1896년의 척사위정운동의 목적에 동조하는 사람들이라고 할 수 있을 것이다. 세 번째 유형은 그 운동이 성공할 경우 이익을 취하려는 사람들로 단순 참가자들이다.

이러한 이해관계는 조선사회의 구조적 속성에 의해 명료화되고 있었다. 그 당시 조선사회는, 척사위정운동이 성리학적 전통에 기대어 호소할 경우 충원 계층을 만들어 낼 수 있는 사회구조적 환경을 가지고 있었다. 특히 사대부들이 1866~1896년의 척사위정운동의 주요 충원 계층이 된 것은, 이들이 누구보다도 성리학적 전통에 충실한 사람들이었기 때문이다. 그 운동은 그러한 전통에서 일탈한 민비 시해 사건과 단발령[39] 등을 활용하고 있었다. 그 운동이 '국모의 원수를 갚아야 한다'라는 호소를 할 경우 조선사회는 적극적이든 소극적

---

39) 일본이 청일전쟁에서 승리하면서 획득한 요동반도를 독일, 프랑스, 러시아 삼국이 간섭하여 청에게 반환하도록 강요하였는데, 이것으로 일본의 약점이 드러나자 조선에서는 일본의 영향력을 배제하기 위해 친러시아 정책을 실시하게 된다. 이에 당황한 일본은 1895년 10월 8일에 민비를 시해하는 을미사변을 일으켰을 뿐만 아니라 그 직후에는 민비가 그동안 '자기와 친한 무리를 끌어들여 국왕의 총명을 막아 가리고, 정치를 문란케 해서 그 죄악이 크기 때문에 부득이 폐위시켜 서인으로 삼는다'는 왕후폐위 조칙까지 발표하기에 이른다. 그리고는 1895년 11월 17일을 기해 건양 원년 1월 1일로 음력에서 양력으로 역법을 바꾸면서 동시에 단발령을 내렸다(박민영, 986: 182).

이든 이에 반응하는 계층이 운동에 동원될 수 있는 구조적 속성을 가지고 있었다. 그 운동이 불안하고, 무력감을 느끼는 계층을 상대로 '국모의 원수를 갚아야 한다'는 기치를 내세워 호소할 경우 운동의 출현을 조장할 수 있게 된다. 지금까지 임금을 아버지로, 왕비를 어머니로 상징화시켜 내재화하고 있던 대다수의 사람들에게 민비 시해 사건은 커다란 충격으로 다가와 집단적 불안감이 조성되고 있었다.

성리학자들은 이러한 관념을 더 철저하게 내재화하고 있었기 때문에 더 심각한 상실감을 느꼈을 것이다. 성리학적 전통에 의해 정의되었던 자신들의 정체성의 뿌리가 흔들리는 데에서 오는 일종의 심리적 상실감과 더불어 그러한 사태에 대해 지식인으로서 대응할 수 있는 방법상의 한계에서 오는 무력감을 경험하였을 것이다. 이러한 심리적 상태를 극복할 수 있는 동기를 운동이 부여할 경우 이들이 운동의 충원 대상이 될 가능성이 높아진다. 1896년 척사위정운동의 지도부는 의병 일으키는 것의 주된 이유를 말할 때마다 '국모의 원수를 갚아 보답하자(報國母之讐)'를 언급하고 있는 것이다. 이러한 사회구조적 속성은 운동이 그 이해관계를 담보하기 위한 경계선을 설정할 때 이를 뒷받침하게 된다.

이러한 운동의 이해관계는 학파의 멤버십에 의해 강화되고 있었다. 화서학파의 구성원이 될 수 있는 자격, 이른바 서사(書社)의 입회 자격을 구체적으로 알 수는 없다. 벽계서사의 강독 계율(오영섭, 1996: 38~43)이 일종의 멤버십 역할을 하고 있었다고 보인다. 강독 계율은 벽계서사에서 개설하는 강회에 참가하는 유생이라면 누구나 지켜야 하는 것이었다. 그 중요한 내용은 첫째, '강회에 참가하는 사람은 자신을 돌이켜 경전의 의미를 체득하여 몸소 실천해야 한다'는 것이다. 여기서 우리의 관심을 끄는 부분은 '체득', '실천'이다. 다시 말해 성리학적 지식인은 성리학 경전에 전적으로 기대어야 하며, 그 것을 생활에서 실행에 옮겨야 한다는 것이다. 이러한 멤버십은 척사위정운동에 있어 성리학 경전이 훼손당할 경우 척사위정을 실천에 옮겨야 한다는 인식을 그 구성원들에게 심어 주게 된다. 둘째, '같은 수강생들(同講人)이 서로 만나면 반드시 서로 절하고 자기를 낮추고 겸손하게 행동하여야 한다'는 것이다. 이는 짧게는 몇 개월, 길게는 수년간 공동체 생활을 하고, 강의 과정에서 선후배 간의 토론을 유도하는 것과 더불어 화서학파 구성원들 간의 결속력을 증대시켜 운동이 발생할 경우 그것의 이해관계를 명료화시키고, 공유하는 데 하나의 순기능을 하였을 것으로 보인다. 셋째, '일체의 음악과 여색(女色) 및 취미의 욕심, 부귀와 번화에 대한 생각을 끊고 도의를 강구해서 밝히고 부모와 형을 잘 섬김을 힘써 행하는 것을 평생의 좌우명으로 삼아야 한다'는 것이다. 이러한 금욕주의는 성리학자들의 규범이었다. 뿐만 아니라 척사위정운동에 있어서는 세속화된 사대부사회에 반대하는 하나의 관념적 이해관계로 작용하였을 것이다. 넷째, '음을 억누르고 양을 떠받치고(抑陰扶陽), 악을 금하고 선을 떨침(遏惡揚善)은 복희·문왕·무왕·주공의 대강의 의미이며, 형상과 기운(形氣), 하늘이 부여한 성질(性命)을 분별하여 형기를 약화시키고 성명을 강화함은 요·순·우의 마음을 쓰는 법(心法)이며, 극기복례하고 사람의 욕심을 금하고 하늘의 이치를 보존(遏人欲·存天理)함은 공자·맹자의 대강의 의미이며, 하늘의 이치를 밝히고 사람의 마음을 바르게(明天理·正人心)하고 중화를 높이고 오랑캐를 물리침(尊中華·攘夷狄)은 『춘추』·『강목』·『동사』의 대강의 의미이니 경전을 읽는 자는 반드시 이 뜻을 알아야 한다'는 것이다. 이 조항은 성리학이 주변화되고 있던 당시의 상황에서 학파의 구성원들에게 성리학의 철저한 내재화를 요구하는 것이었다. 그렇지 않은 사람들에 비해 이들이 운동에 충원될 가능성이 높았으며, 이는 운동의 하나의 이해관계로 작용하고 있었다고 보인다. 이 밖에 명시적인 것은 아니지만 화서학파의 구성원이라면 명나라를 높이고 청나라에 반대한다는 논의

(尊明反淸論)와 대명의리론(大明義理論)을 선양하기 위해 세운 대표적인 척화사적 가운데 하나인 조종암을 방문하여 명나라 황제의 사당에 배향하고, 그 사적을 참관하며, 학파의 태두인 이항로의 유업을 되새기기도 하였다. 이것은 척사위정집단에게는 일종의 성지 순례라고 할 수 있는데, 이를 통해 화서학파 구성원으로서의 정체성과 자부심 및 멤버십을 강화시키고 있었다. 이 또한 운동의 이해관계를 공유하는 하나의 요인이 될 수 있었다고 보인다.

이러한 벽계서사의 전통을 계승하고 있는 것이, 유인석이 1893년 충북 제천의 장담으로 이사하여 화서학파의 도맥(道脈) 보존과 후진 양성에 힘쓴 장담서사이다. 유인석은 장담서사(김상기, 1996: 66~67)에서 문하생, 동료들과 『사서삼경』, 『근사록』, 『소학』, 『동몽선습』, 『화서아언』, 『격몽요결』, 주자·정자·중암·성재 등의 글을 내용으로 강회를 실시하고 있었다. 이 강회는 매월 상, 중, 하순에 실시했던 것으로 보인다. 이항로 당시에는 한 달에 한 번의 강회를 개최했다.40) 장담서사의 참석자 수는 적을 때는 8~9명, 많을 때는 50여 명에 이르기도 하였다. 총 15회의 강회에 연인원 230여 명이 참석하고 있었다. 한 달에 2~3회 정기적으로 장담서사에 모여 화서학파의 요체라 할 수 있는 존양론과 의리정신을 논하였다. 강회 의장은 유인석이 맡았으며, 강장(講長)의 경우도 『대학』, 『역학』, 『송자이축봉사존양조(宋子已 丑封事尊攘條)』, 『주자무오당의서(朱子戊午黨議序)』, 『주자행궁편전(朱子行宮便殿)』, 『주자왕매계문집서(朱子王梅溪文集序)』 등을 강론하였다. 이는 이들이 계승하고 있는 주자, 송자의 논리를 집중적으로 강론의 주제로 삼고 있음을 볼 수 있다. 이러한 교육을 통해 학파의 구성원들은 자신들의 정체성을 확인할 수 있었을 것이다. 또한 위기의 시대에 성리학자들의 책

---

40) "……날마다 학자들과 더불어 경서와 예문을 강론하고 복습하였다. 일찍이 학교의 규칙을 정하되, 주자가 글 읽던 순서에 의하여 과정을 엄밀히 세워 매월 한 차례씩 모였는데, 늘 1백여 명이나 모였다(최익현, 1978a: 331)."

임이 무엇인지에 대해 고민하면서 당시의 상황과 척사위정의 논리를 체계적으로 연결시킬 수 있게 되었을 것이며, 그 나름대로의 해결책을 모색하였을 것이다. 이들은 학파와 이러한 모임을 통해 척사위정운동이 참여할 만한 가치가 있는 것으로 간주하게끔 되었다. 왜냐하면 성리학적 전통에서 일탈된 그 당시의 상황을 바로 잡기 위해서는 강회 등을 통해 재확인한 척사위정의 논리를 실천에 옮기는 정치적 행동이 필요하고, 그것이 효과가 있다고 생각했기 때문이다.41)

1866~1896년의 척사위정운동은 이러한 이해관계 위에서, 그 운동을 반대하는 자들과의 경계선을 그리고 있었다. 이와 관련하여 유인석은 척사위정운동을 비판하는 집단을 '오랑캐 편의 사람(夷狄邊人)'과 '이해를 따르는 편의 사람(利害邊人)', 곧 성리학에 화를 미치는 행위를 하는 자로 분류하였다.42) 뿐만 아니라 성리학자들 사이의 국

---

41) 일반적으로 과거의 행동 경험이 앞으로 행동할 가능성을 증대시킬 수 있다. 이전에 집합 행동에 관계하였던 개인들이 반항적 집단에 참여할 가능성이 많다. 달리 말해 이전에 집합 행동에 참여한 경험이 있는 개인들은 앞으로 행동하는 데 필요한 지식을 보유할 가능성이 많다. 이와 관련하여 화서학파의 문인들은 1895년 척사위정운동 이전부터 여러 운동을 직·간접으로 경험하면서 운동에 필요한 요령과 지식을 습득하였을 것이다. 이들은 병인양요로 촉발된 1866년 척사위정운동, 개항문제로 촉발되어 최익현과 경기·강원에 거주하는 중암·성재 문인 50여 명이 연명한 1876년 척사위정운동, 『조선책략』의 국내 반입이 계기가 된 1881년 척사위정운동 등을 두루 경험하고 있었다. 또한 일부 성리학자들은 동학운동 때 유회군을 편성하여 농민군과 싸운 전투 경험이 있다 (김상기, 1996: 43). 유인석은 이미 1866년과 1876년 척사위정운동에 참여한 경력이 있으며, 1895년의 척사위정운동을 처음 일으키는 데 주도적인 역할을 한 안승우는 그 이전에 갑오왜변 이후 의병을 일으킨 경험이 있으며, 을미년의 단발령 이후에 의병을 일으킬 것을 주장하였고, 이춘영이 의병을 일으키자 적극 동참하였다. 이러한 경험이 있는 사람들이 척사위정을 정치적 행동으로 옮길 가능성이 많았다고 보인다.

42) "지금 의암을 배척하는 자들은 오랑캐 편에 있는 자들이겠는가, 공자와 맹자의 편에 있는 자들이겠는가. 오랑캐 편에 있는 자들이라면 의암의 허물은 진실로 정당하리라. 과연 이해(利害)의 편에 있는 자들인가, 의리에 편에 있는 자들인가. 이해의 입장에 있는 자들이라면 의암에 대한

외자의 수용을 둘러싼 인식의 차별성도 내부의 경계선을 그리는 데 고려되고 있었다. 익히 알고 있다시피 이와 관련하여 척사위정파와 개방파의 인식은 확연하게 갈리고 있었다.

척사위정파가 보기에 개방파가 말하는 '개화', '자주', '문명'이라는 것은 기존의 성리학적 분류체계[43]상 기존의 용어와 일치하지 않았기 때문에, 수용할 수 없는 것이었다.[44] 이는 이항로가 기존의 정학자(正學者)와 대비되는 범주로 서구와 일본의 수용에 적극적인 사학자(邪學者)를 설정하는 데서 잘 나타난다.[45] 그 운동의 비판은 외래의 종교나 문화에 의해 사람들이 일탈될 가능성뿐만 아니라 그것을 앞장서서 받아들이는 사람들 이른바 일탈적 국내자들에게 주로

비방이 또한 정당하지 않겠는가(박민영, 1986: 212~213에서 재인용)."

43) 더글러스(Douglas, 1978: 82)는 국내자와 국외자를 구별하는 집단을 둘러싸고 있는 경계를 집단 경계선(group boundary)으로, 집단 내의 상이한 분류체계의 범위와 일관된 접합에서 기인하는 경계선을 그물 경계선(grid boundary)으로 규정한다. 이러한 의미에서 서학의 수용을 둘러싸고 척사위정파는 개방파 사이에는 그물 경계선이 존재하고 있었다고 말할 수 있을 것이다.

44) "한갓 오랑캐 풍속으로 중화를 변화시키고 사람을 짐승으로 타락시키는 것으로 능사를 삼으면서 이름 하기를 '개화'라고 하니, 이 개화란 두 글자는 용이하게 남의 나라를 망치고 남의 집안을 넘어뜨리는 것입니다. 혹 '자주'한다는 이름 아래 나라를 일본에게 주고서 한 가지 정치, 한 가지 법령을 논할 것 없이 자문을 구하고, 혹 군부 대하기를 열국들의 우공과 같이 하면서도 거짓 큰 호칭만 높이고, 혹 의관을 무너뜨리고 오랑캐로 타락하면서 억지로 문명이라 칭하고⋯⋯(최익현, 1977: 139~140)."

45) "옛날부터 이단적이고 사람의 마음을 미혹시키는 쪽으로 마음을 쓰는 자는 무엇을 목표로 한정을 하거나 서양 바람이 불어 가르침을 배반하는 것처럼 가장 심한 것이 없습니다. 옛날부터 남북의 오랑캐들이 사람과 나라에 해롭게 하는데 제한된 목표가 어떠하든 간에 또한 도적들보다도 더 심하였습니다. 대개 서양 도적과 오랑캐들이 우리나라에 숨어들어올 때에 널리 선전을 하는 사학자(邪學者)들 말고 어찌 다른 이가 있겠습니까. 그들의 무리를 심고자 하면서 겉과 속이 서로 상응하여 우리의 허와 실을 정탐하여 조직된 도적을 몰고 들어와서는 우리의 문물·의상·제도 등을 더럽히고, 우리의 재물과 부녀자를 약탈하여 한없는 욕심을 채우고자 하는 것입니다(이항로, 1974a: 387)."

향하고 있었다.46)

　이들 국내자들은 더글러스(Douglas, 1975)의 용어에 따르면 오염자
(polluter)이다. 왜냐하면 이러한 오염자들이 성리학의 탈주변화라는
운동의 이해관계와, 서학의 수용에 부정적인 인식에 의해 규정되는
내부 경계선의 존립을 위협하여 성리학적 전통에 충실한 국내자들을
위험에 빠뜨렸기 때문이다. 이들은 척사위정운동에 의해 사악한 자
로 간주되고 있었다. 극단적인 경우 일탈적 국내자들의 제거까지 고
려되고 있었다. 이와 관련하여 최익현(1977: 136~139)은 『청토역복
의제소(請討逆復衣制疏)』에서 개방파가 성리학적 질서를 문란케 하
고 예와 의를 파괴했다는 이유로 처벌할 것을 요구하고 있었다.

　이러한 차원에서 그 운동은 서학의 폐해가 심각하다고 보았기 때
문에, 이를 알지 못하는 일탈적 국내자들47)과, 외부로부터 유입된 것
들의 부정적인 폐단을 잘 알고 있는 사람들48)을 구분하고 있었다.
또한 1895년 척사위정운동의 지도자로 활동한 유인석은 국왕에게 올
리는 상소문을 통해, 자신을 "충(忠)과 역(逆)의 이치와, 인간과 오랑
캐의 다름을 능히 분간하여 옛 법을 고수하고(이구영, 1994: 42에서

---

46) "사악한 말이 사람을 오염시키는 것은 시절이 돌아가는 것과 같다. 사
　　람이 비록 백방으로 두려워서 피하지만, 면하지 못하는 것과 같다. 하
　　물며 사모하고, 누리고, 기뻐하고, 즐거워하는 것이랴. 또한 죽는 곳으
　　로 들어갈 따름이니 이 역시 비통하지 아니한가?(이항로, 1974a: 466)"
47) "이단과 사악한 말의 화는 사람이나 가정이나 나라나 독 묻은 화살이
　　사람을 명중한 것과 같다. 비록 곧 뽑아 버렸다 하더라도 독이 사나와
　　이미 살갗 속에 깊이 들어간다. 피부는 근골과 혈맥 사이라, 쫓아 선회
　　하여 아롱지며 이를 훼손하면 흩어지고 찢어져 도저히 나올 수 없는
　　것이니, 어찌 급하지 않다고 하여 슬퍼하지 않으리오……오늘날 학자들
　　은 능히 서양의 화를 알면 선한 우리 편이다. 서양의 설이 비록 여러
　　갈래가 있더라도, 다만 이것은 어버이가 없고, 임금의 주된 근본도 없
　　으며, 통화(通貨)와 통색(通色)하는 방법이다(이항로, 1974a: 463·466)."
48) "소위 서양 물건이라고 하는 것들이 대개 기괴한 기술과 지나친 기교
　　로 사람들의 마음을 타락시키는 기구여서 민생들의 일상생활에 도움이
　　되는 바가 없습니다(최익현, 1977: 98)."

재인용)” 있는 사람으로 표현하여, 그렇지 않은 사람들과 구별 짓고 있다. 이러한 내부 경계선의 대표적인 보기가 바로 이항로가 설정했던 ‘우리 편 / 적의 편(邊人 −賊邊人)’이다.49)

1895년의 척사위정운동은 정부군과의 경계선을 새로 설정하여 정부군과의 전투를 정당화하고 있었다. 기존의 화이관, 인수관(人獸觀) 등에 기대어 양자의 경계선을 보완하였다. 기본 경계선은 의병(곧, 華와 人) 대 일본(곧, 夷와 禽獸)의 구도 위에 일본의 앞잡이로서의 정부군을 의병의 대척점에 자리매김하는 것으로 기존의 배타적 경계선을 보완하고 있었다. 의병과 정부군의 구분 선은, 의리 / 사욕(義理 / 私慾), 천리 / 금수(天理 / 禽獸) 등으로 규정하는 경계선을 그리고 있었다(이창식, 1996: 203). 운동의 지도부는 전략적인 차원에서 이전의 기본 경계선을 그대로 유지하면서도 상황변화에 따라 그 경계선을 보완하는 작업을 하고 있었다.

1866~1896년의 척사위정운동에 있어 내부 경계선의 설정은 일탈적 국내자들에게 압력을 집중시킴으로써 성리학적 신념을 유지하게 하려는 의도를 가지고 있었다. 더글러스(Douglas, 1975: 54~58)의 용어로 말한다면 오염의 신념(pollution beliefs)을 통해 조선의 사회문화적 구조를 재강화시켰을 뿐만 아니라 근대적·세속적·다원적인 것으로 인한 도덕적 영역에 있어서의 모호성을 적극적으로 감소시키려고 하였다. 물론 이러한 신념은 엄격히 말해 합리적이거나 의식적인 과정의 산물이라기보다는 오히려 성리학의 주변화라는 위기 상황

---

49) “지금의 국론은 두 가지 말인데, 교전을 하여 서양 도적을 가히 공격해야 한다는 것이 나라의 우리 편 사람들의 말이요, 서양 도적과 가히 화친할 수 있다고 말하는 것은 서양 도적들을 싸고도는 적 편 사람들의 말입니다. 이와 같은 두 가지 말로 말미암아 상고하온즉 우리 편의 말은 나라의 옛 의상을 보존하겠지만, 저들이 말하는 말을 말미암은즉 인류가 짐승의 영역에 빠질 것이니, 이러한즉 거칠지만 크게 나뉘게 될 것입니다(이항로, 1974a: 375).”

을 규정하는 과정에서 나타난 자연발생적인 부산물이었다. 1866~1896년의 척사위정운동에 있어 내부 경계선은 반근대적·반서학적인 척사위정파와 근대적·친서학적인 개방파로 나누고 있었다. 간단하게 말하자면 성리학적 전통에 '충실한' 국내자와 거기서 '일탈한' 국내자 사이에 유의미한 내부 경계선을 그리고 있었다.

2. 선민의식

1866~1896년의 척사위정운동은 근대적·세속적·다원적인 것에 노출되어 있던 국내자들의 연대와 응집력을 유지할 수 있는 방안을 모색하고 있었다. 더욱이 정치적·경제적 주변부 엘리트들이 그 운동의 핵심 구성원들로, 그들에게는 그 운동의 참여자들에게 참여의 대가로 물질이나 권력 및 지위 등을 보상해 줄 수 있는 자원을 가지고 있지 못했기 때문에, 어떤 형태로든 그들의 연대를 확보할 수 있는 방법을 찾을 수밖에 없었다. 흔히 이러한 경우 선민의식을 활용하게 된다. 이러한 차원에서 척사위정운동은 국외자들에 의해 일탈된 조선을 복원시킬 수 있는 책임이 성리학자들뿐만 아니라 그 운동의 참여자들에게 있다는 점을 분명히 확인시켜 줌으로써 도덕적 우월감과 연대성을 동시에 유지할 수 있었다.

선민의식은 사대(事大) 개념과 마찬가지로 오해의 대상이 되어 왔다. 기본적으로 중화의식 속에 일종의 선민의식이 자리하고 있었다. 오석원(1994b: 353)에 의하면, 원래 중화의식은 다른 민족과의 관계로서 제기된 것이다. 화(華)는 중화(中華), 화하(華夏), 제하(諸夏) 등과 같은 명칭으로서 문화적으로 우수한 중화민족을 가리키며, 이(夷)는 중국의 변방을 둘러싸고 있는 문화가 열등한 이민족을 가리킨다. 중화의식은 중화민족을 중심으로 하여 미개한 이적(夷狄)까지 중국의 문화질서에 화합시켜 천하통일을 기하려고 하는 것이다. 척사위정파는 명나라 멸망 이후 중화문명은 조선 주자학으로 그 정통성이 계승된 것으로 믿었다.[50] 뿐만 아니라 조선이야말로 세계문화의 중심이라는 인식이 정착되고 있었다(정재식, 1990: 182).[51]

이러한 차원에서 소중화의식은 조선 후기, 특히 1866~1896년의 척사위정운동에서의 선민의식과 이어지고 있었다. 원래 성리학은 선민 종교가 아니다. 조선 후기에 들어 배타성을 더 강하게 드러내면서 선민의 성격을 띠기 시작했다고 볼 수 있다. 이렇게 된 데에는 여러 가지 이유가 있지만 성리학에 대한 여러 가지 위협 때문이었을 것으로 보인다. 그것은 내부적으로 성리학 그 자체의 변화와, 외부적으로는 중화의 명을 멸망시킨 청의 정치적 압력과 물리적 침입, 일

---

50) 이와 관련하여 1895년 척사위정운동의 지도자인 유인석은 조선의 소중화 전통은, 단군의 '좋은 운수를 이용하여 거룩함을 가르치고 변화시켜 만세토록 소중화의 근본과 가본을 세움'에 바탕하여, 기자(箕子)의 팔조지교(八條之敎)로 시작되었으며, 특히 고려 말 정몽주가 존양(尊攘)의 의리로 원나라 대신에 명을 섬긴 사실은 소중화의 이름을 빛낸 것이라 하였다. 조선에 들어서도 군신의 의(義)나 제도를 모두 중국의 것을 본으로 삼았기 때문에, '위로는 다스림과 가르침이 밝았고, 아래로는 풍속의 아름다움'이 있었고, 명(明)의 멸망 후에는 2천 년 공자와 맹자의 도통(道統)이 조선에만 남아 있다는 자부심이 있었다. 이러한 소중화의식은 임진왜란, 병자호란, 효종과 송시열의 북벌론 등을 거치면서 더욱 심화되어 갔다는 것이다(김도형, 1979: 118~119에서 재인용).
51) 17세기에 이르기까지 실학자들도 소중화의식 그 자체를 부정한 것이 아니며, 양명학 계통의 학자들, 이를테면 수산 이종휘(修山 李種徽)는 중화(夏)에 대하여 조선을 동하(東夏)라고 하여 스스로 소중화에 대한 긍지를 더욱 새로이 하였다(조영록, 1996: 138). 이후의 중화의식 변화에 대해서는 김인규(1996), 정옥자(1994), 조성을(1995) 등의 연구를 참조할 수 있다.

본과 서구의 도전 등에 대한 저항의 산물일 수 있다.

여기에다 기본적으로 성리학 그 자체가 지닌 배타성도 한몫을 하였을 것이다. 기독교, 이슬람교, 유태교 등과 마찬가지로 성리학도 기본적으로 교리나 신조에 있어 이분법적 사고구조, 곧 하늘/땅, 음/양, 정신/물질, 선/악 등의 구분을 강조한다. 이러한 사고는 흑백논리에 근거하여 양자 모두를 포용하는 태도보다는 오히려 배타적인 양자택일 또는 전부 아니면 전무 등을 강요하는 경향이 있다(이원규, 1997). 때문에 성리학은 그것의 생존을 위협하는 세력에 대해 이러한 사고구조에 기대어 그 잠재적 배타성을 현재화(顯在化)시키게 된다. 더욱이 중화의 맥을 잇고 있던 명이 멸망했기 때문에, 이제 조선이 세계의 중심이라는 소중화의식, 곧 선민의식이 강화되면서 조선 후기의 성리학은 그 배타성이 더욱 짙어졌다. 이러한 차원에서 특별히 선택되었다고 생각하는 성리학자들, 특히 소중화의 최후의 보존자로 자신들의 역할과 의무 등을 스스로 자리매김한 척사위정파의 우월의식은 내부적으로는 집단의 연대성을 강화시키고, 외부적으로는 일본과 서구 및 일탈적 국내자들에 대한 적대감 등을 고조시키고 있었다.

이항로는 다음과 같은 논리로 중화의식에서 소중화의식을 도출해 내고 있었다. 그는 중화란 가치를 조선과 분리된 별개의 것이 아닌 조선을 포괄하는 등질적(等質的)인 것으로 표현하였다. 중화질서 가운데 중국이 이미 무너졌기 때문에 중화의 주체는 오직 조선이라고 강조한다(최창규, 1972a: 77~78). 당시 이같이 중화의 유일한 주체인 조선의 성리학이 주변화되고 있는 상황에서 그 소중화의식은 더욱 강화될 수밖에 없었다.[52] 뿐만 아니라 그 중화의 보존은 조선에

---

[52] 진덕규(1978: 247)는 이에 대해 절대적인 특정 이념체계에 귀착하는 것으로 이해한다. 이러한 체계는 민족적 개별성을 전제로 하는 역사적 전통성이 아니라 그보다는 오히려 성리학이라는 이념 세계에의 귀속을 열망함으로써 전통 중화문화권에의 편입을 의식하는 성격의 일단을 띠고 있다는 것이다.

게 주어진 하나의 역사적 과제라는 것이다.[53] 그의 이러한 관점은 1866~1896년의 척사위정운동의 정체성을 뒷받침하면서, 그 운동의 구성원들에게 도덕적 우월의식을 담보해 주고, 그들을 하나로 묶는 이론적 바탕이 되었다. 이러한 차원에서 척사위정운동은 소중화의식을 역사적으로 명료하게 정의하는 작업[54]으로부터 시작하고 있었다. 이를 잘 보여 주는 것이 유인석의 소중화 정의이다. 물론 이러한 정의는 그 당시 개방파들의 화(華)와 이(夷)가 하나(華夷一也)라는 논리에 대한 반박의 성격도 띠고 있었다.[55]

이러한 문명을 보존하고 있는 조선, 조선인은 선택받은 땅이고, 뽑힌 민족이라는 것이다. 이항로는 조선이 성리학의 유일한 보존자, 달리 말해 유일한 선민으로 남게 되었다고 주장한다. 이는 1895년 척

---

53) 중화라는 용어에 대해서는 문화·지역·종족이라는 세 측면에서 논의되기도 하지만 문화 개념이 가장 강하다. 인류를 중히 여기는 이념성이 핵심이고 지역적으로 중국에서 형성·발전되고 종족적으로 한족이 주류였기 때문에 부가된 것이다. 그러나 17·18세기 그 문화의 중핵이 조선에 계승되었다는 인식은 지역·종족 개념은 부수적임을 입증한다(정옥자, 1994: 86).

54) "조선은 당요(唐堯)의 시대에 나라를 시작했고, 도산(塗山)의 회맹(會盟)을 함께 하였으며, 기자가 동으로 온 이후 임금이 되어 구주(九疇)를 펴 보였고, 팔조(八條)의 가르침을 베풀어서 소중화가 되었다. 이로부터 대를 이어 오던 중 약간 쇠퇴하여 오랑캐에 조금 물들었으나 고려 말에 이르러 포은 선생이 원명의 교체기를 당하여 오랑캐를 물리치고 의를 존중할 것을 주장하여 원을 물리치고 명을 섬길 것을 의논했다. ……중화를 높이고 이적을 물리침은 천지의 떳떳한 법도를 다하는 것이니 서로 전수하고 또 남명(南明)의 삼황제(三皇帝)를 받들어 정통으로 하고 영력(永曆) 연호를 썼다. 이에 중국이 망한 후에 사천 년의 화하일맥(華夏一脈)이 조선에 있게 되고, 이천 년 공자와 맹자의 남긴 법도가 조선에 있지 않음이 없게 되었다. 이것이 바로 소중화의 실상이 확연하다는 것이다(김상기, 1992: 78에서 재인용)."

55) "……오늘 저 도적들은 다만 화색(貨色)만 알고, 사람의 도리는 조금도 모르는 짐승입니다. 따라서 사람과 금수가 함께 친하여 무리 지어도 아무 근심 없이 보존할 수 있으리라고 하는 저 말들을 신은 참으로 알지 못하겠습니다(최익현, 1986: 18~19)."

사위정운동에서도 그대로 이어지고 있다. 그 운동의 지도자인 유인
석은 국왕에게 올리는 상소문을 통해 "조선에 들어와서는 역대로 왕
조가 계승되어 위로는 다스림과 가르침의 도(道)가 밝고, 아래로는
풍속의 미를 가져와 도학의 바름과 절의의 높음은 중국의 하·은·주
삼대보다 낫고, 한·당은 비교도 안 될 정도(이구영, 1994: 42에서 재
인용)"라고 역설한다.

이러한 인식은 한 집단이나 사회의 구성원이 자기네 문화가 옳고,
가장 우월하다고 믿는 자민족중심주의적 태도를 그 밑바탕에 깔고
있다. 이러한 태도는 내 집단의 민족, 문화, 종교 등이 우월하다고
보는 대신에 다른 사람 혹은 다른 집단의 그것들은 열등하게 보도록
만든다. 이때에 자민족중심주의에 빠져 있는 사람들은 자신을 선택
된 백성으로 보면서 다른 사람들은 열등한 존재로 보게 된다.

그렇다고 조선이 처음부터 선택된 공간은 아니었지만, 많은 성인
들이 있었기에 가능하였다는 것이다.[56) 더욱이 중국이 서구의 침입
으로 일탈되면서 조선만이 유일하게 선택된 땅으로 남게 되었음을
강조하고 있다.[57) 이는 역설적으로 이제 조선이 일탈의 위기에 처해

---

56) "……우리나라는 중국의 속국이다. 고려 시절부터 차근차근 주나라를 높
   여야 하는 의리를 알게 되어 오랑캐를 변혁하여 가는 실적이 있었고,
   우리 왕조에 이르러서는 순수하게 되었다. 또한 포은 선생이 정자와 주
   자(程朱)의 학문을 고려 말엽부터 주창하여 우리 왕조에 이르러서는 한
   두 분의 선각자들이 확대시키고, 밝히어 도통을 계승하였으니, 옛날의
   소위 중국에 진화되었다는 것이 우리나라와 같은 것이 없었고, 중국 천
   지가 멸망하여 서양 사람들이 혼란시키고 있을 때에 있어서도 바로 중
   첩된 음(陰)의 밑바닥에서 양(陽)의 덕이 되돌아 회복되는 것과 같았으
   니……(이항로, 1973: 341)."
57) "우리나라 선배들이 주자학을 굳게 믿어 다른 학설로 혼란스럽지 않았
   다. ……이로 말미암아 선비들이 모두 다 분발하여 덕행(德行)·명절(名
   節)·사업(事業)·문장(文章) 등을 닦아 수많은 인재가 나와 중화에 부끄
   러움이 없게 되었는데, 중국이 오랑캐의 변란을 당한 이후부터 관찰한
   다면 '주나라의 예가 노나라에 남아 있다'는 말을 더욱 믿을 수 있다
   (이항로, 1973: 409)."

있으므로 '우리', 바꾸어 말하면 척사위정파에게 성리학의 최후의 수
호자로서의 조선을 지켜 내야 할 책임감이 부여되어 있다는 뜻이다.
이것 또한 선민, 곧 척사위정파만이 할 수 있는 과업이며, 그들이 자
임하고 있었다. 이는 척사위정운동을 주도했던 척사위정파의 인식에
그대로 드러나고 있었다. 뿐만 아니라 성리학 공동체가 붕괴할 위기
에 처해 있음에도 이를 앞장서서 보존해야 할 공경대신들과 지방의
수령들은 침묵하였지만58), '초야에 묻혀 있는 하찮은 사람(草野匹
夫)', 곧 재야 성리학자들이 성리학의 보존을 자임하면서 운동을 일
으켰음을 고백(유인석, 1973: 356)하는 데서 확인된다.

또한 1876년과 1881년 척사위정운동의 지도자인 김평묵에 의하면,
온통 악으로 가득 찬 세상에서 조선만이 유일하게 선(善)이 흘러넘
치는 곳이기 때문에 조선은 선택받은 땅이고, 이를 '그들'로부터 지
켜 내려는 척사위정운동의 참여자들은 선택된 사람들이라는 일종의
선민의식이 자리 잡고 있음을 알 수 있다.59) 전우도 이와 비슷한 논
리로 온 천하가 오랑캐로 변했지만, 오직 조선만이 그나마 의관을
보존하고 있다(성대경, 1990: 38)면서 선민의식의 존재를 분명히 하
고 있다. 따라서 조선은 중화문화를 계승하는 소중화이고, 척사위정
운동은 '참'성리학의 보존자60)이기 때문에, 조선과 척사위정운동의
참여자들은 선택된 공간이며, 선민인 것이다. 이를 통해 1866~1896

---

58) 이러한 인식은 1896년 척사위정운동의 지도부 가운데 한 사람인 이정
규가 국왕에게 올린 『의병사정(義兵情事)』에 잘 나타난다. "변이 일어
난 지 여러 달이 되어도 상하가 고요해서 한 사람도 성토하는 이가 없
으니 이러고서 소중화 예의지방에 있는 사람의 도리라고 할 수 있겠습
니까(이구영,1994: 168)."
59) "천지가 모두 음(陰)이 되었는데, 우리나라 한 모퉁이는 마치 『주역』 산
지 박과(山地 剝卦)의 꼭대기에 하나 남은 양효(陽爻)의 그림처럼 '석
과불식(碩果不食)'과 같은 처지이다(금장태, 1995b: 23에서 재인용)."
60) "천지 사이에 일맥(一脈)의 양기(陽氣)가 우리 조선에 보존되고 있는데,
……(이항로, 1973: 399)."

년의 척사위정운동은 그 참여자들에게 도덕적 우월의식을 부여함으로써 물질이나 권력 및 지위 등을 보상할 수 없는 한계를 대신하고 있었다. 이러한 정의 아래 척사위정운동은 구체적인 차원에서 선민의식의 재강화 방법을 모색하고 있었다. 이와 관련하여 화서학파의 유인석과 노사학파의 기우만[61] 등은 구체적으로 상투와 둥근 소매(圓袂) 등을 지키는 것이 소중화의식을 보존하는 방법[62]이고, 개방파의 논리를 극복할 수 있는 것임을 역설하고 있다.

또 하나의 보기는 의상 착용이었다. 1895년 척사위정운동의 지도부는 평상시에는 물론이고 충주성 공격 때에도 행군 중에 지휘관급은 심의(深衣)와 복건(襆巾) 등 예복을 착용하도록 하였고, 군사들에게는 두건을 쓰도록 하였다(구완회, 1997: 95). 운동의 지도부가 군사작전을 수행하면서도 군복 대신 성리학적 의상을 갖추어 입은 것은 나름대로의 의미를 부여하려는 의도를 가진 것이라고 생각된다. 전술적 불리함에도 불구하고 예복을 입게 함으로써 운동의 참여자들뿐만 아니라, 서민들에게도 자신들은 개방정책에 순응하여 검은 옷을 입은 사람들과 완전히 구별되는 존재임을 드러내기 위한 의도를 분명히 드러내고 있었다. 다시 말해 '그들'에 비해 '우리'가 도덕적으로 우위에 서 있음을 알리려는 목적을 가진 의도된 행위였다.

---

61) "아! 원통하다. 나라치고 망하지 않는 나라가 없으니, 머리를 깎고 보존하는 것보다 차라리 머리를 보존하고 망하는 것이 나으며, 사람치고 죽지 않는 사람이 없으니, 머리를 깎고 사는 것보다 머리를 보존하고 죽는 것이 나을 것이다(김상기, 1992: 91에서 재인용)."

62) "하늘과 땅 사이에 화(華)와 이(夷)의 강상과 예의의 큰 도(道)는 반드시 사람의 몸에 있으니, 이 몸이 화인(華人)이 되고, 오랑캐와 짐승이 되는 것은 상투와 둥근 소매에 달려 있다. 이것들의 보존 여부에 따라 화(華)와 이(夷), 사람(人)과 짐승(獸)의 판정 여부와 강상의 큰 도(道)의 보존 여부가 달려 있으니, ……머리는 만 번이라도 갈라질지언정 상투는 한 번도 잘릴 수 없고, 몸은 만 번이라도 갈라질지언정 상투는 한 번도 잘릴 수 없고, 몸은 만 번이라도 찢길지언정 둥근 소매는 한 번도 찢길 수 없다(김상기, 1992: 91에서 재인용)."

선민의식은 기존의 배타적 경계선과 더불어 1866~1896년의 척사위정운동에 있어 그 참여자들의 응집력을 확보할 수 있었을 것으로 보인다. 그 운동의 지도부는 그 추종자들에게 '우리'의 범주, 곧 거룩한 공간에 존재하고 있으며, 고유의 의상을 입고 있다는 도덕적 우월감과 정체성 등을 심어 주어, 그들로 하여금 자기들이 고결하고 순수한 사람들이라는 생각을 가지게 하고 있었다. 바꾸어 말하자면 일탈의 시대에 '우리'만이 거룩한 공간과 고유한 의상을 가지고 있다는 인식은, '우리'의 정체성을 재확인할 수 있을 뿐만 아니라 이를 통해 그 운동의 통합력과 결속력을 높일 수 있는 하나의 수단이 될 수 있었을 것이다. 간재학파의 경우, 이러한 의상을 착용함으로써, '그들'의 정체성과 확실히 다른 '우리'의 그것을 만들고 있었다.[63]

이러한 선민인식 아래 1866~1896년의 척사위정운동은 구체적으로 운동의 연대성을 고취시키기 위해 대내외적 적대 집단을 설정하게 된다. 그 하나가 대외적으로 국외자들을 규정하는 것이다. 왜냐하면 국내자로서의 척사위정파는 그 적을 제대로 규정하지 않고서는 그 존재의 의의를 찾을 수 없기 때문이다. 특히, 일본의 존재는 척사위정운동의 정당성을 담보하는 하나의 중요한 요인이었다. 다른 하나는 대내적으로 일탈적 국내자들을 그 반대편에 자리매김하는 것이다. 척사위정파 지식인들은 자신들을 성리학적 전통에 충실한 사람으로 간주하면서 그 반대편에 있는 사람들을 거기서 이탈한 사람으로 규정하고 있었다. 이를 통해 '성리학 / 반성리학'이라는 대립구도를 형성할 수 있었다. 이러한 일탈적 존재는 척사위정운동의 연대성을 효율적으로 담보할 수 있는 하나의 장치였다. 1866~1896년의 척

---

63) "목천군에 아천장이라는 큰 시장이 있는데, 장이 열릴 때마다 심의(深衣)를 입고 복건(幅巾)·치포관(緇布冠)을 쓰고 대나무 갓끈을 걸치고 나막신을 신은 자들이 공경하고 삼가는 태도로 가게 앞을 줄지어 오고 갔다. 장 보는 사람들은 그들을 가리켜 이들은 전우의 문인이라고 알아보았다(성대경, 1990: 47~48에서 재인용)."

사위정운동의 연대성은 공동의 적이라는 존재와, 일탈적 국내자로서의 이단자가 선민, 곧 성리학적 전통에 충실한 국내자 주위에 존재하고 있다는 사실에 의해 강화되고 있었다. 바꾸어 말하면 그 운동은 바로 이단과 이단자와의 투쟁을 통해 연대성을 확보하고 있었다.

3. 도덕적 이원론

국외자와 일탈적 국내자들에 의해 둘러싸여 홀로 정통을 보존하고 있는 선민들, 곧 척사위정파의 존재론적 의미는 도덕적 이원론에 의해 확장된다. 여기서 도덕적이라는 의미는 척사위정론자들이 한결같이 주장하는 정통의 전형과 관련되어 있다. 왜냐하면 그 전형은 궁극적으로 정도(正道)를 지향하는 척사위정파의 도덕성과 이어져 있기 때문이다.[64] 이러한 도덕적 이원론은 성리학의 주변화에 의해 고

---

64) 이와 관련하여 화서학파의 유인석은 도덕의 중요성에 대해 아래와 같이 언급한다. "도(道)는 심오한 이치와 허무함, 모호한 것, 공허한 것이 아니다. 곧 충실함이 발휘되어 서면 체(體)가 되고, 실천하면 용(用)이 되고, 오상과 오륜에 해당되고, 모든 일과 모든 사물을 일관케 하여 모든 사람이 함께 말미암는 큰 덕(德)이 되는 것이니, 마음이 미혹하여 어둡고 외롭고 담박한 것이 아니다. 곧 광명하고 굳세어 앎과 어짊 및 용기를 겸하고 글로 드러나고 굳셈으로 발휘되어 모든 사람들이 함께 근거하는 알맹이가 되는 것이다. 중국의 사만만인(四萬萬人)으로 하여금 상하, 대소가 한결같이 이 도에서 나오고, 한결같이 이 덕을 주로 삼는다면 이에 있어서 존엄함으로 변화하니 외국의 대포인들 어떻게 할 것인가. 저들은 대포만 있지만, 이쪽은 대비가 없겠는가. 조선 삼천만인이 한(恨)되는 것은 일찍이 도덕에 주목하지 못한 것이다. 이제 뒤늦게라도 마땅히 도덕에 주력하도록 주의해야 할 것이다. ……도덕에 주력하는 것이 어찌 실력 발휘에 방해가 되겠는가. 이것은 실력이 사실은

립당해 있는 척사위정파의 정체성과, 그들이 외부 세계와 구분하기 위해 설정한 경계선을 이념적 차원에서 뒷받침하는 것이었다.

1866~1896년의 척사위정운동의 도덕적 이원론의 핵심은 벽이단론(闢異端論)이라 할 수 있다. 성리학적 가치 질서를 옹호하고, 이단을 배척하는 것은 이미 선진(先秦) 유학에서부터 연원하는 것이었다. 성리학의 이러한 측면은 주자학에 이르러 이론적으로 더욱 체계화되었다. 주자학적 가치 질서는 화이론, 정통론, 명분론 등을 세계관적 차원으로까지 체계화하기에 이르렀으며, 이는 조선의 지배 이념으로 수용되었다. 그 질서는 중화를 높이고, 이적을 물리친다는 것이며, 성리학의 정통을 받들고, 이단을 배척해야 한다는 것이며, 인간은 선천적으로 타고나며 사회적으로 규정된 분, 곧 명분에 따라야 한다는 것이었다(김태영, 1981: 371~372). 그 가운데 정통-이단론은 기호노론의 중심명제들 가운데 하나로 송시열이 '명을 높이고 청을 멸망시켜야 한다(尊明滅淸)'는 존화의리에 바탕을 둔 소중화론을 내세우고, 주자학적 세계관을 그 중심에 둠으로써 강력한 벽이단의 자세를 취하면서, 그의 후예들인 기호노론들은 자신들의 학문적·정치적 명운을 걸고 이에 매달렸다. 기호노론의 후예임을 자처하는 화서학파도 예외가 아니다. 이러한 도덕적 이원론은 저술 작업(홍원식, 1996: 580~582 참조)을 통해 체계화되었다.

도덕적 이원론은 기본적으로 다른 이원론과 마찬가지로 세계를 정신/물질65), 선/악66)으로 구분하고 있다. 신학적으로 말하자면 정신

도덕에 근원을 두는 줄 모른 것이다. 도덕에 주력하여서 생기는 실력은 곧 만전한 실력이다(오석원, 1994a: 267에서 재인용)."

65) "(성리학의) 성현이 기르는 바는 심지(心志)를 기르는 것이요, (서구의) 공장(工匠)들이 기르는 바는 형체(形體)를 기르는 것이다(이항로, 1974: 456)."

66) "선을 좋아하고 악을 싫어하는 것은 금수는 능히 하지 못하고 사람만이 유독 능히 할 수 있는 것이다(이항로, 1973: 390)."

과 선의 세계와 동일시되는 밝음, 물질과 악의 세계로 간주되는 어
둠으로 엄격하게 구분하고 있다.[67] 이러한 이원론을 잘 보여 주는
것이 인수론(人獸論)이다. 김평묵은 중국과 한국은 인간임에 반해
서구를 짐승으로 보는 이른바 이원론적 인간 / 짐승의 논리를 전개하
였다. 김평묵의 인간 / 짐승의 이러한 이원론적 구분을 신학적으로 표
현하면 '빛의 자녀들'과 '어두움의 자녀들'의 구분인 것이다. 모든
옳은 것, 좋은 것, 선한 것, 우월한 것 등은 '우리'와 동의어로, 모든
그른 것, 나쁜 것, 악한 것, 열등한 것 등은 '그들'의 동의어로 보게
된다. 이러한 차원에서 결국 정신과 선이 물질과 악을 극복할 것이
라고 보고 있다.

최창규(1972: 68~69)에 의하면, 일반적으로 성리학에 있어 이(理)
는 선(善)하다는 하나의 속성만 지니고 있지만, 기(氣)에는 선(善)과
불선(不善)이라는 두 가지 측면이 있다. 이와 기가 결합할 때에는
동화와 충돌의 두 가지 경우가 있을 수 있다는 것이다. 전자는 이의
선한 속성과 기의 선한 속성이 결합할 경우이고, 후자는 이의 선한
속성과 기의 불선한 속성이 연결될 때에 발생한다. 전자의 경우 천
하는 안정되고, 후자에서는 혼란해지기 때문에[68], 김평묵의 이기론은
우주의 모든 에너지가 천하의 안정이라는 정(正)·상(常)을 위하여

---

67) "……어버이와 자녀가 사랑하고 공경하는 도(道)를 다하면 이것이 이내
    하늘을 섬기는 것이고, 임금과 신하가 충과 예의 도를 다하면 이것이
    이내 하늘을 섬기는 것이요, 장유유서와 부부지별과 붕우지신 등 이것
    이 다 하늘을 섬기는 것이다. 서양은 그러하지 않아서 하늘이 나에게
    명하는 까닭을 묻지도 아니하니 이것이 무슨 일인가? 다만 하늘에 절
    을 하고 복을 빌어 하늘을 섬긴다. 이것은 다른 것이 없다. 여기서 내
    가 이른바 하늘을 섬긴다는 것에서의 하늘은 형기와 정욕을 말한다. 두
    가지가 같지 않은 점이 실로 이것에서 나뉜다(이항로, 1974a: 473)."
68) "이(理)가 주(主)가 되고 기(氣)가 역(役)이 되면 이는 순하고 기는 바르
    게 되어 만사가 다스려지고 천하는 편안하게 될 것이다. 그러나 기가 주
    가 되고 이가 부차적인 것이 되면, 기는 강해지고 이는 숨어, 만사는 어
    지러워져 천하가 위태롭게 될 것이다(오석원, 1994b: 339에서 재인용)."

활용되어야 함을 주장하고 있다. 이것이 그의 이주기객(理主氣客)이라는 성리학 체계의 기반에 깔려 있는 의식의 기본적인 구도였던 것이다. 다시 말해 조선은 문화적으로 우월할 뿐만 아니라 서구의 침입이라는 불선에 저항하는 선의 속성을 가진 이(理)인 데 반해, 서구는 물리적으로는 우세하지만 조선을 위협하는 불선이기 때문에 기(氣)라는 것이다.

이러한 논리는 이와 기를 근본적으로 차등한 것으로 보아, 기를 이에 복종시키려는(理尊氣卑) 공식으로 나타났던 것은 바로 조선의 성리학적 질서를 이(理)로 보고, 서구와 일본이라는 객체를 기(氣)로 보려는 이원론적 세계관과의 관련하에서이다. 물론 김평묵의 이기론과 연결되고 있던 이러한 세계관은 선험적으로 성리학을 정(正)으로, 객체를 사(邪)로 보려는 전통적인 척사위정론의 기본형식인 것이다. 그의 이기론에 나타나고 있는 '이주기객(理主氣客)'적인 관념은 그것이 자기 우월의식을 위하여 객체에게 불평등을 강요하는 이론으로 활용될 경우와, 객체로부터 강요당하는 불평등을 극복하기 위하여 주체적으로 활용될 경우와는 그 가치가 전혀 다르다.

따라서 김평묵의 이기론은 당시 비서구 국가에 불평등을 강요하려는 불선한 서구와 일본에 대항하여 그것을 극복하기 위한 조선을 내세우려는 후자의 상황에서 이루어진 논리였다고 보인다. 여기서 그의 이론은 조선과 서구를 그 속성의 차원에서 선험적으로 이(理: 正)와 기(氣: 邪)로 분리하려는 배타적인 틀이었다. 뿐만 아니라 그것은 자기 안정을 추구하는 조선에 대하여, 그것을 파괴하며 불평등을 강요하려는 서구와 일본의 태도를 각각 선(善: 理)과 불선(不善: 氣)으로 규정하려는 경험적인 의식이 뒤따르고 있었다(최창규, 1972a: 69~70). 이러한 구분은 하나의 선험적 기준을 전제로 하고 있었다. 왜냐하면 선(善)은 성리학 경전에서 제시된 근본적인 원리들을 신봉하는 것에서 유래하고, 악(惡)은 인간들이 거기로부터 일탈하는 것에서 기인하기 때문이다. 이러한 의미에서 척사위정파의 인성론은 본질적으로 이원론적이다.

이러한 이기론에 기대어 척사위정운동에 있어서의 도덕적 이원론적 세계관이 다듬어지고 있었다. 화서학파의 최고 이론가인 이항로는 이 / 기의 범주로 조선사회와 서구사회와의 만남을 이해, 규정하고 있었다. '이'의 범주에는 우월한 중화문화, 이러한 문화전통의 최후의 수호자로서의 조선, 성리학적 가족제도와 공동체, 조선이라는 국가 등이 속하는 것으로 이해한다. 이에 반해 '기'는 서구 자본주의 경제와 사회, 과학과 기술 등으로 범주를 설정하고 있었다(정재식, 1990: 204). 이는 기본적으로 우월과 열등을 전제로 하는 것이다.69) 이에 따라 '성리학 / 서학'이라는 이원론적 세계관을 정의하고 있다.

전우도 중화와 오랑캐의 범주를 지리적 수준에서가 아니라, 철학적·정치적 수준에서 고찰하면서 자신의 독특한 이기심성론(理氣心性論)의 견지에서 화 / 이를 구별하고 있다. 오랑캐(夷狄)나 이단은 그 말과 행동이 기(氣)의 요구에 따르는 것이며, 성(性)과 이(理)에 의존하지 않는 것이다. 만약 중화의 유학자라도 그 존재하는 바(所存)와 그 실행하는 바(所發)가 만약 사리에 어긋나면 오랑캐가 된다는 것이다. 그는 심성론(心性論)의 차원에서뿐만 아니라 예학의 측면에서도 화이론을 전개하고 있다. 중화와 오랑캐의 경계선은 예(禮)의 존재 유무에 따라 설정되는 것이기 때문에 예를 조금이라도 잃으면 오랑캐의 범주에 포함되고, 많이 잃으면 짐승의 지경에 빠지게

---

69) "서학이 잘못되어 있는 데는 근본적으로 태극이 만물의 근원이 되는 것임을 알지 못하고, 도리어 형체가 있는 것과 형상이 있는 것을 가지고 천지가 조성된 것으로 인식하여, 간편한 것을 즐기고 이(利)를 좋아하는 마음으로써 윤리를 단절하여 버리고 예절을 걷어치워 버린 것이다. 그 근원이 이와 같은 것에 불과할 뿐이었으나, 그러나 또한 중국에 다른 논의가 있는 것에 따라 이리저리하여 지금에 이르고 있는 것이다(이항로, 1973: 392)."

된다는 것이다(성대경, 1990: 39~40). 뿐만 아니라 화서학파의 척사위정론에서는 '군자 / 소인'의 분류 틀로 '우리 / 그들'의 이원론을 정의한다. 곧 군자의 틀 안에는 '도덕·의리' 등이 존재하고, 소인의 범주에는 '형기·이(利)' 등이 있다는 것이다.70)

이항로는 사람의 도(人道)의 본질인 어짊(仁)과 옳음(義)을 기준으로 하여 정통과 이단을 이원론적으로 구분한다.71) 뿐만 아니라 이러한 구분은 인욕 / 천리(人欲 / 天理), 형기 / 성명(形氣 / 性命), 패도 / 왕도(覇道 / 王道)에 따라 크게 분별될 수도 있지만, 좀더 세밀하게 본다면 이(理)와 기(氣)의 개념을 잘못 규정하거나 본연지성(本然之性)과 기질지성(氣質之性), 인심(人心)과 도심(道心)을 잘못 인식하는 경우에도 나누어진다는 것이다. 이러한 내용을 제대로 이해하였다고 하더라도 실천과정 속에서 시중(時中)을 잃어버렸다면 이미 도학의 본질에서 벗어난 것으로 본다. 그는 이것의 대표적인 것으로 서학을 들고 있다.72)

따라서 성리학과 서학을 구분하는 것은 도덕성(의義)과 공리성(이利)의 문제이다. 이러한 도덕적 이원론의 그 밑바탕은 '중화를 높이고, 오랑캐를 물리침(尊中華, 攘夷狄)'이다. 여기서 중화, 곧 도(道)

---

70) "공자 말씀에 군자는 상달(上達)하고, 소인은 하달(下達)한다고 하셨는데, 상달은 도덕이 달함을 이름이요, 하달은 형기가 달하는 것을 이른다. 또 말씀하기를, 군자는 의(義)로써 가르치고, 소인은 이(利)로써 가르친다고 하였는데, 깨달음은 깊이 알아 아주 좋아하는 것이다. 의리에 대하여 한 변을 깊이 알고 아주 좋아하는 사람은 군자이고, 형기에 대하여 한 변을 깊이 알고 아주 좋아하는 사람은 소인이다(이항로, 1974a: 471~472)."

71) "묵씨(墨氏)는 어짊(仁)만 알고 옳음(義)을 알지 못하였으니 도(道)가 아니며, 양씨(楊氏)는 의만 알고 인을 알지 못하였으니 도가 아니며, 노씨(쫓氏)는 인의를 하찮게 여기고 심오한 이치와 허무함(玄虛)을 숭상하였으니 도가 아니며, 불씨(佛氏)는 인의를 단절하고 윤회만 말하였으니 도가 아니다. 인과 의는 사람의 도이다(오석원, 1994b: 355에서 재인용)."

72) "어짊과 옳음(仁義)을 틀어막으면 혹세무민하는 말이라도 어찌 대신하여 없어지겠는가? 그러나 서양만큼 참혹한 것은 없다(이항로, 1974a: 466)."

는 나라의 존망을 넘어선 보편적인 문화적 가치이다. 이것은 천원지방설(天圓地方說)에 기대어 세계를 중화의 천하와 네 오랑캐(四夷)로 구분하고, '화이(華夷)', '내외(內外)', '존비(尊卑)', '주객(主客)'으로 갈라 생각하는 성리학의 명분론적 세계관에 근거하고 있다. 이에 따라 1866~1896년의 척사위정운동은 조선을 소중화로 스스로 명명하고, 종교적인 사명감을 갖고 그 경계선을 끝까지 지키려고 하였다. 화 / 이, 내 / 외, 존 / 비, 주 / 객 등으로 표현된 이원론적 범주체계는 무엇이 위기적인 문제, 곧 위협적인 상황이었는가를 정의하여 주었을 뿐만 아니라 어떤 범주를 따라야 척사위정파로서의 정체성을 유지하고, 그 경계선을 지킬 수 있느냐를 보여 주는 기능을 담당하였다(정재식, 1991: 207). '우리'와 '그들'을 가름하는 도덕적 이원론은 화 / 이(華 / 夷), 인 / 수(人 / 獸), 천리 / 인욕(天理 / 人欲), 도 / 기(道 / 器), 존 / 비(尊 / 卑), 상 / 하(上 / 下), 군자 / 소인(君子 / 小人) 등이고, 이 가운데 '그들'의 범주는 '이(夷)', '수(獸)', '인욕(人欲)', '기(器)', '비(卑)', '하(下)', '소인(小人)' 등이다(박충석, 1982: 204). 반면에 '우리'의 범주는 '화(華)', '인(人)', '천리(天理)', '도(道)', '존9尊)', '상(上)', '군자(君子)' 등이다. 달리 말해 성리학적인 것의 범주가 '정통'이라면, 서학적인 것의 그것은 '이단'이다.

4. 의로운 행동

1866~1896년의 척사위정운동은 이러한 도덕적 이원론의 뒷받침 때문에, 그 운동 참여자들의 종교적 헌신이 가능했었을 것이고, 관념적 차원에서 배타적 경계선이 그 정당성을 확보할 수 있었을 것이다. 다시 말해 그 운동은 성리학 경전에 기반하여 교리뿐만 아니라 행동에서도 '신자'와 '불신자', '우리'와 '그들'을 구분하고, 이들 사이에 분명한 경계선을 그릴 수 있게끔 명확한 행동규칙을 만들게 된다. 1866년 최익현의 「병인의소(丙寅擬疏)」에 의하면, '수신제가'를 하나의 행동규칙으로 정하고 있다.[73]

성리학의 발전과정에서 의리가 언제나 중심 가치를 이루어 왔기 때문에, 의리론(義理論)의 문제는 중요한 비중을 갖게 된다. 사실상 선비정신의 핵심은 성리설(性理說)에 앞서서 의리론을 전제한다고 할 수 있다. 정몽주의 순국이나 사육신의 절의는 의리정신이 가장 잘 드러난 사건이지만 선비의 주장과 행동은 언제나 의리에 따를 것을 요구한다. 의리는 부끄러워하고 미워하는 마음의 실현이므로 의리에 어긋나는 것은 자신에 대해서는 성찰하며, 남에 대해서는 비판을 하게 된다. 군자-소인론도 의리론의 비판정신이며, 예론의 시비도 의례에 대한 의리의 적합성을 논쟁하는 것이며, 성리론도 의리의 근거를 분석하는 논변이라 할 수 있다(금장태·유동식, 1992: 124).

이러한 인식 아래 척사위정운동에서는 의리론의 표본으로 임진왜

---

73) "이른바 학문이란 것은 세속 선비들과 같이 고루하게 책이나 외어 익히고, 전거가 되는 고사나 섭렵하여 붓을 들고, 시부(詩賦)·사륙문(四六文)을 쓰는 것이 아니라, 몸을 닦고 집을 바르는 것으로부터 조정을 바로잡고 만사를 바로잡아 혜택이 백성들에게 입히도록 하는 학문입니다. 그러나 자신으로부터 가정에 미쳐 가고, 가정으로부터 나라에 미쳐 가는 것이 모두 그 자신의 한 마음에 근본 하는 것입니다(최익현, 1977: 87)."

란 당시의 의병장 조헌, 정묘·병자호란 때의 김상헌 등의 척화론, 효종과 송시열의 북벌론, 청을 배격하고 명을 숭상한다(排淸崇明)는 화이론 등을 들고 있는 것도 이러한 맥락에서이다. 화이론의 춘추대의(春秋大義)는 조선 후기 사회에서 하나의 지배적인 사회이념으로 정립되어 생각과 행동에 적용되는 의리론이라 할 수 있다.

이와 관련하여 이항로는 서당의 강학규칙을 만들어 학도들에게 실행하게 하였다. 이 행동규칙에는 같은 성리학 신자로서의 연대의식을 강조하고, 금욕적인 생활과 적과 구분될 수 있는 경건한 행동 등을 요구하였다.74) 이러한 선택과 행동규칙들은 화서학파의 지도자인 이항로에 의해 이루어지고, 작성된 것이기 때문에 그의 권위로 정당화되었다. 뿐만 아니라 척사위정운동은 오로지 이러한 규칙을 강제하기 위해, 그 집단의 주위에 명확하고 배타적인 하나의 경계선을 세우게 된다. 성리학 신자들, 특히 사제계급에게 요구되는 행동은 평상시나 위기 상황에서나 동일한 것이다.

---

74) "선생이 서당의 강학규칙을 만들어 학도들에게 실행하게 하였는데, 그 강계에 이르기를, (제1조) 무릇 같이 강학하는 사람들은……반드시 내 몸에 번성하여 체험할 것을 생각하여 마음으로는 그 묘한 이치를 깨닫고, 몸으로는 그 실천에 힘쓸 것. (제3조) 집에 있어서는 일찍 일어나 세수하고 머리 빗고 의관을 정제한 다음 부모님께 절하고 문안드리되, 조부모가 계시면 마땅히 먼저 뵈어야 하고, 부모가 생존해 계시지 않으면 사당의 신주를 배알하고, 서당에 나와서는 스승과 어른 섬기기를 예(禮)와 같이 할 것. (제4조) 같이 강학하는 사람들끼리 서로 만나게 되면 반드시 서로 절하고 읍(揖)하되, 나를 낮추고 남을 높여 주는 것으로써 법을 삼을 것. (제5조) 일체의 노래·여색·좋은 냄새·좋은 맛 등의 욕심이나, 부귀 호화한 생각은 절대로 마음먹지 말고, 한결같이 도의를 강론하여 밝히고, 효(孝)·제(悌)·충(忠)·신(信)을 독실하게 행하는 것으로써 일생의 목표를 삼을 것. ……(제8조) 북쪽 오랑캐들은 의관을 부숴 없애고, 서쪽 귀신들은 심술(心術)을 좀먹고 있으니, 마땅히 몸을 꼿꼿이 하고 다리를 세우며 마음을 밝히고 눈을 부릅떠 성현들의 가르침과 조상의 유업을 추락시키지 아니하여야 할 것이니, 이것이 선비 된 사람의 철두철미한 법문인 것이다(이항로, 1973: 169~171)."

그러나 성리학의 생존이 달려 있는 시기에 있어 척사위정운동은 성리학자들에게 도덕적 이원론에 기대어 실천적 차원에서의 행동을 요구하고 있었다. 이와 관련하여 전우는 경세를 실현하는 주체로서의 성리학자들의 마음가짐과 태도의 핵심이 '성리학적 방법'임을 역설하였다.[75) 위기의 시대에도 성리학자들의 기본행동은 성리학적 전통에 따르는 것임을 분명히 하고 있다. 이를 실천에 옮길 수 있는 의지와 방법도 함께 모색할 것을 요구하고 있었다.[76) 그 구체적인 방법으로 올바른 이치에 기반을 둔 덕행과, 의리에 부합하는 사업을 제시하면서, 이 둘이 성리학자들이 할 일임을 분명히 하고 있다.[77) 특히, 국왕에게도 위기의 시대에 필요한 처신을 요구하였다.[78)

뿐만 아니라 척사위정운동에서는 여러 가지 행동이 제시되었다. 금장태 등(금장태·유동식, 1992: 161~162)에 의하면, 이러한 행동에는 의병을 일으켜 적을 토벌하고 물리치겠다는 '거의소청(擧義掃淸)', 목숨을 끊어 절의를 지키겠다는 '치명수지(致命遂志)', '해외로

---

75) 그는 「유자무책변(儒者無策辨)」이라는 글에서 이렇게 말하고 있다. "대저 천지개벽 이래로 유학자로서 방책을 내세워 세상이 기울어지는 것을 붙잡은 사람은 탕·무 등 서너 사람뿐이다. 탕왕·무왕은 걸·주의 폭란의 시기에 천지가 뒤집히고, 윤리가 퇴폐하여, 백성이 극도로 궁핍하면 유교적 방법(儒術)을 써서 세상을 조정하니, 이는 가히 대공업이라고 할 만하다(황준연, 1994: 216에서 재인용)."

76) "내가 생각건대 유자(儒者)는 능히 세상을 건지려는 뜻을 지녀야 하며, 또한 반드시 세상을 건지려는 방법에도 마음을 두어야 한다(황준연, 1994: 216~217에서 재인용)."

77) "선비가 세상에 처함에는 두 가지 일이 있다. 안으로 쌓는 것은 덕행이요, 밖으로 실행하는 것은 사업일 뿐이다. 덕행은 반드시 性命의 올바른 이치에 근본을 두어야 하며, 사업은 또한 반드시 순일한 의리에 뿌리를 두어야 한다. 대저 사람이 마음을 잘 부려서 본성을 존중한즉 올바른 이치에 나아가 덕행 방면에 이지러짐이 없고, 반드시 예(禮)를 기다려 몸을 실천한즉 순일한 의리에 합하고, 사업의 성공을 기약할 수 있을 것이다(황준연, 1994: 217에서 재인용)."

78) "임금은 반드시 식견이 높고, 지조와 기개가 정해진 연후에야 세상을 건질 수 있다(황준연, 1994: 217에서 재인용)."

망명하여 전통을 지키겠다는 거지수구(去之守舊)’, ‘깊은 산으로 들어가 은둔하여 안정하겠다는 입산자정(入山自靖)’ 또는 ‘경전을 싸 가지고 산속으로 들어간다는 포경입산(抱經入山)’ 등이 있다. ‘거의소청’을 위해 척사위정운동에서부터 일본에 저항하여 의병운동을 가장 활발하게 전개한 것은 화서학파라 할 수 있고, 노사학파 등에서도 의병을 일으켰다. 이에 비하여 송병선을 중심으로 한 연재학파와 박세화를 중심으로 한 의당학파의 종장들은 을사보호조약과 한일합병을 거부하여 자결함으로써 ‘치명수지’의 모범을 보여 주었다. 또한 간재학파의 종장은 서해의 섬으로 망명하여 학문의 전통을 지킨 것은 ‘거지수구’하는 방법이었다. 기호계열의 도학파는 적극적인 의리론을 제시하였고, 그 문하에서도 러시아의 블라디보스토크나 만주 등지로 망명을 가기도 하고, 산속에 은둔하여 전통을 지켜 갔다. 영남에서도 유치명을 중심으로 한 정재학파에서는 의병에 참여도 하였지만, ‘입산자정’에 가까우리만큼 은둔 속에 학문 연구와 성리학적 전통 수호에 전념하였으며, 한주학파에서는 이승희의 경우처럼 망명하여 ‘거지수구’하기도 하며, 곽종석을 중심으로 ‘파리장서사건’처럼 국제사회에 독립을 청원하거나 서양문물을 도학의 기반 위에 수용하여 개방적 태도를 보여 주기도 하였다.

특히 유인석이 변란에 대처하는 세 가지 방법을 제시하자 의병봉기의 길을 선택하였던 사람들은, ‘대세’가 자기들에게 절대 유리하지 않다는 점을 명백히 인식하고 있었음에도 불구하고 그 길을 선택하고 있었다. 이는 일견 비합리적인 결정으로 보이지만, 그것은 기본적으로 평소 성리학자 일반이 내면화시키고 있던 ‘정의를 위해서는 목숨을 버린다’는 성리학적 규범이 위기의 시대에는 하나의 도덕적 명령으로 번안되고 있었던 것이다. 1895년 척사위정운동에서 중군장으로 활동한 이춘영의 사례(구완회, 1997: 577 참조)를 통해 이를 간접적으로 확인할 수 있다. 그는 일본군 병참 기지가 있는 안보 공격을 주도했다가 그 전투에서 28세를 일기로 전사하였다. 그의 시신이 돌아왔을 때, 그의 모친은 한 번 곡하고 다시는 슬픈 기색을 보이지 않았다고 하는데, 사람들이 물으니 "어찌 슬프지 않겠소만, 내 그를 보낼 때에 이미 살아 돌아오지 않을 줄 알았소. 또 대의(大義)에 죽었으니 그만하면 족하오."라고 대답하였다. 이를 통해 우리가 확인할 수 있는 점은, 특히 지도부는 운동의 참여의 비용과 위험 등을 증가시킬지도 모르는 개인적 속박으로부터 일정 정도 자유로운 존재였음을 알 수 있다. 물론 이것을 그 당사자나 가족들이 사대부로서 내재화하고 있던 '명분'에 충실한 행위, 달리 말해 왜곡된 형태로서의 체면으로 해석할 수 있는 여지가 있다. 그러나 그가 운동에 전적으로 참여하면서 느꼈을 만한 가족에 대한 부담감에서 상당히 벗어나 있음을 알 수 있다. 이처럼 '대의명분(大義名分)'을 강조하는 성리학 규범은 척사위정파에게 일반화된 신념으로 내재화되어 있다가 이를 실천에 옮기면서 행동으로 현재화된 것으로 보인다.

요컨대 1866~1896년의 척사위정운동은 경계선의 획정자로 자체의 고유한 의상, 관습, 행동 등을 통해 '우리'와 '그들'을 나누는 데 뛰어났다. 국외자와 일탈적 국내자에게 성리학적 규범을 강제함으로써 그 경계선을 확장하는 데에도 열심이었다. 척사위정운동이 선민의식을 표방함으로써 운동의 참여자들로 하여금 '우리'라는 동류의식을 가지게 하고, 도덕적 우월감을 심어 주어 그 운동에 대한 지지를 촉진시키는 기능을 하였을 것으로 보인다. 그 운동이 선택받은 참여자들로 구성되어 의로운 행동을 유지하는 데에도 작용하고 있었다. 이러한 차원에서 선민의식의 표방은 척사위정운동의 존속과도 이어져 있었다.

V 성리학적 전통의 선택

1. 학 자

　1866~1896년의 척사위정운동은 세속적 국가, 서구와 일본 및 일탈적 국내자 등을 참 성리학 신자들이 끊임없이 반대해야 할 대상과 동일시하여 이들을 반발의 주 대상으로 삼고 있었다. 이러한 맥락에서 그 운동은 그것이 이어받았거나, 일관되게 재강화시켜 온 세계관을 위해 투쟁했다고 말할 수 있다. 그 운동은 올바른 신념이나 행동을 지지하면서 성리학적 전통과 그 전통적인 삶의 방식을 보존하려고 했다. 이것은 세속적 경향에도 불구하고 성리학이 여전히 조선사회의 전통적 유산 가운데 가장 중요한 부분이고, 척사위정파가 그 사회에서 외관상 적들에 의해 포위되어 있다는 상황을 고려한 위에서 나온 것이었다.

　여전히 소중화로 남아 있기를 원하는 그들의 정치적 의제에 목적을 부여하기 위해 성리학적 전통과 언어 등을 선택하게 된다. 이렇게 선택된 자원을 하나의 이념적 무기로 삼아 척사위정운동은 적들에 반발하게 되는데, 이는 신앙에 대한 확고한 믿음과 거룩한 성리학의 권위라는 굳건한 토대 위에 기반을 둔 것이었다(정성원, 2002c). 이들은 이러한 것들에 바탕하여 다음과 같은 선택과정을 거치게 된다.

　첫째, 1866~1896년의 척사위정운동은 성리학의 궁극적 권위가 도전 받고 있는 것으로 인식하고 있었다. 이와 관련하여 이항로 『화서집』의 「이단」에 의하면, 서구에 의해 성리학, 특히 소중화의 도(道)가 파괴될 수 있음을 우려하고 있었다. 바꾸어 말하면 그는 서구가 배타적이고 절대적인 성리학의 권위를 침식시키고 있는 상황을 하나의 위협으로 인식하였다.[1]

이러한 인식의 과정은 개인적 차원에서보다는 한 사람의 지도자가 주도하게 된다. 화서학파의 경우 이 과정은 최고 이론가이며, 지도자인 이항로에게 귀속되고 있었다.[2] 이것이 가능한 것은, 그가 성리학의 위기 상황을 평가, (재)해석할 수 있는 사제로서의 종교적 권위와, 한 학파를 대표하는 학자로서의 학문적 권위를 인정받고 있었기 때문이다.[3] 지도자가 이러한 도전을 인식하고, 그 추종자들이 지도자의 이러한 인식을 수용하는 것은 보통 카리스마적 토대, 곧 비합

---

1) "중국을 높이고 오랑캐들을 물리쳐야 하는 것은 천지가 다될 때까지의 대원칙인 것이요, 자기의 사심을 내쫓고 하늘에서 받은 선한 성(性)을 받들어 행하는 데에 있어서는 성현들의 요긴한 법이 있다. ……(그런데) 서양 사람들이 도를 어지럽히는 것이 무엇보다도 우려된다. 천지 사이의 한 줄기의 양기(陽氣)가 우리나라에 보존되고 있는데, 만일 이것마저도 파괴를 당하게 된다면, ……(이항로, 1973: 323·399)."

2) 최익현의 「제중암김공문(祭重菴金公文)」과 「화서이선생신도비명(華西李先生神道碑銘)」 등에 의하면, 지도자로서의 이항로의 능력을 이렇게 표현하고 있다. "……우리 화서 선생은 호걸의 재질로 당대 제일의 학문을 닦아, 양구(陽九)·백륙(百六)의 액운을 당하여 한 마디 말과 혼자의 손으로 거센 파도를 안정시키고, 나라의 법도를 정돈하여 한 다스림의 공을 이루었으니, 이는 장자(張子)가 이른바 '천지를 위하여 뜻을 세우고, 백성을 위하여 도를 세우고, 앞선 성인들을 위하여 끊어진 학문을 계승하고 만세를 위하여 태평을 열었다'는 것이었다(최익현, 1978a: 325)."

3) "세상은 평화와 혼란이 없을 수 없는데, 혼란하면 하늘은 반드시 대인 군자 한 분을 내어 그 시대를 참작하여 혼란을 중지하는 기본을 마련하게 하였다. 주의 말기에 공자가 출생하고, 송·명의 말기에 주자와 송자가 태어난 것이 바로 그 징험이다. 그 후 서교(西教)가 횡행하여 천하가 번복되고, 백성이 죽음을 당하는 재앙과 불행이 있게 되자, 하늘은 우리 선생(이항로)을 동쪽 지방에 탄생시켜 저들을 물리치는 일을 맡아 만세에 한 다스림의 기초가 되게 하였으니, 아! 이것이 어찌 우연한 일이겠는가(최익현, 1978a: 329)."

리적이고 흔히 감정적 토대 위에서 이루어지게 된다.4) 이항로의 제
자인 최익현은 그를 복희씨(伏羲氏)로부터 주희로 이어지는 도통(道
統)의 계승자로 자리매김하고 있으며, 이론적으로는 주리론(主理論)
을, 실천에 있어서는 '척사위정'을 내세운 정통 성리학의 후계자로
간주하고 있었다.5) 물론 이러한 것들은 그의 문인들에 의해 '구성'

---

4) 테일러(Taylor, 1987: 143)에 따르면 이러한 리더십은 기존의 용인된 궁
   극적 권위에 대한 도전을 지각하는 과정에서 두드러진다. 이러한 지각
   의 과정은 개인적인 것이라기보다는 오히려 사회적으로 인정되고, 종종
   한 지도자에게 귀속된다는 것이다. 이러한 의미에서 상황을 해석하고,
   사람들로 하여금 그것을 받아들이도록 고무시키는 지도자의 능력 때문
   에 그 지도자를 카리스마적 지도자라고 부를 수 있다. 이는 근본주의
   운동에서 종교적 권위와 조직의 권위가 서로 깊이 얽혀 있다는 점을
   보여 주는 것이다. 이 두 권위의 관계를 베버(Weber)의 '카리스마적 권
   위'로 설명할 수 있을 것이다. 그(Weber, 1947: 358)에 따르면, 카리스
   마라는 용어는, "한 개인이 보통 사람들과는 다르고, 초자연적이고, 초
   인간적이거나 또는 적어도 특별히 예외적인 권력이나 특성을 부여받았
   다고 간주하는 것에 의해 한 개인 인성의 어떤 특성에 적용되는 것"이
   다. 다른 사람들은 이런 특성들에 쉽게 접근할 수 없는 것으로서 성취
   라기보다는 '선물'과 같은 것이다. 달리 말해 운동의 추종자들은 지도
   자들의 지시를 그들에 대한 권위적이고 정당한 요구로 간주하게 된다.
5) "……대체로 인류가 세상에 있은 후부터 도(道)가 천하에 의탁한 것이 3
   단계를 겪었다. 1단계는 상고시대로, 도가 임금에 있어 선정을 하였으
   니, 이는 복희씨로부터 주공까지이고, 2단계는 중고시대로, 도가 신하에
   있어 진정한 유학자가 나왔으니, 이는 공자와 맹자, 정자와 주자들이요,
   3단계는 근대로, 임금과 신하에 도가 없어, 도가 우리나라에 있었으니,
   송시열이 바로 그분이다. 송자의 학문은 이이를 할아버지로 하고, 김장
   생을 아버지로 하여, 주자의 본체와 작용 모두를 받았다. 그런 까닭에
   훌륭하고 빛나는 그 공훈이 옛 성인과 나란히 짝하게 된 것이다. 이로
   부터 문헌이 떨어지지 않아 백여 년 후에 다시 선생(이항로)이 나와 그
   체용의 전체를 인하여 아주 정미한 데까지 연구하여, 학문은 이(理)를
   주로 하는 것으로써 근본 되는 뜻으로 삼았고, 공로는 서양을 배척하는
   것으로 큰 뜻으로 삼았다. 근본이 성대하였으므로 발현이 무궁하였다.
   그 정신과 기백을 받은 것이나, 그 정치와 예의를 마땅하게 행하였는지
   는 알 수 없지만, 결과적으로 선생은 세대에 드문 진정한 유학자요, 성
   리학의 정종(正宗)이지, 결코 작은 나라의 일시적인 유현(儒賢)이 아닌
   것은 명확하다. 그러므로 당시 식자들은 혹 선생을 '하늘의 이치를 온

된 것이기는 하지만 성리학의 권위가 도전받고 있는 현 상황을 해석하고, 그 추종자들로 하여금 그 해석을 받아들이도록 고무시키는 이항로를 카리스마적 지도자라고 부를 수 있을 것이다.

둘째, 척사위정운동은 이렇게 인지된 도전에 대해 타협하지 않게 된다. 성리학이 서구와 일본 등에 의해 위협받고 있지만 이들에게는 이러한 도전에 굴복하거나 투항하려는 태도를 찾아볼 수 없다. 오히려 더 저항의 강도를 높이고 있었다.[6] 특히 일본의 개방 요구에 타협한다는 것은 소중화를 포기하는 것으로 간주하여 반발하였다. 그 운동은 서구와 일본이 타협과 교섭의 대상이 아님을 분명히 하였다. 김평묵은 1876년 개방에 반대하는 상소에서 소중화로서의 자존심을 드러내고 있다.[7]

셋째, 이에 따라 척사위정운동은 경전에 기대어, 도전받고 있는 성리학적 권위의 궁극성을 재긍정하게 된다. 이와 관련하여 이항로는 예(禮)에 기대어 성리학의 권위가 여전히 궁극적인 위치에 있음을 주장하였다.[8]

넷째, 척사위정운동은 서구와 일본, 이들과 타협해야 한다고 믿는

전히 다한 사람이요 왕좌(王佐)이다'고 일컬었다 (최익현, 1978a: 342~343)."

6) "……차라리 중화를 위하는 사람이 되다가 죽을지언정, 오랑캐와 짐승이 되어서 살지는 못하겠으니, ……(최익현, 1978b: 135)."

7) "중국의 사서에 이르기를 '조선이 서양 사람과 화약(和約)하였다' 할 것이니, 이 어찌 천고의 악명이 아닐 수 있겠습니까? 천하 사람들이 하기를 '누가 조선을 소중화라 하겠는가' 할 것입니다(최재현, 1989: 122에서 재인용)."

8) "우리 성리학의 이른바 네 가지 아니함(예禮가 아니면 보지도, 듣지도, 말하지도, 움직이지도 말라)은 하나의 예라는 글자를 게시하여 표준을 삼게 한 것이니, 이 예라는 것은 공순과 공경, 사양과 겸손으로써 근본을 삼아 사리에 따라 정한 조리와 정한 제도가 상세하게 되어 있는 것이니, 복희 이래로 온갖 성인들과 온갖 왕들이 서로 인습하여 감하기도 하고 증가하기도 하여 만들어 낸 것이니, 즉 온 천하가 만세토록 다 같이 행하게 되는 바인 것이다(이항로, 1973: 396)."

사람들과는 반대편에 서 있다는 것을 인정한다. 이 경우 척사위정파는 서구와 일본 및 일탈적 국내자들을 소수로 인지하면서 자기들은 '도덕적 다수(moral majority)'라는 인식을 가지게 된다. 최익현의 「성헌기(誠軒記)」와 「자양단비각기(紫陽壇碑閣記)」 등에 의하면, 척사위정파와 개방파는 여러 면에서 대비되며, 그들이 다수파의 입장에 있다는 점을 강조한다.9) 전우도 척사위정파를 단발령에 따르는 소수에 반대하는 다수에 속하는 사람으로 자리매김하면서10) 근대화·세속화와 교섭하려는 사람들과는 반대편에 서 있다는 점을 인정하고 있다.

다섯째, 척사위정운동은 자체의 선택을 정당화시키기 위한 정치적 수단을 사용하기도 한다. 이들은 기존 재야 성리학자들에게 부여된 합법적인 비판수단인 상소11)를 활용하였다. 이와 관련하여 화서학파

---

9) "삼강오상의 도와 어버이를 죽이고 임금을 죽이는(無父無君) 가르침은 사특함과 바름(邪正)이 스스로 구별되며, 충현(忠賢)의 희생을 올리고 제사를 지내는(血食) 곳과 이단의 잡귀들이 거처하는 곳은 이해가 판이한데⋯⋯왜적과 화친해야 한다는 자는 부하고 영화로우며 아무런 탈이 없이 지내는데, 왜적을 공격해야 한다는 자는 고립되어 도와줄 자가 없어, 마치 갈대를 가지고 강의 파도를 막으며, 실오라기로 1천 근 되는 물건을 끌어당기는 것과 같았다(최익현, 1978a: 287·254)."

10) "어떤 사람이 말하기를 '머리를 깎는 것은 비록 오랑캐의 습속이지만, 온 나라의 상하 모두가 그를 시행하면 선비도 어찌 홀로 따르지 않을 수가 있겠는가? 다수가 따르는 것이 그때의 사정에 맞는다(時中)'고 한다. ⋯⋯사리의 옳고 그름을 따지지 않고 다만 숫자의 많고 적음을 중용과 부중(不中)의 구분으로 삼아서 그를 시행한다면 묘당을 훼철하고 제사를 모시지 않는 자들이 다수가 될 때 그에 따르는 것이 시중일 것이다. ⋯⋯임금과 아비를 죽이고 난적을 옹호하는 자가 많아질 때 그를 따르는 것이 시중이고, 따르지 않는 것이 부중일 것이다. ⋯⋯대저 중(中)이란 이(理)에 합당한 것을 일컫는 것이지, 다수에 합당한 것을 일컫는 것은 아니다. 만일 다수에 합치되는 것을 중용이라고 한다면 금수와 도적의 행위도 거리껴서 못 할 이유가 없을 것이다(성대경, 1990: 43에서 재인용)."

11) 주지주의적(主知主義的) 속성을 가지고 있는 성리학은 인간 존재의 사회적 실현을 뒷받침하여 이상사회를 건설하려는 뜻을 강하게 갖고 있

가 주도한 1876년의 「병자연명유소」는 기본적으로 성리학의 보존이라는 종교적 이해관계에 바탕하고 있지만, 자기들의 선택에 기대어 국가의 개방정책을 비판하고, 그 대안을 제시함으로써 정치적 압력 집단의 기능을 수행하기도 한다. 이를 통해 척사위정운동을 확대 재생산할 수 있는 수단을 확보할 수도 있을 것이다.

이러한 과정을 통해 1866~1896년의 척사위정운동은 성리학의 탈주변화라는 그 목적을 이념적 차원에서 정당화할 수 있는 성리학적 전통의 특정의 상징들을 선택하게 된다.[12] 그 운동은 이렇게 선택된 것에 근거하여 사람들에게 잃어버린 성리학적 전통으로 되돌아가 이상사회의 가치들을 되살릴 것을 요구한다. 척사위정운동은 더 바람직한 미래를 위해 이렇게 선택된 '근본적인 것들'을 가지고 사회와 문화를 재지향하려고 한다. 여기서 '근본적인 것들'이라는 것은 1866~1896년의 척사위정운동이 보기에, 성리학의 보존에 반드시 필요한 요소라는 의미에서이다.[13] 이와 관련하여 그 운동에서는 먼저 성리학적

는데, 정부의 실정을 비판하고 그들의 사회 정치적 이상을 개진한 상소 행위는 이러한 사회건설의 구체적인 형태이다(김기현, 1994: 231).

12) 이 글의 완성도를 높이기 위해서는 화서·노사·간재학파의 척사위정론이 이전의 척사론과 어떻게 이어져 있는가에 대한 고찰이 필요하다. 달리 말해 성리학적 전통에 대한 전략적 선택의 문제는 척사위정론의 역사적 맥락을 더듬는 작업과 이어져 있다. 그러나 이 글에서는 별도로 그 뿌리를 캐기보다는 세 학파의 성리학적 전통의 선택에 대한 서술을 통해 척사위정론의 역사적 배경을 개괄적으로 이해하는 데 그치고자 한다. 그럼에도 이 글 전체를 통틀어 기본적으로 두 학파의 척사위정론은 주자학 일반에 기초하고 있으며(정옥자, 1995), 18세기의 척사론과 이어져 있다는 점을 전제로 깔고 있다. 이와 관련하여 척사위정론의 역사적 배경과 정책적 변화 과정을 이해하는 데에는 정옥자(1994·1995)의 논문이, 18세기 척사론 전반에 대한 이해를 돕는 데에는 차기진(1994)의 연구가 도움이 된다.

13) 이 점은 화서학파의 최익현이 개방파의 유길준을 비판하는 글에 잘 나타나 있다. "근본이 문란하면 말(末)이 갖추었다 해도 위태로운데, 하물며 말(末)도 갖춘 것이 없는 상태에서 근본마저 없애 버릴 수 있는가(오석원, 1994a: 264에서 재인용)."

이상사회와 일탈된 사회를 대비시키면서 그 운동의 목적을 위해 성리학적 전통 가운데서 학자로서는 정자(程子)와 주자(朱子)를 선택하고 있었다. 성리학적 사회를 상징하는 요소로 덕(德)·본(本)·내(內)·의(義)·인자(仁者) 등을, 이와 대비되는 서구적 사회는 재화(財貨)·말(末)·외(外)·이(利)·비인자(非仁者) 등의 요소를 선택하였다.14)

그 운동에서는 이러한 상징들을 성리학적 규범과 다른 것을 따르는 사람들의 신념을 비난하기 위하여 사용하였다. 흔히 정통은 점증하는 갈등의 소용돌이 속에서 형성되며, 사회적으로 구성된 권위이기 때문에 이러한 갈등의 와중에서 공격받을 가능성이 있다(Kurtz, 1983: 1088~1089). 척사위정운동은 정통, 곧 성리학적 전통을 위협하는 관념을 하나의 이단으로 간주하며, 그러한 적대적 세력으로부터 성리학의 본질을 지키려고 하였다. 그 운동은 기독교를 성리학과 성리학적 질서를 파괴하는 사교(邪敎) 또는 이단으로 간주하였다. 바꾸어 말하면 영원한 진리인 성리학과 성리학적 가족제도 및 사회와 국가 공동체 등을 위협하는 세력으로 규정되면서, 성리학은 사회적 연대와 질서를 유지하기 위한 이념으로 복무하게 된다. 사(邪)·이단(異端)·이학(夷學)·좌도(左道) 등과 같은 상징들은 성리학 공동체의 신성불가침에 도전하는 반대 세력을 적발하는 낙인으로 사용된다(정재식, 1990: 189~190).

이항로는 이단을 "기(氣)를 이(理)로 인식하고, 욕(欲)을 성(性)으로 이르는 것(이항로, 1973: 376)"이라고 정의한다. 다시 말해 그것

---

14) "『정전(程傳)』에서 말하기를 덕('德)은 근본이요, 재물은 말(末)이다. 또한 외(外)가 본(本)이 되고, 내(內)가 말(末)이 되면 백성들이 서로 다투고 빼앗기를 일삼을 것이다'고 하였습니다. 또 말하기를 '나라는 재화의 이익과 같은 이(利)로써 이(利)를 삼지 아니하며, 의(義)로써 이(利)를 삼아야 한다'고 하였습니다. 주자는…… '인자(仁者)는 재물을 흩어 버리는 한이 있어도 백성을 얻어 모으며, 어질지 못한 자들은 몸을 망치는 한이 있더라도 재화를 늘리는 데 힘쓰는 것이다'고 하였습니다(이항로, 1974a: 385)."

은 "서양의 말로, 비록 천 가지 만 가지 일의 단서가 있으나 단지 아비도 없고 임금도 없는 것이 주장의 근본이고, 통화(通貨)·통색(通色)의 방법(이항로, 1973: 382)"이다. 이에 바탕 하여 그 당시 조선 사회가 '적'으로 인해 초래된 위기 상황을 극복하는 길은 정통을 보존하면서 이단을 배척하는 것임을 분명히 하였다.15) 그는 이러한 '정통 / 이단'이라는 자원을 주자와 송자의 논리 가운데서 선택함으로써 '적'과의 차별성을 확보할 수 있게 되면서 운동의 목적, 특히 반다원화를 정당화시킬 수 있는 근거를 마련하고 있었다.

이러한 차원에서 그는 주희와 송시열을 숭배16)하고, 그의 적류(嫡流)임을 자부했다. 이는 이항로가 도통(道統)17)의 연원을 주자와 송자에 두려는 이유로 그렇게 할 수도 있었겠지만 그 근본적인 이유는 척사위정파와, 그들이 반대하는 '적'을 구분 지을 필요성에서 성리학

---

15) "정학(正學)과 이단이 서로 성하였다 쇠퇴하였다 하는 그 원인은 진실로 사람들의 마음 하나에 달려 있는 것이요, 하늘의 이치와 사람의 욕심은 서로 소멸하였다 장성하였다 하는 그 결과가 진실로 천운의 음과 양, 선과 악과 관계되며, 세상의 도(道)가 오르고 내리는 것과 세상이 다스려지고 어지러워지는 것과 관계되는 것이나, 천하의 사물은 다만 한 가지 이치일 뿐이기 때문에 어지러운 세상을 구제하는 길은 이단을 물리치는 것보다 우선될 것이 없고, 이단을 물리치는 길은 정학(正學)을 밝히는 것보다도 급한 것이 없는 것인데, 정학을 밝힌다는 것은 다만 한 마음으로 하늘의 이치와 사람의 욕심을 분간하여 구별 짓는 데 있을 뿐인 것이다(이항로, 1973: 375)."

16) 이러한 숭배는 학문뿐만 아니라 실제에서도 확연하게 드러난다. 기회가 있을 때마다 주자와 송자를 모신 서원을 찾아간 것도 이항로의 선택을 뒷받침하는 행위로 보인다.

17) 엄밀한 의미에서 도통은 요순에서 주공에 이르기까지의 도의 계승이고, 학통은 공자로부터 송시열에 이르기까지의 학문을 전승한 계통이다(이항로, 1973: 399). 그러나 이 글에서는 도통과 학통의 구분을 크게 짓지 않을 것이다. 간재학파는 그렇지 않지만 화서학파의 경우 학통의 관계가 분명하지 않을 뿐만 아니라 도통과 학통을 엄격하게 구분하기보다는 학통 중심의 인식이 팽배해 있었음을 들어 이 글에서도 별다른 구분 없이 같이 사용할 것이다.

적 전통 가운데 주자와 송자의 논리를 선택한 것으로 볼 수 있다. 그 것은 이항로가 기호학파의 종주(宗主)인 이이를 빼고 공자→주자→ 송자로 이어지는 학통[18]을 내세운 것에서도 확인된다. 뿐만 아니라 특히 그 이전의 도통을 모은 주자학만을 유일한 정통적인 가르침, 곧 성리학으로 숭상한 것(정재식, 1990: 176~178)도 이를 뒷받침하는 것 이다.[19] 바꾸어 말하면 주자학에 대한 교조성과 이단에 대한 당파성 이라는 면에서 기호학파 가운데서도 그 정도가 가장 격심했던 송시 열을 주자와 함께 선택하고 있었던 것이다(박민영, 1999: 40).

왜 다른 인물이 아닌 주자와 송자인가? 정통이라는 차원에서 성리 학 전통을 그 둘에게서 선택하고 있는가? 이항로는 주자를 만고의 도통이 있는 바라고 평가한다(이항로, 1974a: 454). 왜냐하면 주자는 송이 금에 의해 양자강 이남으로 밀려났을 때, 금과의 화의를 철저 하게 반대하면서 한편으로는 저항을, 다른 한편으로는 내부 개혁을 요구하였다는 것이다. 이를 통해 남송의 정당성을 분명히 하여 춘추 대의(春秋大義)와 존왕양이(尊王攘夷)의 원칙을 정립했다는 것이다 (정재식, 1990: 177~178). 이는 개혁과 투쟁의 동시 병행을 주장한 화서학파가 주도한 척사위정운동에 그대로 선택되고 있었다.

이러한 차원에서 화서학파에게 주자는 춘추대의의 정수였다.[20] 이

---

18) "학자는 주자(朱子)를 종주(宗主)로 하지 않으면 공자의 문하에 들어갈 수가 없고, 송시열을 본받아 밝히지 않으면 주자의 학통의 단서에 접할 수가 없다(정재식, 1991: 209에서 재인용)."

19) "……대성인 순은 여러 사람의 말을 가져다가 중(中)을 가려 쓰기를 잘 하였고, 주자는 백가들을 집대성하여 절충하기를 잘하였으니, 그 방법 이 동일한 것이요, 맹자는 양주(楊朱)와 묵적(墨翟)의 도(道)를 막아 공 자의 도를 호위하였고, 송시열은 윤휴의 무리를 막아 주자를 호위하였 으니, 그 공로가 동일한 것이다(이항로, 1973: 400)."

20) "……주자의 학문은 대지와 대해가 만물들을 포장하고, 적재하여 구비되 지 않은 것이 없는 것과 같다. ……천하의 모든 선(善)이 빠짐없이 구비 되어 훤하게 노정되어 마치 해가 중천에 떠 있음에 만물들이 모두 다 보게 되는 것과 같아, 순 임금이 천하를 다스린 공로와 더불어 그 크기

처럼 이항로가 주희를 특별히 선택하고 있는 이유는, 그 당시 조선
이 직면하고 있던 위기 상황을 타개하고, 척사위정운동을 이념적으
로 정당화시키기 위해서는 성리학 전통 가운데 이와 유사한 환경에
서 도출된 주자의 논리가 어울린다고 생각했을 것이다. 물론 주자의
정통주의적 논리가 이항로에 의해서만 선택된 것은 아니지만, 특히
척사위정운동이 내세우는 반다원화의 논리를 정당화하는 데에는 더
할 나위 없이 매력적인 것으로 여겨졌을 것이다. 이러한 의미에서
화서학파의 척사위정론은 주자의 '정통 / 이단'의 상징을 끌어들여 조
선의 상황에 맞게 재구성한 것이라고 할 수 있다.

   송시열은 영남학파의 원조였던 퇴계 이황(退溪 李滉, 1501~1570)
과 기호학파의 원조였던 율곡 이이(栗谷 李珥, 1536~1584)보다 주
자학을 더 교조적으로 해석하고, 이단을 강렬하게 규탄한 인물이다
(박민영, 1986: 173). 때문에 이항로는 주희의 존양사상(尊攘思想)과
의리지학(義理之學)을 이어받아 척사위정론의 도통의 단서를 이은
조선의 인물로 송시열을 들었다.21) 그는 송시열을 공자와 주자와 같
은 수준으로 자리매김(이이화, 1977: 13) 할 정도로 존경하고 숭상하
고 있었다. 흔히 이항로는 혼자 힘으로 독자적인 학문의 세계를 구
축한 학자로 자리매김되어 뚜렷한 스승−제자관계가 없는 것으로 알
려져 있는데, 그가 송시열에 경도된 것은 송시열과 동일한 연원을
가지고 있는 죽촌 이우신(竹村 李友信)과의 교류 때문이라고 보는
것이 일반적인 견해이다(박민영, 1986: 173~174). 물론 이항로가 이
우신과의 만남을 통해 송시열의 학문을 접할 수 있었을지도 모르지
만 우리가 여기서 주목하는 점은, 그가 그 당시의 시대 상황을 올바

   를 같이하게 되었다. 학문하는 사람들이 모름지기 먼저 이러한 뜻을 안
   다음에야 바야흐로 주자의 글에 들어가 읽어 볼 수 있을 것이다(이항
   로, 1973:405~406)."
21) 그 근거로 공자가 요순을 닮고, 맹자가 우를 닮고, 주자는 주공을 닮고,
   송시열은 맹자를 닮았다(이항로, 1973: 399)는 점을 들었다.

로 인식·해결할 수 있는 방안을 모색하기 위한 작업의 일환으로 송시열의 논리를 선택했다는 것이다.

이항로가 송시열의 논리를 선택한 것은 크게 두 가지 이유를 설명할 수 있을 것이다. 첫째, 송시열은 성리학 경전을 새롭게 해석하려고 한 윤휴를 '성리학을 어지럽게 한 적(斯文亂賊)'으로 몰아 축출함으로써 성리학의 교의와 전통을 지켰다는 것이다. 송시열은 척사위정운동에 있어 성리학의 탈주변화라는 목적을 정당화해 줄 수 있는 하나의 상징적 인물이었을 것이다.

둘째, 송시열이 명을 숭상하고 청을 배제(崇明排淸)하는 논리에 따라 효종과 함께 북벌론을 주창하여 중화의 복원을 시도하였다는 것이다.[22] 이는 서구와 일본 및 일탈적 국내자 등의 제거를 통한 소중화의 복원이라는 척사위정운동의 목적을 뒷받침할 수 있는 하나의 자원이었다. 화서학파가 주도한 척사위정운동에서는 당시 조선을 일탈시킨 적들에 저항할 수 있고, 그들을 극복할 수 있는 자원으로 주희, 송시열에게 주목하고 있었다. 더욱이 그 운동에게 매력적인 것은 그들이 살던 시대적 상황과 그 당시 조선의 그것이 너무나 흡사하다는 인식이었다. 그들은 이 성인을 전략적으로 선택하여 이들의 사상을 중심으로 척사위정론을 재구성하였던 것이다.

이는 이항로가 공자와 주자 및 송시열 등을 평가(정재식, 1990:

---

22) "……효종 대왕께서는 하늘이 내신 상성(上聖)이시고, 뜻을 격려하여 닦고 물리치시어 먼저 바르게 하시고, 문정공 송시열과 더불어 한때 같은 덕(德)으로 성상(聖上)의 큰 계획에 협력하여 도울 때, 일의 실마리를 간략하게 정하니 하늘에 후회와 화가 되지 않아 세상을 떠나 귀빈이 되셨더니, 일이 다 풀린즉 서쪽으로 돌아갈 때에 샐 곳이 없는 것을 생각했기 때문에 돌아가시기 전에 먼저 바르도록 그 수제자에게 가르치어 문순공 권상하와 더불어 당시의 어진 사대부들과 아울러 만동묘를 세우니, 천지가 깨닫고 천하가 모두 흠모하며, 왕춘일맥(王春一脈)이 홀로 이곳에 기탁함이라. 그 심성은 수고로웠으나 그 의성(義誠)은 끊이지 않는 것이다(이항로, 1974a: 460)."

179)하는 데서 잘 나타나 있다. 주자는 그의 『통감강목』을 통해 성리학의 도의적 원칙을 제시함으로써 송의 지도자들에게 금과 몽고족들로부터 중국을 방위할 수 있는 도덕적 근거를 제공해 준 인물로 평가된다. 위기에 처한 조선의 성리학을 고려할 때 척사위정운동에 있어 주자는 하나의 상징적 인물로 선택될 수 있을 것이다. 또한 송시열은 조선에서 문명한 중화문명을 유지하는 데 주자에 못지않은 역할을 한 인물로 평가된다. 소중화의 소멸을 막기 위해서는 송시열과 같은 역할을 할 사람들이 필요하며, 이는 척사위정운동이 그 책임을 자임할 수 있는 근거가 되는 것이다.

또한 1876년 일본과의 국교수립을 반대하는 최익현의 「지부복궐척화의소(持斧伏闕斥和議疏)」와 「외성당기(畏省堂記)」 등에 의하면, 정자와 주자의 논리뿐만 아니라 송시열을 선택하고 있음을 알 수 있다. 정자와 주자에게서 반다원화의 논리를 뒷받침할 수 있는 자원을 선택하고 있었다.23) 송시열에게서는 성리학적 이상사회의 보존과 '적' 타도의 근거를, 반성리학적 세력에 대한 비판의 정당화 논리를, 성리학의 도통 보존의 논리 등을 선택하였다.24)

---

23) "……정자(程子)가 말하기를, 강화는 중국의 도(道)를 어지럽히는 것이라 하였고, 주자(朱子)는 또한 강화를 결정하면 삼강이 퇴폐하여 만사가 무너지게 되니 그것은 곧 큰 환란의 근본이라고 하였습니다. 이 정자와 주자의 가르침을 가지고서 오늘의 일들을 헤아릴 때 적과 강화할 경우 반드시 어지러워지고 망하는 화에 이를 것이며, 만에 하나라도 결코 幸이 되는 일은 없을 것입니다(최익현, 1986: 14〜15)."

24) "송 선생은 공자와 정자, 주자의 학문에다가, 깊은 못에 임하듯 얇은 얼음을 밟듯 두려워하고 조심하는 공부까지 더하여서 그 전체대용(全體大用)이 우주에 충만하고 고금을 관철하였다. 그래서 그는 천지 강상의 중한 책임을 졌지만, 그 행할 바를 바꾸지 않았으니, 그 첫째는 중화를 높이고 오랑캐를 물리치는 것이요, 둘째는 윤휴를 공격하고 주자를 호위하는 것이요, 셋째는 인륜의 명분을 밝히는 교훈을 심고, 도학을 천명한 퇴계와 율곡 이하 여러 선생을 본받고 추념해야 하는 일들이다(최익현, 1978a: 263)."

1866~1896년의 척사위정운동이 이러한 성인들을 선택한 것은 이들이 보여 준 정통-이단론 때문이었다. 다시 말해 그 사상은 그 운동이 설정한 적들과 구별되고, 이들을 상대로 투쟁할 수 있는 하나의 이념적 자원이고 근거였기 때문이다. 이러한 정통-이단론은 척사위정운동이 선택한 자원의 하나의 용기이다. 척사위정운동은 단지 성리학적 전통을 재확인하는 것으로 끝나지 않고, 정교하게 이러한 자원들을 원래의 맥락에서 발전시켜 적대적 세계에 대항할 수 있는 이념적 무기로도 사용하였다. 이러한 차원에서 척사위정론은 서구와 일본으로 대표되는 국외자, 일탈적 국내자의 등장에 대해 성리학적 신념을 보존하기 위해서는 그것의 공식화와 발전이 필요하다고 생각한 척사위정운동의 '혁신'이고 '교리의 발전'으로 볼 수 있을 것이다.[25]

또한 후기에 들어 조선의 성리학자들은 개인적이든 집단적 차원이든 간에 성리학적 질서와 서학적 질서의 충돌, 국가의 개방정책 등에 직면하면서 이것을 타개하기 위한 나름대로의 방안을 모색하고 있었다. 이러한 의도는 성리학적 전통의 권위를 계승하는 데 머물지 않고, 이론적으로 주리론(主理論)을 극단화시킨 유리론(唯理論)에까지 전개시킨 데서 찾아볼 수 있을 것이다. 기호학파 속에서 이항로는 '본심(명덕)즉리설(本心(明德)卽理說)'을 제기함으로써 율곡의 심즉기설(心卽氣說)로부터 이탈하였고, 기정진은 '이존무토설(理尊無討說)'을 제기하여 이이의 성리설(性理說)을 비판함으로써 유리론(唯理

---

25) 기존의 연구(정재식, 1991: 215)에서는 화서학파가 시대적 요구였던 변동하는 시세에 따라 전통적인 문화와 사회를 수정하고, 이에 능동적으로 적응하거나 전통과 근대를 창의성 있게 종합해 보려는 논리를 채택하지 않았다고 본다. 물론 전략적 차원에서 이루어진 것이기는 하지만 척사위정운동은 주로 전통에 기대어 척사위정론을 세련화시켰다. 이를 테면 이항로가 '척사'의 관점을 강조하였다면 그 제자인 김평묵은 이를 바탕으로 하여 '위정(衛正)' 또는 '내수(內修)'의 의미를 포함하는 것으로 더 세련화시키고 있다(이택휘, 1977). 이러한 의미에서 기존의 연구는 재검토되어야 할 것이다.

論)의 입장으로까지 전개시키고 있었다. 또한 영남학파 속에서도 한주 이진상(寒洲 李震相)은 심즉이설(心卽理說)을 제기함으로써 이황의 심합이기설(心合理氣說)을 재해석하여 영남학파의 전통적 해석으로부터 벗어나고 있었다(금장태, 1995c: 173).[26]

2. 이기론

이러한 지적 분위기 속에서 이항로는 이기론을 정통 / 이단의 상징 안에서 척사위정운동의 하나의 자원으로 선택하고 있었다. 우리가 여기서 이기론에 주목하는 것은, 이항로와 기정진으로 대표되는 화서·노사학파가 주리론(主理論)을 이전보다 더 강력하게 주장했던 이유에 있다. 기존의 분류로는 주기설의 학통을 잇는 것으로 규정되는 전우도 이(理)의 본질적 중요성을 언급하는 이유와도 관련되어 있다.[27] 그 답변은 바로 그들 모두 성리학이 근대적·세속적·다원적인

---

26) 특히 화서학파의 경우, 그 당시 학통과 당론의 불일치 현상이 나타나고 있었다. 다시 말해 당론은 주기론이었지만, 학통은 주리론에 서 있었다. 이에 관해서는 기존의 연구가 거의 없다. 그러한 불일치 현상을 몇 가지 이유로 생각해 볼 수 있을 것이다. 첫째, 화서학파가 성리학 전통에서 일탈한 집권 개방파와의 차별성을 획득하기 위한 하나의 방편으로 학통과 당론을 달리했을 가능성이 있다. 둘째, 그 학파에서는 서구와 일본의 침입을 '기(氣)'의 득세로 인식하고 있었기 때문에, 주기론을 당론 내지 학통으로 고수한다는 것은 논리적 자기모순에 빠질 위험이 있었을 것이다. 이에 대해서는 앞으로 연구가 진행되어야 할 것으로 보인다.

27) "이(理)는 지극히 선하여 만에 하나라도 미진함이 없는 것이다. 무릇 세계에 어지러움이 있고 범상함이 악이 되는 것을 이(理)가 모두 구할 수 없고, 어질지만 일찍 죽고 약하지만 원한을 품는 것을 이(理)가 모두 풀어줄 수는 없다. 배우고 생각함에 통하는 데 힘쓰지 않아 이르지

것에 포위당해 있는 상황에서 반드시 지켜 내야 할 성리학의 근본적인 것을 이(理)로 보았기 때문이다. 이는 지금까지 학문적 차원에서 이/기(理/氣) 문제를 접근한 것에서 한 걸음 더 나아가 성리학의 탈주변화의 차원에서 이(理)를 강조한 것으로 생각된다. 물론 이전에 주리(主理)·주기(主氣)의 문제로 논쟁할 때 각 학파에서는 호교론적 입장에서 각자의 주장을 펼쳤지만 그때와 지금에 와서 성리학을 바라보는 입장에는 차이가 있을 수밖에 없는 것이다. 다시 말해 그들이 이(理)를 강조하고, 그것을 하나의 이념적 자원으로 선택하려는 것은, 그 당시의 위기 상황적인 요구와의 함수관계 속에서 이해해야 할 것이다(최창규, 1972a: 83).

이와 관련하여 이항로는 이기론을 단순한 성리학의 형이상학적인 문제가 아니라 그가 속해 있던 조선의 존망과 관련된 문제로 이해하고 있었다. 사회와 윤리의 기반인 이(理)와 기(氣)의 관계와, 그 구별에 관한 형이상학이 무너진다면 그 사회가 붕괴될 것이라고 보았다. 이러한 차원에서 그는 성리학적 이상사회의 보존과 '적'에 대한 우월적 지위를 확보하기 위한 작업의 일환으로 이기론을 성리학적 전통에 기대면서 세련화시켰다.

그는 '이'와 '기'의 관계는 분리할 수도 없고, 섞일 수도 없는 관계, 곧 아래와 위의 서열, '우리'와 '그들'과의 명분 질서란 신분적 차별을 가진 관계로 보았다(유초하, 1981: 96).[28] 그에게 있어 이(理)

____

못하는 것을 이(理)가 앞면을 드러내 줄 수 없으며, 또 기력을 빌려 도와 도달하게 할 수는 없다. 어찌 이(理)가 인색하고 아까워함이 있어 그 어짊을 즐겨 베풀지 않는 것이겠는가. 이(理)에 지능이 없음을 어렵지 않게 볼 수 있다. 이(理)가 이미 이와 같으니 마음이 지각운용이 있지만 잘못 보고, 잘못 행하는 것이 있는 때를 면하지 못하는 것은 기분에 돌리지 않을 수 없으며, 또한 뛰어나게 아름답고 제도를 조사하는 공을 더하지 않을 수 없다(이상호, 1994: 125에서 재인용)."

28) "이와 기로 나뉘는 것은 두 가지 모양이 있으니 이를 본체로 하여 말을 한즉, 이가 기를 통솔하는 주재자가 되고, 기는 이를 담는 그릇이

는 도덕적 최고 규범으로서의 준칙이 되기 때문에 이는 존귀하며, 기는 비천하다는 가치관이 형성되고, 기는 언제나 이의 명령을 따라야 한다는 당위론적 명제가 성립되는 것이다.[29] 한마디로 말해 이항로는 이를 적과의 투쟁에서 하나의 유용한 자원으로 동원할 수 있다고 본 것이다. 때문에 나름대로 이러한 사상을 선택한 것이다.

이는 이항로가 "모름지기 대상으로 삼아 말한 것이 어떤 것인가를 보아야 한다(정재식, 1990: 201에서 재인용)."는 언급에서 알 수 있듯이 주어진 역사적 상황에 따라 성리학의 이기론을 해석하는 틀이 달라지고 있었다. 다시 말해 그 틀은 전통적인 주자 주리론의 단순한 반복이 아니라 적어도 그 당시의 상황을 고려하면서 그 전통을 선택한 것이라고 볼 수 있을 것이다. 그의 이기론은 근대화·세속화와 서학의 도전 앞에서 성리학의 보존이라는 현실적 과제를 해결하기 위하여 적극적으로 선택한 자원이었다고 할 수 있을 것이다. 따라서 그 이기론은 조선과 서구를 단지 이(理: 善)와 기(氣: 不善)의 상관관계로 설명하는 데에서만 그치지 않고, 이때 기는 절대로 이에 복종하여야만 천하가 안정된다는 보다 세련화된 형태의 이기론으로

된즉, 이것은 이지설(離之說)이 불가한 것이다. ……분리할 수 없다는 것은 상하를 분별하는 데 어둡고 어리석기 때문에 군신의 질서가 없으며, 섞일 수 없다는 것은 피차를 분별함에 있어 아들과 적을 구별할 수 없는 것이다(이항로, 1974a: 406)."

29) "『시(詩)』의 「관저편(關雎篇)」을 익히지 않았기 때문에 부부의 도리가 무너져 인륜이 썩게 될 것이며, 「갈담장(葛覃章)」을 익히지 않으면 누에 치고 길쌈하는 것을 천하게 여겨 의장(衣章)이 부족하게 될 것이요, 임금이 몸소 갈던 일을 닦지 아니하였기 때문에 천하의 모든 사람들이 근본을 버리고 끝만 좇아 나아가게 되며, 공잠(公蠶)을 일로 하지 아니하였기 때문에 천하의 사람들이 토산물을 좋아하지 아니하고 먼 곳의 기이한 물건을 귀하게 여기게 될 것이요, 정전(井田)을 다스리지 않았기 때문에 천하의 모든 사람들이 일을 사모하면서도 아울러 가렴주구할 뿐만 아니라 사치하고자 하는 유행이 극에 달하여 마치 불이 성한 듯하여 백성은 궁하게 되고, 재력은 고갈하리니……(이항로, 1974a: 439~440)."

발전시키고 있었다(최창규, 1972a: 70~71).

기정진의 이(理)에 대한 강조도 이러한 차원에서 이루어지고 있었다. 그는 이를 만물의 씨앗이라고 정의하면서 기는 스스로의 작용성이 없고, 오직 이만이 그 주재성을 갖는다는 주리론적 입장에 서 있다. 다시 말해 그는 성리학의 보존을 최고의 목표로 인식하였으며, 학문적인 면에서 그것을 이로 간주할 수 있다고 보았다. 당시의 지배적인 흐름은 현상계를 이원적으로 보거나, 아니면 근원이 아닌 지엽을 중심으로 세계나 우주를 인식하는 것이었다. 그가 이일원론(理一元論)을 주장한 것은, 당시 지배 세력이었던 노론의 일부 기호학파의 주기론을 염두에 둔 것이었다(홍영기, 1999: 91~92).

그러나 서구는 비록 물리적으로 우세하지만 그것은 어디까지나 기의 현상일 뿐이라는 것이다. 이에 반해 조선은 비록 현실적으로 유약한 듯하지만 천명과 인륜에 따르기 때문에, 이의 주체라는 것이다(최창규, 1972a: 101). 이러한 차원에서 그가 이(理)를 강조한 것은 두 가지 이유라고 보인다. 그 하나는 성리학상의 학문적 지향30)의 맥락이고, 다른 하나는 당시 근대적·세속적·다원적인 것에 포위당한 조선, 좀더 구체적으로는 성리학의 위기 상황을 타개하기 위한 하나의 대응이었다고 보인다. 이처럼 기정진이 이(理)를 강조한 것은, 서학의 유입이 성리학적 질서의 약화를 초래하는 상황에서 외부

---

30) "하늘과 땅 사이에서 변화하고 생성하는 것은 오직 기(氣)가 주장하고 이(理)는 거기에 타고 머무르기만 하여 기가 동으로 한즉 동이 되고, 기가 서로 한즉 서가 된다면 성인이 어떻게 태극생양의(太極生兩儀)라 말하였겠는가? ……만약 사람과 사물의 본성은 오직 기화(氣化)뿐이고, 이(理)는 거기에 작위하는 것이 없다면 기의 오르고 내림, 날아오름, 분잡하고 소란스러움, 서로 엇갈리어 섞이는 것이 실로 변환 무상할 것이다. 그런데도 사람은 반드시 사람을 낳고 짐승은 반드시 짐승을 낳으며, 뿔은 언제나 뿔이고, 머리털은 언제나 머리털임은 어찌된 일인가? 그것은 이(理)에는 한 번 정해져 바꿀 수 없는 신비로움이 있고, 거기에 기(氣)가 명령을 듣기 때문이다(최창규, 1972a: 102에서 재인용)."

로부터 오는 혼란을 최소로 줄이고, 그 질서의 안정을 유지하려는 척사위정운동의 주장을 정당화시키기 위한 하나의 자원으로 동원하고 있었던 것이다.

이는 이항로가 제시한 여러 가지 대책에도 잘 나타나고 있다. 1866년의 척사위정운동에서 그가 제시한 방안은 '체통을 존중하고, 언로를 열며, 무기와 장비를 수선하는 것(尊體統, 開言路, 繕武備')인데, 이는 다른 상소에서도 자주 강조되어 온 내용이다. 이를 이항로가 제시하고 있는 것은, 한편으로는 외적을 물리치기(外攘) 위해 내부 개혁(內修)을 먼저 해야 한다는 성리학적 내수외양론(內修外攘論)에 기대고 있다. 다른 한편으로는 운동의 동원 대상으로 설정하고 있던 서민들의 지지를 확보하기 위해서는 위민적 요소를 앞세울 필요가 있었기 때문이다. 이 양자를 포괄하는 것이 그의 주리적 심성론(主理的 心性論)이다. 외양의 근본적 에너지를 외형에서 구하지 않고, 백성의 내면적 의지에서 찾으려 하였을 뿐만 아니라 그것의 구심력을 국왕의 심성, 곧 거룩한 뜻(聖志)에서 찾고 있었다(최창규, 1972a: 53).

그가 제시한 서양문물 배척론도 성리학의 본말사상(本末思想)에 기대고 있다. 최창규(1972a: 58~59)에 의하면, 그 사상은 서양문물에 대한 견제보다는 속마음을 극복하여 바르게 하는 것을 더욱 강조하였다. 이른바 내심극정(內心克正)을 위한 심성론적 논리가 바로 서양문물 배척이라는 '척사위정'의 의지적 실천을 뒷받침하고 있다는 것이다. 뿐만 아니라 서양문물을 '기이한 기술과 음란한 기교(奇技淫巧)'라고 표현한 것도 성리학적 전통에서 선택한 것이다.31) 서

---

31) 이러한 사실은 이항로가 1866년에 올린 상소문에 잘 나타나 있다. "……이른바 외물(外物)이라는 것은 그 사목(事目)이 심히 많아 다 열거할 수는 없으나, 그 가운데에서도 서양문물이 가장 심한 것입니다. 원컨대 전하는 스스로 슬기로운 마음으로 결단하여 모든 복식기용(服食器用)을 날마다 사용할 때 그 사이에 하나라도 서양문물이 있으면 모두 가려내

구와의 정식 외교관계가 수립된 상태에서의 세공(歲貢) 교역 그 자체도 거부한다. 여기서 그것의 정당성은 성리학의 전통적인 '방문에 대한 답례와 속국의 공물(報聘歲貢)'이라는 교통 방식에 기대고 있다. 다시 말해 그 논리는 다른 나라의 물건을 버리고 토산물을 사용해야만 백성이 족하다는 경제사상, 재화가 기묘하고 지나치고 사치하면 덕성이 타락한다는 심성론, 다른 나라를 덕으로 교화시켜 국제관계를 안정시키기 위해서는 그들에게 경제적으로 더 큰 덕을 베풀어야 한다는 일종의 대국사상인데, 여기서 이항로는 첫 번째, 두 번째 관점을 선택하고 있다. 물론 이러한 선택은 조선이 그 당시에 경제적으로 열세에 있었다는 인식 아래서 이루어진 것이었다.

1876·1881년 화서학파의 척사위정운동을 주도한 김평묵도 성리학적 전통에서 투쟁 자원들을 선택하고 있었다. 그가 서구 세력의 위협 앞에서 성리학이 위기에 처해 있는 상황에 대한 인식과 그 해결책은 그의 '선비를 기르고 경계해야 한다는 논의(養士詰戎論)'에 잘 나타나 있다(김평묵, 1975: 698~699). 이는 두 가지 측면을 지니고 있는데, 그 하나는 문제 해결의 주체로서의 선비, 이 글의 용어로 번안한다면 성리학의 사제계급을 재생산해야 한다는 것이다. 다른 하나는 서구에 대한 물리적 대응의 필요성이다. 전자는 이교적인 성격을 가

어 궁궐 뜰에 모아 불태우고, 그 악을 좋아하는 소재를 밝게 표시한다면 이는 바로 극기정심(克己正心)하다는 증거로서 전하의 몸은 바르게 될 것입니다. 이로써 궁중과 종묘사직과 인척들을 경계한다면 궁위종척이 그 뜻에 따르지 않을 수 없게 되어 전하의 가가 바르게 될 것입니다. 이로써 조정을 경동한다면 안으로는 조정, 밖으로는 먼 외딴 시골에 이르기까지 그 뜻에 따르지 않을 수 없어 전하의 나라는 바르게 될 것입니다. 수신제가하여 나라가 바르게 된즉 서양문물이 소용없게 되어 교역의 일이 그치게 될 것 입니다. 교역의 일이 그치게 되면 저들의 기기음교(奇技淫巧)가 통할 수 없고, 기기음교가 통할 수 없게 되면 저들은 반드시 어찌 할 수 없이 오지 않게 될 것입니다(최창규, 1972: 58에서 재인용)."

지고 있는 서학에 대항하기 위해서는 정도(正道)를 실천하는 성리학자들의 확대 재생산이 필수적이라는 인식을 깔고 있으며, 후자는 호전적인 차원에서 대응하려는 전략의 일면을 보여 주는 것이다.

기정진도 1866년의 척사위정운동에서 '서양 물건을 금하고 끊어야 한다는 논의(洋物禁斷論)'를 통해 성리학적 전통 안에서 하나의 자원을 선택하고 있음을 볼 수 있다. 그는 서양의 침입을 우세한 물리적 세력을 바탕으로 한 기(氣)의 현상으로 보았다. 최창규(1972a: 87)에 의하면, 그 침입이 가능한 근본적인 이유는 기 그 자체에 있는 것이 아니라 저들의 기세에 스스로 흘러 들어가는 조선의 일탈적 태도에 있다. 이는 모든 원인을 자기에게서 구하려는 이른바 '자기 몸을 돌아보아 구한다(反求諸己)'의 성리학적 본말론(本末論)과 연결된다는 것이다. 이러한 논의는 서양 세력을 극복하는 방법에 있어서도 그 세력을 억제하기보다는 오히려 자신의 마음과 뜻이 그 서양 물건의 영향으로부터 벗어날 수 있게 하는 이른바 자기 심성이 '외부의 물건에 강제당하는 것(外物所牽)'으로부터의 자유를 강조하고 있다.

여기서 우리는 그의 주리적 본말론(主理的 本末論)이나 심성론을 강조하지 않으면 안 되었던 사회적 상황에 주목한다. 다시 말해 서양 세력을 우세한 기(氣)의 현상으로 인식하고, 또 그 세력이 온 세계를 지배하고 있는 것을 확인한 이상 그 세력으로부터 스스로 자신의 순수성을 지키려는 척사위정파의 입장에서 생각할 수 있는 방법은 크게 두 가지이다. 먼저 그 세력과 자기를 분리시켜 독자적인 자기 속성을 주장하는 것이다. 독자적인 범주로서의 조선과 서양을 강조하였다. 다른 한편 현실적으로 우세한 그 세력에 대항하기 위해서는 그 객관적인 상황에 도전하기보다는 자기 안으로부터의 저항력을 축적하려는 본원적인 방법이 불가피하였던 것이다.

척사위정운동은 인물성동이론(人物性同異論)32)에서도 운동의 정당화 자원을 선택하고 있었다. '동론(同論)'은 우주와 인간에서부터 곤

충·초목에 이르기까지 그들의 본연지성(本然之性)은 모두 같을 뿐만 아니라 인간과 사물의 본연지성은 다름 아닌 인의예지신, 곧 오상(五常)이라고 주장한다. 이와 달리 '이론(異論)'은, 성(性)이 이미 기질 속에 다르게 존재하기 때문에 사람과 사물은 각기 다르다고 본다(이애희, 1996: 394~395). 인성과 물성은 본질적으로 다르다는 호론(湖論)은 기존의 화이론을 그대로 계승하는 논리로 한원진(韓元震, 1682~1751) 등 충청도 지방의 학자들이 중심이었고, 권상하 문하의 대부분이 이에 동조하였다. 인성과 물성은 본질적으로 같다고 주장하는 낙론(洛論)은 화이론을 벗어나려는 새로운 논의로 이간(李柬, 1677~1727)과 김창협(金昌協, 1651~1708)·김창흡(金昌翕, 1653~1722) 형제 등 서울의 학자들에 의해 주창되었다. 전자는 조선 성리학의 주류이자 다수로 지방 사림들이 주류를 이루었고, 후자는 새로이 부상한 서울 지배층의 새로운 논리였다(정옥자, 1994: 77). 화서·노사학파33)에서는 기왕에 인간은 존엄하며 짐승과 구별되는 존재라는 이론(異論)을 지지하고 있었는데, 이를 일본과 서구와의 공존을 주장하는 개방파의 논리인 '중국과 오랑캐는 하나다(華夷一也)'라는

---

32) 이 논쟁의 형성은 시대적 상황의 산물이라고 볼 수 있다. 16세기 이후 성리학에게는 임진왜란과 병자호란 등을 현실적으로 대응해야 하는 시대적 과제가 부여되어 있었다. 이러한 상황에서 송시열의 제자인 권상하의 문하에서 새로운 사회질서와 인간 간의 모색을 위해 검토된 인성론적인 연구의 결과가 인물성동이(人物性同異) 논쟁과 연관된 철학논쟁을 발단시켰던 것이다(이애희, 1996: 404~405). 이 논쟁에서 호학파(湖學派)의 종장(宗匠)은 남당 한원진(南塘 韓元震)이며, 그를 추종한 학자로는 윤봉구(尹鳳九), 최징후(崔徵厚), 채지홍(蔡之洪) 등이 있으며, 그 반대편에는 이간(李柬) 등이 중심이 된 낙호파(洛湖派)가 있다(김상기, 1999: 8).

33) 기정진은 '이일분수설(理一分殊說)'을 통해 호락양론(湖洛兩論)을 모두 비판, 지양하려 하였다는 평가를 받는다. 그러나 그는 이기의 관계에서 이(理)를 절대적인 것으로, 기(氣)를 이(理)의 아래에 위치(홍영기, 1999: 78)시키면서 호론을 중시하였다.

것을 반박하기 위한 하나의 자원으로 선택한 것으로 보인다.[34]

　물론 척사위정운동은 세속화 과정의 몇 가지 측면들을 선택하기도 한다. 최익현의 1896년 「선유대원명하후진소회시죄소(宣諭大員命下後陳所懷待罪疏)」와 1905년의 「사소(四疏)」, 「청토오적소(請討五賊疏)」 등에 의하면, 대일본 전략의 하나로 만국공법을 활용할 것을 주장하고 있다.[35] 이는 성리학적 전통을 긍정하고 지킬 수 있는 한도 내에서 만국공법이라는 요소를 선택한 것으로 보인다. 이는 이들이 '적'으로부터도 요소들을 선택한다는 의미에서 이들의 선택은 모방적이다.[36]

　기본적으로 이들은 근본적인 것들의 선택들을 통해 척사위정운동과 그 복원의 대상인 성리학적 전통 사이에는 연속성이 있음을 보여

---

34) 물론 이로 인해 화서학파는 호론을 지지하는 김평묵 계열과 낙론을 지지하는 유중교 계열로 분열되었다. 유중교는 1886년에 「시동문제공첩(示同門諸公帖)」이라는 이름으로 스승 이항로의 심설(心說)에 대한 자신의 보조론을 발표하면서 김평묵에게 질정을 청하였다. 이에 김평묵은 유중교가 주기적 입장에서 화서를 배척하였다는 이유로 그를 비판하였다. 이로 인해 양 문인들 간에는 심설논쟁의 시비를 둘러싸고 화서학파는 실질적으로 두 계열로 분열되었다(박민영, 1999: 46~49).

35) "대체로 일이란 의리대로 하면 순조롭고 의리와 배반되면 거슬리는 것이니, 지금 시급히 왜의 죄를 하나하나 들어 글을 만들어 동맹한 각 나라에 전달하되, 공법으로서 참조하고 조약으로서 증거를 댄다면, 우리의 의리는 진실로 이미 분명하고 정당한 것이요, 저들이 공법을 어기고 배반한 죄는 장차 만국의 공론을 피할 수가 없게 될 것입니다. ……저 이웃 적국이 오히려 나라를 합병할 술책을 써서 그 악행을 마음대로 한다면, 우리는 진실로 세계 여러 나라와 더불어 동맹 조약을 맺어 국제공법을 통용해야 할 것입니다(최익현, 1977: 149·227)."

36) 안병주(1999: 7~10)에 의하면, 성리학의 역사는 이론 보완의 역사이다. 성리학은 그 역사적 전개과정 속에서 다른 사상이나 새로운 사상의 도전이나 변하는 시대의 시대적 요청에 따라 항상 스스로의 이론체계를 새롭게 적응시켜 그 이론을 보완하거나 새롭게 체계화해 왔다는 것이다. 특히 주자학이라고 일컬어지는 신유학은 성리학의 '혁신적' 재생이라고 평하기도 한다. 이러한 차원에서 성리학은 항상 시대의 요청에 부응하기 위한 시중적(時中的) 양상을 띠어 왔다.

주려고 했다. 이와 관련하여 홍재학의 상소문 「만언소(萬言疏)」에 의하면, 그 운동이 오륜(五倫), 오상(五常)의 보존과 연결되어 있음을 알 수 있다.[37] 1895년의 척사위정운동을 주도한 유인석도, 그 운동의 목적이 성리학의 화이관과 성리학적 제도 등 성리학적 전통을 복원하는 데 있음을 분명히 밝히고 있다.

3. 선택적 재구성

척사위정운동은 성리학적 전통 가운데서 선택한 여러 가지 상징들을 이념의 (재)생산에 동원하고 있었다. 흔히 이러한 이념의 창출, 이른바 운동의 틀 짜기[38]는 행동을 필요로 하는 사회·종교·정치문제에 기대어 만들어진다(Williams, 1994).[39] 1895년 척사위정운동의

---

37) "사람이 금수와 다른 것은 오륜과 오상이 있는 때문입니다. 옛날의 성현들이 하늘의 뜻을 받아 세우고 이를 해석하여 밝혀서 후세 사람에게 전해 준 것이 이것입니다. 이에서 혹시 하나라도 어김이 있다면, 인류가 변해서 금수가 되고, 천지가 뒤집히게 되는 것입니다. 이런 까닭으로 서양의 가르침이 한 번 들어오자 우리 정조, 순조, 헌종 세 분 성왕께옵서 이를 모두 박멸하여 용서치 않으시었던 것입니다(홍재학, 1986: 23)."

38) 틀(frame)은 사람들이 세계의 사건들과 우연히 일어난 일들을 자리매김하고, 인식하고, 동일시하고, 이름 붙이기 위해 사용하는 해석 도식이다(Goffman, 1974). 달리 말해 틀은 사건들에 의미를 부여하고, 경험을 조직하고, 행동 지침을 제시하는 것이다. 비유컨대 틀은 세계에 관한 사유 모형과, 세계를 사유하기 위한 모형을 제시하는, 곧 본을 뜨는 공구(template)이다(Geertz, 1973).

39) 이와 관련하여 박영신(1980: 159~160)은 척사위정운동을 조선사회의 중심적 가치와 지배 질서를 보존 내지는 복구하려는 의도에 정당성을 두고 규범적 수준 이하에서 사회제도의 재구성을 목적으로 하는 규범 지향적 운동으로 정의한다. 반면에 동학운동과 한말의 기독교운동은 장기

경우 이러한 틀 짜기는 격문(檄文)을 통해 구체적으로 표현되고 있었다.[40] 그 격문은 전략적으로 선택된 성리학적 전통의 여러 상징과 자원을 가지고 구성한 것이다. 물론 이것은 참여자들을 그 운동에 동원시키려는 목적을 가지고 있었다. 유인석의 이름으로 1895년에 반포된 「격고팔도열읍(檄告八道列邑)」은 이러한 성격을 잘 보여 주고 있었다.

그 격문은 사회·종교·정치적 성격을 띤 을미변복령과 단발령의 문제 등에 기대어 만들어졌다. 을미변복령과 단발령이 이러한 성격을 가진다는 것은, 그 정책이 기존의 의복제도의 변화로 인한 사회적 충격 내지 사회변동과 관련되어 있다는 의미이다. 양복 착용과 단발도 성리학의 교리에서 일탈하는 것이기 때문에, 이 두 정책의 실시는 종교문제와 관련되어 있었다. 뿐만 아니라 정치적 역학관계 속에서 척사위정파가 개방파 주도의 이러한 정책에 반대한다는 의미에서 정치적 문제의 속성을 가지고 있었다. 다시 말해 그러한 문제는 선택된 성리학적 전통의 특정 측면에 의해 정의되고 있었다.

유인석은 을미변복령에 대해 아주 명쾌하게 틀을 짜 제시하였다. 무엇이 문제며, 곧 진단의 틀은 일본과 집권 개방파가 주장하는 의복제도가 변경되면 '중화의 맥, 공자와 맹자의 큰 도(大道), 조선의 예의와 음악 및 본보기, 의상과 법도가 단절'된다는 것이다. 이에 대해 무엇을 해야 하는가, 곧 처방의 틀은 이들을 '소리 내어 벌하고

간에 걸쳐 이미 그 사회적 전달 계층에 의하여 병폐와 쇠퇴 현상을 보여 주고 있던 성리학 질서를 부분적 또는 전면적으로 재구성하려고 한 가치 변형적 사회운동으로 규정한다. 척사위정운동은 동학운동 등에 비해 사회 재구성의 수준이 낮은 것으로 이해하고 있다.

40) 물론 척사위정운동에서 제시된 틀만이 운동의 구성원들이나 잠재적 구성원들의 삶에 이데올로기적으로 호소하는 것은 아니다. 운동의 틀은 매일 매일 삶의 많은 요구, 경쟁하는 운동조직의 틀, 안정과 나태를 고취시키는 기존의 정치·사회 세력들에 의해 조장된 틀 등과 경쟁해야만 한다.

의병을 일으켜야 한다'는 것이다. 그러면 누구에게 그것을 할 책임 있으며, 왜 행동은 피할 수 없는지, 곧 동기의 틀은, 그 책임은 '선비에게 있으며, 실천에 옮기지 않으면 천지·성현·선왕·조상에 죄를 짓는 것이고 선비의 의리이기 때문에 피할 수 없다'는 것이다.41) 유인석은 을미변복령과 관련하여 진단·처방·동기의 틀을 통해 이 문제를 수사학적으로 구성하고 있었다.

단발령에 대해서도 다음과 같은 틀로 구성하고 있다. 단발령은 '우리 부모님의 머리카락을 풀 베듯 베는 변고'라는 것이 진단의 틀이고, 그렇기 때문에 '앉아서 나라가 망해 가는 것을 기다리는 것보다 그 누구든 같이 싸워야 한다'는 처방의 틀을 제시하고 있다. 마지막으로 동기의 틀은 '우리가 각자 지켜 온 올바르고 떳떳한 도리를 보전'하기 위해서는 '충성과 의리를 갖춘 사람들이 숨지 말고 용기를 합쳐 싸워야 한다'는 것이다. 이러한 틀 가운데 가장 핵심적인 것은 동기의 틀이다. 왜냐하면 진단의 틀과 처방의 틀을 통해 을미변복령과 단발령 때문에 초래될 수 있는 여러 가지 문제들을 확인하고 이에 상응하는 여러 희생자들, 곧 성리학과 백성들, 일본과 개방파 세력으로 대표되는 '악한'42) 및 의병들로 대변되는 '영웅'을 자리매김하더라도 운동은 여전히 사람들로 하여금 행동하도록 동기를 부여해야만 한다. 단지 불만이 존재하는 것만으로는 충분치 않다. 이러한 불만을 가진 유의미한 수의 사람들로 하여금 행동에 옮기게끔 하는 것이 더 어려운 과제이다.

---

41) "……의복을 변경하는 것은 천지·성현·선왕·조장 등에 죄를 지은 것이라 살아서 장차 어찌하리오. 이제 성토(聲討)하다 죽고 의병을 일으키다 죽으리니, 선왕의 도(道)를 수호하다 죽는 것은 선비의 의리이다(박민영, 1986: 181에서 재인용)."

42) 이에 대한 수사학적 표현은 여러 곳에서 나타나고 있다. 보기로 일본과 특히 개방파 세력을 '호랑이(일본)에게 먹이를 찾아 주는 나쁜 귀신인 창귀'로 표현하고 있다.

이러한 차원에서 동기의 틀은 '누가' 행동해야 하며, '왜' 그렇게 해야 하는지를 확인해 주어야만 한다. 이 틀은 행동 지향적인 명령을 수반하면서, 운동이 확인한 문제들을 자리매김하고 하나의 성리학적 질서 안에서 해결을 제시하는 이념적·상징적 구성물이다. 이 틀을 통해 사람들의 개인적 불만은 공적인 정의(正義)의 문제를 포함하는 불만으로 바뀐다. 이전에는 불행했지만 참을 수 있는 상황으로 보였던 것이, 이제는 용서할 수 없고 부정하거나 또는 비도덕적인 것으로 정의된다.43) 중요한 점은, 문제에 대한 비난은 외재화되는 반면에 해결의 책임은 내재화된다.

따라서 운동에 도덕적 차원이 존재한다. 일이 잘못되었기 때문에 그것은 바뀔 수 있고, 그렇게 되어야만 한다. 내가 관여해서 그렇게 바뀌도록 하겠다는 것이다(Williams, 1994). 이러한 인식 위에서 1895년의 척사위정운동이 제시한 진단의 틀은 소중화의 조선이 일본의 침략과 이를 방조한 개방파의 '문을 열어 적을 받아들임(開門納賊)'으로 짐승의 지경에 떨어지게 되었다는 것이다.44) 이를 해결하기

---

43) "우리 동방은 기자(箕子)의 옛 나라이지만, 신라와 고려 이래로 문헌의 증빙이 없고, 우리 조정에 들어와서야 열성(列聖)이 서로 계승하시어 문명이 되니, 위로는 정치가 밝고 아래로는 풍속이 아름다워, 도학의 바름과 절의의 높음이 3대 시대보다 뛰어났으며, 한과 당으로는 족히 더불어 짝할 수 없습니다. 중국문명이 상실된 이후로는 이른바 '주나라 예가 노나라에 남아 있다'는 식이 되어, 4천 년간 뻗친 복희·신농의 왕도정치와 2천 년에 걸쳐 구한 공자·맹자의 도의 명맥이 우리나라에 보존되어, 마치 마지막으로 남은 큰 과일이 따먹히지 않고, 넘어진 나무에 곁 움이 돋는 것처럼 되었사오니, 선왕께서 전하시기를 이와 같이 소중히 하셨고, 보존하시기를 이와 같이 어렵게 하셨습니다. ……오늘의 화를 빚어낸 것은……권좌에 있는 간신이 눈을 가리고, 난을 초래한 역적이 기강을 무너뜨렸기 때문이니……(유인석, 1986: 61~62)."
44) "이항로가 세상을 떠나게 되자, 신은 또 그와 상종하던……김평묵, 유중교를 스승으로 섬겼는데, 그 두 신하도 정도(正道)를 정성껏 지켜, 지난날 화친의 의논이 한창일 때에는 혹 선비를 움직여서 함께 간하기도 하였고, 혹 투서로 부질없는 말을 하다가 마침내 뭇 소인의 미움만 받

위한 처방의 틀은 '의로운 운동에 참여'해야 한다는 것이다.45) 마지

앉으며, 그 말이 이미 시행되지 못하자 몸마저 축출을 당하였습니다. 그 문하생 가운데 홍재학 같은 자는 역시 강직한 간으로써 극형을 당하게 되고, 화친하자는 의논은 이미 성립되어 나랏일을 날로 그르치고 있어, 신의 스승과 신의 당숙은 심중에 반드시 오늘이 있을 것을 짐작하였지만 힘이 부족하여 구원할 수 없어 한을 품고 돌아갔습니다. 신의 몸에 미쳐서는 나라의 변이 망극하고 성리학이 땅에 떨어지는 것을 보게 되니, 신의 원통하고 한스러움은 다른 사람보다 더할 수밖에 없었습니다. 그래서 신은 때마침 어미의 복을 입은 몸이었지만, 가만히 생각하건대 나라의 원수를 갚지 못하면 신하가 될 수 없고, 머리털을 보존하지 못하면 사람이 될 수 없으니, 이 두 가지 의(義)를 펴지 못하게 된다면 선왕이 제정한 예를 아무리 따르고자 해도 될 수 없는 일입니다. 더구나 조정의 처사를 보면 결단성이 전혀 없고, 모두 잘못될까 걱정만 하여 그대로 넘기고, 주현(州縣)은 그 바람에 휩쓸려 눈치만 살피고 앉아서 보기만 하니, 삼천리의 크나큰 땅덩어리와 5백 년 동안 길러낸 나머지에 마침내 한두 사람의 의로운 선비도 없어 이 같은 극단에 이를 줄을 누가 생각했겠습니까. ……적을 토벌하여 원수를 갚겠다는 마음은 장차 우리 전하의 분히 여기시는 자를 없애어, 하늘에 계신 국모의 영혼을 위로하며, 세자의 땅을 치는 원한을 조금이나마 풀어드리자는 것입니다. 중화를 존대하고 오랑캐를 물리치자는 것은 장차 우리 국가의 옛 제도를 따르게 함으로써 거센 풍조에 무너졌던 것을 거의 돌려놓고, 미약한 양맥(陽脈)이 마지막 없어지려는 것을 기어이 보전하자는 것인데……(유인석, 1986: 62~65)."

45) "신은 스스로 힘을 헤아리지 않고, 감히 '나라를 어지럽히고 임금과 어버이를 죽이는 악인은 사람마다 베어 죽일 수 있다'는 춘추의 법과 '먼저 행사하고 뒤에 아뢴다'는 후세 어진 이의 의논을 본받아 원수를 갚고, 머리털을 보존하자는 깃발을 세움과 동시에 상복을 군복으로 바꾸어 입고 선비들을 모아 군대에 충원하였지만, 어찌 일찍이 군사의 일을 배운 적이 있었겠습니까? 진실로 민족의 양심이 무너져 가는 이 마당에 하늘이 맡겨 주신 책임을 저버리기 어려워 그랬던 것입니다. 그래서 망령된 생각에 한 명의 역적의 무리만 죽이고, 한 명의 왜적만 없애도 조금이라도 신과 사람의 분함을 씻을 수 있으며, 천하로 하여금 모두 임금의 원수는 당연히 갚아야 하고, 중화의 명맥을 당연히 보전해야 할 것임을 알게 된다면, 역시 전혀 이유가 없는 것은 아니라고 생각됩니다. ……열명의 적의 무리가 줄지어 있는 것도, 왜의 부대가 연결해 있는 것도, 음력을 고친 것도, 의복을 고친 것도, 관제(官制)의 변경과 주군(州郡)의 개혁도 이전과 같고, 심지어 전하께서 머리까지 깎으시게 되었으니 마음이 쓰라리고 머릿골이 부서지는데, 그래도 말하기를 '편

막으로 동기의 틀은 조선, 좀더 정확하게 말하자면 소중화가 망할 수 있기 때문에 각도의 충의지사(忠義志士)는 척사위정운동에 참여할 책임과 의무가 있다는 것이다.

이처럼 운동의 틀은 문제의 원인과 그 차원을 확인하는 동시에 상황 발생의 책임을 입증하고, 그 틀이 문제 해결에 자격이 있음을 밝히는 것이다. 운동의 틀은 처음에는 '소유권'을, 그 다음에는 문제 해결의 '책임'을 확립하게 된다(Gusfield, 1981: 10). 이러한 차원에서 1895년 척사위정운동의 이념의 틀 속에는 문제, 해결, 책임 있는 집단 등은 적어도 함축적으로 포함되어 있다. 이러한 요소들은 기본적으로 그 운동이 성리학적 전통 가운데서 선택한 특정 측면인 정통/이단, 화/이, 이/기 등의 상징과 이어져 있다. 물론 이것은 잠재적 참여자들을 운동에 동원하는 데 효율적인 기능을 하였을 것이다. 왜냐하면 1895년 척사위정운동이 제시하고 있는 운동의 틀은, 잠재적 참여자들에게 현재의 문제가 무엇이며, 그것을 해결하는 데에는 의로운 행동이 필요하며, 평소 이러한 행동의 실천자로 자임해 온 성리학자들에게 그러한 책임이 있다는 논리로 설득할 경우, 운동에의 동원을 손쉽게 만드는 하나의 수단으로 작용하였을 것이기 때문이다.

선택된 성리학적 전통도 운동의 이념의 확산 및 재생산 작업에 동원되고 있었다. 일반적으로 운동이 지속적으로 발전하기 위해서는 현실적으로 일반 사람들의 담론의 문법과 줄거리를 통제하는 엘리트들46)에 의한 이념의 확산 및 재생산이 요구된다. 왜냐하면 참여자의

의를 따른 것이다' 또는 '급선무가 아니다' 하니, 이는 반드시 꺼리는 바가 있어 그렇게 하는 것입니다. 더구나 전하께서 아직 돌아오지 못하여 대궐도 지킬 수 없고, 국모의 장사를 거행하지 못하여 전례(典禮)는 아직도 빠져 있으며, 모든 관원은 달아나 숨어 버리고 사방은 의구심에 쌓여 있어 국가의 위태로운 형태는 전에 비교하면 배나 더한데 이때에 의병의 입장으로 그만둘 수 있겠습니까(유인석, 1986: 63~65)."

46) 마르크스주의적 관점에서는 이를 이념적 헤게모니(ideological hegemony)라고 부르며, 다원주의자들은 이와 유사한 과정을 상징적 재보증(symbolic

헌신과, 참여자들이 제공하는 자원을 지속적으로 확보하기 위해서는 신념의 확산이 필요하기 때문이다(박재묵, 1996: 400). 이러한 작업을 통해 조직은 운동의 발전에 필요한 자원과 참여자의 헌신을 일상화시킬 수 있다. 1895년 척사위정운동의 경우, 정통/이단, 화/이, 이/기라는 성리학적 상징에 기반 하여 출현 단계에서 운동의 동원에 활용되었던 이념을 계속 확산시키면서도 조직을 둘러싸고 있는 환경과의 상호 작용에 따라 발생하는 여러 현안문제를 고려하여 운동의 이념을 다듬는 재생산 작업을 하고 있었다.

전자의 작업과 관련하여 그 운동은 그러한 상징을 가지고 새로운 참여자들을 운동에 충원하고, 기존 참여자들의 정체성을 강화시키고, 운동의 목적을 위해 참여자들을 활동에 동원하고, 관료들을 대상으로 한 투쟁에서 정당성을 확보하기 위해 운동의 이념을 외부의 조직적 환경을 고려하여 제시하였다. 운동이 풀어야 할 최대 문제는 척사위정운동과 국왕으로 대표되는 국가와의 관계를 어떤 형태로든 운동의 목적에 부합하도록 선택된 상징들을 가지고 정당화시키는 것이었다. 1895년 척사위정운동의 지도부는 「격고내외백관(檄告內外百官)」이라는 격문과 국왕에게 올리는 상소문 등을 통해, 한편으로는 그 운동과 국가와의 관계를 원만하게 정립하면서도, 다른 한편으로는 어떻게든 많은 수의 참여자를 동원하기 위해 운동의 이념을 구성하고 있었다.

첫째, 그 운동의 지도부는, 지금 조선사회가 직면하고 있는 상황에서는 국왕의 명령이 없더라도 성리학자들이 마땅히 의로운 행동인 척사위정운동에 참여해야 한다는 이념을 제시한다. 이에 따라 그 운동에 참여하지 않거나, 이에 반대하는 사람들을 역적으로 간주함으로써 정통/이단의 상징을 구체화시키면서도 잠재적 참여자의 운동

---

reassurance)이라고 정의한다(McAdam, McCarthy, and Zald, 1989: 724).

에의 충원과 동원을 조장시키고 있었다.[47]

둘째, 성리학적 전통에 의하더라도 척사위정운동에 참여하는 것은 당연한 논리적 귀결이라는 것이다. 왜냐하면 국왕이 지금 역적들에 의해 신변의 위협을 받고 있는 상황에서 그를 지켜 주지 못하는 것은 바로 불충이기 때문이다.[48] 따라서 운동에의 참여는 그러한 전통에 부합하는 행위라는 것이다.

셋째, 성리학적 규범에 따르면 충에서 일탈한 자를 죽이는 것은 당연한 것이기 때문에, 반대편의 일부 주장과는 달리 척사위정운동은 당연히 정당한 의사 표시라는 것이다.[49] 이러한 논리는 성리학적 권위에 의해 뒷받침되고 있기 때문에 좀더 힘을 얻고 있었다.

넷째, 현재의 대세가 불리하더라도 성리학자들이 의를 위해 죽는 것은 불변의 진리이다. 만약 이를 지키지 못하면 후세에 도덕적 심판을 받을 것이기 때문에, 지금 상황이 어렵더라도 삶보다는 죽음을 먼저 생각하는 것이 성리학자들의 도리라는 논리를 전개한다.[50] 따

---

47) "임금의 명령이 없기 때문에 그렇게 할 수밖에 없다고 한다면 금일의 소위 명령이 과연 임금으로부터 나오느냐, 그렇지 않으면 흉악한 역적으로부터 나오느냐, 오직 역적이 하고자 한다면 비록 폐비 삭발과 같은 큰 변과 화도 임금의 명령이 있으니 부지런히 행해야 한다고 하며 오직 적이 꺼리는 것이라면 비록 복수하여 형체를 보존하기 위해 의병을 일으킬지라도 임금의 명령이 없다는 핑계로 눌러 꺾어 버리니, 이 또한 참혹하지 않느냐(이구영, 1994: 37에서 재인용)."

48) "이제 임금이 적의 칼날 다섯 자국 내에 가까이 있어 그들의 핍박으로 말미암아 능히 토벌하여 죽이라는 명령을 내리지 못한다면 신하 된 자가 한갓 평시의 죽은 법만을 지켜서 그로 하여금 앉아서 그 칼을 받게 하는 것이 옳으냐? 그러면 금일에 있어서 어찌 가히 이것을 핑계해서 그 대의를 잃어야 옳으냐?(이구영, 1994: 37~38에서 재인용)."

49) "나라를 어지럽히고 임금과 어버이를 죽이는 자(亂臣賊子)는 사람마다 목 베 죽여야 한다는 것이 선왕의 올바른 법이다. 공자께서 특히 이 문제를 강조했고, 먼저 적을 치고 뒤에 임금께 아뢰는 것은 후현(後賢)들이 정한 논의이다. 이것이 오늘날 우리들이 명확히 본받아야 될 과제가 아니냐(이구영, 1994: 38에서 재인용)."

50) "적의 무리의 형세가 두려워서 못한다면 이는 비록 자기 몸을 보호하

라서 의를 지키는 것, 곧 척사위정운동에 참여하여 영원히 사는 길로 나아가야 한다고 역설한다. 이러한 차원에서 유인석은 척사위정운동에 참여하지 않은 성리학자들, 특히 스스로 조용히 할 것(自靖)을 주장하는 그들을 대상으로 운동의 참여를 설득하였다.51) 그는 당시에 많은 사대부들이 주장하였던 자정이 그 실천을 결여한 채 척사위정운동에 불참하려는 자기 합리화에 불과하다고 비판하였다. 그러면서도 이론적으로는 자정과 의병을 일으키는 것 모두가 '도(道)의 중함을 알아 죽음과 삶으로써 오랑캐와 짐승이 되는 것을 바꾸지 않는 것'인 만큼 모두 타당성을 지니고 있었다. 실제적으로는 자정이 너무 어려운 일이기 때문에 의병을 일으키는 것이 타당하다(박영민, 1986: 206~207)는 논리로 운동 참여를 권유하였다.

다섯째, 이와 더불어 척사위정파가 운동을 일으킬 수밖에 없었던

고 처자를 보호하려는 속셈에서 나온 것이지만, 고금의 역사를 돌아보더라도 머리를 두려워하고 꼬리를 두려워하여 그때그때의 형세만 보고 향배를 결정하는 자가 과연 능히 몸을 보전하고 처자를 보전한 자가 얼마나 있었느냐. 설령 혹 있다하더라도 백세를 두고 도덕적 공법의 죽임을 당하는 데는 어찌하랴. 의리라는 것은 인간의 의사와는 달리 스스로 바른 길이 있다. 그러므로 사는 것이 죽음보다 욕되는 것이 있고, 죽는 것이 사는 것보다 영예로운 것이 있다. 또 화와 복이라는 것도 억지로 되는 것이 아니라 스스로 정한 분수가 있다. 그러므로 죽음을 택한 자가 반드시 다 죽은 것은 아니며, 삶을 꾀한 자가 반드시 다 살지는 못한다. 맹자가 말하기를 사람이 하고자 하는 바는 사는 것보다 더 중한 것이 있다고 했고, 공자가 말하기를 어짊을 행하고 죽은 자는 보지 못했다고 하였다. 이것이 오늘날 우리들이 단안을 내릴 당면과제이다. 엎드려 바라건대 오늘부터 생을 버리고 의를 취하는 결단을 내리어 충의를 분발하고 분수에 따라 힘을 다하여 한 편의 진정한 마음들을 한 덩어리로 치욕을 떨쳐 버림으로써 대의를 천하에 편다면 어찌 공사 간에 큰 행운이 아니겠는가(이구영, 1994: 38에서 재인용)."

51) "지금 온 세상의 선비가 모두 '자정(自靖)이 길이니 나는 자정하여 죽으리라'고 말하는데, 사람이 모두 자정하여 죽는 것이 또한 선하지 않겠는가. 사람이 모두 죽을 각오로 임했다면 큰 화가 전에 이미 일어나지 않았을 것이며, 후에도 영원히 일어나지 않으리라. 그러나 자정하여 죽는 일은 말은 쉬우나 실천하기는 어렵다(박영민, 1986: 206에서 재인용)."

원인의 일단이 국왕에게도 있음을 지적하면서도, 국왕과 일탈적 국내자들을 분리시키려고 했다.[52] 이는 운동의 반대자들이 척사위정운동을 비판할 때마다 앞세우는 국왕의 반대를 사전에 차단하려는 정치적 목적을 가진 것으로 보인다. 물론 척사위정운동이 국왕의 명령이라도 반대할 수밖에 없음을 이미 천명[53]하고 있었지만, 그 운동과 국왕으로 대표되는 국가와의 관계를 어떻게 정리하느냐가 큰 관심사였고, 고민거리였을 것이다. 최선의 방법은 국왕으로 하여금 1895년의 척사위정운동을 지지하도록 하는 것이었다. 그러나 그것이 현실적으로 불가능하다고 생각되면 국왕을 운동의 반대편에 자리매김하기보다는 일탈적 국내자들과 분리시켜 운동의 반대 명분을 국왕에서 찾지 못하도록 하는 것이 차선책이었다.

뿐만 아니라 운동의 지도부는 국왕과의 관계 정립에 상당한 에너지를 쓰고 있었다. 운동 참여자들에게 국왕에 대한 엄격한 의례 준수를 요구하였다. 물론 1895년 척사위정운동은 반국가적인 성격을 띠고 있었다. 그 운동은 성리학 신자와 불신자와의 구별을 중시하기 때문에, 성리학의 교종(敎宗)인 국왕이라는 상징을 최대한 이용하려고 했을 것이다. 왜냐하면 국왕에 대한 부정은 자기들의 정체성의 한 부분을 부정하는 결과를 초래하기 때문이다. 따라서 이전보다 더

---

52) "명나라가 망한 뒤에는 4천 년 왕정의 제도와 2천 년 공자와 맹자의 도통(道脉)이 오로지 조선에만 남게 되어 마치 석과(碩果)의 불식(不食)과 넘어진 나무의 싹과 같이 선왕의 전한 바는 이와 같이 중하고, 보전하기는 이와 같이 어려웠습니다. 전하께서 천명을 이어 받들었으니 마땅히 왕정과 도맥(道脈)을 더욱 발전시켜 하늘과 조종(祖宗)이 부탁한 큰 뜻에 보답하셔야 하거늘 오늘과 같이 화를 가져오게 되었으니 웬일입니까? 그것은 신이 이미 지적한 권신과 간신이 앞에서 가리고 난적(亂賊)이 뒤에서 헐기 때문입니다(이구영, 1994: 43에서 재인용)."

53) 유중교는 변복령을 듣고 의복이 훼손된 뒤에 몸도 훼손될 것이라고 예견하고, 비록 국왕의 명령이라도 이는 좇을 수 없는 문제임을 천명하였다(구완회, 1997: 53 각주 84).

엄격한 수준에서 의례를 강제할 수도 있다.

이것을 잘 보여 주는 사례가 국가의 공식적인 행정조직을 접수한 수성장들로 하여금 '전패(殿牌)'를 모시도록 한 것이다. 전패란 임금을 상징하는 '전(殿)'자를 새긴 목패로, 각 고을의 객사에 모셨다. 평시에는 삭망에 관리들이 모여 절하고, 지방에 출장 나간 관원은 여기에 경의를 표하였는데, 이를 훼손하거나 모독하면 불경으로 처리되어 엄한 처벌을 받았다(구완회, 1996: 140). 전시이고, 특히 국왕의 군대라는 정부군과의 전투 중에도 이 문제를 언급하고 있다는 것은, 운동 지도부가 평소의 성리학적 관행을 그대로 유지하겠다는 의지의 표현이고, 더 엄격한 의례 준수를 요구했을 것으로 생각된다. 선택된 성리학적 상징을 가지고 이루어진 일련의 이념적 재생산은 1895년 척사위정운동의 정당성을 확보하고, 그 운동을 존속시키는 데 필요한 작업이었다. 특히 국가를 상대로 한 물리적 투쟁이라는 점에서 그 운동의 전투부대가 실제 일본군보다는 정부군을 상대하였기 때문에 운동의 정당성 확보가 절대 필요한 것이었다.

1895년의 척사위정운동은 이러한 상징으로 구성된 운동의 이념을 지속적으로 확산시키는 한편, 그 운동이 직면하고 있던 새로운 환경을 고려하여 그 이념을 다듬는 작업도 동시에 하고 있었다. 그 운동이 운동의 전개과정에서 직면한 하나의 현안문제는, 그 운동이 국왕의 명령 없이 일부 권력욕을 가진 재지 사림들이 일으킨 반란이었다는 주장에 대해 어떤 형태로든 대응을 해야 하는 것이었다. 이러한 논리는 운동의 잠재적 참여자나 반대자들이 그 척사위정운동에 불참할 수밖에 없다는 근거로 제시되고 있었다. 또한 그 운동이 직면한 또 하나의 현안문제는 지방 관료들의 처형과 서민들로부터의 강제징발 및 공화(公貨), 곧 국가의 재물을 유용하였다는 비판이었다. 이로 인해 그 운동의 정당성이 문제가 되었다.[54]

이러한 비판에 대해 제대로 논리적 대응을 하지 못하게 되면 척사위정운동은 그 정당성을 확보하지 못해 조직을 유지할 수 없게 된다. 척사위정운동의 새로운 투쟁논리를 개발할 필요가 있었다. 그러한 작업은 운동 이념의 확산 및 재생산으로 귀결되었으며, 물리적 압박은 운동에 소극적이거나 부정적인 지방 관리들을 구금, 처형하는 것으로 나타났다. 이와 관련하여 1895년의 척사위정운동은 선택된 상징들을 가지고 잠재적 참여자들과 반대자들을 상대로 한 이념적 설득과 물리적 강제라는 이중의 전술을 적절하게 구사하고 있었다.

먼저 지방 관료들의 처형문제와 관련하여, 그 운동은 그 관료들을 중앙의 집권 세력과 연결되어 행정 일선에서 개방정책을 시행함으로써 조선을 일탈시킨 역적으로 간주하고 있었다. 비유컨대 박영효, 유길준 등이 오염의 ‘주범’이라면, 이들 지방 관료들은 ‘종범’이라는 것이다. 그러나 이들에 대한 처형은 난신적자(亂臣賊子)를 다스릴 때 먼저 그 도당인 ‘종범’을 쳐야 한다는 성리학적 규범에 따른 것이므로 당연하다는 논리로 대응하고 있었다.55) 1895년의 척사위정운동은 성리학적 전통을 적절히 활용하여 자신들의 행위를 정당화시키고 있었다. 유인석은 난신적자의 처형에 관련해서는 이를 정당화하는 근거로 춘추의 법을 들고 있다. 또한 이러한 정당화는 화서학파가 송시열을 전략적으로 선택한 데서 그 원천을 찾을 수 있지만 유인석도 이와 관련하여 위기의 시대에 신하가 취해야 할 도리의 전형을 보여 준 송시열을 두드러지게 자리매김하고 있었다. 송시열의 본

---

54) 선유사 장기렴은 그의 고시문에서 다음과 같이 주장하고 있다. "대저 의병이란 명칭이 예로부터 많았지만 일찍이 오늘과 같은 의병은 없었다. 왜냐하면 사람을 죽이기는 장리(長吏)까지 미쳤고, 재물을 뺏기는 공공의 재화에까지 이르렀으니 행동이 이러고서 어찌 의병이라 할 수 있는가(구완회,1997: 170에서 재인용)."

55) "이들(원수와 적의 무리의 졸개)을 일컬어 장리(長吏)라고 한다면 춘추에서 이른바 난신적자(亂臣賊子)는 사람마다 잡아 죽일 수 있고, 난적을 침에 있어서 먼저 그 같은 편의 무리를 다스린다는 의(義)는 어디가서 찾아보겠습니까(이구영, 1994: 169)."

을 따르고 있는 유인석과, 난신적자를 대비시키면서 자기가 이들을 처형한 것을 정당화시키고 있었다. 이러한 인식은 기본적으로 그가 척사위정운동이 존재하고 있는 거시적 환경을 공자의 춘추 시대, 주자의 남송 시대, 송시열 시대의 명청 교체기와 비슷한 것으로 간주하는 데서 찾을 수 있다. 이는 척사위정운동의 정당성과 물리력 사용의 정당화 근거를 확보하려는 노력의 일환으로 보아도 그리 지나친 해석이 아닐 것이다. 서민들로부터의 강제적인 자원 동원과 관련하여 그 운동의 목적이, 나라의 원수를 갚고 중화의 명맥을 보전하고 부모의 유체를 보전하는 일에 있기 때문에, 서민들도 이에 어떤 형태로든 참여해야 한다는 측면에서 이해될 수 있다는 사안이라는 것이다. 국가와 성리학의 존망에 있어서는 어느 누구도 예외가 될 수 없다는 주자의 교훈[56]에 기대어 서민들로부터의 인적·물적 자원의 징발은 원천적으로 비판의 대상이 될 수 없다는 논리로 운동 이념을 다듬고 있었다. 또한 국가의 허락도 없이 국고를 함부로 사용하였다는 비판에 대해 이러한 자원을 의로운 운동에 사용하였고, 이미 국가가 적의 수중에 들어간 이상 국가의 공물이 국유물이 될 수가 없기 때문에 그것을 탈취, 이용하는 것은 문제의 소지가 없다는 식으로 대응하고 있었다.[57] 척사위정운동의 목표를 감안한다면 주 타격 대상은 개방파와 일본군 등이기 때문에, 어떤 형태로든 이들과 이어져 있는 사람들에 대한 처형은 당연한 것이며, 서민들로부터의 자원 징발과 공화 사용은 의로운 행동에 사용한 것이므로 아무런 문

---

56) "일이 국가의 존망에 관계되면 비록 빈천한 사람이라도 또한 가히 간여할 수 있다고 했는데, 하물며 도가 망함에 있어서이랴(박민영, 1986: 211에서 재인용)."
57) "이제 나라가 내 나라가 아니며, 사람이 자기 목숨이 없는 때를 당하여 공사로 저축한 것은 모두 일본과 나라의 도적들이 차지하고 있는데, 이를 복수하고 적을 토벌하는 데 쓴 것을 나라의 재물을 마음대로 썼다고 할 수 있습니까?(이구영, 1994: 169)"

제가 될 수가 없다는 논리였다.[58]

1895년 척사위정운동이 운동의 전개과정에서 직면한 또 하나의 현안문제는 국왕의 해산명령이었다. 이에 운동의 지도부는 이를 수용할 수 없다는 점을 기존의 이념을 세련화시키면서 대응하고 있었다. 아관파천으로 내각이 붕괴되고, 이완용 등의 친로파가 집권하자 국가에서는 단발령 취소와 아울러 척사위정운동에 대한 토벌 방침을 세우게 된다. 이에 따라 온건파는 국왕에게 그동안의 죄를 면하게 해달라는 상소를 올리고 해산하자는 주장을 펼쳤고, 안승우 등 강경파는 아직 운동의 더 중요한 목표, 곧 적의 타격과 성리학적 제도의 회복이 이루어지지 않았기 때문에 해산해서는 안 된다는 입장이었다(구완회, 1997: 110). 이에 유인석이 강경파의 입장에 동조하는 방향으로 결론을 내려[59] 국왕의 명령과는 달리 운동이 지속되었다. 때문에 이를 이념적으로 정당화시킬 필요가 있었다.[60] 중앙과 지방에 열명의 적의

---

58) 이 문단의 서술은 이재석(1996: 182~185)에 전적으로 의존하였다.

59) "오늘의 일은 그 뜻이 단지 복수하고 형태를 보존하는 데 있는 것만이 아니다. 오랑캐를 소탕하고 국가를 깨끗이 하여 왕실을 바로잡고 임금님의 뜻을 다시 보려는 뜻이다(구완회, 1997: 110 각주 88에서 재인용)."

60) "나라의 원수는 갚아야 하고, 나라의 도적은 쳐야 하며, 조종의 전형은 보전해야 하며, 의병은 일으켜야 하는데 혹은 힘으로써 도와주고, 혹은 말로써 도와주고, 혹은 마음으로써 도와준다면 의리로서 격동한 바 되어 모든 백성이 백배로 기운을 더하여 온 나라 상하가 한 덩어리가 되어 싸울 것 입니다. 대저 이렇게 된다면 적들의 사정이 비록 완약하다 하더라도 의리는 변하지 않을 것이며, 적의 세력이 비록 강하다 하더라도 백성의 도리는 없어지지 않을 것이니 저들이 우리에게 어떻게 하겠습니까. 그렇게 한 후에야 하늘과 땅이 돌아다보고 도와서, 반드시 만국의 공의가 일어나서 복수하여 치욕을 갚고, 중화를 보존하여 백성들을 편안하게 하여 군신, 부자가 마침내 안락한 복을 누리는 데 이를 것 입니다. 이와 같이 앞을 내다보지 않고 다만 적 편 사람들의 장황한 속임수와 화복을 빙자한 위협에 두려워하며, 남이 알까 겁이 나고, 위축되어 앞을 살피고, 뒤를 돌아다보며, 다만 눈앞의 구차한 안전만 도모할 뿐입니다. 좋은 기회를 한 번 잃으면 나라의 위세가 날로 위축되어 인심이 다시 흩어지고 마침내 하늘이 무너지고 땅이 꺼져서 다시는 어

무리가 아직도 존재하고, 일본의 병참 기지가 그대로 있으며, 양력 개정·의복 색깔 개정·변경된 관제·변혁된 주군(州郡) 등이 그대로 있는데, 이런 도중에 운동을 해산하라는 왕명은 자의가 아닐 것이며, 설사 그렇다고 하더라도 집권 세력들이 임금의 총명을 가린 결과일 뿐이며, 만일 척사위정운동이 해산되면 기상이 해이되어 나라가 망하게 된다는 논리로[61] 운동 이념을 세련화시키고 있었다.

국왕의 해산명령과 더불어 정부군이 의병토벌 작전에 본격 투입되자, 1895년 척사위정운동의 지도부는 정부군을 상대로 한 물리적 폭력의 사용을 이념적으로 정당화할 필요성이 다시 제기되었다. 왕의 군대로 대표되는 정부군을 물리적 타격 대상으로 삼을 수밖에 없는 까닭을 이념적으로 정당화시키는 작업은 대외적 설득을 위해서도 필요한 것이었다. 그러나 이보다는 오히려 내부의 운동 참여자들이 국왕의 군대와 싸운다는 것에서 가질 수 있는 성리학적 정체성의 혼란을 해소시켜 주어야 할 필요성이 더 컸을지도 모른다. 이러한 차원에서 그 운동은 기본적으로 국가와 종교는 분리될 수 없고, 성리학의 이익을 지키기 위해서는 무력에 의존할 수 있다는 논리로 이를 정당화시키게 된다. 이러한 물리적 폭력을 사용해서라도 척사위정운동이 조선을 일탈시키는 적들을 통제해야 한다는 이념적 정당화의 논리로 무장하게 되었다.

떻게 할 수 없는 지경에 이르는 것을 알지 못하고 있으니 어찌 통탄하지 않겠습니까?(이구영, 1994: 169~170)."

61) "전하께옵서 아라사 공관에 파천하시는 놀라운 일이 생겼으나 역적 괴수 몇 사람이 주살되고 전하의 말씀이 반포되어 기왕의 욕됨을 통탄하며 유신의 천명을 빌려 온 나라 시민들은 곧 나라가 평정되어 종묘사직이 위태롭다가 다시 안정되었으며 백성들이 도탄에 빠졌다가 다시 구제되리라고 생각했는데 어찌해서 묵은 때를 벗으려고 하면서도 새로운 법과 제도, 다시 고쳐지는 결실이 없으며, 아직 왜적이 소탕되지 않았음에도 불구하고 의병의 해산명령을 내리고 있으니 어리석은 신으로서는 당혹하지 않을 수 없습니다(이구영, 1994: 44에서 재인용)."

척사위정운동은 이러한 폭력의 사용을 다른 이념의 재생산과 마찬가지로 성리학적 전통에 기대어 그 이념을 다듬고 있었다. 김봉진(1977: 268)에 의하면, 본래 성리학적 전통에서는 천하의 대가 '일치일난(一治一亂)', 곧 치세와 난세를 반복하며, 천하의 경계는 화(華)와 이(夷)가 공존하는 것으로 간주한다. 이러한 맥락에서 예(禮)가 통용되기 힘든 난세도 있으며, 예에 따르지 않거나 이를 파괴하려는 오랑캐도 존재하는 것이 현실이다. 이러한 현실에 대응하여 화이질서에도 무력에 기초한 '현실주의적' 통치수단이 비상시의 질서원리로 구비되어 있었다. 천하가 난세에 빠지거나 또는 기존의 안정된 화이질서를 위협하는 세력이 출현할 때, 무력충돌이 발생한다. 이 경우 왕도(王道)와 성리학 원리의 수호 또는 예적(禮的) 질서의 수복을 위한 수단으로서의 '정당한 전쟁(正戰)'이 정당화된다는 것이다.62) 때문에 물리적 폭력을 동원한 1895년의 척사위정운동은 성리학의 수호라는 그 목적을 실현하기 위한 수단으로서의 '정당한 전쟁'이기 때문에, 물리력 동원은 무고한 인명의 희생이라는 측면도 없지는 않지만 대의를 위해서는 정당화될 수 있다고 주장하였다.

뿐만 아니라 아관파천 이후 단발령이 철회되어 척사위정운동을 비난하자, 유인석은 '도둑'의 비유를 들어 반대자들의 논리를 약화시키려고 하였다.63) 이러한 설득의 성공 여부가, 국가의 회유와 물리적

---

62) 이슬람 공동체의 '대성전(大聖戰)'은 물질적 획득과 물리적 편안함을 추구하려는 유혹에 직면하여 자신의 삶을 통제, 승리하기 위한 매일 매일의 투쟁이기 때문에 폭력이 아닌 것으로 간주한다(Marty and Appleby, 1993c: 625).

63) "한 큰 도적이 촌락을 침범해 죽이고 강탈함이 이르지 않은 데가 없음에 혹은 도망가고, 혹은 앉아서 상해를 입고 혹은 무리를 규합해 한바탕 혈전을 벌여 큰 도적을 물리쳤다. 이에 도망했던 무리와 아무 일도 하지 않고 편안하게 있던 무리들이(큰 도적을 물리친 무리들을) 상 주지 않고 꾸짖어 '재물을 뺏기고 죽음을 당할지언정 어찌 가히 추악한 도적과 더불어 서로 싸워 체모를 실추시키느냐'라고 하니, 온 촌락인이 여기에 어

진압에 대응하여 그 운동을 지속시킬 수 있느냐의 관건이라는 측면에서 상당한 심혈을 기울였던 것으로 보인다. 그는 단발령의 폐지를 일본과 개방파가 척사위정운동을 두려워하여 내린 조치로 이해하였다. 때문에 그 운동을 비난하게 되면 의병들의 투쟁 의지를 약화시킬 뿐만 아니라 적들의 성리학적 침식을 더 촉진시키는 결과를 초래하게 될 것이라고 반박하였다. 더욱이 그는 당시의 '만고의 큰 난(萬古大亂)'의 상황을 바로잡기 위해 일어난 척사위정운동은 바로 '만고의 큰 의(萬古大義)'라는 것이다. 따라서 그 점을 깨닫지 못하고 그 운동을 비난하는 무리들은 결과적으로 '만고의 큰 죄(萬古大罪)'를 범하는 것으로 단정하여, 이들의 논리를 희석화시키려고 하였다.

1895년 척사위정운동의 지도부로서는 이러한 이념적 정당화만으로 일본군이 아닌 정부군을 상대로 교전하는 데 상당한 부담감을 가지고 있었다. 국왕이 성리학의 교종(敎宗)이라는 의미에서 정부군과의 전투는 지도부뿐만 아니라 일반 참여자들의 성리학적 정체성을 혼란에 빠뜨릴 수 있는 하나의 요인이었을 것이다. 또한 운동의 반대자를 상대로 운동의 정당성을 설득하는 데 가장 큰 장애물이기도 하였다. 운동의 지도부는 유기환(兪箕煥), 민영기(閔泳綺), 조동희(趙東熙), 이도재(李道宰) 등으로 하여금 국왕에게 정부군의 철수를 설득하도록 하기 위해 종사(從事) 이조승의 형인 이주승을 서울로 파견하였다. 실패로 끝났지만, 이렇게 한 것은 이들 중앙의 인사들로 하여금 유인석은 참의사(義士)요 도둑의 무리(匪徒)가 아니라는 점을 임금에게 설득하여 운동의 전투부대가 정부군과 싸우지 않도록 하려는 데 그 목적이 있었다(이구영, 1994: 55).

또한 유인석이 주도한 1895년의 척사위정운동에는 참여하지 않았지만

울려 나무란다면 이에 도적을 몰아낸 자들의 의기는 소침될 것이요, 도적이 그 내막을 안다면 거침없이 다시 침범하리니, 이러한 상황은 가히 오늘에 비유될 수 있으리라(박민영, 1986: 211~212에서 재인용)."

최익현은 을미의병을 선유하라는 고종의 명에 대한 상소문, 곧 1896년
의 「선유대원명하우진소회대죄소(宣諭大員命下後陳所懷待罪疏)」를 통
해 일단 일본의 죄를 만국에 법으로 호소하는 것[64]과 군사적 행동을
병행할 것을 주장하면서 정부 당국을 설득시키려고 하였다. 뿐만 아니
라 의병들도 임금의 백성임을 들어 그들을 죽이는 것이 불가함을 이해
시키려고 하였다. 이에 덧붙여 조선의 법과 예의를 보존하고 문물을
회복하면 의병은 자연 해산할 것이라는 방안을 제시하였다.[65]

---

64) "……먼저 왜가 법을 어기고 조약을 위배한 것과 우리를 업신여기고(갑
신정변의) 역적을 도운 죄를 낱낱이 들어 동맹한 각국에 알림으로써,
각국 정부로 하여금 저 왜적들의 천지간에 용납될 수 없는 죄를 똑바
로 알 수 있게 하는 것이오니, 그렇게 될 때 만국 간의 공공한 견문 앞
에서 어찌 이구동성으로 저들을 성토하면서 함께 통분해할 사람이 없
겠습니까? 그때 우리의 선비와 백성들을 가다듬고, 우리의 무기들을 다
듬어서 저 동해의 적에게 죄를 묻는다면, 저들이 비록 스스로 부강하다
하나 수년 동안 노력과 비용을 들인 나머지 자멸하기에도 바쁠 지경이
온데, 어찌 도망하여 있는 무리의 역적들을 내놓지 않겠습니까?(최익현,
1986: 54)"
65) "대체로 일이란 의리대로 하면 순조롭고 의리와 배반되면 거슬리는 것
이니, 지금 시급히 왜의 죄를 하나하나 들어 글을 만들어 동맹한 각 나
라에 전달하되, 공법으로서 참조하고 조약으로서 증거를 댄다면, 우리
의 의리는 진실로 이미 분명하고 정당한 것이요, 저들이 공법을 어기고
배반한 죄는 장차 만국의 공론을 피할 수가 없게 될 것입니다. 그리고
서 우리의 군사를 정돈하여 일본에 죄를 묻는다면, 저 각 부군(府郡)의
군사들은 진실로 모두 이를 갈고 마음을 썩이며 몸을 버려 의리에 나
설 사람들이니, 만약 그 두목들을 선발하여 대관(隊官)이나 초장(哨將)
의 소임을 주어 각각 그 무리들을 지휘하여 진격하도록 하면, 이미 일
어난 사람은 말할 것도 없고, 아직 일어나지 않은 사람도 어찌 소문을
듣고 서로 이끌고 나와 다투어 국가의 일에 죽으려고 하는 자가 있지
않겠습니까? ……또한 마땅히 우리의 법과 예의를 보존하고, 우리의 문
물을 회복하여 무릇 정치와 법령이 조금이라도 오랑캐 풍속에 물든 것
은 일체 폐지하고, 다시 애통하게 여기시는 조서를 내려 분명하게 깨우
쳐 고치는 뜻을 보이신다면, ……무리들은 장차 선유(宣諭)를 기다리지
않고도 모두 무기를 버리고 해산하여 돌아가게 될 것이니, ……만일 그
렇게 하지 않고, 한갓 백성들이 시끄럽고 어지럽게 하는 것만 미워하여
구차하게 눈앞만 진정시키려고 하며, 왜의 역적 보호가 전과 같고, 조

운동 참여자의 헌신을 유지하는 데 동원한 이념의 구성요소도 선택된 성리학적 상징들이었다. 일반적으로 운동의 초기에는 지도자와 헌신적으로 따르는 추종자들로 이루어진다. 그러나 운동이 발전하려면 이러한 유대관계만으로는 불충분하다. 뿐만 아니라 카리스마적인 지도자나 그의 메시지를 성공적으로 유지하기 위해서는 추종자들의 헌신적인 행동을 보다 영속적인 바탕 위에 보존해 두는 것이 필요하다(박영신, 1980: 26~27). 달리 말해 운동에 이미 참여한 사람들의 에너지와 충성심 등을 유지하려고 힘써야 한다. 이것이 실패하면, 그 운동의 그것의 지속에 필요한 인적 연속성을 갖추지 못하게 된다. 운동 참여자들의 태도와 운동의 공식적인 노선 사이의 합리적인 조화를 교섭하기 위해 그때그때마다 진행되는 노력은 헌신을 유지하는 과정에서 핵심적이다.

이러한 차원에서 1895년의 척사위정운동은 참여자들의 헌신을 유지하기 위한 하나의 방법으로 운동의 목표와 참여자들의 태도를 조화시키고 있었다. 그것의 대표적인 본보기가 지방 관료들의 처형 사건이었다. 운동의 지도부는 기본적으로 그 운동의 정당성을 이념적·정서적으로 설득하는 방법을 사용하면서도 운동에 반대하는 관료들에게는 물리적 억압수단을 동원하는 등 이중의 입장을 견지하고 있었다. 이는 단발령이나 변복령 등을 지지하는 지방 관료들을 처형해야 한다는 일반 참여자들의 요구와, 척사위정운동이 대외적으로 표명한 '난신적자(亂臣賊子)' 처단이라는 노선을 조화시켜 참여자들의 헌신을 유지하고 있었다.

정의 머리 깎는 것이 전과 같다면, 저……백성들이 어찌 스스로 속리를 즐거워하여 홀연히 해산하고 돌아가려고 하겠습니까? 대체로 해산하여 돌아가려고 하지 않게 되면, 반드시 우레와 벽력과 같은 군사가 뒤따르게 되어, 만나는 때마다 절단 나지 않음이 없게 될 것입니다. 아아, 이들은 본래 모두 성상의 백성인데, 군사를 몰고 가 그들을 죽이는 것이 어찌 임금이 할 일이겠습니까?(최익현, 1977: 149~150)"

이와 더불어 지도자의 카리스마적 권위를 부각시켜 지도자가 조직을 통제할 수 있고, 참여자들이 지도자와 조직에 대한 헌신과 충성심을 계속 유지할 수 있게 된다. 이는 또한 지도자 자신의 조직에 대한 헌신을 보여 주는 것이기도 하다. 이와 관련하여 유인석은 조직을 구성하면서 몇몇 사람들을 개방파 세력과 동학 세력 등과 연결되어 있다는 이유를 들어 처단하였다(이구영, 152~153).

여기서 유인석의 조치는 상징적으로 아래의 몇 가지 의미를 담고 있다고 보인다. 첫째, 척사위정운동의 목적과 관련하여 그 운동에 부정적인 개방파와 지방 관료 및 동학 세력 등에 대한 경고의 메시지를 보내고 있었다. 특히 동학교도에 대한 처형을 통해 '정통/이단'이라는 상징을 앞세워 신자와 불신자 사이의 분명한 구분을 하나의 원칙으로 확립하면서 이를 참여자의 헌신을 유지하는 하나의 방법으로 활용하고 있었다. 이는 참여자들에게 운동의 목적이 참여자들이 믿는 신앙의 보존에 있음을 인식시켜 운동에 더 헌신케 하는 목적을 가지고 있었다. 성리학적 전통에 근거하여 '참'신자와 이교도·배교자 등을 구분한 기존의 배타적 경계선은, 운동의 전개과정에서는 더욱더 신앙심이 없거나 약한 사람들과는 결합하지 못하도록 요구함으로써 그 경계선을 보완하게 된다. 이러한 요구조건을 위반한 자들에게 운동은 처형이라는 원칙을 견지하였다. 이는 역으로 참여자들의 헌신을 촉진시키는 방향으로 나아가게 되는 것이다. 둘째, 운동의 참여자들에게 척사위정운동의 목적을 분명하게 각인시키려는 의도를 가지고 있었다고 보인다. 셋째, 자신의 권위를 부각시키려는 목적을 가지고 있었다고 해석된다.

우리가 참여자의 헌신과 관련하여 유인석의 이러한 행위에서 주목하는 것은 셋째이다. 다시 말해 지도자/추종자 관계에서 이러한 지도자의 행위에 대한 추종자들의 반응이다. 추종자들은 처형된 자들이 외부의 반대세력과 연계되어 있었는지를 알지도 못했고, 알았더라도 지금까지 운동 내에서 그들의 역할[66] 때문에 무시하였을 것이다. 이와는 달리 유인석의 주도 아래 이들을 처형하여 운동을 장악해 가는 그의 행위를 지켜보면서 추종자들은 그의 권위를 새롭게 인식하게 되었을 것이다. 여기서 '새롭게'라는 의미는 이미 대학자로서의 권위에다 군사적 지식에 정통한 유인석이라는 이미지가 겹쳐지면서 추종자들로 하여금 그를 다시 인식하게 하였다는 의미에서이다. 그는 이러한 내부 정비를 통해 조직 장악과 참여자의 헌신 유지라는 두 가지 과제를 동시에 해결하게 된다.[67]

이밖에도 참여자의 헌신을 유지하는 방법으로 운동 참여자 가족들을 배려하고 있었다. 이는 그 참여자들이 조직에 헌신할 수 있게끔 조직이 가족의 복지를 책임지는 것이었다. 참여자의 가족을 돌보고, 이들이 부치는 소작지를 옮기지 못하게 하고, 이를 마을에서 공동으로 경작하도록 조치하였다. 뿐만 아니라 부상자 가족들에 대한 구휼 사업도 적극적으로 추진하였다(구완회, 1997: 114). 이와 더불어 적개심을 고양시키는 방법을 동원하고 있었다. 이를 통해 운동조직 구성원들의 일체감과 정체성을 확인할 수 있다. 보기로, 일본군 포로의 배를 갈라 간을 꺼내 하늘에 제사를 지냄(이구영, 1994: 192)으로써

---

66) 유인석의 처형 결정에 대해 중군 이춘영이 다음과 같이 말한 데서 알 수 있다. "군대의 세력이 유지되는 것이 실상 이 네 사람의 힘인데 만약 포박을 하면 군사들의 마음이 동요되어 변이 목전에서 생길 것 같습니다(이구영, 1994: 152)."

67) "그리하여 (모두 다) 내다 베니, 온 진영 상하가 모두 신기롭고 기이하게 여겨 놀랍고 두려워하였다. 거만하고 사납고 완패한 하사와 병졸들이 벌벌 떨어 부드럽고 온순하게 되어 장교들의 명령이 떨어지면 마치 몸이 팔을 사용하는 것 같이 되었다. 드디어 순령수(巡令手)를 두어 영을 단 깃발을 갖고 다니며 날마다 일하게 하여, 각 영문의 위엄과 의례, 기구와 무기 등속을 정비하고 상하의 군사체계를 엄중히 하고 일원화해 놓았다. 선생은 가난한 선비 집에 태어나 붓과 먹 속에서 자라났는데, 언제 군사 지식을 배워서 지휘능력이 이와 같이 능숙한가?(이구영, 1994: 153)"

참여자들의 헌신을 유지하고 있었다.

  이처럼 척사위정운동에 있어 그 운동 이념의 확산과 재생산 작업
은 그 목적을 고려하는 위에서 외부의 거시적 환경의 요구에 어떻게
대응할 것인가에 관한 심사숙고라고 할 수 있다. 이러한 차원에서 척
사위정운동은 먼저 그 운동의 당위성과 그 정당성을 국가와의 상호
작용에 기대어 하나의 이념으로 제시하면서도 그러한 외부 환경의
변화에 이념적으로 적절하게 대응하기 위해 그것을 다듬는 작업을
동시에 하고 있었다. 특히 그 운동의 정당성을 위협할 수 있는 대항
이념에 대해서는 성리학이나 그 전통에 기대어 반박하고 있었다.

4. 선택의 정당화

  1866~1896년의 척사위정운동의 이러한 선택을 뒷받침한 것이 바
로 성리학 경전의 무오류성(無誤謬性)이었다. 그 운동은 성리학이
도전 받고 있는 상황에서는 믿을 만하고 확실한 증거가 필요하다고
생각하였을 것이다. 평소에도 성리학 교리를 의심의 여지가 없는 진
리로 간주하고 있었는데, 더욱이 위기의 시대에는 이러한 인식을 더
강화시켜야 할 필요성을 느꼈을 것이다. 이들이 보기에 세계가 위험
스럽고 무질서하기 때문에, 단지 성리학 경전의 보호 아래서만 그
안정성을 담보할 수 있다고 본 것이다. 바꾸어 말하면 이러한 상황
에서 성리학자들의 입장에서는 경전이 하나의 진리이고 정확하다는
것을 믿고, 또 믿고 싶었을 것이다. 이에 따라 척사위정운동에서는
전통의 '근본적인 것들'에 대한 절대적 타당성, 곧 경전의 무오류성

을 주장하게 된다.

1) 위기 시대의 경전

화서학파가 절대 진리의 텍스트로 『주자대전(朱子大全)』을 만드는 데 집착한 것에서, 우리는 척사위정운동이 당시에 경전을 더욱 중시하고 있었음을 알 수 있다. 그들이 이 작업에 매달린 것은 일차적으로 성리학에 대한 회의 때문에 그로부터 멀어지거나 반성리학적 이론들을 제기하는 이들이 생겨났기 때문이다. 또한 위기의 시대에도 그 경전이 아직도 유효하다는 것을 보여 주기 위한 목적뿐만 아니라 그 경전이 영원한 진리의 원천이라는 점을 다시 한번 확인하려는 의도를 가지고 있었다.

이들은 오랜 기간 동안 이 작업에 몰두하게 된다. 송시열이 주희의 『주자대전』에 자신의 견해를 덧붙여 『주자대전차의(朱子大全箚疑)』를 내놓자, 『주자대전』에 대한 완비 작업은 그의 사후에도 계속 이어져 김창협(金昌協)과 그의 제자인 어유봉(魚有鳳)에 의한 『주자대전차의문목(朱子大全箚疑問目)』, 김매순(金邁淳)의 『주자대전차의문목표보(朱子大全箚疑問目標補)』, 이의철(李宜哲)의 『주자대전차의후어(朱子大全箚疑後語)』 등을 거쳐, 이항로·이준 부자의 『주자대전차의집보(朱子大全箚疑輯補)』로 집대성되었다. 다시 이항로는 아들 이준을 시켜 『주자대전차의집보』 가운데 중요한 내용을 가려 뽑아 『주자대전집차(朱子大全集箚)』를 편찬케 했다(홍원식, 1996: 582~583). 이렇듯 척사위정파는 학술적으로 주희의 『주자대전』을 완비하는 데 온 힘을 기울였으며, 이를 통해 위기의 시대에 경전을 지키려고 하였다.[68] 다시 말해 그러한 시대에 있어 경전 및 그 해석서의 간행은 특별한 의미를 가지게 되는 것이다.

또한 1876·1881년의 척사위정운동을 실질적으로 주도한 김평묵의 『벽사변증기의(闢邪辨證記疑)』는 19세기 초 척사론의 대표적인 학자인 이정관(李正觀)의 『벽사변증(闢邪辨證)』뿐만 아니라 안정복의 『천학고』와 『천학문답』의 내용까지 다루었다(권오영, 1989: 133). 『이정전서집의(二程全書集疑)』와 『근사록부주(近思錄附註)』[69]를 편찬하고, 「학통고(學統考)」를 쓴 것도 성리학이 위기에 처해 있는 상황에서 경전에 주목하려는 노력의 일단이라고 볼 수 있다(금장태·고광직, 1989: 83~87). 정자(程子)뿐만 아니라 『근사록(近思錄)』에 수록된 인물들이 바로 주자 도통(道統)의 연원이란 점에서, 그가 왜 이러한 책들에 힘을 쏟았는지 그 이유를 쉽사리 알 수가 있다. 『송원화동사합편강목』[70]도 마찬가지이다. 이 책은 스승 이항로의 명에 따라 유중교

---

68) 이는 이항로의 아들 이준(李埈)이 작성한 『주자대전차의집보(朱子大全箚疑輯補)』의 서문에 잘 나타나 있다. 이 책을 발간하게 된 목적은, 육학(陸學)이 유포되면서 중국의 유학자들을 높이고, 북쪽 오랑캐가 중국을 차지하고 서양의 꼬임에 넘어가 성명(性命)이 흙탕물에 뒹굴고, 인륜이 짐승의 지경에 떨어졌어도 막을 수 없는 상태이기 때문에 주자의 책을 강명해서 성리학을 밝히는 데 있다는 것이다(김준석, 1987: 115에서 재인용).

69) 『근사록』은 주희가 여조겸과 함께 송대 도학의 선구자인 주렴계·장횡거·정명도·정이천의 저술에서 도체(道體)와 위학(爲學), 수기치인(修己治人), 이단과 도통의 문제를 중심으로 분류 정리한 것으로, 송대 도학의 기본 교과서였다. 김평묵은 엽채의 주석을 기초로, 주자를 비롯한 중국과 조선의 성리학자들의 해석을 수집하여 가장 정밀하고 방대한 『근사록』 주석을 이루었다. 특히 이 저술은 그가 춘성군의 산골에서 훈장을 하며 떠돌다가 한때 움막생활을 하던 극심한 곤궁 속에서 주자학의 체계적 정리를 위한 학문적 정열로 이룬 역작이라는 점에서 더욱 소중하다. 이러한 체계적이고 방대한 편찬 작업은 성리학의 기본 고전을 깊이 연구하여 그 근본정신을 밝히기 위한 것으로서 한말의 도학파가 성취하였던 심화된 학문적 수준을 보여 주는 것이다(금장태, 1995: 16~17).

70) "이 책이 만들어진 뒤에야 명분이 바르고 의리가 밝아서 공자·주자가 고심하여 법을 세운 뜻에 다시 유감이 없으며, 후세에 역사를 쓰는 필법을 잡은 이들도 그 알고 행하는 바에 거의 다시는 혼미하지 않을 것

가 편찬하다 김평묵이 완성한 것인데, 그 내용이 '중화를 높이고 오랑캐를 물리치는' 춘추의리에 따라 중국과 조선의 역사를 통합하여 서술함으로써 화서학파의 역사관을 체계화시켜 전개한 것이다(금장태·고광직, 1986: 30). 바꾸어 말하면 이러한 저술 작업을 통해 경전만이 유일한 진리이며, 고난과 위기의 시대에도 의지할 수 있는 것은 경전밖에 없음71)을 분명히 한 것이다. 김평묵은 유중교와 함께 1866년 4월부터 이항로의 학문 요체를 간명하게 정리한『화서아언(華西雅言)』을 편집하기 시작하여 이듬해 4월 이를 간행하였다. 이 책은 화서학파의 강습 교재로 사용되는 등 학파의 텍스트 역할을 하였다(권오영, 1991: 60). 그것은 송대 성리학의 교과서적 역할을 하는『근사록』에 비교될 수 있을 만큼 이항로의 사상을 체계적으로 분류하여 정리한 것이다(금장태, 1995: 15). 화서학파에 의해 수행된 경전의 정리 작업은 주로 정자와 주자의 저술을 중심으로 이루어졌다.

간재학파도 성리학에 대해 엄격한 호교론적 자세를 보이고 있었으며, 학통의 선명성과 성리학 경전의 무오류성을 주장하기 위해 저술 작업에 나서게 된다. 전우는 서학에 대한 비판으로『벽사(闢邪)』상하 2편을 지었고, 독일인 花之安의 기독교 교리에 관한 저술『사마강의(馬可講義)』,『자서조동(自西徂東)』등을 체계적으로 비판하여『자서조동변(自西徂東辨)』을 저술함으로써 기독교에 대한 종교적 관용을 이론적 차원에서 반박하였다(금장태, 1995c: 185~186). 뿐만 아니라 한말의 사상계에 큰 영향을 미쳤던 양계초(梁啓超)의『빙음실문집(飮氷室文集)』을 논박하기 위한『양씨집설변(梁氏集說辨)』을 저술하였다(성대경, 1990: 36~43). 이를 통해 간재학파도 성리학이 근대적·세속적·다원적인 것에 의해 포위당해 있는 위기의 시대에 경전의

이다(최익현, 1978a: 307)."
71) "마땅히 처음부터 표방하여 수백 대에 빛나게 선포하고, 사방의 변방에 사는 백성에게도 본보게 하여야 할 것이다(이항로, 1973: 341)."

중요성을 다시 확인하려고 했던 것으로 보인다. 물론 평소의 저술 활동으로 볼 수도 있겠지만 '짐승의 시대'에 이들 성인들의 말씀을 선택적으로 골라 책으로 간행한 데에는, 거기에서 그 시대를 극복할 수 있는 지혜를 찾는 동시에 경전이 그것의 원천이라는 것을 보여 주려는 의도를 담고 있는 것으로 해석할 수 있다.

2) 경전의 축어적 읽기

경전 및 그 해석서의 간행뿐만 아니라 기존 경전에 대한 읽기가 척사위정운동에 의한 근본적인 것들의 선택을 정당화하고 있었다. 이러한 인식은 먼저 기호학파의 종장인 송시열에게서 보이고 있었다. 그는 주자의 글에는 '그 한 자 한 구절도 논의가 지극하고 말을 궁구한 것이 아닌 것이 없다'든가, '말씀마다 옳은 분도 주자이고, 일마다 맞는 분도 주자'라고 할 만큼 경전의 축어적 읽기의 본보기를 보여 주고 있었다. 이러한 태도는 주자를 무오류의 성인으로 간주하게 하였다. " '주자는 성인이 아닌가? 주자의 정론(定論)이 있는 이상 멋대로 주자의 말을 고치고, 그것으로 주자의 말씀에 대신하는 일이 옳으냐?'고 문인과 제자들에게 엄중히 가르쳤다(김준석, 1987: 100)." 이는 주자의 저작을 경전과 동일시하는 것이었다.

송시열의 이러한 경전 읽기는 화서·노사·간재학파의 성리학 경전 읽기에 영향을 주었을 것으로 보인다. 왜냐하면 이들 학파는 학통으로도 송시열과 이어져 있고, 척사위정운동을 정당화하는 하나의 인적 자원으로 그를 선택하고 있었기 때문이다. 이러한 차원에서 그 운동은 그 경전을 축어적으로 읽는 위에서 근대화·세속화의 과정을 거부할 수 있는 근거를 마련하고, 이 텍스트가 성리학의 권위에 바탕한 것으로 이해하고 있었다. 이러한 경전 중심주의는 선과 악, 정의와 불의라는 아주 명확한 상징적 경계선을 구축하는 데 중요하다. 뿐만 아니라 배교자·이교도와 신자를 구별하는 기준이 된다. 척사위 정운동에 있어 경전은 모든 종교적·도덕적 권위의 원천, 곧 삶과 사 유의 절대적 기준이었다.

이러한 맥락에서 척사위정론은 엄격주의나 완전무결주의 등을 연 상시킨다. 이는 척사위정운동의 경전 읽기가 주어진 신앙의 완전한 축어적 형태, 바꾸어 말하면 경전 직역주의에서 벗어남이 없고, 윤휴 등으로 대표되는 일부 남인에 의해 이루어진 경전에 대한 재해석이 나 개방파의 경전의 의미 축소를 완화시키면서 그 신앙을 확고하게 지지하는 것으로 해석할 수 있다. 이는 또한 성리학적 교의가 더 이 상의 증거를 전제로 하지 않을 만큼 정확성과 궁극성을 가진다고 가 정하는 것이기도 하다. 때문에 척사위정운동은 해석적 방법을 철저 하게 반대한다.72) 이러한 방법으로는 성리학 텍스트와 그 전통을 올 바로 읽을 수 없다는 것이다. 경전을 새롭게 해석하려는 경향은 이 미 실학자들에게서 감지되고 있었다.73) 19세기 중엽에도 그러한 경 향이 존재하게 되는데, 그 대표적인 것이 흔히 김윤식·김홍집·신기 선 등 개방파의 ‘동도서기론’이다.

동도서기론의 대표적인 이론가인 양원 신기선(陽園 申箕善, 1851∼ 1909)은, 개화의 핵심은 정치적 쇄신으로서 사람들의 삶을 풍요하게

---

72) 뿐만 아니라, 척사위정론자들은 문헌학적 또는 역사적 방법에 대해 저 항한다. 이와 관련하여 성호 이익(星湖 李瀷)은, 조선에서 주자를 너무 나 숭상한 나머지 주자의 경전 해석을 문자 그대로 신성한 것으로 여 겨 역사적인 고증이나 비교 연구 같은 것은 생각할 수도 없게 되었음 을 지적하고 있다(정재식, 1990: 180).

73) 17·18세기 일부 남인들에 의한 성리학 경전에 대한 해석이 19세기의 개방파의 경전 해석과의 연관성을 파헤치는 것이 이 글의 완성도를 높 이는 작업이기는 하지만 여기서는 19세기의 새로운 해석에 국한시키려 고 한다. 17·18세기에 이루어진 새로운 경전 해석에 대해서는 유영희 의 연구(1993·1996)가 참고가 된다.

만들어 주기 위해서 기능적으로 유용한 수단을 이용하는 것과, 나라를 부유하게 하고, 군사력을 강화하는 기술을 추구하는 일이라고 규정한다.74) 이에 대해 이항로는 기본적으로 동양은 도덕을 중시하는 문화인 데 반해, 서구는 기술을 중시하는 문화로 규정한다. 이러한 인식 위에서 도덕적 가치는 큰 것이고, 물질적으로 유효한 기술은 도덕적 가치에 종속된 것이므로 기량과 재능의 척도만으로 사람을 판단할 수 없다는 것이다. 왜냐하면 맹자가 규정한 도덕적 가치를 추구하는 '대인'과 물질적 가치를 추구하는 '소인'의 구분 같은 전통적인 가치판단의 척도는 무너졌기 때문이다(이항로, 1974a: 456). 또한 그는 성리학적 성인의 역할75)을 그 보기로 들면서, 경전을 해석하는 가운데 주자의 설이 미비함을 들어 경전에 대해 독자적인 해석을 한 윤휴를 '사문난적(斯文亂賊)'으로 규정, 축출하여 주자의 설을 끝내 지킨 송시열을 높이 평가하였다. 또한 이항로의 제자인 유중교는 동도서기론이 경전을 잘못 해석하고 있음을 들어 이를 비판하였다.76) 이

---

74) "이른바 개화라는 것은 지식을 개명시키고 폐습을 변화시키는 것을 말함이니, 바로 정치를 날로 새롭게 하는 것의 다른 이름일 뿐이다. 그 요점은 지배자의 마음을 바르게 하여 본원을 맑게 하고, 공도(公道)를 확장하고 사사로운 길을 막으며, 재용을 절약하여 백성들을 구휼하고, 상공업을 일으켜 백성들의 생업을 열어 주고, 법률을 밝혀서 기강을 세우고, 학교를 일으켜 인재를 육성하고, 헛되고 화려한 외식을 제거하고, 쓸데없는 비용을 재단하며, 무기와 장비를 단련하여 국방을 튼튼하게 하고, 만국공법을 강의하여 교제를 미덥게 하며, 기절을 장려하여 풍속을 돕도록 하는 것이다(권오영, 1984: 128~129에서 재인용)."
75) "맹자는 양주와 묵적의 사상을 막아 공자의 가르침을 보호하였고, 송시열은 윤휴의 무리에 반대하여 주자를 보호하였는데, 그 일은 마찬가지이다(정재식, 1990: 180에서 재인용)."
76) "도기론자(道器論者)의 말에 이르기를 안으로는 반드시 서양의 스승(西師)을 맞이하여 기술을 배운 후에 부국강병을 할 수 있(다고 하는데), ……선왕의 정치는 부국에 방법이 있으니 본을 힘쓰고 말을 억제하는 것(務本抑末)과 수입액을 헤아려 지출액으로 삼는 것(量入爲出)뿐이며, 강병에 방법이 있으니 충효를 배양하고 절의를 장려하여 친상사장(親上死長)하게 하는 곳에 있다. 기계의 이익이 없음과 기예의 정치함이 없

는 경전에 대한 새로운 해석을 반대하는 것으로서, 해석적 방법으로 그 경전에 접근하려는 것에 부정적인 태도를 견지하고 있음을 보여주는 근거라 할 수 있다.

전우도 해석적 방법에 대해 철저하게 반대한다. 그는 『양씨집설변(梁氏集說辨)』에서 양계초의 논리는 성리학의 기본 교의에 어긋난다는 점을 들어 반박하고 있다. 첫째, 공자·석가·예수가 한 사람(三聖一體)이라 하여 성리학의 지위를 상대화시켰고, 둘째로 임금과 신하, 아비와 자식, 남편과 아내 등은 모두 평등하다고 주장한 그의 경전 해석77)을 논박하고 있다. 뿐만 아니라 '동도서기론'이 성리학을 잘못 해석하였다78)는 점을 들어 반대 입장을 분명히 하고 있다(성대경, 1990: 44). 뿐만 아니라 그는 최익현을 위해 쓴 제문(祭文)에서 경전 중심주의의 인식을 간접적으로 드러내고 있다. 그는 성리학이 존망의 기로에 서 있는 위기의 시기에 이를 극복할 수 있는 길이 경전에 있음을 주장하면서 이에 전적으로 기댈 수밖에 없는 현실을 강조하

는 것은 근심할 바가 아니다(권오영, 1984: 124에서 재인용)."
77) "강유위와 양계초는 평등을 제일로 삼는다. 가령 한 임금이 독재정치를 하고자 하여 평등주의를 미워하고, 여러 신하들의 거듭된 간언을 듣지 않았다고 하자. 강유위와 양계초 같은 이들은 곧 모든 사람들을 위해 한 사람의 임금과 어버이를 죽여서 자기 학설을 완성시켜야만 할 것이다. 그러나 어찌 임금과 어버이를 죽일 수 있는가? 임금과 어버이는 존귀하고 중요하며, 서민은 천하고 가볍다. 어찌 거기에 평등의 뜻이 있겠는가?(성대경, 1990: 44에서 재인용)."
78) "오랑캐의 신기한 기술의 효과는 백성들이 죽을힘을 다하는 것만 못하다. 진실로 백성의 마음을 결속하여 풀리지 않게 한다면, 저들의 화륜선(火輪船)이나 전선도 그 교묘함을 써먹을 데가 없을 것이다. 만약 민심이 흩어져서 수습할 길이 없다면 설사 이기(利器)가 있다 하더라도 장차 누구와 더불어 적을 방어할 수 있겠는가? 옳도다. 주자의 말씀이여! '옛적에 성왕이 이적을 제압한 도의 근본은 위엄과 강함에 있던 것이 아니라 덕을 쌓는 일에 있었으며, 그 방비는 변경에 있었던 것이 아니라 조정에 있었으며, 그 수단은 군대 창고에 있었던 것이 아니라, 기강에 있었던 것이다(성대경, 1990: 44~45에서 재인용)."

고 있다. 달리 말해 이는 경전에서 구원의 손길을 찾고 있는 것으로서, 이후 그의 자정론(自靖論)이 이러한 경전 중심주의에서 도출되는 배경으로 작용하고 있다.[79)]

3) 리더십

종교로서의 성리학의 위계구조는, 위에는 국왕으로 대표되는 교종(敎宗)이 자리하고, 밑에는 일반 평신도가 있다면 그 중간에 성리학자들로 대표되는 성직자들이 존재하고 있었다. 성리학자들은 조선사회의 거룩한 중심적 가치체계에 더욱 가까이 접근하고 있는, 다시 말해 그 거룩한 것을 대표하는 계급이었다. 스스로가 소속한 사회의 가치체계를 제도적으로 대표하고, 엄격히 실천하고, 이의 공식적인 주석자와 전달자로, 후견인으로 자처하면서 사회체계를 견고히 유지해 왔다(박영신, 1980: 131~133). 이들은 성리학이 도전을 받게 되면 누구보다도 먼저 이의 문제점을 인식하여 이에 대처하게 된다. 이들이 척사위정운동의 리더십을 구성할 뿐만 아니라 그 운동의 이념을 세련되게 만드는 등 이념과 조직을 장악하고 있었다.

이 성리학자들이 1866~1896년의 척사위정운동에 있어서는 운동의 정당화에 필요한 근본적인 것들을 선택하고, 경전의 무오류성을 지적으로 확인하는 작업을 주도하고 있었다. 뿐만 아니라 이렇게 선택한 상징들을 가지고 운동에 인적·물적 자원을 동원하고, 운동의 이념을 재생산하고, 운동 참여자의 헌신을 유지하는 이념을 만드는

---

79) "나 같은 사람은 또 어떻게 해야 합니까. 살고 싶어도 세상이 즐겁지 않고, 죽으려 하나 그 바른 자리를 얻지 못하여 생사의 기로에서 방황만 합니다. 외로운 그림자만 위로를 하니 경전을 끌어안고 통곡을 합니다(김기현, 1994: 233에서 재인용)."

데 있어 주도적인 역할을 수행하고 있었다. 이것이 가능했던 것은 기존의 주어진 존경과 위신이 작용하고 있었기 때문이다.

이와 관련하여 이항로는 추수 때마다 일정량의 곡식을 별도의 창고에 저장하여 두었다가 이웃의 극빈자나 결혼, 장례 등을 도와주기도 하였다. 흉년에 대비해서는 개인 사창(社倉)을 세우고, 군포 때문에 생계의 위협을 받고 있는 사람들을 위해 돈을 내어 계를 만들기도 하였다. 각종 채권 문서를 불태워 버렸고, 자가(自家)의 노동력만으로 경작할 수 있을 만큼의 전지(田地)를 제외한 나머지를 전호(佃戶)들에게 무상으로 균등하게 나누어주는 등 향촌사회 안에서 존경과 위신을 받고 있었다(강대덕, 1984: 111).

여기에 덧붙여 어느 한 학파의 지도자가 되면 학문적 권위까지 보태지게 된다.[80] 1866~1896년의 척사위정운동에서 이들이 지도자로 부상할 수 있었던 이유는 이러한 위신과 함께 그 당시 '권력과의 제한된 협력의 전통', 곧 전형적으로 신하의 '저항권'에 일정 정도 특권을 부여하는 성리학의 이념적 유산 때문에 가능했다. 화서학파의 경우 김평묵, 최익현, 유인석 등은 그 유산을 창조적으로 해석하면서 이러한 모든 것들을 함께 집약시켰다. 바꾸어 말하면 그 운동은 조선사회 내에서의 대안적 전망이나 운동들, 이를테면 서학·개화운동·동학운동 등을 억압하려고 하였다. 일반적으로 운동의 발생에 있어 지도자가 중요하다. 1895년 척사위정운동의 지도자인 유인석을 포함한 핵심인물들은 이미 기존의 투쟁노선을 내재화하고 있었다.[81]

---

80) 유인석은 『화동강목(華東綱目)』의 편찬을 공자와 주자와 비견될 만한 성현의 큰일이라고 하면서, 이항로의 리더십에 대해 언급하고 있다. "『춘추』와 『자치통감강목』의 역사적 의의는 오랑캐를 물리치고, 난적을 토벌한 것이 무엇보다도 가장 크다. 공자·주자 이후의 오랑캐와 난적에 대해서는 중국에서 다시 성현이 태어나지 않아 인심이 나날이 없어지고, 하늘의 이치가 나날이 어두워져 끝내 바로잡게 될 바가 없었던 터에, 이에 화서 선생의 손에서 바로잡혀 원나라를 정통에 들지 못하게 하였으니, 이는 화서의 업적이다(오영섭, 1990: 140에서 재인용)."

그 운동의 지도부는 그들이 가진 공동체 내에서의 핵심적인 위치 때문에 누구보다 먼저 운동에 참가하게 된다. 특히 이들은 평상시에 철저히 내면화하고 있는 지식인으로서의 대사회적 책임의식이 이 과정에서 발현되고 있었다. 이재석(1996: 197)에 의하면 조선의 정치권력 구조상 성리학자들은 주체적 참여자의 지위에 위치하고 있었지만 충실한 직분 의식을 지니고 있었다. 조선이 성리학을 통치 이념으로 채택하고 있었기 때문에, 성리학자는 진리의 정당한 해석자로서의 위치를 갖고 있었다는 것이다. 이들은 진리에 대한 독자적인 해석을 내리는 것과 동시에 이를 실천에 옮기는 데 앞장서고 있었다. 이러한 역할에 수반되는 투철한 직분 의식을 소유하고 있었다는 것이다. 그 당시의 상황을 진리, 달리 말해 성리학의 교리에 벗어난 것이기 때문에 진리를 회복하기 위해서는 여러 가지 방법이 있는데, 그중에서 행동에 옮기는 방법을 선택했을 때, 누구보다 먼저 운동에 참여하고 있었다. 이들은 의리를 기준으로 삼아 진리를 정당하게 해석하는 지위에 있었기 때문에, 의리를 위해 먼저 목숨을 걸어야 한다는 인식을 내재화하고 있었다.[82]

이러한 맥락에서 성리학자들이 1895년 척사위정운동의 전면에 나선 것은 크게 두 가지 이유(이재석, 1996: 197)일 것이다. 첫째, 위기에 직면한 시대적 상황에서 책임감을 보여 주는 관리들이 없다는 현실에서 몸소 나설 수밖에 없는 이들의 입장이다. 둘째 도덕적 가치, 곧 춘추대의의 명분을 지향하는 성리학자로서의 속성상 그럴 수밖에

---

81) "신은 일찍이 전감역(前監役) 신 김평묵과 신의 당숙 신 유중교를 따라서 고(故) 참판 이항로의 문하에 유학하였는데, 항로가 학문하던 때로부터 이미 나라가 위태로울 징조가 있으므로 항상 정도(正道)를 옹호하고, 사교(邪敎)를 배척하며, 중화를 존대하고, 왜를 물리치는 데 힘을 기울였으며, 위로 고하고 아래로 타이르는 것도 다만 의리뿐이었던 것이옵니다(유인석, 1986: 62)."

82) "……선비가 시비를 판단하여 아래에서 바르게 하여 일세의 이목을 정하는 것이니, 선비란 온 나라 사람들이 바라보는 존재이다(최익현, 1978a: 202)."

없었다고 할 수 있다. 전자와 관련하여 유인석은 책임의식에서 척사위정운동에 나선 것임을 분명히 하였다. 관인(官人)들이 대대로 존중받고 벼슬과 녹봉을 누리며 충성을 다하여 국가와 더불어 행복과 불행을 함께하여야 하지만, 위기의 시국에 서민들의 기대와는 달리 관인이 나서지 않기 때문에 생사 문제와 역량을 떠나 나섰다는 것이다. 후자와 관련하여 척사위정운동은 이미 의(義)의 실현 그 자체에 우선순위를 두는 도덕적 가치가 있으므로, 춘추대의라는 이념적 무기만을 가지고 행동으로 나선 것이었다.[83]

일반적으로 운동의 리더십을 크게 세 가지 유형, 곧 이념적·조직적·제휴적 리더십으로 나눌 수 있다. 이러한 리더십은 아주 많은 부분에 있어 관념들을 효과적으로 창안하여 제시하고, 이 관념들을 실제 프로그램[84]으로 전환시키고, 자원들을 찾아 축적하고, 제휴를 성사시키기 위해 협상하고, 제휴의 틀을 고안한다(Almond, Sivan, and Appleby, 1995b: 442~443). 1866~1896년의 척사위정운동에 있어 이념적 지도자로는 이항로, 기정진, 전우, 최익현, 김평묵, 유중교, 유인석 등이 있는데, 이들은 기본적으로 성리학을 일관성 있게 만드는 데 주요한 역할을 수행하였다.[85] 특히 이들은 척사위정운동의 이념

---

83) "공사 간에 살아날 가망이 만무하니 화가 되건 복이 되건 다 같이 죽음의 약속을 지킬 수밖에 없다. 말 피를 입에 바르고 함께 맹세하니 성패와 예리함과 우둔함은 예측할 바 아니다. 의리를 택해서 나아가는 것이니 경중과 대소는 이에 분명하게 갈라진다(이창식, 1996: 199에서 재인용)."

84) 이러한 프로그램은 종교적 이데올로기, 그 사회의 성격, 정부의 형태, 종교집단의 규모와 번성, 종교집단의 성공 가능성, 다른 많은 요인 등에 따라 변한다(Garvey, 1993: 22).

85) 노사학파의 기정진의 경우 주관적인 판단이기는 하지만 그 추종자들이 '학은(學恩)'이라고 표현할 정도로 그는 카리스마를 누리고 있었다. "사방의 선비가 제자의 예를 갖추어 날마다 모여드니 선생(기정진)은 사도로서 자처하지 않았으며 예물을 받지도 않았으나 가르치기를 게을리하지 않았다. 각자의 어질고 어리석은 재주에 따라 모두 학은을 입었다

을 세련화시킨 텍스트를 여러 권 저술하였다. 이 저서의 주요 개념은 성리학적 감수성을 내포하고 있었다. 이 세 가지 유형을 모두 갖춘 지도자가 바로 1895년 척사위정운동의 유인석일 것이다.

유인석은 1865년에 스승 이항로가 작고하자 화서의 수제자들인 김평묵과 유중교를 스승으로 섬겼는데, 1891년과 1893년에 연이어 이들이 죽자 유인석은 이항로→김평묵→유중교로 이어지는 화서학파의 학통을 계승하여 화서학파를 대표하게 된다(박민영, 1986: 167). 그는 스승의 권위를 자기가 계승하고 있다는 점을 암암리에 내비치기 위해 먼저 공자, 주자, 송자 등을 지극히 존경하고 숭배한다고 밝히면서 그의 스승인 이항로가 이들과 같은 수준에 있다고 본다. 공자는 유일한 큰 성인이요, 주자는 공자를 이은 자이며, 송자는 주자를 이은 자인데, 이항로는 덕으로나 공으로나 이들과 동등한 수준에 있다는 것이다(박민영, 1986: 196~197).

물론 이것은 스승 이항로를 높이려는 데 주된 목적이 있는 것이다. 그러나 우리가 여기서 주목하는 것은, 길게는 공자로부터 이항로에 이르는 그들의 권위에 기대고 있는 유인석의 리더십에 대해, 추종자들이 그것을 초월적 원천에서 시작된 것으로 생각하여, 그 지도를 권위적인 것으로 받아들일 수 있는 토대가 마련되고 있다는 사실이다. 유인석의 이러한 리더십은 이 학파가 치르는 성리학적 의례라 할 수 있는 향음주례를 통해 확인되고 있었다. 일반적으로 향음주례 또는 향음례는 중국 고대의 주례(周禮)에 근거한 것으로서, 조선의 경우 성리학의 수용과 확산에 따라 일반화되었다. 이는 단순히 향촌사회의 사대부들이 모여 술을 마시는 것이 아니라 상하 간의 엄숙한 질서를 재확인하고 일체감을 재확인하는 의식이었다(구완회, 1997: 55).

(홍영기, 1999: 83에서 재인용)." 이 글에서는 김평묵과 특히 유인석을 중심으로 카리스마적 리더십 문제를 다룰 것이다. 왜냐하면 유인석의 경우는 그러한 리더십이 분명하게 드러나고 있었기 때문이다.

‘비상시국’[86]에 열리는 이러한 집회는 일차적으로 참석자들 간의 동질성과 일체감을 확인해 주게 된다. 화서학파, 특히 그 지도자인 유인석과 집권 세력의 시국관은 다르다. 유인석은 그 당시 상황을 성리학적 질서에서 일탈한 것이기 때문에 ‘비정상적’인 것으로 인식한 반면에, 집권층은 약간의 위기의 징후는 보이지만, 그렇다고 척사위정파가 말하는 것처럼 비상시국은 아니라는 것이다. 단지 ‘과도기’로서 개방이 완료되면 정상을 회복할 것이라는 주장이다. 물론 이러한 인식은 각자 구성한 것이기는 하지만, 시국관에 있어서도 척사위정파와 개방파는 그것을 달리하고 있었다. 여기서 우리가 주목하는 것은 그러한 시대 상황을 정의할 수 있는 능력을 갖추고 있는 존재에 대한 추종자들의 태도이다. 따라서 그 추종자들이 볼 때 그 모임에서 당연히 논의되었을 것으로 보이는 현실의 정치적·사회적 현안 문제를 정확히 정의할 뿐만 아니라 심지어 그 해결방안까지도 제시하는 유인석의 능력에 대해 권위를 부여할 수밖에 없는 것이다. 이러한 모임을 통해 지도자인 유인석의 리더십은 부각될 수밖에 없는 것이다. 더욱이 학파의 성격상 최고 지도자의 언행은 곧바로 사태 해결의 실마리를 제시하는 것으로 일반 추종자들이 이해하기 때문에, 이러한 모임을 통해 유인석의 리더십은 더욱 권위를 가지게 되는 것이다.

뿐만 아니라 유인석은 이항로·김평묵·유중교 등 화서학파의 역대 최고 지도자의 카리스마적인 권위를 계승함으로써 리더십을 더 공고히 할 수 있게 된다. 특히 직전(直前) 스승인 유중교의 대상(大喪)이 끝나고 난 다음 날 동문사우(同門士友)들은 유중교를 섬기듯이 유인

---

86) 이러한 인식의 차이는 오늘날에도 그대로 재현되고 있다. 이를테면, 개방과 개혁을 통해 경제 부문의 문제를 제대로 해결하면 사회의 다른 분야가 정상을 되찾을 것이라는 관점과, 우리의 현 상황은 근본적인 수술 없이는 정상적인 상태로 되돌릴 수 없다는 담론의 팽팽한 대립이 바로 그것이다.

석을 섬기기로 하였다.[87] 비유컨대 이들의 계승관계는 마치 선불교에서 스승이 한 제자에게 옷과 바리때를 전하여 도통(道統)의 소재를 공증시키는 것과 유사한 맥락이다(구완회, 1997: 50). 이에 덧붙여 유인석의 권위도 카리스마적 속성을 가지고 있었다.[88]

이러한 카리스마적인 요소는 베버의 분류에 따르면, 모범 예시적 예언이라 할 수 있다. 그는 예언을 크게 두 가지, 곧 불교의 성인처럼 사람들의 모범이 되는 모범 예시적 예언과 고대 이스라엘의 예언자들, 원시 기독교의 사도들과 종교 개혁가들에게서 볼 수 있는 윤리적 사명 예언으로 나누고 있다. 유인석은 학문적으로나 실천에 있어 하나의 전형을 보여 주고, 그것이 다른 사람들에게 모범이 된다는 차원에서 그의 권위는 모범 예시적 예언에 근거한 것으로 볼 수 있다. 유인석의 존재가 우연이 아닌 하늘의 명에 따른 것이라는 주장은 그의 추종자인 문인사우(門人士友)들 사이에서 폭넓은 지지와 정당성을 확보하고 있었을 뿐만 아니라 스스로도 천하에서 유일하게 중화의 줄기를 고르게 보존하고 있다고 믿었다(박민영, 1986: 202).

유인석의 리더십이 정당성을 가지는 것은 자신의 권위에다 위로부

---

87) 최익현은 이항로의 권위가 일종의 초자연적인 근거에 기대고 있음을 지적하고 있다. "세상은 평화와 혼란이 있을 수 없는데, 혼란하면 하늘은 반드시 대인군자(大人君子) 한 분을 내어 그 시대를 참작하여 혼란을 중지하는 기본을 마련하게 하였다. 주나라의 말기에 공자가 출생하고, 송·명의 말기에 주자와 송자가 태어난 것이 바로 그 징험이다. 그후 기독교가 횡행하여 천하가 번복되고 백성들이 참살되는 재앙과 화가 있게 되자, 하늘은 우리 선생을 동쪽 지방에 탄생시켜 저들을 물리치는 일을 맡아 만세에 일치(一治)의 기초가 되게 하였으니, 아, 이것이 어찌 우연한 일이겠는가(최익현, 1978a: 329)."

88) "의암 선생은 세 분 선생(화서 이항로, 중암 김평묵, 성재 유중교)으로써 기대하여 그 적통(適統)을 전수했는데, ……성재 선생이 타계하자 문하에 나온 자는 모두 성재 선생을 섬긴 것으로써 의암 선생을 섬기기로 하니, 의암 선생의 동문제현(同門諸賢)이 또한 문하생으로 헌신한 자가 많았으며, 원근의 사림이 모두 성리학의 종장(宗匠)으로 앙모하였다(박민영, 1986: 178에서 재인용)."

터 계승된 권위가 보태지기 때문이다. 유인석이 천명을 받아 당시의 난세를 구제하기 위해 태어났기 때문에, 그가 주도한 척사위정운동도 당연히 천명이라는 것이다. 한마디로 말해 유인석을 일종의 '구원자'로 자리매김하고 있었다. 물론 이것은 그 추종자들이 유인석의 카리스마적 리더십을 구성한 것이다. 여기서 '구성'한다는 의미는 다음과 같은 보기에서 잘 드러난다. 이항로가 이미 9세 때 주기론을 주장하는 것에 대해 "천지간 만사는 다만 한 가지의 이(理)일 뿐이다."라는 주장을 하였는데, 이를 두고 이항로의 제자들이 스승의 주리론(主理論)이 그때에 확립되었다고 주장하는 것은 그의 카리스마적 리더십을 그 추종자들이 구성한 것이라 볼 수 있다.

이는 제천 전투에서 패배한 이후 유인석이 자결하려고 하자 이조승이 이를 말리면서 언급한 데서도 잘 드러난다. 유인석에게 성리학 보존의 책임이 하늘로부터 주어져 있었기 때문에, 자신의 생명도 함부로 할 수 없는 자리에 있는 존재로 인식되고 있었다.[89] 더욱이 유인석이 친상(親喪)을 이유로 1895년 척사위정운동의 지도자로 나서는 것을 주저하자 그의 문인들은 성리학의 '수호자' 내지 '보존자'로서의 그의 역할을 다시 확인해 주었다.[90] 이를 통해 유인석의 리더십은 그 추종자들에 의해 그 정당성이 확보되는 것이다. 그 추종자

---

[89] "대장은 여느 편장과 달라서 목숨을 가볍게 버릴 수 없습니다. ……많은 장졸이 죽고 또 실종된 사람도 많지만 아직 수많은 장졸이 남아 있는데, 이들을 어떻게 하고 대장이 죽을 수 있으며, 또 나라가 누란의 위기에 처해 있는 이때에 한 번 패했다고 하여 그만둘 수 있으며, 또 선생님은 대도(大道)의 존망이 한 몸에 매여 있어 다시는 책임질 수 있는 사람이 없으니 어떻게 소홀히 할 수 있습니까(이구영, 1994: 56)."

[90] "만약 이 일을 중지한다면 단발의 화가 더욱 급할 것이며, 도로가 막혀 나간다 해도 요동에 들어갈 수 없고, 물러간다 해도 화를 면할 수 없으니 비록 선생께서 상제 노릇을 하시려고 한들 될 수 있겠습니까. 또 권도로써 경중을 말하더라도 선왕의 대도가 망하는데 한 사람이 상제 노릇을 할 수 있습니까(이구영, 1994: 151)."

들은 척사위정운동에서 유인석의 리더십을 어떤 특별한 것으로 생각하여 권위적인 것으로 간주하게 된다.[91] 이러한 의미에서 그의 리더십은 카리스마적인 속성을 띠고 있다고 할 수 있다.[92]

유인석은 운동 참여의 경험을 가지고 있었다. 기본적으로 화서학파에 입문하여 일정 기간 동안 공동생활을 하였고, 1876년 강화도조약 체결 문제로 촉발된 척사위정운동에 홍재구, 유중악, 이정구 등 김평묵·유중교 문하 47명과 함께 참가하면서 운동의 경험을 쌓게 된다. 뿐만 아니라 이미 청년 시절에 스승 이항로의 척사위정운동에 함께 참여하였던 유인석은 이항로의 척사위정의 논리가 현실정치에 반영되어 가는 과정, 곧 그 논리가 폐쇄정책의 실현으로 나타나는 것을 지켜보면서 척사위정사상을 심화시켜 갔다(유한철, 1992: 28). 이러한 여러 자원들은 유인석의 리더십이 나올 수 있는 원천으로 작용하고 있었다.

이러한 여러 가지 권위의 원천에 기대어 유인석은 1895년의 척사위정운동에서 최고 지도자로서의 역할을 수행하게 된다. 유인석은 이러한 권위에 기초하여 당시의 위기 시대를 진단함으로써, 향후 행동의 방향을 암시하게 된다. 이것은 기본적으로 그의 카리스마적인

---

91) 베버도 카리스마적 권위를 언급할 때 카리스마의 존재를 강조했다기보다는 지배-피지배 관계 속에서의 그 권위가 어떤 의미를 가지고 있느냐에 관심을 가지고 있다. 이러한 의미에서 카리스마를 가지고 있느냐는 여부보다는 지도자-추종자의 관계에서 그 권위가 의미를 가지고 있느냐는 측면에 초점을 맞추어야 할 것이다.

92) 이와 관련하여 제자인 희당 윤석봉(希堂 尹錫鳳)과 일와 윤정학(一窩 尹正學) 등의 언급은 이를 뒷받침하고 있다. "……난세에는 하늘이 반드시 사람을 내어 대강대법(大綱大法)이 땅에 떨어지지 않게 한다. 유인석이 마침 이때를 만난 것은 만세의 강상을 돕고 보전함이요 천하의 대의를 밝힘이니, 이것이 어찌 우연히 그러하겠는가(박민영, 1986: 202에서 재인용)." "의암이 분수를 넘어 의병을 일으킨 일이 어찌 의암의 마음이리오. 역시 하늘이 이때에 의암을 낸 것으로써 부득이 분수를 넘어 의병을 일으키게 하였다(박민영, 1986: 212에서 재인용)."

권위가 있기에 가능한 것이었다. 지도자는 기본적으로 개인적 덕목을 갖추고 있어야 한다. 흔히 조직의 지도자에게 요구되는 일반적인 덕목 가운데 하나는 주어진 정보를 나름대로의 통찰력으로 정리, 분석하여 운동의 출현에 유리한지 아니면 불리한지를 판단할 수 있는 능력을 갖추고 있어야 한다. 유인석은 그 운동의 출현에 즈음하여 잠재적인 참여자들에게 대내외적인 환경을 분석, 제시하고 있었다.

대외적 환경과 관련해서는, 운동의 주 타격 대상 가운데 하나인 일본이 자체의 어려움과 청과의 전쟁으로 척사위정파가 운동을 일으키더라도 더 이상 조선에 추가파병을 할 여력이 없다는 것이다. 또한 대내적인 환경은 다른 지역의 운동으로 유리하게 조성되고 있다는 판단을 내리고 있었다. 이러한 대내외적인 환경도 결국 초자연적인 힘에 의해 좌우될 것이라는 것은 지도자의 상황인식이 기본적으로 종교적 바탕에 기대고 있음을 보여 주고 있다.[93]

그 운동의 하나의 촉발 요인으로 작용했던 의복제도의 변경 및 단발령 등과 관련하여, 그는 그것을 중화 / 오랑캐, 인류 / 짐승의 잣대로 평가하였다.[94] 근대화와 세속화를 추종하여 변제와 단발령을 수

---

[93] "대저 우리나라와 왜의 형편을 자세히 탐지해 보니 일할 만한 형세라고 생각되네. 대개 왜국은 점점 피폐해 있고 또 청나라의 압력을 받아 형세가 다시 군사를 움직이기는 어려울 것 같으며, 현재 청나라 장수 유영복과 만주 봉황성에서 전쟁을 하고 있다고 하네(이는 심 참판이 말한 것인데 아마 사실인 듯). 유영복은 천하의 명장인바 왜국은 장차 불리할 것이라고 하네. 우리나라 형편을 말한다면 의병이 곳곳에서 바야흐로 일어나는데 영남은 한두 곳이 아닐세. 어제 안동에서 온 통문을 보니 그것을 보낸 사람의 이름은 천서, 김흥락, 곽종석 등이 주장으로 되어 있고, 예안 통문에는 퇴계 후손이 주장으로 되어 있는데 여기는 벼슬아치가 많이 들어 있다고 하네. 이 두 고을에서 먼저 일어나면 72주에서 반드시 다 일어날 것일세. 근처로 말한다면 여주 사람이 바야흐로 일어나고 있으며, 홍주 사람은 이미 기병을 했으니 혹 천심이 화를 뉘우쳐 그러한 것이리라. 그러므로 믿는 바는 하늘뿐일세(이구영, 1994: 33에서 재인용)."

[94] "상투와 둥근 소매(법복) 등이 있고 없음에 따라 중화와 오랑캐, 인류와

용하면 오랑캐와 짐승으로 타락할 것이라는 평가를 내리고 있다. 마티 등(Marty and Appleby, 1991b: 826~827)은 전통을 해석하고, 근대화와 세속화를 평가하고, 전통에서 두드러진 요소들을 선택적으로 복원하는 과정에서 카리스마적이고 권위적인 남성 지도자들이 하나의 핵심적인 역할을 수행하며, 이러한 지도자들의 덕목으로 절제, 헌신, 자기희생 등을 들고 있다. 카리스마적 지도자에게 거룩한 과거를 복원·해석하는 최종적인 권위를 부여하기 때문에 이들이 미래의 운동과정을 통제한다. 이처럼 종교적 관념과 실천을 선택하는 데 있어 권위적인 지도자의 영향력은 크다는 것이다. 이러한 평가 위에서 유인석은 추종자들에게 위기와 결단의 시간을 조장하기도 한다.[95] 그는 1894년의 의복제도 변경과 관련하여 성리학 신자들, 특히 사제계급들로 하여금 서로 상반되는 두 개의 세계관, 곧 인류와 짐승의 세계에서 하나를 선택하도록 강제하고 있었다. 1876년 척사위정운동의 지도자인 김평묵은 개항이 현안문제로 대두하자, 이를 국가의 존망이 달려 있는 시기로 파악하면서 그의 문인들에게 행동을 선택하도록 강제하였다.

1895년의 척사위정운동과 관련하여 유인석도 성리학의 존망이 앞에 있음을 들어, 사람들로 하여금 중화와 오랑캐의 세계 가운데 하나에 설 것을 요구하는 선택지를 제시하였다. 이를 통해 사람들이 위기의식을 느껴 결단을 내리도록 하고 있었다.[96] 이를 구체적으로

짐승이 판별되고, 성리학의 보존 여부가 결정된다(박민영, 1986: 183에서재인용)."

95) "땅을 치며 통곡하고, 칼을 빼어 자기의 목을 찔러 목의 피를 왜의 우두머리인 井上馨과 박영효·서광범 이하 개화파 역적들의 면상에다 뿌린 자가 몇이나 있었는가? 전국의 선비와 백성 중에 마음이 아파 분을 내어 크게 부르짖어 의병을 일으켜 오랑캐의 무리를 무찌르고, 역적의 무리를 섬멸시켜 임금과 신하, 백성들의 몸에서 양복을 벗겨내고, 다시 선왕의 법복을 입히려는 자가 있었는가, 없었는가?(박민영, 1986: 181~182에서 재인용)"

보여 준 것이 바로 그 운동의 출범에 즈음한 유인석의 행위였다. 그는 제천의 유력한 선비인 이민정 등을 움직여 '군내의 모든 선비들과 백성들에게 돌이나 병기를 가지고 팔송(八松)에 모일 것이며, 참석하지 않는 자는 포살하겠다'는 내용의 통문을 돌리고 향약 조직을 가동하여 대규모의 민회를 열었다. 이 모임에는 유인석을 위시하여 이민정, 정언조, 이병선, 이정규, 송석 등 제천의 유력한 사대부들이 다수 참여하였다. 수천 명의 농민과 동학의 남은 무리 백여 명이 이들의 지도 아래 조직적으로 동원되었다(구완회, 1997: 81). 그 운동에 일종의 인적 자원의 총동원령을 내리고 있는 것이다. 여기서 우리가 주목하는 것은, 첫째 그가 위기와 결단을 시간을 구체적으로 조장하였다는 점이고, 둘째로 그의 이러한 지도에 대해 많은 추종자들이 호응하고 있다는 점이다.

일반적으로 운동에는 지도자와 추종자가 필요하다. 1895년의 척사위정운동에 있어 그 추종자들이 유인석의 호소와 전술에 민감하게 반응하여 복종하고 있었다는 것이다. 유인석은 그의 리더십을 통해 추종자들의 이러한 민감성을 운동에 대한 헌신으로 전환시키게 된다. 뿐만 아니라 이 참여자들을 척사위정이라는 특정한 목적과 의병이라는 실천적인 프로그램에 동원하고 있었다. 유인석은 성리학의 붕괴라는 위기의 시대에 '척사위정'이라는 사유방식을 제시하고, 의병을 통한 그 시대의 종식이라는 행동방식을 촉진시키면서 성리학적 통찰력으로 당시의 문제들을 틀 지우고 있었다. 이것은 바로 그가 카리스마적 권위를 가진 지도자였음을 보여 주는 것이라고 할 수 있

---

96) "진실로 지금 우리나라에서 거룩한 도(道)와 중화의 줄기가 끊어지는 것이 몹시 급박한데, 나라가 망하는 것에 비길 바가 아니요, 비록 부모의 초상이라 할지라도 또한 비길 수가 없다. 망국과 부모의 초상도 몹시 급하고 지극하지만 옛날부터 면하지 못해 사람들이 모두 겪은 것이고, 오직 성도와 화맥의 단절이란 가히 있을 수가 없는 것인데, 지금은 있게 되었다(박민영, 1986: 198에서 재인용)."

다. 만약 이러한 권위가 없었다면 그는 그러한 명령을 내릴 수도 없을 것이고, 설혹 내린다 하더라도 이에 동원된 참여자들이 그리 많지 않았을 것이다. 이러한 차원에서 1895년의 척사위정운동은 유인석의 카리스마적 리더십을 통해 자원 동원에 성공하여 출현할 수 있었다.

이러한 역할을 수행하기 위해서는 여러 가지 요인들이 갖추어져야 하겠지만, 지도자에게 가장 중요한 것은 바로 권위라고 할 수 있다. 이에 유인석을 포함한 1895년 척사위정운동의 리더십은 성리학 사제로서의 종교적 권위, 학자로서의 학문적 권위, 향촌사회에서 존경받는 명망가로서의 사회적 권위 등을 두루 가지고 있었다. 이러한 요소들이 척사위정운동 조직의 권위와 맞물리고 있었다.

뿐만 아니라 1876·1881년 척사위정운동의 지도자인 김평묵의 리더십도 그 운동의 추동력을 뒷받침하고 있었다. 그는 혁신적 이념의 개발자이고, 학자적 권위로 버티고, 이러한 이념의 주요 전달자였다. 이항로의 주리론을 계승, 세련화시켰고, '왜양일체론(倭洋一體論)'이라는 새로운 이념을 만들어 제공하였다. 뿐만 아니라 이항로의 학문적·사회적 권위[97] 등에 기대어 그 운동을 배후에서 조종하며, 척사

---

[97] 김평묵의 리더십은 이항로의 권위에 많이 기대고 있는데, 이에 관련하여 최익현은 1884년 유중교에 답하는 편지와 「화동사합편발(華東史合編跋)」 등에서 이항로의 리더십을 아래와 같이 평가하고 있다. "……어린 시절부터 스승(이항로)의 문하에서 모시고 배웠으므로 귀로 듣고 눈으로 보아 기억하건대 매양 서양이 도(道)를 어지럽히는 것을 깊이 걱정하고 장래를 염려하시어 집안을 다스리는 데도 서양의 물질을 금지하여 단절하는 것으로써 궁극의 법문(法門)을 삼고 계셨습니다. 저는 견문이 적고, 소견이 좁아 비록 그 말씀을 철저히 청하여 캐묻지는 못하였으나 대개 서양의 화가 몇 해 지나지 않아서 올 것을 짐작하고 침묵 속에 기억하여 가슴에 새겨둔 지 매우 오래되었더니, 끝내 병인년으로부터 신미년, 신미년으로부터 병자년에 걸쳐 조정에서 문호를 열고 서양을 받아들이는 조치를 하는 데 미쳐서야 비로소 스승의 공로가 위대하여 일치(一治)의 수(數)에 당할 만한 것임을 믿었습니다. ……공자·

위정사상을 확산시킴으로써 이후의 척사위정운동에 상당한 영향을 미치고 있었다(이택휘, 1987: 180, 권오영, 1989: 137~138). 김평묵은 1866년에 「벽사변증기의(闢邪辨證記疑)」 저술을 통해 척사위정사상을 화서학파의 전통에 기반하여 나름대로 확립하였다. '나를 섬긴 것처럼 중암을 섬기라'는 이항로가 남긴 명령(박민영, 1986: 175)에 따라 수제자가 될 만큼의 학문적 깊이와 권위를 갖추고 있었으며, 저술 활동과 강학 등을 통해 척사위정사상을 설파하는 데 주력하였다.

자원의 동원에 있어 리더십은 중요하다. 왜냐하면 거시-구조적 요인과 촉발 요인, 미시적 요인들이 운동의 기회를 제공하지만, 운동의 이념과 프로그램 및 제도 등의 특정한 형태를 결정하지 못하기 때문이다. 이러한 가능성들을 현실화시키는 지도자들의 창조력 요인, 곧 개인들의 계획, 선택, 의사결정 등이 필요하다(Almond, Sivan, and Appleby, 1995c: 468). 이러한 차원에서 리더십은 교육이나 조직의 경험 등과 같은 인적 자본을 포함한 많은 자원을 가지고 있는 사람에게서 나온다(Williams, 1994: 814).[98]

주자 이전의 오랑캐와 난적(亂賊)들은 다행히도 이미 바로잡혀졌으나, 그 이후에 일어난 오랑캐와 난적들은 중국에 다시 성현이 나지 않아서, 사람의 마음이 날로 망하고 하늘의 이치가 날로 어두워져 끝내 바르게 될 길이 없었는데, 우리 스승인 화서 이 선생의 손에서 바르게 된 것이다(최익현, 1978a: 46~47, 307)." 물론 카리스마의 완전한 계승은 이루어지지 못했겠지만, 김평묵은 이러한 카리스마적인 이항로의 권위에 기대어 척사위정운동의 운동력을 유지시키고 있다.

98) 김평묵의 이러한 리더십은 최익현의 「중암집간소통고동지문(重菴集刊所通告同志文)」에 잘 나타나 있다. "중암 선생은 도덕과 학술이 분열되고, 인류가 멸망할 때를 당하여, 성리학을 밝히는 데 대해서는 기력을 펴서 비방이 일어나는 것을 돌아보지 아니하고, 삼강과 오상을 떠받치고 보존하는 데 대해서는 목숨을 버리고 멀리 남쪽 바닷가로 귀양 가는 불행을 돌아보지 아니하였으니, 이른바 '조금이라도 구원한다면 비록 만 번 죽더라도 후 회하지 않는다'는 것은 진실로 선생의 마음이었다. ……선생의 도(道)는 해와 별과 같아서 온 천하에 눈이 있고, 귀가 있는 자는 모두 보고 들을 수가 있으며, 보고 들으매 반드시 믿는 자가

　제휴적 리더십의 대표적인 인물이 1876·1881년 척사위정운동의 지도자인 김평묵이다. 그는 정치적·사상적 분화를 극복하고, 운동을 다른 학파들에게 개방하려고 노력하였다. 이들이 제휴하려고 했던 학파가 개방파에 오염되지 않을까 하는 두려움에서 남인 등을 포함하는 더 넓은 정치적 기반에 효과적으로 호소했다. 이러한 교차 정치적·사상적 동원이 척사위정운동의 원동력을 배가시키는 효과를 가져왔다. 김평묵은 경쟁·대립관계에 있는 다른 학파나 세력과의 제휴를 모색, 성사시키기도 했다. 이는 1876년의 척사위정운동에 안성의 유시수, 강건선 등 남인 세력이 참여하였으며, 북인의 임규직, 이현석, 정윤영 등이 화서학파에 들어왔다는 사실에서 확인된다. 이러한 제휴·영입의 과정에 김평묵이 큰 역할을 한 것으로 보인다. 이는 그가 척사위정운동에 남인들이 참여한 것을 두고, 밖의 적을 막기 위한 공동의 목표에 있었음을 밝히는 대목에서 간접적으로 확인할 수 있다(권오영, 1989: 136~137). 또한 그는 1881년의 척사위정운동에서 그 당시 영남학파에 의해 주도된 「만인소(萬人疏)」에 대해 우호적인 지지를 보냈다.[99] 이는 김평묵의 제휴적 리더십을 보여 주는 것으로서, 다른 운동과의 제휴 및 결합을 시도할 수 있는 능력이 그의 리더십을 더 정교하게 만드는 데 작용하였다. 정치적 입장이 다른 화서학파와 영남학파가 1881년의 척사위정운동에서 공동보조를 취하려고 시도했다는 점은, 일면 김평묵의 리더십이 척사위정운동의 형성 및 유지 등에서 독창적인 역할을 수행한 결과라고 볼 수 있다.

　물론 이것이 가능했던 배경은 그 당시의 정치적 역학 구도였다.

　　있을 것이니, 그렇다면 비록 지금 세상의 사람이라도 선생을 모르는 자는 없을 것이요, ……(최익현, 1978a: 204).”

99) 영남은 예의가 있는 향리로 지조의 모양이 있으며, 김굉필·정여창·이언적·이황 등 여러 선생들의 은택이라고 칭송하면서, 그런 고장에서 「만인소」를 올린 행위야말로 천하의 큰 의를 밝히고, 천하의 큰 경전을 떠받치고 싶었다는 것이다(정옥자, 1995: 169~170).

화서학파는 공자 → 주자 → 송자로 이어지는 학통을 계승하고 있었으며, 정치적으로는 노론이었다. 이에 반해 영남학파는 이황의 학통을 잇고 있었고, 정치적 배경은 남인 계열이었다. 19세기 외척 벌열의 소수 가문에 의한 세도 정국에서 이들은 공히 중앙정치에서 소외되어 있었고, 특히 국가의 개방정책에 반발하고 있었다. 때문에 이들 사이의 학문적 논쟁이나 이념투쟁 및 노선대립 등 이전의 정치적 대립은 이러한 공통점 앞에서는 부차적인 것이 될 수밖에 없었다. 김평묵의 편지가 소청에 도달하기 전에 이미 「만인소」에 참여했던 영남 유생들이 철수하여 본격적인 정치적 연대는 성사되지 못했다. 그렇지만 그가 영남학파와의 연대를 추진했다는 사실은 이러한 정치적 배경이 있었기에 가능했다.

그는 1876년의 척사위정운동에 새로운 충원자들을 유인하기 위해 운동의 초기 단계에서도 사상적 차별성을 강조하기보다는 정치적 연합을 우선시하는 전술을 채택하였다. 노론 계열의 화서학파가 주도한 이 운동에 정치적·사상적 입장을 달리하는 안성의 남인 세력이 참여하게 되었다. 이것은 김평묵이 더 많은 충원자들을 모을 목적으로 두 집단 간의 정치적·사상적 차이점을 강조하기보다는 정치적 동맹을 중시하는 전술을 채택한 결과라고 보인다. 이와 관련하여 김평묵은 이러한 전술의 채택을, '당쟁은 형제의 싸움일 뿐이며, 남인이 척사론에 참여한 것은 밖의 적을 막기 위한 것(권오영, 1989: 137)'으로 정당화하고 있다.

김평묵은 당시 정통 기호유림을 대표하면서 개방문제에 대해 명백한 반대 의사를 표명하지 않았을 뿐만 아니라 적극적으로 척사위정운동을 전개하지 않고 있던 전재 임헌회(全齋 任憲晦)에게 1876년의 척사위정운동에 동참할 것을 종용하였다. 그는 개방문제로 남인이 득세하면 화서학파와 전재학파와 동일한 정치적 배경을 공유하고 있는 노론 세력이 몰락할 것이며, 이보다 더 중요한 것은 이 두 학파가 스승으로 모시고 있는 이이와 송시열 대신에 남인의 윤휴가 대종사가 될 수 있다는 점을 그 이유로 들어 임헌회에게 동맹을 제의하였다(권오영, 1989: 148~149). 또한 1876년 척사위정운동의 또 다른 지도자인 최익현도 1875년에 임헌회에게 보내는 편지[100]를 통해 대원군 하야 문제로 인한 화서학파와 전재학파 사이의 불화를 봉합시킬 목적으로 경쟁관계에 있는 학파와의 제휴를 모색하고 있었다.

일반적으로 지도자는 자원 발견과 동원에 있어서도 핵심적인 역할을 수행하게 된다. 1876년의 척사위정운동에서 김평묵은 최익현에게 편지를 보내 상소를 올릴 것을 권하였다(권오영, 1989: 134). 이는 운동 수행에 효율적인 자원을 동원하려는 의도를 가진 것으로서 지도자의 하나의 역할이라고 할 수 있다. 이것은 1896년 척사위정운동에서도 확인된다. 단발령이 내리자 유인석은 스승인 유중교의 문집 간행 사업을 일단 그치고, 문인사우들을 장담으로 소집하게 된다. 여기서 우리가 중시하는 것은, 지도자인 유인석이 운동의 출현과 관련하여 인적 자원의 사전 동원 명령을 내리고, 이에 그 추종자들이 따르고 있다는 점이다. 이러한 맥락에서 우리는 그가 척사위정운동 출현에 필요한 자원, 특히 인적 자원을 동원시키려는 의도를 가지고 그 모임을 소집하는 지도자의 역할을 수행한 것으로 보인다.

뿐만 아니라 군사작전을 수행하는 과정에서도 유인석의 카리스마적 리더십이 동원되기도 하였다. 이를테면 충주성 공격 시 안승우가 지휘하는 전군이 북창 나루에 이르러 얼음이 굳지 못하여 건너지 못

---

100) "……다만 염려스러운 것은 지금 시중의 논의가 결렬되어, 모든 세력가와 이름 있는 벼슬의 도학 연원과 충효의 세도가들이 전하와 친척 간의 일로 한 가지 큰 중요 사건을 삼지 않는 이가 없어, 밖으로는 감히 말하지 못하나 안으로는 실로 현저하게 근심하는데, 그 뜻의 근본은 오로지 이 사람으로 화의 괴수를 삼고 있으니, 시생의 일신상의 일은 그만두고라도 만세의 경법에 죄를 지은 것은 비록 자공(子貢)의 구변을 빌더라도 어떻게 변명할 수 없는 것입니다(최익현, 1977: 271~272)."

하게 되자 그는 "이제 우리 선생의 만고의 큰 의(義)를 위한 명령을 받들고 나가니 천지신명도 반드시 도와줄 것이다(이구영, 1994: 157)."라고 외치면서 나루를 건넜다. 군대가 완전 도강을 마치자마자 얼음이 갑자기 풀려 사람들이 다 '이상'하게 여겼다. 이처럼 하늘이 돕는다는 '신화적' 믿음은 기본적으로 1895년 척사위정운동의 지도자인 유인석의 권위에 기대고 있었다.

조직적 리더십의 대표적인 인물은 유인석일 것이다. 그는 이미 1876년의 척사위정운동에 참여한 경험에다 1896년의 척사위정운동을 조직했다는 의미에서 그의 리더십을 그렇게 부를 수 있을 것이다. 유인석의 리더십은 교육이나 조직의 경험 등과 같은 인적 자본의 자원 등에 그 바탕을 두고 있었다. 유인석이 가지고 있는 자원으로는 기본적으로 교육받은 사대부로서의 사회적 자원, 화서학파의 정통 학맥을 계승하고 있다는 차원에서의 학문적 자원, 1876년의 척사위정운동 등에 참여한 조직적 경험이다.[101]

카리스마적 리더십은 척사위정운동의 출현과 유지 등에서 주도적인 역할을 수행하고 있었다. 독창적인 관념으로 운동의 참여자들의 선호와 태도를 바꾸고, 조직을 창출·변경하고, 새로운 자원들을 발견·동원하고, 결합과 제휴를 배후에서 조종할 수 있는 능력을 가지고 있었다. 무엇보다도 이러한 리더십은 위기의 시대를 정의하고, 이를 교정할 수 있는 자원들을 성리학 전통에서 선택하고, 이러한 자원으로 이념을 생산하고, 그러한 자원의 절대적 타당성을 성리학 경전에서 지적으로 확인하는 작업 등을 주도하고 있었다.

요컨대 1866~1896년의 척사위정운동에 있어 성리학적 전통의 선

---

101) "……뜻밖에도 의암 선생이 하룻밤 사이에 의병대장이 되시어 장대에 계셨다. 놀라 물은즉 안승우, 서상렬 등 의병을 일으켜 쓸어 없애자고 주장하던 동지들이 말하기를, 현 사태는 선생이 아니고는 성사할 수 없다고 하여 의암이 대장으로 추대된 것이라고 한다(이구영, 1994: 51)."

택은 그 시대적 환경과 상호 연관되어 있었다. 특히 그 당시의 최대 현안문제인 개혁·개방과 이어져 있으며, 선택된 자원은 운동의 메시지를 전달하고 이를 뒷받침하게 된다. 그러한 선택은 그 전통이 직면하고 있는 위험 때문에 그것을 보존해야 할 필요성에 관한 카리스마적 리더십의 심사숙고였다. 그들은 성리학의 주변화로 일탈된 사회를 해독하기 위한 치료제로 그 전통의 근본적인 것들에 주목하게 된 것이다. 그 치료제의 타당성을 담보받기 위하여 절대 배타적인 진리로서의 그들의 종교 내지 경전의 무오류성을 주장하게 된다.

VI 소중화 사회의 복원

1. 배타적 공간의 창안

1866~1896년의 척사위정운동의 궁극적인 목표가 성리학의 탈주
변화를 통한 소중화 사회의 복원에 있다면 이를 실현시키기 위한 전
략이 필요하게 된다. 시기와 학파에 따라 추구하는 전략의 강조점이
다르게 나타나고 있었다. 화서·노사학파가 주도한 1866·1876·1881
년의 척사위정운동에서는 배타적 공간의 창안 전략을, 1895년에는
적의 제거 전략을 강조하였다. 반면에 간재학파의 척사위정운동은
대체로 세계로부터의 퇴거 전략을 추구하고 있었다. 학파에 따라 전
략의 강조점이 달랐지만 그 궁극적인 목표는 소중화 사회의 복원이
었다.

그 운동의 이념은 서양과 일본에 또한 의존하고 있었다. 이러한
세계들은 부차적인 것이었다. 왜냐하면 그 척사위정운동의 실행 프
로그램에서 현실적 목표는 서구나 일본이 아닌 조선이었기 때문이
다. 그 운동의 도발적인 반서구적·반일적 수사에도 불구하고 이들에
게 직접적으로 유의미한 것은 조선의 성리학을 보존하는 데 그 목표
를 두고 있었다.

1866~1895년의 척사위정운동은 정복적 행위에 많은 에너지를 쏟
고 있었다. 그에 못지않게 성리학적 전통에 충실한 신자들로 구성된
공간의 창출을 통한 소중화 사회의 복원에 상당한 노력을 기울였다.

이에 척사위정운동은 기본적으로 이미 구축되어 있는 공간을 유지하면서도, 지속적으로 근대적·세속적·다원적 삶의 방식을 극복하기 위한 새로운 공간을 만들려고 시도하게 된다. 바꾸어 말하면 많은 사람들이 척사위정운동에 지지를 보내도록 신앙에 반대하거나 혹은 냉담한 사람들을 대상으로 한 선교 활동에 주력하게 된다. 이는 새로운 지지자들을 충원하는 것과 관련되어 있다.

세계-정복적 전략이 그 세계를 배제하는 것이라면 배타적 공간의 창안 전략은 그 세계를 인정하는 위에서 출발한다. 화서·노사학파가 주도한 1866·1876·1881년의 척사위정운동이 세계-창안적 전략을 가지고 있었다는 것은, 성리학의 주변화에 의해 일탈된 조선사회의 하나의 대안을 모색하면서 의도적으로 외부 세계와 경쟁하겠다는 의지를 가지고 있었다는 의미이다. 이러한 경쟁력 확보는 크게 두 가지 과정을 필요로 한다. 그 하나는 일탈된 내부 세계의 교정이고, 다른 하나는 필요에 따라 외부 세계를 모방하는 것이다. 전자와 관련하여 척사위정운동은 이념적으로 성리학적 전통을 강화하고, 순수의 상태로 되돌아감으로써 이러한 전통을 확실하게 보존할 것을 요구하고 있었다.

척사위정운동은 성리학의 보존을 국가의 생존과 연결 지으면서 그 전통의 보존을 강조하였다. 이를 위해 무엇보다도 먼저 성리학이 이전처럼 사회 내에서 배타적인 지위를 확보할 수 있어야 함을 주장하였다. 다시 말해 국가의 근대화·세속화 정책으로 인한 정교분리를 정교일치로 되돌리는 작업이 우선되어야 함을 분명히 하고 있었다. 왜냐하면 외부 세계와 경쟁하기 위해서는 일탈된 내부 세계를 먼저 교정하는 작업이 무엇보다도 우선해야 했기 때문이다.[1]

---

1) 이는 노사학파의 기삼연의 「거의상소(擧義上疏)」에 잘 나타나 있다. "먼저 부하들로 하여금 나의 잘못함이 있는 것을 부지런히 충고하게 하여 강한 기운을 진작하는 근본을 삼고, ……안으로는 도덕을 하나로

이러한 인식을 바탕으로 하여 성리학적 전통의 보존방안을 모색하고 있었다. 그 대표적인 것이 대안적·포괄적 사회제도의 창출이었다. 1866·1876·1881년의 척사위정운동은 당시의 제도를 성리학의 주변화를 조장하는 하나의 기제로 간주하여, 이를 대신할 수 있는 제도 창출만이 성리학적 전통 보존의 방법이라고 생각하고 있었다. 그 가운데 특히 성리학에 충실한 지식인들을 통해 일탈된 조선사회를 정화시키려는 의도를 가지고 있었기 때문에 국가의 관료충원제도를 중요하게 생각하고 있었다.2) 이전의 붕당정치하에서의 견제와 균형의 원리를 복원할 것을 강력하게 요구하고 있었다.3)

성리학적 전통의 강화와 순수의 복원과 관련하여 화서학파의 이항로는 물질욕(貨)과 성욕(色)은 인간의 기본적인 욕망이기 때문에 예의와 염치와 같은 도의적인 제방으로 막지 못하면 인간세계는 도덕이 없는 짐승의 상태로 떨어지고 말 것이라고 경고한다(이항로, 1973: 384). 이는 성리학적 전통인 예의와 염치의 보존을 요구하는

하면 정치와 종교가 섞이지 않을 것이며 이것들이 섞이지 않으면 반드시 국가의 형세가 점차 진작됨을 보이게 될 것입니다. 형세가 점차 진작되면 다른 나라들의 엿보는 마음이 저절로 끊어질 것입니다(전북향토문화연구회, 1992: 318에서 재인용)."

2) 이에 대해 전우는 개혁의 핵심을 경제정책보다는 인사정책에서 찾고 있다. "국가의 위신을 크게 신장시키고, 국가의 세력을 떨치는 것은 기술과 재주의 새롭고 교묘함에 있는 것이 아니라 오직 현명한 인사를 들어 쓰고……(황준연, 1994: 222에서 재인용)."

3) 이는 노사학파의 기삼연의 상소에 잘 나타나 있다. "폐하께서는 진실로 일을 하실 뜻이 계신다면 시설하는 데에는 그 강(綱)이 하나가 있고, 목(目)이 넷이 있으니 전제(田制)를 정하는 것이 그 강이요, 어진 인재를 쓰며 군사를 교련하며 풍속을 바르게 하며 도덕을 하나로 하는 것이 그 목입니다. ……서쪽과 북방을 막아 궁중을 밝히시며, 관리 임명의 길을 맑게 하시고, 이부(吏部) 한 사람을 선택하여 인재를 뽑아 등용하도록 하고, 호부(戶部) 한 사람을 선택하여 재정을 경리하도록 하고, 대신(大臣) 한 사람을 선택하여 정치를 논의하여 나라를 경륜하도록 하시고……(전북향토문화연구회, 1992: 318~319에서 재인용)."

것이며,4) 금욕적 요소, 특히 성욕에 대한 금욕을 강조하는 것이다. 이러한 '예의', '염치', '금욕' 등을 배타적인 공간을 구성하고 있는 요소들로 간주하여 이를 확대 재생산하려고 한다.

척사위정운동은 기독교의 확산을 교육적 측면에서 성리학적 교육을 가로막는 하나의 장해물로 인식하고 있었다.5) 때문에 서원의 철폐 내지 축소를 지향하는 국가의 시책에 대해 불만을 가지고 있었다. 성리학적 교육을 담당하는 서원의 축소6)는 성리학적 이념의 확대 재생산은 고사하고, 단순 재생산 그 자체를 위협하였다. 뿐만 아니라 척사위정운동의 시각으로는 서양식 교육제도의 도입이 기독교 교리의 사회화를 의미하는 것이었기 때문에 그 운동으로서는 수수방관할 수 없었다. 더욱더 중요한 사실은 지금까지 성리학자들이 서원과 향교 등을 통한 성리학적 교육을 전담해 오면서 문화적 재생산 기제를 독점해 왔는데, 이제 그 배타적 독점권을 행사할 수 없고, 그

---

4) "한 사람의 백성에게라도 강의를 아니 하거나 하루라도 분명하지 아니 하면, 삼강이 퇴폐하고 아홉 가지 법이 끊어져서 마침내 예의 음악이 붕괴되고, 오랑캐들이 마구 날뛰게 될 것이니, 어찌 짐승과 같이 되지 않으리오(이항로, 1974a: 394)."

5) "이제 전하께서 북방의 오랑캐를 거짓으로 칭하는 임금이 되어 서녘의 오랑캐들이 내륙 깊숙이 들어와 정론(正論)을 사라지고 끝나 멸망시키려고 간사스러운 말로 크게 소리치고 헐뜯는 소리의 여파로 하늘같은 엄한 명령을 옹호하며, 주어진 책임을 다하기 점점 어렵게 되오니 진실로 참되고 겸손한 마음을 먼저 강론·교육함을 능하지 아니하면, 이는 참과 거짓, 사특함과 바름의 소재처를 알도록 도(道)를 밝히는 데 실로 그 선을 좋아하고 증오하는 것을 똑같이 함과 다름이 없는 것이옵니다(이항로, 1974a: 372)."

6) "……삼강오상의 도(道)와 어버이도 없고 임금도 없다(無父無君)는 가르침은 사특함과 바름이 스스로 구별되며, 충신과 현자들이 제사를 드리는 곳과 이단의 잡귀들이 거처하는 곳은 이해가 판이한데, 지금 기독교의 교당은 내외에 널리 퍼져 있고, 공적·사적으로 자꾸 증축되어 그 형세가 그칠 줄 모르거늘, 우리 학교는 한 군 또는 한 현에 겨우 하나밖에 없는데도 무용지물처럼 여겨 한 사람도 가꾸는 자가 없으니, ……(최익현, 1978a: 287)."

것을 적들과 공유해야 하는 데서 오는 반발 내지 두려움이었다.[7)]

이는 척사위정운동으로 하여금 성리학 교육의 확대[8)]라는 대안을 제시하게 하였다. 성리학적 전통의 보존과 관련하여 국왕을 그 주체로 설정하고 있었다. 이에 대해 기존의 연구에서는 척사위정운동의 성격을 근왕적·봉건적이라고 규정하였다. 이보다는 조선의 국왕이 종교적 차원에서 성리학 교종의 자리에 있었고, 척사위정운동이 일관되게 주장하는 성리학적 전통의 보존을 위해서는 무엇보다도 교종(敎宗)으로서 국왕의 역할이 중요하다는 점을 분명히 한 것이다. 왜냐하면 척사위정운동이 보기에 그 당시의 국왕이 개혁·개방의 선두에 서 있다는 혐의를 가지고 있었기 때문이다. 교종의 입장이 자신들과의 입장과 다르다고 생각하였기 때문에, 국왕과 개방파의 역할을 다시 확인해 주고 있었을 뿐이었다.[9)]

---

7) 이러한 차원에서 1895년의 척사위정운동의 지도자인 유인석은 '학교에서 진나라의 것을 가르치면 진나라로, 초나라의 것을 가르치면 초나라로, 왜의 것을 가르치면 왜로, 서양의 것을 가르치면 서양으로 바뀔' 정도로 교육의 영향력이 크다는 점을 강조하였다. 서법(西法)을 가르치는 신학교(新學校), 여학과, 무관학교 등을 거부하고 있다. 왜냐하면 조선의 학교는 오륜의 도리를 가르치는 곳인 데 반하여, 신학교는 인륜을 가르치지 않고 형기(形氣)를 구하는 데 힘을 기울이니 거기에서 얻어지는 규율의 구별이나 기술의 기교로 인한 다스림이나 강함은 도덕에 어긋나는 다스림과 강함이기 때문이다. 그는 특히 중앙의 학부나 관찰사, 군수 등이 적극적으로 세우고 이들에 부화하는 사람들이 자식들을 어릴 때부터 입학, 수학케 하는 일본어 학교와 일본 기술학교를 특히 비판하였고, 신학교를 설치하는 사람들은 애국자가 아니라 나를 팔고 어지럽히는 적이라 규정한다. 마찬가지로 삭발하고 양복을 입고 기예를 배우는 오랑캐와 짐승을 무관학교로 규정하고, 여학교도 기존의 성리학적 전통에 따르면 불가능한 것으로 인식하고 있었다(김도형, 1979: 124~125).

8) "……예(禮)로 하여금 우리나라 선비와 백성들이 집집마다 높이고 물리치는 것의 뜻을 가르치며, 사람마다 높이고 물리치는 것의 뜻을 익히고 표현하고 있은즉, 오랑캐들이 몸 둘 곳이 없어지나니, 효종 사당의 뜻을 펴게 되는 것입니다. 효종대왕의 사당의 뜻을 펴게 된즉, 나라의 운이 펴게 되는 것입니다(이항로, 1974a: 395)."

9) 이는 노사학파의 기삼연의 주장에 잘 나타나고 있다. "폐하께서도 또한

뿐만 아니라 척사위정운동은 성리학적 전통의 금욕적 요소와 국외
자들과의 섞임(intermingling)으로 인한 타락을 회피할 필요성을 강조
한다. 이는 타율적으로 주어지는 국외자들에 의한 이단을 막고, 자율
적으로 성리학의 금욕적 요소를 강조하여 더 이상 내부 세계가 오염
되는 것을 막기 위한 하나의 대안적 성격을 띠고 있었다. 이는 특히
도덕적·경제적 차원에 초점을 맞추고 있었다.

전자의 대표적인 보기는 이항로의 성욕(通色)에 대한 문제 제기이
다. 이와 관련하여 천주교도의 성 해방이 외국 신부들의 독신주의와
아울러 전통적인 남녀의 사회적 지위 및 성적 역할의 분별과 사회의
기본제도인 결혼과 가족관계를 파괴하고, 나아가서는 전통적 사회윤
리를 파멸시킬 수 있는 위협 요인으로 이해하고 있었다(정재식, 1990:
209). 이념적으로 국외자들과의 섞임으로 인한 일탈[10]을 회피하기 위
해서는 그것을 원천적으로 봉쇄할 것을 강조하고 있다. 후자와 관련
하여 척사위정운동이 보기에 조선사회가 타락한 것은 서양 상품의
수입으로 생긴 물질숭배와 도덕 불감증에 그 원인이 있었다. 이러한
차원에서 그것을 치유할 수 있는 하나의 방안으로 성리학의 금욕적
요소를 강조하였던 것이다. 특히, 검약에 대한 강조가 눈에 띈다.

화서·노사학파 주도의 척사위정운동은 내부 세계를 지향하기 위

마땅히 스스로 잘 도모하셔서 눈앞의 오락을 하려고 마시고, 사직과 백
성의 큰 계책을 깊이 생각하시어 공 있는 임금과 덕 있는 임금이 되시
며, 부탁하신 뜻을 저버리지 마시고, 천하의 바라는 마음을 맞추어 주
십시오. 엎드려 원하건대……폐하께서는 다만 자신을 공경히 하여 남향
으로 앉아 그들에게 위임하여 책임을 지운 뒤에 요령만 쥐고 있어 성
적만 고찰하십시오(전북향토문화연구회, 1992: 318~319에서 재인용)."
10) "서양 오랑캐가 꼭 그 계략을 전파하기 위하여 장차 어리석은 백성들
을 현혹시켜 널리 내부의 호응을 맺어서, 그들이 하고자 하는 것을 멋
대로 할 것이다. 지금 천하는 그에 중독된 지가 오래여서 의복·음식·
성악·기물 등이 모두 섞이어 있는데도 그것을 깨닫지 못하니, 몇 해가
못 되어 참살되는 참화를 당하게 될 것이다(최익현, 1978a: 341)."

해 이와 관련된 성리학적 전통들을 복원함과 동시에 외부의 요소를 선택적으로 차용하기도 한다. 이는 두 가지 인식을 그 전제로 깔고 있었다. 그 하나는 외부 세계와 경쟁하기 위해서는 내부 세계를 개혁해야 한다는 인식이다. 다른 하나는 적의 제거 전략과 달리 그 세계의 요소를 선택할 수 있다는 일정 정도 유연한 사고방식이다. 이러한 이해는 내부 세계의 정비와 외부 세계의 장점을 수용하는 것으로 이어지게 된다. 그러한 수용도 내부 세계의 근본적인 것들을 훼손하지 않는 범위 안에서만 가능하다. 다시 말해 척사위정운동에 있어 배타적 공간의 창안 전략은 성리학적 전통에서 크게 벗어나지 않는 상태에서 서구적 요소를 수용하는 것이었다. 이의 대표적인 보기가 만국공법에 기반을 둔 새로운 국제관계의 모색이었다.

외부 세계와의 관계에 있어 척사위정운동은 전도 확대를 가능하게 하고, 또는 자체의 기득권을 옹호하고, 경쟁 대상인 세계의 침식을 저지하기 위해 정치적 또는 법률적 양보를 할 수도 있다. 여기서 정치적·법률적 양보라는 것은, 기존의 성리학적 전통 아래에서는 가능하지 않았던 외부 세계와의 관계를 정치적·법률적 차원에서 고려할 수 있다는 의미에서이다. 왜냐하면 외부 세계와의 경쟁을 위해서는 그 세계의 장점들을 고려하는 것이 내부 세계의 경쟁력을 높일 수 있다고 생각했기 때문이다.

적의 제거 전략에서는 그 세계를 원천적으로 소외시켰는데, 상대적으로 배타적 공간의 창안 전략에서는 그 세계와의 교섭을 인정하고 있다는 차원에서 척사위정운동이 보기에 하나의 양보인 것이다. 그 대표적인 보기가 최익현의 행위에서 보이고 있다. 그는 을사오적을 규탄하는 가운데 각국 공사관에게 보호조약의 허위성을 알리도록 왕에게 진언하고 있다.11) 이는 기존의 화이론적 방식을 극복하고, 정치

---

11) "아직까지 오히려 임금의 지위가 바뀌지 아니했고, 백성도 망하지 아니 했으며, 각국 공사도 아직 돌아가지 아니하였는데, 계약서는 다행히 폐

적·법률적 차원에서 하나의 대안을 제시한 것이다. 일본을 비롯한 서구 열강을 그러한 차원에서 현실적인 대화의 상대로 인정하려는 이유에서 비롯된 것이라고 할 수 있다. 또한 유인석도 성리학에 충실한 사람들에 제한시켰지만, 서양의 '장점'을 인정하고, 그것을 배우기 위해 유학생을 보내는 일까지도 주장하였다(최재현, 1989: 123). 이러한 견해는 노사학파의 기삼연[12] 등에 의해 적극적으로 개진되고 있었다.

척사위정운동은 그 참여자들은 참신자이고, 운동 밖에 존재하는 사람들은 오랑캐 내지 짐승이라는 상징을 통해 기존의 배타적인 공간을 유지하려고 하였다. 그 추종자들에게 척사위정운동에 참여하는 데에 대해 권력이나 부(富) 등의 보상 자원을 가지고 있지 않았기 때문에, 그들에게 도덕적 우월의식을 심어 주는 것만으로 그 보상을 대신할 수밖에 없었다.[13] 이것만으로는 완전하지는 않지만 어느 정도 충분하다. 더욱이 사대부로서의 자긍심을 갖고 있던 이들에게는, 그들이 속해 있는 집단이 '도덕적 소수'라는 인식은 기존의 배타적인 공

하의 허락과 참정(參政)의 인가에서 나온 것이 아니니, 저들이 가진 것은 역적들이 억지로 만든 헛된 조약에 불과한 것입니다. 그러나……외무부의 관리로 하여금 일본 공사관에 빨리 조회를 해서 맹약을 강요한 거짓 문서를 없애도록 하고, 또한 급히 각국의 공사관에 통보해서 모두 모여 감탄하여 일본이 강세를 믿고 약소국을 위협한 죄를 성토해야만 할 것입니다(최익현, 1977: 231)."

12) "……천하 각국과 문서로써 조례를 정하고……(전북향토문화연구회, 1992: 318에서 재인용)."

13) 이러한 사례는 1876년의 「병자연명유소(丙子聯名儒疏)」에 잘 보인다. 곧 "오늘의 일(병자연명유소의 실패: 글쓴이 주)은 근본 시초를 캐고 보면 일조일석의 사고가 아닌데, 외로운 군사의 약한 힘으로 지탱하려 하니, 비록 갈대 하나로 강과 하천을 막는 것 같아서 방어하기 어렵습니다. 다만 지키는 것은 내 의리요, 가지고 있는 것은 내 마음이니 얻고 잃고, 공효가 있고, 해가 되는 것은 천명에 붙일 뿐입니다. ……당일에 여러 선비들이 같은 말로 궐문에 부르짖어 한결같은 마음으로 도(道)를 호위한 것은, 천지 귀신이 밝게 알고 있으니, 일은 비록 성취되지 못하였으나 의리는 실로 뚜렷합니다(최익현, 1977: 281~282)."

간에 계속 머무르게 하는 하나의 요인으로 작용한 것으로 보인다.

그러한 공간을 확대 재생산하려는 시도는 1881년의 척사위정운동을 통해 제시하고 있는 여러 가지 대안정책에 잘 나타나 있다. 화서학파 계열의 모든 상소문에서 보이고 있는 것처럼 이러한 시도는 인사정책의 문제점을 적시하면서 정통 성리학을 따르는 재야의 성리학자들을 등용할 것을 강력하게 요구[14]하는 데서 확인된다. 이는 두 가지 의도를 담고 있는 것으로 해석된다. 그 하나는 요직을 차지하고 있는 개방파들을 제거하기 위한 정치적 의도를 나타낸 것이다. 다른 하나는 그 자리에 척사위정운동에 호의적인 재야의 지식인들을 앉힘으로써 그 운동을 지지하는 세력을 구축하고, 동시에 지방에 편재되어 있던 운동의 공간을 중앙 정계로까지 확대시키려는 일종의 전도 활동의 성격을 띠고 있다. 대안적인 관료충원제도의 핵심은 성리학을 일탈시키는 2차원인 제공자인 개방파들의 활동공간을 축소시키면서 그 공간을 척사위정운동이 차지하는 것이었다. 서구와 일본이 오염의 1차원인 제공자라는 의미에서, 이에 동조하여 그 오염원을 확대 재생산하는 개방파는 2차원인 제공자가 될 것이다.

이러한 전도 사업은 외부 세계의 구조를 바꾸는 것이 아니라 배타적인 공간의 수를 증가시킨다는 점에서 의미를 가진다. 이와 관련하여 이항로는 사부(詞賦)로 관료들을 선발하지 말고 일종의 추천제인 빈흥(賓興)제도의 회복을 주장하고 있었다.[15] 이는 재야 성리학자들

---

14) "정도(正道)를 붙들려고 사특한 도(邪道)를 배척했다가 죄를 입었던 자는 그 재능과 덕망에 따라 조정에 등용하십시오(홍재학, 1986: 27)."

15) "선생(이항로)의 정치론은 언제나 어진 이를 임용하고, 재능 있는 자를 부리는 것을 먼저 할 일로 삼았으며, 인재를 배양하는 방법은 사부(詞賦)로써 선출하지 말고 옛날의 빈흥(賓興) 제도(주대에 선비를 채용하던 법으로, 교화를 맡은 대사도가 고을을 세 가지 일, 곧 여섯 가지 덕, 여섯 가지 행함, 여섯 가지 예로 가르치고, 우수한 자를 선택하여 향음주례에서 그를 귀빈으로 대우했으며, 현능한 자는 나라에 천거하였다: 글쓴이의 주)를 회복하자고 하였으며, 근본적으로 말한다면 착한 것은

의 등용을 용이하게 하려는 데 그 주된 목적이 있으며, 이를 통해 중앙 정계에 그 공간을 확보하고, 그것을 발판으로 삼아 개방파를 전도시키려는 의도를 가지고 있는 것으로 해석할 수 있다.

척사위정운동이 보기에 하나의 강력한 조선을 만드는 데 필요한 사회적 유대를 방해하면서 사회를 분열시키는 국가의 여러 정책들에 대해 비판적이었다.[16] 그 하나의 보기가 조세제도와 관련되는 것으로, 개방파의 후생 위주의 정책이 위민 관념과는 상치되고 있다는 인식이 깔려 있다. 개방·개혁에 필요한 재원 확보를 위해 백성들의 조세부담을 가중시키고 있는 국가에 대해 개방정책의 철회와 세수 경감을 하나의 대안정책으로 요구하였다. 이것의 성공은 개방파의 실각을 의미하는 것이므로 그 자리에 척사위정운동을 지지하는 사람들을 충원하고, 이를 통해 궁극적으로는 배타적인 공간 내부 구성원들의 동질성과 연대감을 재확인할 수 있는 기회로 활용하려고 했음을 알 수 있다.

더욱이 농민들의 각종 부담을 덜어 주어야 한다는 주장[17]도 한편으로는 '위민'이라는 성리학적 교리에 충실한 성리학 사제들의 대사회적 발언의 성격을 띠고 있었다. 다른 한편으로는 척사위정운동의 잠재적 지지자들을 확보하여 계속 새로운 공간을 확보하려는 의도도

아뢰고, 사특한 것은 막아 임금의 마음을 바르게 하여야 한다는 것이었다(최익현, 1978a: 337)."

16) "오늘날에는 천하의 사람들이 머리를 깎고 앞가슴을 풀어헤쳐 법도와 예절을 벗어난 것이 서양인과 오랑캐보다 더하옵니다. ……모든 높이고 물리치는 것을 익히고 분명하게 하기 위한 시설에 딸린 것을 최대한 활용하게 하면, 비록 일찍이 못 배운 자들이라도 또한 마땅히 쫓아 들 것이오니, 어찌 이미 천거되고 확정한 조례와 의식만을 마땅한 것이라 하겠으며, 또한 어찌하여 이미 천거되어 있는 것은 폐지할 수 없다고 말하지 아니하오리까?(이항로, 1974a: 396)"

17) "(토목공사에 동원하는 일, 세금을 거두는 일, 당백전, 사대문 출입 세금 등을) 모두 혁파하도록 명하시어 백성들로 하여금 원망이 없게 하신다면 다행함을 이기지 못하겠습니다(최익현, 1977: 106)."

포함되어 있었다. 이러한 공간 확보 작업이 성공할 경우에는 온통 선(善)과 빛으로 가득 찬 세계가 될 것으로 보고 있었다. 국외자들의 공간이 소멸되면서 척사위정운동만의 공간인 소중화를 구축할 수 있을 것으로 생각하고 있었다. 이를테면 1866년의 척사위정운동은 적들의 제거와 함께 국내(局內)에 자리하고 있는 서구적·일본적 공간을 와해시키는 배타적 공간의 창안 전략을 함께 채택하고 있었다.

이렇게 확보된 배타적인 공간을 근거지로 하여 척사위정운동은 의도적으로 외부 세계와 직접 경쟁하게 된다. 그 공간은 타락한 세계에 대한 하나의 분명한 대안으로 다른 것들, 이를테면 운동의 지지자, 새로운 충원자 등을 끌어들이기 위해 내부의 세계를 충실하게 하면서 확대시키게 된다. 1866년의 척사위정운동의 이러한 전략은 대안적이고, 포괄적인 사회구조와 제도를 제시하는 것으로 구체화된다. 그 대표적인 보기가 경제제도와 관련된 것이다. 19세기 말 개방파 세력은 북학파의 경제규범을 채택하여 경제정책의 기조로 삼고 있었다.18) 그 학파의 경제규범은 후생이라는 세속적 목표에 기대고 있었다. 좀더 구체적으로 말하면 그들은 경제를 '항상 마음을 바르게 하여 품행을 닦아 이치를 궁구하는 것(居敬窮理)'이라는 관념적 목표를 추구하는 데 필요한 지원체계로 본 것이 아니라, 그 자체로서 존재 이유를 지니는 활동으로 정립하였다. 다시 말해 확대 재생산을 지향하면서 영리활동의 정당성을 인정하는 것이 그 경제규범이었다.

조혜인(1995: 265~266)에 의하면 원래 성리학의 의(義) 개념은 이

---

18) 북학파의 경제사상과 개방파의 정책기조와의 연계성에 대해 우리는 정책기조의 핵심어에만 주목하였지, 이 글에서 구체적인 연구를 수행하지 않았다. 그러나 척사위정파의 문제 제기나 개방파들의 경제정책을 살펴보면 형식적으로는 북학파의 경제사상을 계승하고 있는 것으로 보인다. 이 글은 이러한 피상적인 관찰 수준에서 북학파와 개방파의 연계성을 생각하고 있다.

(利)의 반대편에 자리하고 있는 관념적 개념이었는데, 이제 북학파 실학자들은 이(利)를 포용하는 세속적 방향으로 의(義)의 개념을 확대시켰다. 영리활동―보통 자본주의의 맹아로 불리는―을 도덕의 영역 안에 편입시켜 그 외부에서 일탈적으로 영위되던 영리활동에 도덕의 재갈을 물릴 수 있게 되었다는 것이다. 영리활동을 승인하되, 그것을 윤리적인 방식으로 하도록 요구하였다. 바꾸어 말하면 금욕적 생활의 궁극적인 목표가 청빈이라는 관념적 목표로부터 후생이라는 세속적 목표로 방향 전환을 하게 된 것이다. 이러한 규범이 집권 개방파의 경제정책의 기조에 일정 정도 담겨져 있었다.

그러나 척사위정운동은 '덕을 바르게 하는 것(正德)'을 우선순위에 두지 않는 '후생'이라는 세속적 목표는 불완전하다는 것이다. 더욱이 서양 상품의 유입으로 이런 목표가 아무런 '도덕적 재갈'의 역할을 하고 있지 못함을 들어 청빈의 관념적 목표로 다시 되돌아갈 것을 요구하였다. 결국 사정이야 어떻게 되었든 간에 그 세속적 목표가 조선사회를 도덕적으로 타락시키는 하나의 요인으로 작용하고 있음을 분명히 하고 있다. 바꾸어 말하면 개방파가 표방하고 있는 후생 위주의 경제규범으로는 서양 상품의 무차별적인 수입으로 야기된 그 당시의 경제위기 상황, 더 넓게는 전반적인 위기 상황을 극복할 수 없다고 보고 있는 것이다.[19]

성리학의 세속화에 부정적인 인식을 갖고 있었던 척사위정파 지식인들이 서학을 이러한 후생 위주의 규범을 더욱 세속화시키는 하나의 촉매 요인으로 간주하여 그것의 대안을 모색하였다. 청빈으로 대변되는 성리학적 경제규범의 복원을 그 대안으로 제시하고 있다. 여

---

19) 이는 오늘날의 상황과 유사한 맥락을 보여 주고 있다. 지난 문민정부의 세계화 전략의 일환으로 추진된 개방정책으로 대량의 수입품이 사회문제가 된 적이 있다. 이때 소비자 보호단체에서는 근검절약의 정신―비유컨대 성리학의 청빈 관념―을 내세운 반면에 정부는 국민들의 삶의 질―북학파의 용어로 말하면 후생―을 강조하였다.

기서 '대안'이라는 의미는 그 당시 국가의 경제정책 기조와 반대된다
는 의미에서이다. 왜냐하면 국가의 정책과 척사위정운동이 제시하고
있는 것이 일정 정도 차별성을 갖고 있기 때문이다. 성공이나 효율성
여부는 접어두고 1866년의 척사위정운동의 경우 후생이라는 세속적
목표를 궁극적으로 부정하는 것은 아니지만 서구의 침입 앞에서는
무력할 수밖에 없음을 들어 그 목표의 전환을 요구하고 있는 반면에,
개방파는 후생이라는 현세적 목표를 정책에 반영하려고 했다.

좀더 구체적으로 말하면 척사위정운동은 국가의 중상주의적 정책
의 폐단을 들어 이전의 중농주의 정책으로 전환할 것을 요구하고 있
었다. 이를 뒷받침하는 것이 농업과 농민들에 대한 정책적 지원을
계속할 것으로 주장하였다. 물론 이는 연이은 농민반란에 대한 하나
의 해결책인 동시에 국가가 대외무역을 통한 상업 발달에 경제정책
의 우선순위를 두는 것에 대한 반발이기도 하다.[20]

또 하나의 대안적 경제정책은 외국 상품의 수입 금지였다. 기정진
은 그러한 상품의 소비가 일부 계층에 국한된 것이기는 하지만 대량
소비되고 있으며, 더욱이 광범위한 유통망을 통해 확산될 만큼 전국
적인 현상임을 지적하고 있다. 다시 말해 국가의 중상주의 정책이
일정 단계에 와 있었음을 보여 주는 것이다.[21] 이러한 차원에서 척

---

20) 이와 관련하여 기정진은 국가가 농업을 중시하는 정책으로 복귀할 것을
강력하게 요구하였다. "백성들의 일을 나눔에 있어 농민이 가장 양민이
다. 생각건대 국가의 근본은 농민을 바르게 하는 데 있다. 지금 농민의
동요가 이와 같으면 국가의 근본이 뒤집히는 것이다(홍영기, 1999: 92에
서 재인용)."
21) "요사이 호화스럽고 경박하게 서양 물건을 즐겨 모으며 서양 베를 탐하
여 입는 것은 가장 상스럽지 못한 일로서 아마도 해적들이 우리나라를
침략할 조짐입니다. 서울과 지방관에 명하여 장사꾼이 거래하는 양물을
수색하여 거리에서 불사르고 이후 거래하는 자는 외구와 소통한 죄로
다스리면 백성의 뜻은 자연히 외길로 정해질 것입니다(홍영기, 1999: 94
에서 재인용)."

사위정운동은 국왕을 포함한 사회 지도층들이 솔선수범하여 서양 상품의 유입을 차단해야만 그 당시 조선이 직면하고 있는 도덕적·경제적 위기 상황을 극복할 수 있다고 보았던 것이다.[22]

흔히 세계로부터의 퇴거 전략이 배타적 공간의 창안 전략의 특성을 일정 정도 보여 준다. 왜냐하면 세계를 떠나 구축하고 있는 별도의 공간은 바로 신앙 공동체의 동질성을 유지할 수 있는 곳이기 때문이다. 뒤에서 살펴보겠지만 이러한 퇴거 전략을 선택하고 있는 간재학파와 배타적 공간의 창안 전략을 선택한 화서·노사학파와는 다소의 차별성을 보여 준다. 바꾸어 말하면 화서·노사학파는 '타락한 세계 한가운데 떠 있는' 배타적인 공간을 상정하고 있는 반면에 간재학파는 '세계를 떠난' 공간 구축을 시도하고 있다는 점에서 차이를 보인다.

화서·노사학파의 척사위정운동은 그 공간의 수를 확대 재생산하여 결국 타락한 세계를 완전 순수한 세계로 복원시키려는 궁극적인 목표를 가지고 있다. 때문에 이러한 확대 재생산을 위한 '전도 활동'에 치중하였다. 반면에 간재학파는, 그 시기가 언제가 될지는 모르겠

---

22) "모든 서양 도적의 물품을 쓰는 집과 시장에 팔고 사는 자들을 다 같이 중형에 처하면, ……우리나라의 조정 군신과 백성들 가운데서 단 한 사람도 사용하는 이가 없은즉, ……우리에게는 팔지 못할 것입니다. 이러한 까닭으로 서양 물품이의 판매를 금지시키며 반입을 단절하는데, 안으로 기틀을 새로 본받는 요령은 그러하오나 이는 주상 전하의 몸과 마음을 근본 바탕으로 아니 하온 즉, 이는 그 말단을 다스리어 마치 흘러가는 물을 막는 것과 같사옵니다. 까닭에……전하께서 입으시고 잡수시는 것 등 일용 생활을 하시는 사이에 한 가지라도 서양 물품이 있으면 모두 다 궁궐의 넓은 뜰에 모아놓고 불을 지르소서. 대궐을 출입하는 종친과 외척의 집안들이 호응, 책동하는 것에 경종을 울리고, 이어서 군신과 백성들의 귀와 눈으로 듣고 보게 하여, 온 나라 안에 상하 관민이……전하의 뜻이 있는 곳을 알게 될 것이니, 이는……전하의 거룩한 뜻을 따르지 않을 수 없을 것입니다. 이러한 연후에 서양 도적이 침입하는 그 근원을 막고 끊게 될 것입니다(이항로, 1974a: 388~389, 459)."

지만, 순수한 세계의 복원에 대비하여 그동안 그 공간에 머물면서 참신자들을 교육시켜야 한다는 차원에서 '성리학 성직자 양성'에 더 주력하였다고 볼 수 있다.

이러한 대안정책의 제시를 통해 1866·1876·1881년의 척사위정운동은 배타적이고 고립적인 공간의 확보 및 궁극적으로는 소중화 세계의 재현이라는 전략을 구체화시키고 있었다. 이는 역으로 국외자들의 침입을 막을 수 있는 전략이기도 하였다. 단순한 전통주의자들과는 달리 척사위정운동은 외부 세계와 구별되는 자체의 공간을 만들려는 하나의 전략을 추구하고 있었다. 우리가 이를 배타적 공간의 창안 전략이라고 부를 수 있는 이유는 두 가지이다. 그 하나는 적의 제거 전략의 목표가, 비유적으로 말하자면 전면전을 통한 적의 제거에 있다면, 그 창안 전략의 목표는 일종의 국지전을 통한 공간의 확보에 두고 있기 때문이다. 다른 하나는 급진적인 전략보다는 점진적이고 온건한 전략을 채택하고 있기 때문이다. 이러한 의미에서 우리는 화서·노사학파가 주도한 1866·1876·1881년의 척사위정운동이 배타적 공간의 창안 전략을 추구한 것으로 말할 수 있을 것이다.

2. 적의 제거

1866~1896년 척사위정운동의 기본 동력은 성리학의 주변화 과정에서 나오는데, 조선 후기에 들어 그 과정이 정책적 차원에서 본격적으로 전개되고 있었다. 이에 따라 척사위정파의 대표적인 화서학파와 노사학파의 종장인 이항로와 기정진이 본격적인 대응을 하기

시작하였다. 이러한 과정에 대한 반응은 차츰 적극적인 목소리를 냈는데, 그것이 1866년 신미양요로 촉발된 상소운동이다.

여기서 정책의 의사결정 과정에 문서로 개인이나 집단의 의견을 제출하는 이른바 상소를 운동이라고 할 수 있는 것은, 그것을 통해 현안문제를 변화시킬 수 있는 가능성이 열려 있었다는 의미에서이다. 이러한 맥락에서 우리는 이를 상소운동이라고 부를 수 있을 것이다. 일반적으로 상소는 전국적인 연결망을 통해 그 상소를 올린 개인이나 집단의 의사가 공개적으로 전해지면서 그 사회적 영향력을 가지게 된다.23) 상소의 이러한 영향력도 기본적으로 국가의 정책에 제대로 반영될 경우 그 힘을 담보할 수 있었다.

1866년의 척사위정운동은 국가의 기존 보호정책을 재강화시키는 데 기여함으로써 그 나름대로의 성과를 거두고 있었다. 1876년 이후의 척사위정운동은 온건한 상소만으로는 더 이상 자신들의 의도를 관철시키기에 한계가 있음을 인식하게 된다. 이는 국가의 보호정책에서 개방정책으로의 전환, 상소운동 참여자들에 대한 회유와 물리적 탄압 등에 기인하는 것으로, 척사위정파는 그 운동의 효율성에 대해 심각하게 고민했을 것으로 보인다. 이를 잘 보여 주는 것이 단발령 이후 유인석이 제시한 대응방안이다. 평소 같으면 국가에 대한 상소를 먼저 시도하였을 것인데, 이것을 제외하고 물리적 행동을 고

---

23) 박정규(1995: 53~54)에 의하면 조선시대에는 국가정책의 결정 과정에 재조(在朝)·재야(在野) 성리학자들이 그들의 의견을 제시할 수 있는 통로, 이른 바 언로가 확보되어 있었다. 이러한 형식은 다양하여 문서로 하는 것에는 상소(上疏), 차자(箚子), 봉사(封事), 장계(狀啓), 계문(啓聞), 주본(奏本) 등이 있고, 구두로 하는 것에는 계언(啓言) 또는 주언(奏言)이 있다. 상소는 주로 승정원에 올려 국왕에게 전달되고, 임금의 대답이 내려지면 상소의 요지인 상소대개(上疏大槪)와 임금의 대답의 내용이 조보(朝報)에 게재되어 전국에 곧바로 알려졌을 뿐만 아니라 각 관청의 소차서리(疏箚書吏)가 상소나 차자의 내용만을 필사하여 이것을 관리나 사대부들에게 공개하였다는 것이다.

려하고 있었다. 이는 상소운동의 한계를 인식하고 있었다는 증거일 것이다. 이와 관련하여 진덕규(1978: 253)는 척사위정운동의 상소라는 동원수단이 상당한 한계를 가지고 있다고 지적한다. 왜냐하면 척사위정론 자체가 하나의 행동철학이라기보다는 명분론이고, 이들이 동원하는 수단 자체도 전통적이기 때문이라는 것이다. 바꾸어 말하면 당시의 정치적 상황에서 상소는 언로의 보장이라는 점에서 일종의 합법적인 의사표현의 수단이었기 때문에, 이들 척사론자들은 이러한 수단에 전적으로 의존하고 있었다는 것이다. 물론 이러한 방법이 권력구조의 정책결정에 새로운 성격과 지향을 부여해 주면서 여기에 따르는 일반 민중의 관심을 불러일으켰다는 것이다. 당시의 지배구조가 가지고 있는 낮은 국민적 지지도 때문에, 이러한 일반 민중적 관심의 제고와 이들에 의한 지지 세력의 부식이라는 것 자체가 이미 한정된 성격을 가지고 있었다고 본다.

그들은 상소만으로는 당시의 조선사회를 일탈시키는 원인 제거에 별로 효율적이지 못하다고 생각하여 물리적 수단의 사용을 고려하고 있었다. 1895년 이전에도 몇 번의 이러한 논의가 있었지만 실천에 옮겨지지는 않았다. 이들이 보기에 이제 조선의 땅과 사회는 더 이상 방치해서는 안 될 정도로 일탈되었다고 생각하여, 그것의 완전무결한 복원을 위해서는 온건한 상소 대신에 급진적인 투쟁방법을 선택하게 된다. 그들은 자체의 세계관을 지키기 위해 투쟁의 강도를 높이면서 이른바 물리적 폭력수단을 동원하는 운동으로 나아가고 있었다. 물론 '생을 버려 의를 취한다(舍生取義)'로 상징되듯이, '거룩한 이유에서의 '순교'가 상당한 의미를 가지고 있다. 그렇다고 이들이 물리적 폭력을 열망하거나 추구하는 것은 아니었다. 그들이 보기에 그러한 폭력은 단지 조선사회가 직면한 시련과 위기의 시기를 극복하는 데 필요한 하나의 수단일 뿐이었다. 1895년의 척사위정운동은 폭력을 통해 일탈된 조선을 복원시킬 수 있는 구체적인 방안을 모색하고 있었다.

이러한 인식은 그 척사위정운동의 최고 지도자인 유인석에게서 발견된다.[24] 그는 근대적·세속적·다원적인 것에 긍정적인 개인이나 집단 등을 철저하게 제거할 것을 주장하였다.[25] 이러한 차원에서 개방정책을 지지한 지방 관료들을 처단하였고, 주요 개방파 인사인 김홍집, 유길준 등을 '적의 무리(賊徒)'로 간주(이구영, 1994: 156)하여 정치적으로 고립시키려는 전략을 구사하였다. 또한 운동의 지도부는 이른바 '사왜(士倭)'들을 참수하여 개방정책을 지지하는 관리들에게 경종을 울리고, 백성들에게 삭발을 강요하여 원성을 샀다는 죄목으로 천안 군수 김병숙을 처단하였다(박민영, 1986: 187). 반면에 어느 정도 척사위정운동을 이해하는 지방 관료들에 대해서는 호의적인 반응을 보이기도 하였다.[26] 노사학파의 기우만과 기삼연 역시 적의 제거를 통한 성리학적 질서의 복원을 주장하였다.[27]

---

24) "……결단코 나라의 도적뿐만 아니라 왜구도 반드시 없애야 한다(이구영, 1994: 40에서 재인용)."

25) "삼강과 오상을 없애버려 인륜을 무너뜨리고 망치되, 말할 적에는 반드시 성인들을 헐뜯는 자도 베어야 하고, 옛 도리를 싫어하며 박대하고 외국 풍속을 주장하여 사모하며, 새것과 이상한 것을 좋아하고 기이한 기술과 음란한 기교를 숭상하는 자도 베어야 할 것입니다(신용하, 1985: 29에서 재인용)."

26) 이정규의 「종의록(從義錄)」에 의하면, 원주 관찰사 겸 선유사 민영기는 그 운동을 어느 정도 이해하고 있던 인물로 알려져 있었다. 부임하는 날 파수장 김교헌이 포박하여 장군에게 보내자 유인석이 그를 풀어주고 위로, 사과하면서 김교헌을 처형하라는 명령까지 내린 사건(이구영, 1994: 163 에서 재인용)은 이를 잘 보여 주는 사례이다.

27) "대개 국모의 원수를 생각하면 신하된 자는 누구를 막론하고 모두 와신상담해야 할 것인데 나라 형세가 날로 깎이어 설욕할 가망이 없사옵고……법과 제도, 문물은 바로 역대 선왕으로부터 전해 내려온 옛 제도인데, 하루아침에 개혁하여 볼 기약이 없으며, 지금 머리까지 깎는 데 이르러서는 변란이 궁극에 달했습니다. 무릇 나라치고 망하지 않는 나라가 없으나 머리를 깎고 보존하는 것보다 차라리 머리를 깎고 망하는 것이 나으며, 사람치고 죽지 않은 사람이 없으니 머리를 깎고 사는 것

이러한 적의 제거 전략은 군사작전에서도 나타나고 있었다. 1895년 척사위정운동의 첫 번째 공격 목표는 충주였다. 충주는 옛날부터 대도읍이었고, 새로운 지방 관제에 의해 관찰부로 승격된 곳으로 중부권 20개 군을 관할하는 소재지였다. 이러한 의미에서 충주는 여러 가지 상징적 의미를 가진 곳이었다. 우선 군사적으로 서울로 진출할 수 있는 거점 확보라는 차원에서 충주를 중시하였던 것이다. 이보다 더 중요한 사실은 집권 세력의 개방정책을 실천에 옮기고 있던 곳이었다. 당시의 관찰사였던 김규식은 국가의 지시에 따라 개방정책의 일환인 단발령을 강력히 추진하고 있었다(구완회, 1997: 93). 이곳을 장악한다는 것은 그 척사위정운동의 목적을 명확하게 보여 줄 수 있는 기회로 삼을 수 있었기 때문에, 충주성 공격은 상징적 의미를 가지고 있었다. 개방정책의 하나의 중심지를 점령함으로써 조선사회를 일탈시키는 그 원천을 봉쇄하고, 집권 개방파의 정책에 일대 타격을 줄 수 있다는 정치적 고려가 있었을 것으로 보인다.

1895년의 척사위정운동은 적의 제거라는 이러한 목표를 실현하는

보다 차라리 머리를 보존하고 죽는 것이 낫습니다. ……개화 같은 따위에 이르러서는 천하 각국이 그로써 패망한 것이 소상히 드러나서 속이려 해도 속일 수 없는 것이옵니다. 만약 사물이 미개한 점이 있고 민속이 미화되지 못한 점이 있다면 문명을 써서 야만을 변화시켜 야만으로 하여금 문명으로 진출하게 하는 것이 당연합니다. ……단발령을 환수하시고 옛 제도를 회복하시고 원수를 갚고 적을 토벌하는 대의를 전국에 포고하시면 통분 망극한 우리 백성이 누구나 전하를 위하여 한 번 몸을 바치려 하지 아니하오리까(홍영기, 1993: 43에서 재인용)." "그러므로 신이 국가를 위하여 만 번 죽으려는 꾀를 내어 충의 있는 사람들을 장려하여 폐하를 위한 것이면서 폐하의 직접 통할을 받지 않는 세력을 구성하여 일이 성공되면 복이 국가에 돌아가고 성공되지 못하면 신의 몸으로써 그 죄책을 하겠습니다. ……기삼연은 못난 재주를 헤아리지 아니하고 을미년 변고 이후부터 왜적과는 한 하늘을 이고 함께 살지 아니하기로 맹세하여 여러 번 일어났다가, 여러 번 실패하였어도 스스로 칠 줄 모르는 바는 진실로 부모와 대대의 임금을 잊을 수 없고 왜적과 우리는 같이 거쳐할 수 없는 까닭이다(강길원, 1992: 48에서 재인용)."

데 여러 가지 전술들을 동원하고 있었다. 그 운동은 사회적 자원들을 통제하지 못함으로써 생기는 폐단을 지적하면서, 이를 통제하는 것이 그 운동의 하나의 전술임을 분명히 하고 있다. 최익현의 「수옥헌주차(漱玉軒奏箚)」를 살펴보면 서구와 일본이 조선의 재원과 이권을 모두 장악하고 있으며, 이렇게 된 데에는 일탈적 국내자들이 앞장서고 있다는 것이다.[28] 이에 그는 사회적 자원들을 통제할 수 있는 구체적인 방법으로 납세 거부 및 자동차 사용 거부, 군대 무기와 총포를 제외한 서양 상품의 불매 등을 제시하고 있다.[29] 뿐만 아니

---

28) "단지 오늘날 온 나라 재원과 이권이 저들에게 탈취당한 것으로 말한다면……크거나 작거나, 거대하거나 세미한 것을 막론하고 무릇 국가의 재정을 보충할 수 있는 것과 민생의 생활에 기여할 수 있는 것이 모두 저들의 손아귀로 돌아가 남은 이권이라고는 없습니다. 그러고도 부족하여, 각 부에 고문을 두고 오로지 온 나라의 세납과 정치 및 법령을 관장하게 하였으니, 조정을 내주어 버린 것이며, 토지와 집을 뜻대로 점유하고 산림과 하천과 저수지를 뜻대로 청구하며, 심지어 남산을 파헤치게까지 하였으니, 토지를 내주어 버린 것이며, 부릴 사람을 억지로 모집하고 사람의 생명을 경솔하게 죽여, 우리 백성들 보기를 초개와 노예와 같이 하되 우리는 한 마디 말도 할 수 없으니, 백성들을 내주어 버린 것입니다. 그러나 이는 모두 우리의 역적들이 중간에 들어 협력하고 농간 부려, 무릇 저들이 욕심내면서도 말하지 못한 것과 이미 말은 했으되 꼭 얻게 되지 못한 것들이, 모두 우리의 역적들 손에서 이루어져 저들의 뜻과 같게 되지 않음이 없게 된 것입니다(최익현, 1977: 211)."

29) "……결세(結稅)를 내지 말고 자동차를 타지 말자는 것과 베와 비단, 도구 등을 저들의 물건은 쓰지 말자는 말이 있었는데, 이것은 진실로 확실한 논의이다. 대저 결세는 국가를 경영, 운용하는 데 사용하는 것인데, 오늘날에는 모두 왜의 금고에 들어가니 어떻게 우리 백성들의 고혈로써 원수의 먹이가 되게 할 수 있겠는가? ……철로는 저들이 우리나라를 멸망시키려는 수단의 한 가지인데도 매일 차를 타는 자가 다 실을 수 없을 정도이니 어찌 우리 백성의 어리석음이 이리도 심하단 말인가? 생각해 보건대, 각 처에서 하루에 차를 타는 비용이 어찌 천만만 되겠는가? 재물이 다하여 나라가 멸망하는 것을 우리 백성이 스스로 취하는 것이 아니겠는가? 기타 베와 비단, 그릇으로 저들이 재물로 몰아가는 것도 또 그 수를 셀 수가 없으니, 아, 지난날 저들과 통상하지 아니할 때에는 우리 백성들이 과연 살 수가 없었던가. ……바라건대, 우리 전국의 백성들은 한마음으로 맹세하여 군사 무기와 총포를 제외하고는 일체 저들의

라 국론 통일이라는 명분을 앞세워 대외 개방의 주장을 통제하려고 하였다. 물론 그러한 수사학적 표현의 이면에는 성리학자들이 위기에서 동일한 인식을 공유해야 할 필요성이라는 차원에서 개방파의 논리를 반박하려고 한 것이었다.

이러한 자원 통제를 통해 국외자들을 제거하거나 일탈적 국내자들을 정치적으로 축출하여 성리학적 전통에 충실한 국내자들을 등용하고, 문화적으로는 정도(正道)의 학문을 숭상하여 사특한 도(邪道)를 배척할 것을 주장하고 있다. 일본과의 국교수립이 조선의 개화와 부국강병을 이룩하는 데 도움이 된다는 일탈적 국내자들의 논리도 반박함으로써 그들을 정치적으로 통제하려고 하였다.30) 이러한 맥락에서 1895년의 척사위정운동은 그 전략에 있어 헤게모니를 둘러싼 투쟁의 성격을 가지고 있을 뿐만 아니라 성리학에 냉담한 신자들의 신앙 갱신의 경향을 보여 주고 있었다.

1895년의 척사위정운동은 적의 제거에 상응하는 조직의 구조 및 여러 실행 프로그램 등을 채택하고 있었다. 이는 '참'성리학 신자들이 조선사회의 제도와 구조 및 가치 등을 통제해야 한다는 인식을

물건을 쓰지 말고, 기계의 편리한 것이라도 본국 사람이 제조한 것이 아니면 또한 사서 쓰지 말 것이다(최익현, 1978a: 218)."

30) "……모든 법도와 정령 가운데서 오랑캐와 짐승의 풍속에 가까운 것들을 차례로 없애버리고, 한시라도 지체하지 마십시오. 이제 복구를 꺼리는 자들은 이 같은 말을 가리켜 지금의 일을 알지 못하는 소리라고 신경을 쓰지 않으면서, 모두들 왜를 빙자하여 말하기를, '倭가 이제 우리의 개화를 도와주고 부강의 일을 이루어 준다'고 하고 있습니다. 저 부강이란 말은 유래가 오래됩니다. 그것은 말만 잘하는 사람들의 입에서 합종연횡된 내용이나, 서로 싸우는 나라들 간의 전쟁에서 나타난 성패의 결과로 볼 때, 이미 밝혀진 그 전례나, 나타난 결과로 하여 다시는 그것으로 해서 국가에 화가 되어서는 안 된다는 것이 분명합니다. 그러나 세상의 임금들이 매양 이것을 깨닫지 못하고 그 부강이란 말에 오도되어 온 것은, 바로 저 눈앞의 공이나 작은 이익에만 현혹되었기 때문입니다(최익현, 1986: 56)."

그 밑바탕에 깔고 있었다. 재화와 성(色)만 아는 서구와 그렇지 않은 조선이 서로 강화할 수 없다(최익현, 1977: 128)는 주장이나, 개화와 문명은 조선을 어둠의 영역으로 끌고 들어가는 것(최익현, 1977: 179 참조)이라는 주장을 통해, 빛 곧 성리학이 어둠, 곧 기독교를 몰아내야 한다는 인식이 그 운동의 저변에 깔려 있었다. 구체적으로 이러한 인식은 1895년의 척사위정운동에서 참성리학 신자인 척사위정파가 성리학적 제도와 가치를 보존, 통제하기 위해서는 악의 상징인 단발령과 변복령 등을 축출해야 한다는 주장에 잘 나타나 있다.[31] 이러한 인식은 기독교를 거부하는 이른바 종교의 자유를 인정하지 않으려는 적극적인 의지의 표현이기도 하다.

실행 프로그램과 관련하여 1895년의 척사위정운동의 지도자인 유인석은 1895년 을미사변과 단발령을 논의하기 위해 제천 장담에 모인 그의 문인사우들에게 3가지 행동방안, 곧 거의(擧義)·거수(去守)·자정(自靖) 등을 제시하면서 그는 거수를 선택하게 된다. 그 이유를 아래와 같이 정당화하고 있다. "스스로 편안하게 하는 일(自靖)은 성리학을 위해 절개를 따라 죽는 것이므로 마침이 좋고, 정결하고 곧고 맑아 마음이 지극히 편안하지만 모두가 이것을 따른다면 성리학의 나머지 줄기가 천지간에 그림자조차 끊어지리니 원통함이 막심하다. 의병을 일으키는 일(擧義)은 위로 나라의 원수를 갚고 아래로 인류를 보호하며 중간에 성리학을 떠받치고 보전하는 것이라 마음에 최고로 통쾌하지만 큰 역량이 없으면 공을 기대하기가 어렵다(박민영, 1986: 205에서 재인용)." 곧 자정과 의병을 일으키는 것 모두 장점과 단점을 가지고 있기 때문에 현실 세계를 떠나 지키는 것(去守)

---

31) "지금부터는 한마음으로 서로 맹세하여 비록 혹 여러 역적들이 조칙이라 속여 억압할지라도 죽음으로써 결단하여, 혹시라도 형체와 의복을 헐고 상하게 하지 말아서 우리 여러 성인들이 서로 전수한 의관과 문물을 보존하여 중화의 맥을 떠받치고 보전, 보존할 것이다(최익현, 1978a: 221)."

을 선택할 수밖에 없다고 자신의 선택을 합리화하고 있다.

그러나 그는 얼마 후 '나라의 원수를 갚지 못하면 신하가 될 수 없고, 신체를 보존하지 못하면 사람이 될 수 없다'는 인식 아래 거수할 의사를 포기하고 거의를 결심하게 된다. 그는 이러한 변신을 거의와 자정의 관계를 들어 정당화하고 있다. 곧 거의는 권도(權道), 자정은 경도(經道)에 해당하는데, 그 당시의 상황은 보편타당성을 가진 경도로서는 적절하게 대처할 수 없기 때문에 임시 변통적인 권도를 통해 이를 극복해야 한다는 것이다. 유인석이 보기에 물리력을 동원한 척사위정운동은 상도(常道)는 아니지만, 소중화가 단절되려는 위기의 시대에 권도를 행사할 수밖에 없음을 그 이유로 들어 운동을 선택한다(박민영, 1986: 205~206). 유인석이 '적의 제거'를 지향하는 방향으로 이념을 변형시키자, 조직과 자원이 이에 영향을 받게 되었다.

흔히 세계-정복적 유형에서는 운동조직도 이에 상응한 구조를 가지게 된다. 이러한 구조는 크게 두 가지 특성을 가지고 있다. 그 하나는 조직이 적의 제거라는 하나의 목표에 초점을 맞추면서 전투적이 된다. 필요하다면 폭력적인 수단을 통해서라도 적을 패배시켜야 한다는 관념이 확고하게 자리하게 된다. 다른 하나는 권위주의적 리더십이 규율을 갖춘 중간 간부들이나 일반 참여자들을 지배하게 된다는 것이다. 일반적으로 운동의 과정에 있어 조직은 가장 중요한 역할을 수행한다. 더욱이 운동조직이 공식적으로 결성되기 전에는 이른바 모체조직(prior organization)이 중요한 역할을 한다. 이 조직은 참여자, 의사소통망, 지도자 등 운동의 출현에 필수적인 자원들을 제공하기 때문이다. 이러한 차원에서 운동이 발생하기 전에 다른 방식으로 잘 조직되어 있던 집단일수록 운동을 좀더 성공적으로 출발시킬 수 있다(박재묵, 1996: 398~399). 매카담 등(McAdam, McCarthy, and Zald, 1989: 703)은, 거시 정치적·경제적 환경 등이 성공적인 운동의 기회를 창출할지는 모르지만, 이러한 기회가 실현될 것인가의 여부는 바로 해당

집단의 내부구조에 달려 있다고 하면서, 한 주어진 집단의 모체조직의 수준이 성공적인 운동의 관점을 확대시킬 것으로 이해한다. 확실히 이는 운동 출현에 대한 유의미한 분석에 있어 중요한 함의를 가지고 있다. 때문에 불만을 가진 집단의 조직화의 정도, 모체조직의 힘과 세력 등이 운동의 급격한 확대에 있어 중요한 요인으로 작용한다는 것이다.

1895년의 척사위정운동에 있어 그 모체조직의 역할을 수행한 것이 학파이다. 화서학파의 경우 조직적으로는 이항로가 정열적으로 학문에 매진하던 1820~30년대에 큰 틀을 갖추게 되었으며, 그의 학문이 완숙의 경지에 이르는 1840년대에는 전국적인 문파(門派)로 성장하였던 것으로 보인다(박민영, 1999: 40~41). 이러한 학문적·조직적 토대 위에서 화서학파는 척사위정운동에서 '적의 제거'라는 하나의 전략을 추진할 경우 이를 뒷받침할 수 있는 기반을 축적하고 있었다. 그 학파는 일종의 사립 교육기관인 서사(書社)를 개설하여 교육을 담당하는 한편, 근대화·세속화·다원화 등에 반대하는 호전적인 척사 세력들을 배출하고 있었다. 바꾸어 말하면 화서학파는 평상시에는 학문과 관련된 활동을 하지만, 운동이 출현하여 적의 제거라는 목표를 제시할 경우 호전성이 현재화될 가능성이 높은 조직이었다.

그 운동의 과정을 기록한 이조승(李肇承, 1873~1900)의 『서행일기(西行日記)』에 의하면, 화서학파는 운동이 발발하던 그해에 제천 장담에서 이항로의 수제자인 유중교의 문집 간행에 주력하고 있었다. 국가에 의해 변복령과 단발령이 취해지자 이 학파는 그 간행 사업을 즉시 중지하고 유인석의 문인들을 중심으로 이에 대한 회의가 열렸다(이구영, 1994: 51). 이는 우리에게 두 가지 사실을 알려 준다. 첫째, 화서학파의 전투적 속성을 읽을 수 있을 것이다. 물론 국가의 그러한 조치가 성리학적 전통을 위협하는 것이기 때문에, 성리학자들이 반발하는 것은 당연하다. 다른 학파가 이에 침묵하거나 소극적이었다는 점을 고려한다면 화서학파의 이러한 대응은 상대적으로 그 학파의 성리학의 주변화에 대한 호전적 성격을 보여 주는 것이라고 할 수 있다. 둘째, 국가적인 일이든 지역적인 일이든 화서학파가 이에 조직적으로 대처할 수 있는 역량을 가지고 있었다는 것은, 그 조직이 급진적이 될 가능성이 높다는 것을 의미한다. 바꾸어 말하면 그러한 역량으로 자신들의 이익을 관철시킬 수 있다는 판단이 선다면 그 대상이 국가라고 하더라도 그들이 물리적 투쟁을 나설 가능성은 높은 것이다.

이러한 가능성을 담보해 주는 것이 조직과 이념이다. 먼저 조직과 관련하여 모체조직으로서의 화서학파의 역량을 살펴볼 때 조직화의 수준이 일정 정도에 이르렀다고 보인다. 왜냐하면 그 당시 그 학파의 최고 지도자인 유인석이 최종 결정을 내리고 있지만, 개인적 차원이 아닌 조직적 의사결정 구조를 통해 대처하고 있기 때문이다. 뿐만 아니라 이미 1866·1876·1881년에 화서학파가 주도한 척사위정운동을 통해 운동에 관한 상당한 노하우를 축적할 수 있었을 터이고, 학파 구성원들 간의 빈번한 교제를 통해 조직으로서의 치밀한 구성을 가질 수 있었을 것으로 예측된다. 이러한 것들이 운동의 급진화를 뒷받침하고 있었다. 1895년의 척사위정운동에게 있어 당시의 국가는 하나의 물리적 투쟁 대상이 될 만큼 무능하고 부패한 존재였다는 사실도 그 운동의 급진화에 기여하고 있었다.

흔히 운동의 참여자들은 기존의 상호 작용의 노선에 따라 충원되기 때문에 참여를 결정하는 최초의 선택은 운동과의 접촉을 필요로 한다. 또한 의사소통 연결망이 있고 없음에 따라 운동의 쇠퇴와 확산이 결정될 수 있을 만큼 이런 연결망이 중요하다. 특히 운동의 초기 단계에서 참여자들을 쉽게 포섭할 수 있는 이러한 연결망이 없으면 운동이 실패할 수도 있다. 우리는 1895년 척사위정운동의 출현에 기능한 참여자들과의 의사소통 연결망으로 유인석이 개설, 운영하고 있던 장담서사에 주목한다. 이 장담서사는 여러 가지 기능을 하고 있었지만 운동의 출현과 관련하여 그것은 운동의 지도부와 참여자들 사이의 의사소통 연결망으로서의 역할을 하였던 것으로 보인다. 왜냐하면 운동의 잠재적 참여자, 특히 이후 운동의 출현과 유지에 있어 중요한 역할을 수행했던 화서학파 계열의 성리학자들은 이미 이러한 의사소통 연결망을 통해 서로 상호 작용하고 있었기 때문이다.

더욱 중요한 사실은 장담서사의 참여를 통해 이미 잠재적 참여자들은 대면적 접촉을 하고 있었고, '위기'의 시대에 대한 인식과 그 해결방안에 대해 깊이 있는 대화를 나누고 있었다. 특히 운동의 지도부들은 이들보다는 더 깊은 상호 작용을 하고 있었을 것이다. 운동의 참여자들은 이러한 연결망을 통해 척사위정운동의 당위성과 그 정당성을 학습, 내면화하고 있었다고 해도 그리 지나친 말이 아닐 것이다. 유인석 등의 운동의 지도부가 운동의 출범을 공식적으로 발표했을 때 이들은 자발적으로 운동에 동원될 수 있었던 것이다. 이들은 기존의 상호 작용의 노선에 따라 동원되고 있었다. 뿐만 아니라 화서학파 계열의 지식인들과 일반 참여자들에 대해서는 관례화된 의사소통 수단이라고 할 수 있는 「통문」을 통해 참여자들의 동원을 조장하고 있었다.32) 이러한 의사소통 연결망에 따라 운동의 참여자들을 포섭하고 있었다.

1895년에 개방파인 박영효, 유길준 등이 중심이 되어 흑의령(黑衣令)을 반포하자 화서학파는 이러한 연결망을 기반으로 하여 나름대로의 대응방안을 모색하고 있었다. 이에 유인석은 학파 차원의 모임을 소집하여 제천 장담에서 일종의 성리학적 의례라고 할 수 있는 향음주례와, 성리학자들이 모여 토론하는 대강례를 행하였다. 유중교

---

32) 장익환의 「일기」에 의하면, 도전(道田)에 사는 그의 족숙 천여가 내방하여 창의통문(倡義通文)을 보고 말하기를, "사람으로서 누가 이 마음이 없으리오. 만 세상이 모두 죽음을 두려워하여 당당한 큰일에 한 사람도 응하는 사람이 없으면 단양 한 고을에 어찌 사람이 있다고 말할 수 있겠는가"고 하였다(이구영, 1994: 193에서 재인용).

가 죽은 뒤 화서학파를 지도하고 있던 유인석이 장래 변고가 닥칠 것을 예상하여 원근의 선비들을 장담으로 모았다. 주용규와 서상렬이 주도하여 사군(四郡) 지역의 선비들이 많이 참석하였는데, 그 인원수가 많게는 500~600여 명에서 작게는 150~160여 명이었다는 보고를 하고 있다(구완회, 1997: 54). 척사위정운동에 있어 화서학파는 인적 자원의 동원 능력을 보유하고 있었다.

이를 통해 성리학자들의 책임의식을 강조하면서 당시의 상황인식을 새롭게 하도록 하였을 것이며[33], 학파의 결속력을 확인하고, 이후 운동에 필요한 참여자, 의사소통망 등을 점검하는 자리로 활용했을 것이다. 이보다 더 중요한 사실은 이러한 집회를 통해 그들의 전투성을 재확인하는 기회로 삼았다는 것이다. 물론 운동의 방법에 대한 학파 구성원들의 의견수렴이라는 과정을 거치고 있었지만 그것은 하나의 요식행위에 불과하였다. 이미 지도부에서 적의 전멸을 위한 물리적 투쟁을 고려하고 있었다면 그 집회를 투쟁 분위기를 강화시키는 계기로 활용할 것은 당연한 것이었다.

적의 제거라는 방법을 둘러싸고 유인석의 문인들은 급진적 행동론과 온건론으로 대립하고 있었다. 이필희, 안승우, 서상렬 등의 급진론[34]과 원용정(元容正, ?~1905), 주용규(朱庸奎, 1845~1896), 이정규(李正奎, 1865~1945) 등의 온건론에 대해 유인석은 이를 종합하여 세

---

33) "재앙이 일어나는 빌미가 이와 같이 급하니, 만약 감감하게 아무 일도 아니하고 지나간다면 인심은 쉽게 꺾이어 수습할 수 없게 될 것이다(이구영, 1994: 147)."

34) 이필희는, "지금 당한 일은 짐승이 안 되려면 죽어야 하며, 죽지 않으려면 짐승이 되어야 하니, 앉아서 죽음을 기다리는 것보다는 차라리 일어나서 치는 것이 낫다."고 하였고, 안승우는, "장대 꼭대기에 깃발을 달고 적을 꾸짖다가 죽더라도 이는 아무 일도 하지 않은 것보다는 낫고, 또한 대의를 후세에 펴는 것이다."고 말했다. 이범직은 "자정도 어려우니 차라리 일을 하다가 형세에 부딪쳐 죽는 것이 옳다."고 주장하였다(이구영, 1994: 148).

가지 방안을 제시하였다. 첫째는 의병을 일으켜 적을 전멸시키자는 것이며, 둘째는 요동 방면으로 잠시 물러나 뒷날에 대비하자는 것이요, 셋째는 굴하지 않고 자기를 지켜 깨끗이 하는 것 모두 옳으니 자기 처지에 따라 각각 시행할 것을 결정하였다(이구영, 1994: 51). 이에 따라 이필희 등이 먼저 운동을 일으키게 되고, 그 이후 상황변화에 따라 유인석을 최고 지도자로 하는 1895년 척사위정운동이 출현하게 된다. 아무리 의병을 표방한 조직이라고 할지라도 사전의 조직적 역량이 없이 운동을 일으킨다는 것은 상당히 어려운 일일 것이다.

뿐만 아니라 운동이 발생하자 이에 적극적으로 호응하는 화서학파 문인들의 행태를 보면 그 학파는 이미 공식적인 운동조직이 출범할 수 있는 토대가 되고 있었다. 뿐만 아니라 좀 극적으로 말한다면 예상이나 하고 있었듯이 이에 대한 '총체적'인 방안을 발표하고 있다. 여기서 '총체적'이라는 것은, 유인석 등을 포함한 운동의 지도부가 어떤 형태로든 화서학파 소속의 구성원들뿐만 아니라 성리학자들을 그 운동에 동원하려는 의지를 가지고 있었다는 의미에서이다. 이 방안들은 성리학자들이 취할 수 있는 행동을 거의 다 포함하고 있었다. 물론 성리학적 전통 아래에서 지식인들이 취할 수 있는 방법이기도 하지만, 이보다는 오히려 유인석의 의도가 모든 지식인들이 어떤 방법을 통해서든 이에 저항할 수 있는 합리적인 방안을 제시하려는 데 있었다고 보인다. 왜냐하면 대안이 없이 의병이라는 단 하나의 방법만을 제시할 경우 성리학자들의 선택은 제한적일 수밖에 없다고 생각했기 때문이다. 해외 망명과 자정을 함께 제시하면서, 좀더 극적으로 말한다면 한 사람도 빠짐없이 척사위정운동에 참여하기를 원하는 의도에서 이러한 방안을 제시한 것으로 해석할 수 있을 것이다.

상황에 따라 호전적인 조직으로 전환할 수 있는 기반을 이미 갖추고 있었던 화서학파는 운동이 발생하자 먼저 유인석은 지역 수준의 의병조직을 연합조직으로 전환시키면서 그 전투성을 확보하려고 하였다. 1896년 2월 8일에 '복수보형(復讐保形)'의 기치를 들고 대장에 취임하면서 조직을 정비하여 본격적인 활동을 개시한다. 그 운동의 한 축에는 성리학자들이 자리하고 있었고, 다른 한 축에는 군사 전문가들이 위치하여 이 둘이 혼합된 형태였다. 물론 리더십에 있어서는 지식인들이 상위에 자리하고 있었다. 그 조직의 골격은, 노론이라는 공통의 정치적 배경에다 종교적·학문적 성격을 띤 자발적 결사체로서의 화서학파 계열의 성리학자들이 운동의 지도부를 구성하고, 안승우·이필희·이춘영 등이 모집한 민병과 포군, 포수 등으로 중·하부조직을 형성하고 있었다.

특히 유인석은 군사적 조직에 충원할 인적 자원의 동원에 상당한 노력을 기울이게 된다. 전투력을 담보하기 위한 인적 자원, 곧 군사 전문가의 확보라는 차원에서 무과에 급제했던 인물들인 이필희, 서상렬 등을 중용(유한철, 1996: 97)하게 된다. 실제로 전투에서 차지하는 비중이 큰 선봉장에 지평감역 맹영재(砥平監役 孟英在)의 군리(軍吏) 출신인 김백선을 영입하였다. 운동의 이념이 물리적 투쟁을 지향하는 방향으로 선회하자, 이에 새로운 자원이 필요했기 때문에 군사 전문가인 그를 선택했던 것이다. 1895년의 척사위정운동은 출범 때부터 물리적 투쟁을 공식적으로 표방했기 때문에 운동의 지도부는 이를 뒷받침할 수 있는 인적·물적 자원들을 동원해야만 했다. 또한 무기 확보라는 측면에서 포수들을 운동에 동원하고 있었다. 당시의 포수들은 열악한 무기 때문에 사냥이 단독으로 행하여지는 경우보다는 여러 명이 공동으로 하는 경우가 많았기 때문에 일정한 조직을 가지고 있었다. 지방 군제가 무너지고 있던 시기에 동학운동과 같은 변동을 거치면서 많은 고을에서 치안 유지의 목적으로 혹은 공식적으로, 혹은 향약에 부속시키는 등 사적으로 포수대를 조직, 운영하는 경우가 많았다(구완회, 1997: 63~64). 각 촌에 격문을 발송하여 포수의 의병 참여를 호소하고, 이춘영·안승우가 지평 의진을 결성하면서 먼저 김백선에게 협조를 요청한 것도 전투요원으로서의 포수와 그들이 가지고 있는 무기를 확보하기 위한 것이었다(김상기, 1996: 73~74).35)

운동의 지도부가 이러한 인적 자원들의 영입에 얼마나 고심했는가 하는 흔적은 그 운동에 참여한 포군들에게 일정한 급료를 지급하고, 군현 별로 동원된 민병들에게도 일정한 급료를 주었고, 전사자에게는 장례비로 각각 돈 20냥을 주었던 데서 찾아볼 수 있다(구완회, 1996: 146, 이구영, 1994: 204). 특히 급료와 관련하여 민병들 사이에 불만이 팽배하여 운동의 지도부가 이를 해결하려고 했다.36) 급료를 지불하면서까지 포군을 받아들인 것은 사대부들의 부족한 군사지식이나 기술을 보완하려는 차원에서 이루어진 것으로 보인다.37) 물질적 보상을 통한 1895년 척사위정운동의 이러한 동원 노력과는 달리, 1895년 해산된 구식 군인들이 무기를 휴대하고 의병에 참여(김상기, 1996: 75)한 것처럼 군사 전문가들의 자발적 충원도 이루어지고 있었다.

일반적으로 모든 운동은 자원의 문제를 해결하기 위해 두 가지의

---

35) 이에 따라 김백선의 부하 포수 100여 명과 이문흠의 단양 포수 수백 명 등을 운동조직에 편입시켰다(박민영, 1986: 186).

36) 이러한 고민의 일단은 장익환의 「일기」에 잘 나타나 있다. 그가 1895년 척사위정운동 조직의 지도부로 종군한 부친 장충식에게 보내는 편지에서, 민병의 급료는 비록 이것이 불공평하다 하더라도 만약 대진의 분부대로 거행한즉 일은 반드시 이룩되지 못할 것이며, 또한 다시 민병을 쓰지 않으면 몰라도 만약 그렇지 않다면 나중에 다시 살 때 폐단이 오늘보다 더욱 심할 것이라는 내용을 적고 있다(이구영, 1994: 206에서 재인용).

37) 그 운동은 인적·물적 자원을 효과적으로 동원하지 못하고 있었다. 그 운동은 군사·교육 전문가뿐만 아니라, 군사 무기도 충분히 확보하지 못하고 있었다. 이러한 사실은 면우 곽종석이 유인석이 영월에서 의병을 일으켰다는 소식을 듣고 합류하기 위해 왔으나, 사병들이 전혀 훈련을 받지 못한 오합지졸에 불과해 큰일을 이룰 수 없다고 판단하여 곧 돌아가고 말았다는 것으로 확인된다. 또한 충주성을 공격하면서 동원한 민병이 약 3,500여 명이었으나, 이 가운데 총을 가진 병사는 400여 명에 불과했다(박민영, 1986: 186~187).

지지 원천 가운데 하나를 강조할 수 있다. 대부분의 자원은 불만을 가진 집단 내부로부터 오기도 하지만 많은 경우 외부의 '양심적 지지자(conscience constituents)'로부터 제공된다. 이 양심적 지지자들이 참모 등을 포함한 인적 자원과 자금을 지원하게 된다(McAdam, McCarthy, and Zald, 1989: 702). 그 운동이 그 후원자의 이익과 일치하는 방식으로 자원을 사용한다면 후원은 끊임없이 지속될 가능성이 있다. 이 경우 외부 후원의 연계가 확립되어 운동의 참여자들이 외부 후원자들이 받아들일 수 있는 그러한 목적만을 추구하도록 고무됨으로써 운동이 온건하게 될 가능성이 있다.

화서학파가 주도한 1895년 척사위정운동의 지도부도 운동을 유지하기 위해서는 조직에 반드시 일상적인 자원의 흐름을 확립시켜야 한다는 점을 잘 알고 있었다. 만약 온건한 상소운동이라면 내부집단의 '십일조' 성격의 헌금만으로도 가능할 수 있다. 물리적 투쟁을 통한 적의 제거라는 전략의 추진을 위해서는 화서학파의 자원만으로는 그 한계가 있었다. 이러한 차원에서 자원의 동원도 전략의 속성에 따라 그 방법이 달라지고 있었다. 유인석은 운동의 시작 단계에서부터 기호·관서 지역의 사대부들과 요호(饒戶)들에게 「포고문」과 「통문」을 발표하여 운동을 지원해 줄 것을 호소하였다.38)

정부군과 일본군이 충주성을 함락시키면서 그들은 척사위정운동에 필요한 자원이 공급되는 것을 원천 봉쇄하기 위해 그 성을 초토화시켰다. 이에 그 운동의 최고 지도자 유인석의 이름으로 충주 거주민

---

38) "……지금 재물로써 도와주면 궁색한 것을 근심하지 않겠으며, 집으로써 도와주면 정처 없이 떠돌아다니는 원망이 없고, 몸으로써 도와주면 죽는다 해도 이름 없는 근심은 하지 않으리라. 도울 수 있는 물품을 의병에게 주어서 그 성공을 재촉하되 만약 성공하지 못하면 이는 의병의 죄이니, 그렇다면 무슨 유감이 있으리오. 때문에 이에 고하노니 앞에서 위로해 주고 뒤에서 격려해 주어 여러 음이 양을 없애지 못하게 해서 미미한 빛이 반드시 회복하기를 기다리게 하라(김상기, 1996: 63에서 재인용)."

들을 위로하고 어루만지는 「격문」을 발표하였다. 물론 지방의 명망가로서의 성리학적 지식인이 지역 주민의 안보, 복지 등과 관련하여 관심을 나타낸 것이다. 이는 일정 정도 충주와 그 거주민들을 자원 동원의 원천으로 지속적으로 활용하겠다는 정치적 의도가 깔린 것이라고 볼 수 있다.[39] 비참여자들이 조직의 내부집단보다는 자원이 풍부하고, 전투와 자원 동원을 동시에 하기 어렵기 때문에, 그 운동은 외부의 수익 후원자의 자원에 큰 기대를 걸고 있었다. 이러한 점은 유인석이 "우리가 대의를 펴고 못 펴는 것은 이번 충주 싸움에 달려 있는데, 여러 대에 걸쳐 벼슬한 문벌이 좋은 집의 원조를 받지 않으면 안 된다(이구영, 1994: 54)."는 언급에서 잘 드러나고 있다. 이러한 물적 자원의 운반에는 보부상들이 동원된 것으로 보인다. 이는 장익환의 「일기」에 의하면, 장림 본진으로부터 부상 한 사람이 전투복과 도서를 가지고 왔다는 기사에서 확인된다(이구영, 1994: 216). 충주 지역뿐만 아니라 중앙의 관료들에게도 원조를 요청하였다. 이조승의 「서행일기」에 의하면, 유인석의 종사로 활동한 이조승의 형인 이주승(李冑承)으로 하여금 상경하여 의병을 이해하는 조정의 관리들 가운데 유기환, 민영기, 조동희, 이동재 등과 접촉하게 하였다(이구영, 1994: 55).

운동의 초기에는 국가의 개방정책에 대한 불만 때문에, 서민들이 운동에, 특히 물적 자원을 제공함으로써 운동 자원의 흐름을 유지할 수 있었다. "삭발의 화가 급박할 적에는 사람들의 마음이 의병을 바라기를 배고프고 목마를 때 음식 구하듯 했기 때문에 사모하여 기뻐하기가 끝이 없었을 뿐만 아니라 비록 가산이 기울어도 애석한 마음을 가질 겨를이 없었다(박민영, 1986: 189에서 재인용)." 서민들의

---

[39] "향교가 먼저 타고, 민가가 따라서 회진되었으니 그 아픔과 해악이 과연 어떠하였겠는가. 실상 우리로 말미암아 도적들이 저질러 놓은 일이니 죄송함을 금치 못하노라(이구영, 1994: 41에서 재인용)."

후원이 처음부터 자발적인 것이 아닌 거의 의무에 가까운 것이었기 때문에 일정 시점이 지나면서 한계에 부딪치고 있었다. 이러한 사실은 운동 후기에 가면서 서민들의 불만을 사게 되어 외부 수익 후원자로부터의 자원 동원을 어렵게 만드는 요인으로 작용하고 있었다. "……바깥의 원조는 끊어지고 땔나무와 양식이 떨어져서 말을 잡아먹고 집을 헐어 때기에 이르렀다. 마치 새장 속에 갇힌 새와 같이 며칠 내로 말라 죽을 것 같았다(이구영, 1994: 159)."

인적·물적 자원의 동원 지역과 관련해서도 유인석은 인적 자원은 황해도와 평안도에서, 물적 자원은 돈과 곡식이 풍부한 경상도 등지에서 동원할 계획을 가지고 있었다.[40] 그러면서도 그는 운동의 본거지를 원주·제천을 중심으로 한 중부 지역 일대로 잡고 있었다. 그가 이 지역을 선택한 것은 두 지역의 인적·물적 자원을 모을 수 있는 전략적 요충지라는 점을 고려한 결과이다. 무엇보다도 이 지역은 이항로 → 유중교 → 유인석으로 이어지는 화서학파의 일대 본거지이다. 이는 그 학파가 누리고 있는 학파적 명성을 조직 확대에 활용하려는 의도를 보여 준 것이다.

외부의 양심적 지지자들은 척사위정운동에 참여한 사람들처럼 운동의 목적에 대해 관심이나 헌신적이지 않다. 따라서 그 후원은 일시적이고 정치적으로 조건 지어질 가능성이 있다. 여기서 일시적이라는 의미는 운동이 개방정책에 호응하는 지방 관료들을 구금, 처단하자 이에 위협을 느낀 지방의 수령들이나 사대부들이 단기간의 후원을 했을 가능성이 있다는 것이다. 이러한 점은 운동의 초기 단계에서 지방의 관료들을 죽이면 인근의 모든 수령들이 협조하지 않을

---

40) "우리나라의 강한 포수는 서북 지방에 있고, 돈과 곡식 및 인재는 다 동남 지방에 있으니, 의병의 기지를 원주와 제천 사이에 건설한 후 오른쪽으로 서북의 군사를 모집하고, 왼쪽으로 동남의 인재를 모집하여 굳게 지켜 잃지 않으며, 전국의 인심을 진작시킨 연후에 일이 제대로 될 것이다(이구영, 1994: 149)."

것이라는 지도부의 판단 아래 이를 구금했다는 사실(이구영, 1994: 52)에서 미루어 짐작할 수 있다. 운동 지도부의 이러한 조치는 역으로 지방의 관료들로부터 자원을 동원하려는 목적이 있었음을 분명히 보여 주는 것이었다. 정치적으로 영향을 받을 수 있다는 것은 설혹 운동에 일시적으로 지지를 보낸 사람들이 운동에 부정적인 국가의 포섭과 통제 등에 직면할 가능성이 있다는 의미이다. 이는 중앙의 관료들이 척사위정운동에 거의 인적·물적 자원을 제공하지 않았다는 데서 잘 드러난다.[41] 이러한 맥락에서 자원의 유지는 그만큼 해결하기 어려운 과제였다.[42]

물론 운동이 성공적일 경우에는 인적·물적 자원의 유지에 별다른 문제가 없다. 척사위정운동이 충주성을 함락시키자 각지의 전현직 관료들과 성리학자들이 그 운동에 자발적으로 참여하였다. 그 운동이 자원을 계속 동원하는 데 고민할 필요가 없었다.[43] 뿐만 아니라 다른 운동과의 연대도 용이할 수 있다. 유인석이 1895년의 척사위정운동을 주도하고 있음을 안 여러 지역의 의병이 이 운동에 합류하게 된다.[44] 이 경우에도 여전히 자원의 유지는 여러 가지 도전에 직면

---

41) "고관이나 부호는 한 사람도 도와주지 않아, 의병 보기를 마치 월나라 사람이 수척한 진나라 사람을 보듯 하니 어떻게 하랴. 지금 재산이 있는 곳은 다 달관이나 방백 또는 은퇴한 재상들인데, 이들이 도와주지 않으므로 사람은 많고 먹을 것은 적어 양식을 해결하기 위해 사람을 각처에 보냈다(이구영, 1994: 55)."

42) "……나라의 도적들은 사방으로 파병하여 의병을 격파하니, 의병을 일으켜 싸우던 사람들 중에는 멀리서 바라보기만 하고도 놀라서 싸우지 않고 흩어져 달아난 자가 많았다(이구영, 1994: 160)."

43) 전 장진 부사 이문흠은 단양의 민병 130명을 모집하여 왔고, 의당학파의 박세화는 문인인 유원필·곽명근·윤응선 등을 보내어 운동을 후원하였고, 영춘 군수 신긍휴와 천안 군수 김병수도 도왔다(구완회, 1997: 100).

44) 문경에서 거병한 이강년은 '제천 의병이 왕성하다는 말을 듣고' 봉기하였으며, 광주 산성에서 패한 김태원도 '제천 대장 유인석의 군세가 대단히 왕성하다'는 말을 듣고 달려왔으며, 원주에서 거병한 한동직도 제천으로 왔고, 춘천에서 패한 이소응이나 이경응, 유홍석도 마찬가지 경

할 잠재적 가능성을 안고 있었다. 척사위정운동 조직이 후원자의 이익과 일치하는 방식으로 자원을 사용하지 않을 것이라고 판단하여 아예 자원의 지원을 고려하지 않는 경우도 있었다. 당시 충주 지역은 정부의 개방정책을 지지하는 분위기가 강했다. 그 지역에 거주하는 부호나 현직 관료들의 이익은 척사위정운동의 이익과는 상반되는 것이었기 때문에, 그들의 후원은 거의 이루어지지 않았다. 개방정책을 계속 추진하는 데 이익을 가지고 있는 그들로서는 그 정책을 반대하는 그 운동조직에 인적·물적 자원을 제공할 수 없는 것이다. 물론 이들이 신변의 위협 때문에 척사위정운동에 '보험'을 든다는 차원에서 그 운동에 일시적으로 자원을 제공할 수는 있다.

이것도 충주성 전투에서 정부군과 일본군의 연합군에 패배하자 후원을 중단하였을 것으로 보인다. 더욱이 관직 박탈 등을 통해 국가가 현직 지방 관료들을 통제할 경우 이들은 국가와 척사위정운동에 대한 이중적인 지지를 철회하고 국가의 입장을 지지하는 쪽으로 방향 선회를 하면서 그 운동에 대한 일시적인 후원을 중지할 가능성이 높았다. 이러한 문제를 해결하기 위해 척사위정운동의 지도부는 공화(公貨)에 눈을 돌리게 된다. 이러한 전략은 이미 운동 발생 이전에 1895년 척사위정운동의 지도자인 유인석의 언급에서 잘 나타나고 있다. 그 운동은 '의로운' 행동, 곧 국가와 백성을 위한 것이기 때문에 운동의 수혜자인 국가와 백성들이 그 운동에 자원을 지원하는 것은 당연한 일이라고 주장한다.[45] 이것은 그 운동이 지방 관청의 재

우이다. 여주에서 기병한 이인영과 심상희도 그러했고, 원용팔도 제천 의병과의 제휴를 원하는 통고문에서 당시의 이러한 분위기를 강조하고 있다(구완회, 1996: 127~128).

45) "······나라의 저축분과 백성의 창고에서 취하여 써야 하오. ······진실로 이 행동이 의로움에서 나왔다면 진정 나라를 위하고 백성을 위하는 마음일 것인즉, 이 나라와 백성을 놓아두고 어디서 (재물을) 취한단 말이오 (구완회, 1997: 56에서 재인용)."

화와 일반 백성들의 부역 및 물자 등을 징발하면서 내세운 합리화 논리였다.

인적 자원의 지속적인 동원과 관련하여 운동의 지도부는 포군 출신들뿐만 아니라, 민병 동원에도 상당한 성과를 거두고 있었다.[46) 또한 운동의 지도부는 새로운 인적 자원들을 유지하기 위해 노력하고 있었다. 영남을 비롯한 여러 지역에 군사를 모집할 요량으로 소모사(召募使)를 파견하여 일정 정도 인적 자원 유지에 성공하였다. 운동의 지도부가 보기에 만족할 만한 수준은 아니었다. 이와 더불어 그 지도부는 작전계획을 수립하면서도 인적 자원의 유지 문제를 고려하고 있었다. 그 운동이 주공격 대상으로 삼았던 제천성은 관동 지역과 통하는 군사적 요충지였다. 특히 그 지역은 무장조직의 핵심을 이루고 있던 우수한 포수들을 계속 동원할 수 있는 곳이었기 때문에 제천성 공격에 주력했던 것으로 보인다(구완회, 1997: 71).

또한 농민들의 부역을 통해 진지를 구축하는 등 농민이라는 인적 자원을 동원하고 있었다. 이것도 초기에는 농민들의 자발적인 참여로 성과를 거두었으나 단발령이 철회되고, 부역의 부담이 가중되고, 농사철과 겹치면서 인적 자원의 유지가 어려워졌다. 이에 운동의 지도부는 전략을 수정하지 않은 채 기존의 것을 고수하고 있었다.[47)

---

46) 충주성 공격 때에는 포군이 400여 명에 지나지 않았으나 후방에서 주력 전투부대를 지원하는 농민들로 구성된 민병이 약 3,500여 명이 동원되고 있었다. 이들은 대체로 촌락 단위로 차출되었는데, 몽둥이, 괭이, 쇠스랑, 낫 등으로 무장하여 전투력은 기대할 수 없었지만 단지 세력을 과시하는 효과는 있었다(이구영, 1994: 157).

47) 이 점은 유인석과 장익환과의 대화에 잘 나타나 있다. 유인석이 단양 백성들의 동정에 대해 물었을 때 장익환은 이에 수사학적으로 답변하고 있으나, 유인석은 실상을 올바로 파악하고 있었던 것으로 보인다. 곧 "부역하는 일 때문에 비록 농사에는 해가 있으나 어리석은 백성은 오히려 복수보형의 의로움을 알고 있고, 단지 의병이 굳지 못함을 걱정합니다."라는 대답에 유인석은 "민정이 어려운 바를 모르지는 않으나 이(부역)는 실로 없앨 수 없는 일인 고로 잠깐만 이를 행하라."고 하였

350 더럽혀진 성리학적 질서의 되살림

이 또한 나중에 운동조직이 농민들의 지지를 상실하는 하나의 원인으로 작용하였고, 결국 운동의 실패에 기여하게 된다.

이러한 인적 자원의 동원을 위해 운동의 지도부는 호전적인 의병가사를 활용하기도 하였다. 유인석의 종형인 유홍석(柳弘錫, 1841~1913)은 1896년에 「고병정가사(告兵丁歌辭)」를, 유홍석의 며느리인 윤희순(尹熙順, 1860~1935)은 「병정노릭」, 「으병군ㄱ」, 「병정ㄱ」, 「으싀름으병노릭」, 「애들픈노릭」, 「병어중」, 「안스룸으병ㄱ노릭」 등을 지었다. 그 내용은 부녀자들도 의병활동을 도와주고, 의병운동에 참여를 권고하는 것이었다(이창식, 1996: 202~207). 이러한 가사들은 척사위정운동의 이념을 확산시켜 참여자들, 특히 청년들48)과 부녀자들49)을 새로 유인하는 수단으로 활용되었다.50)

외부의 수익 후원자들의 자원 동원이 여의치 않자 1895년의 척사위정운동은 점령 지역 내의 기존 수령 지배체제를 대행하는 수성장(守城將) 체제를 출범시키면서, 이를 활용하여 물적 자원을 동원하고 있었다. 이 체제는 기존의 수령을 매개로 한 국가의 군현-향촌

다(이구영, 1994: 213).

48) 청년들의 의병 참여를 권유하는 것으로는 윤희순이 작사한 「병어중」(이창식, 1996: 208에서 재인용)이 있다.

국도이서 천지ㄱ 문어지는듯 으병을 　하는듸 ㄱ믄이보고 잇쓸손야	ㄴ도나ㄱ 으병을ㅎ여 ㄴㄹ츅고 분을 푸러보 　즈
한번준더르도 떳떳ㅎ기 주거보싀	조선으기 청연들라 뻘리ㄴ와 으병ㅎ여보싀
안늬도 ㄴ와 으병을 도우는듸	하물며 우리청연들리 ㄴㄹ를일고 가믄니 잇 　쓴손야
너도ㄱ고 ㄴ도ㄱ즈	ㄴㄹ읍시 슬수인ㄴ 죽더릭도 ㄴㄱ보싀
외놈들를 즈버드ㄱ 슬를굴고 뼈를 ㄱ 　러도 흔이 은플이는듸	ㄴㄱ보싀 으병ㅎ러

49) 이의 대표적인 가사가 윤희순이 지은 「병정노릭」(이창식, 1996: 206에서 재인용)이다.

지배를 사실상 중단시키는 가운데 기능하고 있었다. 조선시대의 수령은 관할 구역 내에서의 지배자로서 상당한 재량권을 확보하고 있었다. 그의 권한은 농민들의 생산물을 수취하여 국가의 경제적 기반을 확보하는 것뿐만 아니라 치안 및 재판과 관련한 광범위한 것이었다. 수령의 군현 지배는 성리학 이념의 재생산을 담지한 재지 사대부들과 농민들의 동의 아래 가능하였다. 갑오년 이래의 여러 개혁조치와 지방제도 개편은 기본의 지배방식에 변혁을 초래하였다. 군사지휘권은 물론이고 수세에 관한 권한마저 위축되었다. 이러한 조치는 종래의 관행과 충돌하는 것이었다. 새로운 체제의 정비는 여러 차례의 곡절을 거치면서 번복되기도 하였다.

그러나 전반적인 추세는 지방관과 이서(吏胥)층의 권한을 제약하는 쪽으로 전환되고 있었다. 수령은 단지 지방사회에 중앙 정부의 정책을 전달하는 것 이외에는 별다른 구실을 하지 못하였다. 개방정책의 앞잡이로 간주된 '왜관찰(倭觀察)과 왜군수(倭郡守)'는 전통적 명분을 앞세우고 무력까지 동원한 척사위정운동 앞에 저항할 수 없었다. 그들이 단죄되고 도망하자 자연스럽게 공식적 지배구조는 붕괴되었다. 이러한 구조가 마비되었다고 농민이 무정부 상태에 놓여

우리ᄂᆞᄅᆞ 으병들은 ᄋᆡ국우로 뭉처쓴니	고혼이 된들 무워시 서러우랴
으이로 중는거선 ᄃᆡᄌᆞᆼ부의 도리거늘	주금우로 뭉처쓴니 주금으로 충신되ᄌᆞ
우리ᄂᆞᄅᆞ 좀벌ᄂᆡ ᄀᆞᆺ든 놈들라	어ᄃᆡᄀᆞ서 살수읍써 오랑ᄏᆞᄀᆞ 좇ᄆᆞᆯ인ᄀᆞ
오ᄅᆞᆷ키를 ᄌᆞᆸᄌᆞ혼이 ᄂᆡ사ᄅᆞᆷ을 ᄌᆞᆸ기끈나	죽두라도 서러워ᄒᆞ디 ᄆᆞᄅᆞ 우리으병은 금수를 ᄌᆞᆸ는거시ᄃᆞ
우리으병들은 주거서ᄅᆞ도 느외괴 복수를 할커신이	그리ᄋᆞᆯ고 우리인군을 괴롭피지 마라
원수 오랑키야	

50) 이밖에도 정재홍의 「사상인연가(思想人戀歌)」와 「생욕사영가(生辱死榮歌)」, 민용호(1865~1922)의 「회심가(回心歌)」, 전수용의 「격가(檄歌)」, 이석용의 「격중가(檄衆歌)」, 신태식(1864~1932)의 「신의관창의가(申義官倡義歌)」, 김대락의 「분통가(憤痛歌)」 등의 가사가 있다(이창식, 1996: 209).

있었던 것은 아니었다. 1895년 척사위정운동 조직의 지도부는 점령 지역에 수성장을 임명하였고, 이러한 체제를 통해 운동의 유지에 필요한 여러 자원들을 동원하고 있었다.[51)

1895년 척사위정운동의 지도부는 개방파 정부가 임명한 수령 중심의 국가 지배를 거부하면서도 기존의 이서 및 향촌 자치조직을 활용함으로써 한계를 드러내고 있었다. 물론 그 당시 현실 여건을 고려한 전략이었기는 하지만 결과적으로 운동은 일반 백성들의 이익과는 배치되는 행태를 보여 주고 있었다.[52)] 뿐만 아니라 운동은 서민을 침해한다는 비난을 받으면서까지 집집마다 세금을 거두어들이고 있었다.[53)] 이것은 그 운동이 지지의 원천을 자발적 참여자로부터 구하기보다는 서민으로부터의 수취에 의존하였음을 보여 주는 것이다. 더욱이 국가가 제도개혁 과정에서 폐지된 역도조(驛賭租)까지 부활시켜 수취하였으며, 이에 대해 "군량을 공급하다 굶어 죽으면 그것 역시 의(義)에 죽는 것이다."라고 징수 그 자체를 정당화하고 있었다(구완회, 1996: 151). 그럼에도 불구하고 제천에서 철수하자 자금의 흐름이 끊기는 등, 그 지지원천을 상실하여 운동의 침체를 가져오고 있었다.[54)] 동원된 자원도 질적인 면에서 정부군이나 일본군에 비해

---

51) 구완회(1996: 138)에 따르면, 운동의 지도부가 국가의 지방 통치를 대신하는 수성장을 임명했던 곳은 지평·제천·청풍·단양·영춘·원주·영월·평창·정선 등 9개 군이다. 이 지역은 1895년 척사위정운동의 주요 활동 무대이기도 하다.

52) 이와 관련하여 당시 제천민들은 머리 깎는 것(剃髮)을 면해 주는 대신 돈 한 냥을 징수하는 관군과, 체발자를 처벌하는 의병 때문에 생업에 뜻을 잃고 죽기를 작정할 정도였다는 기록이 보인다(오영섭, 196: 167 각주145).

53) 역으로 부담을 덜어주는 것이 칭찬의 대상이 되는 식이었다. 곧 "우리 읍의 화약은 처음에 500근이었으나 수성소에서 사객소에 품고하여 200근을 덜었으므로 읍과 촌이 모두 그 덕(德)을 기린다(이구영, 1994: 210)."는 것이다. 이는 지방 관료들의 가혹한 수취와, 백성들의 부담, 관료들의 경감 조치와 동일한 형태를 띠고 있어 흥미롭다.

열악하였다.55)

특히 인적 자원의 동원과 관련하여 운동의 지도부는 자파 세력의 동원에도 한계를 드러내고 있었다. 화서학파의 내부 분열로 인해 그나마 김평묵 계열의 지식인들은 동원의 고려 대상도 되지 못했다. 분열의 단초는 1876년의 「병자연명유소」의 대표자(疏首) 문제였다. 이때 소수가 유기일에서 유인석으로 바뀌고 다시 최종적으로 홍재구가 추대되면서, 유중교-유인석 계열과 김평묵-홍재구 계열, 유기일을 중심으로 한 계열 등이 서로 경쟁관계를 유지하게 되었다. 이로 인해 화서학파는 척사위정운동에 있어 분열되고 있었다. 여기에다 이항로의 제자들 사이에 1886년의 심설(心說) 논쟁이 일어나면서 화서학파는 김평묵과 유중교 두 사람을 정점으로 양분되고 만다.56)

이와 관련하여 최익현은 1888년 김평묵에게 보내는 편지에서 김평묵과 유중교의 대립을 우려 섞인 시선으로 바라보고 있었다.57) 김

---

54) "……지금 백성의 힘이 다했고, 군수 물자와 잡비가 모두 백성에게서 나오는데, 거두어들이는 것을 법도가 없이 함부로 하도록 일임해서야 되겠습니까(구완회, 1996: 144에서 재인용)."

55) 충주성 공격에는 일반 백성들 가운데 뽑힌 민군 3,500여 명이 동원되었지만, 이 가운데 총을 소지한 사람은 400여 명에 지나지 않아(이구영, 1994: 157) 무장률이 약 11%에 불과하여 완전 무장한 정부군이나 일본군을 정신력만으로 상대하기에는 물리적 수단이 역부족이었다.

56) 이때 김평묵을 지지한 인물로는 최익현·홍재구·유기일 등이 있고 유중교의 논리를 따른 학자로는 유인석·유중악·이근원·주용규·이소응·송민영·오인영·이진응·서상렬 등이다(박민영, 1986: 175~176). 이항로가 죽은 지 18년이 지난 뒤인 1886년 그는 스승의 심설을 '고르고 보완하여 (調補)'하려는 뜻을 가져 김평묵에게 「조보화서심설(調補華西心說)」의 편지글을 올리자 김평묵이 크게 반발하면서 이항로의 문하는 크게 갈라서게 되었다. 2년 뒤인 1888년 3월 그는 수정안인 「화서선생심설정안(華西先生心說正案)」을 들고 김평묵을 찾아갔다. 1893년 3월 그는 죽음을 하루 앞둔 자리에서 다시 이 책을 환수하여 소각시킬 것을 제자들에게 명하였다. 이처럼 유중교가 임종 시에 자신의 심설을 거둬들임으로써 문중의 화합을 도모하지만, 심설에서는 여전히 차별성을 보였다(홍원식, 1996: 577~579).

평묵의 문인으로서 유중교에 대한 공격에 앞장섰던 홍재구, 유기일 등은 유중교의 문인으로부터 절교당하는 일까지 빚어졌다. 당시 장담의 선비들이 읽었던 텍스트를 보여 주는 『장담강록』의 기록에서도 김평묵의 문자가 잘 보이지 않는 것은 그 때문으로 여겨진다. 이로써 현실대응의 문제에서도 차이가 나게 되었는데, 1895년 척사위정운동을 주도한 세력은 대개가 유중교의 문인들이었다(구완회, 1997: 51 각주70). 이처럼 학파 내의 논쟁과 분열 때문에 김평묵과 유중교의 문인들은 척사위정운동을 전개해 가면서 끝내 서로 합치되지 못하고 전력의 분산을 초래하게 된다(박민영, 1986: 179).

뿐만 아니라 자원의 동원을 정치적으로 노론의 입장을 최우선적으로 고려했던 것으로 보인다. 운동의 초기 단계에서 화서학파 내지 노론 계열로 외부 후원자를 국한시키고 있었다. 특히 유인석은 남인 계열에 대해서는 노골적으로 반대하고 있었다.58) 물론 이러한 계획은 현실적인 차원을 고려한 것으로 보이는 측면도 있다. 왜냐하면 그 당시의 척사위정운동 일반이 연대보다는 고립 분산적으로 전개되고 있었기 때문이다. 극단적인 경우는 화서학파가 주도한 1895년 척사위정운동 조직 내부에서도 전투에 따른 보상을 둘러싸고 연합작전에 상당히 어려움을 겪었던 사실에서 잘 확인된다. 하물며 다른 학파 또는 다른 정치적 입장을 가진 집단에게서 인적·물적 자원을 동원한다는 것은 현실적으로 어려운 일이었다.

---

57) "……이 노인(유중교)이 홀연히 다른 말을 제기한 것은 참으로 알 수가 없으니……그가 쌓은 사리에 통달하여 밝힌 공부로서, 어찌 마음의 도(道)와 기(器)의 상하에 분수가 있는 것을 알지 못했겠으며, 또한 어찌 스승의 말을 이동하는 것이 만만 황송한 것임을 알지 못하였겠습니까? 만일 이해화복이 그의 마음을 빼앗은 것이 아니라면, 반드시 하늘이 그 넋을 바꾸어 놓은 것이니, 성리학의 큰 액운입니다(최익현, 1977: 291)."
58) "영남 사람들은 비록 성품이 곧기는 하나 어리석고 겁이 많을 뿐이오. 또한 인물은 부드럽고 강하지 않으니 본디 병사와 장수로 쓸 만한 것이 없으니 어찌 거기서 취하겠소(구완회, 1997: 65에서 재인용)."

그럼에도 운동의 지도부, 특히 유인석은 외부의 양심적 지지자들의 범위를 축소시켰다가 이후 자원 동원에 어려움을 겪자 그 범위를 확대하는 방향으로 선회를 하지만, 큰 성과를 올리지 못했다.[59] 이는 1895년 척사위정운동의 지도부만 경험했던 것이라기보다는 전국적인 현상이기는 하였지만 제한적인 범위 안에서 자원을 동원하겠다는 계획은 이미 처음부터 실패할 가능성을 안고 있었던 것이다. 운동의 목적이 일정 정도 실현되면서 자원의 유지는 더욱더 어려워지게 되었다. 왜냐하면 목표가 달성되면 외부 후원자는 곧바로 자원 제공의 의사를 철회할 가능성이 있기 때문이다.[60]

국가에서 단발령을 폐지하자 1895년 척사위정운동에 대한 서민들의 반응이 이전과는 다른 양상을 보이기 시작하였다. 단발령이 화급할 때에는 모두가 분발하여 동참하였지만, 이것이 철회되고 난 후에는 농민들의 참여가 약화되어 그 운동이 어려움을 겪고 있었다. 더욱이 봄에는 진휼용 환곡 등을 군사용으로 전용하고, 부역에 동원됨에 따라 농민들은 큰 부담을 안고 있었다(구완회, 1996: 152~153). 이에 백성들이 척사위정운동에 등을 돌리는 사태가 발생하기 시작했다.[61] 그 운동의 촉발 요인으로 작용했던 단발령이 폐지되어 운동에

---

59) 장익환의 「일기」에 의하면, "진중이 평평하고 안정되어 선비가 많이 운집하였으나 장군을 얻지 못함이 한스럽다. 소모중군 김동관(召募中軍金東觀)이 포병 40명을 인솔하고 영남을 향하여 갔다(이구영, 1994: 212에서 재인용)."고 기록하고 있다.

60) "……단발령이 급박하였을 때에는 인심이 의병에게 바라는 것이 기갈이 심할 때 음식을 구하는 마음보다 더 간절했습니다. 때문에 의병을 사모하고 기뻐하는 것이 끝이 없어 집이 기울어져 파산을 하더라도 애석한 마음이 있을 겨를이 없었습니다. ……(그러나) 단발령이 철회되어 인심이 누그러져 이제는 무사하다고 생각하여 도리어 의병을 싫어하고 괴로워할 즈음에 이 책임을 맡아서 안승우가 날마다 토색을 일삼고 있으니 사람들의 원망을 어찌 면할 수 있겠습니까(이구영, 1994: 162)."

61) "머리 깎는 화가 그치자 인심이 누그러져 마치 태평한 시절로 알아 도리어 의병을 싫어하고 괴롭게 여겼다. ……의병이 들어온다는 소문을 들

대한 사람들의 지지가 하락하자 자원조달의 책임을 지고 있던 중군
의 책임이 막대해졌다. 1895년의 척사위정운동을 유지하기 위해서는
외부집단이든 내부집단이든 간에 자원을 계속 동원하는 것이 중요한
일이었다.62)

  1896년의 척사위정운동은 이렇게 동원한 자원들을 '적의 제거'라
는 호전적 이념에 맞게 편제하게 된다. 먼저 인적 자원의 편제와 관
련하여 유인석은 대장에 추대되자 거의 대부분 사대부들을 중심으로
운동의 지도부를 구성하게 된다. 이와 더불어 전투력 강화의 차원에
서 조직의 역할을 세분화시키는 이른바 조직의 분화를 통해 그 운동
은 핵심조직과 지원조직이라는 조직의 구조를 갖추게 된다. 그 운동

고는 이치에 부당한 말로 관속과 주민을 꾀어 시장을 철폐하고 상점을
파괴했으며, 배를 침몰시키고 나루를 끊었다. ······민심마저 침몰되니 어
찌 이런 지경에 이르렀는가(박민영, 1986: 189~192에서 재인용)."

62) 그럼에도 불구하고, 그러한 역할을 권력 행사로 잘못 이해한 간부들 때
문에 그것의 유지뿐만 아니라 운동의 분열까지 초래하고 있었다. "······
단발령이 철회되고 인심이 누그러져 아무 일도 없는 것 같은데, 군수
물자는 전부 중군이 책임지고 있기 때문에 날마다 백성에게 구하고 찾
아야 하니, 백성은 도리어 싫어하고 괴로워하며 혹은 원망하고 미워하
는 것이었다. 속된 선비와 어리석은 인간은 마치 권세 부리는 마당으로
잘못 알고, 참모와 종사를 무슨 조정의 관직같이 구하여 얻으려고 하
며, 혹은 서로 분당을 만들어 자기편을 두둔하며 혹은 한쪽으로 기울어
져 사실을 문란하게 하니, 군중(軍中)의 전조가 대단히 두려워하여 마
치 빙판과 같았다(이구영, 1994: 161)." 때문에 운동의 지도부는 물적
자원의 동원과 관련하여 농민들의 부담과 피해를 감소시키려고 노력하
였다. 장익환의 「일기」에 의하면, 장회에서 온 파수소(把守所) 포병들
간에 평민을 토색하는 자가 있는 고로 해당 파수장 안성열 및 종사 이
영복에게 엄칙하였다는 것이다(이구영, 1994: 216~217에서 재인용). 운
동의 지도부는 물적 자원의 동원과 관련하여 농민들의 부담과 피해를
감소시키려고 노력하였다. 그러나 여의치 않았고, 때가 농사철이라 더
욱 곤란을 겪었다. 이러한 사실은 운동의 지도부의 한 사람인 장충식이
그의 아들에게 보내는 편지에 잘 나타나 있다. 곧 "군량이 마침내 다
떨어져 단읍의 사창(社倉)과 환곡(還穀)과, 집곡(執穀)을 모두 실어올
계획인데 이제 농사철을 당하여 궁핍한 백성들의 동정이 크게 걱정이
된다(이구영, 1994: 212에서 재인용)."고 하였다.

의 핵심 구성원들은 성리학자들이었다. 그러나 그들만의 언어와 상징으로 운동을 구성, 전개시키다 보니 서민의 참여를 통한 대중화에 한계를 드러내고 있었다. 또한 군사 전문가들이 운동에서 실질적인 영향력을 가질 경우 리더십의 균형이 깨질 수 있다. 달리 말해 이들은 전투에서 이데올로기 창안자나 교육 담당자보다는 상대적으로 더 효율적이고 강력한 자원, 곧 전문적인 군사기술과 정보 등을 가지고 있었다. 평화적인 상소운동이 물리적 폭력을 수반하는 운동으로 전환되면서 척사위정운동은 새로운 자원을 발견해야 하는데, 그 일환으로 운동 지도부는 포군 출신의 김백선을 영입하였고, 그는 선봉장으로서 많은 공을 세우게 된다.

여기서 우리가 관심을 가지는 것은 이후 지도부의 리더십의 변화이다. 왜냐하면 김백선의 처형 사건이 가지는 의미가 바로 거기에 있었던 것처럼 보인다. 전투에서의 승리가 운동의 최우선 목표라면, 그것을 많은 부분 담보해 주고 있던 김백선은 조직 내부에서 상당한 정도의 위치와 리더십을 확보하고 있었을 것이다. 이를 뒷받침하는 증거로, 그가 이끄는 부대가 1896년 3월 27일 가흥 전투에서 일본군 수비대를 괴멸시키고, 진지를 공격할 때 본부에 요청한 지원군이 오지 않아 점령에 실패하고 회진하여, 평민 출신인 그가 사대부 출신의 중군장 안승우에게 대항할 정도이다. 이를 두고 운동의 지도부는 군기문란을 이유로 김백선을 처형하였다(김상기, 1996: 55).63)

이는 양반과 무식한 대중 사이의 간격뿐만 아니라 전투 경험이 거의 없는 양반 출신의 지도부와 포군들 사이에는 군사기술 등을 포함한 의사소통이 원활하지 않았던 것으로 보인다. 우리가 주목하는 것

---

63) 이는 운동의 지도부의 한 사람이었던 장충식이 그의 아들에게 보내는 편지에 잘 나타나 있다. "선봉 김백선은 누차 장군의 명령을 범하여 용서할 수 없는 고로 어제 오후 1시와 3시 사이에 처형하니 군대의 명령이 공(公)이 지극하고 사사로움이 없음을 이에서 볼 수 있다(이구영, 1994: 208에서 재인용)."

은 그 운동에 있어 사대부들이 리더십의 상층을 차지하고 있는 가운데 물리적 투쟁을 통해 성리학을 보존하려는 것과, 군사 전문가에 상응하는 높은 수준의 실질적인 리더십 요구가 서로 마찰음을 내면서 생긴 사건이라는 것이다. 군사전략 수립에 있어 사대부와 포군들은 상당히 다른 관점을 노출하고 있었던 것으로 보이며, 이는 리더십의 변화를 수반할 수도 있는 국면이기도 했기 때문이다.

일반적으로 운동이 급진화되면 이데올로그보다는 군사 전문가들이 리더십의 상층에 오를 가능성이 있다. 아마도 이 경우가 이에 해당하는 것이라고 보인다. 김백선이 이끄는 포군은 운동의 핵심으로, 전투가 진행되면 될수록 그 중요성은 더 커졌을 것이다. 따라서 물리적 투쟁을 위주로 하는 운동을 이끌어 갈 리더십은 이데올로그보다는 김백선과 같은 이러한 전문가가 더 필요했을지도 모른다. 김백선은 사대부 중심의 운동 지도부에 대해 전문가가 상위의 리더십을 가져야 한다고 주장했는데, 이것은 항명 사건으로 간주되어 처형되었다.64)

결국 사대부 중심의 지도부는 리더십의 균형이 와해되는 것을 원하지 않았기 때문에 운동조직에 절대 필요한 인적 자원임에도 불구하고 그를 처형하였다. 이 처형 사건으로 서민 출신 조직의 하부 구성원들이 동요, 이탈하는 사건이 발생하였으며, 전력의 약화를 초래했다. 1895년의 척사위정운동은 성리학자들을 그 지도부로 하면서 포군 중심의 하부조직으로 구성되었다. 이러한 구성으로 출발하여 인적·물적 자원의 동원을 통한 조직의 확대에는 어느 정도 성공하

---

64) "김백선이 노한 소리로 말하기를, 전에 충주성을 탈취하던 즉시 서울로 쳐들어갔으면 적의 소굴을 소탕하였을 것인데, 이제 제천 한구석에서 민가의 미음과 기름, 장작을 징발하며 농사철을 빼앗아 성을 쌓으니 어느 때에 적을 섬멸하리오. 무능한 장수를 참하고 스스로 찔러 자결하여 둘 다 기뻐하는 것이 낫겠다고 하면서 칼을 빼었더니 장수의 앞에서 칼을 빼어 들었다는 죄명으로 마침내 총살형을 당하였다(구완회, 1997: 129에서 재인용)."

였지만, 지속적인 그 자원의 동원에 어려움을 겪으면서 그 한계를 드러냈다. 그 조직은 외부 행위자들의 요구와 교섭하는 과정을 통해 조직의 활동을 구체화하였으며, 이러한 활동을 위해 자원들을 편제하는 조직의 구조를 가지게 되었다.

또한 1895년의 척사위정운동은 국가, 서민 등으로 대표되는 다른 행위자들과의 복합적인 관계 구조의 교섭을 수반하며, 이를 통해 적을 통제하기 위한 직접적인 투쟁활동을 설정하게 된다. 이를 잘 보여 주는 것이 국가가 척사위정운동의 해산을 명령하자 이에 운동의 지도부가 보인 반응이다. 그 지도부는 국가의 이러한 요구를 '적의 제거'라는 전략과 관련지어 관리하고 있었다. 아직 주요 개방파가 지방과 중앙에 건재해 있으며[65], 일본군의 병참기지가 그대로 남아 있으며, 음력(正朔)·의복 색(服色)·관재(官制)·주군(州郡)·체발(削髮)의 미개정 등의 이유를 들어 국가의 요구에 부정적으로 대응하였다(이구영, 1994: 44). 이는 역으로 운동의 최종목표가 아직 달성되지 않은 것으로 판단하여 국가의 해산 요구에 이렇게 교섭하고 있는 것이다.

그 운동이 서민들의 요구를 관리하면서 이를 조직의 호전적 활동과 연결시킨 것은, 개방파 계열의 지방 관료들에 대한 처리에서도

---

65) "소문이 미친 곳마다 의병이 봉기하니 김홍집과 유길준 등 도적의 무리들이 창황망조하던 중 자기들끼리 정권 쟁탈전을 빚어내어 이완용, 이윤용, 이범진, 박정양 등이 기회를 타서 임금님을 러시아 공관에 모시고 갔다. 군인들이 드디어 김홍집, 정병하를 길에서 타살하고, 유길준은 적진으로 피난했고, 어윤중은 수원으로 도망가다가 길에서 향민들에게 타살당했다. 이리하여 인심은 좀 누그러져 희망을 가졌으나, 세 이가와 박은 본래 김홍집, 유길준과 다 같은 일당으로 권력을 다투기 위해 나온 것이므로 왜적에게 복종하는 것도 전과 같으며, 오랑캐의 제도를 이어 쓰는 것도 전과 같으며, 의병을 질시하는 것도 전과 같아서 사방으로 병정을 파견하여 의병을 격파하기를 일삼고 있으니, 인심은 울분이 전보다 배는 더하였다(이구영, 1994: 156)."

잘 보인다.66) 이조승의 「서행일기」에 의하면 단양 군수 권숙과 청풍 군수 서상기, 충주 관찰사 김규식 등의 처리 문제를 둘러싸고 운동의 지도부는 서민들의 요구를 수용하고 있었다. 크게는 이들을 처형하는 것이 '민심'에 부응하는 것이었다. 작게는 권숙의 경우 중앙의 집권 개방파의 지시를 신속하게 집행하였을 뿐만 아니라 당시 개방파의 대표적인 인물인 어윤중과는 사돈관계에 있다는 이유로, 서상기는 단발령에 앞장서서 이에 반대하는 지방의 사대부들을 괴롭혔고 일본군을 끌어들였다는 이유로, 김규식은 강제 삭발에 앞장섰다는 이유를 들어 이들을 처형하였다(이구영, 1994: 52~54).

여기서 우리는 특히, 권숙의 처형 사건에 주목한다. 권숙은 척사위정론자인 권상하의 후손으로, 권상하는 척사위정집단의 대표적인 상징물이라 할 수 있는 만동묘의 복원에 앞장섰던 인물이다. 그럼에도 불구하고 그의 처형을 둘러싸고 운동의 지도부들이 고민한 흔적은 보이지만 그렇게 할 수밖에 없었던 것은, 그 운동으로서는 사대부들과 서민들의 요구를 관리해야 할 필요성이 있었기 때문이다. 이를 통해 1895년의 척사위정운동은 비참여자들에게 전략과 관련하여 운동의 궁극적인 목표가 '적의 제거'에 있다는 점을 확인시켜 주었을 뿐만 아니라, 참여자들의 헌신을 계속 유지시킬 수 있는 하나의 발판을 마련하고 있었다. 이러한 점은, 유인석이 1895년의 척사위정운동이 실패하고 난 뒤, 요동에서 귀국하여 의병을 다시 일으키려고 하다가 그만둔 사실에서도 확인된다. 이와 관련하여 그는 서민들의 요구사항을 제대로 관리할 수 없기 때문에 운동을 포기할 수밖에 없

---

66) 이것은 운동의 지도부 가운데 사람인 이춘영의 언급에서 잘 드러나고 있다. "이른바 재상·수령이란 자들이 나라를 잊고, 조상을 잊고, 의로움도 없고, 부끄러움이 없기가 이와 같으니 이는 모두 적의 무리이다. 먼저 이 같은 무리를 죽인 연후에 가히 천하의 이치를 밝히고 사람의 마음을 바로 잡을 수 있다. 내가 비록 힘이 부족하여 왜적을 멸할 수 없더라도 이들은 반드시 죽일 것이다(구완회, 1994: 65~66에서 재인용)."

는 현실에 대해 적고 있다. 명분과 일반 서민들의 요구 및 운동에 대한 태도 등을 제대로 관리할 수 없는 상황에서는 운동을 다시 일으킬 수 없다는 것이다.[67]

박재묵(1996)에 의하면, 흔히 운동에 참여한 사람들은 기존 체제를 옹호하는 세력, 특히 국가로부터 다양한 형태로 낙인찍히기 쉬우며, 이들에 대한 부정적 이미지의 일부분은 바로 이러한 낙인의 결과이다. 이는 사회통제의 일부분으로 작용하며, 운동을 둘러싼 하나의 환경으로 기능한다. 운동의 억제 요인으로서의 사회통제의 핵심은 운동에 대한 국가기구의 반응이다. 왜냐하면 국가는 지배적 엘리트 이익의 제도적 구현체인 동시에 폭력의 합법적 사용의 독점체이기 때문이다. 사회통제는 크게 운동의 조장구조를 최소화함으로써 운동을 예방하는 활동과, 운동이 일어난 후에 이루어지는 다양한 활동으로 나누어진다. 물론 부적절한 통제는 다시 운동의 대의(大義)를 제공하고, 운동의 양상을 더욱 치열하게 만들 수 있다. 척사위정운동에 대한 국가의 대부분의 통제가 그 운동을 급진적으로 만들고 있었다.

1876년 이후 척사위정운동은 국가로 대표되는 이 운동에 적대적인 환경에 직면하고 있었다. 그 운동이 계속 존속될 수 있느냐의 관건은 국가와 얼마나 성공적으로 교섭하느냐에 달려 있다고 해도 과언이 아니었다. 이러한 맥락에서 척사위정운동과 국가와의 관계가 중요하다. 먼저 국가는 척사위정운동의 조장구조를 최소화시키기 위해 운동을 예방하는 활동을 전개하였다. 이는 사전에 통제를 가하는 것으로, 국가의 입장에서 볼 때 운동을 무산시키게 되는 긍정적인 효과도 기대할 수 있지만, 도리어 운동을 격화시키는 결과를 초래할 수도 있다.

---

67) "무릇 의(義)는 합당하지만, 세력이 미치지 못하여 다시 일어날 수가 없고, 세력은 미치지만 의가 합당하지 않으면 다시 일어나지 말아야 하며, 만약 의가 합당하고 세력이 미친다면 다시 일어나지 않을 수 없으리라(박민영, 1986: 214에서 재인용)."

특히 통제가 부적절할 경우 그 운동에 대한 방관자적인 대중들과 관련 엘리트들의 반응 및 지각에 영향을 미쳐 운동의 조장구조를 최소화시키기보다는 오히려 확대시키는 결과를 초래할 수 있다.

전자에 해당하는 대표적인 보기는, 1876년의 척사위정운동에 참여한 성리학자들이 국가의 통제로 해산한 사건이다. 그들은 개항 교섭의 진행 상황을 정확하게 파악하지 못하고 있다가, 정부의 고위 관료가 제시한 '기독교를 행하는 것이 불가하다'는 교서와 대관문답(大官問答)에 '서양인은 우리나라의 원수' 등의 표현을 보고 서학을 금하는 것으로 이해하여, '서양과 강화하는 것은 불가하나 왜와 강화하는 것은 무방하다'고 하면서 스스로 해산하였다(권오영, 1989: 139). 운동이 개방에 관한 정보 부재와 국가에 의한 정보 왜곡 등으로 국가와의 교섭을 성공적으로 수행하지 못함으로써 운동이 실패하는 결과를 초래하였다. 그러나 국가의 입장에서는 거짓 정보를 통해 사전에 운동이 확대되는 것을 통제할 수 있게 되었다.

국가의 통제가 부적절하여 오히려 문제가 된 사례도 있다. 이와 관련하여 1881년의 척사위정운동에서 참여자들의 저항이 격렬해지자 고종은 「척사윤음」을 반포하여 그 운동의 조장구조를 최소화시키려고 하였다.[68] 이 발표는, 사실상 국가가 개방정책을 추구하면서도 표면적으로는 이와 다른 의지를 갖고 있는 것처럼 상황을 호도하려고 한 것이었다. 이것은 오히려 척사위정운동을 더 확대시키는 결과를 초래하였다. 뿐만 아니라 평소 이 문제에 별다른 관심을 가지고 있지 않던 다른 성리학자들에게도 영향을 미쳐 척사위정운동에 대한 우호적인 분위기를 만들어 내기도 하였다.

---

[68] "사특한 무리를 확실히 청소하는 방법이 옛날에도 부족한 것이 아니었는데 지금 무엇을 더하리오. 그 근본을 돌이킬 뿐이다. ……지금 기독교를 쓸어서 청소해 버리고자 하는 것은 우리 성리학을 닦는 것만 한 것이 없겠다(이이화, 1994b: 488에서 재인용)."

또 하나의 보기는 최익현의 상소를 둘러싼 사회적 통제였다. 최익현은 1873년 10월에 동부승지의 명을 받은 지 며칠 지나지 않아 호조참판에 임명되자 이에 사직하는 상소를 올렸는데, 거기에 "옛 법을 변경하여 인륜을 무너뜨렸다."라는 부분이 문제가 되었다. 이에 죄를 받게 되자 이항로 문하의 동문 선배인 현직에 있던 양헌수가 이 구절을 고치라고 권유하자 최익현은 "망발된 것을 고치는 것은 떳떳하지 못하니 차라리 죄를 받겠다."하고 이를 거절하였다.69) 통제가 잘못되어 오히려 그 상소운동에 명분을 제공하게 되는 결과를 초래하였다.

운동을 조장시킬 가능성이 있는 요소들을 사후에 통제함으로써 척사위정운동에 영향을 미칠 수도 있다. 그 사후적 통제의 보기로는, 1866년 프랑스 함대가 강화도에 침략하였을 때 이항로가 올린 상소에 대해 다른 학파의 지식인들과 관료들이 제기한 비판 등이 있다. 그리하여 유신환의 수제자인 서응순은 이항로가 올린 상소내용이 구체적이지 못하며, 성리학 지식인의 출처(出處)를 가볍게 하였다고 비판하였다. 간관 권종록(諫官 權鍾祿)은 이항로의 행동이 이름을 낚고 명예를 구하는 계책이라고 비난하였다(권오영, 1989: 134). 이러한 사회적 통제는 그 당시의 상소운동뿐만 아니라 이후의 운동에도 영향을 주게 된다. 왜냐하면 상소문을 제출할 경우, 다른 집단의 비판을 고려할 가능성이 많아지기 때문이다.

다른 하나의 보기는 화서학파가 주도한 경기·강원 두 도의 연명유소(聯名儒疏), 곧 1881년 척사위정운동의 소수(疏首)인 홍재학을 능지처참의 형에 처하고 실질적 지도자인 김평묵을 유배시킨 경우이

---

69) "말이 이미 망령되어 발하여 용서할 수 없는 죄를 범한 것이라면, 베임을 받고 귀양을 가는 것이 마땅한 일이니, 어찌 감히 자구를 고치고 다듬어서 용서받기를 바라 당연히 받아야 할 목 베이는 벌을 면하려 하겠습니까?(최익현, 1978a: 9)"

다. 유배된 김평묵을 대신하여 화서학파를 이끌고 있던 유중교를 1882년 8월 19일자로 사헌부 지평에 임명하였다(정옥자, 1995: 171). 이는 국가가 사후에 억압과 포섭이라는 이중적 통제를 가한 것이다. 이로 인해 1881년 척사위정운동은 큰 타격을 입게 되었고, 더욱이 유중교의 관직 제수를 통한 국가의 포섭을 둘러싸고 화서학파 내부의 격렬한 논쟁을 야기하였다. 이후의 심설(心說) 논쟁도 한몫을 하였지만 이러한 논쟁의 결과 김평묵 계열과 유중교 계열이 분열되어 척사위정운동의 전선에 균열을 가져왔다. 국가의 입장에서 볼 때에는 운동의 조장구조는 최소화시키면서 통제의 효과는 큰 것이었다. 왜냐하면 그 당시 최대 척사위정집단이었던 화서학파의 분열로 이후 척사위정운동이 소강상태에 접어들 수 있었기 때문이다. 물론 여러 가지 이유가 있었겠지만 1881년 이후 1896년에 척사위정운동을 다시 일으키기까지 약 15년간 화서학파의 척사위정운동은 잠복기에 들어갔는데, 1881년 국가에 의한 사후적 통제의 영향도 그 한 원인으로 작용하였던 것으로 보인다. 이처럼 국가에 의한 통제는 운동의 전략에 큰 영향을 미치고 있었다.

1895년 척사위정운동의 과정에서도 국가를 대표한 국왕의 칙유(勅諭)를 통해 운동을 통제하려고 하였다. 이는 운동의 해산과 관련자의 처벌 면제라는 두 가지 통제수단으로 그 운동의 조장구조를 최소화시키려고 한 것이었다. 국가의 입장에서 볼 때 그 운동의 목표라고 할 수 있는 단발령 폐지와 을미사변 관련자들의 처벌과 개방파의 축출 등이 이미 실현되었기 때문에, 더 이상 운동의 명분이 없음을 공식화하여 운동이 더 이상 확대되지 않도록 예방조치를 취한 것이었다.70) 이와 더불어 관련자들에 대한 선처라는 통제수단을 통해 운

---

70) "이번에 춘천 등지에서 인민이 소란을 일으킨 것은 단발 때문이 아니라 지난 8월 20일의 사변 때문에 쌓인 울분이 가득 차서 폭발한 것임을 묻지 않아도 잘 알고 있다. 이제 국적이 이미 법에 따라 주살되었

동 참여자들의 운동 이탈을 유도하고 있었다.

이와 더불어 국가에서 파견한 선유사들에 의한 포섭 시도71)도 있었다. 이러한 통제는 척사위정운동의 전략에 상당한 영향을 미쳤다. 국왕의 칙유와 선유위원으로 내려온 심이섭 등의 "무고한 생명의 희생을 막기 위해서라도 운동을 해산해야 한다."는 발언(구완회, 1997: 169~170) 등으로 '적의 제거'라는 전략 추진에 어려움이 생겼다. 현실적으로 왕명을 띠고 내려온 경병(京兵)과 맞설 실력과 명분이 별로 없다는 주장이 있었고, 계속적인 투쟁을 주장하는 강경파도 있었다. 이러한 맥락에서 국가의 통제는 척사위정운동의 전략에 영향을 미치고 있었다.

국가는 척사위정운동을 상대로 한 통제를 시도했을 뿐만 아니라 운동의 지도부에 대한 개별 포섭을 통해 더 이상 운동이 확대되는 것을 저지하려고 하였다. 이를 통해 중간 지도자뿐만 아니라 그 휘하에 있는 운동의 참여자들로 하여금 조직을 이탈케 하여 운동이 더

고, 잔당들도 차례로 다스릴 터인즉 지난번에 완강하던 인민도 필시 이를 들었으면 예전의 분함을 통쾌하게 씻었으리라. 해당 지역에 주둔한 군대는 반드시 우선 이 조칙을 받들어 춘천부에 모여든 인민에게 보여 각기 돌아가 본업에 편안하도록 할 것이다. 무릇 그 우두머리 이하는 모두 죄를 묻지 말아 모두 함께 유신하도록 하고 군대의 상하 무관과 병졸은 즉일로 환군하도록 하라(구완회, 1997: 169에서 재인용)."

71) 그 대표적인 것이 운동 참여자들에 대한 회유와 귀순을 촉구하는 선유사 장기렴의 고시문(告示文)이다. "지금 불의에 기습하여 그 준비가 없는 곳을 친다면 옥석이 함께 탈 우려가 있어 옳지 않으므로 강 왼편에 와서 진을 치고 이 고시를 보내나니, 혹 깨우쳐서 명을 좇아 귀순하는 의를 지켜 창을 거꾸로 쥐고 온다면 의병 하던 그 처음의 마음을 표창하여 의로써 시작하여 의로써 종결함으로써 너그럽게 용서할 수 있지만, 만일 어리석음을 고집하고 깨닫지 못하여 왕의 군대를 거역한다면 이는 스스로 의병의 이름을 무너뜨리고 즐거이 화망으로 들어가는 것이니 후회하여도 빌 곳이 없다. 순(順)과 역(逆)을 판단하고 죽고 사는 것을 곧게 가져라. 늠름하게 특별히 고시하니 생각건대 마땅히 알아서 할 것이다(구완회, 1997: 170~171에서 재인용)."

이상 지속되지 못하도록 하려는 의도를 가지고 있었다.[72] 이와 더불어 국가에 의한 억압, 통제 조치도 병행된다. 1895년 척사위정운동의 경우 운동 참여자들에 대한 탄압이 도처에서 벌어져 한집안 식구가 전부 학살당하는 일이 많았다는 보고도 있다(이구영, 1994: 160). 국가의 해산 권유에 따르지 않는 운동에 대해 정부군을 파견하여 공격하자 조직에서 이탈하는 병력들도 많아졌다. 국가는 특히 1895년의 척사위정운동을 상대로 탄압과 포섭이라는 이중의 통제를 함께 구사하였는데, 이는 운동의 확산과 재발을 막으려는 국가의 조치였다고 할 수 있다.

국가는 1895년 척사위정운동이 표방한 '적의 제거'라는 그 전략을 지지하는 측면도 있었다. 일정 부분 양측은 동일한 이익을 가지고 있었기 때문에, 이것이 가능했다. 그 운동의 전투부대가 전개한 연합군과의 전쟁이 치열했던 것은 사실이지만 국가가 대대적인 탄압에 나설 정도는 아니었다. 척사위정운동의 입장에서는 운동의 명분이

---

72) 이와 관련하여 군부대신 이윤용은 민영기를 시켜 유인석의 종사로 종군한 원용정에게 글을 보내어 "공(公) 등이 군대를 해산하고 집에 돌아가면 임금으로부터 무침첩(죄를 묻지 않고 잡지 말라는 증명서)을 인출하여 각각 나누어주어 뒷근심이 없게 하겠노라(이구영, 1994: 176)."고 포섭을 시도하였다. 그러나 그에 대한 포섭은 실패로 끝나 척사위정운동의 정당성만 확인시켜 주는 결과를 낳았다. "우리가 어찌 무침첩을 준다고 해서 우리의 일을 그만두겠는가. 실지로 생명을 걸고 적과 싸운지 이미 오래되었으니 죽는다 해도 조금도 근심될 것이 없으며, 내가 보기에는 오히려 공들의 하는 일이 가련하여 남의 일을 간섭할 겨를이 없을 것 같다(이구영, 1994: 177)." 반면에 국가의 이러한 통제가 성공하기도 하였다. 유인석의 종사로 휴가를 받아 서울 사정을 알아보고 병기를 사온다며 상경했던 심이섭, 홍병진, 이근영 등이 국가에 포섭당해 선유위원이 되어 제천에 내려온 것이 그러한 보기이다(구완회, 1997: 169). 또한 1895년 척사위정운동의 후군장(後軍將)으로 충주성과 가흥의 일본군 병참 공격에 종군하였던 신지수가 운동이 끝난 뒤에 개방파 정부에 의해 충청도 어사로 임명된 것(구완회, 1997: 496)은 국가에 의한 사후 통제라고 할 수 있다.

어디에 있든 간에 그 운동이 정부군을 상대로 전투를 진행할 수밖에 없다는 사실은 그들을 곤혹스럽게 만들고 있었다. 뿐만 아니라 운동의 주축인 성리학 사제계급의 입장에서는 교종(敎宗)인 국왕으로 대표되는 정부군을 대상으로 투쟁한다는 것이 본질적으로 자신들의 정체성과 관련되어 있는 문제였다. 국가의 입장에서 볼 때에도 대의명분을 일정 정도 담보한 척사위정운동을 강력하게 탄압할 경우 받게 될 정치적 타격도 고려했을 것이다. 뿐만 아니라 국가는 '적의 제거'라는 척사위정운동의 전략을 일정 정도 집권 세력의 교체에 이용하고 있었다.

국가는 그 운동의 목표를 실현하기 위한 그 조직의 활동과 프로그램 등에 직간접인 자금 지원이나 지지 표방 등을 통해 운동을 조장하기도 하였다. 이것은 일시적이든 영속적이든 국가의 정치적 이익과 운동이 표방하는 전략과 어느 정도 일치하거나, 아니면 국가가 자금 지원의 대가로 운동에 개입할 수 있는 여지가 있을 경우에 가능하다. 이러한 점은 1896년 척사위정운동에서도 확인되고 있다. 국왕의 밀조와 자금이 측근을 통해 운동의 지도부에 전달되어 그 운동의 전략을 강화시키고 있었다(오영섭, 1996 참조).

요컨대 1866~1895년의 척사위정운동은 '성리학화 프로젝트'에 동조하지 않는 적들을 제거하고, '타락한' 현 질서를 붕괴시키고, 이를 변혁시키려고 했다는 점에서 가장 적대적인 전략이라 할 수 있다. 이러한 의미에서 그 척사위정운동이 선택한 전략을 '적의 제거' 전략이라고 부를 수 있을 것이다.

그러나 척사위정운동의 세계-정복적 추동력은 순전히 실용적인 이유로 수정·보완되기도 한다. 역사의 시대에 세계를 정복하려고 했던 척사위정운동의 실패, 망국이라는 역사의 변화에서 스스로 살아남기 위해 다른 전략들을 채택하기도 한다. 이에 대표적인 보기가 간재학파의 전략이다. 이들은 조선이 일본의 지배 아래 들어가자 성리학의 보존이라는 명분에서 '세계로부터의 퇴거' 전략을 채택하였다. 역설적으로 오늘날까지 성리학의 명맥을 잇고 있는 것은 간재학파의 문인들이다. 또 하나의 보기는 화서학파 출신으로서 19세기 말·20세기 초 국내 의병운동이 실패한 이후 박은식 등이 주도한 개신 성리학 운동, 곧 이 글의 분류 틀에 따르면, 세계-변형적 전략을 들 수 있다. 물론 화서학파 주도의 '적의 제거' 전략에 입각한 척사위정 운동은 계속 그 존재 형태를 유지하고 있었다. 이의 대표적인 보기가 국내 의병운동이 실패로 돌아가자 국외로 망명하여 독립운동을 펼친 유인석의 운동 전략이다.

3. 일탈된 조선의 변형

이상사회의 복원이라는 차원에서 일탈된 세계의 변형 전략은 세계로부터의 퇴거 전략과는 달리 기본적으로 그 세계에 남아 그것을 변화시키려고 한다. 척사위정운동이 이러한 변형 전략을 추구하게 된 가장 큰 이유는 19세기 말, 20세기 초에 이르러 조선사회는 자율적·타율적 개방으로 인해 사회적·문화적 차원에서 다원화 상황이 자리하고 있었기 때문이다.

이러한 상황은 크게 두 가지 측면에서 진행되고 있었다. 하나는 근대화·세속화이고, 다른 하나는 서구 기독교의 전래였다. 때문에 성리학은 기존의 지배종교로서의 정치적·경제적·사회적 역할 등을 제대로 수행할 수 없게 되었고, 서구와의 접촉 및 충돌 등으로 그 존재 자체가 위협받고 있었다. 이러한 과정에서 기독교가 조선의 종교지형에서 한 부분을 차지하였을 뿐만 아니라 민중 신앙이 발전하고 있었다. 이는 성리학, 기독교, 민중 신앙 등이 공존하는 다원화 상황으로 전개되면서 이전의 성리학 일원론적인 종교지형이 무너지고 있었다. 뿐만 아니라 거듭되는 척사위정운동의 실패와 일본의 본격적인 무력지배로 인하여 더 이상의 물리적 저항이 한계에 직면하고 있었다. 이러한 상황에서도 이상사회의 복원이라는 목표는, 한편에서는 해외에서의 저항운동[73])으로, 다른 한편에서는 일부 성리학자들에 의해 일탈된 세계의 변형 전략이 추구되고 있었다.

일부 성리학자들은 1866~1896년의 척사위정운동의 역사적 경험을 성찰하는 가운데, 일탈된 세계의 변형 전략을 추구하고 있었다.[74]) 그러한 성찰은 구체적으로 그동안의 전략과 성리학적 자기 인식의 차원에서 이루어졌다. 전자와 관련해서는 화서학파가 주도한 척사위정운동으로 대표되듯이 급진적 전략에 대한 반성이었다. 원래 성리학의 기본원리는 상도(常道)와 변법(變法)이 마치 동전의 앞뒷면을 이루고 있다. 1866~1896년의 척사위정운동은 상도를 중시한, 너무 강조한 나머지 변법을 등한시하였다는 자체의 비판이 제기되었다.

---

73) 이는 또 하나의 연구 주제이고, 그 운동의 성격이 이 글의 문제의식과 달리한다고 보이기 때문에 이에 대한 분석은 생략한다. 해외 독립운동의 형태가 폭넓은 스펙트럼을 보여 주지만 그 가운데서도 여전히 근대적·다원적인 것에 대한 저항과 관련된 것도 있었다고 생각된다. 이에 대한 연구는 향후의 과제로 남겨두려고 한다.

74) 이러한 세계 변형의 전략 추구는 1896년 이후에 나타난 것으로 보인다. 흔히 이 전략은 장기간에 걸쳐 추구한다는 특성을 가지고 있다. 1895년 이전의 척사위정운동은 일반적으로 하나의 촉발 요인에 의해 발생했기 때문에, 그 전략 또한 단기적일 수밖에 없었다. 다시 말해 장기적 차원에서 전략을 추구할 수 있는 상황이 아니었다. 물론 척사위정운동의 휴지기에 대한 연구가 전무하기 때문에, 쉽사리 단정할 수 없다. 왜냐하면 그 기간에 척사위정파가 세계를 변형시키려는 전략 아래 어떤 움직임을 보였는지 알 수 없기 때문이다. 때문에 이 글에서는 척사위정파와 연결되어 있는 성리학자들이 1896년 이후 이러한 전략을 추구했던 사실들을 중심으로 분석할 것이다.

이는 성리학에 대한 개방적이고 현실적인 재해석을 가능하게 하였다. 후자와 관련해서는 미약한 성리학의 종교성이 대중적 신앙의 요구를 충족시키지 못했다는 자체의 판단에 따라 그 종교성을 확보하는 방향으로 나아가고 있었다(금장태, 1989: 198~199). 이러한 인식을 잘 보여 주는 인물이 화서학파가 주도한 1895년 척사위정운동의 지도자인 유인석과 그 계열 출신인 박은식이다.75)

이들은 그동안 당연시해 왔던 성리학을 서구적 종교 개념으로 재해석하려고 하였다. 이는 크게 두 가지의 의도 아래 이루어진 것으로 보인다. 그 하나는 당시의 다원주의적 상황을 인정하는 선상에서 종교로서의 기독교와 경쟁하기 위해서는 같은 이름을 유지해야 한다는 필요성이 있었다. 다른 하나는 이러한 재해석을 통해 공적인 영역에 성리학적 요소를 다시 도입하여 적들을 개종·주변화시키려고 하였다.

전자와 관련하여 유인석은 『우주문답(宇宙問答)』에서 중국문화를 구성하는 4가지 조건을 제시하면서, 그 하나로 성현의 종교를 들고 있다. 중국은 공자를 교종으로 하는 종교를 가지고 있다고 보았다. 뿐만 아니라 그러한 종교를 믿지 아니하면 인류가 아니라고 함으로써 공자의 교를 모든 인류의 보편적 진리로 이해하였다. 왜냐하면 이 종교에서 최고의 도리가 나오기 때문이라는 것이다. 그 종교를 모든 도리의 근원으로 인식하고 있었다. 이전에는 성리학의 존재를 당연시하던 성리학자들이 이제 서구적 개념 틀을 빌려 성리학을 재

---

75) 물론 중국 동3성(東三省)에서 공교(孔敎) 운동을 전개하며 교육과 종교의 일치를 주장한 대계 이승희(大溪 李承熙, 1847~1916)의 공교회(孔敎會) 운동, 공자를 유일 절대의 교조로 내세우며 성리학의 종교화 운동을 추진한 진암 이병헌(眞菴 李炳憲, 1870~1940)의 공자교(孔子敎) 운동(금장태, 1993a: 103~127 참조) 등도 이러한 인식의 연장선상에서 있는 것이다. 이들은 영남학파의 한주 이진상의 제자들이다. 이 글에서는 한주학파를 분석 대상으로 삼지 않았기 때문에 이들에 대한 본격적인 분석은 생략한다.

해석하고 있다. 물론 성리학이 모든 종교 가운데 가장 우월한 종교라는 독단적 신념을 그 밑바탕에 깔고 있다(금장태, 1989: 214). 이를 통해 다원주의적 상황에서 성리학이 종교로서 기독교와 경쟁, 공존할 수 있는 이념적 근거를 확보할 수 있게 되었다.

또한 박은식도 성리학적 종교 개념을 제시하였다. 금장태(1989: 228)에 의하면 이 개념은 그의 초기 저작인 『겸곡문고(謙谷文稿)』의 「종교설」에서 확인된다. 거기서 그는 종교를 "하늘 대신에 성인이 말씀을 정립하여 만민을 깨우쳐 주는 것"으로 정의하였다.[76] 다시 말해 성인의 말씀을 매개로 하여 위로 하늘의 명령과 아래로 인간에 대한 교화를 일관시키는 것으로 제시하고 있다. 이러한 구조는 기독교의 그것을 고려한 것이었다. 그는 기독교에서의 예수를 신과 인간을 매개하는 존재로 파악하여, 이와 유사한 구조로 성리학을 재해석했던 것이다. 이와 더불어 성리학의 종교적 근거를 마음의 개념적 인식에 기초를 두고 있었다. '마음이 같고 이치가 같다'고 인식하는 그의 마음 개념은 이전에 척사위정운동에 의해 이단으로 간주되었던 양명학에 기대고 있었다. 뿐만 아니라 서구에서 종교를 존숭하고 신봉함이 동양에서 공자에 대한 존중과 신봉보다 훨씬 지극함을 인정한다. 이러한 평가는 이전의 척사위정운동에서 짐승으로 범주화시켰던 것에서 벗어나 성리학과 동일한 수준에 놓고 비교하고 있는 것이다. 이는 기본적으로 성리학을 재해석하는 데 필요한 전제 작업이다. 물론 공자의 가르침만큼 지극한 중용과 바른 이치는 없다고 주장한다. 그것은 신앙적으로 열등하지만 진리에서는 서양 종교보다 성리학이 우월하다는 확신을 제시하는 것이다. 또한 공자의 도는 세상에 전해진 지

---

76) "천지와 만물은 한 근원에서 함께 나오고, 동해와 북해에 떨어져 있어도 마음이 같고 이치가 같다. 성인은 내 마음의 같은 이치를 먼저 얻었으니, 그 마음의 같은 이치를 미루어 가르친다(금장태, 1989: 228에서 재인용)."

오래되었지만 지금까지 널리 행하지 못하였음을 인정한다. 그러면서도 세상의 운행이 밝아지고 인간의 지혜가 열릴수록 불행과 행복으로 대중을 유혹하고 위협하던 다른 종교들이 쇠퇴할 것이지만, 공자의 도는 세계에 크게 펼쳐질 것이라는 신념을 재확인하고 있었다.

성리학자들에 의한 성리학의 이러한 재해석은 1899년 3월 광무제의 윤음(綸音) 형식으로 국가에 의해 정당화되기도 한다. 곧 조선의 국교가 성리학임을 분명히 하였다.77) 1866~1896년의 척사위정운동에 있어 국가와 그 운동이 협력관계에 있었던 것은 1866년뿐이었다. 1895년 이후 일본의 지배가 본격화되자 국가는 척사위정운동에 대해 호의적인 반응을 보이고 있었다. 다시 말해 억압의 대상이 아닌 협력의 대상으로 그 운동을 자리매김하고 있다. 고종의 현실인식은 척사위정파 지식인들이 이전의 국가의 개혁·개방정책을 비판할 때 사용하던 그 논리와 비슷하다.78)

더욱이 척사위정운동을 통해 국왕이 성리학의 교종으로서의 역할을 충실히 수행할 것을 강력하게 요구하였다. 이제야 국왕이 '유교의 종주(宗主)'가 될 것을 선언하고 있었다. 성리학의 이러한 재해석은 공적인 영역에 성리학적 요소를 다시 도입하려는 의도의 일환으로 보인다. 이를 잘 보여 주는 것이 유인석의 주장이다. 그는 1895년의 척사위정운동이 끝난 이후 이론적인 차원에서 서구적 요소를

---

77) "종교는 인심을 밝게 하고 다스리는 도(道)를 내놓는 것이다. ⋯⋯우리 나라의 종교는 공자의 도가 아니냐!(정옥자, 1994: 70에서 재인용)."

78) "최근에 이르러 세상이 날로 저질화되고 있는데 그 시초는 귀로 듣고 바로 입으로 옮기는 저급한 배움에 있다. 심신이 허문(虛文)을 숭상하고 실학(實學)에는 어둡다. ⋯⋯관직에 있는 자는 자신의 몸만 생각하여 국가는 알지 못하고, 선비라는 자는 자리 없을까 걱정하고 학문 없음은 걱정하지 않는다. 욕심의 물결이 하늘까지 뒤덮으니 인륜의 명분을 밝히는 교훈이 땅에 떨어지고, 예의의 방죽이 크게 무너져 사람이 지켜야 할 떳떳한 도리가 상실되었다. 이에 변괴가 날로 생겨나고 반역이 줄을 이어 나타났다(정옥자, 1994: 71에서 재인용)."

부분적으로 채택하면서도 기본적으로는 성리학적인 것으로 공적인 영역을 재구성하려는 시도를 보여 주고 있었다. 이를테면, 그의 성리학적 국가 재건에 대한 구상은 국정 전반의 통치 이념을 성리학적인 것으로 조직화하는 데 있었다. 그는 국가의 임무를 도(道)·덕(德)·학(學)·정(政)·형(刑)·문(文)·무 (武) 등으로 나누었다. 신분제에 대해서는 이전의 사민(四民) 곧 사·농·공·상에서 병(兵)을 포함하는 오민(五民)의 개념으로 확장시키고 있었다. 특히, 신분 질서에서 '병(兵)'을 추가한 것은 성리학적 요소로 공적인 영역을 재구성함에 있어 서구의 존재를 고려한 것이라고 보인다(김도형, 1979: 130~134).

　박은식도 성리학적 요소로 교육을 재구성하려고 하였다. 그는 종교를 도덕의 학문이라 하고, 일반 과목의 학교를 경제의 방법이라 구별하면서, 종교와 일반교육을 병행시킬 것을 주장한다. 당시의 현실에서는 성리학을 부식(扶植)시켜 국민들로 하여금 이를 신봉하는 것이 시급한 하나의 과제로 설정하고 있었다. 그러한 차원에서 성리학의 사무를 정비하여 밝히기 위해서는 태학(太學)의 관장과 교수가 학부에 예속되지 않고 독자적으로 관리할 수 있어야 하며, 지방에서도 사림들이 실행과 실학이 있는 선비를 추천하여 향교의 교수를 맡게 하여 학도를 교육하게 해야 하며, 성리학 경전이라 할 수 있는 『소학』과 『사서』를 국문으로 번역, 간행하여 평민과 부녀자도 모두 읽을 것을 요구하였다(금장태, 1989: 228~229). 이는 기본적으로 탈정교분리와 성리학의 대중화를 주장하는 것이었다.

　뿐만 아니라 일부 성리학자들은 사회개혁을 위해 장기간에 걸쳐 융통성 있는 전략을 추구하려고 했다. 이는 유인석의 서구와 일본에 대한 인식 변화에 따른 전략의 변화에서 확인된다. 그는 이전과는 달리 일본을 서구와 견줄 수 있는 강국임을 부인하지 않는다. 자신이 직접 의병군을 이끌고 일본군과 몇 번의 전투를 치르면서 신식 무기의 우수성을 경험하였을 것이다. 스스로 이후 의병을 일으키지

못하는 이유를 세력이 일본에 미치지 못했기 때문이라고 말할 정도
였다. 더욱이 조선의 망국은 그로 하여금 서구의 존재를 인정할 수
밖에 없었을 것이다. 이러한 인식 위에서 중국이 무용지용(無用之
用)에 힘쓰지 않고 유용지용(有用之用)도 열매가 없게 되어 서구에
굴복한 경험을 되새겨 외세가 아무리 강하여도 우리의 실한 바를 돈
독히 하면서 발달된 무기를 받아들이자는 것이었다. 그는 이것을 또
시의(時宜)에 따르는 수시 변동의 원리에 의해, 지금의 시세(時勢)가
상무(尙武)·숭병(崇兵)이기 때문에, 서구의 병기(兵技)·병기(兵器)
등을 취하는 것은 부득이한 일이라 생각하였다(김도형, 1979: 127~
128). 이는 1866~1896년의 척사위정운동에서 반대하였던 집권 개방
파의 논리였다. 이제 그들의 논리를 자신들의 논리로 내세우고 있는
것이다. 이는 이상사회의 복원이라는 목표 달성에 융통성 있는 전략
이 필요하다는 인식 전환의 결과라고 보인다.[79]

1895년 이후 성리학자들은 자율적이든 타율적이든 간에 일정한
정치적 상호 작용과 타협 등을 요구받고 있었던 것으로 보인다. 이
는 이들이 제한적이지만 개방 논리를 수용하거나 국제질서를 다시
정립하려는 시도에서 확인된다. 이러한 시도는 1866~1895년 척사위
정운동의 주장과는 좀 다른 것이었다. 그럼에도 불구하고 이들이 타
협을 지향했던 것도 이상사회의 복원이라는 목표를 실현하기 위한
하나의 전략적 차원이라고 볼 수 있을 것이다. 유인석이 외부 세계
의 변형 전략적 차원에서 구상하였던 성리학적 사회는 전통 질서를

---

79) 이러한 전환은 실천에 있어 교육개혁 구상으로 이어지고 있었다. 이와 관
련하여 유인석은 학생 수를 제한하여 국내의 한 장소에서 교육시키거나
아니면 외국유학을 제시하였다. 이렇게 해야 교육으로 인한 비효율적인
비용이나 성리학적 인성을 결여한 교육을 막을 수 있다는 것이었다. 특히
유학을 보낼 때는 그 재주와 지혜만을 보고 보내서는 안 되고, 성리학적
규범에 충실한 사람을 보내되 항상 정학(正學)을 먼저 익혀 마음에 잊음
이 없어야 하며, 또 기한을 꼭 정하여 낭만 유학을 못 하게 하며, 개인 자
격으로 가는 것도 금지토록 하였다(김도형, 1979: 128~129).

유지하면서 서구의 과학기술을 수용하는 것에서 그치는 것이 아니었다. 더 나아가 중국이나 조선이 이러한 개혁의 성과 위에서 동양 3국을 포함한 국제질서를 재편성해야 된다고 주장하였다. 그가 복원하려고 했던 그 질서는 중국 중심의 그것이었고, 여기에 서구도 포함시켜 편성한 것이었다. 이것은 서구를 하나의 나라로 인정한 세계관으로, 서구를 짐승으로 규정하던 초기의 화이론적 세계관과는 다른 것이었다(김도형, 1979: 142~143).

박은식은 서구와의 상호 작용의 필요성과 관련하여 성리학의 폐쇄성에 대해서도 지적하였다.[80] 이러한 인식 위에서 박은식은 이념적으로 중도를 지향하게 된다. 그의 이념이 그러하다는 것은, 서구의 과학기술에 대한 인식과 수용에서 잘 나타난다. 그는 당시를 열강이 경쟁이라는 이름으로 약육강식과 우승열패를 공례(公例)로 삼는 시대로 간주하여, 여기서 생존하기 위한 수단으로서 서구의 과학기술 수용의 중요성을 역설하였다.[81] 달리 말해 그 수용 여부가 국가와 개인의 흥망성쇠를 좌우할 만큼 중요하다는 것을 강조한다. 이러한 인식은 기존의 척사위정운동에서 보여 주었던 그 폐쇄성에서 벗어나 인식의 범위를 확장시킨 것이었다. 이를 통해 성리학적 개념과 서구적 요소의 일관된 접합이 가능하다는 점을 보여 주고 있었다. 물론 그는 그 수용에 있어 그것의 선진성을 인정하고 그것을 배울 것을

---

[80] "완강하고 고루하여 옛 습관을 고수하고 시의에 어두운 자는 유림파라 하며, 은둔을 달게 여겨 깨끗한 처신을 숭상하기만 하고, 백성과 나라를 잊어버린 자는 유림파이다(금장태·유동식, 1992: 175에서 재인용)."

[81] "지금의 시대에 열등 인종이 고등 인종에게 쫓김은 상고 시대에 짐승이 인류에게 쫓김과 같다. 그러므로 생존경쟁은 천연(天演)이요, 우승열패는 공례(公例)라 하는 것이다. 이와 같은 인류가 혹 우등 지위에 있어 생활 복지를 향유하고 혹 열등 지위에 있어서 신세의 비참을 감내하지 못하니 이는 무슨 까닭인가. 단지 학문의 있고 없음으로 등급이 이같이 현저하게 벌어져 안정과 위험, 성쇠와 영욕과 고락이 하늘과 땅 차이가 있으니 깊이 생각할 일이다(이만열 편, 1980: 83~84)."

강조했다. 그럼에도 선택적 수용을 강조하고 있다. 그에 의하면 자기의 것을 버리고 무조건 남의 것을 배워 들이는 것이 아니라 자기의 조건과 필요에 맞는 것만 취사선택하여야 한다는 것이다. 달리 말해 자기 나라의 습속에 '적당'한 것과 장점이 되는 것만을 취해 가르쳐 인도하여야 하는 것이다(신용하, 1982: 48).[82]

이처럼 필요에 따라서는 서구와의 거래의 필요성을 인식하고 있었다.[83] 이러한 교섭을 위해서는 기존의 주자학적 지식과 척사위정파의 태도 등이 문제가 될 수 있음을 지적하고 있다. 이는 서구와의 상호 작용을 증가시키면서 당시 조선의 이익을 이에 맞게 조정해야 할 필요성을 역설한 것으로 보인다.[84] 그 당시 존재했던 여러 가지

---

82) 그는 문학을 예로 들어 서구와의 공존 필요성을 역설하고 있다. "각국의 정형(情形)은 일치할 수가 없다. 저들의 문학은 반드시 모두 우리에게 합치하지 않고, 우리의 문학도 반드시 저들의 것만 못한 것도 아니다. 또 역대로 서로 계속되는 풍속과 법도가 사람의 마음에 편안한 것을 어떻게 능히 그 옛것을 온전히 변할 수가 있겠는가. 다만 그 옳지 못한 것은 고치고, 옳은 것은 그대로 두어서, 피차의 것을 비교하고 참작하여 장점을 취한다면 어찌 아름답지 않으랴(이만열 편, 1980: 131에서 재인용)."

83) "무릇 도덕의 범위는 말하면 천적(天賊)의 성(性)은 세계가 모두 일반이요, 그 정치 교화의 뜻도 대략 서로 같으나 지리와 풍속의 관계로 이곳에 적합한 것이 저곳에는 적합하지 않은 것이 있으며, 저곳에 적합한 것이 이곳에는 적합하지 않은 것이 있는 까닭에 정치계와 교화계에서 다른 나라의 문물을 수입하여 우리나라 정치와 종교에 보탬이 되게 하되, 우리나라에 적합하지 않은 것은 취하지 못할 것이요, 또 그 좋은 것과 앞선 것을 취하고 그 좋지 못한 것과 뒤진 것은 버릴 것이다. 오늘 조선인은 다른 나라의 문화가 우리나라에 적합한지, 않은지도 관찰하지 않으며, 그 좋은 것과 나쁜 것, 앞선 것과 뒤진 것을 따져 보지 않고 중국에서 난 것이라면 모조리 부러워 선망하고, 모조리 뒤따르니 이는 모두 노예근성이니라(이만열 편, 1980:188~189)."

84) "요사이 유럽의 쇠하고 깎임이 이미 심하고, 결렬되는 것이 여러 갈래이다. 호(湖)니 낙(洛)이니, 또는 이(理)니 기(氣)니 하는 것에 말 한 마디나 글 반 구절이 맞지 아니하면 같은 길에서도 방향을 달리하고, 같은 방에서도 창을 잡는 자가 가끔 생긴다. 이것은 도덕상에 있어서 근본 뜻을 크게 잃은 것이요, 또한 인민에게 대한 보통 가르침이 되지 못하는

이익을 정당화시키고, 이를 명확히 하기 위해서는 서구와의 거래를 통해 개념을 복합적으로 적용해야 한다는 점을 강조하고 있는 것으로 보인다.[85]

　박은식이 추구하는 이러한 전략은 성리학의 한계성을 전제로 하면서 서학을 적극적으로 수용하고자 했던 개방파의 전략과는 차이가 있다. 이는 새로운 것을 내부에서 찾는 그의 설명에 잘 나타나고 있다.[86] 이러한 전략은 공존과 협력을 정당화하기 위한 것으로서 성리학적 전통을 지지하면서 서학을 이용하려는 것으로 보인다. 이 점은 박은식이 사회진화론에서의 변화, 진화의 개념을 성리학의 체계 속에서 수용하고 있는 데서 잘 나타난다.[87] 또한 "때에 따라 변역(變易)하여 도(道)를 따른다."라는 언급에서 알 수 있듯이 변화의 개념을 역(易)의 논리에 입각하여 타당한 것으로 받아들였을 뿐만 아니라 변화에 대한 적응의 태도를 강조하고 있음을 알 수 있다(김효선, 1989: 43). 양명학의 논지가 수시로 변역하는 뜻이 많고 양지(良知)라 하는 것은, 바로 역(易)을 뜻하는 것이라고 하면서 무궁한 세상에

　　것이 몹시 분명하다 하겠다. 더구나 옛 폐습을 독실이 지키고 새로운 것을 구하는 그때의 사정에 맞음을 연구하지 않으며, 예의만을 부질없이 말하고 경제에 대해서는 강구하지 않는다(이만열 편, 1980: 10)."

85) "우리 유학자들의 습관은 개량이라고 하면 잘못된 일로만 인정한다. 하지만 천하의 모든 물건이 크고 작은 것을 막론하고 오래되면 반드시 폐단이 생기고, 폐단이 생기면 반드시 고쳐야 하는 것이니, 만일 폐단이 생겼는데도 고치지 않는다면 끝내 멸망하고 마는 것이다(이만열 편, 1980: 153)."

86) "새로운 것을 구한다고 하면 별난 일로 생각하지만, '신'이라는 글자는 본래부터 있는 광명인 것이다. 공자는 '온고지신'이라 했고, 장자는 '옛 것을 씻어서 새로운 뜻을 오게 한다' 했다. 도덕이라는 것은 날로 새로워져서 빛을 발휘하고, 국가의 생명은 오직 새로워서 더욱 장구해지는 것이다. 그러니 새로운 것을 구하는 뜻은 밖으로부터 오는 것만은 아닌 것이다(이만열 편, 1980: 153)."

87) 물론 성리학에서 강조하는 역(易)의 개념이 천연론에서 의미하는 진화의 개념과 같은 차원에서 이해될 수 있는지의 여부는 또 다른 문제이다.

서 인시제의(因時制宜)하지 않으면 진화에 역행하는 것이 된다는 점을 분명히 하고 있다(윤병희, 1992: 247~248).

그러나 그는 생존경쟁, 약육강식, 우승열패를 하늘이 펴는 공례(公例)로 인정하면서 이를 통해 당시의 조선사회를 파악하고, 또한 거기에 대응하려 하였지만 이런 공례를 수용하는 데에 있어서는 다소의 조정이 이루어지고 있음을 알 수 있다.[88] 여기서 박은식은 적자생존의 '적자' 개념을 '하늘은 스스로 돕는 자를 돕는다'에서의 '스스로 돕는 자'의 의미로 받아들이고 있다. 생존경쟁, 적자생존의 의미를 하늘은 스스로 분발하고 스스로 강한 자를 사랑한다는 식으로 조정하여 수용하고 있음을 알 수 있다(김효선, 1989: 45).

이러한 차원에서 박은식은 기존에 척사위정운동이 설정한 경계선을 완화시키고 있었다. 기본적으로 1866~1896년의 척사위정운동에서는 서학을 성리학적 전통에서 공존할 수 없는 것으로 간주하였다. 그 운동은 화이론에 터하여 국내자와 국외자를 구분하는 강력한 집단 경계선을 가지고 있었다. 박은식은 '적당함'과 '장점'을 기준으로 삼아 그 경계선을 완화시키고 있었다. 이러한 차원에서 박은식이 추구한 전략은 이전의 척사위정파가 보인 적의 제거, 배타적 공간의 창안 전략과는 일정 정도 차별성을 보인다고 할 수 있다.

---

88) "동양의 학가(學家)는 말하기를 하늘이 낳은 만물이 반드시 그 까닭이 있었고, 자라는 것은 배양을 하고 넘어지는 것은 뽑아버리고 하였으며, 서양의 학가는 말하기를 물(物)이 경쟁을 하면 하늘이 택하여 적자(適者)를 생존케 한다고 하였으나, 하늘이 만물을 낳음에 모두 함께 길러 서로 피해가 없게 한 것이지마는 그 물이 스스로 생기고 스스로 기르는 힘이 없는 자는 생존을 얻지 못할지라(이만열 편, 1980: 181)."

4. 순수의 보존

　지금까지의 연구에서는 간재학파를 척사위정운동과 무관한 것으로 이해하였다. 그 대표적인 보기가 간재학파의 지도자인 전우를 현실 참여에 무관심한 '썩은 성리학자'(현상윤, 1982)로 기술한 것이다. 그러나 그의 척사위정론은 기본적으로 화서·노사학파와 마찬가지로 성리학의 주변화에 대해 반발하고 있었고, 이를 위해 세계로부터의 퇴거 전략을 추구하고 있었다.

　세계로부터의 퇴거 전략을 본격적으로 추구했던 것은 간재학파였다. 근본주의 운동 일반에 있어 이러한 전략은 드물다. 조선사회의 경우 이 전략이 존재하고 있었으며, 그 당시 화서학파의 비난과 후세 역사학자들의 부정적인 평가에도 불구하고 간재학파의 척사위정운동은 조선 후기 척사위정운동의 한 축을 이룰 만큼 나름대로의 입지와 영향력을 갖고 있었다. 동일한 위기의 시대에 대해 한쪽에서는 세계-거부적 행위로, 다른 한쪽에서는 세계-정복적 양식의 운동이 동시에 전개되고 있었다. 하나의 역설은 주로 세계-정복적 전략을 선택했던 주도했던 화서학파는 그 이후 쇠퇴의 길을 걸어 오늘에 이르러 그 자취를 거의 찾을 수 없다. 그러나 거의 세계-거부적 전략에 의존했던 간재학파의 문인들은 비록 소수지만 현대 성리학의 흐름을 형성하고 있다.

　간재학파가 주도한 척사위정운동은 화서·노사학파의 그것과는 달리 타락한 국외자와 국내자들에 대한 헤게모니보다는 오히려 자기보존을 추구하는 데 그 목표를 두고 있었다. 그 학파는 결국 세계에서 세속 정치를 타락시키는 자들을 제거하기보다는, 그들의 표현대로, 좀더 '고상한' 목적을 따랐다. 그것은 바로 유일한 '참'성리학의 복원이었다. 이와 관련하여 간재학파의 태두인 전우는 그 당시 국가 변란의 원인을 성리학적 윤리관의 쇠퇴에 있는 것으로 이해하고 있었으며, 이러한 상황을 극복하기 위한 방안을 기술이나 군사력의 측면보다는 윤리강상(倫理綱常)의 유지, 곧 도덕적 차원에서 그 해결 방안을 찾고 있었다(이상호, 1996: 650~651). 이러한 상황인식은 화서·노사학파와 공통점을 가지고 있다. 그러나 두 학파와의 차별성은, 화서·노사학파의 척사위정운동이 주로 성리학의 오염의 원인을 제공한 국외자·국내자 등을 제거하려는 데 목표를 두고 있었던 반면에, 간재학파의 척사위정운동은 상대적으로 이보다는 성리학, 곧 '순수의 보존'에 우선순위를 두고 있다는 점에서 확인된다.[89]

간재학파의 척사위정운동은 성리학의 주변화로 인해 신앙 공동체가 침식되는 상황(성대경, 1990: 38)에서 그 1차적인 책임을 국외자보다는 오히려 자아 성찰로 돌리고 있었다. 이러한 위기 상황을 초래한 것은 개방파뿐만 아니라 성리학자들의 오류 때문이라고 지적[90]하여 화서·노사학파 주도의 척사위정운동과는 좀 다른 인식을 보여주었다. 이러한 인식은 전략의 추구에 있어 일정 정도 차별성을 담보하였다. 화서·노사학파가 온건한 상소운동이나 물리적 폭력을 수반한 척사위정운동으로 나아간 반면에, 간재학파는 자기 보존에 충

---

89) 이에 대해 전우는 외세에 대항하는 방법의 요체를 무력에서 찾는 것이 아니라, 정신력에 주목하고 있었다. "다만 요사이 일로써 말하면 필리핀은 루손 섬의 조그만 나라로서 그 인구가 우리나라의 한 도(道) 정도의 크기이다. 그러나 능히 민심을 단결시켜 스페인의 강병(強兵)에 항거하였으며, 트랜스발(Transval: 杜蘭國) 공화국은 남아(南阿)의 한 부족으로 영국인이 삼키고자 공격하였으나 그 군주는 인민과 더불어 죽을 힘을 다해서 마침내 무사할 수 있었다. 싸움의 승패가 어찌 힘의 강약에만 있겠는가(황준연, 1994: 226에서 재인용)."

90) "……종묘사직이 위태롭고 국가가 망할 지경이 되었습니다. 이것이 어찌 국정을 도모하는 조정의 여러 신하들의 그릇된 오류 탓이 아니겠는가. 또한 이것이 어찌 도학을 창도하는 유림 여러 현자의 분명치 못한 과오 탓이 아니겠는가(성대경, 1990: 39에서 재인용)."

실하려는 모습을 보여 주고 있다.[91)

그의 척사위정론에 있어 이러한 보존을 엿볼 수 있는 또 다른 대목은 화이론과 교육에 대한 강조이다. 오랑캐도 사람이니 배척할 이유가 없다는 개방파의 주장에 대해, 그는 오랑캐가 비록 사람의 형상을 하고 있지만 그 기(氣)가 물(物)과 다를 바 없다는 것을 모르는 말이며, 그러므로 그들은 우리와 같은 족속이 아니고, 마음도 다르다(성대경, 1990: 39)는 점을 들어 반박하고 있다. 이를 통해 우리는 간재학파가 국외자와의 섞임을 극도로 회피하고 있음을 확인할 수 있다.

간재학파의 척사위정론이 순수와 자기 보존을 추구하기 때문에, 이념적으로 엄격하다. 전우가 세계로부터의 퇴거를 관념적 차원에서 정당화하고 있는 데서 이를 확인할 수 있다.[92) 의병을 일으키는 것도 참다운 의리가 아님을 밝히는 대목을 들 수 있다.[93) 또 그가 제

---

91) 전우가 최익현을 위해 쓴 제문이 이를 뒷받침하고 있다. "나 같은 사람은 또 어떻게 해야 합니까. 살고 싶어도 세상이 즐겁지 않고, 죽으려 하나 그 바른 자리를 얻지 못하여 생사의 기로에서 방황만 합니다. 외로운 그림자만 위로를 하니 경전을 끌어안고 통곡을 합니다(김기현, 1994: 233에서 재인용)." 물론 이것은 의병운동에 참여했다가 순교한 동료 성리학자의 죽음을 위로하는 형식을 띠고 있지만 내면적으로는 성리학이 주변화되어 가는 위기 상황에서 성리학의 보존에 치중할 수밖에 없음을 강조한 것으로 보인다.

92) 그러나 전우는 이기심성론(理氣心性論)에 대한 성리학자들의 여러 논의를 현실과 유리된 공리공담으로 보지 않고, 오히려 현실문제에 대한 정치적·사회적 대책을 수립하기 위한 사상적 기초를 닦는 것으로 파악하기도 한다. 성리학자들이 태극 음양의 학설을 강명하는 것은 심성의 묘한 이치를 인식하여, 그것을 언행과 사업에 시행해서 앞선 성인의 도(道)를 전수하고 후학의 표준을 세우며 많은 왕들의 법도를 완성하여 만세의 태평을 도모하려는 것이기 때문에, 그 뜻과 그 일은 사소한 것이 아니라고 이해하고 있다(성대경, 1990: 37~38).

93) "망해 가는 종묘사직을 일으켜 세울 수만 있다면, 내 한 몸을 아낄게 무엇 있겠는가. 아무 보탬도 없이 도리에 벗어나서 몸만 욕을 당하느니 의리를 지켜 태연히 죽음을 기다리는 것이 낫다(김기현, 1994: 246에서

자 김준영에게 답하는 편지에서 도를 지키기 위해 자중하는 태도와 행동에 옮기지 않는 것도 공자의 문하에서 대대로 이어지는 교의임을 분명히 하였다. 뿐만 아니라 김영섭에게 보낸 편지에서도 천하에 도가 없으면 숨어야 하는(금장태, 1995c: 187), 곧 세계로부터 퇴거하는 전략을 추구해야 함을 밝혔다.

이러한 전우의 척사위정론은 그 학파의 학문적 세계를 반영하는 것이다. 그 당시 급격한 사회변동과 성리학의 침식 속에서도 전우는 성리학의 정통성을 그들의 확고한 신념으로 재확인하고, 엄격한 순수성을 추구하며, 이를 방어하고 있었다(금장태, 1995c: 191). 이는 여러 곳에서 확인되는데, 전우가 김동필에게 보낸 편지에서 스스로 결정하여 죽더라도 세계로부터의 퇴거는 변할 수 없는 의리라고 주장한다(금장태, 1995c: 187 참조). 또한 단발령은 죽더라도 따를 수 없으며, 만약 삭발을 당하면 마땅히 스스로 죽어야 하며, 이들을 향사(鄕社)에서 제사하고, 머리를 깎고 양복을 입은 자는 족보에서 빼야 한다는 주장을 하였다(금장태, 1995c: 188). 단발령에 대해 간재학파나 화서·노사학파가 같이 반발하고 있었다.

그러나 그 대처방법에 있어 화서학파의 척사위정운동은 단발령을 시행하는 데 앞장선 타락한 국내자들에게 비판의 초점을 맞추고 있는 반면에, 간재학파의 그것은 개인적 차원에서 접근하고 있었다. 간재학파의 척사위정론이 엄격성을 추구하고 있다는 사실은, 전우가 성리(性理)를 따르면 공자의 제자이지만, 한 번이라도 어긋나면 배반자가 될 것이라는 언급에서 뚜렷이 나타난다.[94] 이러한 인식 아래

재인용).”
94) “지금의 계책으로는 존화양이(尊華攘夷) 숭정벽사(崇正闢邪)만 한 것이 없다고 하는 편지의 글은 정말 옳은 말입니다. 그러나 그것을 위해서는 또 한 마음이 성(性)을 배우는 것이 가장 요점입니다. 성(性)이 스승이 되고 마음이 제자가 되어야 하는바, 성(性)과 마음은 마치 공자가 노나라에 계시고 제자들이 여러 나라에 있는 것처럼 서로 떨어져 있는 것

사악하고 위협적인 세계로부터 퇴거하는 전략을 추구하였던 것이다. 이러한 퇴거는 그들로 하여금 그 집단 내에서 자급자족적인 경제를 시도하며, 자원을 공유하게 한다. 왜냐하면 그들은 외부 환경의 속성을 배교적인 것으로 간주하고 있었기 때문이다.

5. 내부 세계의 자기 구성

이념적으로 간재학파의 척사위정론이 엄격하지만 그 에너지는 위협적인 외부를 향하기보다는 오히려 내부 세계의 자기 구성을 더 지향하고 있었다. 바꾸어 말하면 간재학파는 근대적·세속적 질서에 참여하지 않는 신앙 공동체로서, 원칙적으로 생존에 필요한 것을 제외하고는 외부 세계와의 관계를 거부하였다. 대신에 이 공동체는 모든 실제적인 목적을 위해 자체의 교육적·정신적 요구 등을 뒷받침해 주는 폐쇄적이고 총체적인 하나의 세계의 역할을 수행하였다.[95] 역으로 간재학파가 이렇게 이념적으로 엄격함을 추구한 것도 그들의 지향점이 내부 세계의 자기 구성에 있었기 때문이다.

이 아니라, 한곳에 있습니다. 그러므로 마음이 성리(性理)를 따르면 훌륭한 제자가 되겠지만, 한 번이라도 어긋나면 배반자가 될 것입니다(김기현, 1994: 240에서 재인용)."

95) 한 제자가 전우에게 보낸 편지에 의하면, 간재학파가 내부 세계의 자기 구성에 전념했다는 사실을 간접적으로 확인할 수 있다. "지금 사람들이 유림만을 바라보고 있는데, 유학자들은 모두 선생님을 표준으로 삼고 있으니, 선생님께서는 이 점을 미리 생각해 두셔야 할 것 같습니다. 만약 나라를 돌보지 않고, 책과 함께 산속에만 은둔하신다면, 천하 후세 사람들이 장차 무어라 여기겠습니까?(김기현, 1994: 242에서 재인용)."

이러한 사실은 여러 곳에서 보이고 있는데, 전우가 이재성에게 보낸 편지에서 선비의 상소는 자중하는 도리가 아님을 지적하고 있다. 몸이 벼슬에 있지 않으면 말을 내놓지 않는다고 하여 상소하는 것도 삼가고, '천하가 도가 없으면 숨는 것이 의리'라 하여 최익현의 의병에도 참여하지 않았다(금장태, 1995c: 187~189). 이러한 태도와 지향점은 위협적인 외부 사회에 대해 상소라는 합법적인 의견 개진과 의병이라는 물리적 운동을 통해 세계를 정복하려는 의도를 표출한 화서·노사학파의 비판에 직면한 것은 당연한 것이었다. 이는 역으로 간재학파가 세계의 자기 구성에 그들의 에너지를 쏟고 있었다는 하나의 근거가 될 수 있을 것이다.

물론 전우가 상소와 의병운동에 대해 부정적인 생각을 가지고 있었던 것은 아니다. 그의 척사위정론이 국외자와 일탈적 국내자의 제거를 주장하지 않았다는 의미는 아니다. 간재학파의 척사위정운동은 세계로부터의 퇴거 전략이 그 주장의 빈도나 강도에 있어 정복 전략보다 더 빈번하고, 강력하게 나타나고 있었다. 이것을 뒷받침하는 것이, 전우가 의병운동의 성공에 대해 비관적인 생각을 가지고 있었다는 점이다. 간재학파의 척사위정운동은 적의 제거 전략에 대해서는 별다른 큰 관심을 가지고 있지 않았다.[96]

간재학파의 척사위정운동이 세계의 자기 구성에 더 치중하였기 때문에 이념적으로 문화접변이나 외래문화의 선택 등에 대해 부정적이었다. 전우의 경우, 평생 서구와 일본 상품을 쓰지 않고, 사람들에게도 그러한 것들을 일절 수용하지 말 것을 강조하였을 정도이다. 그는 단발령과 변복령에 따르지 않았을 뿐만 아니라 서구의 과학기술까지도 명백히 배척한다. 그는 개혁·개방을 위해 서구의 과학기술을 수용해야 한다는 주장[97]에 대해 내부 세계의 연대가 더 시급한 문제

---

96) "의병들이 과연 나라의 불운한 운세를 바로잡고, 혼란한 시절을 밝힐 계책을 갖고서 정예롭게 나섰는지 모르겠다(김기현, 1994: 246에서 재인용)."

임을 들어 반박하였다. 바꾸어 말하면 침식된 신앙 공동체의 강화가 서구적 요소의 수용보다 우선순위에 있는 것이지, 그렇다고 서구의 과학기술을 무조건 배척한 것은 아니었다.[98]

전략적인 차원에서 간재학파의 척사위정운동은 위협적인 외부 세계와 병행하여 하나의 세계를 세우려는 의도를 가지고 있지 않았다. 전우는 이성렬에게 보낸 편지에서 세계로부터 퇴거하는 것이, 세상을 잊어버리는 것이 아니라고 하여(금장태, 1995c: 187~188 참조), 이들의 강조점이 다른 곳에 있음을 알 수 있다. 상소나 척사위정운동에 참여하는 것보다는 교육, 종교의례 등을 강조하게 된다. 특히 교육을 중시한 것은 여러 곳에서 확인된다. 전우는 망국의 원인을 사회를 지탱해 주는 도덕과 의리가 무너진 데서 비롯되었다고 생각하여, 강학을 통해 후세에 도의를 전하는 일을 가장 중요하다고 본다(김기현, 1994: 250). 달리 말해 그에게 교육은 후세를 도모하고, 기약할 수 있는 최선의 전략적 방안인 것이다.[99]

---

97) 척사위정론에 대한 매서운 비판 가운데 하나가 과학기술에 토대를 둔 부국강병을 도외시한 채, 문화 우월적 사고, 곧 중화의식에 매몰되어 있었다(김기현, 1994: 238). 시대에 역행하는 사상이 될 수밖에 없었다는 것이다. 이는 결과론적인 해석일 수 있다고 생각한다. 만약 역사가 척사위정론자들의 손을 들어주었다면, 부국강병을 무시한 그들을 어떻게 평가해야 할 것인가? 또한 우리가 지나치고 있는 문제는 척사위정론자들이 부국강병을 전적으로 도외시했다는 편견이다. 그들의 문제의식은 부국강병을 추구하되, 순조롭게, 후유증을 없이하는 것인데, 이를 위해서는 성리학의 근본원리를 앞세우는 것이 필요하다고 생각했다. 이른바 우선순위의 문제일 뿐이지, 부국강병과 성리학의 보존을 zero-sum game로 인식하지 않고, 그들은 이것을 상호 보완적인 관계로 설정하고 있다.

98) "오랑캐의 신기한 기술을 배우기보다는 오히려 백성들의 결사적인 힘을 얻는 것이 낫다. 백성들의 마음이 굳게 단결만 된다면 저들이 군함이나 전기의 기교를 부릴 수가 없을 것이다. 만약 민심이 흩어져서 수습할 수 없다면 이로운 기기가 있은들 누구와 함께 적을 방어하겠는가(김기현, 1994: 238에서 재인용)."

99) "지금 나라는 이미 기울고 인류는 멸망하려 하지만, 의리를 강구하여

물론 전우가 망국이라는 하나의 환경적 요인 때문에 교육을 통한 성리학의 보존에 치중한 것으로 볼 수도 있다. 이러한 요인은 부차적인 것으로 생각된다. 그의 척사위정론은 위협적인 세계와 경쟁하면서 독자적인 세계를 세우려는 의도가 약했기 때문에, 교육을 강조하는 전략적 선택은 불가피한 것으로 보인다. 왜냐하면 그의 척사위정론은 과거보다는 미래에 주목하고 있기 때문이다. 간재학파의 구성원들은 그들의 세계 밖에 있는 사악한 세계가 조만간 바뀌어야 하며, 그 과제는 참신자들인 자기들의 손에 달려 있다고 보았다. 그 미래를 위해 잠재적·현재적 신자들을 교육시켜야 할 필요성이 있는 것이다. 이러한 선택은 외부 세계를 극복하려고 하는 전략과는 일정 정도 차별성을 드러내게 된다. 간재학파의 척사위정운동은 하나의 반발 대상인 국외자들을 정복하려고 하지 않는다.[100]

6. 전략의 차이

화서학파의 척사위정운동과 간재학파의 그것이 성리학적 이상사회의 복원이라는 목표는 같지만, 그 전략에 있어 차이를 보이는 이유

밝히는 일, 이기심을 버리는 일, 후진을 양성하는 뜻을 더욱더 절실히 가져, 조금도 해이해서는 안 된다(김기현, 1994: 251에서 재인용).”
100) “왕의 법이 행하여지지 못하고 역적이 버젓하게 목숨을 부지하고 있으니, 나는 통분을 이기지 못해 깊은 산속에 들어와 화식(火食)을 끊고 생쌀로 생활한 지 한 달이다. ……국가가 전복되고 인류가 멸망한다고 하여도 우리는 도리를 강론하고 사욕을 물리치는 공부와 도의를 가르치는 마음에 더욱더 힘써서 간절하고 게을리해서는 안 된다(오종일, 1984: 615~616에서 재인용).”

가 무엇인가? '척사위정'이라는 동일한 이념을 표방했으면서도 전자는 주로 정복 전략을, 후자는 주로 퇴거 전략을 추구하였는가? 화서학파가 간재학파의 자정론, 이른바 퇴거 전략을 비판한 것을 통해 우리는 화서학파의 처세관의 일단을 읽을 수 있다. 유인석은 간재학파가 현실과 타협하여, 이에 안주하고 있음을 그 이유로 들어 그 학파의 자정론을 '감정적'인 차원에서 비판하고 있었다. 여기서 '감정적'이란 것은 수사학적 효과를 노린 것으로서의 의미를 가지고 있다.101) 왜냐하면 화서학파의 전략은 더 많은 사람들을 척사위정운동에 동원하는 것으로서, 거병보다는 자정을 강조하는 간재학파와의 차별성을 효과적으로 보여 줄 필요가 있었던 것이다.102) 따라서 이를 확실히 담보할 수 있는 것은 잠재적 충원자들을 대상으로 이성적 논리를 제시하기보다는 오히려 정서적으로 설득하는 것이 더 효율적이라는 차원에서 화서학파가 간재학파의 자정론에 대해 감정적 반응을 보였을 것으로 해석된다.

뿐만 아니라 간재학파가 화서학파가 주도한 1895년의 척사위정운동이 이른바 적의 제거 행동에 참여하지 않는 것을 두고, 불의에 닥쳐서 죽음을 두려워하지 않는 성리학적 지식인으로서의 의무를 다하지 못한 것으로 비판하였다. 화서학파가 보기에는 성리학의 생존이 절체절명의 위기에 처해 있을 때에는 의병을 일으키는 것이 사제로

---

101) 물론 여기에는 두 학파 간의 대립도 한몫을 하였을 것이다. 최익현과 김평묵이 개항을 전후하여 전우의 스승인 임헌회에게 운동 제휴를 제의했지만, 실패한 적이 있다. 그 이후 두 학파는 치열한 학술적 논쟁을 벌여 오다가, 1876년 임헌회가 죽은 뒤 전우가 김평묵의 제문을 돌려보낸 사건 이후 두 학파는 서로 극단적인 대립 양상을 보이게 되었다.

102) "전우 같은 이는 시세(時勢)를 돌아보고 적관(賊官)에게 잘 아부하여 벼슬이 좨주(祭酒)에 이르고 일없이 앉아서 복리를 얻었다. 다만 간재뿐만 아니라 무릇 간재에게 동지하고 임헌회와 홍직필 등에게 연원한 자 중에서 편안하게 지내지 않은 자가 누가 있는가?(성대경, 1990: 48에서 재인용)."

서의 당연한 의무인데, 간재학파는 세계로부터의 퇴거를 추구하여 여기서 이탈하였다는 것이다. 유인석은 자정관(自靖觀)을 피력한 전우의 처세관을 '죽음이 두려워 거의 하지 못했고, 화가 무서워 척화하지 못했다'고 비판(박영민, 1986: 207)하였다. 뿐만 아니라 성리학을 보존하려면 '몸을 닦고 도를 세우는 것'(守義)과 '화를 물리쳐 도를 지키는 것'(擧義)을 동시에 병행해야 한다고 보았다. 때문에 거의가 배제된 단순한 수의는 그 의의가 상실된 것으로 보고 있었다.103)

이에 반해 전우는 성리학과 국가가 존망의 위기에 처하게 될 경우 성리학자들은 자신의 역량에 따라 세계-정복적 행동에 참여하거나 아니면 세계로부터 퇴거해야 한다는 출처관을 가지고 있었다.104) 이러한 인식 아래 화서학파의 자정론 비판을 성리학적 전통에 기대어 논박하였다. 간재학파의 자정론과 상소를 올리지 않는 행위를 두고 화서학파에서 죽음을 두려워한 결과의 소산이라는 주장에 대해, 그는 시역을 이용하여 의병을 일으키지 말아야 한다는 공자·주자의 설과, 병자호란 당시 송시열 등이 남한산성 사건 때 직언하지 않았다(성대경, 1990: 48~49)는 전통을 들어 화서학파의 주장을 논박하고 있다.

전우는 자정책(自靖策)을 화서학파의 1895년 척사위정운동과 구분 짓기 위해 성리학의 교리 가운데서도 주자의 출처관을, 성리학적 전통에서는 고대 성리학의 성인의 보기를 선택하고 있다. 전우는 자신들의 선택을, 이념인은 도와 국가가 존망의 기로에 서 있는 난세에

---

103) "학문을 강론하는 것과 스스로 지키는 것(自守)은 진실로 힘쓰지 아니할 수 없으나 능히 밖의 화(禍)를 물리칠 수 있겠는가. 밖의 화를 물리치지 못한다면 비록 자수하고자 하나 가능하겠는가(박민영, 1986: 208에서 재인용)."
104) "대개 국가는 신하가 마땅히 사랑해야 할 바이며, 만인은 어진 사람이 마땅히 사랑해야 할이지만, 나의 역량이 미치지 못한다면⋯⋯내가 천하고 서툴러서 어찌 이 시대에 힘을 기울일 수 있겠는가(성대경, 1990: 46에서 재인용)."

는 자신의 역량을 헤아려 둘 다 모두 구할 수 있다면 의병을 일으켜야 하지만, 그렇지 못하다면 자정책을 취하여 도를 보존해야 한다는 주자의 출처관에 기대고 있다. 뿐만 아니라 그는 고대의 성인들이 오랑캐들을 정복하지도 동화시키지도 못했음을 그 이유로 들어 자신의 선택이 불가피했음을 정당화하고 있다(성대경, 1990: 46). 이러한 처세관의 차별성이 두 학파의 척사위정운동의 전략상의 차이로 결과한 것으로 보인다.

또한 두 학파의 정치적 배경도 이러한 차이를 초래케 한 하나의 요인으로 작용했을 것으로 여겨진다. 흔히 우리는 화서학파의 태두인 이항로가 한 번도 현직에 나가지 않은 사실을 들어 그가 벼슬에 전혀 관심이 없었으며, 중앙 정계의 동향에 관심이 없었던 것으로 알고 있다. 그러나 그는 중앙 정부와의 관계 정립(오영섭, 1996: 289~291 참조)에 나름대로 힘을 기울이고 있었다. 기본적으로 이항로는 세도 정권에 대해 비판적인 태도를 견지하고 있었지만 차별적인 비판이었다. 안동 김씨에 대해서는 분명히 반대 입장을 취하고 있었지만, 풍양 조씨에 대해서는 소극적인 지지를 보내고 있었다. 이미 이항로는 1835년에 집필한 「독이천선생상태황태후소(讀伊川先生上太皇太后疏)」에서 풍양 조씨의 조속한 집권을 원하는 심경을 피력하고 있었다. 또한 1849년과 1851년 풍양 조씨와 안동 김씨 간에 벌어진 두 차례의 전례논쟁에서 시종일관 풍양 조씨의 입장을 지지하였다.[105]

풍양 조씨가 전례논쟁에서 패배하여 실각한 다음 화서학파는 정치권으로부터 소외당하였다. 흥선 대원군이 집권하자 화서학파가 정치

---

105) 이때 안동 김씨 측의 순원왕후·김흥근·정원용·홍직필·송내희 등과 풍양 조씨 측의 조인영·권돈인·김도희·박회수 등은 자파의 이익에 따라 왕통위중론(王統爲重論)과 가통위중론(家統爲重論)에 근거해 논의를 전개하였다. 이에 화서학파는 재야에서 간재학파의 연원인 홍직필·송래희 등 안동 김씨계 산림들의 예설(禮說)을 반대하는 운동을 전개하였다(오영섭, 1996).

권의 주목을 받았다. 1864년 이항로는 풍양 조씨 세력인 조두순의 천거로 비노론계 산림을 우대하는 남대(南臺)직에 올랐다. 이어 그는 병인양요(1866년) 때 동부승지(同副承旨)에 임명되어 제자들을 대동하고 상경하여 주전척화론(主戰斥和論)을 진달함으로써 대원군의 척화정책을 지원하였고, 또 경연관(經筵官)의 자격으로 고종을 알현하여 성리학적 경세론을 개진하였다. 이항로는 상경 전부터 이미 대원군의 국내정책에 대해 비판적인 견해를 가지고 있었기 때문에 대원군의 밀촉을 무시하고 토목·취렴의 중지를 거론한 데 이어 귀향 시에 올린 상소에서 만동묘의 복향을 주장하였다. 이로써 그는 대원군과 결별하였다. 민씨 척족 정권 시기에 화서학파는 집권 세력의 개방정책에 반발해 1876년과 1881년의 척사위정운동을 주도하였다. 1876년 소수(疏首) 선정 문제로 분열의 조짐을 보인 화서학파는 임오군란 이후부터 1886년까지 대원군을 지지하는 김평묵 계열과 민씨 척족을 소극적으로 지지하는 유중교 계열로 갈려 서신 논쟁을 벌였고, 1887년부터 갑오경장 전까지 심설(心說) 논쟁을 벌이는 가운데 자정론을 견지하며 후진 양성에 주력하게 된다.

화서학파의 정치적 배경은 이항로가 대원군과 결별하기 전까지 중앙 정계와 밀접한 관계를 유지하고 있었지만 그 이후에는 소원한 관계로 남게 되었다. 이항로와 유중교 등을 제외하면 전반적으로 집권 세력에 대해 비판적인 입장에 서 있었다고 할 수 있다. 이를 뒷받침하는 것이, 다른 상소에 대한 처리와는 달리 1881년의 「관동연명유소」의 소수(疏首)인 홍재학을 처형한 일이다. 물론 여기에는 그 유소가 국왕을 직접 비판하였다는 점과, 집권 세력 측에서 이를 척사위정운동에 대한 물리적 탄압의 빌미로 삼으려 했다는 점도 작용했다. 그러나 기본적으로 중앙 정계에 화서학파와 연계되어 있는 세력이 부재한 데 더 큰 이유가 있었을 것으로 생각된다. 이러한 정치적 배경이 화서학파의 척사위정운동의 전략을 결정짓는 하나의 요인으로 작용했을 것으로 보인다.

간재학파의 정치적 배경은 이와 다소 다르다. 18~19세기에 이르러 그동안 정계와 학계를 주도했던 노른 세력 내에서는 서울에 거주하는 경화거족적(京華巨族的) 관료학자와 기존의 산림학자로 크게 나누어지는 지리적 분화가 이루어지고 있었다. 이를 통해 이러한 관료학자층이 유력한 학문집단으로 부상하여, 지방의 학계와 성리학계를 압도하면서 때로는 전통적 산림 유학자를 움직여 나가는 그러한 형국마저도 이끌어 내고 있었다. 19세기 세도 정국 아래서 정통 주자학의 학통을 고수한 이른바 '연하산림(輦下山林)'의 오희상·홍직필·유신환·임헌회 등은 서울 주변에 머무르면서 관료학자층의 자제를 교육하거나, 성균관의 좨주(祭酒)와 같은 관직을 통하여 세도가와 결탁, 산림으로서의 영향력을 행사하고 있었다(성대경, 1990: 36, 유봉학, 1995: 34).

간재학파의 이러한 정치적 배경이 평소 집권 세력에 대해 호의적인 태도를 견지한 하나의 요인으로 작용했을 것이라고 생각하는 것은 큰 무리가 아닐 것이다. 간재학파는 1895년 척사위정운동에서처럼 국가를 대상으로 한 투쟁에 나서기보다는 세계로부터의 퇴거라는 자정 노선을 걸었던 것으로 보인다. 이러한 요인들 때문에 두 학파의 척사위정운동이 그 차별성을 드러내고 있지만 이는 우리의 전략 유형에 따른 분류일 따름이다. 그 척사위정운동이 추구한 전략이 무엇이든 간에, 화서·간재학파의 구성원들은 순수의 보존을 추구하고, 명확한 이념적 경계선을 설정하고, 전도 사업과 성직자 양성 사업을 중시하고, 타락한 세계의 악마들을 회피하려고 했다는 점에서 그 공통점을 가지고 있다. 이것이 그 차별성보다는 더 유의미한 것으로 보인다. 척사위정파로서의 '다름'보다는 '같음'이 중요하게 인식되어야 할 것이다.

이러한 차원에서 이전에 학문적 논쟁과 정치적으로 반대 입장에

섰던 다른 학파에서도 전우의 퇴거 전략의 추구에 대해서 지지를 보냈다. 퇴계 학맥의 대표적 인물인 서산 김홍락(西山 金興洛)의 제자 성재 권상익(省齋 權相翊)은, 후진을 교육시켜 성리학을 보존하는 일이 의병과 같이 중요한 일임을 들어 전우의 입장을 적극적으로 지지하였다(금장태, 1995c: 189). 더욱이 최익현의 아들 최영조의 언급[106]은 간재학파의 척사위정운동이 전략적인 차원에서 교육에 치중하고 있음을 보여 주는 대목이라고 할 수 있다. 물론 화서·노사학파의 척사위정운동도 교육을 강조하고 있지만 결정적인 국면에서는 교육에 치중하기보다는 학파 소속의 성리학자들을 상소운동이나 척사위정운동에 동원하는 전략을 구사한다는 점에서 양자의 차이가 두드러진다.

뿐만 아니라 성리학이 주변화되는 그 당시, 전우의 **표현**에 따르면, 천하가 큰 환난을 당하여 음란하고 사특한 기운이 생기(生氣)를 해치고, 오랑캐가 중화를 교란하는 때에 공·경·충·신과 극기복례의 생활 철학을 강조하고 있다. 또한 성리학적 의례에 대한 강조와 관련하여 전우는 초하루와 보름날에 기자·공자·주자·송자 등의 영정에 배알했다(김기현, 1994: 240·251). 이는 스스로 이러한 의례를 강조한 것으로 보인다. 뿐만 아니라 단발령에 반발, 의발을 온전하게 하는 방법을 제시하고, 민비 시해에 대해서는 일본에 복수를 하기 전에는 상복을 벗지 말아야 한다고 하여 선비들이 검은 베로 만든 삿갓과 흰 베로 만든 옷을 착용하고, 집에서는 흰 베로 만든 갓을 쓸 것을 주장하였다(금장태, 1995c: 187~188). 이러한 점은 기본적으로 간재학파의 척사위정운동이 타락한 국내외자들을 제거하는 데

---

106) "간재의 처지는 나의 선친(최익현)과는 다르다. 후학들을 가르쳐서 그들로 하여금 중화와 오랑캐를 구별할 줄 알게 함으로써, 그들이 오랑캐가 되지 않도록 하는 것이 그의 직분이다(김기현, 1994: 248에서 재인용)."

치중하기보다는 오히려 성리학적 의례의 일상화 내지 강화를 통해 당시의 위기 상황을 극복하려고 했음을 보여 주는 것이다.

흔히 세계로부터의 퇴거 전략에서의 리더십은 예언자적 형태를 띤다. 전우의 리더십이 예언적 성격을 가지고 있음은, 그가 『주역』의 '박괘(剝卦)'의 뜻을 자주 묵상한 것에서 찾을 수 있다. 이러한 사고를 통해 '도덕도 성쇠가 있고 나라도 흥망이 있다'는 순환론적 역사관과 '칠일내복(七日來復) 천추필반(千秋必反)'의 믿음을 피력하고 있다(김기현, 1994: 251). 이는 성리학이 지금 쇠퇴의 길에 접어들고 있지만 언젠가 다시 부흥할 것이라는 일종의 알려진 예언이라 할 수 있다. 흔히 이러한 전략에서 퇴거란 세계로부터 의식적으로 물러나 그 세계와 자신을 구분하는 것이다. 세계로부터의 오염을 막기 위하여 될 수 있는 한 외부 세계의 사회적·문화적·종교적 영향 등을 차단하려고 한다.

이를 잘 보여 주는 것이, 자신을 안정하게 다스린다는 '자정'의 의리이다. 자정의 어원적 의미는 『서경』의 「미자(微子)」편에서 비롯된 말로서, 주자의 제자였던 채침의 주석에 의하면, '각자 그 의리상 마땅히 해야 할 바에 편안히 함'을 뜻한다(김기현, 1994: 249). 이러한 의미에서 자정은 세계로부터의 퇴거와 세계를 정복하려는 태도 등을 모두 포함하고 있는 개념이라 할 수 있다. 전우의 척사위정론에는 세계로부터의 퇴거 전략뿐만 아니라 적의 제거 전략이 혼재되어 있는 것이다. 전우는 자정의 의미 가운데서도 세계로부터의 퇴거에 더 의미를 부여하고 있었던 것으로 생각된다.

그는 이러한 전략 추구를 '도가 행해지지 않으니 뗏목을 타고 바다로 나가겠다'는 공자의 말에 비기면서 '과감히 세상을 잊고서 자기 한 몸이나 깨끗이 하기를 즐기는 것'과는 전혀 다르다고 주장한다(김기현, 1994: 249~250). 세계로부터의 퇴거 전략이 세계로부터의 도피와는 다른 것임을 주장한다. 이에 그는 자정의 형태로 네 가지를 들고 있다. 해외로 망명하여 중화의 줄기를 고수하는 '월해타적(越海他適)', 짐짓 미친 체하여 스스로 폐인이 되는 '병광자폐(病狂自廢)', 자신의 목숨을 끊음으로써 수신하는 '문변자재(聞變自裁)', 인적이 닿지 않는 산중이나 외로운 섬에서 평생토록 은신하는 '둔적종신(遯跡終身)' 등이 바로 그것이다. '월해'는 재산이 뒷받침되어야 시행할 수 있고, '병폐'는 참을성이 있어야 하고, '자재'는 지조와 절개를 갖추지 않은 사람은 하기 어렵다고 하면서 '둔적'을 선택하고 있다(성대경, 1990: 50).

일반적으로 세계로부터의 퇴거는 여러 가지 형태를 취하는데, 국가를 새로 세우거나 아니면 세속사회 안에 배타적이고 고립적인 공간을 만들어 세계와의 교섭을 끊거나 혹은 세속사회와 단절한 채 동일 신자들이 같이 모여 공동생활을 하는 것이다. 전우는 이 가운데 지리적 밀집과 고립을 추구하고 있었다.107) 이는 근대적·세속적·다원적 질서에 참여하지 않으려는 의도를 보여 주는 것으로서, 외부 세계와의 관계를 강력하게 거부한다. 이들은 전적으로 성리학의 교리에 의해 지배되는 더 동질적인 신앙·학문 공동체를 만들려고 했다.108) 전우는 이를 실천에 옮겨 1908년 9월에 부안 앞바다의 왕등도로 들어

---

107) 그는 세계로부터 퇴거하는 하나의 원인을, 당시의 역괘(易卦)가 음(陰)이 양(陽)을 다 갉아먹은 모양으로 지적하면서 세계로부터의 철수의 방법을 구체적으로 제시하고 있다. 먼저 생활 대책은 집을 다 비우고 깊은 산으로 들어가 산짐승과 물고기와 이웃하며, 시서예의(詩書禮義)로 대대로 전하는 것을 삼고 풀뿌리와 나무껍질로 식량을 삼아야 하며, 벼슬을 내려주면 힘껏 사양하여 나가지 말아야 하며, 끌려가게 되면 국모를 시역한 죄를 꾸짖고 원수를 풀 수가 없음을 밝히며, 감옥에 들어가면 어짊을 이루고 의로움을 취하는 것의 찬(贊)을 암송하며, 약물이나 미음을 물리쳐 단식하는 것이 중용의 뜻에 어긋나지 않을 것임을 제시하고 있다(금장태, 1995c: 187).

108) 이러한 의미에서 반대자가 있는 것을 인지하고 있음에도 불구하고 이러한 공동체 건설을 고집하는 간재학파의 구성원들을 인지적 일탈자(Berger, 1979: 35)로 부를 수 있을 것이다.

갔고, 이듬해 다시 고군산도를 거쳐, 중화를 계승한다는 이름이 상징하듯이 계화도(繼華島, 界火島)에 정착하였다(성대경, 1990: 50, 금장태, 1995c: 189). 간재학파의 척사위정운동은 세계로부터 퇴거하여 섬에 하나의 공동체를 만들어 세계와의 교섭을 단절하였다.

간재학파가 추구하고 있는 이러한 전략은 역설적으로 외부 세계에 대한 세련된 비판에 기반하고 있었다. 바꾸어 말하면 국외자의 침략 능력에 대한 평가에 따라 그들이 구축한 공동체의 벽의 높이와 강도 등을 계산하고 있다. 일본의 지배 이전에는 세계로부터 퇴거하여 그 공동체를 구축하는 데 소극적이었다. 지배가 현실화되자 섬으로의 이주를 통해 그 공동체의 벽의 높이와 강도를 더 강화시켰던 것이다. 이들에게는 높은 벽을 가진 공동체만이 유일한 희망이었다고 할 수 있다.

흔히 간재학파의 척사위정론이나 그 운동을 두고 현실 세계와 유리된 것이라는 평가가 지배적이었다. 그런데 이들은 외부 세계와 관계를 맺고 있었다. 그것은 두 가지 차원에서이다. 그 하나는 그 세계에 대한 평가에 의존한다는 것이고, 다른 하나는 그 세계를 거부한다는 측면에서이다. 따라서 이들의 행위도 세계와의 관계 안에서 이루어지고 있었다. 물론 세계로부터의 퇴거라는 형태로 나타나고 있었지만 그것 또한 세계와의 관련 속에서의 전략 추구인 것이다.

요컨대 1866~1896년의 척사위정운동은 세계를 다원적인 것이 아니라 성리학이 지배하는 일원적이고 순수한 것으로 파악하고 있었다. 하나의 방식이든 아니면 다른 방식으로 조만간 그 적들이 사라져 소중화가 복원되기를 추구하였다. 그 운동은 여러 가지 전략을 시간을 두고 추구하는 복합적인 방식으로 전략적 대응을 하고 있었다.

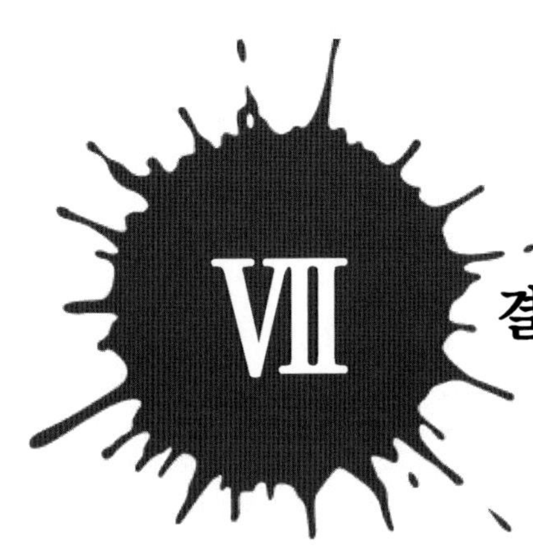

VII 결론 및 이론적 함의

이 글의 문제의식은 근대 세계의 등장 이후 한 사회 내에서 주어진 한 종교의 침식과 그 사회적 역할 변화에 대한 종교의 반응을 분석하는 데 있다. 우리의 관심은, 종교가 근대화·세속화·다원화의 과정과 결과에 대해 어떻게 대응하였는가에 있다. 이러한 문제의식을 이론적으로 접근하려고 한 것이 근본주의 연구이다. 이 글은 근본주의의 여러 가지 속성들을 추상화해 내고, 우리의 역사적 경험 가운데서도 1866~1896년 조선의 척사위정운동을 하나의 분석 대상으로 삼아 그러한 속성들을 확인하는 데 그 연구목적이 자리하고 있다. 그 척사위정운동을 사회학적으로 분석하여, 지금까지 쌓인 근본주의 연구의 깊이와 폭을 다소나마 확장하는 데 기여하려는 것이, 이 글이 가지는 의의이다. 우리는 이 작업이 조선 후기의 척사위정운동을 분석할 수 있는 하나의 이론적 단서를 확보하는 데에도 기여할 것으로 기대한다.

조선 후기에 이르러 본격적으로 진행되기 시작한 근대화·세속화의 추세에 대해 성리학자들이 보인 반응은 크게 두 가지였다. 그 하나는 그러한 추세에 적응하는 것이고, 다른 하나는 거기에 반발하는 것이었다. 이러한 반발의 대표적인 움직임이 1866~1896년의 척사위정운동이었다. 그 운동은 근대화·세속화·다원화의 추세 때문에, 거룩한 것의 상징인 성리학이 조선사회의 중심에서 주변부로 밀려날 것으로 생각하여 그러한 추세에 반대하였던 것이다. 이러한 차원에서 그 운동은 반근대적·반세속적·반다원적 속성을 가지고 있었다.

척사위정운동은 근대화·세속화라는 구조적 요인의 존재만으로 발생한 것이 아니었다. 왜냐하면 그 운동을 촉발시킨 여러 요인들이 있었기 때문이다. 이러한 근대화·세속화의 과정과 서구와의 의미 있는 접촉 등이 성리학 신자들의 신원 의식을 위협하였고, 그것의 변화를 강제함으로써 특히 성리학의 보존에 관심을 가지고 있던 성리학자들을 동요시키고 있었다. 이들은 근대적·세속적·다원적인 것으로 재구성된 사회가 성리학을 붕괴시킬 것이라는 두려움을 가지고 있었다. 이러한 차원에서 1866～1896년의 척사위정운동은 성리학자들의 신원 의식의 위기에 의해 촉발되었다고 할 수 있다. 물론 그 운동은 근대화·세속화·다원화가 조선사회에 침투하고, 이러한 침투를 조장하는 세력을 확인한 이후에 시작되었다는 점에서, 그것은 선제공격적이라기보다는 방어적 속성을 띠고 있었다.

1866～1896년의 척사위정운동에 있어 성리학의 주변화에 대한 반발의 속성은 기본적으로 근대화·세속화·다원화로 인해 성리학이 침식되고, 그 사회적 역할이 변화하는 것에 반대했다는 점에서 근본주의의 반발 속성과 그 맥락을 같이하고 있었다. 척사위정운동은 성리학의 침식과 그 변화를 조장하여 성리학을 위협하는 행위자들을 적으로 규정하여 반발하고 있었다. 그 운동이 설정한 그러한 대표적인 행위자는 바로 세속적인 조선 국가였다. 당시의 국가는 세 가지 차원에서 척사위정운동의 반발을 불러일으키고 있었다.

첫째, 그 운동은 국가가 정교분리에 입각한 각종 정책을 추진하여 공적 영역을 확대시키는 것에 대해 반발하고 있었다. 이로 인해 성리학은 이제 더 이상 국가의 업무라기보다는 사적인 문제로 격하되었다. 이에 척사위정운동은 정교분리를 반대하였으며, 본질적으로 그러한 분리에 대해 문제 제기를 하고 있었다. 더욱이 그 운동은 지금까지 성리학의 교의에 의해 운영되던 국가가 주도적으로 그러한 교의의 지배에서 벗어나려는 정책을 추구한다고 생각하여 이에 반발하고 있었다.

둘째, 척사위정운동은 당시의 국가가 기독교의 선교를 허용하는 등 다원화를 앞장서 조장함으로써 참종교이고 유일한 진리인 성리학의 존립이 위협받는 상황에 직면한 것으로 판단하고 있었다. 그 운동에 있어서는 성리학만이 '참'이기 때문에 기독교는 고려의 대상이 될 수 없었다. 이러한 차원에서 그 운동은 다원화를 조장하는 국가를 참신자들의 일치를 저해하는 하나의 적으로 설정하여 반발하고 있었다.

셋째, 척사위정운동은 당시의 국가가 중앙집권화를 통한 근대화를 추진하면서 향촌의 사대부사회를 약화시켰다고 생각하여 이에 반발하였다. 국가의 이러한 행위들이 바로 척사위정운동의 반발을 초래하고 있었다.

1866~1896년의 척사위정운동이 두 번째 반발의 대상으로 설정했던 것이 근대화·세속화의 과정에 적응함으로써 성리학의 생존을 위협했던 세력이었다. 이러한 세력으로는 국외자(局外者)로서의 서구와 일본, 국내자(局內者)로서의 동학 세력, 남인 세력, 개방파 세력 등이 있었다. 척사위정운동은 서구와 일본보다는 일탈적 국내자들에게 반발의 초점을 더 맞추고 있었다. 왜냐하면 그 운동은 그들 국내자들을 서구나 일본과의 경계선을 희석화시키거나, 이들과 제휴하는 것으로 간주하고 있었기 때문이다. 종교의 주변화에 대한 반발 속성과 관련하여 1866~1896년의 척사위정운동은 근대화·세속화·다원화의 추세에 의해 발생했으며, 이러한 추세를 조장하는 세력에 대해 방어적인 차원에서 반발하고 있었다. 그 운동은 이러한 반발을 통해 성리학을 보존하려고 하였다. 척사위정운동은 세속적 국가, 서구와 일본, 일탈적 국내자 등을 참신자인 성리학자들이 저항해야 할 대상과도 동일시하고 있었다. 이러한 차원에서 근본주의의 반발 속성은 1866~1896년 조선의 척사위정운동에서 확인되고 있었다.

1866~1896년의 척사위정운동은 성리학의 주변화를 초래한 세력

에 대한 규명 작업에 이어 그것으로 대표되는 외부 세계와, 그 세계에 의해 둘러싸여 있는 내부 세계를 구분하였다. 이를 통해 그 운동 참여자들의 정체성과 멤버십 및 그 존재론적 의미 등을 명료화시키고 있었다. 그 운동과 참여자들을 정통의 상징으로, 국외자와 일탈적 국내자들을 이단의 그것으로 자리매김하는 배타적 경계선을 설정하였다.

척사위정운동은 그 추종자들에게 물질이나 권력으로 보상하기보다는 선민의식의 강화를 통해 도덕적 우월감을 부여하고 있었다. 다시 말해 그 운동 구성원들에게는 성리학의 주변화에 의해 일탈된 조선 사회를 복원시킬 책임이 있다는 점을 확인시켜 주었다. 뿐만 아니라 그러한 책임은 결국 성리학의 보존과 이어져 있는 거룩한 과업이라는 자부심을 심어 주고 있었다.

이러한 선민들의 존재론적 의미는 도덕적 이원론에 의해 지지되고 있었다. 이 이원론을 통해 척사위정파는 순수한 성리학의 보존자로 규정된 반면에, 서구와 일본 및 일탈적 국내자들은 오염되고 파멸될 운명에 있는 것으로 자리매김되었다. 궁극적으로 조선·성리학이 서구·일본·기독교에 승리할 것이라고 생각하고 있었다. 척사위정운동의 이러한 이원론은 실천적 차원에서 정의로운 행동을 강조하는 것으로 나타났다.

이러한 의미에서 근본주의의 분리 속성도 1866~1896년의 척사위정운동에서 확인되었다. 또한 척사위정운동은 그것의 목적인 성리학의 탈주변화를 이념적 차원에서 정당화하기 위해 성리학적 전통 가운데서 근본적인 것들을 선택하고 있었다. 이렇게 선택된 자원들로 척사위정운동은 조선의 일탈 과정을 재확인했을 뿐만 아니라 성리학적 전통의 근본적인 것들을 재구성하여 적대적 세계에 대항할 수 있는 이념적 무기를 만들었다.

이러한 근본적인 것들의 절대적 타당성은 진리의 원천인 경전의 무오류성에 의해 정당화될 수 있다고 생각하였다. 또한 그 운동은 성리학이 위협받고 있는 위기의 시대에는 유일한 진리인 그 경전과 교의를 수호하는 것만이 그 위기를 극복할 수 있는 하나의 방법이라고 생각하고 있었다. 근본적인 것들의 선택과 재구성, 경전의 무오류성에 대한 지적인 확인 작업은 성리학자들에 의해 주도되었다. 이들이 이러한 역할을 수행할 수 있었던 것은 성리학자로서의 위신이 있었기 때문에 가능한 것이었다. 이처럼 1866~1896년 조선의 척사위정운동에서 근본주의의 선택의 속성이 나타나고 있었다.

마지막으로 척사위정운동이 그리고 있는 이상사회인 소중화의 복원을 위한 전략들을 추구하고 있었다. 그 운동은 당시의 조선사회를 성리학에서 일탈한 것으로 간주하여 그것을 원상으로 돌려놓으려고 하였다. 물론 그 복원 대상은 소중화 사회였다. 그러나 그 소중화로 일탈된 현재뿐만 아니라 미래를 지향하고 있었다. 먼저 1866~1896년 조선의 척사위정운동은 사회적 자원을 통제하고, 적들을 정치적으로 추방하는 정복 전략을 통해 서구와 일본 및 일탈적 국내자들을 제거하려고 하였다. 이를 통해 그 적들이 지배하는 일탈된 조선을 극복하고, 척사위정파가 조선을 통제하는 데 전략의 강조점을 두고 있었다.

뿐만 아니라 척사위정운동은 배타적 공간의 창안을 통해 의도적으로 서구와 일본 및 일탈적 국내자들과 직접 경쟁하고 있었다. 이는 일탈된 조선에 대한 하나의 대안으로 성리학적 전통이 지배하는 공간을 확대하는 이른바 전도 활동에 주력하고 있었다. 이와 더불어 서구와 일본 및 일탈적 국내자들에 대한 헤게모니보다는 성리학의 보존에 우선순위를 두는 퇴거 전략도 추구되고 있었다. 이 경우 그 운동의 최고의 가치는 성리학 공동체의 완전무결성에 있었다. 이에 사회로부터 퇴거하여 성리학에 의해 지배되는 좀더 동질적인 공동체를 만들려고 하였다. 마지막으로 서학의 확산에 따른 다원주의의 상황을 전제하는 위에서 공적인 영역에 성리학적 요소를 다시 도입하여, 역으로 적들을 주변화시키려는 변형 전략도 존재하였다. 이러한 전략은 서구와 일본 및 일탈적 국내자들과의 정치적 상호 작용과 타협을 시도하고 있었다. 이러한 차원에서 1866~1896년 조선의 척사위정운동은 근본주의의 복원 속성을 보여 주고 있었다.

이처럼 척사위정운동은 반발, 분리, 선택, 복원 등의 속성을 가지고 있는 것으로 판별되었다. '반발'은 기본적으로 척사위정운동을 추동하며, '분리'는 공공연하게 일탈을 조장하는 세계에서 척사위정운동의 정체성을 유지하려는 도전과 관련되어 있다. '선택'은 성리학적 전통이 직면하고 있는 위험 앞에서 그 전통을 보존하려는 척사위정운동의 심사숙고이며, '복원'은 일탈된 세계를 원래의 그것으로 되돌리는 데 필요한 전략과 이어져 있다고 할 수 있다. 다시 말해 1866~1896년 조선의 척사위정운동은 서구와 일본, 성리학적 전통을 고수하지 않는 개방파, 세속화된 국가 등에 대해 반발하고 있었다. 특히, 서구의 종교적 관념과 실천이 성리학의 생존을 위협한다는 의미에서 서구는 그 운동에 있어 최대의 적이었다. 그 운동은 성리학적 전통에서 적들을 극복하는 데 필요한 투쟁 자원들을 선택하고 있었다. 이러한 선택은 성리학의 이원론에 의해 뒷받침되었으며, 이교도와 배교자들을 배제하거나 심지어 이들의 처형을 요구하기도 하였다. 또한 선택된 성리학적 전통의 근본적인 것들은 그 절대적·배타적 타당성과 무오류성을 경전에 기대고 있었다. 이념적으로는 정교일치의 교리가 여전히 주요 원리였다. 조직의 형태는 선택받은 자들이 성리학 공동체를 궁극적으로 지배한다는 관념으로 충만되어 있었다.

요컨대 1866~1896년의 척사위정운동에 있어 근본주의의 속성은, 성리학이 근대화·세속화·다원화 등을 조장하거나 이와 교섭하려는 세력들에 반발하고, 정통과 이단의 분리를 통해 그 운동의 정체성을 규정하고, 그 운동의 정당화 자원으로 성리학적 전통의 근본적인 것들을 선택하고, 그 일탈된 조선을 소중화로 복원하기 위한 복합적인 전략들을 추구하는 데서 잘 확인된다. 이러한 차원에서 우리는 화서·노사·간재학파가 주도한 1866~1896년의 척사위정운동을 '성리학적 근본주의'로 규정할 수 있을 것이다. 다시 말해 척사위정운동은 근대화·세속화, 서구와의 의미 있는 접촉 등으로 야기된 성리학의 주변화에 대한 반발이고, 이런 제도적 분화를 되돌려 성리학이 조선사회의 중심에서 하나의 중요한 요인이 되고, 이익의 중심이 되려고 한 하나의 움직이었다. 이러한 과정의 최전선에 척사위정운동이 자리하고 있었고, 그 운동을 통해 이러한 과정을 실현하려고 한 것을 성리학적 근본주의로 정의할 수 있을 것이다.

우리는 1866~1896년 조선의 척사위정운동 분석이 가지는 의의를 세 가지 차원에서 찾을 수 있을 것이다. 첫째, 그 분석은 근본주의 연구를 둘러싼 여러 가지 쟁점들에 관해 추가적인 정보를 제공할 수 있을 것으로 기대한다. 둘째, 그것은 앞으로의 근본주의의 논의에 하나의 이론적 함의를 제시할 수 있을 것이다. 셋째, 이 글이 직접 의도한 것은 아니지만 부차적으로 기존의 조선 후기의 척사위정운동의 연구 지평을 확대하는 데 일정 정도 기여할 수 있을 것이다. 앞에서의 분석 결과를 중심으로 그 이론적 함의를 개괄적으로 살펴보고자 한다.

첫 번째 이론적 쟁점은 근본주의의 발생원인에 관한 것이다. 이와 관련하여 1866~1896년 조선의 척사위정운동은 비서구사회에서의 근본주의의 발생원인에 대해 하나의 정보를 제공하고 있다. 기존의 대다수의 근본주의 연구에서는 서구에 의해 근대화·세속화가 비서구사회에 도입됨으로써, 근본주의가 시작될 수 있었다는 인식을 그 바탕에 깔고 있다. 세속적 근대성은 유럽과 북미처럼 산업·과학기술·과학혁명을 통해 내재적으로 발생하지만 중동, 아시아, 아프리카, 남미 등지에서는 다른 종교 세력과 제국주의·착취 세력 등에 의해 도입된다는 것이다(Almond, Sivan, and Appleby, 1995a: 404). 다시 말해 서구의 충격이 부재할 경우에는 비서구사회에서 근본주의가 발생할 수 없는 것으로 이해하여 왔다.

그러나 1866~1896년 조선의 척사위정운동은 이에 대한 하나의 반증 사례이다. 그 운동은 기본적으로 서구의 충격에 선행하여 내재적으로 발생하였다. 물론 이러한 충격이 내재적 발전의 계기와 맞물리면서 그 운동의 발전을 가져왔다. 조선은 후기에 이르러 내재적 차원에서 정교분리로 대표되는 세속화와, 국가가 주도하는 근대화가 본격적으로 이루어지고 있었다. 이런 상황에서 서구라는 하나의 외재적 요인이 촉매의 역할을 수행하는 가운데 그 운동이 출현하였다.

1866~1896년 조선의 척사위정운동의 발생에 작용한 외재적 요인으로서의 서구는 두 가지 차원을 내포하고 있었다. 그 하나는 서구의 과학기술이었고, 다른 하나는 기독교였다. 전자는 근대적·세속적 성격을, 후자는 이교적 성격을 가지고 있었다. 이것이 내재적 요인으로서의 근대적·세속적 속성과 결합될 경우, 비서구사회에서의 근본주의는 '근대적·세속적·다원적인 것에 대한 반발'로 나타날 가능성이 높다는 것이다. 이러한 차원에서 서구사회의 근본주의가 근대적·세속적인 것에 반발하는 것과는 달리, 비서구사회는 여기에 '다원적인 것'에 대한 반발도 포함하고 있었다. 이러한 차원에서 1866~1896년의 척사위정운동은 내재적 요인과 외재적 요인의 결합 속에서 발생하고 있었다. 따라서 서구 제국주의 침입으로 비서구사회의 근본주의의 발생 조건을 설명하는 기존의 논의는 보완되어야 할 것이다.

이러한 차원에서 우리는 근본주의에 접근함에 있어 '내재적-외재적 요인에 대한 이중적 반발'이라는 하나의 이론적 함의를 도출할 수 있을 것이다. 이러한 틀이 유용하다고 생각하는 것은, 먼저 내재적 요인과 관련하여 대다수의 비서구사회가 중세에서 근대로의 이행기에 자체의 발전의 계기를 가지고 있었다는 점이다. 기존의 내재적 계기의 부재라는 논의를 극복하여 근본주의 연구에서 이러한 계기를 우선 고려해야 할 필요성이 있다. 뿐만 아니라 외재적 요인도 배제할 수 없는 것이다. 흔히 근본주의자들은 그 당시의 사회적·문화적 환경 등과 역동적으로 상호 작용한다. 이러한 작용의 성격과 범위 등은 물론 가변적이지만 그들이 국지적·국가적·전 세계적인 경향에 영향을 받지 않거나 또는 이와 관계없이 존재하는 것처럼 보이는 곳은 아무 곳도 없다(Caplan, 1987: 7). 따라서 비서구사회의 근본주의를 설명하는 데 국제적 환경을 지나치게 크게 평가해서도 안 되지만, 그렇다고 전혀 무시해서도 안 된다(Tehranian, 1993: 313~314). 이러한 차원에서 '내재적-외재적 요인에 대한 이중적 반발'이라는 분석 틀은 기존의 서구의 충격이라는 단일 요인으로 비서구사회의 근본주의를 설명하던 논의를 극복하고, 중층적 요인으로 접근함으로써 근본주의 연구를 질적으로 좀더 풍부하게 할 것으로 기대한다.

이러한 분석 틀을 경험적으로 지지하는 것이 이슬람 근본주의에 관한 설명이다. 주바이다(Zubaida, 1987: 5~6)는 서구의 영향에 대한 일반적 관점을 지지할 뿐만 아니라 이슬람 근본주의 운동과, 이 운동이 위치하고 있는 근대국가 사이에서 보이는 상이한 관계들을 이해하는 데 제도적 환경과 역사적 국면 등을 조사해야 한다고 주장한다. 이를테면, 그는 이집트의 무슬림 형제단(the Muslim Brotherhood)이 유럽의 식민주의자들의 문화적 영향력뿐만 아니라 세속적인 나세르(Nasser)의 민족주의 체제에 대해서도 반대하였음을 입증하고 있다. 또한 이란의 호메이니(Khomeini)가 팔레비 국왕에 반대한 것은, 국왕과 미국과의 연계 및 서구의 후원을 받은 왕정의 억압적 성격뿐만 아니라, 국왕의 통치를 대신하여 율법 학자들이 주도하는 이슬람 공화국의 필요성에 관한 호메이니의 기발한 확신 등에서 연유하였음을 보여 주고 있다. 이러한 차원에서 '내재적-외재적 요인에 대한 이중의 반발'이라는 틀은 비서구사회의 근본주의를 설명하는 데 고려될 수 있을 것이다.

또한 이러한 틀은 조선 후기의 척사위정운동을 분석하는 데에도 유용하다고 생각한다. 기존의 논의에서는 '서구의 충격-조선의 반응'이라는 단일 요인으로 그 운동을 설명해 왔다. 기존의 연구는 타율적 개방으로 대표되는 서구의 충격에 대해 조선은 서구적 사회질서를 지향하는 개혁적 반응과, 성리학적 전통의 안정성을 추구한 보수적 반응을 보였다고 이해한다. 이러한 연구들 대부분은 조선사회의 전근대성을 전제로 하고 있으며, 서구를 근대성의 진정한 운반자로 인식하고 있다. 이러한 차원에서 척사위정운동을 서구의 충격이라는 하나의 외재적 요인만으로 설명하고 있다.

그러나 1866~1896년의 척사위정운동은 이미 내재적 발전을 통해 주어지고 있던 근대화·세속화 등에 저항하는 하나의 움직임으로 나타난 것이었다. 그 운동의 역사적 뿌리는 그러한 발전의 계기에 대한 반발에 있으며, 서구는 이러한 반발을 명료화시킨 하나의 촉매제 역할을 수행하였다. 특히 외재적 요인은 조선사회 내부의 대립의 촉매제로 작용하였고, 유교 문명으로 대표되는 조선과 기독교 문명으로 대표되는 서구의 충돌을 초래하였다. 이 과정에서 척사위정운동은 두 가지의 도전, 곧 근대화·세속화, 서구의 압력에 직면하고 있었다. 바꾸어 말하면 서구는 그 운동을 촉발시키기는 하였지만 운동을 발생시킨 기본 추동력은 아니었다. 왜냐하면 서구가 본격적으로 침투하기 이전에 이미 '척사위정'이라는 하나의 역사적 흐름이 형성되고 있었다. 양요와 개방이 이러한 흐름에 촉매 역할을 수행하면서 척사위정운동은 서구를 하나의 반발 대상으로 설정하기 시작하였다.

이처럼 기존의 척사위정운동 연구는 기본적으로 내재적 발전의 계기가 그 운동을 발생시킨 하나의 요인이었음을 간과하고 있다. 이는 두 가지 점에서 보완되어야 할 것이다. 그 하나는 자본주의의 발전, 정교의 분리로 그 발전의 계기가 주어지고 있었고, 다른 하나는 그 운동의 반발이 내재적·외재적 요인 모두를 대상으로 하고 있었기 때문이다. 특히 후자와 관련하여 그 당시의 국가와, 일탈한 국내자로서의 집권 개방파에 대한 척사위정운동의 반발이 이중적이었다는 점에서 잘 확인된다. 다시 말해 척사위정운동이 보기에, 국가와 개방파는 내재적 근대화와 세속화를 조장할 뿐만 아니라 외재적 요인으로서의 서구와 일본에 대해 호의적이었다는 것이다. 간단하게 말해 1866~1896년의 척사위정운동을 설명함에 있어 균형 잡힌 관점은 중층적 접근방법인 '내재적 발전의 계기·서구의 충격－성리학의 반응'일 것이다.

첫 번째 쟁점과 이어져 있는 것이 근본주의의 발생 시기이다. 기존의 연구에서는 비서구사회의 근본주의가 서구의 충격이 이루어진 이후에 발생할 수 있었다는 것이 지배적이다. 이와 관련하여 이슬람 근본주의는 유럽 식민지배의 심리적 헤게모니에 대한 지체된 반응 때문에, 다수의 이슬람 국가들이 민족국가가 된 제2차 세계대전 이후에야 일어날 수 있었다는 것이다(Lawrence, 1989: 100~101). 바꾸어 말하면 근대 세계의 존재가 근본주의의 발생 시기와 관련되어 있다는 것이다.

그러나 1866~1896년 조선의 척사위정운동에서 확인되고 있는 것처럼 그 발생은 시기적으로 19세기 말에 주어지고 있었다. 이러한 차원에서 근본주의 일반의 발생 시기는 근대 세계의 발전과정과 관련지어 이해해야 할 것이다. 이와 관련하여 우리의 관심을 끄는 것은 마르스덴(Marsden)의 미국 개신교 근본주의 연구이다. 그는 그 근본주의를 20세기의 현상이 아닌 19세기의 개신교적 전통과 연관지어 연구하였다. 근본주의의 발생 시기와 관련하여 척사위정운동의 분석 결과는 기존의 서구 중심주의적 연구를 극복할 수 있는 하나의 이론적 함의를 제공하고 있다. 왜냐하면 거의 모든 기존의 근본주의 연구는 그것의 기원을 1920년대 미국의 개신교 근본주의에 두고 있기 때문이다. 다시 말해 근대 세계의 발전이 일정 정도의 수준에 이른 사회에서만 근본주의가 발생할 수 있다는 점에 동의하고 있었다. 1866~1896년 조선의 척사위정운동에 관한 분석은 그러한 관점과 다른 결과를 보여 주었다.

두 번째 이론적 쟁점은 근본주의의 반발의 속성에 관한 것이다. 이와 관련해서는 기존의 근본주의 논의가 두 가지의 관점에서 대립하고 있다. 그 하나는 근본주의자들이 근대적 과학을 부정하고, 새로운 테크놀로지에 대한 러다이트식(a Luddite-like)의 거부를 수반하는 것으로 이해한다. 흔히 이 경우 근본주의는 과학과 이성 등과는 반대되는 것으로 서술된다. 다른 하나는 근본주의자들이 과학기술의 이점을 평가하고, 이를 채택하는 데 지체하지 않는다는 것이다(Caplan, 1987: 11). 보기로 진화론을 거부하는 창조론자들도 세계가 이미 6천 년 전에 창조되었다는 사실을 과학적으로 입증하기 위해 자체의 '과학' 연구소를 설립한다는 것이다(Moltmann, 1992: 110). 후자와 관련하여 진화론과 같은 근대적 과학 이론을 반대하는 투쟁을 보편적으로 공유하지만, 근본주의자들은 자신들의 경전을 과학적 타당성을 가진 것으로 입증하기 위해 특별히 노력한다는 것이다. 한편으로는 다른 것을 거부하면서 다른 한편으로는 근대적 관점을 모방한다. 이러한 근본주의자들의 방식이 근본주의 운동과 그 담론에서 일반적으로 발견될 만큼 근대 과학과 테크놀로지의 세력이 그 운동을 압도한다는 것이 후자의 편에 선 연구자들의 관점이다(Tehranian, 1993: 316 참조).

반발의 속성과 관련하여 1866~1896년 조선의 척사위정운동은 철저하게 반근대적·반세속적 성격을 보여 주었다. 그 운동은 과학적 방법을 넘어 무오류하고, 절대적인 성리학의 근본적인 것들에 대해 관심을 가지고 있었다. 물론 그 운동이 서구의 과학을 무조건 배척한 것은 아니었다. 다시 말해 성리학이 과학 일반을 포괄할 수 있기 때문에, 서구의 과학은 그 운동의 관심사가 아니었고, 더욱이 그것을 성리학보다 중시하는 것에 반대한 것이었다. 이러한 차원에서 그 운동은 호전적으로 근대적·세속적인 것에 반발하였다고 할 수 있다. 더욱이 서학 가운데서도 근대적인 속성을 내포하고 있던 서구의 과학기술의 수용에 대해서는 좀더 심각한 위기의식을 가지고 있었다. 왜냐하면 그것은 '우리'의 것이 아니라 '그들'의 것이기 때문이다.

이러한 차원에서 근본주의가 근대적·세속적인 것에 대해 일정 정도 긍정적이라는 관점은 수정되어야 할 필요가 있다고 생각한다. 물론 몇몇 근본주의 운동이 서구적 과학기술을 선택한 사례가 있다. 보기로, 1979년 이란의 근본주의 운동에서 지도자인 호메이니의 메시지를 국내에 대량 유포하는 데 기여한 것은 근대적 녹음기술이었다. 그렇다고 그 운동의 지향점이 근대적·세속적인 것에 있었던 것은 아니다. 왜냐하면 그 운동의 과장에서나 성공한 이후에도 호메이니는 철저한 반근대적·반세속적·반이교적 정책을 추구하였기 때문이다.

이는 또한 조선 후기의 척사위정운동을 분석하는 데에도 유용하다고 생각한다. 그 운동의 이념으로 기능했던 척사위정론에 대해 기존의 연구에서는 그것을 하나의 이념체계로 간주한다. 척사위정운동은 성리학적 신념체계의 보존을 둘러싼 하나의 투쟁이었다고 할 수 있다. 이러한 맥락에서 기본적으로 그 운동은 종교적 차원에 의해 틀지어지고 있었다. 이러한 틀이 척사위정운동을 제국주의의 약탈 경제의 영향으로 설명하는 세계체제론적 연구를 일정 정도 보완할 수 있을 것이다. 이러한 연구들에서는 서구와 일본을 경제적 침략자로 규정하기 때문에, 그 운동은 반제국주의적 속성을 가지는 것으로 설명된다.

그 운동이 보기에, 서구와 일본은 기본적으로 근대적·세속적인 것의 운반자이고, 특히 서구의 기독교는 다원적인 것의 하나의 상징이었다. 척사위정운동은 서구의 종교를 사악한 이교(異敎)로 이해하고 있었다. 그 운동의 기본 대립구도는 선과 악의 상징으로 조선과 서구를 상정하고 있었다. 때문에 그 운동의 목적은 근대적·세속적·다원적인 것의 운반자로서의 서학과 일본이 조선사회에 정착하지 못하도록 하는 데 있었다. 물론 그 운동은 경제적 차원에서도 문제 제기를 하였다. 그것은 서구와 일본의 근대적·세속적·다원적인 것의 침투로 인한 도덕적 타락과, 경제적 영역에서 성리학적 가치가 더 이상 본래의 역할을 수행하지 못하는 것에 대한 비판이었다. 이러한 차원에서 척사위정운동은 외부 세계를 정치적·경제적 착취자로서보다는 오히려 종교적 차원에서 자기들을 일탈시키는 원인 제공자로 더 강하게 인식하고 있었다.

또한 이러한 인식은 조선 후기의 척사위정운동을 민족주의로 규정하는 여러 연구들을 보완할 수 있을 것이다. 기존의 연구에서는 배타적인 화이사상이 서구와 일본의 침입에 직면하자 자주의식의 차원에서 민족주의로 발전하였다고 설명한다. 그러나 척사위정운동은 성리학의 탈주변화라는 측면에서 세속적 국가, 서구와 일본, 개방파 등에 반발하였다. 다시 말해 민족주의 운동의 하나의 목표라고 할 수 있는 민족국가의 건설 등과는 거리가 있는 것이었다. 척사위정운동에 있어 성리학은 국가와 민족을 넘어선 상위 개념이며, 그것은 성리학의 보존에서만 의미가 있는 것이다. 물론 전략적인 차원에서 그 운동에 민족적인 감정이 개입할 수 있지만 그 운동의 성격을 틀 지우는 주된 요소는 아니다.

기존의 연구에서 척사위정운동의 성격을 민족주의라고 규정한 근거는 그 저항의 주된 대상이 외세였기 때문이다. 물론 그 운동이 서구와 일본에 대해 반발하고 있었지만 또 하나의 대상은 국가와 일탈적 국내자들이었다. 다시 말해 그 운동이 보기에, 서구와 일본은 국내자들이 조선사회를 일탈시키는 데 하나의 촉매 역할을 수행했을 뿐이다. 이는 근본주의 운동의 많은 사례에서 확인된다. 이를테면 '참'유태교 이외의 다른 표현을 전혀 고려하지 않는 유태교 근본주의의 하시딤(Lubavitcher Hasidim)의 방어적 행동은 유태교의 약화된 헌신에 저항하여 참신앙을 지키는 데 있다. 이는 그 종교집단 내부에 있는 비Hasidic 유태인들의 영향력에 반대하는 것이다. 다시 말해 근본주의 운동이 요구하는 바가 너무 거창하다고 생각하는 사람들에게 하나의 조직적·이념적 대안을 제시하는 비근본주의적인 동일 종교의 신자들은 여러 가지 측면에서 근본주의의 최대 위협이다(Williams, 1994: 806). 이러한 차원에서 척사위정운동의 주적이 외세이기 때문에, 그 운동을 민족주의로 정의한 기존의 논의는 보완되어야 할 필요가 있다고 생각한다.

세 번째 이론적 쟁점은 근본주의의 복원 속성에 관한 것이다. 기존의 일부 논의에서는 근본주의의 속성을 보수적이라고 규정한다(Garvey, 1993). 1866~1896년 조선의 척사위정운동 분석을 통해 확인할 수 있는 것은, 그것은 보수적이라기보다는 오히려 혁신적이라고 하는 것이 더 정확할 것이다. 왜냐하면 그 둘의 근본적인 차별성은 현상(現狀)을 바라보는 인식에 기인하기 때문이다. 척사위정운동의 속성이 보수적이라고 할 경우에는 그 현상을 유지하는 데 그 목적이 있기 때문에, 그 어떤 유토피아도 필요하지 않다.

척사위정운동은 두 가지 점에서 이와는 다른 연구결과를 보여 주었다. 그 하나는 현상을 바라보는 인식이고, 다른 하나는 그 운동이 제시하는 유토피아의 존재이다. 그 운동이 보기에 당시의 조선사회는 근대적·세속적·다원적인 것에 의해 일탈된 현상이었기 때문에, 운동의 일치의 대상이 아니었다. 그 운동은 소중화라는 이상사회를 상정하고 있었다. 그 운동이 개방파를 집중적으로 공격했던 이유도 이와 관련이 있다. 왜냐하면 그 운동이 보기에, 개방파는 적대적 세계에 저항하기 위해 소중화의 복원이라는 방식을 지향하지 않았기 때문이다. 다시 말해 개방파는 현상의 개혁에 대해서는 척사위정운동과 그 인식을 같이하고 있었지만 그 방법에 있어서는 성리학적 전통에서의 일탈을 추구하였다.

이러한 차원에서 우리는 근본주의 일반의 복원의 속성과 관련하여 그것이 '혁신적 복원'을 추구했다는 하나의 이론적 함의를 도출할 수 있을 것이다. 이것이 유용하다고 생각하는 것은, 기본적으로 근본주의가 현실 세계를 일탈된 것으로 인식하고, 그것의 연장선상에서 그것을 이상사회로 대체하려는 목적을 가지고 있기 때문이다. 단지 과거의 종교 전통에 기반을 둔 이상사회를 강조하기보다는 오히려 일탈된 현상을 대체하려는 그 적극적인 의도를 강조한다면 우리는 이를 혁신적이라고 간주할 수 있을 것이다. 때문에 근본주의의 속성을 보수·반동적이라고 비판하는 기존의 일부 논의는 수정되어야 할 것이다.

뿐만 아니라 이러한 함의를 통해 현상을 유지하려는 보수주의와는 차별적인 근본주의 개념의 독특성을 확보할 수 있을 것이다. 여기서 혁신적이라는 의미는 이중적이다. 근본주의자들의 현실관과 그에 따른 다른 방식의 재구성 시도라는 내부적 특성과, 외부의 평가가 곁들어진 것이다. 이러한 평가와 관련하여 사실상 종교적 전통의 진정한 보수주의자들은 근본주의자들을 실제의 혁신자로 보기 때문에, 그들이 가장 강력하게 반대하는 사람들은 근본주의자들이다(Coleman, 1992: 40).

이러한 이해는 조선 후기의 척사위정운동을 분석하는 데에도 유용하다고 생각한다. 기존의 연구에서는 그 운동이 봉건적 질서를 방어하려고 했기 때문에 그 성격이 수구와 보수 반동을 띨 수밖에 없었다고 주장한다. 그러나 그 운동은 근대적·세속적·다원적인 것에 의해 일탈된 질서를 보존하기보다는 그것을 소중화 사회로 대체하려고 하였다. 그러한 소중화도 단순히 과거의 것을 재현하는 데 그치지 않고, 당시의 맥락에서 재구성하고 있었다는 점에서 수구와는 일정 정도 차별성을 드러내고 있었다. 이러한 의미에서 그 운동이 보기에 단지 일탈된 현상을 유지하는 데 급급한 것이 아니라 재구성한 소중화 사회를 추구하였다는 점에서도 보수 반동과는 차이를 보여 주었다고 할 수 있다.

개방파와 척사위정파 공히 '개혁'을 추구하고 있었다. 다시 양 분파는 당시의 조선사회를 개혁되어야 할 대상으로 간주하고 있었다. 개방파는 성리학 그 자체에서, 척사위정파는 국가의 정책, 서구와 일본의 침입, 일탈적 국내자의 순응적 태도 등에서 개혁의 원인을 찾고 있었다. 개혁의 방법에 있어 양 분파는 근본적인 차이를 보이고 있었다. 다시 말해 개방파가 근대화·세속화·다원화 등을 추구하였다면 척사위정파는 그 반대편에 서 있었다.

또한 1866~1896년 척사위정운동의 속성이 혁신적이라는 것은 그것이 추구한 전략에서도 잘 확인된다. 기존의 연구에서는 그 운동의 전략을 평가함에 있어 현실 상황을 제대로 반영하지 못한 것으로 이해하고 있다. 특히 1895년의 척사위정운동은 적극적인 차원에서 국가권력의 재편을 요구하고 있었다. 물론 그 운동에서 국왕에 대한 배려는 하나의 수사학적 표현이었을 뿐 그 구체적인 목표는 그 권력을 성리학적 전통에 부합하는 것으로 재편성하는 것이었다.

일반적으로 근본주의는 하나의 총체적 추동을 내포하고 있다. 마티 등(Marty and Appleby, 1991b: 824~825)에 따르면 이슬람교 근본주의의 하나인 the Jamaat-i-Islami에 있어 이슬람은 총체적 헌신과 모든 인간적 삶이 신의 뜻에 복종하는 것을 의미한다. 때문에 이를 방해하는 모든 것은 그것의 저항을 불러일으키게 된다. 이슬람 근본주의는 이념적인 차원에서 자체의 각종 의제들을 수행하기 위해서는 국가권력을 장악할 필요가 있다는 점을 강조한다는 것이다. 왜냐하면 이슬람 신학자들과 근대주의자들은 정책 입안에 영향을 미치려고 하지만 근본주의자들은 정치권력을 획득하여 예언자적 모형 위에서 이슬람 국가를 세우려고 열망하기 때문이다. 다시 말해 그들은 이슬람 신학자나 근대주의자처럼 하나의 압력집단으로 기능하는 것에 더이상 만족하지 않는다는 것이다. 그들은 이슬람이 국가의 권력 없이는 수행될 수 없다고 믿기 때문에 정치권력을 원한다는 것이다.

1895년의 척사위정운동도 성리학에 충실한 이념인들로 기존의 정치권력을 재편성할 것을 요구하고 있었다. 다시 말해 기존의 논의처럼 척사위정운동이 기존의 지배 질서를 정당화하기보다는 오히려 그 질서를 일탈한 것으로 인식하여 그것의 극복을 요구하고 있었다. 이는 기존의 보수적, 수구적이라는 다른 평가를 할 필요성을 보여 주는 것이다. 우리는 척사위정운동의 이러한 행태를 혁신적이라고 부를 수 있을 것이다.

네 번째 이론적 쟁점은 근본주의의 선택 속성과 관련되어 있다. 알몬드 등(Almond, Sivan, and Appleby, 1995a: 406)에 따르면 근본주의는 세 가지 방식에서 선택적이다. 첫째, 근본주의는 자체의 전통을 방어하고, 근본주의자들과 主流를 명확하게 구분 짓기 위해 그 전통의 특정 측면들을 선택, 재구성한다는 것이다. 둘째, 근본주의는 근대성을 긍정하기 위해 근대성의 몇 가지 측면들을 선택한다는 것이다. 셋째, 근본주의는 근대성의 어떤 결과나 과정들을 선택하고, 흔히 반대하는 대상을 분명히 하면서도 이런 것들을 특별한 관심을 가지고 골라내기도 한다는 것이다.

1866~1896년 척사위정운동의 경우, 성리학적 전통의 선택과 관련하여 첫 번째 방식에 치중하고 있었다. 물론 그 운동이 실패로 끝난 뒤 운동의 재개를 위해 근대성에 대한 관심을 표명하였지만 직접적인 선택은 발견할 수 없었다. 이를 통해 우리는 기존의 연구가 근본주의의 선택 속성과 관련하여 근대성에 대한 긍정을 확대 해석하였다는 평가를 할 수 있다. 왜냐하면 기본적으로 근본주의는 근대적인 것에 대한 반발로 특징지어지며, 척사위정운동에서 확인되고 있는 것처럼 그것의 수용 여부로 '우리'와 '그들'을 분리했기 때문이다.

다시 말해 근대성의 긍정을 근본주의의 하나의 속성으로 규정하게 되면 근본주의의 반발·분리·복원 속성들은 희석될 수밖에 없는 것이다. 이러한 차원에서 근본주의의 선택 속성에 대한 기존의 논의는 보완될 필요성이 있다.

물론 미국의 전파 복음주의자들과 같이 전통적 가치와 근대적 테크놀로지를 선택적으로 결합하는 사례도 있다. 근본주의자들이 전통주의보다는 근대주의에 더 밀접한 친화력이 있는 것으로 설명하는 연구자도 있다. 다시 말해 근대성의 적응의 결과 자신들의 정체성이 침식되지 않은 채 자체의 적응 게임에서 최고의 근대주의자가 되려고 한다는 것이다(Marty and Appleby, 1991b: 827). 대부분의 사례에서는 근본주의의 사원에서 근대 세계를 배제하려는 경향을 보여 준다(Heilman, 1994, Soloveitchik, 1994). 이를테면 유태교 근본주의는 근대 세계의 발전에 선행하는 삶의 방식을 보존하려고 한다. 이러한 보존을 위해서는 가능한 한 근대성과의 접촉을 회피하려는 것이 근본주의 일반의 기본적인 인식이다. 이러한 차원에서 근본주의의 선택 속성과 관련하여 우리는 종교적 전통의 특정 측면들을 선택, 재구성한다는 관점이 좀더 일반적임을 확인할 수 있다.

우리는 이러한 선택 속성 확인을 통해 근본주의와 전통주의·보수주의와의 개념상의 차별성을 확인할 수 있다. 마티 등(Marty and Appleby, 1991b: 825~826)에 의하면, 근본주의는 사실상 전통에 집착하고, 전통에서 나타나는 모든 것을 무비판적으로 보존하는 것을 거부한다. 왜냐하면 그것은 전통을 타협의 모자이크로, 특정의 역사적·우연적 상황의 요구에 계속 적응해 온 집합체로 간주하기 때문이다. 그렇다고 근본주의가 전통적 요소를 모두 거부한다는 것은 아니다. 그것은 전통에서 유용하다고 생각하는 여러 가지 교리, 실천 등에서 신중히 선택한다는 것이다. 특별히 중요한 과거는 현재의 특정한 도전과 미래의 기회 위에서 예리한 시각으로도 정의된다는 것이다. 전통을 단순히 찬양하는 전통주의자, 보수주의자들과는 달리 근본주의자들은 전통 가운데서도 현재의 맥락에서 유의미한 근본적인 것들을 전략적으로 선택한다는 의미에서 양자는 다르다고 할 수 있다.

근본주의자들은 그들과 근대주의자들 간의 단순 이분법적 분류를 거부한다. 알렉산더(Alexander, 1985)에 의하면, 근본주의자들은 선한 보수주의자들과 근대적 극단주의자들 사이에 이분법적 대립이 존재하는 것이 아니라 오히려 3각 구조가 있는 것으로 생각한다. 오른쪽에는 자기들의 시대로 되돌아가려는 근본주의자가 전통주의자라고 부르는 사람들이 있고, 왼쪽 극단에는 자신들의 시대를 오해하고 있기 때문에 근대적인 것을 위해 모든 것을 희생하려는 근본주의자들이 근대주의자라고 부르는 사람들이 자리한다는 것이다. 이 둘의 중간 곧 전통주의자－근본주의자－근대주의자의 위치에서 근본주의자들이 올바른 균형을 발견할 수 있다고 믿는다. 비유컨대 근본주의는 전통주의와 근대주의 사이의 작은 역이다(Coleman, 1992: 40). 근본주의자들은 전통적 신앙이라는 구질서와 근대적 세속주의라는 신질서 사이에 자리한 사람들이다(Hunter, 1990: 70).

이 글은 이러한 이론적·학술적 함의뿐만 아니라 한계도 동시에 가지고 있다. 먼저 이 글은 1866~1896년의 척사위정운동이라는 역사적 대상을 통해 근본주의의 속성을 확인하는 작업에 그치고 말아, 좀더 수준 높은 연구를 수행하지 못했다. 성리학 근본주의에 관한 시론적 연구라는 합리화에도 불구하고 그 실체에 접근하지 못한 한계를 드러내고 말았다. 또한 하나의 운동이 아닌 시계열적인 운동을 분석 대상으로 삼을 경우 나타날 수 있는 단편적인 연구를 극복하지 못했다. 구체적으로는 척사위정운동의 분석에 있어 외재적 요인으로서의 서구가 내재적 요인으로서의 근대화·세속화 등에 미친 영향을 구체적으로 분석하지 못하고, 단지 그 운동의 주장만을 중심으로 살펴 평면적인 서술에 그치고 말았다. '근대화', '세속화', '다원화'라는 개념을 세분하여 분석하지 못한 한계를 드러내고 말았다. 때문에 그 운동의 성격을 아주 명확하게 밝히지 못했다. 또한 복원의 속성과 관련하여 도식적으로 접근한 것으로 생각된다. 그 안에서도 아주 복합적인 차원이 있을 것으로 추측되지만 이것을 제대로 기술하지 못했다. 특히 세계−정복자적 행위에서 세계−거부자 유형으로 전환하는 1867년−1875년, 1877년−1880년, 1882년−1894년 등을 어떻게 접근해야 하는가에 대한 기존의 문제의식을 제대로 풀지 못했다.

마지막으로 조선 후기의 척사위정운동은 우리에게 어떤 의미를 가지고 있는가? 그 운동의 궁극적인 의미가 근대의 본질적인 속성이나 성리학이 무엇인가 하는 것을 우리들에게 알려주는 데 있지는 않다. 우리는 도덕적으로, 정치적으로 척사위정운동에 동의하지 않고, 그 운동의 의제에 대해 의구심을 갖고 있을 수 있다. 그러나 1866∼1896년의 척사위정운동은 근대 세계에 진입한 우리의 선조들이 직면했을 것으로 보이는 여러 가지 압력과 긴장, 그리고 이들이 한 부분으로 참여하고 있는 성리학에 관해 많은 것을 보여 주는 하나의 창문이라고 생각한다.

1. 1차 자료

奇宇萬(1990), 『松沙先生文集』, 한국역대문집총서 387, 경인문화사.

奇正鎭(1982), 『奇正鎭全集』, 아세아문화사.

金平默(1975), 『重菴集』, 우종사.

金平默(1976), 『重菴集(別集)』, 우종사.

유광렬 엮음(1975), 『항일선언·창의문집』, 서문문고 199, 서문당.

柳麟錫(1973), 『毅菴集 上下』, 경인문화사.

柳麟錫(1975), 『召義新編』, 국사편찬위원회.

柳麟錫(1986), 「討倭疏」, 최창규 편역, 『韓末憂國名上疏文集』, 서문당, 60~70쪽.

柳重教(1974), 『省齋集』, 동문사.

이구영 편역(1994), 『호서의병사적』, 제천군문화원.

李恒老(1973), 『華西集』, 김주희 역, 대양서적.

李恒老(1974a), 「華西文集」, 「雅言」, 최창규 역, 『세계의 대사상』 32, 휘문출
    판사.

李恒老(1974b), 『華西先生文集』, 동문사.

李恒老(1991), 「華西集」, 『한국사상대전집』, 양우당.

崔益鉉(1980), 『勉菴集』, 면암선생기념사업회.

崔益鉉(1977·1978a·1978b), 『국역 면암집 Ⅰ·Ⅱ·Ⅲ』, 민족문화추진회.

崔益鉉(1986), 「持斧伏闕斥和議疏」, 「請討逆復衣制疏」, 최창규 편역, 『韓末憂
    國名上疏文集』, 서문당, 12~21쪽, 50~59쪽.

崔益鉉(1989), 『勉菴 崔益鉉先生全集』, 여강출판사.

태학사 편(1982), 『韓國近世史 論著集: 舊韓末篇』, 태학사.

홍재학(1986), 「萬言疏」, 최창규 편역, 『韓末憂國名上疏文集』, 서문당, 23~27쪽.

황준헌(1977), 『조선책략』, 조일문 역주, 건국대 출판부.

황 현(1994), 『매천야록』, 김준 역, 교문사.

2. 국내 문헌

강대덕(1984), 「화서 이항로의 생애와 사상기반」, 『관동사학』 제2집, 관동대 사
　　학회, 85~121쪽.

강돈구(1992), 『한국근대종교와 민족주의』, 집문당.

강명관(1996), 「조선 후기 경화세족과 古董書畵 취미」, 『한국의 경학과 한문학』,
　　죽부이지형교수정년퇴직기념논문집, 태학사, 765~802쪽.

강상규(1996), 「고종의 대외인식과 외교정책」, 『한국사시민강좌』 제19집, 일조
　　각, 203~229쪽.

강재언(1983), 「이항로의 위정척사 사상-웨스턴 임팩트(Western Impact)와 쇄국
　　양이의 논리-」, 강재언, 『근대한국사상사연구』, 도서출판 한울, 35~65쪽.

강재언(1985), 『한국근대사연구』, 한울.

강재언(1988), 『한국의 근대사상』, 한길사.

강재언(1990), 『조선의 서학사』, 민음사.

강창일(1994), 「초기 개화파의 근대화 구상-갑신정변에 대한 비판적 검토-」,
　　『한국문화』 15, 서울대 한국문화연구소, 383~410쪽.

고병익(1996), 『동아시아의 전통과 변용』, 문학과지성사.

고석규(1996), 「19세기 초·중반의 사회경제적 성격」, 『역사비평』 계간 35호,
　　역사비평, 16~35쪽.

곽신환(1986), 「화서 이항로의 서학관」, 『논문집』 제16집, 숭실대, 3~14쪽.

구선희(1998), 「개화파의 대외인식과 그 변화」, 한국근현대사회연구회, 『한국근
　　대 개화사상과 개화운동』, 도서출판 신서원, 113~154쪽.

구완회(1996), 「제천 을미의병의 경제적 기반과 수성장체제」, 구완회·이창식
　　편, 『제천 의병의 종합적 이해』, 백산출판사, 127~160쪽.

구완회(1997), 『한말의 제천 의병-호좌의진 연구-』, 집문당.

권규식(1985), 『종교와 사회변동』, 형설출판사.

권오영(1984), 「신기선의 동도서기론 연구」, 『청계사학』 1, 99~135쪽.

권오영(1989), 「김평묵의 척사론과 연명유소」, 『한국학보』 55, 일지사, 129~152쪽.

권오영(1990), 「1881년의 영남만인소」, 『윤병석교수화갑기념 한국근대사논총』, 지식산업사, 71~102쪽.

권오영(1995), 「척사운동에 대한 연구성과와 과제」, 『한국사론』 제25집, 국사편찬위원회, 93~130쪽.

권오영(1997), 「위정척사운동」, 한국근현대사연구회 엮음, 『한국근대사강의』, 도서출판 한울, 90~106쪽.

권형기(1994), 「이슬람교 원리주의-기원과 본질-」, 『종교학연구』 제13집, 서울대 종교학연구회, 149~164쪽.

금장태(1978), 「천주교전래와 서구사상의 수용」, 한국철학회 편, 『한국철학연구 하권』, 동명사, 166~196쪽.

금장태(1979), 「조선 후기 유학·서학 간의 교리논쟁과 사상적 성격」, 『교회사연구』 제2집, 89~137쪽.

금장태(1983), 「한말 도학의 사상사적 조명」, 『유승국화갑기념논문집』, 629~638쪽.

금장태(1984a), 『동서교섭과 근대한국사상』, 성균관대 출판부.

금장태(1984b), 「한국근대유학의 공자교운동」, 『한국근대종교사상사』, 원광대출판국.

금장태(1985), 「한말·일제하 한국성리학파의 사상계보와 문헌에 관한 연구」, 『철학사상의 제 문제 Ⅲ』, 한국정신문화연구원, 209~242쪽.

금장태(1989), 「근대 유교개혁사상의 유형과 사상사적 전개」, 『국사관논총』 제2집, 국사편찬위원회. 195~251쪽.

금장태(1990), 「조선 후기 서학의 전래와 조선 정부의 대응책」, 『차산안진오박사회갑기념논문집 동양학논총』, 427~443쪽.

금장태(1993a), 『한국근대의 유교사상』, 서울대 출판부.

금장태(1993b), 「한국유학사 연구의 현황과 방향」, 『종교학연구』 제12집, 서울대 종교학연구회, 1~13쪽.

금장태(1994a), 「李沂와 佛人神父의 유학·서학 논변」, 서울대학교 종교문제연구소 편, 『종교다원주의와 종교윤리』, 집문당, 209~227쪽.

금장태(1994b), 『한국유학사의 이해』, 민족문화사.

금장태(1994c), 「明淸思想의 수용과 조선 후기 실학의 양상」, 『종교학연구』 제
    13집, 서울대 종교학과, 1~19쪽.

금장태(1995a), 「조선 후기의 유학과 천주교의 문제」, 『한국 전통사상과 천주
    교』 한국가톨릭문화연구원논문집 제1집, 탐구당, 67~102쪽.

금장태(1995b), 「중암 김평묵의 한말 도학」, 금장태, 『한국근대사상의 도전』,
    전통문화연구회, 13~27쪽.

금장태(1995c), 「한국사상사에서 간재학의 위치」, 금장태, 『한국근대사상의 도
    전』, 전통문화연구회, 170~192쪽.

금장태(1996), 『유학사상의 이해』, 집문당.

금장태·유동식(1992), 『한국종교사상사 Ⅱ: 유교·기독교편』, 연세대 출판부.

금장태·고광직(1986), 『유학근백년』, 박영사.

금장태·고광직(1989), 『속 유학근백년』, 여강출판사.

김경동(1990), 「유교와 근대화에 대한 이론적 고찰」, 『한국학의 세계화 Ⅱ』, 제
    6회 국제학술회의논문집, 한국정신문화연구원, 339~357쪽.

김경동(1993), 『한국사회변동론』, 나남.

김경일(1995a), 「중세의 정신, 근대의 '문명'」, 『계간 역사비평』 29호(여름), 역
    사비평사, 57~71쪽.

김경일(1995b), 「근대성과 헤게모니의 역사적 변화」, 『설화와 의식의 사회사』,
    한국사회사학회 논문집 제47집, 문학과지성사, 138~183쪽.

김경재(1994), 『해석학과 종교신학』, 한국신학연구소.

김경재(1995), 「종교적 갈등 사회와 종교다원주의」, 한국사회이론학회 엮음, 『종
    교와 우리 사회』, 도서출판 현상과 인식, 17~33쪽.

김경태(1994a), 『근대 한국의 민족운동과 그 사상』, 이화여대 출판부.

김경태(1994b), 「중화체제·만국공법질서의 착종과 정치세력의 분열」, 강만길
    외, 『한국사 11: 근대민족의 형성-1』, 한길사, 81~115쪽.

김광수(1992), 「박은식의 계몽사상」, 『한민족독립운동사논총』, 탐구당, 203~215쪽.

김기혁(1984), 「근대초기에 있어서 한·청·일 관계의 전개」, 『계간 경향 / 정책과
    사상』 가을호, 경향신문사, 56~71쪽.

김기혁(1991), 「강화도조약의 역사적 배경과 국제적 환경」, 『국사관논총』 제25
    집, 국사편찬위원회, 1~43쪽.

김기현(1994), 「간재의 처세관과 守道意識」, 『간재사상연구논총』 제1집, 간재

사상연구회, 231~259쪽.

김기홍(1992), 『프린스톤 신학과 근본주의』, 아멘출판사.

김길락(1983), 「한말 성리학과 의리사상-면암을 중심으로-」, 『백제연구』 14, 충남대 백제연구소, 41~54쪽.

김근수(1978), 「척사문헌소고」, 『한국학』 제19집, 영신 아카데미 한국학 연구소, 34~43쪽.

김대환(1986), 「한말 지식인의 수구와 개화의 갈등(1874~1907년)」, 『한국의 사회와 문화』 제7집, 한국정신문화연구원, 63~104쪽.

김도형(1979), 「의암 유인석의 정치사상연구」, 『한국사연구』 25, 한국사연구회, 105~145쪽.

김도형(1994), 『대한제국기의 정치사상연구』, 지식산업사.

김동노(1994), 「현대사회 형성에 있어서 합리성의 문제-막스 베버의 종교 역사사회학의 이론적 재구성-」, 『연세사회학』 제14호, 연세대학교 사회발전연구소·사회학과, 149~176쪽.

김무진(1995), 「조선 후기 서당의 사회적 성격」, 『역사와 현실』 제16호, 한국역사연구회, 215~246쪽.

김문식(1994), 「18세기 후반 서울 學人의 淸學인식과 청 문물 도입론」, 『규장각』 17, 서울대 규장각, 1~55쪽.

김문용(1998), 「동도서기론의 논리와 전개」, 『한국근대 개화사상과 개화운동』, 도서출판 신서원. 205~249쪽.

김병하(1974), 「유길준의 경제사상」, 『동양학』 제4집, 단국대 동양학연구소, 317~350쪽.

김봉렬(1987), 「유길준의 상업경제론」, 『경희사학』 제14집, 경희대 사학회, 635~687쪽.

김봉렬(1991), 「유길준의 민권사상」, 『경대사론』 제6집, 경남대 사학회, 93~135쪽.

김봉렬(1994), 「유길준 개화사상에서의 전통인식」, 『경대사론』 제7집, 경남대 사학회, 77~109쪽.

김봉진(1997), 「화이질서의 재해석」, 『계간 전통과 현대』 1997 가을호, 전통과 현대사, 242~285쪽.

김상기(1990), 「導論: 조선 말 의병전쟁연구의 현황과 문제」, 한국민족운동사연구회 편, 『의병전쟁연구(상)』, 지식산업사, 11~37쪽.

김상기(1992), 「갑오경장과 갑오·을미의병」, 『국사관논총』 제36집, 국사편찬위
  원회, 69~97쪽.
김상기(1996), 「제천 을미의병의 전개와 성격」, 구완회·이창식 편, 『제천 의병
  의 종합적 이해』, 백산출판사, 35~82쪽.
김상기(1997), 『한말의병연구』, 일조각.
김석근(1995), 「조선시대 군신관계의 에토스와 그 특성-비교사상사적인 시각
  에서-」, 『한국정치학회보』 제29집 제1호, 한국정치학회, 95~123쪽.
김성건(1991), 『종교와 이데올로기』, 민영사.
김성기(1995), 「유교와 종교다원주의」, 『종교연구』 제11집, 한국종교학회, 103~128쪽.
김성우(1998), 「개화파의 경제사상과 경제정책」, 한국근현대사회연구회, 『한국
  근대 개화사상과 개화운동』, 도서출판 신서원, 155~201쪽.
김세규(1982), 「의암 유인석의 반개론」, 『경주사학』 제1집, 동국대학교 경주대
  학 국사학회, 32~67쪽.
김세규(1985), 「중암 김평묵 연구-어양론과 척화론을 중심으로-」, 『논문집』
  제4집, 동국대 경주캠퍼스, 139~162쪽.
김세윤(1980), 「대원군의 서원 철폐에 관한 일고찰」, 서강대대학원 석사학위논문.
김승혜(1986), 「종교학적 연구와 동양적 시각」, 김승혜 편저, 『종교학의 이해』,
  분도출판사, 349~361쪽.
김승혜(1991), 「인간화를 통한 해방: 유교적 자유의 추구-한국 유교를 중심으
  로-」, 『종교신학연구』 제4집, 서강대 종교신학연구소, 115~142쪽.
김신재(1992), 「유길준의 정체개혁구상과 그 특질-『서유견문』과 『정치학』을
  중심으로-」, 『경주사학』 제11집, 경주사학회, 217~251쪽.
김영작(1986), 「한말 민족주의의 전체상-개화·척사·동학사상을 중심으로-」,
  『민족문화논총』 제7집, 영남대, 177~183쪽.
김영작(1990), 「한국 민족주의의 사상사적 갈등구조(개국에서 해방 전까지)」, 한
  국정치외교사학회, 『한국민족주의와 민주주의의 갈등구조』, 평민사, 80~108쪽.
김영작(1991), 『한말내셔널리즘연구: 사상과 현실』, 청계연구소.
김영호(1980), 「실학과 개화사상의 연관 형태」, 안병직 외, 『변혁시대의 한국사』,
  동평사, 29~46쪽.
김왕수(1991), 「실학사상의 사회사상사적 의의-반계와 성호의 사상을 중심으
  로-」, 『연세사회학』 제12호, 연세대 사회학과, 175~214쪽.

김왕수(1992), 「한국의 정치전통과 정체개혁론에 관한 사회학적 연구」, 연세대 사회학과 박사학위논문.

김용섭(1975), 『한국근대농업사연구』, 일조각.

김용섭(1984), 『증보판 한국근대농업사연구』(상·하), 일조각.

김용섭(1988), 「조선 후기의 사회변동과 실학」, 『동방학지』 제58집, 연세대 국학연구원, 23~38쪽.

김용섭(1992), 『한국근현대농업사연구』, 일조각.

김용운(1984), 「조선 후기의 계몽사상과 수학」, 『한국과학사학회지』 제6권 제1호, 한국과학사학회, 46~57쪽.

김용운(1992), 「전통과학과 신과학문물의 유입」, 한국정신문화연구원 철학종교연구실 편, 『한국사상사대계 5』, 한국정신문화연구원, 617~676쪽.

김운태(1970), 『조선왕조행정사-근대편』, 일조각.

김운태(1987), 「한말 개화사상과 그 운동의 전개」, 한국정치외교사학회 엮음, 『조선조 정치사상 연구』, 평민사, 141~161쪽.

김인규(1996), 「조선 후기 화이론의 변용과 그 의의-북학파를 중심으로-」, 도화유무상선생화갑기념논문집 간행위원회, 『유교 사상과 동서교섭』, 195~223쪽.

김의순(1991), 「조선 후기 실학사상의 경제윤리에 관한 연구-성호 이익에서 다산 정약용까지-」, 연세대 사회학과 박사학위논문.

김의환(1972), 「면암 선생의 의병활동-충군 애국정신의 항일운동-」, 『나라사랑』 제6집, 외솔회 출판국, 68~86쪽.

김의환(1974), 『의병운동사-한말을 중심으로』, 박영문고 40, 박영사.

김의환(1975), 『항일의병장열전』, 정음문고 91, 정음사.

김 정(1980), 「위정척사론의 역사적 의의」, 『논문집』 20, 광주교대, 159~171쪽.

김 정(1982), 「송사 기우만의 위정척사사상」, 『논문집』 22, 광주교대, 151~161쪽.

김정진(1973), 「창의순국-면암 최익현 선생을 중심으로-」, 『사문논총』 1집, 사문학회, 223~253쪽.

김종서(1987), 「현대 종교사회학의 세속화 이론-고전적 모델을 넘어서-」, 그리스도 철학연구소 편, 『현대사회와 종교』, 서광사, 187~209쪽.

김종서(1995a), 「우리 사회와 종교-이론적 관심의 문제-」, 한국사회이론학회 엮음, 『종교와 우리 사회』, 도서출판 현상과 인식, 35~41쪽.

김종서(1995b), 「한국 종교사회학의 발달과 당면과제」, 『종교학연구』 제14집,

서울대 종교학과, 19~50쪽.

김종서(1995c), 「사회적 맥락에서 본 종교」, 『종교와 문화』 창간호, 서울대 종교문제연구소, 109~124쪽.

김종서(1996), 「사회유형과 종교형태의 상관성에 관한 이론적 연구」, 『종교와 문화』 제2호, 서울대 종교문제연구소, 93~109쪽.

김준석(1987), 「조선 후기 기호사림의 주자인식－주자문집·어록연구의 전개 과정－」, 『백제연구』 제18집, 충남대 백제연구소, 99~119쪽.

김준형(1994), 「'衛正斥邪疏草' 해제」, 『경상사학』 10, 경상대 사학회, 207~246쪽.

김창수(1992), 「애국계몽운동기의 史書에 나타난 민족의식」, 서암조항래화갑기념논총 간행위원회 편, 『한국사학논총』, 아세아문화사, 543~555쪽.

김태영(1981), 「척사위정사상」, 이가원 외 편, 『한국학연구입문』, 지식산업사, 371~378쪽.

김필동(1990), 「최근 한국사회사연구의 성과와 과제」, 『사회사 연구의 이론과 실제』, 한국사회사연구회 논문집 제24집, 문학과지성사, 11~43쪽.

김필동(1996), 「한국근대관료의 초기 형성 과정과 그 역사적 성격: 1881~1894」, 『한국의 사회제도와 사회변동』, 한국사회사학회 논문집 제50집, 문학과지성사, 170~218쪽.

김한식(1987), 「실학사상에 대한 현대적 조명」, 한국정치외교사학회 엮음, 『조선조 정치사상 연구』, 평민사, 109~139쪽.

김한식(1994), 「한국근대민족의식 부각의 논리」, 『한국사회 발전이론 비판』, 한국정신문화연구원, 1~38쪽.

김한식(1995), 「조선조 유학 정치이념에 대한 재조명」, 『한국정치학회보』 제29집, 한국정치학회, 9~35쪽.

김현영(1994), 「탈주자학적 경향과 사회개혁론의 전개」, 강만길 외 편, 『한국사 9: 중세사회의 해체－1』, 한길사, 147~180쪽.

김형찬(1994), 「노사 기정진의 人物性論」, 『인성물성론』, 한길사, 437~464쪽.

김형찬(1995), 「서학 도입을 둘러싼 조선 후기 지식인들의 갈등」, 한국철학사상연구회, 『논쟁으로 보는 한국철학』, 예문서원, 227~247쪽.

김호성(1973), 「한말 위정척사운동에 대한 시론적 검토」, 『논문집』 16, 서울교대, 43~61쪽.

김호성(1987), 『한말 의병운동사 연구』, 고려원.

김효선(1989), 『백암 박은식의 교육사상과 민족주의』, 대왕사.

김후경(1982), 「의암 유인석의 학문과 사상」, 『사학연구』 34, 한국사학회, 45~64쪽.

김후경(1993), 「한·일의 외세대응-화서의 외양론과 송음의 외정론」, 『순국』 제26호, 순국선열유족회, 64~71쪽.

김흥수(1991), 「19세기 말 한국인의 서양에 대한 인식」, 이현희 외, 『한국사의 이해(근현대 1)』, 신서원, 353~388쪽.

남명진(1993a), 「조선조 후기실학에 있어서 근대정신의 형성과 전개」, 『유학연구』 제1집, 충남대 유학연구소, 441~468쪽.

남명진(1993b), 「조선조 후기유학의 근대정신적 특성에 관한 연구(1)」, 『성곡논총』 제24집, 성곡학술문화재단, 2201~2231쪽.

남명진(1995), 「기호 실학의 형성과 전개」, 충남대 유학연구소 편, 『기호학파의 철학사상』, 예문서원, 127~156쪽.

노길명(1984), 「조선 후기 가톨릭의 수용과 가족관계의 변화」, 『아세아연구』 제27권 제1호, 고려대 아세아문제연구소, 503~520쪽.

노길명(1988a), 『한국사회와 종교운동』, 빅벨출판사.

노길명(1988b), 『가톨릭과 조선 후기 사회변동』, 고대민족문화연구소 출판부.

노길명(1989), 「조선조 종교문화의 성격과 그 변동-조선 후기 종교운동의 분화를 중심으로-」, 백석홍승직교수 화갑기념논총 간행위원회, 『사회변동과 사회과학연구』, 39~61쪽.

노길명(1991), 「개항기 제국주의열강의 조선공략에 대한 프랑스 선교사들의 태도」, 최재석교수정년퇴임기념논총 간행위원회 편, 『한국의 사회와 역사』, 일지사, 532~561쪽.

노대환(1993), 「19세기 중엽 유신환 학파의 학풍과 현실 개혁론」, 『한국학보』 72(가을), 일지사, 191~228쪽.

노대환(1996), 「19세기 중반 서양인식의 변화와 西器受用論」, 『한국사연구』 95, 한국사연구회, 109~137쪽.

도진순(1991), 「근대민족주의의 형성과 분화」, 한국고대사회연구소 편, 『한국고대사논총』 제1집, 가락국 사적개발연구원, 191~220쪽.

류성민(1994), 「종교다원주의와 종교윤리」, 서울대학교 종교문제연구소 편, 『종교다원주의와 종교윤리』, 집문당, 99~119쪽.

문소정(1984), 「위정척사운동에 관한 지식사회학적 연구(상·하)」, 『한국학보』

제36·37호, 일지사, 56~81·93~111쪽.

문중섭(1989), 「한말(1894~1910)의 서양근대정치사상 수용<상>」, 『논문집』 제10집 2권, 경성대, 101~116쪽.

민경배(1979), 『한국 기독교회사』, 대한기독교서회.

민문홍(1995), 「탈냉전시대와 근본주의적 이념들」, 『기독교사상』 3월호, 45~61쪽.

민문홍(1996), 「한국인의 사고방식」, 일상문화연구회 엮음, 『한국인의 일상문화-자기성찰의 사회학-』, 도서출판 한울, 103~134쪽.

민족과 사상연구회 편(1992), 『사단칠정론』, 서광사.

민태식(1973), 「척사위정-화서 이항로 선생을 중심으로-」, 『사문논총』 1, 사문학회, 205~221쪽.

박광용(1992), 「19세기 전반의 정치사상」, 『국사관논총』 제40집, 국사편찬위원회, 1~24쪽.

박기서(1987), 「한·일 근대 개화사상의 비교-변혁주체론을 중심으로-」, 『경희사학』 제14집, 경희대 사학회, 597~613쪽.

박명규(1994), 「개화파와 도막파의 사회경제적 배경과 근대 지향성에 관한 비교연구」, 『한말 일제하의 사회사상과 사회운동』, 한국사회사연구회 논문집 제42집, 문학과지성사, 11~44쪽.

박명규·김경일(1995), 「한국근대사회와 사회사연구」, 『한국학보』 제80집, 일지사, 66~98쪽.

박민영(1986), 「의암 유인석의 위정척사운동-『昭義新編』을 중심으로-」, 『청계사학』 3, 한국정신문화연구원 청계사학회, 163~216쪽.

박민영(1999), 「화서학파의 형성과 위정척사운동」, 한국근현대사연구회 편, 『한국근현대사연구』 제10집, 도서출판 한울, 37~70쪽.

박상태(1990), 「한국사회과학에서의 민족주의 연구」, 『동아연구』 제21집, 서강대 동아연구소, 157~172쪽.

박성래(1978), 「한국근세의 서구과학 수용」, 『동방학지』 제20집, 연세대 국학연구원, 257~292쪽.

박성래(1980), 「개화기의 과학수용」, 『한국사학』 1, 한국정신문화연구원 사학연구실, 251~268쪽.

박성래(1994), 「조선 후기 과학기술의 발달」, 강만길 외, 『한국사10: 중세사회의 해체-2』, 한길사, 255~275쪽.

박성환(1992a), 「한국의 가산제 지배 구조와 그 문화적 의의」, 유석춘 편, 『막스 베버와 동양 사회』, 나남, 359~390쪽.

박성환(1992b), 『막스 베버의 문화사회학과 인간학』, 문학과지성사.

박성환(1994), 「한국의 종교발전과 문화적 변용: 막스 베버의 '한국 연구'를 중심으로」, 『한국사회학』 제28집(겨울호), 53~84쪽.

박승길(1987), 「한말 신흥종교의 혁세정신과 민중의 자기인식 방향과 유형」, 『한국의 종교와 사회변동』, 한국사회사연구회 논문집 제7집, 문학과지성사, 11~48쪽.

박영신(1980), 『현대사회의 구조와 이론』, 일지사.

박영신(1987), 「한국의 전통종교윤리와 자본주의」, 『한국의 종교와 사회변동』, 한국사회사연구회 논문집 제7집, 문학과지성사, 151~169쪽.

박영은(1990), 「성리학과 사회인식-이기론의 사회학적 이해를 중심으로-」, 『한국학의 세계화 Ⅱ』, 제6회 국제학술회의논문집, 한국정신문화연구원, 382~404쪽.

박영재(1996), 「근대 일본의 침략주의적 대외론과 한국론」, 『한국사시민강좌』 제19집, 일조각, 1~20쪽.

박정규(1995), 「전통언론매체와 사회변화」, 『한국근대사회의 변화와 언론』, 한국정신문화연구원, 1~60쪽.

박재묵(1996), 「사회운동의 이해」, 한완상 외, 『한국사회학』, 민음사, 375~407쪽.

박종천(1995), 「한국교회의 에큐메니즘과 근본주의」, 『기독교사상』, 3월호, 32~44쪽.

박종홍(1963), 「한국에 있어서의 근대적인 사상의 추이」, 『대동문화연구』 제1집, 성균관대 대동문화연구원, 3~44쪽.

박종홍(1969), 「서구사상의 도입, 비판과 섭취-其一 천주학-」, 『아세아연구』 12~3, 고려대 아세아문제연구소, 17~79쪽.

박진태(1990), 「개신유학 계열의 외세대응양식-石洲 李相龍의 사상과 행동을 중심으로-」, 『국사관논총』 제15집, 국사편찬위원회, 55~89쪽.

박찬승(1992), 「근대적 지식인의 출현과 민족사적 과제」, 『역사비평』 제18호, 역사문제연구소, 248~261쪽.

박충석(1982), 『한국정치사상사』, 삼영사.

박충석(1992), 「실학과 북학의 정치의식성향과 구조-한국사상의 발전사적 의미를 중심으로-」, 정치·경제연구실 편, 『한국의 정치와 경제 제1집-

조선조 유교사상과 유교정치문화』, 한국정신문화연구원, 81~116쪽.

박충석(1995), 「유교의 정치학: 원리적 고찰」, 『사회과학논집』 제15집, 이화여대 법정대학, 55~71쪽.

박충석·유근호(1980), 『조선조의 정치사상』, 평화출판사.

박학래(1996), 「리 일원론에 기초한 개혁론자들 / 노사학파」, 한국사상사연구회 편저, 『조선 유학의 학파들』, 예문서원, 534~571쪽.

박한용(1994), 「한국 근현대의 민족이론과 민족주의론」, 강만길 외 편, 『한국사 24: 한국사의 이론과 방법-2』, 한길사, 275~327쪽.

반윤홍(1982), 「조선 후기의 對구라파인식-실학발생의 외적 요인과 관련하여-」, 『국사연구』 3, 조선대, 77~96쪽.

방효정(1995), 「조선시대 왕과 신하의 정치적 세력관계에 대한 연구」, 『한국사회사학회 논문집』 제46집, 문학과지성사, 213~284쪽.

배병삼(1996), 「성리학적 관점에서 본 통일한국의 이념연구」, 경남대 극동문제연구소, 『한국과 국제정치』 제12권 제2호(가을·겨울), 339~374쪽.

배종호(1974), 『한국유학사』, 연세대 출판부.

성대경(1990), 「보수유생의 ‘자정론’과 외세대응양식-간재 전우의 사상과 행동을 중심으로-」, 『국사관논총』 제15집, 국사편찬위원회, 33~54쪽.

손문호(1987), 「조선조 성리학 정치사상의 역사적 성격」, 한국정치외교사학회 엮음, 『조선조 정치사상연구』, 평민사, 87~108쪽.

손승철(1981), 「북학의 중화적 세계관 극복-그 전개과정 이해를 위한 서설-」, 『논문집』 제15집, 강원대, 403~418쪽.

손승철(1982), 「북학의의 <尊周論>에 대한 성격 분석」, 『인문학연구』 제17집, 강원대, 223~242쪽.

손승철(1985), 「17~8세기 한국사상의 진보성과 보수성의 갈등에 관한 연구(Ⅰ)-특히 실학사상의 대외인식을 중심으로-」, 『강원사학』 제1집, 강원대 사학회, 45~74쪽.

손형부(1986), 「박규수의 대미개국론과 조미수교」, 『전북사학』 제10집, 전북대 사학회, 63~105쪽.

손형부(1989), 「박규수의 熱河使行(1861)과 대서양외교론의 성립」, 『전남사학』 제3집, 전남사학회, 129~164쪽.

손형부(1990), 「<關衛新編評語>와 <地勢儀銘幷序>에 나타난 박규수의 서양론」,

『역사학보』 제127집, 역사학회, 75~113쪽.

손형부(1993), 「19세기 초·중엽의 海防論과 박규수」, 『전남사학』 제7집, 전남
사학회, 395~422쪽.

송병기(1978), 「19세기 말의 聯美論 연구」, 『사학연구』 28, 한국사학회, 93~127쪽.

송병기(1983), 「신사척사운동 연구」, 『사학연구』 제37호, 한국사학회, 157~194쪽.

송병기(1984), 「연미론의 진전과 초기의 개화정책」, 『남사정재각박사고희기념
동양학논총』, 동양학논총편찬위원회, 329~359쪽.

송하경(1994), 「간재 생애와 사상」, 『간재사상연구논총』 제1집, 간재사상연구
회, 9~32쪽.

신규수(1993b), 「한국 개화기 유림의 위정척사운동 연구」, 원광대 사학과 박사
학위논문.

신기현(1989), 「실학의 평등 인식」, 『사회과학연구』 제16집, 전북대, 241~267쪽.

신기현(1995), 「한국의 전통 사상과 평등의식:-조선시대를 중심으로-」, 『한
국정치학회보』 29집 2호, 한국정치학회, 407~430쪽.

신복룡(1985), 「조선조 후기에서의 민족의식의 전개과정」, 『민족의식의 탐구』,
한국정신문화연구원, 61~116쪽.

신복룡(1990), 「근대 한국 민족주의의 갈등구조(1870~1910년대)」, 한국정치외교
사학회 엮음, 『한국민족주의와 민족주의의 갈등구조』, 평민사, 39~58쪽.

신용하(1982), 『박은식의 사회사상 연구』, 서울대학교 출판부.

신용하(1985), 「구한말 지식인의 수구의식과 개화의식」, 『한국의 사회와 문화』
제5집, 한국정신문화연구원, 3~37쪽.

신용하(1987), 『한국근대사회사상사연구』, 일지사.

신용하(1990), 「한국근대민족운동과 개항 백년 논의의 성찰」, 신용하, 『한국현
대사와 민족문제』, 문학과지성사, 11~30쪽.

신용하(1994), 『한국근대사회의 구조와 변동』, 일지사.

안병주(1999), 「유교의 이론보완-페미니즘의 수용과 관련하여-」, 99년도 한
국유교학회 추계학술회의 발표 요지문, 5~19쪽.

안재순(1981), 「李星湖의 『大學疾書』에 관한 고찰」, 『동양철학연구』 제2집, 동
양철학연구회, 53~73쪽.

안재순(1996), 「조선 후기 실학파의 사상적 계보-성리학파와 관련하여-」, 『유교
사상과 동서교섭』, 도화유무상선생화갑기념논문집 간행위원회, 225~264쪽.

안진오(1988), 「奇蘆沙의 理哲學에 관한 연구」, 동국대 대학원 박사학위논문.

안진오(1996), 『호남유학의 탐구』, 이회문화사.

양영진(1987), 「막스 베버에 있어서 종교와 여타 사회제도 간의 관계」, 『한국사회학』 제21집(여름호), 1~19쪽.

양영진(1989), 「종교집단에 대한 일고찰: 베버와 뒤르켐의 비교」, 『한국사회학』 제23집(겨울호), 13~36쪽.

양종회(1994), 「사회이론에 있어서 문화의 위치: 문화와 사회구조 및 문화와 행위의 관계」, 『한국사회학』 제28집(겨울호), 1~27쪽.

엄묘섭(1985), 「조선시대 유교적 가치체계에 관한 고찰-지식사회학적 관점에서-」, 『한국사회학』 제19집(여름호), 한국사회학회, 89~110쪽.

오경환(1990), 『종교사회학』, 서광사.

오석원(1988), 「화서학파의 心說論爭에 대한 고찰」, 오석원 외, 『조선조 유학사상의 탐구』, 여강출판사, 236~262쪽.

오석원(1991), 「19세기 한국 도학파의 의리사상에 관한 연구」, 성균관대 철학과 박사학위논문.

오석원(1994a), 「한말 도학파의 역사의식-화서 및 화서학파를 중심으로-」, 『대동문화연구』 제29집, 성균관대 대동문화연구소, 247~271쪽.

오석원(1994b), 「화서 이항로의 역사의식과 의리사상」, 『유교사상연구』 제7집, 유교학회, 333~368쪽.

오영섭(1990), 「19세기 중엽 위정척사파의 역사서술-화서학파의 『宋元華東史合編綱目』-」, 『한국학보』 60, 일지사, 135~160쪽.

오영섭(1992), 「갑오개혁 및 개혁주체세력에 대한 보수파 인사들의 비판적 반응-그들의 상소문을 중심으로-」, 『국사관논총』 제36집, 국사편찬위원회, 99~134쪽.

오영섭(1995), 「위정척사의 상징물 朝宗巖」, 『태동고전연구』 제11집, 한림대 태동고전연구소, 61~99쪽.

오영섭(1996), 「화서학파의 보수적 민족주의 연구-그들의 위정척사론과 의병운동을 중심으로-」, 한림대 사학과 박사학위논문.

오영섭(1997), 「화서학파의 대서양인식-이항로·김평묵·유인석의 경우를 중심으로」, 『태동고전연구』 제14집, 한림대 태동 고전연구소, 101~136쪽.

오영섭(1999), 『화서학파의 사상과 민족운동』, 국학자료원.

원유한(1990), 「구당 유길준의 화폐사상」, 윤병석교수화갑기념논총 간행위원회 편, 『한국근대사논총』, 지식산업사, 143~161쪽.

유권종(1994), 「화서 이항로의 인물성동이론」, 한국사상사연구회, 『인성물성론』, 한길사, 401~436쪽.

유근호(1981), 「사회사상사적 측면에서 본 민족의식의 성장-개화기 민족의식의 이념과 성격-」, 『인문과학연구』 제1집, 성신여대 인문과학연구소, 39~62쪽.

유근호(1987), 「조선조 대외관의 특질-유교사상의 전통과의 관련에서-」, 한국정치외교사학회 엮음, 『조선조 정치사상 연구』, 평민사, 203~228쪽.

유명종(1976), 「의군도총재 유인석의 사상」, 『동양문화』 제17집, 영남대 동양문화연구소, 83~105쪽.

유봉학(1995), 『연암일파 북학사상 연구』, 일지사.

유봉학(1998), 『조선 후기 학계와 지식인』, 신구문화사.

유승주(1986), 「개화기의 근대화 과정-위정척사파·동도서기파·개화당파의 산업관을 중심으로-」, 한국정신문화연구원 사회과학연구실 편, 『근대화와 정치적 구심력』, 한국정신문화연구원, 63~94쪽.

유승주(1992), 「개항 전후 지식인들의 산업관에 대한 일고찰」, 서암조항래교수화갑기념논총 간행위원회 편, 『한국사학논총』, 아세아문화사, 447~475쪽.

유영렬(1993), 「척사운동과 개화운동」, 한국사연구회 편, 『제2판 한국사연구입문』, 지식산업사, 411~421쪽.

유영익(1983), 「한미조약(1882)과 초기 한미관계의 전개」, 『동양학』 제13집, 단국대 동양학연구소, 147~171쪽.

유영익(1990a), 『갑오경장연구』, 일조각.

유영익(1990b), 「1880~90년대 개화파인사들의 개신교 수용 양태」, 『진단학보』 제70호, 진단학회, 77~105쪽.

유영익(1992a), 「갑오·을미연간(1894~1895) 박영효의 개혁활동」, 『국사관논총』 제36집, 국사편찬위원회, 1~30쪽.

유영익(1992b), 『한국근현대사론』, 일조각.

유영희(1996), 「새로운 경전 해석의 등장/탈주자학파」, 한국사상사연구회 편저, 『조선 유학의 학파들』, 예문서원, 572~592쪽.

유원동(1993), 「한국사에 있어서의 근대화 문제-경제적 측면에서-」, 남도영박사고희기념논총 간행위원회 편, 『역사학논총』, 민족문화사, 605~628쪽.

유초하(1981), 「이항로의 이기론」, 『한국사상』 18, 한국사상연구회, 93~123쪽.

유초하(1995), 『한국사상사의 인식』, 도서출판 한길사.

유한철(1992), 『유인석의 사상과 의병활동』, 한국독립운동사연구소.

유한철(1994), 「중기의병사(1904~1907) 연구의 성과와 과제」, 『한국근현대사연구』 제1집, 231~266쪽.

유한철(1995), 「1910년대 유인석의 사상 변화와 성격－『우주문답』을 중심으로－」, 『한국독립운동사연구』 제9집, 독립기념관 한국독립운동사연구소, 21~44쪽.

유한철(1996), 「유인석 의병활동의 인적 기반과 그 성격」, 구완회·이창식 편, 『제천 의병의 종합적 이해』, 백산출판사, 83~125쪽.

윤남한(1980), 「한국근대문화의 유교적 기초」, 『한국사학』 1, 한국정신문화연구원 사학연구실, 11~15쪽.

윤병석(1992), 「면암 최익현의 위정척사론과 호남의병」, 『박영석화갑논총 한민족독립운동사논총』, 탐구당, 3~10쪽.

윤병철(1995), 「조선 후기사회의 커뮤니케이션체계 분화과정」, 한국정신문화연구원 사회/민속연구실 편, 『조선시대 커뮤니케이션 연구』, 한국정신문화연구원, 171~224쪽.

윤병희(1988), 「유길준의 입헌군주제론－未定稿 『정치학』을 중심으로－」, 『동아연구』 제13집, 서강대 동아연구소, 45~67쪽.

윤병희(1992), 「백암 박은식의 역사의식」, 『한민족독립운동사논총』, 탐구당, 247~266쪽.

윤병희(1993), 「대한제국말기 유길준의 사상과 활동」, 서강대 사학과 박사학위논문.

윤사순(1987), 『한국의 성리학과 실학』, 열음사.

윤사순(1989), 「한국 성리학의 특징과 위치」, 『한국사 시민강좌』 제4집, 일조각, 43~63쪽.

윤사순(1990), 「서학에 대한 한국근대유학의 대응」, 『안진오박사회갑기념논문집 동양학논총』, 399~425쪽.

윤사순(1992), 『한국유학사상론』, 열음사.

윤사순(1993), 「유교 전통에서 보는 그리스도교－상제관과 천주관의 비교－」, 『종교신학연구』 제6집, 서강대 종교신학연구소, 51~79쪽.

윤순갑(1996), 「개화사상의 정치이념적 구조」, 『한국정치학회보』 제30집(가을),

한국정치학회, 7~26쪽.

윤승용(1997a), 「한국근대종교의 성립과 전개」, 한국사회사학회 엮음, 『사회와 역사』 제52집, 문학과지성사, 11~47쪽.

윤승용(1997b), 『현대 한국종교문화의 이해』, 도서출판 한울.

윤용남(1988), 「화서 이항로의 척사위정론에 대한 철학적 해석」, 『국학연구』 2, 국학연구소, 115~137쪽.

윤이흠(1995a), 「세계문화사의 맥락에 비친 한국의 종교와 문화」, 『종교와 문화』 창간호, 서울대 종교문제연구소, 37~57쪽.

윤이흠(1996b), 「한국종교사 연구의 방법론적 과제」, 『종교연구』 제12집, 한국종교학회, 5~18쪽.

윤이흠 외(1983), 『한국인의 종교』, 정음사.

윤재민(1998), 「개화파의 문학사상」, 한국근현대사회연구회, 『한국근대 개화사상과 개화운동』, 도서출판 신서원, 251~279쪽.

윤희면(1993), 「회고와 전망: 한국사학계 1990~1992」, 『역사학보』 제140집, 역사학회, 123~152쪽.

윤희면(1999), 「고종대의 서원 철폐와 양반 유림의 대응」, 한국근현대사연구회 편, 『한국근현대사연구』 제10집, 도서출판 한울, 151~182쪽.

이강오(1992), 「간재 전우의 생애와 경세관」, 『전라문화연구』 제6집, 전북향토문화연구회, 15~27쪽.

이구용(1991), 「한말의병항쟁에 대한 고찰-의병진압의 단계적 수습대책-」, 『국사관논총』 제23집, 국사편찬위원회, 171~202쪽.

이광린(1974), 『한국개화사연구』, 일조각.

이광린(1987), 「개화기 지식인의 실학관」, 『동방학지』 제54·55·56합집, 연세대 국학연구원, 515~530쪽.

이광린(1989a), 「개화사상의 형성과 그 발전-실학의 전통 및 서구사상의 수용과 관련하여-」, 『한국사시민강좌』 제4집, 일조각, 83~100쪽.

이광린(1989b), 『개화파와 개화사상 연구』, 일조각.

이광세(1997), 「근대화, 근대성 그리고 유교」, 『철학과 현실』 제32호(봄), 철학문화연구소, 223~245쪽.

이기동(1995), 「한국사 시대구분의 여러 유형과 문제점」, 차하순 외, 『한국사시대구분론』, 도서출판 소화, 77~125쪽.

이능화(1968), 『朝鮮基督敎及外交史』, 학문각.

이동우(1991), 「을미년 충청지방의 의병운동연구」, 『국사관논총』 제28집, 국사
　　편찬위원회, 1~31쪽.

이동인(1986), 「유교적 합리성과 근대화」, 『정신문화연구』 제28호(봄), 한국정
　　신문화연구원, 123~139쪽.

이동인(1989), 「유교와 근대화」, 『한국사회학연구』 제8집, 도서출판 한울, 7~28쪽.

이동인(1991), 「종교 이데올로기와 사회발전: 동아시아의 경우」, 『사회사 연구와
　　사회이론』, 한국사회사연구회 논문집 제31집, 문학과지성사, 94~118쪽.

이만열(1980), 『박은식』, 한길사.

이문규(1994), 「종교다원사회와 그리스도교」, 『종교연구』 제10집, 한국종교학회,
　　87~109쪽.

이배용(1993), 「회고와 전망: 한국사학계 1990~1992」, 『역사학보』 제140집,
　　역사학회, 153~202쪽.

이병도(1987), 『한국유학사』, 아세아문화사.

이병연(1995), 「역사에 있어서 보수와 진보 그리고 개혁」, 이춘식 편, 『東亞史
　　上의 보수와 개혁』, 도서출판 신서원, 11~42쪽.

이사벨라 버드 비숍(1994), 『한국과 그 이웃 나라들』, 살림.

이상식(1991), 「의병전쟁연구-전남 동·남지역을 중심으로-」, 『국사관논총』
　　제23집, 국사편찬위원회, 203~234쪽.

이상익(1996), 「절의학파와 개화파의 사회사상에 대한 이념적 통합의 모색」, 『유교
　　사상과 동서교섭』, 도화유무상선생화갑기념논문집 간행위원회, 379~408쪽.

이상익(1997), 『서구의 충격과 근대 한국사상』, 도서출판 한울.

이상일(1990), 「운양 김윤식의 정치사상연구」, 『태동고전연구』 제6집, 한림대
　　태동고전연구소, 77~109쪽.

이상일(1993a), 「운양 김윤식의 사회·경제사상」, 『태동고전연구』 제9집, 한림
　　대 태동고전연구소, 147~184쪽.

이상일(1993b), 「봉서 유신환 연구」, 남도영박사고희기념논총 간행위원회 편,
　　『역사학논총』, 민족문화사, 693~710쪽.

이상일(1995), 「운양 김윤식의 사상과 활동연구」, 동국대 사학과 박사학위논문.

이상찬(1997), 「갑오개혁과 1896년 의병의 관계」, 역사학연구소, 『한국 근현대
　　사회변혁운동』, 도서출판 풀빛, 15~112쪽.

이상호(1994), 「간재 전우의 성리설」, 『간재사상연구논총』 제1집, 간재사상연구
　　　회, 107~142쪽.

이상호(1995), 「심설논쟁-주자학적 심설논의에 대한 수정주의와 정통주의의 대립」,
　　　한국철학사상연구회, 『논쟁으로 보는 한국철학』, 예문서원, 249~291쪽.

이상호(1996a), 「도통 회복을 염원한 전통주의자들 / 간재학파」, 한국사상사연구
　　　회 편저, 『조선 유학의 학파들』, 예문서원, 620~653쪽.

이상호(1996b), 「노사 기정진의 性理說」, 도화유무상선생화갑기념논문집 간행
　　　위원회, 『유교사상과 동서교섭』, 349~378쪽.

이수건(1986), 「17, 18세기 안동지방 유림의 정치·사회적 기능」, 『대구사학』
　　　제30집, 대구사학회, 163~237쪽.

이수룡(1990), 「한국근대 변혁운동연구의 동향과 ‘국사’교과서의 서술」, 『역사
　　　교육』 제47집, 역사교육연구회, 29~64쪽.

이수환(1994), 「대원군의 院祠毁撤과 嶺南儒疏」, 『교남사학』 제6집, 영남대 국
　　　사학회, 109~141쪽.

이애희(1987), 「한말 위정척사사상의 전개」, 강원의병운동사연구회, 『강원의병
　　　운동사』, 강원대 출판부, 202~223쪽.

이애희(1990), 「조선 후기의 인성과 물성에 관한 연구」, 고려대 철학과 박사학
　　　위논문.

이애희(1996), 「주기설의 이론적 심화 / 호학파」, 한국사상사연구회 편저, 『조선
　　　유학의 학파들』, 예문서원, 374~406쪽.

이영호(1993), 「갑오개혁 이후 지방사회의 개편과 城津民擾」, 『국사관논총』 제
　　　41집, 국사편찬위원회, 83~116쪽.

이완재(1985), 「개화사상 소고」, 『한국학논집』 제5집, 한양대 한국학연구소, 63~89쪽.

이완재(1987), 「초기개화사상의 對淸認識」, 『박성봉교수회갑기념논총』, 경희대
　　　출판국, 569~596쪽.

이완재(1988), 「개화사상의 개념과 분화문제」, 『한국학논집』 제13집, 한양대 한
　　　국학연구소, 193~211쪽.

이용범(1988), 『중세서양과학의 조선전래』, 동국대 출판부.

이용범(1993), 『한국과학사상사연구』, 동국대 출판부.

이원규(1987), 『종교의 세속화: 사회학적 관점』, 대한기독교출판사.

이원규(1991), 『종교사회학』, 한국신학연구소.

이원규(1994), 「종교적 배타성과 종교성의 관계에 대한 경험적 연구」, 서울대
학교 종교문제연구소 편, 『종교다원주의와 종교윤리』, 집문당, 173~205쪽.
이원규(1995), 「근본주의에 대한 종교사회학적 고찰」, 『기독교사상』 3월호, 10~22쪽.
이원규(1997), 『종교사회학의 이해』, 사회비평사.
이원순(1975), 「조선 후기 실학의 서학의식」, 『역사교육』 17, 135~185쪽.
이원순(1977), 「성호 이익의 서학세계」, 『교회사연구』 제1집, 한국교회사연구소,
3~39쪽.
이원순(1979), 「조선 후기 실학지성의 서양교육론」, 『교회사연구』 제2집, 139~
193쪽.
이원순(1986a), 「한국근대문화의 서구적 기초」, 이원순, 『조선서학사연구』, 일
지사, 460~523쪽.
이원순(1986b), 「안정복의 천학논고」, 이원순, 『조선서학사연구』, 일지사, 155~
183쪽.
이원순(1986c), 「『職方外紀』와 신후담의 서양교육론」, 이원순, 『조선서학사연구』,
일지사, 280~311쪽.
이원순(1995), 「유교문화권에 미친 그리스도교의 영향-개항 전 전통사회를 중
심으로」, 『한국 전통사상과 천주교』 한국가톨릭 문화연구원 논문집 제1
집, 탐구당, 161~212쪽.
이윤갑(1991), 「조선 후기의 사회변동과 지배층의 동향」, 『한국학논집』 제18집,
33~51쪽.
이윤상(1993), 「한국근대사에서 개항의 역사적 위치」, 『역사와 현실』 제9호, 역
사비평사, 147~162쪽.
이이화(1977), 「위정척사론의 비판적 검토-화서 이항로의 所論을 중심으로-」,
『한국사연구』 18, 111~140쪽.
이이화(1982), 「척사위정」, 한국사연구회 편, 『한국사연구입문』, 지식산업사,
428~434쪽.
이이화(1994a), 「한말 유생층의 현실인식과 의병투쟁-최익현의 사상과 정치활
동을 중심으로」, 이이화, 『조선 후기의 정치사상과 사회변동』, 한길사,
436~480쪽.
이이화(1994b), 「한말 의병의 대외인식」, 이이화, 『조선 후기의 정치사상과 사
회변동』, 한길사, 481~514쪽.

이이화(1994c), 「동학농민전쟁에 나타난 유림의 대응」, 이이화, 『조선 후기의
    정치사상과 사회변동』, 한길사, 242~268쪽.
이재석(1992), 「척사위정론에 관한 연구」, 한국정신문화연구원 박사학위논문.
이재석(1996), 「제천 의병운동의 사상사적 조명」, 구완회·이창식 편, 『제천 의
    병의 종합적 이해』, 백산출판사, 161~191쪽.
이재홍(1996), 「위정척사사상과 운동」, 김용구·하영선 편, 『한국외교사연구』,
    나남, 17~45쪽.
이조영(1991), 「유길준의 군주론 연구-『서유견문』과 『정치학』을 중심으로-」,
    『동아연구』 제22집, 서강대 동아연구소. 237~273쪽.
이종란(1996), 「조선 말 儒家倫理와 서양과학의 결합」, 한국공자학회 엮음, 『공
    자학』 제2호. 255~282쪽.
이준일(1992), 「위정척사사상과 개화사상의 갈등구조」, 『조선조 유교사상과 유교
    정치문화』, 한국의 정치와 경제 제1집, 한국정신문화연구원, 117~177쪽.
이진구(1994), 「미국 개신교 근본주의의 형성과 그 성격에 관한 연구-근대성
    수용 양태를 중심으로-」, 『종교학연구』 제13집, 서울대 종교학연구회,
    105~128쪽.
이진구(1996), 「한국 개신교 수용의 사회문화적 토대에 관한 연구-평안도 지역
    을 중심으로-」, 『종교와 문화』 제2호, 서울대 종교문제연구소, 157~174쪽.
이진표(1992), 「화서의 사칠론」, 민족과 사상 연구회 편, 『사단칠정론』, 서광사,
    389~404쪽.
이 철(1997), 「개신교 전래와 근대성(modernity)의 전파 I」, 『기독교사상』 제
    41권 제6월호, 대한기독교서회, 78~90쪽.
이창식(1996), 「제천 의병사적의 국문학적 연구」, 구완회·이창식 편, 『제천 의
    병의 종합적 이해』, 백산출판사, 193~252쪽.
이태룡(1992), 「최익현의 순창의병과 유소 연구」, 『배달말』 17, 배달말학회,
    281~293쪽.
이태진(1990), 「18세기 남인의 정치적 쇠퇴와 영남지방」, 『민족문화논총』 11,
    영남대, 195~205쪽.
이태진(1994), 「조선 후기 대명의 리론의 변천」, 『아시아문화』 제10호, 한림대
    아시아문화연구소, 5~10쪽.
이태진(1995), 『조선유교사회사론』, 지식산업사.

이태진(2000), 『고종시대의 재조명』, 태학사.

이택휘(1977), 「중암 정치사상 논고-한말 척사위정운동의 성격과 김평묵의 정치이념-」, 『논문집』 10, 서울교육대학교, 149~163쪽.

이택휘(1983), 「조선 후기 정치사상 연구-이항로와 김평묵의 척사론을 중심으로-」, 서울대 대학원 정치학과 박사학위논문.

이택휘(1986), 「화서 이항로의 척사위정론 연구」, 『논문집』 19, 서울교대, 1~18쪽.

이택휘(1987), 「조선 후기 척사논의의 전개와 그 의의」, 한국정치외교사학회 엮음, 『조선조 정치사상 연구』, 평민사, 163~201쪽.

이해명(1991), 『개화기교육개혁연구』, 을유문화사.

이희수(1997), 「이슬람 부흥운동-21세기의 새로운 공포인가?」, 『전통과 현대』 창간호, 전통과 현대사, 296~317쪽.

이희평(1994), 「김윤식의 동도적 세계관 일고」, 『동양고전연구』 제3집, 동양고전학회, 645~668쪽.

이희환(1984), 「위정척사론연구의 검토」, 『논문집』 9, 군산대, 265~279쪽.

임형택(1990), 「다산의 '民'주체 정치사상의 이론적·현실적 근저-『湯論』, 『原牧』의 이해를 위하여」, 이우성교수정년퇴직기념논총 간행위원회 편, 『민족사의 전개와 그 문화·하』, 창작과 비평사, 251~277쪽.

임형택(1996a), 「19세기 서학에 대한 경학의 대응: 정약용과 심대윤의 경우」, 『창작과 비평』 제24권 제1호(봄), 창작과 비평사, 286~309쪽.

임형택(1996b), 「실학자들의 일본관과 실학」, 『한국의 경학과 한문학』, 죽부이지형교수정년퇴직기념논문집, 태학사, 111~126쪽.

임현진(1997), 「사회과학에서의 근대성 논의-'근대화 '프로젝트'를 중심으로」, 역사문제연구소 편, 『한국의 '근대'와 '근대성' 비판』, 역사비평사, 187~209쪽.

장석만(1990), 「19세기 말-20세기 초 한·중·일 삼국의 정교분리 담론」, 『역사와 현실』 4월호, 한국역사연구회, 192~223쪽.

장석만(1992), 「개항기 한국사회의 "종교"개념 형성에 관한 연구」, 서울대 종교학과 박사학위논문.

장석만(1994), 「개항기 한국사회와 근대성의 형성」, 김성기 편, 『모더니티란 무엇인가』, 민음사, 260~297쪽.

장숙필(1992), 「전간재의 사단칠정론」, 민족과 사상 연구회 편, 『사단칠정론』, 서광사, 451~468쪽.

전병기(1982), 『한국과학사』, 삼우출판사.

전북향토문화연구회(1990), 『전북의병사(상)』.

전상운(1976), 『한국과학기술사』, 정음사.

전상운(1981), 「조선시대 과학기술서 연구」, 『성신여대연구논문집』 14, 27~47쪽.

전성우(1995), 「베버: 현대사회와 합리성」, 한국산업사회연구회 편, 『탈현대사회사상의 궤적』, 새길, 95~156쪽.

전성우(1996), 『막스 베버 역사사회학 연구』, 사회비평사.

전성우 외(1995), 『막스 베버의 사회학의 쟁점들』, 민음사.

정구선(1993), 「조선 후기 천거제와 산림의 정계진출」, 『국사관논총』 제43집, 49~89쪽.

정문길 외 엮음(1996), 『동아시아, 문제와 시각』, 문학과지성사.

정병련(1995), 「기호학의 경학적 특성」, 충남대학교 유학연구소 편, 『기호학파의 철학사상』, 예문서원, 157~196쪽.

정성원(2002a), 「1895년 조선, 교육의 서구적 전환?」, 『사회과학연구』 제10집, 135~157쪽.

정성원(2002b), 「척사위정파에 있어 '우리' / '그들'」, 『동양사회사상』 제5집, 147~176쪽.

정성원(2002c), 「제천 의병의 이념적 무기」, 정성원 외, 『제천 의병의 이념적 기반과 전개』, 이회문화사, 15~57쪽.

정성원(2003), 「유교, 참여민주주의의 걸림돌인가?」, 『유교문화연구』, 제6집, 29~59쪽.

정성원(2004), 「전통, 근대, 탈근대의 결합-청계천 복원 담론을 중심으로」, 『동양사회사상』, 제9집, 81~108쪽.

정성원(2005b), 「이라크의 자살폭탄테러-이슬람적 본질의 오염과 그 복원」, 『동양사회사상』, 제11집, 137~174쪽.

정성원(2005c), 「한국형 블록버스터의 유교적인 것의 소환」, 『오늘의 동양사상』, 제12호, 171~187쪽.

정성원 외(2005a), 『현대사회의 이해』, 형설출판사.

정순목(1985), 「유림과 개화교육의식의 각성」, 성균관대학교 인문과학연구소 편, 『전통문화와 서양문화<Ⅰ>』, 성균관대 출판부, 143~171쪽.

정순우(1991), 「19세기 서당설립과 향촌사회의 동향」, 『전통사회의 가족과 촌

　락생활』, 한국정신문화연구원, 151~190쪽.

정영희(1992), 「개화기 유교계의 신교육운동 연구」, 『서암조항래교수화갑기념
　　　한국사학논총』, 아세아문화사, 477~495쪽.

정옥자(1978), 「조선 후기의 '文風'과 위항문학」, 『한국사론』 4, 261~329쪽.

정옥자(1984), 「운양 김윤식(1835~1922)연구」, 고병익선생회갑기념사학논총 간
　　　행위원회, 『역사와 인간의 대응』, 도서출판 한울, 621~644쪽.

정옥자(1990), 「개화파와 갑신정변」, 『국사관논총』 제14집, 국사편찬위원회,
　　　209~243쪽.

정옥자(1991), 『조선 후기 지성사』, 일지사.

정옥자(1994), 「19세기 존화사상의 위상과 역사적 성격-『존화록』을 중심으로-」,
　　　『한국학보』 제76집, 일지사, 52~91쪽.

정옥자(1995), 「19세기 척사론의 역사적 위상」, 『한국학보』 제78집, 일지사,
　　　141~176쪽.

정용석(1996a·1996b), 『의병인가, 반란군인가 상·하』, 청노루.

정재식(1982), 「유교윤리와 사회변혁-전통의 연속과 단절의 문제-」, 『동방학
　　　지』 제33집, 연세대 국학연구원, 187~227쪽.

정재식(1990), 『종교와 사회변동』, 연세대 출판부, 172~219쪽.

정재식(1991), 『의식과 역사-한국의 문화전통과 사회변동-』, 일조각.

정제우(1983), 「김홍집의 생애와 개화사상」, 『사학연구』 제36호, 한국사학회,
　　　157~189쪽.

정진석·정성철·김창원(1988), 『조선철학사』 상, 이성과 현실사.

정진홍(1981), 「종교현상의 기본구조」, 종교교재편찬위원회 편, 『종교현상과 기
　　　독교』, 연세대학교 출판부, 13~45쪽.

정창렬(1982), 「한말 변혁운동의 정치·경제적 성격」, 송건호·강만길 편, 『한국
　　　민족주의론 I』, 창작과비평사, 15~94쪽.

정진석·정성철·김창원(1994), 「근대국민국가 인식과 내셔널리즘의 성립과정」,
　　　강만길 외, 『한국사 11: 근대민족의 형성-1』, 한길사, 61~77쪽.

조　광(1979), 「홍대용의 정치사상 연구」, 『민족문화연구』 제14호, 고려대 민족
　　　문화연구소, 59~93쪽.

조　광(1980), 「한국근대문화의 실학적 기초」, 『한국사학』 1, 한국정신문화연구
　　　원 사학연구실, 16~42쪽.

조　광(1988), 『조선 후기 천주교회사 연구』, 고려대학교 민족문화연구소 출판부.

조　광(1993), 「조선 후기 사상계의 전환기적 특성-正學·實學·邪學의 대립 구도-」, 한국사연구회 엮음, 『한국사 전환기의 문제들』, 지식산업사, 153~178쪽.

조　광(1994), 「조선 후기 서학의 수용층과 수용논리」, 『계간 역사비평』 25, 역사비평사, 282~293쪽.

조　광(1995), 「대원군 내정개혁의 특성과 한계」, 이춘식 편, 『東亞史上의 보수와 개혁』, 도서출판 신서원, 43~69쪽.

조기준(1981), 「경제사적 측면에서 본 근대민족의식의 성장」, 『인문과학연구』 제1집, 성신여대 인문과학연구소, 17~37쪽.

조동걸(1981), 「민족사적 측면에서 본 근대민족의식의 성장-근대민족의식의 국민적 정착과정-」, 『인문과학연구』 제1집, 성신여대 인문과학연구소, 75~88쪽.

조동걸(1987), 「韓末史書와 그의 계몽주의적 허실(상)」, 『한국독립운동사연구』 제1집, 독립기념관 한국독립운동사연구소, 47~77쪽.

조동걸(1998), 『한국근현대사의 이해와 논리』, (주)지식산업사.

조　민(1991), 「한국근대변혁운동의 정치사상 연구: 개화파의 정치사상을 중심으로」, 『한국과 국제정치』 제7권 제1호(봄·여름), 285~319쪽.

조　민(1998), 「변법개화파의 정치적 구상」, 한국근현대사회연구회, 『한국근대 개화사상과 개화운동』, 도서출판 신서원, 35~58쪽.

조성을(1995), 「조선 후기 화이관의 변화-근대의식의 성장과 관련하여」, 한국사연구회 편, 『근대 국민국가와 민족문제』, 지식산업사, 237~260쪽.

조영록(1996), 「조선의 소중화관-명청교체기 동아삼국의 천하관의 변화를 중심으로-」, 『역사학보』 제149집, 역사학회, 105~138쪽.

조항래(1983), 「『조선책략』을 둘러싼 아방책과 연미론 연구」, 김철준박사화갑기념사학논총 간행준비위원회, 『사학논총』, 지식산업사, 779~797쪽.

조혜인(1988), 「주자학적 세계관 속의 긴장」, 일랑고영복교수회갑기념논총 간행위원회 편, 『사회변동과 사회의식』, 전예원, 363~397쪽.

조혜인(1990a), 「동학과 주자학: 유교적 종교개혁의 맥락」, 『한국의 사회조직과 종교사상』, 한국사회사연구회 논문집 제17집, 문학과지성사, 142~167쪽.

조혜인(1990b), 「막스 베버의 종파 및 당파 이론의 확충」, 『사회사 연구의 이론과 실제』, 한국사회사연구회 논문집 제24집, 문학과지성사, 216~238쪽.

조혜인(1991), 「조선 향촌질서의 특성과 그 정착과정」, 『한국의 사회와 문화』 제21집, 한국정신문화연구원, 149~184쪽.

조혜인(1992), 「북한의 종교-유교적 유산을 통하여」, 『동아연구』 제25집, 서강대 동아연구소, 99~118쪽.

조혜인(1994), 「주자학적 계급: 한국 노사관계의 이념적 후광」, 『사회과학연구』 제3집, 서강대 사회과학연구소, 1~38쪽.

조혜인(1995), 「종교와 사회사상의 흐름」, 신용하 외 엮음, 『한국사회사의 이해』, 문학과지성사, 236~269쪽.

조혜인(1996a), 「종교와 사회」, 한완상 외, 『한국사회학』, 민음사, 229~248쪽.

조혜인(1996b), 「일본 침입행위의 논리적 성찰」, 『사회변동과 성·민족·계급』, 한국사회사학회 논문집 제49집, 문학과지성사, 11~48쪽.

조혜인(1996c), 『한국근대화론』, 서강대학교 공공정책대학원.

조혜인(1996d), 「세계의 깸: 개신교 윤리 명제의 동적 측면」, 『한국사회학』 제30집(봄호), 31~64쪽.

조혜인(1997a), 「유교적 유산과 중국 경제발전의 관계」, 『중국의 종교와 경제(1): 현대 중국 경제발전의 특성에 작용하는 유교적 유산』, 1996년도 교육부 지역연구 보고서, 74~105쪽.

조혜인(1997b), 「유교적 금욕주의와 한국의 경제발전」, 『전통과 현대』 겨울호, 104~123쪽.

조혜인(1998a), 「유교와 한국 자본주의-냉철한 선택을 위한 당위적 고찰-」, 한국사회사학회, 『사회와 역사』 제53집, 문학과 지성사, 93~121쪽.

조혜인(1998b), 「유교와 포스트모더니즘-베버 유교관의 지양을 통한 전향적 대화」, 『동아연구』 제35집, 서강대 동아연구소, 301~361쪽.

조혜인(1999), 「아시아적 가치와 자본주의-조율적 분화와 선진성」, 『철학연구』 제44집, 철학연구회, 35~59쪽.

지두환(1998), 『조선시대 사상사의 재조명』, 도서출판 역사문화.

진덕규(1978), 「척사위정론의 민족주의적 비판의식」, 『한국문화연구원논총』 31, 이화여대 한국문화연구소, 233~256쪽.

진덕규(1994), 「한말 지배층의 대외인식에 대한 비판적 인식」, 『국사관논총』 제60집, 국사편찬위원회, 1~26쪽.

차기진(1990), 「윤종의의 척사론과 海防論 인식에 대한 연구」, 『윤병석교수화
    갑기념 한국근대사논총』, 지식산업사, 21~46쪽.
차기진(1994a), 「18세기 기호남인의 척사론과 그 성격」, 『사학논총』, 창해박병
    국교수정년기념사학논총 간행위원회, 381~412쪽.
차기진(1994b), 「천주교의 유입과 지배층의 대응논리」, 『계간 역사비평』 25, 역
    사비평사, 294~306쪽.
차기진(1995), 「성호학파의 서학 인식과 척사론에 대한 연구」, 한국정신문화연
    구원 한국학대학원 박사학위논문.
차석기(1986), 『교육사·교육철학』, 집문당.
차성환(1992), 『한국종교사상의 사회학적 이해』, 문학과지성사.
최덕수(1995), 「강화조약과 갑오개혁」, 이춘식 편, 『東亞史上의 보수와 개혁:
    개방/개혁과 외세』, 도서출판 신서원, 71~91쪽.
최동희(1988), 『서학에 대한 한국실학의 반응』, 고려대 민족문화연구소 출판부.
최병옥(1986), 「위정척사사상에 대한 일고찰-그 사상의 전개와 대외관을 중심
    으로-」, 『홍익사학』 3, 홍익대 사학회, 143~172쪽.
최봉영(1994), 『한국인의 사회적 성격(Ⅰ·Ⅱ)』, 도서출판 느티나무.
최봉영(1997a), 『조선시대 유교 문화』, 사계절.
최봉영(1997b), 『한국 문화의 성격』, 사계절.
최봉영(1998a), 「유교 문화와 한국사회의 근대화」, 『사회와 역사』, 한국사회사학
    회 논문집 제53집, 문학과지성사, 61~92쪽.
최봉영(1998b), 「한국근대화와 문화 변동의 성격」, 『전통과 현대』 1998년 봄호,
    198~221쪽.
최봉영(1999), 「문화적 정체성의 준거로서 순종, 별종, 잡종 의식」, 『사회과학
    연구』 제8집, 서강대 사회과학연구소, 79~113쪽.
최석우(1974), 「조선 후기사회와 천주교」, 『숭전대학교논문집』 제5집, 421~433쪽.
최석우(1981), 「종교사적 측면에서 본 근대민족의식의 성장」, 『인문과학연구』
    제1집, 성신여대 인문과학연구소, 63~73쪽.
최석우(1983), 「『천주실의』에 대한 한국 유학자의 견해」, 『동아연구』 제3집,
    1~23쪽.
최승순 외(1987), 「연보」, 강원의병운동사연구회 편, 『강원의병운동사』, 강원대
    출판부, 319~369쪽.

최승희(1981), 「서원(유림) 세력의 동학 배척운동 소고－1863년도 동학배척 통문분석－」, 한우근박사정년기념사학논총 간행위원회 편, 『사학논총』, 지식산업사, 549～564쪽.

최영성(1995), 『한국유학사상사 Ⅲ·Ⅳ－조선 후기편 상·하－』, 아세아문화사.

최영진(1992), 「노사 기정진의 사단칠정론에 관한 고찰」, 민족과 사상 연구회 편, 『사단칠정론』, 서광사, 405～414쪽.

최영진(1994), 「간재 이기론의 기본 입장－『猥筆辨』과 『納凉私議疑目』을 중심으로－」, 『간재사상연구논총』 제1집, 간재사상 연구회, 143～159쪽.

최우영(1994), 「조선사회 지배 구조와 유교 이데올로기－양반 사대부 계층의 지배적 역할을 중심으로」, 『한국사회구조의 전통과 변화』, 한국사회사연구회 논문집 제43집, 문학과지성사, 68～101쪽.

최일범(1994), 「간재 이기설의 특질」, 『간재사상연구논총』 제1집, 간재사상연구회, 161～182쪽.

최재우(1989), 「한말 제천지방 향약의 위정척사적 성격－화서 이항로 문인의 경우－」, 『충북사학』 제2집, 충북대 사학회, 43～68쪽.

최재현(1989), 「19세기 사회운동의 전략집단」, 『조선 후기의 체제위기와 사회운동』, 한국정신문화연구원, 103～149쪽.

최재현(1992), 『열린 사회학의 과제』, 창작과비평사.

최종철(1996a), 「한국 개신교 문화의 형성에 대한 사회사적 고찰(Ⅰ·Ⅱ)」, 『기독교 사상』 제40권 제2·3호, 58～74, 108～124쪽.

최종철(1996b), 「종교의 일상사회학」, 일상문화연구회 엮음, 『한국인의 일상문화－자기성찰의 사회학－』, 도서출판 한울, 157～190쪽.

최진식(1984), 「김윤식의 자강론 연구」, 『대구사학』 제25집, 대구사학회, 93～131쪽.

최진식(1989), 「1880년대 온건개화파의 자강론 연구」, 『민족문화논총』 제10집, 영남대 민족문화연구소, 163～192쪽.

최창규(1972a), 『근대한국정치사상사』, 일조각.

최창규(1972b), 「18세기 후기 조선조 정치문화의 연구－벽위론과 對西洋觀을 중심으로－」, 『동교민태식박사 고희기념 유교학 논총』, 413～431쪽.

최창규(1972c), 「면암 선생과 근대 한국 정치사－척사와 개화 사이에 비친 왕조의 마지막 섬광－」, 『나라사랑』 제6집, 외솔회 출판국, 53～67쪽.

최창규(1973a), 『한국의 사상』, 서문당.

최창규(1973b), 「조선조 유학과 한민족의 주체성－그 정치사상적 측면을 중심으로－」, 『사문논총』 1집, 사문학회, 7~51쪽.

최창규(1975), 「척사론과 그 성격」, 국사편찬위원회 편, 『한국사 16: 개화 / 척사운동』, 탐구당, 288~341쪽.

최창규 편역(1986), 『한말우국명사상소문집』, 서문당.

하우봉(1988), 「조선 후기 실학자의 일본관 연구」, 서강대 사학과 박사학위논문.

하우봉(1990), 「남인계 실학파의 일본인식」, 벽사이우성교수정년퇴직기념논총 간행위원회 편, 『민족사의 전개와 그 문화』, 창작과비평사, 140~163쪽.

하원호(1998), 「개화사상과 개화운동의 역사적 변화」, 한국근현대사회연구회, 『한국근대 개화사상과 개화운동』, 도서출판 신서원, 9~31쪽.

한국갤럽조사연구소(1989), 『한국인의 종교와 종교의식』.

한국사상사연구회 편(1994), 『인성물성론』, 한길사.

한국사상사연구회 편(1996), 『조선 유학의 학파들』, 도서출판 예문서원.

한국사회이론학회 엮음(1985), 『우리 사회의 이론적 이해』, 도서출판 현상과 인식.

한국사회이론학회 엮음(1995), 『종교와 우리 사회』, 도서출판 현상과 인식.

한국역사연구회 19세기정치사연구반(1990), 『조선정치사: 1800~1863(상·하)』, 도서출판 청년사.

한국역사연구회 19세기정치사연구반 엮음(1996), 『한국역사입문 3: 근대·현대편』, 풀빛.

한국인물유학사편찬위원회(1996), 『한국인물유학사 4』, 한길사.

한국철학사상연구회(1995a), 『강좌한국철학』, 도서출판 예문서원.

한국철학사상연구회(1995b), 『논쟁으로 보는 한국철학』, 도서출판 예문서원.

한기범(1986), 「한말 지식층의 구국운동－그 패인의 분석을 중심으로－」, 『논문집』 제15집, 대전실전·중경공전, 13~42쪽.

한창훈(1990), 「면암 유배한시 연구－제주도를 중심으로－」, 『백록어문』 제7집, 제주대 국어교육연구회, 161~180쪽.

한철호(1992), 「갑오경장 중(1894~1896) 정동파의 개혁활동과 그 의의」, 『국사관논총』 제36집, 국사편찬위원회, 31~68쪽.

한철호(1998), 「시무개화파의 개혁사상과 정치활동」, 한국근현대사회연구회, 『한국근대 개화사상과 개화운동』, 도서출판 신서원, 59~111쪽.

한흥수(1981), 「정치사적 측면에서 본 근대민족의식의 성장－1890년대의 상황적 이해-」, 『인문과학연구』 제1집, 성신여대 인문과학연구소, 3~15쪽.

함재봉(1998), 『탈근대와 유교: 한국정치담론의 모색』, 나남 출판.

허남진(1992), 「유학파들의 사상적 갈등과 변천」, 철학종교연구실, 『한국사상사 대계 5』, 한국정신문화연구원, 283~311쪽.

현명철(1996), 「개항 전 한·일 관계의 변화에 대한 고찰-일본의 개항부터 왜관접수까지 일본사 이해를 중심으로-」, 『국사관논총』 제72집, 국사편찬위원회, 227~273쪽.

현상윤(1982), 『조선유학사』, 민중서관.

홍순권(1994), 『한말 호남지역 의병운동사연구』, 서울대학교 출판부.

홍순창(1969), 「면암 최익현의 위정척사론에 대하여」, 『대구사학』 1집, 대구대 사학회, 101~127쪽.

홍순창(1970), 「한말 위정척사론에 관한 연구-특히 민족주체성의 성립과정을 중심으로-」, 『동양문화』 11, 1~55쪽.

홍순창(1971a), 「위정척사사상과 민족의식」, 『영남사학』 1, 1~13쪽.

홍순창(1971b), 「한말 민족의식(위정척사)의 성장과정-1880년대 採西思想과의 관계에서-」, 『성곡논총』 제2집, 성곡학술문화 재단, 155~193쪽.

홍순창(1973), 「개화기에 있어서의 한국인의 일본관-면암과 중암의 척화론을 중심으로-」, 『사총』 제17·18합집, 고려대 사학회, 179~194쪽.

홍순창(1975), 「한말 민족사상의 배경적 고찰」, 『문리대학보』, 영남대, 3~20쪽.

홍순창(1976), 「쇄국양이와 위정척사사상-병인양요와 신미양요의 경우-」, 『영남사학』 5·6, 1~22쪽.

홍순창(1988), 『한말의 민족사상』, 탐구당.

홍승기(1995), 「한국 정치발전의 제시기」, 차하순 외, 『한국사시대구분론』, 도서출판 소화, 283~318쪽.

홍영기(1993), 「구한말 호남의병의 창의성격」, 『호남문화연구』 제22집, 전남대학교 호남문화연구소, 33~63쪽.

홍영기(1999), 「노사학파의 형성과 위정척사운동」, 한국근현대사연구회 편, 『한국근현대사연구』 제10집, 도서출판 한울, 71~100쪽.

홍원식(1996), 「역사 속에 산화해 간 주자학의 최후: 화서학파」, 한국사상사연구회 편저, 『조선 유학의 학파들』, 예문서원, 572~592쪽.

황선명(1985), 『조선조종교 사회사연구』, 일지사.

황선명(1987), 「근대 한국 종교문화와 후천개벽 사상에 관한 연구」, 서울대학교 종교학과 박사학위논문.

황성모(1984), 『한국사회사론』, 심설당.

황준연(1994), 「간재의 경세사상에 대한 고찰」, 『간재사상연구논총』 제1집, 간재사상연구회, 183~229쪽.

3. 외국 문헌

Abrams, Philip(1986), 『역사사회학』, 신용하 역, 문학과지성사.

Abu-Amr, Ziad(1994), *Islamic Fundamentalism in the West Bank and Gaza*, Bloomington: Indian University Press.

Alexander, Daniel(1985), "Is Fundamentalism an Integrism?", *Social Compass*, vol.32, no.4, pp.373-392.

Almond, Gabriel A., Emmanuel Sivan, and R. Scott Appleby(1995a), "Fundamentalism: Genus and Species", in M. E. Marty and R. S. Appleby (eds.), *Fundamentalisms Comprehended*, Chicago: University of Chicago Press, pp.399-424.

Almond, Gabriel A., Emmanuel Sivan, and R. Scott Appleby(1995b), "Explaining Fundamentalisms", in M. E. Marty and R. S. Appleby(eds.), *Fundamentalisms Comprehended*, Chicago: University of Chicago Press, pp.425-444.

Almond, Gabriel A., Emmanuel Sivan, and R. Scott Appleby(1995c), "Examining the Cases", in M. E. Marty and R. S. Appleby(eds.), *Fundamentalisms Comprehended*, Chicago: University of Chicago Press, pp.445-482.

Almond, Gabriel A., Emmanuel Sivan, and R. Scott Appleby(1995d), "Politics, Ethnicity, and Fundamentalism", in M. E. Marty and R. S. Appleby (eds.), *Fundamentalisms Comprehended*, Chicago: University of Chicago Press, pp.483-504.

Ammerman, Nancy T.(1991), "North American Protestant Fundamentalism", in M. E. Marty and R. S. Appleby(eds.), *Fundamentalism Observed*,

Chicago: University of Chicago Press, pp.1-65.

Ammerman, Nancy T.(1994), "The Dynamics of Christian Fundamentalism: An Introduction", in M. E. Marty and R. S. Appleby(eds.), *Accounting For Fundamentalisms*: *The Dynamic Character of Movements*, Chicago: University of Chicago Press, pp.13-17.

Anderson, B.(1993), 『민족주의의 기원과 전파』, 윤형숙 옮김, 도서출판 나남.

Anderson, Perry(1993), 「근대성과 혁명」, 김영희 외 옮김, 『창작과 비평』 제21권 제2호, 창작과비평사, 336~371쪽.

Andrain, Charles F. and david E. Apter(1995), *Political Protest and Social Change*: *Analyzing Politics*, London: Macmillan Press Ltd.

Baker, Raymond William(1991), "Afraid for Islam: Egypt's Muslim Centrists Between Pharaohs and Fundamentalists", *Daedalus*, vol.120, no.3, pp.41-68.

Barnes, Barry(1981), "On the Conventional Character of Knowledge and Cognition", *Philosophy of the Social Sciences* 11, pp.303-333.

Barnes, Barry(1988), 『패러다임: 토마스 쿤과 사회과학』, 정창수 옮김, 정음사.

Barr, James(1984), 『근본주의 신학』, 장일선 옮김, 대한기독교출판사.

Bass, C. B.(1988), 『세대주의란 무엇인가?』, 황영철 옮김, 생명의 말씀사.

Beale, David(1994), 『근본주의의 역사』, 김효성 역, 기독교문서선교회.

Beckford, James A.(1977), "Explaining Religious Movements", *International Social Science Journal*, vol.29, no.2, pp.235-249.

Beckford, James A.(1990), "The Sociology of Religion 1945~1989", *Social Compass*, vol.37, no.1, pp.45-64.

Bell, Daniel(1977), "The Return of the Sacred? The Argument on the Future of Religion", *The British Journal of Sociology*, vol.28, no.4, pp.419-449.

Bellah, Robert N.(1967), "Civil Religion in America", *Daedalus* vol.96, no.1, pp.1-21.

Bellah, Robert N.(1995), 『사회변동의 상징 구조』, 박영신 옮김, 삼영사.

Bellah, Robert N. and Phillip E. Hammond(1980), *Varieties of Civil Religion*, San Francisco: Harper and Row.

Berger, Peter L.(1969), *The Sacred Canopy*, Garden City, N.Y.: Doubleday.

Berger, Peter L.(1979), 『현대사회와 신』, 김쾌상 역, 대한기독교서회.

Berger, Peter L.(1980), *The Heretical Imperative*, New York: Anchor Press.

Berger, Peter L.(1983), 『종교와 사회』, 이양구 옮김, 종로서적.

Berger, Peter L.(1994), 『이단의 시대』, 서광선 옮김, 문학과지성사.

Billings, Dwight B.(1990), "Religion as Opposition: A Gramscian Analysis", *American Journal of Sociology,* vol.96, no.1, pp.1-31.

Bloor, David(1982), "Durkheim and Mauss Revisited: Classification and the Sociology of Knowledge", *Studies in History and Philosophy of Science* 13, pp.267-297.

Bloor, David(1987), *Wittgenstein: A Social Theory of Knowledge,* London: Macmillan Education Ltd.

Bloor, David(1991), *Knowledge and Social Imagery*, Chicago: The University of Chicago Press.

Borgatta Edgar F. and Marie L. Borgatta(eds.), *Encyclopedia of Sociology*, New York: Macmillan Publishing Company.

Bruce, Steve(1993), "Fundamentalism, Ethnicity, and Enclave", in M. E. Marty and R. S. Appleby(eds.), *Fundamentalisms and The State,* Chicago: University of Chicago Press, pp.50-67.

Burke, Peter(1994), 『역사학과 사회이론』, 곽차섭 옮김, 문학과지성사.

Cahoone, Lawrence E.(1988), *The Dilemma of Modernity*, State University of New York Press.

Caplan, Lionel(1987), "Introduction", in Lionel Caplan(ed.), *Studies in Religious Fundamentalism,* London: Macmillan Academic and Professional Ltd., pp.1-24.

Cho Hein(1989), "Secularization of Neo-Confucianism and Industrialization of Korea: A Study of Counter-Secularization", Ph. D. dissertation, the University of Pennsylvania.

Cho Hein(1997), "The Historical Origin of Civil Society", *Korea Journal,* vol.37, no.2, pp.24-41.

Cho Hein(1998), "Yangban as an Upwardly Open Elite Status Group: Historical-Structural Tracking in Comparative Perspective", *Review of Korean Studies* 1, pp.147-179.

Cohen, Norman J.(1990), "Introduction", in Norman J. Cohen(ed.), *The Fundamentalist Phenomenon: A View from Within; A Response from Without*, Grand Rapids: William B. Eerdmans Publishing Company, pp.vii- xiii.

Coleman, John A.(1992), "Global Fundamentalism: Sociological Perspectives", in Hans Küng and Jürgen Moltmann(ed.), *Fundamentalism As An Ecumenical Challenge,* London: SCM Press, pp.36-45.

Cox, Harvey(1965), *The Secular City*, New York: Macmillan Company.

Davidman, Lynn(1990), "Accommodation and Resistance to Modernity: A Comparison of Two Contemporary Orthodox Jewish Groups", *Sociological Analysis*, vol.51, no.1, pp.35-51.

de Bary, Wm. Theodore and Irene Bloom, eds.(1979), *Principle and Practicality: Essays in Neo-Confucianism and Practical Learning*, New York: Columbia University Press.

Dessouki, Ali E. Hillal(1987), "Islamic Modernism", in Mircea Eliade et al. (eds.), *The Encyclopedia of Religion*, New York: Macmillan Publishing Company, pp.14-17.

Douglas, Marry(1969), *Purity and Danger: An Analysis of Conceptions of Pollution and Taboo*, New York: Frederick A. Prager Inc.

Douglas, Marry(1975), *Implicit Meanings: Essays in Anthropology*, London: Routledge & Kegan Paul.

Douglas, Marry(1978), *Natural Symbols: Explorations in Cosmology* 66, Harmondsworth: Penguin Books Ltd.

Durkheim, Emile(1965), *The Elementary Forms of the Religious Life,* Joseph W. Swain(trans.), New York: Free Press.

Eisinger, Peter K.(1973), "The Conditions off Protest Behavior in American Cities", *American Political Science Review*, vol.67, pp.11-28.

Eliade Mircea et al.(eds.), *The Encyclopedia of Religion*, New York: Macmillan Publishing Company.

Elshahed, Elsayed(1992), "What is the Challenge of Contemporary Islamic Fundamentalism?" in H. Küng and J. Moltmann(ed.), *Fundamentalism As an Ecumenical Challenge*, London: SCM Press, pp.61-69.

Fields, Echo E.(1991), "Understanding Activist Fundamentalism: Capitalist Crisis the 'Colonization of the Lifeworld'", *Sociological Analysis*, vol.52, no.2, pp.175-190.

Frtkenberg, Robert Eric(1994), "Accounting for Fundamentalism in South Asia", in M. E. Marty and R. S. Appleby(ed.), *Accounting For Fundamentalism*, Chicago: Univ. of Chicago Press, pp.591-616.

Garvey, John H.(1993), "Introduction: Fundamentalism and Politics", in M. E. Marty and R. S. Appleby(eds.), *Fundamentalisms and The State*: *Remaking Politics, Economics, and Militance*, Chicago: University of Chicago Press, pp.13-27.

Geertz, Clifford(1973), *The Interpretation of Cultures*, New York: Basic Books.

Geffre, Claude, and Jean-Pierre Jossua, ed.(1992), *The Debate on Modernity*, London: SCM Press.

Gellner, Ernest(1988), 『민족과 민족주의』, 이재석 옮김, 도서출판 예하.

Gellner, Ernest(1992), *Postmodernism, Reason and Religion*, London: Routledge.

Gerami, Shahin(1989), "Religious Fundamentalism as a Response to Foreign Dependency: the Case of the Iranian Revolution", *Social Compass*, vol.36, no.4, pp.451-467.

Gerlach, Luther P. and Virginia H. Hine(1970), *People, Power, and Change*: *Movements of Social Transformation*, Indianapolis: Bobbs-Merrill.

Gerth, H. and C. W. Mills, eds.(1958), *From Max Weber*: *Essays in Sociology*, New York: Oxford University Press.

Giddens, Anthony(1991), *The Consequences of Modernity,* Stanford: Stanford University. Press.

Glock, Charles Y. and Rodney Stark(1966), *Christian Beliefs and Anti-Semitism*, New York: Harper & Row.

Goffman, Erving(1959), *The Presentation of Self in Everyday Life*, Garden, N.Y.: Doubleday Anchor.

Goffman, Erving(1974), *Frame Analysis*: *An Essay on the Organization of Understanding*, New York: Harper.

Gusfield, Joseph R.(1981), *The Culture of Public Problems*: *Drinking-Driving and the Symbolic Order*, Chicago: University of Chicago Press.

Hannigan, John A.(1991), "Social Movement Theory and the Sociology of Religion: Toward a New Synthesis", *Sociological Analysis*, vol.52, no.4, pp.311-331.

Harbour William R.(1994), 『보수주의 사상의 이론적 기초』, 정연식 옮김, 경북대 출판부.

Hardacre, Helen(1993), "The Impact of Fundamentalisms on Women, the Family, and Interpersonal Relations", in M. E. Marty and R. S. Appleby(eds.), *Fundamentalisms and Society: Reclaiming the Sciences, the Family, and Education,* Chicago: University of Chicago Press, pp.129-150.

Harper, Charles L. and Bryan F. Le Beau(1993), "The Social Adaptation of Marginal Religious Movements in America", *Sociology of Religion*, vol.54, no.2, pp.171-192.

Hechter, Michael(1987), *Principles of Group Solidarity*, Berkeley: University of California Press.

Heilman, Samuel C.(1994), "Quiescent and Active Fundamentalisms: The Jewish Cases", in M. E. Marty and R. S. Appleby(eds.), *Accounting For Fundamentalism,* Chicago: University of Chicago Press, pp.173-196.

Hervieu-Léger, Danièle(1989), "Tradition, Innovation and Modernity: Research Notes", *Social Compass*, vol.36, no.1, pp.71-81.

Hobsbawm, E. and T. Ranger, ed.(1995), 『전통의 날조와 창조』, 최석영 역, 서경문화사.

Hole, Günter(1992), "Fundamentalism, Dogmatism, Fanaticism: Psychiatric perspectives", in H. Küng and J. Moltmann(ed.), *Fundamentalism As an Ecumenical Challenge*, London: SCM Press, pp.22-35.

Hunter, James D.(1990), "Fundamentalism in Its Global Contours", in Norman J. Cohen(ed.), *The Fundamentalist Phenomenon: A View from Within; A Response from Without,* Grand Rapids, Michigan: William B. Eerdmans Publishing Co., pp.56-72.

Huntington, Samuel P.(1993), "The Clash of Civilization", *Foreign Affairs,* pp.22-49.

Iannaccone, Laurence R.(1988), "A Formal Model of Church and Sect", *American Journal of Sociology*, vol.94(Supplement), pp.241-268.

Iannaccone, Laurence R.(1992), "Religious Markets and the Economics of Religion", Social Compass, vol.39, no.1, pp.123-131.

Kanter, Rosabeth M.(1972), *Commitment and Community*, Cambridge, Mass.: Harvard University Press.

Kim Sang Jun(2000), "Inventing Moral Politik: A Sociological Interpretation of Confucian Ideology, Ritual, and Politics", Ph. D. dissertation, Columbia University.

Klandermans, Bert(1984), "Mobilization and Participation: Social-Psychological Expansions of Resource: Mobilization Theory", *American Sociological Review*, vol.49, no.5, pp.583-600.

Klandermans, Bert(1988), "The Formation and Mobilization of Consensus", *International Social Movement Research*, vol.1, pp.173-196.

Kuhn, Thomas(1970), *The Structure of Scientific Revolutions*, Chicago: University of Chicago Press.

Küng, Hans(1992), "Against Contemporary Roman Catholic Fundamentalism", in H. Küng and J. Moltmann(ed.), *Fundamentalism As an Ecumenical Challenge*, London: SCM Press, pp.116-125.

Kuran, Timur(1993), "Fundamentalisms and the Economy", in M. E. Marty and R. S. Appleby(eds.), *Fundamentalisms and The State: Remaking Politics, Economics, and Militance,* Chicago: University of Chicago Press, pp.289-301.

Kurtz, Lester R.(1983), "The Politics of Heresy", *American Journal of Sociology*, vol.88, no.6, pp.1085-1115.

Lakatos, I.(1991), 『수학적 발견의 논리』, 우정호 옮김, 민음사.

Lechner, Frank J.(1985), "Fundamentalism and Sociocultural Revitalization in America: A Sociological Interpretation", *Sociological Analysis*, vol.46, no.3, pp.243-260.

Lee, Robert and Martin E. Marty, eds.(1964), *Religion and Social Conflict,*

New York: Oxford University Press.

Liebman, Charles S.(1993), "Jewish Fundamentalism and the Israeli Polity", in M. E. Marty and R. S. Appleby(eds.), *Fundamentalisms and The State: Remaking Politics, Economics, and Militance,* Chicago: University of Chicago Press, pp.68-87.

Lindsell, H.(1987), 『교회와 성경 무오성』, 김덕연 옮김, 기독교문서선교회.

Longfield, Bradley J.(1992), 『미국 장로교회 논쟁』, 이은선 옮김, 아가페문화사.

Luckmann, Thomas(1977), "Theories of Religion and Social Change", *Annual Review of the Social Sciences of Religion,* vol.1, pp.1-28.

Luckmann, Thomas(1982), 『보이지 않는 종교』, 이원규 역, 기독교문사.

Madan, T. N.(1991), "The Double-edged Sword: Fundamentalism and the Sikh Religious Tradition", in M. E. Marty and R. S. Appleby(eds.), *Fundamentalisms Observed,* Chicago: University of Chicago Press, pp.594-627.

Mannheim, Karl(1991), 『이데올로기와 유토피아』, 임석진 옮김, 청아출판사.

Marsden, George M.(1980), *Fundamentalism and American Culture: The Shaping of Twentieth-century Evangelicalism, 1870~1925,* New York: Oxford University Press.

Marsden, George M.(1990), "Defing American Fundamentalism", in Norman J. Cohen(ed.), *The Fundamentalist Phenomenon: A View from Within; A Response from Without,* Grand Rapids: William B. Eerdmans Publishing Company, pp.22-37.

Marsden, George M.(1991), "Fundamentalism and American Evangelicalism", in Rubert K. Johnson and Donald W. Dayton(ed.), *The Variety of American Evangelicalism,* Downers Grove, Ill.: Intervasity Press.

Marsden, George M.(1992), 『미국의 근본주의와 복음주의 이해』, 홍치모 옮김, 성광문화사. (서강 230.046 M364u)

Marty, Martin E. and R. Scott Appleby(1991a), "Introduction", in M. E. Marty and R. S. Appleby(eds.), *Fundamentalisms Observed,* Chicago: University of Chicago Press, pp.vii- xiii.

Marty, Martin E. and R. Scott Appleby(1991b), "Conclusion: An Interim Report on a Hypothetical Family", in M. E. Marty and R. S. Appleby(eds.), *Funda-*

mentalisms Observed, Chicago: University of Chicago Press, pp.814-842.

Marty, Martin E. and R. Scott Appleby(1993a), "Introduction: A Sacred Cosmos, Scandalous Code, Defiant Society", in M. E. Marty and R. S. Appleby (eds.), *Fundamentalisms and Society: Reclaiming the Sciences, the Family, and Education*, Chicago: University of Chicago Press, pp.1-19.

Marty, Martin E. and R. Scott Appleby(1993b), "Introduction", in M. E. Marty and R. S. Appleby(eds.), *Fundamentalisms and The State: Remaking Polities, Economies, and Militance*, Chicago: University of Chicago Press, pp.1-9

Marty, Martin E. and R. Scott Appleby(1993c), "Conclusion: Remaking the State", in M. E. Marty and R. S. Appleby(eds.), *Fundamentalisms and The State: Remaking Polities, Economies, and Militance*, Chicago: University of Chicago Press, pp.620-643.

Marty, Martin E. and R. Scott Appleby(1994), "Introduction", in M. E. Marty and R. S. Appleby(eds.), *Accounting For Fundamentalisms: The Dynamic Character of Movements*, Chicago: University of Chicago Press, pp.1-9.

Mayer, Ann B.(1993), "The Fundamentalist Impact on Law, Politics, and Constitutions in Iran, Pakistan, and the Sudan", in M. E. Marty and R. S. Appleby(eds.), *Fundamentalisms and the State: Remaking Polities, Economies, and Militance*, Chicago: University of Chicago Press, pp.110-151.

McAdam, Doug(1986), "Recruitment to High-Risk Activism: The Case of Freedom Summer", *American Journal of Sociology*, vol.92, pp.64-90.

McAdam, Doug, John D. McCarthy, and Mayer N. Zald(1989), "Social Movements", in Neil J. Smelser(ed.), *Handbook of Sociology*, Newbury Park, California: Sage Publications, Inc., pp.695-737.

McGuire, Meredith B.(1994), 『종교사회학』, 김기대·최종렬 옮김, 민족사.

McNeill, William H.(1993), "Fundamentalism and the World of the 1990s", in Martin E. Marty and R. Scott Appleby(eds.), *Fundamentalisms and Society: Reclaiming the Sciences, the Family, and Education*, Chicago: University of Chicago Press, pp.558-573.

Mendelsohn, Evertt(1993), "Religious Fundamentalism and the Sciences", in

Martin E. Marty and R. Scott Appleby(eds.), *Fundamentalisms and Society: Reclaiming the Sciences, the Family, and Education*, Chicago: University of Chicago Press, pp.23-41.

Moltmann, Jürgen(1992), "Fundamentalism and Modernity", in H. Küng and J. Moltmann(ed.), *Fundamentalism As an Ecumenical Challenge*, London: SCM Press, pp.109-115.

Müller-Fahrenholz, Geiko(1992), "What is Fundamentalism Today? Perspectives in Social Psychology", in H. Küng and J. Moltmann(ed.), *Fundamentalism As an Ecumenical Challenge*, London: SCM Press, pp.14-21.

Neuhaus, Richard John(1990), "Fundamentalism and the American Polity", in Norman J. Cohen(ed.), *The Fundamentalist Phenomenon: A View from Within; A Response from Without*, Grand Rapids: William B. Eerdmans Publishing Company, pp.126-142.

Nielsen, Niels Christian, Jr.(1993), *Fundamentalism, Mythos, and World Religion*, New York, Albany: State University of New York Press.

Ostow, Mortimer(1990), "The Fundamentalist Phenomenon: A Psychological Perspective", in Norman J. Cohen(ed.), *The Fundamentalist Phenomenon: A View from Within; A Response from Without*, Grand Rapids: William B. Eerdmans Publishing Company, pp.99-125.

Packer, J. I.(1992), 『근본주의와 성경의 권위』, 옥한흠 옮김, 개혁주의 신행협회.

Palais, James B.(1993), 『전통한국의 정치와 정책』, 이훈상 역, 신원문화사.

Parsons, Talcott(1964), *The Social System*, New York: The Free Press.

Parsons, Talcott(1977), *The Evolution of Societies*, Englewood Cliffs, N.J.: Prentice-Hall.

Parsons, Talcott(1978), "Belief, Unbelief, and Disbelief", in *Action Theory and the Human Condition*, New York: The Free Press.

Piscatori, James.(1994), "Accounting for Islamic Fundamentalism", in M. E. Marty and R. S. Appleby(eds.), *Accounting For Fundamentalism*, Chicago: University of Chicago Press, pp.361-373.

Rapoport, David C.(1993), "Comparing Militant Fundamentalist Movements and Groups", in M. E. Marty and R. S. Appleby(eds.), *Fundamentalisms and The State,* Chicago: University of Chicago Press, pp.429-461.

Roberts, Keith A.(1984), *Religion in Sociological Perspective*, Homewood, Ill.: The Dorsey Press.

Robertson, Roland(1970), *The Sociological Interpretation of Religion*, New York: Schocken Books.

Robertson, Roland(1994), "Religion and the Global Field", *Social Compass*, vol.41, no.1, pp.121-135.

Robertson, Roland and JoAnn Chirico(1985), "Humanity, Globalization, and Worldwide Religious Resurgence: A Theoretical Exploration", *Sociological Analysis*, vol.46, no.3, pp.219-242.

Said, E.(1981), *Covering Islam: How the Media and the Experts Determine How We See the Rest of the World*, London: Routledge and Kegan Paul.

Saperstein, David(1990), "Fundamentalist Involvement in the Political Scene: Analysis and Response", in Norman J. Cohen(ed.), *The Fundamentalist Phenomenon: A View from Within; A Response from Without*, Grand Rapids: William B. Eerdmans Publishing Company, pp.214-229.

Schaffer, F. A.(1987), 『위기에 처한 복음주의』, 윤두혁 역, 생명의 말씀사.

Scruton, Roger(1983), *A Dictionary of Political Thought*, London: Pan Books.

Sidahmed, Abdel Salam and Anoushiravan Ehteshami(1996), *Islamic Fundamentalisms*, Boulder, Colo.: Westview.

Skocpol, Theda(1979), *States and Social Revolutions*, New York: Cambridge University Press.

Skocpol, ed.(1991), 『역사사회학의 방법과 전망』, 박영신 외 옮김, 민영사.

Smelser, Neil J.(1962), *Theory of Collective Behavior*, London: Routledge & Kegan Paul.

Smelser, Neil J.(1986), 『사회변동과 사회운동-사회학적 상상력-』, 박영신 옮김, 세경사.

Snow, David A., Louis Z. Zurcher, Jr., and Sheldon Ekland-Olson(1980), "Social Networks and Social Movements: A Microstructural Approach to Differential Recruitment", *American Sociological Review*, vol.45, no.5, pp.787-801.

Snow, David A., and Richard Machalek(1984), "The Sociology of Conversion", in Ralph H. Turner and James F. Short, Jr.(ed.), *Annual Review of Sociology*, vol.10, Palo Alto, California: Annual Reviews Inc., pp.167-190.

Snow, David A., E. Burke Rochford, Jr., Steven K. Worden, and Robert D. Benford(1986), "Frame Alignment Processes, Micromobilization and Movement Participation", *American Sociological Review*, vol.51, no.4, pp.464-481.

Sōlle, Dorothee(1993), 『현대신학의 패러다임』, 서광선 옮김, 한국신학연구소.

Sorokin, Pitrim A.(1957), *Social and Cultural Dynamics*, Boston: Porter Sargent.

Stroup, Herbert H.(1967), *Church and State in Confrontation*, New York: The Seabury Press.

Swidler, Ann(1986), "Culture in Action: Symbols and Strategies", *American Sociological Review*, vol.51, no.2, pp.273-286.

Tapper, Richard and Nancy Tapper(1987), " 'Thank God we're Secular!' Aspects of Fundamentalism in a Turkish Town", in Lionel Caplan(ed.), *Studies in Religious Fundamentalism*, London: Macmillan Academic and Professional Ltd., pp.51-78.

Taylor, Donald(1987), "Incipient Fundamentalism: Religion and Politics among Sri Lankan Hindus in Britain", in Lionel Caplan(ed.), *Studies in Religious Fundamentalism*, London: Macmillan Academic and Professional Ltd., pp.138-155.

Tehranian, Majid(1993), "Fundamentalist Impact on Education and the Media: An Overview", in M. E. Marty and R. S. Appleby(eds.), *Fundamentalisms and Society: Reclaiming the Sciences, the Family, and Education*, Chicago: University of Chicago Press, pp.313-340.

Thompson, Kenneth(1986), *Beliefs and Ideology*, Chichester, England: Ellis Horwood Limited.

Thompson, Kenneth(1991), "Transgressing the Boundary between the Sacred and the Secular / Profane: A Durkheimian Perspective on a Public Controversy", *Sociological Analysis*, vol.52, no.3, pp.277-291.

Tilly, Charles(1978), *From Mobilization to Revolution*, Reading, Mass.: Addison-

Wesley.

Tschannen, Olivier(1991), "The Secularization Paradigm: A Systematization", *Journal for the Scientific of Religion,* vol.30, no.4, pp.395-415.

Tu Wei-ming(1991), "The Search for Roots in Industrial East Asia: The Case of the Confucian Revival", in M. E. Marty and R. Scott Appleby(eds.), *Fundamentalisms Observed,* Chicago: University of Chicago Press, pp.740-781.

Walker, Andrew(1987), "Fundamentalsim and Modernity: the Restoration Movement in Britain", in Lionel Caplan(ed.), *Studies in Religious Fundamentalism,* London: Macmillan Academic and Professional Ltd., pp.195-210.

Watt, William Montgomery(1989), *Islamic Fundamentalism and Modernity,* London: Routledge.

Weber, Max(1963), *The Sociology of Religion,* Ephraim Fischoff(trans.), Boston: Beacon Press.

Weber, Max(1978), *The Protestant Ethic and the Spirit of Capitalism,* Talcott Parsons(trans.), London: George Allen & Unwin.

Wilson, Bryan R.(1966), *Religion in Secular Society,* London: Watts and Co.

Wilson, Bryan R.(1982), *Religion in Sociological Perspective,* Oxford: Oxford University Press.

Wilson, Bryan R.(1985), "Secularization: The Inherited Model", in Philip E. Hammond(ed.), *The Sacred in a Secular Age,* Berkeley: University of California Press.

Williams, Rhys H.(1994), "Movement Dynamics and Social Change: Transforming Fundamentalist Ideology and Organizations", in M. E. Marty and R. S. Appleby(eds.), *Accounting For Fundamentalisms*: *The Dynamic Character of Movements,* Chicago: University of Chicago Press, pp.785-833.

Wuthnow, Robert and Matthew P. Lawson(1994), "Sources of Christian Fundamentalism in the United States", in M. E. Marty and R. S. Appleby(eds.), *Accounting For Fundamentalisms*: *The Dynamic Character of Movements,* Chicago: University of Chicago Press, pp.18-56.

Zald, Mayer N. and John D. McCarthy(1990), *Social Movements in an Organizational Society*: *A Collection of Essays,* New Brunswick, N. J.: Transaction Books.

Zubaida, Sami(1987), "The Quest for the Islamic State: Islamic Fundamentalism in Egypt and Iran", in Lionel Caplan(ed.), *Studies in Religious Fundamentalism,* London: Macmillan Academic and Professional Ltd., pp.25-50.

정성원(鄭城源)

학력

1985년 2월 서강대학교 문과대학 사회학과 졸업
1989년 2월 서강대학교 대학원 사회학과 문학석사 학위취득
2001년 2월 서강대학교 대학원 사회학과 문학박사 학위취득

경력

서강대학교 공공정책대학원 대우교수
한국항공대학교 산학협력단 전임연구원
서강대학교 사회과학연구소 상임연구원
동양사회사상학회 총무이사
고려대학교, 동덕여자대학교 시간강사

연구논문

「농민항쟁에 대한 역사사회학적 일분석－1862년 진주농민항쟁을 중심으로」(1989년 2월, 박사학위논문)
「성리학적 근본주의－조선 척사위정운동의 연구」(2001년 2월, 박사학위논문)
「현대인들의 과시: 자아 정체성의 (재)생산」(2007,『담론201』10권 1호)
「한국형 블록버스트의 유교적인 것의 소환」(2005,『오늘의 동양사상』12집)
「이라크의 자살폭탄테러: 이슬람적 본질의 오염과 그 복원」(2005,『동양사회사상』11집)
「전통, 근대, 탈근대의 결합－청계천 복원 담론을 중심으로」(2004,『동양사회사상』9집)
「유교, 참여민주주의의 걸림돌인가?」(2003,『유교문화연구』6집)
「1895년 조선, 교육의 서구적 전환?」(2002,『사회과학연구』10집)
「척사위정파에 있어 '우리'/'그들'」(2002,『동양사회사상』5집)

『현대사회의 이해』(공저, 2004, 형설출판사)
『제천의병의 이념적 기반과 전개』(공저, 2002, 이회)

더럽혀진 성리학적 질서의 되살림

- 초판 인쇄　　2007년 5월 2일
- 초판 발행　　2007년 5월 2일

- 지 은 이　　정성원
- 펴 낸 이　　채종준
- 펴 낸 곳　　한국학술정보㈜
　　　　　　　경기도 파주시 교하읍 문발리 526-2
　　　　　　　파주출판문화정보산업단지
　　　　　　　전화　031) 908-3181(대표) · 팩스　031) 908-3189
　　　　　　　홈페이지　http://www.kstudy.com
　　　　　　　e-mail(출판사업팀사업부)　publish@kstudy.com
- 등　　록　　제일산-115호(2000. 6. 19)
- 가　　격　　30,000원

ISBN　　　978-89-534-6865-8 93330 (Paper Book)
　　　　　　978-89-534-6866-5 98330 (e-Book)